DEUTSCHLAND 1945-1963

HERAUSGEGEBEN
VON
HERBERT LILGE

EDITION ZEITGESCHEHEN

Edition Zeitgeschehen

DEUTSCHLAND 1945–1963

HERAUSGEGEBEN
VON
HERBERT LILGE

MIT BEITRÄGEN VON
MANFRED REXIN
GÜNTER MOLTMANN
HERBERT LILGE

Fackel
träger

22. Auflage
Unveränderter Nachdruck der 10. Auflage 1978

Herstellung: J. D. Küster Nachf. + Presse-Druck GmbH KG, 4800 Bielefeld
Printed in W. Germany 1989
ISBN 3 · 7716 · 2039 · 2
ISSN 0070-9050

INHALT

VORWORT

Die »Hefte zum Zeitgeschehen«, 1960 erstmals erschienen, waren Vorläufer und Voraussetzung der heutigen Sammelbände »Die Weimarer Republik«, »Das Dritte Reich« und »Deutschland 1945–1963«. Mit diesem hier vorliegenden dritten Band umfaßt die Reihe »Zeitgeschichte in Text und Quellen« die Jahre 1914–1963, eine Zeitphase von größter und einschneidendster Bedeutung für die deutsche Geschichte. Mit einem in Vorbereitung befindlichen Band, der die Ereignisse nach Adenauer bis in die Gegenwart behandelt, wird die Reihe fortgesetzt.

Sehr bald hatten sich Einzel- wie Sammelbände unbestritten Rang und Platz in der zeitgeschichtlichen Literatur gesichert. Dafür waren und sind vor allem drei Gründe maßgebend. Erstens: Die Autoren beschränken sich auf Gliederung und Komposition und überlassen die Darstellung des geschichtlichen Geschehens wenn auch nicht ausschließlich, aber doch sehr wesentlich den Originalzeugnissen, die – in größere Zusammenhänge gestellt und erläuternd kommentiert – eine viel stärkere Überzeugungskraft haben als die eigene Meinung des Autors. Zweitens: Wer lernen oder sich informieren will oder muß, dem wird es leicht gemacht. »Er braucht nicht«, um aus einer Rezension der »Süddeutschen Zeitung« zu zitieren, »die ‚Kröte' auf einmal zu schlucken, sondern bekommt sie jetzt auch in Bissen zurechtgemacht. ‚Hefte zum Zeitgeschehen' scheint uns ein solches exemplarisches Unternehmen, das große, allzugroße Thema aufzuteilen und in Etappen mit dem Ganzen fertig zu werden.« Drittens: Zeitgeschichtliche Quellenzeugnisse sind weit verstreut und nicht leicht zugänglich. Das gilt jedenfalls überwiegend für alle, die nicht wissenschaftlich arbeiten. Diese zeitgeschichtliche Reihe verzichtet auf die meist übliche Trennung von Darstellung und Quelle und ersetzt sie durch eine sehr enge Verbindung von Kommentar und Dokument. Mißt man den Ausgang dieses Versuches, Zeitgeschichte durch eine neue Methode zu verlebendigen, an dem Ausmaß von Nachfrage und Anerkennung, die er durch eine große Leserschaft gefunden hat, dann dürfte er als gelungen zu bezeichnen sein.

Die Zeitgeschichtsbände über die Weimarer Republik und das Dritte Reich stützen sich auf wissenschaftlich weitgehend gesicherte Ergebnisse. Das kann von der Nachkriegsepoche bis Adenauers Abgang nicht in gleichem Maße behauptet werden. Der geringere zeitliche Abstand erklärt das. Diese Zeitnähe gebot eine zum Teil größere Ausführlichkeit in Darstellung und Dokument, um bei kontroversen Fragen die verschiedenen Standpunkte sachlich und fair wiederzugeben. Ob das gelungen ist, hat der Leser zu beurteilen. Erst eine ausreichende zeitliche Distanz zu den Geschehnissen wird entscheiden, daß manches vielleicht weniger wichtig war, manches aber hätte schärfer herausgearbeitet werden müssen. So scheint die Methode der Autoren, über alle Ereignisse, die sie als Zeitgenossen für wichtig hielten, zu referieren, sinnvoll und verständlich.

Geschichte ist auch Wirtschafts- und Sozialgeschichte. Diese nicht selten vernachlässigten Gebiete finden in dem vorliegenden Band, bezogen vor allem auf die Entwicklung nach 1955, ihre gebührende Berücksichtigung.
Autoren und Herausgeber stimmen völlig darin überein, daß die Deutsche Demokratische Republik nicht demokratisch ist und ihr Name daher eine objektive Unwahrheit enthält. Autoren und Herausgeber glauben aber auch, daß man einen Staat so nennen sollte, wie er sich selbst nennt, wie er in der Realität geworden ist und sich selbst darstellt. Damit ist keine Identifikation verbunden. Gänsefüßchen oder das Wort »sogenannte« waren jedenfalls unbrauchbare Instrumente der politischen Ironie und der zeitgeschichtlichen Publizistik. Dieser Realitätssinn, den 1967 beim Erscheinen der Erstauflage dieses Bandes zu zeigen keinesfalls schon selbstverständlich war, ist heute eine Selbstverständlichkeit und durch die politische Entwicklung gerechtfertigt.
Die Schwierigkeiten bei der Schilderung einer Epoche, mit der die Autoren selbst noch auf du und du stehen und für den älteren Leser das auch noch zutrifft, sind, wie schon angedeutet, nicht gering. Trotzdem glauben und hoffen Verfasser und Herausgeber, mit diesem Band eine verläßliche und nützliche Beschreibung des ereignisreichen und bedeutsamen Weges gegeben zu haben, den Deutschland von der bedingungslosen Kapitulation im Jahre 1945 bis zu Adenauers Abgang im Jahre 1963 zurückgelegt hat. Diese Hoffnung hat, gemessen an der Resonanz, nicht getrogen: Der Band erfährt jetzt seine 10. Auflage. Das ist vor dem Hintergrund eines mancherorts verkürzten und begrenzten Geschichtsunterrichts unter Aufhebung seiner Selbständigkeit als Unterrichtsfach bemerkenswert.
Ein Personen- und Sachregister, die Zeittafel, eine Übersicht über Wahlen und Regierungen in Bund und Ländern und eine Literaturauswahl vervollständigen den Band und dürften seine Nützlichkeit erhöhen.

Herbert Lilge

Wiesbaden, im Oktober 1978

Manfred Rexin

Die Jahre 1945-1949

Nach dem Zusammenbruch

Am 9. Mai 1945 um 0.01 Uhr mitteleuropäischer Zeit ruhten in Europa die Waffen. Der Zweite Weltkrieg, der nach dem Willen der nationalsozialistischen Regierung Deutschland zur führenden Weltmacht erheben und ein tausendjähriges Germanisches Reich begründen sollte, mündete in den vollständigen Zusammenbruch des deutschen Staates und die Auflösung aller überkommenen Ordnung.

Am Ende des Zweiten Weltkrieges waren fünfundzwanzig Millionen Deutsche - Flüchtlinge, Ausgebombte, Evakuierte, Arbeitsverpflichtete, Kriegsgefangene, befreite KZ-Häftlinge – aus ihren Heimatorten verschlagen, unzählige Familien zerrissen und von der Sorge um das Schicksal ihrer Angehörigen bedrängt. Verkehrs- und Nachrichtenverbindungen waren unterbrochen, die großen Städte zerstört und verödet. In Köln lebten von rund 730.000 Einwohnern der Vorkriegszeit nur noch 40.000 in Kellern und notdürftig ausgebesserten Häusern.

Die von den alliierten Truppen befreiten Konzentrationslager enthüllten einen Schrecken, der den Abscheu der Kriegsgegner Deutschlands vor dem nationalsozialistischen Regime vermehrte. Eine große Zahl der aus der Haft oder von der Arbeitszwangsverpflichtung befreiten Ausländer - *Displaced Persons* (DPs) - drängte darauf, in die Heimatländer zurückgebracht zu werden. Im Mai 1945 schätzten die westlichen Militärbehörden die Zahl der DPs in dem von ihnen besetzten Teil Deutschlands auf 1,5 Millionen Russen, 1,2 Millionen Franzosen, 600.000 Polen, 350.000 Italiener, je 200.000 Holländer und Belgier, 100.000 Jugoslawen, 60.000 Tschechen und je 10.000 Luxemburger, Griechen, Dänen und Norweger[1]). Aus den von den sowjetischen Truppen besetzten Ostgebieten strömten weitere *Displaced Persons* in die Westzonen – darunter Angehörige der in die Sowjetunion einverleibten baltischen Staaten, sowjetische und polnische Staatsbürger, die nicht mehr in ihre alte Heimat zurückkehren wollten.

»Von allen betrüblichen Eindrücken aus Europa, welche den amerikanischen Kriegsteilnehmern stets in Erinnerung bleiben werden, wird nichts so deutlich und bleibend sein wie der Gedanke an die DPs und die von den Deutschen errichteten Lager des Grauens«[2]).

Der Krieg hatte ein Drittel des deutschen Volksvermögens von 1936 vernichtet, ein Fünftel aller gewerblichen Bauten und Produktionsmittel, zwei Fünftel aller Verkehrsanlagen, 15% des Wohnraumes zerstört, das Arbeitskräftepotential der Bevölkerung um annähernd ein Fünftel vermindert. Das Auslandsvermögen, die Handelsflotte, die in ihrem Wert nicht schätzbaren deutschen Patente wurden beschlagnahmt.

Mit dem Zusammenbruch der durch drakonische Gesetze und Verordnungen gestützten Kriegswirtschaft versiegten die Lebensmittelzufuhren aus den von deutschen Truppen besetzten Ländern. Die Versorgung der Bevölkerung mit Nahrungsmitteln stockte. Ein gewaltiger Geldüberhang ließ Schwarze Märkte entstehen. Die Kriminalität stieg jäh an. Seuchen drohten auszubrechen.

Zur gleichen Zeit setzte ein verstärkter Strom von Flüchtlingen und Vertriebenen aus dem Osten ein, der schließlich mehr als 12 Millionen Menschen nach West- und Mitteldeutschland führen sollte. Im August 1945 strömten täglich 25.000 bis 30.000

Flüchtlinge durch Berlin, vom Juli bis Oktober wurden in den 59 Auffanglagern der besetzten Hauptstadt 1,3 Millionen Flüchtlinge gezählt.
In der englischen Zeitung *Spectator* veröffentlichte der Bischof von Chichester, zu dem die deutsche Widerstandsbewegung während des Krieges Verbindungen unterhalten hatte, einen Bericht:
»Die Wahrheit besteht darin, daß die Not im Reich von Tag zu Tag steigt, und daß eine fürchterliche Hungersnot ausbrechen muß, falls nicht schleunigst Hilfe einsetzt ... Man muß die Flüchtlinge gesehen haben, um beurteilen zu können, was über sie hereingebrochen ist. Es gibt keine Worte, um ihr Elend beschreiben zu können. Sie haben noch das, was sie am Körper tragen und besitzen weder physische noch geistige Kraft. Sieben oder acht Millionen Menschen werden in dem schmalen Landstreifen zwischen Oder und Elbe von Stadt zu Stadt, von Dorf zu Dorf gejagt, weil niemand sie aufnehmen und ernähren kann ...«[3]).
In dieser Lage übernahmen die vier alliierten Siegermächte – die USA, die Sowjetunion, Großbritannien und Frankreich, in Deutschland unmittelbar vertreten durch Militärregierungen – die Verantwortung für das Schicksal des deutschen Volkes.
Fünf Jahre später schrieb der amerikanische General Clay in seinen Erinnerungen: *»Rückblickend meine ich, daß wir unsere Aufgabe sicher als hoffnungslos angesehen hätten, wenn wir damals das chaotische Durcheinander voll überblickt hätten.«*[4])

Alliierte Pläne für die Nachkriegszeit

Bereits während des Krieges hatten sich die Alliierten Mächte darüber Gedanken gemacht, wie Deutschland nach seiner bedingungslosen Kapitulation zu behandeln sei.
Sie waren sich darin einig, Deutschland für alle Zeiten als möglichen Kriegsgegner auszuschalten, sein Militär und seine Rüstungsindustrie zu beseitigen, die Führer des nationalsozialistischen Reiches vor ein Kriegsverbrechergericht zu stellen. Auch hinsichtlich der Wiederherstellung der Souveränität Österreichs, Polens, der Tschechoslowakei und anderer von deutschen Truppen besetzter Gebiete schien es kaum Meinungsverschiedenheiten zu geben.
Im Mittelpunkt der Erörterung alliierter Nachkriegspläne für Deutschland stand jedoch die Frage, ob das besiegte Reich als Einheit behandelt oder in mehrere Einzelstaaten aufgeteilt werden sollte. Eine gemeinsame Linie konnte nicht festgelegt werden, zumal – wie einer der amerikanischen Sachverständigen später erklärte – *die Vertreter der Zerstückelungspolitik niemals genau klarstellten, was wirklich damit gemeint sei*[5]), ob Deutschland gewaltsam oder nur in Übereinstimmung mit separatistischen Strömungen der Bevölkerung aufzuteilen sei, wie viele verschiedene deutsche Staaten zu schaffen seien und was aus Preußen werden solle.
Schon im Dezember 1941 vertrat Stalin in Moskau dem britischen Außenminister Eden gegenüber die Auffassung, daß Preußen vom Rheinland und Süddeutschland isoliert und Polen durch deutsche Gebiete östlich der Oder für die Anerkennung der Curzon-Linie, d. h. für die Abtretung polnischer Ostgebiete an die Sowjetunion, entschädigt werden müsse.
Die USA und Großbritannien hatten zwar in der Atlantik-Charta vom August 1941 versichert, daß sie nach dem Kriege keinen Gebietsveränderungen zustimmen

würden, die *den frei geäußerten Wünschen der betroffenen Völker*[6]) widersprächen; sie ließen aber keinen Zweifel daran, daß die Atlantik-Charta sie *in keiner Weise hinsichtlich der Zukunft Deutschlands*[7]) (so Churchill im Mai 1944) binde.

Im November 1943 einigten sich die Regierungschefs – Präsident Roosevelt, Premierminister Churchill und Marschall Stalin – in Teheran darauf, die Curzon-Linie als polnisch-sowjetische Grenze anzuerkennen, Polen in Westen bis zur Oder-Linie vorrücken zu lassen und ostpreußisches Gebiet um den eisfreien Hafen von Königsberg der Sowjetunion zu übergeben. Man erörterte eingehend eine Teilung Deutschlands, nachdem Roosevelt einen Plan für fünf autonome deutsche Staaten vorgelegt hatte. Die Regierungschefs erzielten keine Einigung und beauftragten die in London tagende *Europäische Beratungskommission* mit der weiteren Prüfung dieser Frage. Die Einsetzung dieser Kommission zum Studium der alliierten Nachkriegspolitik war wenige Wochen vor der Teheraner Konferenz der Regierungschefs von den Außenministern der drei Großmächte – Hull, Eden und Molotow – auf ihrer Moskauer Tagung beschlossen worden.

In den Vereinigten Staaten beschäftigten sich Deutschland-Experten in den Jahren von 1942 bis 1944 wiederholt mit dem Problem der Aufgliederung des niedergeworfenen Reiches. Eine Mehrheit der Sachverständigen stützte die Überzeugung des amerikanischen Außenministers Cordell Hull, daß die gewaltsame Teilung den Aufbau demokratischer Einrichtungen in Deutschland gefährden müsse, während Unterstaatssekretär Sumner Welles den Präsidenten stärker für den Plan gewinnen konnte, *die Differenzen und Eifersüchte, die innerhalb Deutschlands alsbald entstehen würden, als separatistische Bewegungen* zu begünstigen.[8])

Weitergehende Vorschläge des amerikanischen Finanzministers Henry Morgenthau flossen trotz der Warnung Churchills, Großbritannien dürfe nicht *»an eine Leiche gekettet«* werden, in das Kommuniqué der Zweiten Quebec-Konferenz (September 1944) ein, in welchem Roosevelt und Churchill die Demontage der chemischen, Metall- und Elektroindustrie Deutschlands, eine internationale Kontrolle der Ruhr und des Saargebietes mit dem Hinweis darauf begründeten, Deutschland müsse hinfort *in erster Linie den Charakter des Ackerbaus und der Weidewirtschaft tragen*[9]).

Sechs Wochen später rückte der amerikanische Präsident allerdings wieder davon ab, indem er alle widersprüchlichen Pläne kurzerhand für irreal erklärte: *»Ich bin nicht dafür, Pläne für ein Land zu machen, das wir noch nicht besetzt haben.«*[10])

Der zügige Vormarsch der alliierten Armeen rückte den Tag der deutschen Kapitulation jedoch in greifbare Nähe. So kamen die drei Regierungschefs im Februar 1945 in Jalta erneut zusammen und erklärten:

»Gemäß dem im gegenseitigen Einvernehmen festgelegten Plan werden die Streitkräfte der drei Mächte je eine besondere Zone Deutschlands besetzen. Der Plan sieht eine koordinierte Verwaltung und Kontrolle durch eine Zentralkommission mit Sitz in Berlin vor, die aus den Oberbefehlshabern der drei Mächte besteht. Es ist beschlossen worden, daß Frankreich von den drei Mächten aufgefordert werden soll, eine Besatzungszone zu übernehmen und als viertes Mitglied an der Kontrollkommission teilzunehmen, falls es dies wünschen sollte . . .

Es ist unser unbeugsamer Wille, den deutschen Militarismus und Nationalsozialismus zu zerstören und dafür Sorge zu tragen, daß Deutschland nie wieder imstande ist, den Weltfrieden zu stören. Wir sind entschlossen, alle deutschen Streitkräfte zu entwaffnen und aufzulösen; den deutschen Generalstab . . . für alle Zeiten zu

zerschlagen; sämtliche deutschen militärischen Einrichtungen zu entfernen oder zu zerstören; die gesamte deutsche Industrie, die für militärische Produktion benutzt werden könnte, zu beseitigen oder unter Kontrolle zu stellen; alle Kriegsverbrecher vor Gericht zu bringen ... eine im gleichen Umfang erfolgende Wiedergutmachung der von den Deutschen verursachten Schäden zu bewirken; die Nationalsozialistische Partei, die nationalsozialistischen Gesetze, Organisationen und Einrichtungen zu beseitigen ...
Es ist nicht unsere Absicht, das deutsche Volk zu vernichten, aber nur dann, wenn der Nationalsozialismus und Militarismus ausgerottet sind, wird für die Deutschen Hoffnung auf ein würdiges Leben und einen Platz in der Völkergemeinschaft bestehen.«[11])

Stalin forderte in Jalta, einen Beschluß über die Zerstückelung Deutschlands zu fassen und die von der *Europäischen Beratungskommission* vorbereitete Kapitulationsurkunde entsprechend zu ergänzen. Daraufhin wurde ein geheimer Teilungsausschuß eingesetzt, der in London tagte.

Bemerkenswerterweise rückte der sowjetische Vertreter Gussjew in diesem Teilungsausschuß im März und April 1945 wieder von dem Jaltaer Teilungsbeschluß ab. Er verhinderte, daß das Wort *»Zerstückelung«*, wie ursprünglich in Jalta vereinbart, in die Kapitulationsurkunde aufgenommen wurde, indem er der Absicht der USA und Großbritanniens widersprach, Frankreich über den Geheimbeschluß der Großen Drei in Jalta zu informieren. Frankreich sollte aber die deutsche Kapitulationserklärung ebenfalls entgegennehmen. So kam es, daß in diesem Dokument schließlich nur der Absatz auftauchte: *»Diese Kapitulationserklärung stellt kein Präjudiz für an ihre Stelle tretende allgemeine Kapitulationsbedingungen dar, die durch die Vereinten Nationen oder in deren Namen festgesetzt werden.«* [12])

Der Kurswechsel der Sowjets nach der Jalta-Konferenz wurde vollends sichtbar, als Stalin am 9. Mai – einen Tag nach der Kapitulation – erklärte: *»Die Sowjetunion feiert den Sieg, wenn sie sich auch nicht anschickt, Deutschland zu zerstückeln oder zu vernichten.«*[13])

Aus all dem ergibt sich, daß die Kriegsgegner Deutschlands trotz aller Beratungen und Erwägungen in den vergangenen vier Jahren keine einheitliche politische Konzeption für den nun gemeinsam zu beschreitenden Weg besaßen.

Die USA hatten zwar durch ihre Vereinigten Stabschefs an den Oberbefehlshaber ihrer Besatzungstruppen im April 1945 eine Weisung – die Direktive JCS 1067 – ergehen lassen, in der es u. a. hieß: *»Deutschland wird nicht besetzt zum Zwecke seiner Befreiung, sondern als besiegter Feindstaat.«*[14]) Bald sollte sich jedoch herausstellen, daß die detaillierten Anweisungen der Wirklichkeit nicht gerecht zu werden vermochten und daß namentlich die Sowjetunion andere Vorstellungen durchsetzen wollte.

Das Potsdamer Abkommen

Die in der Kapitulationsurkunde angekündigten *allgemeinen Bedingungen* wurden Anfang Juni von den Oberbefehlshabern der Besatzungstruppen – dem amerikanischen General Eisenhower, dem Marschall der Sowjetunion Shukow, dem britischen

Feldmarschall Montgomery und dem französischen Armeegeneral Lattre de Tassigny – verkündet, nachdem am 23. Mai die *Geschäftsführende Reichsregierung* des Großadmirals Dönitz in der Nähe von Flensburg verhaftet worden war; Dönitz war nach dem Selbstmord Hitlers ihr Chef geworden.

In einer *Erklärung in Anbetracht der Niederlage Deutschlands* vom 5. Juni 1945 teilten die vier Siegermächte mit, daß sie *»hiermit die oberste Regierungsgewalt in Deutschland (übernehmen), einschließlich aller Befugnisse der deutschen Regierung, des Oberkommandos der Wehrmacht und der Regierungen, Verwaltungen oder Behörden der Länder, Städte und Gemeinden. Die Übernahme zu den vorstehend genannten Zwecken der besagten Regierungsgewalt und Befugnisse bewirkt nicht die Annektierung Deutschlands.«*[15])

Die fünfzehn Artikel dieser Erklärung regelten im einzelnen die Entwaffnung und Gefangennahme aller deutschen Streitkräfte und die Verhaftung der *hauptsächlichen Naziführer*.

In einer am gleichen Tage veröffentlichten *Feststellung über das Kontrollverfahren in Deutschland* hieß es:

»1. Während der Zeit, in der Deutschland die sich aus der bedingungslosen Kapitulation ergebenden grundlegenden Forderungen erfüllt, wird in Deutschland die oberste Gewalt von den Befehlshabern Großbritanniens, der Vereinigten Staaten, Sowjetrußlands und Frankreichs auf Anweisung ihrer Regierungen ausgeübt, von jedem in seiner eigenen Besatzungszone und gemeinsam in allen Deutschland als ein Ganzes betreffenden Angelegenheiten. Die vier Oberbefehlshaber bilden zusammen den Kontollrat. Jeder Oberbefehlshaber wird von einem politischen Berater unterstützt.

2. Der Kontrollrat, dessen Entscheidungen einstimmig getroffen werden müssen, trägt für eine angemessene Einheitlichkeit des Vorgehens der einzelnen Oberbefehlshaber in ihren entsprechenden Besatzungszonen Sorge ...

3. Unter dem Kontrollrat sind ein ständiger Koordinationsausschuß, der sich aus je einem Vertreter der vier Oberbefehlshaber zusammensetzt, und ein Kontrollstab tätig, der aus folgenden Abteilungen besteht ...: Heer, Marine, Luft, Transport, Politik, Wirtschaft, Finanzen, Reparationen und Wiedererstattung, Innere Angelegenheiten und Nachrichtenwesen, Rechtswesen, Kriegsgefangene und Zwangsverschleppte, Arbeitseinsatz.

Jede Abteilung hat vier Leiter, von denen einer von jeder der vier Mächte ernannt wird ...«[16])

Berlin sollte von einer Interalliierten Behörde, bestehend aus den vier Stadtkommandanten, unter Aufsicht des Kontrollrates verwaltet werden. Den übrigen Kriegsgegnern Deutschlands wurde die Ernennung von Militärmissionen beim Kontrollrat empfohlen. Zwei weitere Dokumente, die das Datum des 5. Juni trugen, bestimmten, daß Deutschland in den Grenzen vom 31. Dezember 1937 in vier Besatzungszonen, Berlin in vier Sektoren aufgeteilt und daß die übrigen verbündeten Regierungen gelegentlich von den vier Besatzungsmächten konsultiert würden.

Die geplanten Grenzen der Besatzungszonen stimmten nicht mit dem Verlauf der Fronten am Ende des Krieges überein. Britische und amerikanische Truppen mußten sich aus Teilen Mecklenburgs, Thüringens und Sachsens zurückziehen, die der sowjetischen Besatzungszone zugeteilt worden waren. Anfang Juli rückten die sowjetischen Truppen vor und besetzten u. a. Schwerin, Halle, Leipzig, Weimar

und Erfurt, während die drei Westmächte ihre Berliner Sektoren übernahmen.
Zu dieser Zeit hatten sich aber bereits starke politische Spannungen zwischen den Westmächten und der Sowjetunion offenbart – vor allem wegen des russischen Vorgehens in Polen, aber auch wegen der Einflußnahme der Sowjets auf die Regierungsbildungen in den Balkan-Staaten und Österreich.
So hatte Churchill bereits am 4. Juni der amerikanischen Regierung mitgeteilt: *»Ich sehe dem im Mittelabschnitt unserer Front beabsichtigten Rückzug der amerikanischen Armee auf unsere Zonengrenzen mit größtem Unbehagen entgegen, ist doch damit der Vormarsch der Sowjetmacht ins Herz Westeuropas und die Senkung eines eisernen Vorhangs zwischen uns und dem ganzen Osten verbunden. Ich hatte gehofft, dieser Rückzug würde, falls er überhaupt erfolgen muß, von der Regelung vieler wesentlicher Dinge begleitet sein, die allein eine echte Grundlage des Weltfriedens darstellen könnten. Noch ist nichts von Bedeutung geregelt ...«*[17])
Die nach der Jalta-Konferenz entstandenen Meinungsverschiedenheiten sollten beigelegt, die Voraussetzungen für eine gemeinsame Nachkriegspolitik geschaffen werden, als die drei Regierungschefs vom 17. Juli bis zum 2. August im Cäcilienhof bei Potsdam zusammenkamen. Die Leiter der Delegationen waren Präsident Truman, der an die Stelle des im April verstorbenen Franklin D. Roosevelt getreten war, unterstützt von seinem Außenminister Byrnes, Generalissimus Stalin und Außenminister Molotow, Premierminister Churchill und Außenminister Eden, die Ende Juli – nach dem Sieg der Labour-Party bei den britischen Unterhauswahlen – durch den neuen Regierungschef Attlee und Außenminister Bevin ersetzt wurden.
Auf der Tagesordnung der Potsdamer Konferenz stand nicht nur das Deutschland-Problem. Im Fernen Osten dauerte der Krieg mit Japan an. Bis hin zu ihrer Politik gegenüber Spanien und der Türkei hatten die Großen Drei eine Fülle internationaler Probleme zu erörtern.
»Als wir nach Potsdam gekommen waren, sahen wir uns hinsichtlich der polnisch-deutschen Grenze einer vollendeten Tatsache gegenüber«,[18]) berichtete Byrnes: die Sowjets hatten das deutsche Gebiet östlich der Oder und Neiße, das eigentlich zur sowjetischen Besatzungszone gehören sollte, polnischer Verwaltung unterstellt, ohne sich vorher mit den Regierungen in London und Washington ins Benehmen zu setzen.
»Die Sowjets hatten damit praktisch eine weitere Zone errichtet; sowohl Präsident Truman wie Premierminister Churchill baten sofort um eine Erklärung dieser einseitigen Handlungsweise ... Die Sowjets rechtfertigten sich, indem sie sagten, die Deutschen seien vor den russischen Truppen geflohen.«[19])
Die Amerikaner schätzten dagegen die Zahl der in diesem Gebiet verbliebenen Deutschen auf 2 Millionen. Der polnische Präsident Bierut, der zeitweilig zu der Konferenz hinzugezogen wurde und den polnischen Anspruch unter Berufung auf die Abtretung von 180.000 qkm polnischen Gebietes im Osten verteidigte, gab 1,5 Millionen an. In Wirklichkeit waren es noch 5 Millionen.
Die Westmächte beharrten darauf, daß die deutsch-polnische Grenze erst in einem Friedensvertrag festgelegt werden könne. Churchill warnte vor einer Hungersnot, wenn man Deutschland kurzfristig seiner landwirtschaftlich wichtigen Ostgebiete beraube. Truman erwähnte das schlesische Industriegebiet, ohne daß die von den Sowjets geforderten Reparationen – 20 Milliarden Dollar, von denen die Hälfte Rußland zugute kommen sollte – nicht aufgebracht werden könnten. Ohnehin warnten die USA davor, Deutschland zu hohe Reparationen aufzuerlegen, die

nur – wie nach dem 1. Weltkrieg – durch amerikanische Anleihen gesichert würden. Erst in der Schlußphase der Potsdamer Konferenz gingen die westlichen Regierungen von ihrer Forderung ab, daß die östliche Neiße als vorläufige Grenze gelten, mithin Breslau und außerdem Stettin zu dem vom Kontrollrat verwalteten deutschen Gebiet gehören sollten. Stalins Hartnäckigkeit setzte die Anerkennung der westlichen Neiße als Grenzlinie durch.

Die Regierungschefs kamen überein, einen Rat der Außenminister mit einem in London ansässigen Sekretariat zu bilden, dem Frankreich und – in bestimmten Fragen – China angehören sollten. Diesem Rat wurde aufgetragen, rasch die Friedensverträge mit Italien, Rumänien, Bulgarien, Ungarn und Finnland vorzubereiten – anschließend ein ähnliches Dokument für Deutschland, das durch *»die für diesen Zweck geeignete Regierung Deutschlands angenommen werden kann.«*[20])

Über die bis zum Abschluß eines Friedensvertrages zu verfolgende gemeinsame Politik hieß es im Potsdamer Abkommen:

»Das deutsche Volk fängt an, die furchtbaren Verbrechen zu büßen, die unter der Leitung derer, welche es zur Zeit ihrer Erfolge offen gebilligt hat und denen es blind gehorcht hat, begangen wurden ...«

Unter Berufung auf die Jalta-Beschlüsse bekräftigten die Regierungschefs erneut ihren Willen, Deutschland vollständig zu entmilitarisieren und alle nazistischen Organisationen und Einflüsse zu beseitigen.

»Die Verwaltung Deutschlands muß in Richtung auf eine Dezentralisation der politischen Struktur und der Entwicklung einer örtlichen Selbstverwaltung durchgeführt werden ... In ganz Deutschland sind alle demokratischen Parteien zu erlauben und zu fördern ...

Bis auf weiteres wird keine zentrale deutsche Regierung errichtet werden. Jedoch werden einige wichtige zentrale deutsche Verwaltungsabteilungen errichtet werden, an deren Spitze Staatssekretäre stehen, und zwar auf den Gebieten des Finanzwesens, des Transportwesens, des Verkehrswesens, des Außenhandels und der Industrie. Diese Abteilungen werden unter der Leitung des Kontrollrates tätig sein.«

Die *wirtschaftlichen Grundsätze* des Abkommens verpflichteten den Kontrollrat, *Deutschland als ein einziges wirtschaftliches Ganzes zu betrachten*, das Wirtschaftsleben so rasch wie möglich zu dezentralisieren – *mit dem Ziel der Vernichtung der bestehenden übermäßigen Konzentration der Wirtschaftskraft, dargestellt insbesondere durch Kartelle, Syndikate, Trusts und andere Monopolvereinigungen* – und schließlich mit Hilfe eines deutschen Verwaltungsapparates eine Kontrolle des Wirtschaftslebens zu gewährleisten. *»Nach der Bezahlung der Reparationen sind dem deutschen Volke genügend Mittel zu belassen, um ohne eine Hilfe von außen zu existieren.«*

Wie hoch diese Reparationen sein würden, blieb in dem Kommuniqué unerwähnt. Die Mächte sollten ihre Reparationsansprüche jeweils aus ihrer eigenen Besatzungszone und den von ihnen beschlagnahmten Auslandsguthaben befriedigen, wobei der Sowjetunion zusätzlich Lieferungen aus den westlichen Zonen zugesagt wurden. Die für Deutschland folgenschwersten Bestimmungen betrafen das Schicksal seiner Ostgebiete:

»Die Konferenz hat grundsätzlich dem Vorschlag der Sowjetregierung hinsichtlich der endgültigen Übergabe der Stadt Königsberg und des anliegenden Gebietes an die Sowjetunion ... zugestimmt ... Der Präsident der USA und der britische

Premierminister haben erklärt, daß sie den Vorschlag der Konferenz bei der bevorstehenden Friedensregelung unterstützen werden ...
Die Häupter der drei Regierungen bekräftigten ihre Auffassung, daß die endgültige Festlegung der Westgrenze Polens bis zu der Friedenskonferenz zurückgestellt werden soll.
Die Häupter der drei Regierungen stimmen darin überein, daß bis zur endgültigen Festlegung der Westgrenze Polens die früheren deutschen Gebiete östlich der Linie, die von der Ostsee unmittelbar westlich von Swinemünde und von dort die Oder entlang bis zur Einmündung der westlichen Neiße und die westliche Neiße entlang bis zur tschechoslowakischen Grenze verläuft, einschließlich des Teiles Ostpreußens, der nicht unter die Verwaltung der UdSSR ... gestellt wird, und einschließlich des Gebietes der früheren Freien Stadt Danzig unter die Verwaltung des polnischen Staates kommen und in dieser Hinsicht nicht als Teil der sowjetischen Besatzungszone in Deutschland betrachtet werden sollen.«
Die Überführung der deutschen Bevölkerung aus diesen Gebieten und anderen Teilen Osteuropas nach Deutschland sollte *in ordnungsgemäßer und humaner Weise* geschehen.
Byrnes berichtet, die Konferenz habe in guter Stimmung geendet, obwohl die amerikanische Delegation weniger zuversichtlich abgereist sei als nach der Jalta-Konferenz:
»Wir waren fest davon überzeugt, daß die erzielten Beschlüsse eine Grundlage für die baldige Wiederherstellung dauerhafter Verhältnisse in Europa bildeten. Tatsächlich haben die Beschlüsse die Konferenz zu einem Erfolg gemacht, aber die Verletzung dieser Beschlüsse verwandelte den Erfolg in einen Fehlschlag.« [21])
Frankreich, das seine Vertreter in die *Europäische Beratungskommission* entsandt und die Deklarationen vom 5. Juni mitunterzeichnet hatte, war zur Potsdamer Konferenz nicht hinzugezogen worden. Die französische Regierung unter dem Vorsitz von General de Gaulle beschränkte sich darauf, das Potsdamer Abkommen zur Kenntnis zu nehmen und nur Teile offiziell zu akzeptieren (so z. B. die Beschlüsse über die deutschen Ostgebiete). Frankreich erhob Vorbehalte hinsichtlich der geplanten Zentralverwaltung, sperrte seine eigene Zone für Flüchtlinge und Vertriebene und begann, auf eine Abtrennung des Saargebietes und eine Internationalisierung der Ruhr zu drängen. Vornehmlich am französischen Widerstand sollte in den folgenden zwei Jahren die Bildung einer dem Kontrollrat unterstellten deutschen Zentralgewalt scheitern.

Die Gliederung des besetzten Deutschland

Deutschland in den Grenzen, die es von 1919 bis 1937 besessen hatte, zerfiel in den Monaten, die der Potsdamer Konferenz folgten, in acht Teile:

1. das von der Sowjetunion annektierte Gebiet um Königsberg (13.200 qkm), in dem nur wenige tausend Deutsche zurückblieben, wurde als *Gebiet Kaliningrad* in die *russische Sozialistische Föderative Sowjetrepublik* einbezogen, während das Memelgebiet zur Litauischen Sowjetrepublik gehören sollte.
2. in dem unter polnische Verwaltung gestellten Gebiet (100.651 qkm), das verwaltungsrechtlich in sechs Woiwodschaften aufgegliedert wurde, wohnten

weiterhin mehrere hunderttausend Deutsche, die nach und nach die polnische Staatsangehörigkeit annahmen.

Die Gebiete jenseits der Oder-Neiße-Linie umfaßten ein Viertel des alten Reichsterritoriums. Ein weiteres Viertel des Staatsgebietes von 1937 wurde von der Roten Armee verwaltet:

3. die sowjetische Besatzungszone (107.410 qkm). Ende Oktober 1946 lebten in dieser Zone und dem Sowjetsektor von Berlin 18,355 Millionen Menschen. (Die Bevölkerung nahm bis 1948 durch Zuwanderungen aus dem Osten auf über 19 Millionen zu, um dann allerdings in der Folgezeit stetig abzunehmen.) Die Sowjetische Militäradministration (SMAD) in Berlin-Karlshorst gliederte ihre Zone in die Länder Mecklenburg, Sachsen, Thüringen und die Provinzen Brandenburg und Sachsen-Anhalt (letztere wurden nach dem Kontrollratsbeschluß über die Liquidierung des preußischen Staates am 21. Juli 1947 in Länder umgewandelt). Unter der Aufsicht der örtlichen Kommandanten der Roten Armee, deren Verbände während des Einmarsches häufig der Kontrolle ihrer Befehlshaber entglitten waren, entstanden in den Gemeinden deutsche Verwaltungsämter. Im Juli 1945 setzte die SMAD Provinzial- und Landesverwaltungen ein. Noch vor Abschluß der Potsdamer Konferenz schuf sie durch den Befehl Nr. 17 am 25. Juli elf *Deutsche Verwaltungen* – für Transport, Post- und Telegraphenwesen, Brennstoff und Energieerzeugung, Handel und Versorgung, Industrie, Landwirtschaft, Finanzen, Arbeit und Sozialwesen, Volksbildung, Justiz, Gesundheitswesen im Bereich der gesamten Sowjetzone.

Auch in den westlichen Besatzungszonen begann die Überwindung des Chaos in den Gemeinden und Kreisen. Die Ermordung des von den Alliierten eingesetzten Aachener Bürgermeisters durch unerkannt entkommene deutsche Täter im März 1945 ließ die Besorgnis der Alliierten erstarken, eine deutsche Untergrundbewegung könne die Bevölkerung terrorisieren. Diese Befürchtungen erwiesen sich jedoch nach der Kapitulation als unbegründet. Das Oberkommando der westlichen Streitkräfte mußte auf Geheiß der Regierungen – gegen den Willen General Eisenhowers – seine gemeinsamen Stäbe auflösen und seine Kompetenzen an die drei neuen Militärregierungen abtreten. Eine Neugliederung der deutschen Länder und Provinzen erschien vor allem angesichts der Auflösung des preußischen Staates notwendig. Im Jahre 1946 bildete sich die verwaltungsrechtliche Gestalt der westlichen Hälfte Deutschlands endgültig heraus. Danach gehörten zur

4. amerikanischen Besatzungszone die Länder Bayern (ohne die Pfalz), Groß-Hessen, Württemberg-Baden und die Enklave Bremen, der Zugang der amerikanischen Truppen zum Meer. In Bayern wurde bereits am 28. Mai 1945 Fritz Schäffer, der letzte Vorsitzende der Bayerischen Volkspartei in der Weimarer Republik, zum Ministerpräsidenten ernannt. Ihn löste allerdings schon nach drei Monaten der Sozialdemokrat Wilhelm Hoegner ab, in dessen Kabinett Prof. Ludwig Erhard das Wirtschaftsministerium übernahm.

   In Württemberg-Baden wurde ein liberaler Politiker Ministerpräsident – Dr. Reinhold Maier, dem sich im Juni 1946 u. a. Prof. Theodor Heuß als Kultusminister anschloß. Hessens erster Ministerpräsident war Prof. Karl Geiler, ein Heidelberger Historiker. Im Oktober 1945 schlossen sich die drei Regierungschefs in Stuttgart zu einem Länderrat zusammen, der durch einstimmige Beschlüsse eine Rechts- und Verwaltungsgleichheit der drei Länder sichern sollte. Die Ministerpräsidenten verabredeten, sich an jedem ersten Dienstag eines Monats zu treffen und ein Direktorium (bestehend aus je einem Regierungsmitglied, einem Bevollmächtigten des Ministerpräsidenten und dem Generalsekretär) zu berufen. Ein Sekretariat mit neun Fachabteilungen und zahlreichen Ausschüssen sollte seinen ständigen Sitz in Stuttgart haben und mit dem Coordinating Office der amerikanischen Militärregierung (unter der Leitung des Staatsrechtlers Prof. Pollock) zusammenwirken. Bremen, zu dessen Senatspräsident der Sozialdemokrat Kaisen berufen wurde, konnte erst vom Februar 1947 an dem Länderrat angehören.

5. Die britische Zone bestand aus den Ländern Schleswig-Holstein (erster Ministerpräsident Theodor Steltzer, ein christlich-demokratischer Politiker), Hamburg (Bürgermeister Petersen), Nordrhein-Westfalen (in diesem größten und industriell wichtigsten Land wurde der parteilose Dr. Rudolf Amelunxen Regierungschef) und schließlich Niedersachsen. Zu diesem neuen Land schlossen die Briten die Länder Hannover, Braunschweig und Oldenburg zusammen; Niedersachsens Ministerpräsident wurde der Sozialdemokrat Kopf (Oktober 1946).
   Mitte Februar 1946 schuf die britische Militärregierung eine beratende deutsche Körperschaft – den Zonenbeirat in Hamburg. Seine mindestens einmal monatlich tagenden, mit einfacher Stimmenmehrheit beschließenden 32 Mitglieder (zu denen anfangs auch – ohne volles Stimmrecht – der Bürgermeister von Bremen gehörte) sollten der Militärregierung fachliche Ratschläge vor allem in jenen Bereichen erteilen, die der Kompetenz der Landesregierungen entzogen waren (z. B. Währungsfragen, Verkehrsprobleme, Außenhandel, Strafrecht und Strafverfahrensrecht).
6. Die französische Zone gliederte sich in die Länder Rheinland-Pfalz (Ministerpräsident Wilhelm Boden, CDU), Süd-Baden (Regierung Leo Wohleb, Christlich-Soziale Volkspartei) und Württemberg-Hohenzollern (dort entstand ein Staatssekretariat unter der Leitung des Sozialdemokraten Prof. Carlo Schmid). Die französische Militärregierung behielt sich alle Regelungen auf gesamtzonaler Ebene selbst vor.
7. Das Saargebiet gehörte ursprünglich zur französischen Zone. Frankreich schickte sich jedoch bald an, die Saar aus der Besatzungszone herauszulösen, einem Sonderstatut zu unterstellen, das nicht von allen vier Mächten gebilligt wurde, und schließlich wirtschaftlich eng mit dem französischen Staatsgebiet zu verbinden. Frankreich hoffte, auf diese Weise vollendete Tatsachen zu schaffen, die durch den Friedensvertrag nur noch sanktioniert werden sollten. Im Unterschied zu dem sowjetisch-polnischen Vorgehen im Osten konnte die knapp eine Million Menschen umfassende Saarbevölkerung jedoch in ihrer Heimat bleiben. Grenzveränderungen vergrößerten in den folgenden Jahren das Saargebiet, so wie es im Versailler-Vertrag umrissen worden war, um etwa ein Drittel auf Kosten des rheinland-pfälzischen Territoriums. Politische Kräfte, die sich einem Anschluß der Saar an Frankreich widersetzten, durften sich nicht entfalten. Der Vorsitzende der Christlichen Volkspartei des Saargebietes, Johannes Hoffmann, der bereits am 9. Mai 1945 die wirtschaftliche Angliederung an Frankreich gefordert hatte, übernahm 1947 die Regierungsgeschäfte.
8. Berlin, die Hauptstadt Deutschlands, wurde – gemäß alliierten Vereinbarungen vom 12. September und 14. November 1944 – in vier Sektoren aufgeteilt und von einer Alliierten Kommandantur verwaltet. *»Es ist aufschlußreich, daß in*

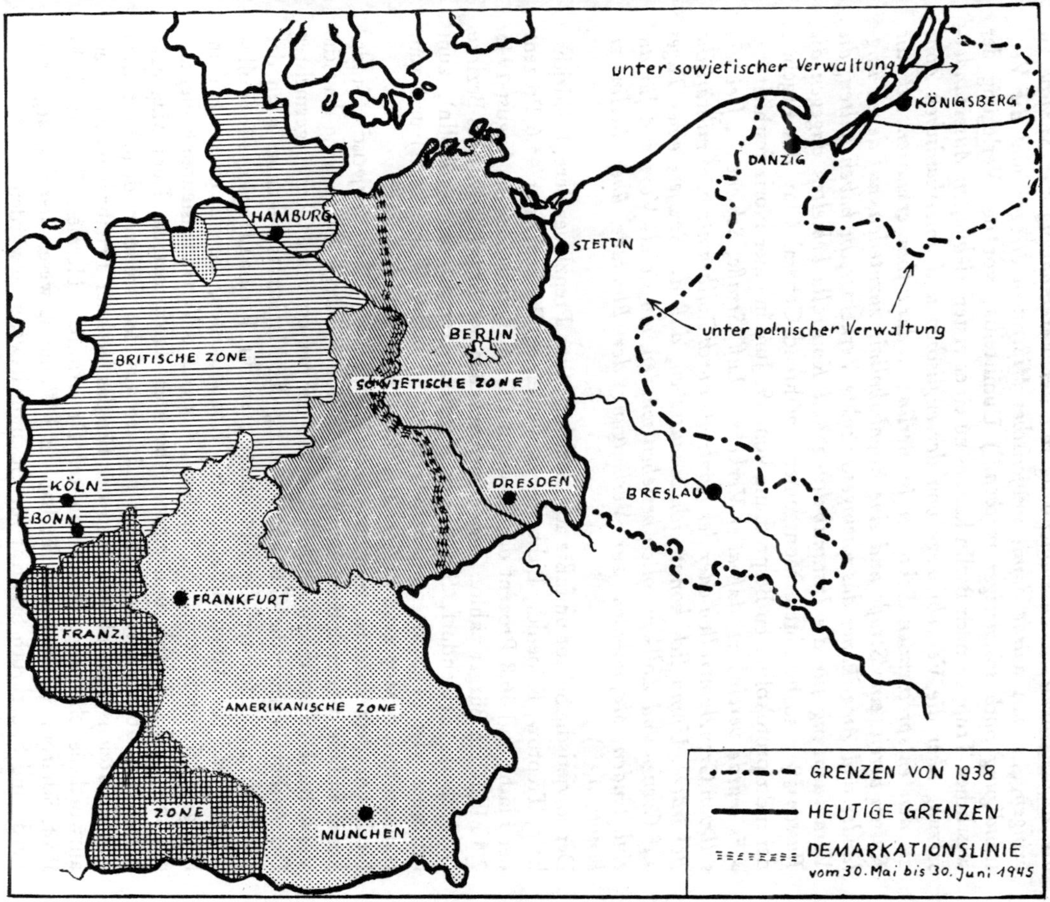

Die Gliederung Deutschlands im Jahre 1945

allen diesen Dokumenten die gemeinsame Besetzung Berlins stand, daß aber in keinem der Zugang garantiert oder besondere Rechte zum Verkehr auf dem Straßen-, Schienen- oder Luftwege festgelegt wurden.«[22]) Die westlichen Diplomaten in der Europäischen Beratungskommission hatten zwar über diese Unterlassung beraten, waren aber zu dem Ergebnis gelangt, *das Recht, in Berlin zu sein, schließe das Zugangsrecht mit ein; es werde nur Verwirrung stiften, die Angelegenheit in Zusammenhang mit der Vereinbarung zur Sprache zu bringen, ... man würde damit sowjetisches Mißtrauen erregen und die Verständigung noch schwieriger machen.*[23]) Unmittelbar vor der Verlegung der westlichen Truppen nach Berlin kam es zu einer ersten *»lebhaften Auseinandersetzung über die Verkehrswege von der englischen und amerikanischen Zone zu den entsprechenden Sektoren in Berlin ... daraufhin erklärten sich die Russen bereit, eine Straße und eine Eisenbahnlinie zuzuteilen, auf denen Engländer und Amerikaner das uneingeschränkte Verkehrsrecht haben sollten; die Verantwortung für die Instandhaltung und Kontrolle behielten dagegen die Russen«*[24]) – so berichtete Montgomery, während General Clay das Ergebnis der nicht protokollierten Besprechung vom 29. Juni in einer Notiz festhielt: *»‚Es wurde vereinbart, daß aller Verkehr – Luft, Straße, Schiene ... frei sein soll von Grenzkontrollen oder der Kontrolle durch Zollbeamte oder militärische Behörden'. Unmöglich konnte ich voraussehen, daß die Sowjets eines Tages auf Grenz- und Zollkontrollen bestehen würden, um sie als Vorwand für die einleitenden Maßnahmen zur Verhängung der Blockade über Berlin zu benutzen.«*[25])

Der sowjetische Sektor umfaßte acht Bezirke (Mitte, Prenzlauer Berg, Friedrichshain, Treptow, Köpenick, Lichtenberg, Weißensee, Pankow) mit 45,6 Prozent der Fläche und 36,8 Prozent der Einwohner Groß-Berlins, das im August 1945 2,8 Millionen Bürger zählte. Zum amerikanischen Sektor gehörten sechs Bezirke (Kreuzberg, Zehlendorf, Schöneberg, Steglitz, Tempelhof, Neukölln), zum britischen vier (Tiergarten, Charlottenburg, Spandau, Wilmersdorf) und zum französischen Sektor zwei Bezirke (Wedding und Reinickendorf).

Noch vor dem Einzug der westlichen Truppen ging der sowjetische Stadtkommandant, Generaloberst Bersarin, mit großer Energie daran, eine deutsche Verwaltung zu errichten. Am 17. Mai gab der neu ernannte Oberbürgermeister Dr. Arthur Werner die Zusammensetzung des Magistrats bekannt: neun der 18 Stadträte, darunter die Abteilungsleiter für Personalfragen, für Volksbildung und für Arbeitseinsatz, waren Kommunisten, die sich eines schon im Mai geschaffenen Systems von Straßen-, Block- und Vertrauensleuten bedienten, um sowjetische Befehle und eigene Absichten durchzusetzen. Dem Magistrat hatten sich aber auch angesehene Männer aus den früheren demokratischen Mittelparteien angeschlossen – so der für das Berliner Ernährungswesen verantwortliche ehemalige Reichsminister Dr. Andreas Hermes. Der Architekt Prof. Scharoun war Stadtrat für Bau- und Wohnungswesen, der Chirurg Prof. Ferdinand Sauerbruch Stadtrat für Gesundheitswesen geworden.

In allen Bezirken ernannten die Sowjets rasch Bezirksbürgermeister als Leiter der jeweils aus neun Abteilungen bestehenden Bezirksämter.

Schon im August sahen sich die Kommandanten in den Westsektoren gezwungen, gegen die von den Sowjets eingesetzten Obleute einzuschreiten und die Zusammensetzung der ihnen unterstellten Bezirksämter zu verändern.

Berlin war nicht nur Sitz der Alliierten Kommandantur und des Kontrollrates, sondern auch Sitz von 37 Militärmissionen, über 30 Konsulaten und den 11 Zentralverwaltungen der Sowjetzone.

Neugründung politischer Parteien

Die Besatzungsbehörden – auch die sowjetischen – hatten offenbar nicht damit gerechnet, daß bald nach Beendigung der Kampfhandlungen politische Parteien in Deutschland entstehen könnten. Eine längere Zeit der Umerziehung und Prüfung, vielleicht sogar einige Jahre sollten vergehen, bevor den Deutschen ein Zusammenschluß in politischen Organisationen zu gestatten sei. Aber schon in den ersten Wochen nach dem Einmarsch der alliierten Armeen fanden sich alte politische Freunde – Liberale, Sozialdemokraten, Kommunisten, ehemalige Zentrumsangehörige – zu Aktionsgruppen zusammen. Illegale Gesprächskreise, die im Dritten Reich Widerstand geleistet hatten, traten offen hervor. Entlassene KZ-Häftlinge bereiteten in Thüringen die Gründung einer *Partei der Werktätigen* vor. Die große Mehrheit der Bevölkerung – belastet mit persönlichen Sorgen um Nahrung, Wohnraum, Arbeit, noch gelähmt vom Schock des Zusammenbruchs – beteiligte sich zwar kaum an solchen Diskussionen. Die Sowjets stellten sich dennoch rasch auf die neue Situation ein. Am 10. Juni 1945 erließ die SMAD den Befehl Nr. 2:
»Auf dem Territorium der sowjetischen Besatzungszone in Deutschland ist die Bildung und Tätigkeit aller antifaschistischen Parteien zu erlauben, die sich die endgültige Ausrottung der Überreste des Faschismus und die Festigung der Grundlagen der Demokratie und der bürgerlichen Freiheiten in Deutschland und die Entwicklung der Initiative und Selbstbetätigung der breiten Massen der Bevölkerung in dieser Richtung zum Ziel setzen.«[26])
Parteien und ebenfalls zugelassene Gewerkschaften sollten von den Organen der städtischen Selbstverwaltung und den Militärkommandanten registriert werden und an Weisungen der Besatzungsbehörden gebunden sein.
Die Sowjets kamen damit den westlichen Militärregierungen mehrere Monate zuvor. Diese milderten das Verbot politischer Organisationstätigkeit erst nach der Potsdamer Konferenz. In der britischen Zone wurden Parteien offiziell Mitte August zugelassen, in der amerikanischen Zone im September und in der französischen Zone erst im Dezember 1945. Anders als in der Sowjetzone vollzog sich der Aufbau der Parteiorganisationen in den Westzonen schrittweise von unten nach oben.
Bereits einen Tag nach der Veröffentlichung des Befehls Nr. 2 der SMAD trat als erste politische Partei die KPD mit einem Gründungsaufruf in Berlin an die Öffentlichkeit, in dem sie eingestand, in der Vergangenheit eine Reihe von Fehlern begangen zu haben, durch welche die *antifaschistische Einheit der Arbeiter, Bauern und Intelligenz* behindert worden sei. Nun gelte es jedoch, *die Sache der Demokratisierung Deutschlands, die Sache der bürgerlich-demokratischen Umbildung, die 1848 begonnen wurde, zu Ende zu führen ... Wir sind der Auffassung, daß der Weg, Deutschland das Sowjetsystem aufzuzwingen, falsch wäre, denn dieser Weg entspricht nicht den gegenwärtigen Entwicklungsbedingungen in Deutschland.*[27])

Die KPD strebe vielmehr ein *antifaschistisches, demokratisches Regime, eine parlamentarisch-demokratische Republik mit allen demokratischen Rechten und Freiheiten für das Volk* an. Der Begriff *Revolution* fehlte in diesem Programm ebenso wie alle weitreichenden Forderungen, die über eine Enteignung des *Vermögens von Nazibonzen und Kriegsverbrechern*, Liquidierung des Großgrundbesitzes zugunsten armer Bauern und Sozialisierung lebenswichtiger Versorgungsbetriebe hinausgingen. Die KPD kündigte eine enge Zusammenarbeit mit anderen politischen Parteien an.

Dieses Programm hatte so gut wie nichts mehr mit den Zielsetzungen gemein, auf die die KPD sich in den letzten Jahren der Weimarer Republik in ihrem Kampf gegen Sozialdemokraten und Mittelparteien berufen hatte. Es weckte allerdings Erinnerungen an die *Volksfronttaktik*, die auf dem VII. Weltkongreß der Komintern im Juli und August 1935 in Moskau begründet worden war. Zugleich knüpfte das neue KPD-Programm an Bemühungen kommunistischer Emigranten an, die während des Zweiten Weltkrieges in der Sowjetunion gemeinsam mit gefangenen Soldaten und Offizieren das *Nationalkomitee Freies Deutschland* und den *Bund deutscher Offiziere*, beide 1943 gegründet, ins Leben gerufen und zum Emblem des NKFD sogar die schwarz-weiß-rote Fahne erkoren hatten[28]).

Die beiden führenden Männer, die den Weg der KPD bestimmten, waren Walter Ulbricht und Wilhelm Pieck. Der letztere – bei Kriegsende bereits 69jährig – war schon 1918 ins Zentralkomitee der neu gegründeten KPD gewählt worden, hatte von 1921 bis 1928 dem preußischen Landtag, danach dem Reichstag angehört und war nach dem Zusammenbruch der Weimarer Republik nomineller Führer der KPD geworden. Ulbricht – Jahrgang 1893 – hatte sich schon 1919 der KPD angeschlossen, war rasch zum Bezirkssekretär in Sachsen, 1923 zum ZK-Mitglied aufgestiegen. Seine Wahl in den Reichstag 1928 hatte den Schwerpunkt seiner Tätigkeit nach Berlin verlegt. Über Prag und Paris war Ulbricht nach Moskau gekommen, wo er den Kurswechsel 1935 zur Festigung seiner Führungsposition nutzen konnte. Er hatte 1939 den Hitler-Stalin-Pakt lebhaft propagiert und leitete die zehnköpfige Emigranten-Gruppe, die am 30. April 1945 Moskau in einem Sonderflugzeug verließ, um in Deutschland die sowjetischen Besatzungsbehörden beim Aufbau der Verwaltungen zu unterstützen. Die *Gruppe Ulbricht* startete an demselben Tag, an dem Hitler in der Reichskanzlei Selbstmord beging.

Die Anfang Mai in Berlin eingetroffenen Mitarbeiter Ulbrichts und die mit einer anderen Maschine nach Sachsen beförderte, von Anton Ackermann geleitete Berater-Gruppe brachten aus der Sowjetunion Instruktionen mit, in denen von einer Wiedergründung der KPD noch keine Rede war. Man dachte vielmehr an eine allgemeine Massenorganisation – einen *Block der kämpferischen Demokratie*. Am 9. Mai berichtete Ulbricht in einem Brief an den bulgarischen KP-Führer Dimitroff:

»Die spontan geschaffenen KPD-Büros, die Volksausschüsse, die Komitees der Bewegung Freies Deutschland und die Ausschüsse der Leute des 20. Juli, die vorher illegal arbeiteten, treten jetzt offen auf. Wir haben diese Büros geschlossen und den Genossen klargemacht, daß jetzt alle Kräfte auf die Arbeit in den Stadtverwaltungen konzentriert werden müssen.«[29])

Während des Monats Mai sicherte sich die *Gruppe Ulbricht* Schlüsselstellungen (Personal- und Volksbildungsdezernate in den neuen Verwaltungen). Anfang Juni traf aus Moskau eine neue Direktive ein: die Parteigründungen sollten nun doch

rasch erfolgen, um so leichter die Kontrolle behalten zu können. Bald darauf kehrte auch Wilhelm Pieck nach Deutschland zurück.
Dies war die Vorgeschichte des *Befehles Nr. 2* und des KPD-Gründungsaufrufes. Alsbald zeigte sich jedoch, daß die aus den Gefängnissen und der Illegalität entlassenen ehemaligen Parteimitglieder andere Vorstellungen von dem nun zu beschreitenden Weg hatten. Das neue Programm erschien ihnen als zu weit *rechts* – besonders der Satz:
»Völlig ungehinderte Entfaltung des freien Handels und der privaten Unternehmerinitiative auf der Grundlage des Privateigentums.«[30])
Ursache des Widerstandes war aber vor allem eine Frage, der die KPD-Führung sorgsam auswich: sollte eine einheitliche deutsche Arbeiterpartei ins Leben gerufen werden, wie sie vor 1917 in Gestalt der SPD bestanden hatte?
Die gemeinsame Leidenserfahrung im Dritten Reich, die Erinnerungen an Kämpfe zwischen Sozialdemokraten und Kommunisten in der Weimarer Republik, die den Aufstieg der NSDAP erleichtert hatten, ließen unter den Anhängern beider Richtungen den Wunsch nach einer einheitlichen, demokratischen Partei erwachen. In Berlin tobten noch erbitterte Straßenkämpfe, als der Sozialdemokrat Fechner an Ulbricht einen Brief richtete und eine Aussprache über die *ersehnte Einheitsorganisation* vorschlug[31]). Mitte Mai versuchten die Sozialdemokraten Gniffke, Grotewohl und Graf, mit dem Sohn Wilhelm Piecks, dem Berliner Stadtrat für Personal und Verwaltung Arthur Pieck, Verhandlungen zu führen. Aber die kommunistischen Vertreter blieben den vereinbarten Gesprächen fern. Obwohl der Sozialdemokrat Gustav Dahrendorf am Tage nach der KPD-Gründung versichert hatte, seine Freunde wünschten *die politische und wenn es sein kann, auch die organisatorische Einheit der Werktätigen, aller Antifaschisten in Stadt und Land*[32]), wich die KPD auch in den folgenden Wochen und Monaten einer solchen Aussprache aus. Ulbricht erklärte, die Zeit dafür sei noch nicht reif. Eine ideologische Klärung beider Standpunkte müsse vorausgehen.
So traten denn am 15. Juni 1945 die Sozialdemokraten mit ihrem Parteiprogramm an die Öffentlichkeit:
»Demokratie in Staat und Gemeinde, Sozialismus in Wirtschaft und Gesellschaft! Wir sind bereit und entschlossen, hierbei mit allen gleichgesinnten Menschen und Parteien zusammen zu arbeiten ...
In dieser entscheidenden Stunde ist es wiederum die geschichtliche Aufgabe der deutschen Arbeiterklasse, Trägerin des Staatsgedankens zu sein: einer neuen antifaschistisch-demokratischen Republik!«
Die Sozialdemokraten forderten eine *Verstaatlichung der Banken, Versicherungsunternehmungen und der Bodenschätze ... der Bergwerke und der Energiewirtschaft, Erfassung des Großgrundbesitzes und der lebensfähigen Großindustrie und aller Kriegsgewinne für die Zwecke des Wiederaufbaus, Beseitigung des arbeitslosen Einkommens aus Grund und Boden und Mietshäusern, scharfe Begrenzung der Verzinsung aus mobilem Kapital ...*
Der Gründungsaufruf schloß mit dem Wunsch, *der jungen Generation eine einheitliche politische Kampforganisation in die Hand zu geben. Die Fahne der Einheit muß als leuchtendes Symbol in der politischen Aktion des werktätigen Volkes vorangetragen werden!*[33])
Die vorläufige Leitung der SPD übernahm ein *Zentralausschuß*, an dessen Spitze Otto Grotewohl trat. Grotewohl, 1894 in Braunschweig geboren, war von 1921

bis 1923 Minister des Landes Braunschweig und ab 1925 sozialdemokratischer Reichstagsabgeordneter gewesen. An der ersten Versammlung der Partei – am 17. Juni 1945 in Berlin – nahmen 1.500 Berliner und 300 Vertreter aus den anderen Teilen Deutschlands teil.
Der Initiative des ehemaligen Reichsministers Andreas Hermes verdankte eine dritte politische Partei ihr Entstehen: die *Christlich-Demokratische Union*, für die es in der Weimarer Republik kein Vorbild gegeben hatte. Hermes und der christliche Gewerkschaftler Jakob Kaiser hatten im Dritten Reich Verbindungen zu den Männern des 20. Juli knüpfen können. Eine christliche Partei beider Konfessionen, die das katholische Zentrum mit protestantischen Demokraten vereinigen, vielleicht sogar eine umfassende nichtmarxistische *Partei der Arbeit* – eine deutsche Labour-Party – darstellen könne, das war die Grundidee des Berliner Gründerkreises der CDU.
Der Gründungsaufruf der CDU vom 26. Juni 1945 unterstrich die Bedeutung einer unabhängigen und geordneten Rechtspflege.
»Wir verlangen geistige und religiöse Gewissensfreiheit, Unabhängigkeit aller kirchlichen Gemeinschaften und eine klare Scheidung der kirchlichen und staatlichen Aufgaben ... Das unermeßliche Elend in unserem Volk zwingt uns, den Aufbau unseres Wirtschaftslebens ... ohne jede Rücksicht auf persönliche Interessen und wirtschaftliche Theorien in straffer Planung durchzuführen ... Dabei ist es unerläßlich, schon um für alle Zeiten die Staatsgewalt von illegitimen Einflüssen wirtschaftlicher Machtzusammenballungen zu sichern, daß die Bodenschätze in Staatsbesitz übergehen. Der Bergbau und andere monopolartige Schlüsselunternehmungen unseres Wirtschaftslebens müssen klar der Staatsgewalt unterworfen werden ...«[34])
Auch die CDU deutete die Absicht an, den Großgrundbesitz aufzulösen. Sie hob besonders das Recht der Eltern auf Erziehung ihrer Kinder hervor.
Unter maßgeblicher Beteiligung des früheren Reichsinnenministers Dr. Wilhelm Külz (DDP) entstand schließlich die *Liberal-Demokratische Partei* in der Sowjetzone. Sie war die einzige Partei, die bei ihrer Gründung am 5. Juli keine Sozialisierungsforderungen erhob, sondern erklärte:
»Die Erhaltung einer einheitlichen deutschen Volkswirtschaft, des Privateigentums und der freien Wirtschaft ist die Voraussetzung für die Initiative und erfolgreiche wirtschaftliche Betätigung. Die Unterstellung von Unternehmungen unter die öffentliche Kontrolle ist nur gerechtfertigt, wenn die betreffenden Betriebe hierfür geeignet und reif sind und wenn ein überwiegendes Interesse des Gesamtwohles dieses gebietet.«[35])
Alle Parteien versicherten, die Not erzwinge eine enge Zusammenarbeit. Schon am 19. Juni hatten das Zentralkomitee der KPD und der Zentralausschuß der SPD einen *gemeinsamen Arbeitsausschuß* aus je fünf Vertretern der beiden Parteiführungen gebildet; am 14. Juli entstand der *Block antifaschistisch-demokratischer Parteien.* KPD, SPD, CDU und LDPD vereinbarten, ein gemeinsames Aktionsprogramm auszuarbeiten, einen unter wechselndem Vorsitz mindestens zweimal monatlich tagenden gemeinsamen Ausschuß zu berufen und eine *feste Einheitsfront der antifaschistisch-demokratischen Parteien* zu bilden[36]).
In den drei Westzonen nahm die Entwicklung einen etwas anderen Verlauf. Auch hier entstanden die vier großen Richtungen – Sozialdemokraten, christliche Demokraten, Liberale und Kommunisten –, die das politische Gesicht des neuen

Deutschland prägen sollten. Die KPD folgte in den Westzonen durchweg getreulich dem Berliner Vorbild.

Ähnlich dem Berliner Kreis um Hermes erörterten in zahlreichen Orten Westdeutschlands, zunächst isoliert voneinander, christliche Politiker mögliche Wege, den *Turm des Zentrums* zu zersprengen. Die frühesten Programmentwürfe der CDU stammten vom März 1945 aus Köln. Sie wurden beeinflußt von Dominikanern des Klosters Walberberg, einem Zentrum der katholischen Soziallehre und -forschung. Dem Kölner Gründerkreis schloß sich im Herbst auch Dr. Konrad Adenauer an, der vor 1933 Oberbürgermeister von Köln und Präsident des Preußischen Staatsrates gewesen war. Adenauer – 1876 geboren –, dessen Berufung zum Reichskanzler in der Weimarer Republik vornehmlich am Einspruch Stresemanns gescheitert war, hatte nach der Machtergreifung Hitlers sein Kölner Amt aufgeben müssen und war wiederholt verhaftet worden. Den bei Kriegsende 69jährigen setzte die Besatzungsbehörde als Kölner Bürgermeister ein, entließ ihn jedoch schon im Oktober *wegen Unfähigkeit* und untersagte ihm jede weitere politische Tätigkeit[37]). Nach baldiger Aufhebung dieses Verbots widmete sich Adenauer mit großer Energie dem Aufbau der Partei, die nach seinen Worten *betont fortschrittlich* für *soziale Reform und soziale Arbeit, nicht Sozialismus* eintreten sollte[38]). Auf Initiative von Hermes, der allerdings selbst nicht erscheinen konnte, fand vom 14. bis 16. Dezember 1945 ein *1. Reichstreffen der CDU* in Bad Godesberg statt. Fast alle deutschen Länder waren vertreten. *»Der christliche ‚Sozialismus' von Walberberg war unterdessen anders gefaßt worden. Man sprach in Godesberg vom ‚Sozialismus aus christlicher Verantwortung'. Aus Sozialismus wurde Solidarität, das ist Genossenschaft der Mitglieder des vierten Standes ... Man bekannte sich zur Demokratie und zum Mehrheitswahlrecht, zum Föderalismus als Schutzwehr gegen die Exzesse der Gewalt des Staates, zur Einheit des Reiches mit bundesmäßiger Gliederung, zur sittlichen Läuterung und politischen Selbstbesinnung nach so vielen Jahren der geistigen Verödung.«* [39]) In Bayern nahm Adam Stegerwald, der langjährige Generalsekretär der Christlichen Gewerkschaften, regen Anteil an der Gründung der Christlich-Sozialen Union.

Liberale Kräfte trachteten zur gleichen Zeit danach, die Trennung von DDP und DVP zu überwinden. In Württemberg-Baden schufen Reinhold Maier und Theodor Heuss die *Demokratische Volkspartei,* die sich zu den Ideen Friedrich Naumanns bekannte. Aus einer großen Zahl von Parteibezeichnungen – *Liberal-Demokratische Partei* in Hessen, *Partei Freier Demokraten* in Hamburg, *Bremer Demokratische Volkspartei, Liberale Partei* im Ruhrgebiet – entstand schließlich der Name *Freie Demokratische Partei* (FDP). Die vielfältigen liberalen Strömungen auf einen Nenner zu bringen, erwies sich in den folgenden Jahren als schwieriges Bemühen.

Die Sozialdemokratie bot demgegenüber ein einheitlicheres Bild. Unmittelbar nach der Kapitulation ging Dr. Kurt Schumacher von Hannover aus daran, Verbindungen zu alten politischen Freunden zu knüpfen. Schumacher (geb. 1895; 1924 Abgeordneter des württembergischen Landtages; 1930 Mitglied des Reichstages) überwand durch seine geistige Energie die schweren körperlichen Schäden, die er sich im 1. Weltkrieg und vor allem im nationalsozialistischen KZ zugezogen hatte, und wurde der bis zu seinem Tode unbestrittene Führer der SPD. Er berief im Oktober 1945 sozialdemokratische Funktionäre aus allen Teilen Deutschlands zu einer ersten Konferenz nach Wennigsen in der Nähe von Hannover. In ersten programmatischen Äußerungen warnte er schon im Sommer 1945 vor einer Einheitsfront mit den Kommunisten. Die Partei müsse *sich nach den politischen und sozialen Notwendigkeiten des deutschen arbeitenden Menschen* richten[40]). Schumachers Sorge, der deutsche Nationalismus könne noch einmal wie nach 1919 von der extremen Rechten ausgenutzt werden, prägte die meist unnachgiebige Haltung der Sozialdemokraten gegenüber den Siegermächten. Mit der These, in Deutschland könnten *im Gegensatz zu den Ländern der alten Demokratie des Westens* ... Kapitalismus und Demokratie *nicht nebeneinander existieren*[41]), rechtfertigte Schumacher sein Verlangen nach Verstaatlichung der Großindustrie und Großfinanz, Aufteilung des Großgrundbesitzes und volkswirtschaftlicher Planung.

Neben den vier großen Parteien konnte das Zentrum – unter dem Vorsitz des früheren preußischen Landtagsabgeordneten Brockmann – wieder erstehen. Ein gewisses Mißtrauen gegen ehemalige Anhänger der Deutschen Volkspartei und der Deutschnationalen Volkspartei, die der CDU beigetreten waren, verhinderte eine restlose Verschmelzung des Zentrums mit der Union.

Mehr als regionale Bedeutung erlangte das Zentrum jedoch nicht – ebensowenig wie die im Dezember 1945 lizensierte *Wirtschaftliche Aufbauvereinigung* (WAV) des Münchener Rechtsanwaltes Alfred Loritz, die sich mit z. T. demagogischen Versprechungen an die unterschiedlichsten Bevölkerungsgruppen wandte, und die konservativ-welfische *Niedersächsische Landespartei* (sie versuchte, vom Juni 1947 an unter dem Namen *Deutsche Partei* über die Grenzen Niedersachsens hinauszuwirken). Parteiensoziologisch war die WAV in Bayern insofern bemerkenswert, als sie Zustimmung namentlich bei den Heimatvertriebenen fand.

Nur ein geringer Teil der Bevölkerung war zur Mitarbeit in den Parteien bereit – zu sehr überschattete die wirtschaftliche Not das politische Leben.

Die alliierte Wirtschaftspolitik in Deutschland

Das Potsdamer Abkommen bestimmte: *»Es sind unverzüglich Maßnahmen zu treffen zur:*

a) Durchführung der notwendigen Instandsetzungen des Verkehrswesens,
b) Hebung der Kohlenerzeugung,
c) weitestmöglichen Vergrößerung der landwirtschaftlichen Produktion und
d) Durchführung einer beschleunigten Instandsetzung der Wohnungen und der wichtigsten öffentlichen Einrichtungen.«[42]).

Die Kohleproduktion war im Mai 1945 auf ein Zehntel des Vorkriegsstandes gesunken, die Alliierten betrachteten Kohle als *das A und O einer erfolgreichen Verwaltung des besetzten Deutschland*[43]). Unter großen Mühen konnte die Steinkohlenerzeugung von 930.000 to im Mai 1945 auf 5,57 Millionen to im Januar 1946 gesteigert werden (Monatsdurchschnitt 1939: 16,2 Millionen to einschließlich der schlesischen Gruben).

In den Städten der amerikanischen Zone waren nach dem Kriege nur noch 60,5% der 1939 vorhandenen Wohnungen für den Zivilbedarf verfügbar. Die Bevölkerung hatte jedoch zugenommen. Eine straffe Wohnraumbewirtschaftung erschien unumgänglich. Für die eigene Unterbringung beschlagnahmten Besatzungstruppen und DPs 4,5% der Gebäude. 320 von 870 Tausend Wohnungen in den Städten der amerikanischen Zone bedurften dringender Reparaturen noch vor Einbruch des Winters.

Im Oktober führte der Kontrollrat Arbeitspflicht und Arbeitslenkung für alle 14 – 65jährigen Männer und für alle 15 – 50jährigen Frauen ein. Die *Trümmerfrau* wurde ein Symbol des beginnenden Wiederaufbaus.
Die schwierigste Aufgabe bestand in der Versorgung der Bevölkerung mit Lebensmitteln. Am 13. Mai teilte der sowjetische Stadtkommandant von Berlin in einem Befehl fünf Bevölkerungsgruppen unterschiedliche Rationen zu: 1. den Schwerarbeitern und Arbeitern in gesundheitsschädlichen Betrieben, 2. den übrigen Arbeitern, 3. den Angestellten, 4. den Kindern und 5. den nichtberufstätigen Familienangehörigen und allen übrigen Personen. Kinder erhielten z. B. täglich 300 g Brot, 30 g Nährmittel, 20 g Fleisch, 20 g Fett, 15 g Zucker, 400 g Kartoffeln. Die tägliche Fettration der nicht berufstätigen Personen sank sogar auf 7 g. Auch in den Westzonen stockte die Nahrungszufuhr; zeitweilig war die tägliche Ration geringer als 1.000 Kalorien. Am 1. September erklärte General Montgomery:
»Mein vorläufiges Ziel ist die Zuteilung von 1.500 Kalorien pro Tag an die deutsche Bevölkerung, aber selbst diese Menge kann wegen Verteilungsschwierigkeiten nicht überall ausgegeben werden. Die Lage wird noch dadurch verschlimmert, daß die diesjährige Ernte ungewöhnlich schlecht ist. Es gibt nur eine Lösung: Lebensmittel nach Deutschland einzuführen.« [44])
Um diese Einfuhren bezahlen zu können, mußte Deutschland Güter exportieren. Die beschlagnahmten Auslandsvermögen und Patente wurden von den Alliierten ebensowenig als Zahlungen für Lebensmittelimporte anerkannt wie die Leistungen der Kriegsgefangenen und der nach der Kapitulation ins Ausland gebrachten deutschen Wissenschaftler und Techniker. Deutschlands Ernährung hing also von seiner industriellen Produktion, diese wieder von der Höhe der Reparationen ab.
Über den Umfang der Reparationen, die von den Sowjets geforderten Entnahmen aus der laufenden Produktion neuer Güter, über das Preisniveau und die Berechnung der von der Roten Armee unmittelbar nach dem Einmarsch beschlagnahmten Kunstgegenstände, Möbel und Konsumgüter bei der endgültigen Festsetzung der Reparationsleistungen vermochten sich die drei Großmächte in Potsdam nicht zu einigen. Der Sowjetunion wurden allerdings zusätzlich zu den Reparationen aus ihrer eigenen Zone noch 10 Prozent der westdeutschen industriellen Ausrüstung, die für eine deutsche Friedenswirtschaft unnötig sei, ohne Bezahlung und Gegenleistung zugesprochen (die Lieferungen aus der US-Zone begannen im September 1945 und wurden im Mai 1946 wieder gestoppt, weil die Sowjets nach amerikanischer Auffassung Deutschland nicht als wirtschaftliche Einheit zu behandeln bereit waren); weitere 15 Prozent der in den Westzonen demontierten Anlagen sollte die Sowjetunion gegen Lieferungen von Nahrungsmitteln, Kohle und anderen Produkten erhalten.
Was dabei als Niveau einer deutschen Friedenswirtschaft zu gelten hatte, erhellte der vom Kontrollrat am 26. März 1946 verabschiedete *Plan für Reparationen und den Nachkriegsstand der deutschen Wirtschaft.* Er ging davon aus,
»a) daß die Bevölkerung Deutschlands nach dem Kriege 66,5 Millionen Menschen betragen wird;
b) daß Deutschland als ein einziges wirtschaftliches Ganzes betrachtet werden wird und
c) daß die Ausfuhr aus Deutschland Zugang zu den internationalen Märkten haben wird.« [45])
Die Kapazität der Stahlindustrie wurde auf 7,5 Millionen to in Blöcken beschränkt;

die Jahresproduktion sollte zunächst 5,8 Millionen to nicht überschreiten. *Die ... in Deutschland belassenen Werke für die Stahlerzeugung sollen nach Möglichkeit veralteten Typs sein.* Produktionsverbote und -einschränkungen in anderen Industriezweigen folgten.
Das Ziel des Planes war eine Verminderung des Standes der Industrie (mit Ausnahme des Bausektors) auf 50 – 55% der Vorkriegszeit.
Der in Potsdam erhobenen Forderung nach Entflechtung der deutschen Großunternehmungen genügten die westlichen Militärregierungen, indem sie den IG-Farbenkonzern, die Kruppwerke, zahlreiche Kohlengruben und Fabriken beschlagnahmten und eine Dezentralisierung des Bankwesens einleiteten.
In der Sowjetzone wurden bereits im Juli die bestehenden Banken geschlossen und durch neue Provinzial- und Länderbanken ersetzt. Der Befehl Nr. 124 der SMAD *»über die Beschlagnahme und provisorische Übernahme einiger Eigentumskategorien«* vom 30. Oktober 1945 war der erste Schritt zur Verstaatlichung der Wirtschaft. Das Eigentum der öffentlichen Hand, ehemals führender Nationalsozialisten und nazistischer Organisationen, das unter die Bestimmungen des Befehls Nr. 124 fiel, bildete später den Grundstock für die *sowjetischen Aktiengesellschaften* in der Ostzone, die schließlich ein Viertel der industriellen Kapazität Mitteldeutschlands kontrollierten.
Weitaus stärker als in Westdeutschland war die Agrarstruktur Mitteldeutschlands vom landwirtschaftlichen Großbetrieb geprägt. Die Bodenreform im Herbst 1945 enteignete entschädigungslos 3,2 Millionen ha (vorwiegend Privatbetriebe mit mehr als 100 ha Gesamtfläche) – rund ⅔ des in einen *Bodenfond* überführten Landes (nämlich 2,17 Millionen ha) wurden an 544.079 Landarbeiter, Umsiedler, Kleinpächter und landarme Bauern verteilt[46]).

Nürnberger Prozesse und Entnazifizierung

Nach dem Zusammenbruch waren auch große Teile des deutschen Volkes von der Notwendigkeit überzeugt, die Schuldigen zur Verantwortung zu ziehen. Viele, denen das Ausmaß der nationalsozialistischen Verbrechen erst nach der Kapitulation voll bewußt wurde, wandten sich zwar gegen die These von einer deutschen Kollektivschuld, empfanden aber dennoch Scham angesichts des Schreckens, der sich der Welt in den befreiten Konzentrationslagern offenbart hatte. Männer der Bekennenden Kirche, die den Machtanspruch des Dritten Reiches bekämpft hatten, riefen im Stuttgarter Schuldbekenntnis der Evangelischen Kirche im Oktober 1945 zur Besinnung auf:
»Wohl haben wir lange Jahre hindurch im Namen Jesu Christi gegen den Geist gekämpft, der im nationalsozialistischen Gewaltregime seinen furchtbarsten Ausdruck gefunden hat; aber wir klagen uns an, daß wir nicht mutiger bekannt, nicht treuer gebetet, nicht fröhlicher geglaubt und nicht brennender geliebt haben.«[47])
Schon während des Krieges waren Vorbereitungen für die Kriegsverbrecherprozesse getroffen worden: am 13. Januar 1942 hatten neun Exilregierungen der von Deutschland besetzten Staaten Anklage wegen Bruches der Haager Konvention über den Schutz der Zivilbevölkerung erhoben. Am 1. November 1943 hatten die Großen Drei eine Bestrafung der an grausamen Ausschreitungen in besetzten Gebieten Beteiligten angekündigt.

Ein Vier-Mächte-Abkommen vom 8. August 1945 schuf einen Internationalen Gerichtshof *zwecks Aburteilung von solchen Kriegsverbrechern, für deren Verbrechen ein geographisch bestimmter Tatort nicht vorhanden ist*, und definierte drei Verbrechenstatbestände: das Verbrechen gegen den Frieden (*»Planung, Vorbereitung, Veranlassung oder Führung eines Angriffskrieges«*), das Kriegsverbrechen (*»Verletzung von Gesetzen oder Gebräuchen des Krieges ... Mord, Mißhandlung oder Verschleppung der Zivilbevölkerung ... Tötung von Geiseln, Plünderung von öffentlichem und privatem Eigentum, mutwillige Zerstörung, die nicht durch militärische Notwendigkeit gerechtfertigt ist«*) und das Verbrechen gegen die Menschlichkeit (z. B. *»Verfolgungen aus politischen, rassischen oder religiösen Gründen.«*[48])

Dem Gerichtshof oblag es, einzelne Angeklagte abzuurteilen, Personengruppen oder Organisationen für verbrecherisch zu erklären. 19 Staaten schlossen sich dem Abkommen der vier Großmächte an.

Der Internationale Gerichtshof trat am 18. Oktober 1945 in dem Saal des ehemaligen Volksgerichtshofes in Berlin zusammen, in dem Freisler einst über die Männer des 20. Juli zu Gericht gesessen hatte. Ab November tagte der Gerichtshof in Nürnberg, der Stätte nationalsozialistischer Parteitage. Nach einer monatelangen Beweisaufnahme, die den Weg des nationalsozialistischen Regimes bis in viele vorher unbekannte Einzelheiten aufhellte, erging am 30. September 1946 das Urteil: 12 der 24 Hauptkriegsverbrecher wurden zum Tode verurteilt (Göring, Ribbentrop, Keitel, Kaltenbrunner, Rosenberg, Frank, Frick, Streicher, Sauckel, Jodl, Seyss-Inquardt und – in Abwesenheit – Bormann). Sieben Angeklagte (Hess, Funk, Raeder, Schirach, Sperr, v. Neurath und Dönitz) erhielten langjährige Haftstrafen. In drei Fällen (Schacht, von Papen und Fritzsche) erkannte der Gerichtshof – gegen den Einspruch des sowjetischen Richters – auf Freispruch. Robert Ley, der Leiter der Arbeitsfront, hatte sich dem Prozeß durch Selbstmord entzogen. Der Industrielle Gustav Krupp von Bohlen war zu krank, um vor Gericht erscheinen zu können.

Göring verübte vor der Urteilsvollstreckung Selbstmord. Streicher, Herausgeber des antisemitischen *Stürmer*, schrie noch auf den Stufen des Galgens *Heil Hitler* und starb mit einem antisemitischen Fluch auf den Lippen. Die Asche der Hingerichteten wurde in die Isar versenkt. Die zu Haftstrafen Verurteilten büßten im Spandauer Kriegsverbrechergefängnis.

Das Nürnberger Urteil bezeichnete das Korps der politischen Leiter der NSDAP (Gau-, Kreis- und Ortsgruppenleiter sowie Abteilungsleiter in Reichs-, Gau- und Kreisleitungen der NSDAP), die Gestapo, den SD und die SS als verbrecherische Organisationen.

Zahlreiche weitere Prozesse, teils vor Internationalen Gerichtshöfen, teils vor den Gerichten einzelner Staaten folgten – u. a. gegen leitende Beamte des Auswärtigen Amtes, Direktoren des IG-Farben-Konzerns, Generalstäbler, SS-Ärzte und KZ-Aufseher.

Im Potsdamer Abkommen hieß es: *»Alle Mitglieder der nazistischen Partei, welche mehr als nominell an ihrer Tätigkeit teilgenommen haben«* seien aus Staat und führenden Positionen in der Wirtschaft zu entfernen. Unmittelbar nach dem Einmarsch nahmen die Alliierten zahlreiche Verhaftungen, Internierungen, Vermögensbeschlagnahmen und Kontrollen vor. In den ersten eineinhalb Jahren mußte annähernd eine Million Angehöriger der NSDAP und ihrer Gliederungen Funktionen in Verwal-

tung und Wirtschaft aufgeben. Die ersten Gesetze des Kontrollrates hatten die Auflösung des breit ausgefächerten Netzes nazistischer Organisationen und die Aufhebung aller Rechtsvorschriften des Dritten Reiches zum Ziel, die im Widerspruch zu einer demokratischen Rechtspflege standen.
Lehrbücher mußten ersetzt, Bibliotheken überprüft werden, bevor der Unterricht in Schulen und Universitäten wieder beginnen konnte. Die Herausgabe von Zeitungen machten die Militärbehörden von einer Lizensierung abhängig. Aktive Gegner des Nationalsozialismus und zurückkehrende Emigranten, die Deutschland nach 1933 verlassen hatten, waren die Träger des Wiederaufbaus einer demokratischen Presse in Deutschland.
Am schärfsten waren die Entnazifizierungsmaßnahmen in der amerikanischen Besatzungszone. Die Besatzungsbehörden legten Fragebögen mit mehr als hundert Fragen vor, die u. a. Auskunft über alle Mitgliedschaften, alle Vorträge, Vorlesungen und Publikationen seit 1923 mit Datum, Titel, Beschreibung des Zuhörerkreises, alle Dienstverhältnisse seit 1930, alle Auslandsreisen und alle Einkommensverhältnisse seit 1933 erheischten.
Annähernd ein Fünftel der erwachsenen Bevölkerung der US-Zone wurde von dieser ersten Entnazifizierungsaktion unmittelbar betroffen. Und so breitete sich Mißmut aus. Als im September 1945 44 Großindustrielle des Rheinisch-Westfälischen Kohlensyndikates verhaftet worden waren, berichtete die Auslandspresse über zustimmende Äußerungen der deutschen Bevölkerung. Sanktionen gegen leitende Funktionäre des Dritten Reiches fanden allgemein Zustimmung; eine Bestrafung aller *kleinen PGs* erschien dagegen als unangemessen – angesichts einer weit verbreiteten Ansicht, die Zugehörigkeit zur NSDAP müsse oft mit dem Zwang der Umstände entschuldigt werden.
Die amerikanische Militärregierung beauftragte die deutschen Behörden mit dem Vollzug der Entnazifizierung, nachdem die Verwaltungsdienststellen gesäubert waren. Am 5. März 1946 erließ der Länderrat in Stuttgart das *Gesetz zur Befreiung vom Nationalsozialismus und Militarismus.* Die Ministerpräsidenten ernannten Minister für politische Befreiung. Jeder Deutsche über 18 Jahren hatte einen Meldebogen auszufüllen. Spruchkammern in Stadt- und Landkreisen mit öffentlichen Klägern und Berufungskammern als zweite Instanz – geleitet jeweils von Personen, die eine Befähigung zum Richteramt oder zum höheren Verwaltungsdienst nachweisen mußten – verhängten nach Prüfung jedes einzelnen Falles je nach dem Grad nationalsozialistischer Aktivität als Sühnemaßnahmen die Einweisung in ein Arbeitslager (mindestens 2, höchstens 10 Jahre), die Einziehung von Vermögen, Sonderabgaben aus den laufenden Einnahmen zugunsten eines Wiedergutmachungsfonds, Verlust von Pensionsansprüchen, Ausschluß von öffentlichen Ämtern, Berufsverbote, zeitweilige Einschränkungen des Wahlrechtes, Wohnungs- und Aufenthaltsbeschränkungen, Verbot der Kraftfahrzeughaltung. Das Gesetz unterschied fünf Kategorien von Betroffenen: Hauptschuldige, Belastete (Aktivisten, Militaristen, Nutznießer), Minderbelastete (die vor ihrer endgültigen Einstufung eine 2 – 3jährige Bewährungsfrist auf sich nehmen mußten), Mitläufer und Entlastete.
Während die Sowjets in ihrer Zone die Entnazifizierung bis zum Februar 1948 fortsetzten und ziemlich willkürlich handhabten, dauerte die Aktion in der amerikanischen Zone bis Ende August 1949, in der britischen und französischen Zone bis Ende Februar 1950. In dieser Zeit erörterten die Spruchkammern in den drei West-

zonen mehr als sechs Millionen Fälle. 1.667 Personen wurden als Hauptschuldige, 23.060 als Belastete, 150.425 als Minderbelastete, 1.005.854 als Mitläufer (davon ein Viertel ohne Sühnemaßnahmen) und 1.213.873 als Entlastete eingestuft. In annähernd vier Millionen Fällen führten Amnestien für die jungen Jahrgänge, für Heimkehrer und andere Gründe zur Einstellung des Verfahrens.

Die Zwangsverschmelzung von SPD und KPD zur SED

Inzwischen hatte sich das politische Klima in der sowjetischen Besatzungszone in einschneidender Weise verändert. Nachdem die Kommunistische Partei, gefördert von der SMAD, ihre Machtposition in den neuen Verwaltungen und im Informationswesen ausgebaut hatte, begann sie – ganz im Gegensatz zu der von ihr bis zum Oktober 1945 verfolgten Taktik – auf die Vereinigung mit den Sozialdemokraten zuzusteuern. Niederlagen der Kommunistischen Parteien bei den ersten Nachkriegswahlen in Ungarn und Österreich und eine realistische Einschätzung ihres mangelnden Rückhaltes in der Bevölkerung des besetzten Deutschland ließen es der KPD-Führung geraten erscheinen, bei den für das kommende Jahr geplanten Wahlen nicht konkurrierend gegen die SPD anzutreten, sondern zumindest gemeinsame Kandidatenlisten mit den Sozialdemokraten zu vereinbaren. In der SPD hatte das Zusammenspiel der Kommunisten mit den sowjetischen Besatzungsbehörden auf Kosten der anderen Parteien erneut Mißtrauen erweckt. Der Zentralausschuß der SPD in der Sowjetzone machte die Vereinigung, zu der er sich im Prinzip weiterhin bekannte, von dem Ergebnis eines gesamtdeutschen Parteitages und einer Urabstimmung der Mitglieder abhängig. Am 20. und 21. Dezember traten der Zentralausschuß der SPD und das Zentralkomitee der KPD zu einer gemeinsamen Konferenz in Berlin zusammen. Otto Grotewohl erläuterte namens der Sozialdemokratie ein 10-Punkte-Memorandum, in dem es hieß:

»Die KPD handelt vielfach nicht im Geiste der von ihr selbst bekundeten demokratischen Grundsätze und der vereinbarten guten Zusammenarbeit. Es mehren sich die Zeugnisse eines undemokratischen Drucks auf Sozialdemokraten ... Die vorbehaltlose Bereitschaft großer Teile der Funktionäre und Anhänger der SPD (ist) einem zunehmenden Zweifel an der Ehrlichkeit des Bekenntnisses der KPD zur Demokratie und des Willens zur Zusammenarbeit und zur Einheit ohne betonten Führungsanspruch der KPD gewichen.«[49])

Unter diesen Umständen widersetzte sich die SPD auf der Dezember-Konferenz der kommunistischen Taktik *»Vereinigung von unten«* und bestand auf einer gesamtdeutschen Regelung. Im Januar verschärfte die SMAD jedoch den Druck – offenbar unter dem Eindruck der Gemeindewahlen in den Ländern der amerikanischen Zone: seit 13 Jahren die ersten demokratischen Wahlen in Deutschland, bei denen die KPD durchweg weit hinter CDU und SPD zurückfiel. Redeverbote und Verhaftungen sozialdemokratischer Funktionäre schränkten die Handlungsfreiheit des Berliner Zentralausschusses mehr und mehr ein, so daß Schumacher anläßlich einer Zusammenkunft mit Grotewohl in Braunschweig am 8. Februar die Auflösung der SPD in der Sowjetzone empfahl. Grotewohl meinte indessen resignierend, nur durch eine Vereinigung könne man noch retten, was zu retten sei, und wenigstens versuchen, der Einheitspartei einen demokratischen Charakter zu ver-

leihen. So beugte sich Grotewohl schließlich dem Verlangen der KPD. Aber in Berlin regte sich Widerstand: auf einer Funktionärskonferenz der Großberliner Parteiorganisation der SPD am 1. März wandte sich eine Gruppe um den Reinickendorfer Kreisvorsitzenden Franz Neumann gegen die Zwangsverschmelzung. Die westlichen Kommandanten gaben der SPD in den Westsektoren die Möglichkeit, am 30. März die Mitglieder in einer Urabstimmung zu befragen: 82 % der an der Abstimmung teilnehmenden Sozialdemokraten sprachen sich gegen die Vereinigung, nur 12,4 % dafür aus. Wenige Tage später konstituierte sich eine unabhängige SPD in Berlin – von den Kommunisten als *Zehlendorfer Krankenhausclub*, als bedeutungslose Absplitterung abgetan. In den Städten und Gemeinden der Sowjetzone erstarb der Widerstand angesichts der erklärten Absicht der SMAD, die SED-Gründung zu fördern. Am 19. und 20. April traten in Berlin – zunächst noch getrennt – der 40. Parteitag der SPD und der 15. Parteitag der KPD zusammen, die sich an den folgenden beiden Tagen zum 1. Parteitag der SED vereinigten.
Die *Sozialistische Einheitspartei Deutschlands* folgte auf ihrem Gründungsparteitag und in den ersten Monaten ihres Bestehens einer Linie, die Rücksichten auf die ehemaligen Sozialdemokraten (53% der Mitgliedschaft) erkennen ließ: der kommunistische Parteiideologe Anton Ackermann hatte im Februarheft der theoretischen Zeitschrift *Einheit* seine These von einem *besonderen deutschen Weg zum Sozialismus* entwickelt und damit unterstrichen, daß das sowjetische Modell nicht schlechthin verbindlich für die SED sein müsse. Die Partei verstand sich weiterhin als eine Massenpartei, in der Mitglied zu werden noch nicht durch besondere Verpflichtungen erschwert wurde. Bei der Zusammensetzung der Führungsgremien bemühte man sich zunächst um Parität: die beiden Vorsitzenden Pieck und Grotewohl, ebenso wie ihre Stellvertreter Ulbricht (KPD) und Fechner (SPD) galten als gleichberechtigt. Proteste auf dem sozialdemokratischen Parteitag hatten die KPD zu einem Kompromiß in der umstrittenen Frage der – an kommunistischen Vorbildern geschulten – Betriebsgruppenorganisation genötigt. Eine im allgemeinen zurückhaltende Programmatik der neuen Partei konnte jedoch den grundlegenden Mangel nicht wettmachen, daß die SED bereits bei ihrer Gründung des freien Votums ihrer Mitglieder entraten hatte.
Ende Mai 1946 beschloß das Koordinierungskomitee beim Alliierten Kontrollrat, in den vier Sektoren Berlins SED und SPD die gleichen Rechte einzuräumen. Anders als in den fünf Ländern der Sowjetzone mußte die Einheitspartei also in Berlin ihre Kräfte mit einer weiterexistierenden Sozialdemokratie messen.

Gemeinde- und Landtagswahlen in der Sowjetzone im Herbst 1946

Bald nach ihrer Gründung stand die SED vor einer ersten Bewährungsprobe. Es galt, die von der Partei in den Verwaltungen eingenommenen Machtpositionen in Gemeinde- und Landtagswahlen zu sichern.
Die Sowjetische Militäradministration erwartete, daß im Lande Sachsen, in den Hochburgen der alten Sozialdemokratie, am ehesten ein Bekenntnis der Wähler zur Einheitspartei zu erzielen sei. Dort sollten am 1. September 1946 die ersten Gemeindewahlen stattfinden, eine Woche später in Thüringen und Sachsen-Anhalt, am 15. September schließlich in Mecklenburg und Brandenburg.

Die Ende Juni 1946 veröffentlichte Wahlordnung gestattete den *zugelassenen Parteien und antifaschistisch-demokratischen Organisationen* eine Aufstellung von Kandidaten. Nur lizensierte Ortsverbände der Parteien waren berechtigt, Wahlvorschläge einzureichen. Die SMAD lehnte in zahlreichen Gemeinden eine Registrierung der Ortsgruppen der CDU und LDPD ab oder zögerte die Genehmigung hinaus, um so eine Aufstellung bürgerlicher Kandidaten zu verhindern. CDU und LDPD erhielten für Wahlwerbung nur einen Bruchteil der Papierlieferungen, die der SED zu Gebote standen. Die Presse der bürgerlichen Parteien hatte ohnehin eine weitaus geringere Verbreitung als die von der SMAD begünstigten SED-Zeitungen. Sowjetische Behörden zensierten Flugblätter und Plakate der CDU und LDPD und übten auf ihre Redner häufig einen Druck aus. Die beiden Parteien hatten inzwischen ihre ersten Parteitage abgehalten. Jakob Kaiser als 1. und Ernst Lemmer als 2. CDU-Vorsitzender der Zone waren bestätigt worden. Anfang Juli stimmte auch der 1. LDPD-Parteitag in Weimar der Wahl des Vorsitzenden Dr. Wilhelm Külz zu.

Die SED führte einen zügigen Wahlkampf, in dessen Verlauf sie sich um verschiedene Bevölkerungsgruppen werbend bemühte. Gegen den Widerstand eines Teiles der eigenen Mitglieder appellierte die SED sogar an ehemalige Nationalsozialisten.

Bei der Wahlvorbereitung spielte der Volksentscheid in Sachsen eine Rolle: 77,7% der abgegebenen Stimmen bejahten am 30. Juni den sächsischen Gesetzentwurf zur Enteignung der *Kriegsverbrecher und Naziaktivisten.* Das Ergebnis des Volksentscheides ermunterte auch die anderen Landesverwaltungen, ähnliche Gesetzentwürfe zu verabschieden, durch die schließlich rund 45% der mitteldeutschen Industriekapazität in Volkseigentum überführt werden konnten.

Während unter der Bevölkerung das Gerücht verbreitet wurde, ein für die SED ungünstiger Wahlausgang werde die knappen Lebensmittelzuteilungen weiter einschränken, richtete das Zentralsekretariat der SED einen Brief an Marschall Sokolowski und bat um eine Aufbesserung der Rationen, die auch eine Woche später von der SMAD – wie zuvor abgesprochen – gewährt wurde.

Unsicher erschien der Wahlausgang dennoch, zumal die Berliner Sozialdemokraten die Zonenbevölkerung aufgefordert hatten, Stimmenthaltung zu üben oder ungültige Stimmen abzugeben. In Sachsen waren denn auch rund $^1/_{10}$ der abgegebenen Stimmen ungültig, in Sachsen-Anhalt eine Woche später sogar 15,6%. Die bürgerlichen Parteien konnten sich in den Städten behaupten. In Dresden, Leipzig, Zwickau, Weimar, Jena, Halle und Naumburg übertrafen die CDU- und LDPD-Stimmen zusammen die Zahl der SED-Wähler zum Teil beträchtlich.

Zählt man die Wahlergebnisse in den fünf Ländern zusammen, so entfielen auf die SED 57,1% der abgegebenen gültigen Stimmen, auf die LDPD 21,1% und auf die CDU 18,8%. Der Rest kam der *Bauernhilfe* und den *Frauenausschüssen* zugute. Dabei war nicht zu übersehen, daß – einer Schätzung der britischen Zeitung *Manchester Gurdian* zufolge – allein in Sachsen rund ein Drittel der Wahlberechtigten nur eine einzige Liste – die der SED – auf dem Stimmzettel vorfand.

In den vier Wochen bis zu den Landtagswahlen am 20. Oktober 1946 verstärkte die SED ihre Werbung. Sie wandte sich gegen die Oder-Neiße-Linie, die Molotow Mitte September als endgültige Ostgrenze Deutschlands bezeichnet hatte. (Erst nach den Landtagswahlen schwenkte die SED auch in dieser Frage auf die Linie der sowjetischen Außenpolitik ein.)

Von den 11,4 Millionen Wahlberechtigten gaben am 20. Oktober 91,6% ihre Stimme ab, davon 5,9% ungültige. Von den 9,8 Millionen gültigen Stimmen erhielten die SED 47,5% (ihre Position war abgebröckelt, da mehr Wähler als im September zwischen mehreren Parteien auszuwählen vermochten), die CDU 24,5%, die LDPD 24,6% und die Massenorganisationen 3,4%.[50]) In den Landtagen von Brandenburg und Sachsen-Anhalt verfügten die beiden bürgerlichen Parteien über eine absolute Mehrheit.

Die gleichzeitig stattfindenden Gesamtberliner Wahlen waren allerdings weitaus bedeutsamer, denn in den vier Sektoren Berlins hatte sich die SED mit der weiterhin bestehenden Sozialdemokratie zu messen. Das Ergebnis war für sie unerwartet und bestürzend: sie fiel auf den dritten Platz hinter SPD und CDU zurück.

92,3% der 2,3 Millionen Berliner Wahlberechtigten gaben ihre Stimme ab. Nur 2% der abgegebenen Stimmen waren ungültig. Die Sozialdemokraten gewannen 48,7% der gültigen Stimmen (63 Mandate), die CDU 22,2% (29 Mandate), die SED 19,8% (26 Sitze) und die LDPD 9,3% (12 Sitze.)

Die Sowjets selbst hatten den Wahlausgang offenbar realistischer als die SED eingeschätzt. Gemeinsam mit der SED-Führung zogen sie aus dem Ergebnis dieser Wahlen in Mitteldeutschland, die trotz aller Einschränkungen erstmalig nach 13 Jahren wieder das Attribut *demokratisch* verdienten, die Konsequenz: es blieben die letzten Wahlen in der Sowjetzone, bei denen der Mehrheit der Wähler alternierende Entscheidungen gestattet wurden.

Die Wahlen in den Westzonen

Den Gemeindewahlen in den Ländern der amerikanischen Zone während des Monats Januar 1946 folgten bereits im Juni Wahlen zu den Verfassunggebenden Landesversammlungen Hessens, Bayerns und Württemberg-Badens. Mitte September schritten auch in der britischen und in der französischen Zone die Bürger der Gemeinden erstmalig zu den Wahlurnen. In den Gemeinden Hessens, Niedersachsens, Schleswig-Holsteins und bei den Bürgerschaftswahlen in Hamburg und Bremen (13. Oktober 1946) eroberten die Sozialdemokraten die größte Stimmenzahl. In allen anderen Ländern – darunter auch in dem volkreichen Nordrhein-Westfalen – setzte sich die CDU an die Spitze.

Zuletzt bestimmten die Bürger mit ihren Stimmzetteln das Kräfteverhältnis der Parteien in den Landtagen. In der amerikanischen und in der französischen Zone wurde dieser Wahlakt jeweils mit Abstimmungen über die von den Verfassunggebenden Versammlungen vorgelegten Länderverfassungen gekoppelt.

Summiert man die Stimmenzahlen der Landtagswahlen in Württemberg-Baden (24. 11. 46), in Hessen und Bayern (1. 12. 46), in Bremen (12. 10. 47), in Hamburg (13. 10. 46), in Niedersachsen, Nordrhein-Westfalen und Schleswig-Holstein (20. 4. 47) sowie in Rheinland-Pfalz, Baden und Württemberg-Hohenzollern (18. 5. 47), so ergibt sich folgendes Bild[51]):

Wahlberechtigte in den drei Westzonen (ohne Saargebiet / zu verschiedenen Wahlterminen wohlgemerkt)	:	26.094.963 Bürger
Es gaben ihre Stimme ab	:	18.386.256 Bürger,

also 70,4% der Wahlberechtigten. 5,5% der Stimmen waren ungültig.

Von den gültigen Stimmen gewann die	CDU	37,6%
	SPD	35,0%
	KPD	9,4%
	Liberale Parteien	9,3%
	Sonstige	8,7%

In den Landesregierungen arbeiteten die großen Parteien durchweg eng zusammen. Die gemeinsame Notlage – besonders augenfällig in dem harten Winter 1946/47 – erzwang Koalitionen, deren Bildung umso zweckmäßiger erschien, als wesentliche programmatische Meinungsverschiedenheiten zwischen CDU und SPD noch nicht im Vordergrund standen.

Die Christlichen Demokraten erklärten in ihrem *Ahlener Programm* vom Februar 1947:

»Das kapitalistische Wirtschaftssystem ist den staatlichen und sozialen Lebensinteressen des deutschen Volkes nicht gerecht geworden ... Durch eine gemeinwirtschaftliche Ordnung soll das deutsche Volk eine Wirtschafts- und Sozialverfassung erhalten, die dem Recht und der Würde des Menschen entspricht ... Wir fordern die Vergesellschaftung der Bergwerke ... Auch bei der eisenschaffenden Industrie ist der Weg der Vergesellschaftung zu beschreiten ... Lebensfähige Klein- und Mittelbetriebe sind um ihres volkswirtschaftlichen Wertes und ihrer sozialen Aufstiegsmöglichkeiten willen zu fördern. In Industrie, Handwerk und Gewerbe ist die private Unternehmertätigkeit zu erhalten und zu entwickeln ...«[52])

Für Großbetriebe empfahl die CDU ein *Mitbestimmungsrecht der Arbeitnehmer an den grundlegenden Fragen der wirtschaftlichen Planung und sozialen Gestaltung.*

Auf das *Ahlener Programm* berief sich die CDU in der Debatte des nordrhein-westfälischen Landtages, in der die Parteien sich um eine rechtliche Regelung der von der britischen Militärregierung bereits eingeleiteten Entflechtung und Teilsozialisierung im Bereiche des Bergbaus, der eisenschaffenden und chemischen Großindustrie bemühten.[53])

Hieß es im *Ahlener Programm* der CDU: *»Es muß aber vermieden werden, daß der private Kapitalismus durch den Staatskapitalismus ersetzt wird, der noch gefährlicher für die politische und wirtschaftliche Freiheit des einzelnen sein würde.«* – so meinte Dr. Schumacher in seinem Schlußwort auf dem 1. Parteitag der SPD in Hannover im Mai 1946:

»Die Vergesellschaftung der Produktionsmittel stellen wir uns nicht in jedem Falle, ja, meiner Ansicht nach in den meisten Fällen nicht als eine bloße Verstaatlichung vor. Wir können uns denken und wollen uns denken unter diesem Begriff eine Mannigfaltigkeit der Betriebsformen, der Organisationsformen, der nur das eine Prinzip gemeinsam sein soll: sozialistisch zu sein ...«[54])

Neben den wirtschaftlichen Sorgen, die sich in Hungerdemonstrationen und Streiks gegen die Demontagen entluden, bemerkenswerterweise jedoch kaum radikalistischen Strömungen Anklang verschafften, überschattete der immer sichtbarer zu Tage tretende Konflikt zwischen den Großmächten das Werk der neuen Regierungen und Parlamente in den deutschen Ländern.

Die Bi - Zone

Am 5. März 1946 hielt Winston Churchill im Westminster College in Fulton (Missouri) eine auch in Deutschland vielbeachtete Rede:
»Von Stettin an der Ostsee bis hinunter nach Triest an der Adria ist ein ‚Eiserner Vorhang' über den Kontinent gezogen.[55])
Überall – mit Ausnahme der Tschechoslowakei – hätten kommunistische Parteien totalitäre Polizeiregime errichtet.
Der Versuch der Sowjets, ein kommunistisches Deutschland in ihrer Zone großzuziehen (Churchill dachte dabei offenbar an die Vorbereitung der Zwangsverschmelzung von SPD und KPD), werde den Deutschen den Vorwand liefern, sich den Russen oder den westlichen Demokratien als Verbündete anzubieten.
Churchill schloß mit den Worten: *»Das ist sicher nicht das befreite Europa, für dessen Aufbau wir gekämpft haben.«*
Der britische Oppositionsführer empfahl eine enge militärische Zusammenarbeit zwischen den USA und dem britischen Commonwealth. Wenige Tage vor dieser Rede hatte ein Attaché an der sowjetischen Botschaft in Kanada (Gusenko) dem Westen Kenntnis von einem großen Spionagenetz verschafft, welches der Sowjetregierung Informationen über Atomgeheimnisse geliefert hatte. Damit war das amerikanische Atombombenmonopol, auf dessen Schutz der Westen bei seiner umfangreichen Abrüstung herkömmlicher Waffen gebaut hatte, gefährdet. Am 30. Juni 1946 explodierte über dem Bikini-Atoll im Pazifik eine Atombombe. Es war der erste nukleare Test seit dem Abwurf der Atombomben auf Hiroshima und Nagasaki, deren greller Explosionsblitz der Welt eine bisher unvorstellbare Form der Kriegführung sichtbar gemacht hatte.
Der Bikini-Test fand statt, während die Außenminister der Siegermächte noch mit der Ausarbeitung von Friedensverträgen mit den ehemaligen Bündnispartnern Deutschlands beschäftigt waren.
Im Anschluß an das Potsdamer Treffen der Regierungschefs war der Rat der Außenminister zum ersten Mal im September 1945 in London zusammengetreten; Byrnes hatte mit einem Plan für vollständige Entmilitarisierung und 25jährige Besetzung Deutschlands bei seinem sowjetischen Kollegen Molotow wenig Interesse erwecken können. Auf der Moskauer Drei-Mächte-Außenministerkonferenz, an der Frankreich nicht beteiligt war, bahnte sich ein Kompromiß in bezug auf die Friedensverträge mit Deutschlands ehemaligen Bündnispartnern an. Die 2. Ratstagung der Außenminister (25. April bis 19. Mai 1946) in Paris setzte diese Beratung fort – mit dem Ergebnis, daß im Anschluß daran die vom 29. Juli bis 15. Oktober in Paris tagende *Konferenz der 21 Nationen* die Friedensverträge mit Italien, Finnland, Ungarn, Rumänien und Bulgarien so weit unter Dach und Fach bringen konnte, daß ihre Unterzeichnung in greifbare Nähe rückte – Verträge, deren Bedeutung für Deutschland in ihrer Modellfunktion bestehen sollte.[56])
Vordem hatten sich die Außenminister – Byrnes, Bevin, Bidault und Molotow – in der zweiten Sitzungsperiode ihrer 2. Ratstagung (15. Juni bis 12. Juli 1946) auch der deutschen Frage zugewandt.
Byrnes präzisierte seinen Plan für eine vollständige Entmilitarisierung und Be-

setzung Deutschlands, deren Dauer er, um sowjetische Einwendungen auszuräumen, von 25 auf 40 Jahre verlängern wollte. Amerikanischen Vorstellungen zufolge sollten die Außenminister-Stellvertreter umgehend einen Friedensvertrag mit Deutschland ausarbeiten.
Molotow widersprach: man müsse zunächst eine deutsche Regierung einsetzen, bevor an den Abschluß eines Friedensvertrages zu denken sei. Als Übergangsmaßnahme empfahl er die Bildung einer deutschen Zentralverwaltung. Damit wären Washington und London einverstanden gewesen, aber Frankreich erhob Einspruch. Außenminister Bidault schlug stattdessen vor, erst einmal das Ruhrgebiet mit seinen rund 5 Millionen Einwohnern einer internationalen Kontrolle und Besetzung zu unterwerfen, an der Ruhr eine beschränkte deutsche Selbstverwaltung unter der Aufsicht der letzthin verantwortlichen alliierten Zentralgewalt zuzulassen, eine Wirtschaftsgrenze gegenüber dem restlichen Deutschland zu errichten (wiewohl Exportüberschüsse der Ruhr teilweise den übrigen deutschen Ländern zugute kommen sollten), schließlich das Rheinland von der Pfalz bis einschließlich Köln durch französische Truppen, nördlich davon durch belgische, holländische und angelsächsische Streitkräfte ständig besetzt zu halten und die Saarbergwerke bis zu einer endgültigen Entscheidung über ihr künftiges Schicksal Frankreich zu überlassen.
Molotow dagegen bestand auf einer Vier-Mächte-Kontrolle des Ruhrgebietes Erneut entzündete sich der Streit an jenen 10 Milliarden Dollar Reparationen, welche die Sowjets beanspruchten. Die USA hatten inzwischen die Lieferungen aus ihrer Besatzungszone nach Rußland gestoppt. Byrnes begründete diese Maßnahme damit, daß die Vereinigten Staaten im Jahre 1947 voraussichtlich 200 Millionen Dollar für Deutschland aufwenden müßten – nur weil der Grundsatz, Deutschland als wirtschaftliche Einheit zu behandeln, von den Sowjets laufend verletzt worden wäre.
Die Pariser Außenministerkonferenz endete nach der zweiten Sitzungsperiode ohne Einigkeit in der Deutschland-Frage. Auf der Schlußsitzung sprach Byrnes Molotow noch einmal an:
»Warum sagen Sie mir nicht, fragte ich, was Sie nun wirklich und eigentlich mit Deutschland vorhaben?
Die Sowjetunion, entgegnete er, wolle, was sie in Jalta verlangt habe: zehn Milliarden Dollar als Reparationen und gemeinsam mit den Vereinigten Staaten, Großbritannien und Frankreich Teilnahme an einer Vier-Mächte-Kontrolle der Ruhrindustrie ... Ich bin überzeugt, daß das, was Molotow an jenem Abend sagte, die wirklichen Wünsche des sowjetischen Oberkommandos darstellt.«[57])
Die Vereinigten Staaten waren unter den gegebenen Umständen nicht geneigt, diesen sowjetischen Wünschen Rechnung zu tragen. In der Endphase der Konferenz ließen Byrnes und Bevin die Absicht durchschimmern, wenigstens die britische und amerikanische Zone wirtschaftlich enger miteinander zu verflechten.
Anfang September kamen die stellvertretenden Militärgouverneure der USA und Großbritanniens, die Generale Clay und Robertson, überein, fünf Zentralämter der *Bi-Zone* zur errichten – für Wirtschaft, Finanzen, Ernährung und Landwirtschaft, Verkehrswesen und Post. Diesen Behörden – in Minden, Frankfurt-Main, Stuttgart und Bielefeld – sollte es hinfort obliegen, die Maßnahmen der Ressortministerien der Länder zu koordinieren.
Am 6. September 1946 richtete Außenminister James F. Byrnes von Stuttgart aus

eine aufsehenerregende Ansprache an die deutsche Bevölkerung, in der er die neue politische Konzeption der Vereinigten Staaten offenbarte:
»Die Vereinigten Staaten sind bereit, die in den Potsdamer Beschlüssen über die Entmilitarisierung und die Reparationen niedergelegten Grundsätze in vollem Umfang durchzuführen. Wenn Deutschland jedoch nicht in der in den Potsdamer Beschlüssen vorgesehenen und geforderten Weise als wirtschaftliche Einheit verwaltet wird, müßten an dem von der Alliierten Kontrollkommission genehmigten Industrieniveau Änderungen vorgenommen werden ...
Die notwendigen deutschen Zentralverwaltungen sind nicht geschaffen worden, obgleich die Potsdamer Beschlüsse dies ausdrücklich verlangten ...
Die Schranken zwischen den Zonen sind weit schwieriger zu überwinden, als die zwischen normalen unabhängigen Staaten.«[58])
Seine Regierung stehe auf dem Standpunkt, daß das deutsche Volk jetzt innerhalb ganz Deutschlands die *Hauptverantwortung für die Behandlung seiner eigenen Angelegenheiten bei geeigneten Sicherungen* übernehmen könne und daß die Sieger den Deutschen Aufschluß über die Friedensbedingungen erteilen müßten. Die Grenze zwischen Deutschland und Polen an der Oder-Neiße-Linie habe im Gegensatz zur Abtretung des Königsberger Gebietes keineswegs endgültigen Charakter. Byrnes ließ Frankreichs Ansprüche auf die Saar als berechtigte Wünsche gelten. Die Vereinigten Staaten seien im übrigen allen Kontrollen der Ruhr und des Rheinlandes gewogen, die der Sicherheit dienlich sein könnten.
»Sie werden jedoch nicht für solche Maßnahmen eintreten, die Ruhrgebiet und Rheinland – unmittelbar oder mittelbar – einer politischen Beherrschung oder politischen Manipulation seitens ausländischer Mächte unterwerfen ...
Das amerikanische Volk wünscht, dem deutschen Volk die Regierung Deutschlands zurückzugeben. Das amerikanische Volk will dem deutschen Volk helfen, seinen Weg zurückzufinden zu einem ehrenvollen Platz unter den freien und friedliebenden Nationen der Welt.«
Sechs Tage nach der Rede von Byrnes beriefen die beiden Militärgouverneure der Bi-Zone die drei Wirtschaftsminister der Länder Bayern, Hessen und Württemberg-Baden und drei Vertreter der britischen Zone in den sechsköpfigen Exekutivausschuß für Wirtschaft, der seinen Sitz in Minden haben sollte. Zu diesem Gremium gehörten u. a. die sozialdemokratischen Wirtschaftsexperten Dr. Viktor Agartz und Prof. Noelting, sowie der mit den Christlichen Demokraten verbundene bayerische Wirtschaftsminister Dr. Ludwig Erhard.
Der Aufbau der Bi-Zonen-Verwaltung fand einen vorläufigen Abschluß, nachdem die Außenminister Byrnes und Bevin am 2. Dezember 1946 in New York ein Abkommen unterzeichnet hatten:
Mit Wirkung vom 1. Januar 1947 sollten *die beiden Zonen in allen wirtschaftlichen Angelegenheiten als ein einziges Gebiet behandelt werden ... Das Ziel der beiden Regierungen ist es, die wirtschaftliche Selbständigkeit des Gebietes bis Ende 1949 zu erreichen.*[59])
Die beiden Regierungen verständigten sich über die gemeinsam aufzubringenden Kosten für lebenswichtige deutsche Importe, übertrugen die Verantwortung für den Außenhandel einem gemeinsamen Ausfuhr-Einfuhr-Amt (Joint Export Import Agency = J E I A) und teilten mit, daß sie die Rationen für den Normalverbraucher so rasch wie möglich von 1550 auf 1800 Kalorien zu steigern beabsichtigten.
Die damit verbundenen Anstrengungen beschrieb der ehemalige Präsident der USA,

Herbert Hoover, den Truman mit der Ausarbeitung eines Gutachtens beauftragt hatte, in den ersten Wochen des Jahres 1947, in denen die Bi-Zonen-Ämter ihre Tätigkeit voll aufnahmen:

»Es mag für den amerikanischen Steuerzahler ein schwerer Schlag sein, daß wir, die wir den Krieg gegen Deutschland gewonnen haben, nun für einige Jahre hohe Ausgaben für die Unterstützung dieses Volkes tragen müssen. Es ist in der Tat in der Geschichte der Menschheit etwas Neues, daß der Sieger dies unternimmt ... Dieses Volk ist – in seinen Lebensmitteln, in seiner Heizung und seiner Unterkunft – auf den niedrigsten Stand gesunken, der seit hundert Jahren in der Geschichte des Westens bekannt ist. Wenn die westliche Zivilisation in Europa weiterleben soll, dann muß sie auch in Deutschland weiterleben.«[60])

Die Kluft, die zwischen den Siegern des Zweiten Weltkrieges aufgebrochen war, wurde im Spätherbst 1946 – zu der Zeit, in der die Bi-Zone entstand – noch einmal durch Stellungnahmen der beiden überlebenden Staatsmänner aus dem Kreise der Großen Drei in grelles Licht getaucht: Churchill und Stalin.

Der britische Oppositionsführer beklagte am 19. September 1946 vor Studenten der Züricher Universität die *babylonische Verwirrung mißtönender Stimmen* unter den Siegern und das *trotzige Schweigen der Verzweiflung* unter den Besiegten. Churchill empfahl *»ein Heilmittel, das, allgemein und spontan angewendet, die ganze Szene wie durch ein Wunder verwandeln könnte ...: Wir müssen eine Art Vereinigte Staaten von Europa errichten ... Ich will jetzt etwas sagen, was Sie vielleicht in Erstaunen setzen wird: Der erste Schritt bei der Neubildung der europäischen Familie muß ein Zusammengehen zwischen Frankreich und Deutschland sein ... Es gibt kein Wiedererstehen Europas ohne ein geistig großes Frankreich und ein geistig großes Deutschland.«*[61]) Winston Churchills Züricher Rede stand am Anfang einer neuen Bewegung für ein vereinigtes Europa, die in den folgenden Jahren auch in Deutschland, vor allem unter der Jugend, ein begeistertes Echo finden sollte.

Josef Wissarionowitsch Stalin anwortete Ende Oktober 1946 auf die Frage eines Korrespondenten der Nachrichtenagentur *United Press*, was den Frieden der Welt bedrohe:

»Die Brandstifter eines neuen Krieges, vor allem Churchill und seine Gesinnungsgenossen in England und den Vereinigten Staaten.«[62])

Stalin beschrieb die von der Sowjetunion gegenüber Deutschland verfolgte Politik mit den Worten:

»Nicht nur die wirtschaftliche, sondern auch die politische Einheit Deutschlands muß wieder hergestellt werden.«

Der mangelnde Fortschritt der Demokratisierung in den Westzonen sei das Haupthindernis bei der Wiederherstellung der deutschen Einheit. Damit war der Konflikt umschrieben: die Sowjetunion behauptete, die Westmächte hätten die Potsdamer Beschlüsse hinsichtlich Demokratisierung, Entmilitarisierung und Reparationspflichten verletzt. Der Westen warf der Sowjetunion vor, die Vorschriften über die wirtschaftliche Einheit Deutschlands und die Förderung aller demokratischer Parteien und Gruppen mißachtet zu haben.

Noch einmal konnten die Außenminister der vier Großmächte ihre Unterschrift gemeinsam unter ein Vertragswerk setzen, das einen Schlußstrich unter die Schreckensbilanz des Zweiten Weltkrieges zu ziehen versprach:

In einem feierlichen Akt wurden am 10. Februar 1947 in Paris die Friedensverträge

mit Italien, Finnland und den drei Balkan-Staaten unterzeichnet, nachdem die vier Außenminister auf ihrer New Yorker Konferenz (3. November bis 12. Dezember), anschließend ihre Stellvertreter im Januar in London eine Verständigung über den endgültigen Vertragstext erzielt hatten.
Die sowjetische Vorherrschaft in Polen und auf dem Balkan wurde durch diese Verträge allerdings nicht beseitigt.
In New York beschlossen die Außenminister, auf die Tagesordnung ihrer nächsten Zusammenkunft – in Moskau – die Friedensverträge mit Deutschland und Österreich zu setzen. Die Außenminister-Stellvertreter sollten vorher Verfahrensfragen klären. Die kleineren Mächte wünschten, bei der Ausarbeitung des Deutschland-Vertrages ein gewichtigeres Wort mitzureden; sie glaubten, auf der *Konferenz der 21 Nationen* in einigen umstrittenen Fragen von den Großmächten überspielt worden zu sein. Belgien, die Niederlande und Luxemburg hatten die New Yorker Außenministerkonferenz mit ihrem Wunsch nach Grenzveränderungen gegenüber Deutschland vertraut gemacht.

Deutschland zwischen den Konferenzen von Moskau und London 1947

Auf zwei Konferenzen der Großmächte 1947 – in Moskau und in London – fiel die endgültige Entscheidung über die Teilung Deutschlands.
Die Moskauer Außenministerkonferenz tagte vom 10. März bis zum 24. April. Zwei Tage nach ihrer Eröffnung verkündete der amerikanische Präsident die *Truman-Doktrin:* er verband die Zusicherung wirtschaftlicher Hilfe für das vom Bürgerkrieg zerrissene Griechenland und für die Türkei mit einer unmißverständlichen Erklärung, die Vereinigten Staaten würden sich jeder weiteren Ausbreitung des sowjetischen Einflusses in Europa und Asien entgegenstemmen. Der Präsident hatte am Jahresbeginn seinen bisherigen Außenminister Byrnes durch General Marshall ersetzt.
Über den Verlauf der Moskauer Tagung berichtete Marshall unmittelbar nach seiner Rückkehr in die Vereinigten Staaten:
»In den Moskauer Verhandlungen wurden alle Meinungsverschiedenheiten, die bereits während der Konferenz über die Friedensverträge mit Italien und den Balkanstaaten so deutlich zutage getreten waren, in den Brennpunkt gerückt, blieben aber praktisch ungelöst . . .
Die entscheidenden deutschen Grundprobleme sind:
1. *die Begrenzung der Machtbefugnisse der Zentralregierung,*
2. *die Art des Wirtschaftssystems und seine Beziehung zu ganz Europa,*
3. *Art und Umfang der Reparationen,*
4. *die Grenzen des deutschen Staates,*
5. *inwieweit die alliierten Staaten, die sich mit Deutschland in Kriegszustand befunden haben, bei der Ausarbeitung und Bestätigung des Friedensvertrages vertreten sein sollen.«* [63])

Die Außenminister verständigten sich Anfang April grundsätzlich darüber, die schon in Potsdam geplanten Zentralverwaltungen als Vorstufe einer Provisorischen Deutschen Regierung einzusetzen. Als sie aber darangingen, Zusammensetzung und Arbeitsweise dieser Behörden zu diskutieren, zerbrach das Übereinkommen wieder.

Bemerkenswerterweise widersetzte sich auch Frankreich in Moskau nicht mehr der Bildung von Zentralverwaltungen, obwohl es auf einer vorherigen Regelung der Grenzfrage bestand. Auch in anderen Fragen schwenkte Außenminister Bidault in Moskau auf die Linie seines britischen und seines amerikanischen Kollegen ein. Gegen den Protest der Sowjets schlossen die drei Westmächte am 21. April in Moskau ein Abkommen, welches Frankreich vermehrte Kohlenlieferungen aus dem Ruhrgebiet zusicherte.
Die Öffentlichkeit erfuhr während der Moskauer Tagung erstmalig von einem Jaltaer Geheimabkommen, in dem tatsächlich von 20 Milliarden Dollar Reparationen, davon die Hälfte zugunsten der Sowjetunion, die Rede gewesen war. Die Vereinigten Staaten deuteten ihre Bereitschaft an, in begrenztem Umfang Reparationslieferungen aus der laufenden Güterproduktion in Erwägung zu ziehen – vorausgesetzt, daß Deutschlands Wirtschaftslage dadurch nicht noch gefährdeter erscheine. Aber weder in der Reparationsfrage, noch hinsichtlich der Ruhrkontrolle und der Grenzprobleme fand die Konferenz eine gemeinsame Formel. Nur in zwei Punkten erzielten die Außenminister Einigkeit: sie bestätigten die vom Kontrollrat verfügte Auflösung des preußischen Staates, und sie beschlossen, alle Kriegsgefangenen bis zum Jahresende 1948 zu entlassen. Die USA bezifferten die Zahl der in ihrem Gewahrsam befindlichen deutschen Kriegsgefangenen auf 31.000 (davon die Hälfte auf deutschem Boden), Großbritannien 430.000 und Frankreich 631.000. Die Zahl der in sowjetischen Lagern Festgehaltenen schätzte Außenminister Bevin in Moskau auf rund 3 Millionen; die sowjetische Nachrichtenagentur TASS gab 890.532 an.
Am 24. April 1947 beendeten die Außenminister ihre Konferenz. *»Es wurde wochenlang geredet, es wurde zuviel geredet«* (Bidault in seinem Rechenschaftsbericht vor der französischen Nationalversammlung[64]). Aber noch waren nicht alle Hoffnungen geschwunden. Bevin wies im Unterhaus auf die nächste Zusammenkunft der Außenminister hin: *»Ich betrachte die Londoner Konferenz im November als die wahrscheinlich lebenswichtigste der Weltgeschichte.«*[65])
Für die Entwicklung der Bi-Zone hatte der enttäuschende Verlauf der Moskauer Gespräche unmittelbare Folgen. Das *Vereinigte Wirtschaftsgebiet* besaß noch kein koordinierendes Exekutivorgan mit ausreichenden Befugnissen.
Am 29. Mai 1947 veröffentlichten Clay und Robertson eine zweite Proklamation zur Gestaltung der Bi-Zone:

»1. Ein Organ, genannt Wirtschaftsrat, ist von den Landtagen der verschiedenen Länder zu wählen,

2. außerdem ist ein hauptamtliches Koordinierungs- und Exekutivorgan, genannt Exekutivausschuß, zu errichten . . .[66])«

Jede Landesregierung sollte ein hauptamtliches Mitglied in diesen Exekutivausschuß entsenden.

»3. die Verwaltung der verschiedenen zweizonalen Abteilungen ist Direktoren zu übertragen, die dem Wirtschaftsrat verantwortlich sind und der unmittelbaren Aufsicht des unten beschriebenen Exekutivausschusses unterstehen . . .

Beschlüsse des Wirtschaftsrates und des Exekutivausschusses sind mit Mehrheitsentscheidung zu fassen.«

Der Wirtschaftsrat trat am 25. Juni zu seiner konstituierenden Sitzung im Saal der Frankfurter Börse zusammen. Ihm gehörten 54 von den Landtagen gewählte Mitglieder an (ein Mitglied jeweils für 750.000 Einwohner), und zwar 21 Abgeordnete der CDU, 20 der SPD, 3 der KPD, je 2 des Zentrums und der Niedersächsischen

Landespartei, 3 der FDP, je 1 der hessischen LDP, der bayerischen WAV und der Demokratischen Volkspartei Württemberg-Badens. Gegen 3 kommunistische Stimmen wählte der Wirtschaftsrat Dr. Erich Köhler (CDU) zu seinem Präsidenten. Der Rat hatte gesetzgeberische Befugnisse auf den Gebieten der Wirtschaft, des Verkehrs, der Ernährung, der Post und des Finanzwesens. Den Direktoren der einzelnen Verwaltungsabteilungen standen mehr Rechte zu als den bisherigen Zwei-Zonen-Ämtern.

Die beiden Militärgouverneure behielten sich eine Prüfung und Genehmigung aller Beschlüsse des Wirtschaftsrates vor und erteilten ihm Weisungen. Der *Bipartite Board*, dem die beiden Gouverneure angehörten, behielt seinen Sitz in Berlin. In Frankfurt/Main entstand ein *Bipartite Control Office*.

Im Wirtschaftsrat und im Exekutivausschuß entbrannte nun ein heftiger Streit zwischen den Parteien um die Besetzung der Direktoren-Stellen. Die Sozialdemokraten drängten danach, die Wirtschaftsabteilung zu übernehmen. Das Verwaltungsamt für Wirtschaft war die einzige bizonale Behörde, die bisher von einem Sozialdemokraten geleitet worden war. Nun trat ein CDU-Politiker an seine Stelle. Nach der Wahl von fünf christlich-demokratischen Direktoren brach ein Konflikt zwischen den beiden großen Parteien auf, der mit zunehmender Heftigkeit in den folgenden Jahren die ursprünglich zwischen SPD und CDU bestehenden Gemeinsamkeiten überdeckte. Die Christlichen Demokraten entschieden sich für einen marktwirtschaftlichen Liberalismus beim Aufbau der Bi-Zone.

Trotz dieser Auseinandersetzungen im Wirtschaftsrat stimmten alle demokratischen Kräfte darin überein, daß nur durch einen Zusammenschluß beider Zonen ein stetiges wirtschaftliches Wachstum zu erreichen sei, ohne das eine Festigung der demokratischen Ordnung auf die Dauer nicht möglich erschien.

In den vier Wochen zwischen der Proklamation und dem Zusammentritt des Wirtschaftsrates unternahmen deutsche Politiker noch einmal einen Versuch, die Zonentrennung zu überwinden: Bayerns Ministerpräsident Dr. Ehard lud im Mai die Chefs aller Landesregierungen zu einer Besprechung nach München ein. Die saarländischen Vertreter teilten mit, ihre Anwesenheit erübrige sich, da die saarländische Wirtschaft mit der Frankreichs vereinigt werde. Die Ministerpräsidenten der fünf Länder der Sowjetzone forderten eine Verlegung der Konferenz nach Berlin und eine vorrangige Erörterung der Wege zu einer politischen und wirtschaftlichen Einheit Deutschlands. Den Ministerpräsidenten der französischen Zone untersagte die Militärregierung ausdrücklich jede Debatte über die Wiederherstellung der Einheit. Obwohl ihre Forderungen keine vorherige Zustimmung fanden, reisten die Ministerpräsidenten der Sowjetzone ebenso wie ihre Kollegen aus allen anderen deutschen Ländern und Freien Städten – mit Ausnahme des Saarlandes – nach München. Am Vortag der Konferenz berichtete das Zentralorgan der SED, *Neues Deutschland*, die Vorbesprechung hätte volle Übereinstimmung über die Tagesordnung erbracht (als Punkt 1 werde die Ernährungsfrage besprochen, anschließend Volksgesundheit, Wirtschaft, Entnazifizierung, Besatzungsrecht und Umsiedlerfrage.)

»Aber schon in der Vorbesprechung am Abend des 5. Juni 1947 kam es zum Zerwürfnis. Ministerpräsident Höcker von Mecklenburg beantragte als entscheidende Voraussetzung für die Verhandlungen der Konferenz die Bildung einer deutschen zentralen Verwaltung durch Verständigung der demokratischen Parteien und Gewerkschaften zur Schaffung eines Einheitsstaates.«[67])

Als die Tagesordnung nicht in ihrem Sinne abgeändert wurde, verließen die Ministerpräsidenten der Sowjetzone noch am selben Abend die Konferenz und reisten – nach einem vergeblichen Vermittlungsversuch des Berliner Bürgermeisters Dr. Friedensburg (CDU) – am folgenden Tag wieder ab. Ohne sie ging die Konferenz weiter und verabschiedete die vorbereiteten Resolutionen.
Am 7. Juni bekundeten die Ministerpräsidenten der Westzonen in mehreren Entschließungen ihren Willen zur *Neugestaltung unseres staatlichen Lebens ... nur auf dem Wege echter Demokratie ..., in der alle Grundrechte menschlicher Freiheit gewährleistet sind*[68]); sie ersuchten die Besatzungsmächte, ihr Verhältnis zur deutschen Bevölkerung und zu den deutschen Behörden in formulierten Rechtssätzen niederzulegen, die seit Anfang 1946 geltende überhöhte Besteuerung im Interesse einer selbsttätigen Initiative der Bevölkerung zu mindern, eine Geld- und Währungsreform bei *gerechter und gleichmäßiger Belastung des Sachwert- und Geldbesitzes* vorzubereiten, die Kriegsgefangenen umgehend freizulassen, die Wirtschaftseinheit herzustellen, den Industrieplan zu revidieren, den Interzonenhandel – unter deutscher Verantwortung – zu beleben und die Freizügigkeit zwischen den Zonen zu gewährleisten. *»Die Ernährungskrise in Deutschland hat ein Ausmaß erreicht, das Leben und Wirtschaft an den Rand der Auflösung gebracht hat.«*
Die Ministerpräsidenten stimmten der Entnazifizierung als einer *Aufgabe der Selbstreinigung des deutschen Volkes* im Prinzip zu, unterstrichen, daß dabei in allen vier Zonen Rechtssicherheit herrschen müsse, und erließen einen Aufruf an alle vom Nationalsozialismus aus Deutschland vertriebenen Emigranten: *»Wir haben sie schweren Herzens scheiden sehen und wir werden uns ihrer Rückkehr freuen.«*
Der Verlauf der Münchener Ministerpräsidenten-Konferenz erweckte im sowjetischen Besatzungsgebiet zwiespältige Gefühle. Der überwiegende Teil der Bevölkerung war tief betroffen.
Als Antwort auf die Gründung des Wirtschaftsrates der Bi-Zone schuf die Sowjetische Militäradministration am 14. Juni 1947 die *Deutsche Wirtschaftskommission*, bestehend aus den fünf Präsidenten der Zentralverwaltungen für Industrie, Verkehr, Handel und Versorgung, Land- und Forstwirtschaft, Brennstoff und Energie und den beiden Vorsitzenden der *Vereinigung der gegenseitigen Bauernhilfe* (VdgB) und des *Freien Deutschen Gewerkschaftsbundes* (FDGB). Die neben der *Deutschen Wirtschaftskommission* weiterhin bestehenden neun Zentralverwaltungen für Finanz, Gesundheitswesen, Arbeit und Sozialfürsorge, Inneres, Justiz, Post, Statistik, Umsiedler und Volksbildung unterstanden fortan zwar nicht formell, aber faktisch der DWK. In der Sowjetzone nahmen die Spannungen zwischen der SED und den beiden bürgerlichen Parteien im Frühsommer 1947 zu. Während die Liberal-Demokratische Partei unter dem Vorsitz von Dr. Külz weiterhin eine Verständigung mit der SED suchte, so daß die Vertreter des Berliner Landesverbandes der LDPD Anfang Juli aus Protest gegen die Haltung des Parteivorsitzenden den zentralen Vorstand verließen, widersetzte sich die CDU, geleitet von Jakob Kaiser, nachdrücklich dem Führungsanspruch der SED.
Im Gegensatz zur SMAD und zur Führung der Sozialistischen Einheitspartei befürwortete Kaiser den Marshall-Plan.
Der amerikanische Außenminister George F. Marshall hatte nämlich am 5. Juni – an demselben Tag, an dem in München die Ministerpräsidenten erstmalig zusammentraten – in einer Rede vor Studenten der Havard-Universität die Hilfe der

Vereinigten Staaten beim Wiederaufbau Europas angeboten, vorausgesetzt, die europäischen Staaten einigten sich über einen gemeinsamen Wirtschaftsplan. Marshall dehnte sein Angebot auch auf die Sowjetunion und die osteuropäischen Staaten aus, und in der Tat zeigten sich Polen, Ungarn und die Tschechoslowakei zunächst auch an der *Marshall-Plan-Hilfe* interessiert. Die Tschechoslowakei nahm die Einladung der USA sogar an.

Vom 27. Juni bis zum 2. Juli erörterten die drei Außenminister Großbritanniens, Frankreichs und der Sowjetunion in Paris den amerikanischen Vorschlag, dem die westeuopäischen Regierungen sogleich zustimmten, während die Sowjetunion ihn als Einmischung in die souveräne Politik der europäischen Mächte kritisierte. Molotow veranlaßte daher die osteuropäischen Staaten – einschließlich der Tschechoslowakei –, die Einladung zu der vom 12. Juli bis zum 22. September 1947 in Paris tagenden Wirtschaftskonferenz abzulehnen. An dieser Wirtschaftskonferenz nahmen 16 Nationen teil. In die Analyse der europäischen Wirtschaftslage, zusammengefaßt in dem Schlußbericht der Konferenz[69]), bezogen sie auch Westdeutschland ein.

Mitte Juli 1947 erfuhr die deutsche Bevölkerung, daß die amerikanische Regierung die *Direktive 1067* aus dem Frühjahr 1945 durch eine neue, wesentlich mildere Richtlinie an General Clay ersetzt hatte[70]). Dieses Dokument erwähnte als eines der grundlegenden Wirtschaftsziele der bi-zonalen Militärregierungen:

»Die Unterstützung des deutschen Volkes beim Aufbau eines Staates, der sich selbst erhalten kann und friedliche Ziele hat und der sich in die europäische Wirtschaft eingliedert.«

Um Frankreichs Besorgnissen hinsichtlich eines raschen Erstarkens des deutschen Wirtschaftspotentials gerecht zu werden, fanden vom 22. bis 27. August in London Dreier-Besprechungen statt – gegen den Einspruch der Sowjetunion. Die Tagung endete – trotz einiger Bedenken der französischen Experten – mit der Veröffentlichung des *Revidierten Industrieplanes für die amerikanische und britische Besatzungszone*[71]):

»Die Industriekapazität sollte nach dem Plan vom März 1946 eine Produktion etwa in Höhe von 55 Prozent derjenigen von 1938 gewährleisten. Das hätte etwa 70 – 75 Prozent der Produktion von 1936 entsprochen. Der neue Plan läuft darauf hinaus, im Zweizonengebiet eine ausreichende Kapazität zu erhalten, die etwa dem Stande der deutschen Industrie in Deutschland von 1936 entspricht, einem Jahr, das weder den Charakter einer besonders guten Konjunktur noch einer Depression trägt.

Der alte Plan sah sehr scharfe Herabsetzungen der Produktionskapazität in den Metall-, Maschinen- und chemischen Industrien vor, aus denen die Hauptmenge der Reparationen gewonnen werden sollte. Es ist unmöglich, eine sich selbst erhaltende Wirtschaft in dem Zweizonengebiet zu sichern, ohne die Produktionshöhe in diesen Industrien wesentlich heraufzusetzen.«

Hatte der Kontrollrat im März 1946 die Stahlkapazität für ganz Deutschland auf 7,5 Millionen to, die jährliche Produktion auf 5,8 Millionen to (Rohstahlproduktion 1937 – ohne Österreich – 15,96 Millionen to) begrenzen wollen, so galt es nun, in der Bi-Zone allein 10,7 Millionen to Rohstahl zu produzieren.

Briten und Amerikaner einigten sich zur gleichen Zeit über eine gemeinsame Kontrolle der Ruhrkohlen-Produktion anstelle der bisherigen britischen Aufsicht. Soweit die Aktienmajorität der Gruben nicht von ausländischen Kapitaleignern kontrolliert wurde, setzten die Militärregierungen deutsche Grubenverwaltungen ein. Die Frage der Eigentumsverhältnisse der früher in deutschem Besitz befindlichen Gruben blieb ungelöst. Einer möglichen späteren Internationalisierung der Ruhr sollte mit der Errichtung der Kohlenbergbauleitung nicht vorgegriffen werden.

Diese Beschlüsse bedeuteten jedoch noch kein Ende der Demontagen in der Bi-Zone. Ein neuer Demontage-Plan vom 16. Oktober 1947 verzeichnete 682 noch zu demontierende Betriebe (allein 294 aus Nordrhein-Westfalen), darunter z. B. drei große Schiffswerften und vier Elektrizitätswerke.

Die Ministerpräsidenten der betroffenen Länder protestierten mit dem Hinweis darauf, daß die Liste ohne deutsche Beratung aufgestellt worden sei. Auf heftige Einwendungen der Bevölkerung und der Gewerkschaften erwiderte General Robertson, die Militärbehörden seien entschlossen, jeden deutschen Widerstand notfalls mit Gewalt zu brechen.

Die Auseinandersetzungen um die Demontagen fanden zur selben Zeit statt, in der das amerikanische Kriegsministerium ein Gutachten des Industriellen Lewis H. Brown veröffentlichte – eine Expertise, die die Entwicklung der Westzonen Deutschlands in den folgenden zwei Jahren exakt vorzeichnete:

»Aufgabe der Abkommen von Jalta und Potsdam; Zusammenlegung der amerikanischen, der britischen und der französischen Zone zu einem einheitlichen Westdeutschland; . . . Beendigung der Demontagen für Reparationszwecke; . . . Festsetzung eines endgültigen Abschlußtermins für die Entnazifizierung; bestimmte Garantien gegen Sozialisierung der entkartellisierten Industrien; . . . Wiederherstellung eines freien Marktes; . . . Errichtung einer neuen deutschen Zentralregierung für Westdeutschland; Vorbereitung der westdeutschen Verteidigungsanlagen gegen eine Invasion.«[72])

Im Sommer 1947 hatte die neue politische Konzeption der Vereinigten Staaten und Großbritanniens, der sich mehr und mehr auch Frankreich annäherte, Gestalt angenommen. Die Sowjetunion antwortete darauf mit der Gründung des Kommunistischen Informationsbüros (Kominform) Ende September, in das neun Kommunistische Parteien – darunter diejenigen Italiens und Frankreichs – Vertreter entsandten. Die deutschen Kommunisten bekannten sich zwar auf dem 2. Parteitag der SED (20. bis 24. September 1947) erneut zur *Vollendung der bürgerlich-demokratischen Revolution, die aus dem Versagen des deutschen Bürgertums bisher unvollendet geblieben war*, dies habe nichts *mit Bolschewisierung und Sozialismus zu tun. Wir stehen in Deutschland nach dem Zusammenbruch nicht vor der unmittelbaren Aufgabe, die sozialistische Gesellschaftsordnung zu errichten*[73]); das Referat des sowjetischen Parteitheoretikers Shadanow auf der Gründungstagung des Kominform deutete jedoch einen verhärteten ideologischen Kurs der kommunistischen Parteien an.

Dies war die Lage, als die vier Außenminister – Bevin, Bidault, Marshall und Molotow – am 25. November in London erneut zusammenkamen. Die Meinungsverschiedenheiten knüpften dort an, wo man in Moskau ergebnislos auseinandergegangen war.

Am Tage nach der Eröffnungssitzung der Londoner Konferenz rief der Parteivorstand der SED alle *antifaschistisch-demokratischen Parteien, Gewerkschaften und andere Massenorganisationen, Betriebsräte und Belegschaften großer Betriebe, Organisationen der Bauernschaft, Vertreter von Wissenschaft und Kunst in ganz*

Deutschland[74]) auf, sich einem *Deutschen Volkskongreß für Einheit und gerechten Frieden* anzuschließen. Alle westdeutschen Parteien mit Ausnahme der KPD und der Vorstand der CDU der Sowjetzone unter der Leitung von Jakob Kaiser und Ernst Lemmer lehnten ab. Trotzdem konstituierte sich am 6. und 7. Dezember in Berlin der *Volkskongreß,* in den neben einzelnen Mitgliedern der CDU und SPD (z. T. auch aus Westdeutschland) eine offizielle Delegation der LDPD einzog. Von den 2.215 Abgeordneten des Volkskongresses gehörten 893 zur SED und zur KPD.

Der Volkskongreß beauftragte eine Abordnung damit, in London eine Entschließung vorzulegen:

»Das deutsche Volk wünscht einen den Grundsätzen der Beschlüsse der alliierten Mächte entsprechenden Frieden ... Das deutsche Volk wünscht von der Konferenz der Außenminister in London die Bildung einer zentralen deutschen Regierung aus Vertretern aller demokratischen Parteien ... Das deutsche Volk wünscht, daß nach der Unterzeichnung des Friedensvertrages durch allgemeine, gleiche, geheime und direkte Wahlen eine Nationalversammlung gewählt wird, welche die Aufgabe der Ratifizierung des Friedensvertrages hat.«[75])

In die Delegation wählte der Volkskongreß u. a. Pieck, Grotewohl, Dr. Külz, den CDU-Politiker Otto Nuschke (der im Gegensatz zu Kaiser und Lemmer die SED-Initiative billigte), Landesbischof Dr. Beste und Propst Grüber als Mitglied der *Vereinigung der Verfolgten des Naziregimes* (VVN). Die Delegation fand in London kein Gehör.

Molotow beantragte am 15. Dezember, die Vertreter des Volkskongresses anzuhören. In derselben Sitzung wurde die Konferenz jedoch abgebrochen und auf unbestimmte Zeit vertagt. Der Konflikt erschien unüberbrückbar. Der raschen Folge der Außenministerkonferenzen in London (September 1945), Paris (April bis Mai, Juni bis Juli 1946), New York (November bis Dezember 1946), Moskau (März bis April 1947) und wieder in London (November bis Dezember 1947) schloß sich nun eine 1½-jährige Pause an.

Die Jahreswende 1947/48 stellte in der deutschen Nachkriegsgeschichte einen wichtigen Einschnitt dar. In der Sowjetischen Besatzungszone endete die *antifaschistisch-demokratische Frühphase.* Fortan wiesen die politischen, wirtschaftlichen und sozialen Wandlungen in den beiden Teilen Deutschlands kaum noch Gemeinsamkeiten auf. An dem Punkte, an dem sich die Einflußzonen von Ost und West überschnitten, – in Berlin – reifte die erste Machtprobe am Rande des Abgrundes heran.

Der Zerfall des Kontrollrates

Am Anfang des Jahres 1948 gingen die Mächte in Ost und West daran, Bündnissysteme heranzubilden. Im Februar rief die Kommunistische Partei Nordkoreas die Volksdemokratie aus. Korea war weit; der kommunistische Staatsstreich in Prag in der zweien Februar-Hälfte beeinflußte die öffentliche Meinung in Europa weitaus mehr. Die Sowjetunion band die osteuropäischen Staaten mittels Beistandspakten und verschärfter Kontrolle über die kommunistischen Parteiapparate an sich. Sie bekämpfte nationalkommunistische Strömungen und reorganisierte die kommunistische Armee in China, welche im Laufe des Jahres immer weiter vorrücken und die nationalchinesischen Streitkräfte verdrängen konnte, während die Augen der

Weltöffentlichkeit vorwiegend auf Europa und Berlin gerichtet waren. Nur Finnland vermochte außerhalb des Ostblocks zu bleiben.
Am 22. Januar rief Außenminister Bevin in einer Rede vor dem britischen Unterhaus Frankreich und die Benelux-Staaten auf, ein Westbündnis zu begründen. (Seit dem 1. Januar waren Belgien, die Niederlande und Luxemburg in einer Zollunion verbunden.) Da die Benelux-Staaten in einer an die Londoner Außenministerkonferenz gerichteten Note vom 26. November 1947 noch einmal gemeinsam ihr Interesse an der alliierten Deutschland-Politik bekundet hatten[76]), setzte ein solches Westbündnis eine lebhaftere Beteiligung dieser kleineren Staaten an der Deutschland-Politik der drei westlichen Großmächte voraus.
Innenpolitisch standen die ersten Wochen des neuen Jahres im Zeichen von Demonstrationen gegen die wirtschaftliche Bedrängnis. Der bayerische Gewerkschaftsbund proklamierte am 23. Januar einen Generalstreik, nachdem die Landesregierung einem Ultimatum der Gewerkschaften nicht gefolgt war, in dem drastische Maßnahmen gegen den Schwarzhandel, eine harte Bestrafung von Wirtschaftsverbrechern, die Schließung von Luxusgaststätten und die Einweisung asozialer Elemente in Arbeitslager gefordert worden waren. Mehr als eine Million bayerischer Arbeitnehmer folgten dem Aufruf zum vierundzwanzigstündigen Generalstreik.
Am 7. und 8. Januar erörterten die Militärgouverneure mit den Ministerpräsidenten der Bi-Zone Pläne für eine Reorganisation des Wirtschaftsrates. Vorausgegangen war am 17. Dezember 1947 ein revidiertes Abkommen zwischen Bevin und Marshall. Es übertrug den amerikanischen Dienststellen das Schwergewicht wirtschaftspolitischer Entscheidungen in der Bi-Zone.
Nach sorgfältiger Beratung mit deutschen Experten proklamierten die beiden Militärgouverneure am 9. Februar 1948 die Umbildung des bizonalen Wirtschaftsrates.
Neben den von 52 auf 104 Mitglieder vergrößerten Wirtschaftsrat trat als zweite Kammer ein Länderrat, in den jedes Land zwei Vertreter zu entsenden hatte. Ein Verwaltungsrat, bestehend aus dem Vorsitzenden und den Direktoren der einzelnen Verwaltungen, war das koordinierende und ausführende Organ.
Die 52 neuen Mitglieder des Wirtschaftsrates wurden wie ihre schon länger tätigen Kollegen von den Landtagen gewählt. Das Kräfteverhältnis zwischen den Parteien veränderte sich daher nicht wesentlich. Die Proklamation[77]) beschrieb im einzelnen die Kompetenzen des Wirtschaftsrates, dessen Gesetze nach wie vor der Zustimmung durch den Bipartite Board bedurften. Die Militärregierungen verlegten im Frühjahr 1948 einen Teil ihrer bisher in Berlin ansässigen Stäbe nach Frankfurt am Main.
Kurze Zeit später entstanden eine *Bank Deutscher Länder* und ein *Deutsches Obergericht* in Köln, das Streitigkeiten zwischen den Ländern und den Organen der Bi-Zone entscheiden sollte.
Präsident des Wirtschaftsrates blieb Dr. Köhler (CDU). Am 2. März wählte der Wirtschaftsrat den Vorsitzenden des Verwaltungsrates und die Direktoren. Der Kölner Oberbürgermeister Dr. Hermann Pünder (unter Brüning einst Chef der Reichskanzlei) erhielt 40 Stimmen der CDU/CSU. 8 Abgeordnete der FDP stimmten gegen seine Wahl, während 48 Abgeordnete der SPD, KPD, WAV und des Zentrums – wie auch bei der anschließenden Wahl der Direktoren – weiße Stimmzettel abgaben. Einen sozialdemokratischen Antrag, dieses Ergebnis als Ablehnung zu werten, verwarfen 52 Vertreter der CDU/CSU, der FDP und des Zentrums.

Die Direktoren – Prof. Erhard (Wirtschaft), Dr. Schlange-Schöningen (Ernährung, Landwirtschaft und Forsten), Schuberth (Post- und Fernmeldewesen), Prof. Frohne (Verkehr) und Hartmann (Finanzen) – waren von der CDU/CSU vorgeschlagen worden.

Am 12. Februar ordnete die Sowjetische Militäradministration eine Reorganisation der Deutschen Wirtschaftskommission an. Zu ihren Mitgliedern zählten fortan neben dem Vorsitzenden der DWK (ab 9. März Heinrich Rau, SED, zuvor Wirtschaftsminister von Brandenburg), Vertreter der Länder, des FDGB und der VdgB sowie die Präsidenten der Hauptverwaltungen, deren Anzahl auf 17 erhöht wurde.

Um die Jahreswende hatte sich das politische Klima in der Sowjetzone merklich verändert. Am 20. Dezember 1947 waren Kaiser und Lemmer auf Anweisung des politischen Beraters der SMAD, Oberst Tulpanow, wegen ihres Widerstandes gegen die Volkskongreßbewegung als Vorsitzende der CDU abgesetzt worden. Otto Nuschke und der Generalsekretär der CDU, Dertinger, hatten sich den Forderungen der SMAD und dem Führungsanspruch der SED gebeugt. Am 5. Januar 1948 erließ die SMAD ein Redeverbot für Jakob Kaiser. Am Monatsende beriefen CDU und LDPD ihre Vertreter aus dem Zentralrat der FDJ mit der Begründung ab, die Jugendorganisation habe ihren überparteilichen Charakter eingebüßt. Beide Parteien waren jedoch in zunehmendem Maße zu Konzessionen an die sowjetische Besatzungsmacht genötigt, so daß die Berliner Landesverbände sich im Februar von den zonalen Parteiorganisationen lösten.

Die neue Taktik der SED kam auch bei der Bildung zweier weiterer Parteien in der Sowjetzone zum Ausdruck: im April 1948 entstand die *Nationaldemokratische Partei Deutschlands* (NDPD); Offiziere und Soldaten aus den Reihen des inzwischen aufgelösten *Nationalkomitees Freies Deutschland* und ehemalige Angehörige der NSDAP traten ihr bei. Im Juni wurde die Gründung der *Demokratischen Bauernpartei Deutschlands* (DBD) vollzogen.

Inzwischen hatte die Rede Bevins in den westlichen Hauptstädten eine lebhafte diplomatische Aktivität erzeugt. Vom 23. Februar bis zum 6. März 1948 erörterten die drei Westmächte und die Benelux-Staaten in London ihre künftige Deutschland-Politik. Sie blieben unbeeindruckt von dem sowjetischen Protest und vereinbarten, die drei Westzonen voll in das europäische Aufbauprogramm einzubeziehen. Man einigte sich im Grundsatz über eine internationale Ruhrkontrolle.

»Auf der Konferenz konnten viele untergeordnete Meinungsverschiedenheiten erfolgreich beigelegt und die wesentlichen Unterschiede der einzelnen Standpunkte herausgearbeitet werden. Die teilnehmenden Staaten waren alle dafür, einen föderativen Staat entstehen zu lassen ... Die Konferenz entschied, das Zweizonengebiet sollte mit der französischen Zone wirtschaftlich nicht verschmolzen werden, bevor die politische Vereinigung stattgefunden habe; sie schrieb jedoch eine engere Zusammenarbeit in wirtschaftlichen Fragen vor ... Die Konferenz sollte im April erneut zusammentreten, nachdem die Regierungen die unterschiedlichen Standpunkte erwogen hatten.« (Clay)[78])

Damit war der Weg von der Bi-zone zur Tri-Zone abgesteckt. Zwei Tage vor der Unterzeichnung des Londoner Kommuniqués vom 6. März[79]) begann in Brüssel eine andere, nicht minder wichtige Tagung Großbritanniens, Frankreichs und der drei Benelux-Staaten. Sie endete am 17. März mit der Unterzeichnung des *Brüsseler Paktes.* Die fünf Nationen schufen ein ständiges Beratungsgremium und versicherten sich ihres gegenseitigen Beistandes bei jedwedem Angriff von außen, insbesondere – so hieß es in der Präambel – für den *Fall der Erneuerung einer deutschen Agressionspolitik*[80]).

Dem sowjetischen Protest gegen die Londoner Beschlüsse der sechs Westmächte schlossen sich Polen, die Tschechoslowakei und Jugoslawien auf ihrer Prager Außenministerkonferenz am 17. und 18. Februar an[81]).

Vier Wochen später – am 17. und 18. März – tagten in Ostberlin die rund 2.000 Delegierten des 2. *Deutschen Volkskongresses für Einheit und gerechten Frieden.* Sie bezeichneten sich als einzige gesamtdeutsche Repräsentanz, bestätigten die Oder-Neiße-Linie und beschlossen, ein Volksbegehren über die deutsche Einheit durchzuführen, wie es die SED vorgeschlagen hatte. Sie beriefen schließlich einen *Deutschen Volksrat* mit 400 Mitgliedern als beratendes und beschließendes Organ, das zwischen den Tagungen des Volkskongresses tätig sein und mehrere Fachausschüsse bilden sollte, so einen Ausschuß für den Friedensvertrag unter dem Vorsitz von Nuschke, für Verfassung (geleitet von Grotewohl), für Wirtschaft (geleitet von Ulbricht) und andere. Der Volksrat wählte auf seiner konstituierenden Sitzung am 19. März Wilhelm Pieck (SED), Dr. Külz (LDPD) und Otto Nuschke (CDU) zu Vorsitzenden.

Dies ereignete sich einen Tag, bevor der Kontrollrat zerbrach.

»Die letzte Sitzung des Kontrollrates fand am 20. März 1948 statt« – so stellte Clay den Vorgang dar, *»Sokolowskij hatte die Erklärung der Prager Konferenz der Außenminister Jugoslawiens, Polens und der Tschechoslowakei vorgelegt . . . Die Vertreter der drei Westmächte hatten Sokolowskij bereits darauf aufmerksam gemacht, daß diese Erklärung, an die Regierungen der Besatzungsmächte gerichtet, nicht eigentlich Gegenstand von Erörterungen im Kontrollrat sei . . . Plötzlich verlangte Sokolowskij, über alle Westdeutschland betreffenden Abkommen unterrichtet zu werden, die zwischen den drei Westmächten in London im Februar und März abgeschlossen waren.«*[82])

Die westlichen Militärgouverneure erwiderten, dazu von ihren Regierungen nicht autorisiert zu sein. Der sowjetische Sprecher wiederholte sämtliche Vorwürfe an die Adresse des Westens, worauf der britische Delegierte sich anschickte, eine Entgegnung vorzutragen.

»Die sowjetische Delegation unterbrach ihn grob, indem sie sich ohne Erklärung, nach einem offensichtlich vorbereiteten Plan, wie ein Mann erhob; Sokolowskij erklärte: ‚Ich finde es sinnlos, die Sitzung fortzusetzen, und ich erkläre sie hiermit für vertagt.' Ohne ein weiteres Wort machten die sowjetischen Vertreter auf den Absätzen kehrt und verließen den Konferenzsaal . . . Wir wußten natürlich, daß wir hier Zeugen einer Handlung geworden waren, die nicht einem Augenblicksentschluß entsprungen war. Es handelte sich um einen letzten Versuch, im Westen Zweifel darüber hervorzurufen, ob es wirklich ratsam sei, die Pläne für Westdeutschland zur Durchführung zu bringen.

Die drei westlichen Militärgouverneure blieben da, erklärten die Vertagung für ungültig, wählten einen Vorsitzenden zur Fortführung der Sitzung und vertagten diese dann in aller Form. Der Alliierte Kontrollrat hatte aufgehört zu bestehen. Ein internationaler Versuch, der im Falle des Erfolges zu dauerndem Frieden hätte beitragen können, war fehlgeschlagen.«

Seit der Juni-Proklamation der Sieger im Jahre 1945 waren 33 Monate und 15 Tage verflossen.

Getrennte Währungsreformen

Am 3. April unterzeichnete Präsident Truman – nach Zustimmung beider Häuser des amerikanischen Kongresses zum Marshall-Plan – das Auslandshilfegesetz. Am 16. April setzten die Diplomaten von 16 Nationen und die drei Militärgouverneure der Westzonen in Paris ihre Unterschrift unter ein Abkommen, das für den gemeinsamen Aufbau Europas von großer Bedeutung sein sollte: Westdeutschland war Teil der OEEC, der Organisation für europäische wirtschaftliche Zusammenarbeit[83]).

Wenige Tage später setzte die Londoner Sechs-Mächte-Konferenz ihre Beratungen fort. Diese zweite Tagung dauerte vom 20. April bis zum 2. Juni. Die USA, Großbritannien, Frankreich und die Benelux-Staaten verabschiedeten am 7. Juni ein Deutschland-Kommuniqué, welches folgende Empfehlungen enthielt[84]):

1. enge Zusammenarbeit der drei Militärbefehlshaber mit Vertretern der Benelux-Staaten,
2. Verflechtung des wirtschaftlichen Lebens Westeuropas und Deutschlands,
3. Errichtung einer internationalen Behörde zur Kontrolle des Ruhrgebietes, in der Deutschland neben den sechs Mächten vertreten sein sollte. *»Die Errichtung dieser Behörde bedeutet keine politische Abtrennung des Ruhrgebietes von Deutschland.«*
4. *»Die Delegationen sind übereingekommen, ihren Regierungen zu empfehlen, daß die Militärgouverneure eine gemeinsame Sitzung mit den Ministerpräsidenten der Westzonen Deutschlands abhalten sollen. Auf dieser Sitzung werden die Ministerpräsidenten Vollmacht erhalten, eine verfassunggebende Versammlung zur Ausarbeitung einer Verfassung einzuberufen, die von den Ländern zu genehmigen sein wird.«* Diese Verfassung sollte eine föderative Regierungsform und eine *angemessene zentrale Gewalt* festlegen.
5. Gemeinsame Planung des Außenhandels der drei Westzonen,
6. Grenzveränderungen in kleinerem Umfang an den Westgrenzen,
7. Fortdauer der Besatzung und Errichtung eines westzonalen Sicherheitsamtes.

Für den Fall eines Abzuges der Besatzungstruppen planten die sechs Regierungen ein Übereinkommen über *Demilitarisierung, Abrüstung, Kontrolle der Industrie und zur Besetzung der Schlüsselgebiete*, sowie ein Inspektionssystem in Deutschland, ohne damit späteren Viermächte-Abkommen unter Beteiligung der Sowjetunion vorzugreifen.

Innerhalb Westdeutschlands sollte den Ministerpräsidenten eine Überprüfung der Ländergrenzen anheim gestellt werden.

Die Beschlüsse der Londoner Konferenz bildeten den Kern der *Frankfurter Dokumente*, welche die Ministerpräsidenten der westdeutschen Länder am 1. Juli aus den Händen der Militärgouverneue empfingen und die den Weg zur Einberufung des *Parlamentarischen Rates* öffneten.

Unmittelbar nach der Londoner Konferenz verkündeten die drei Oberbefehlshaber am 18. Juni die Währungsreform, ohne die eine wirtschaftliche Gesundung Deutschlands unmöglich erschien.

Das deutsche Geldvolumen war von 60 Milliarden Reichsmark 1938 auf rund

300 Milliarden RM bei Kriegsende angewachsen. Die Besatzungsmächte hatten zusätzlich eigenes Besatzungsgeld gedruckt – die Sowjets in unkontrollierbarem Umfang. Preis- und Lohnstopps und Devisenbewirtschaftung bei gleichzeitiger Warenknappheit auf allen Gebieten hatten zur Entstehung schwarzer Märkte geführt. Das Papiergeld war zeitweilig seiner Funktion als Tauschmittel entkleidet – eine *Zigaretten-Währung* war entstanden (1 Zigarette = 7 RM). Die von den Alliierten im Jahre 1945 auf etwa 400 Millarden RM geschätzte Reichsschuld mußte auf ein für die Finanzwirtschaft erträgliches Maß reduziert werden.
In geheimen Expertengesprächen – anfangs noch unter Mitwirkung der sowjetischen Besatzungsmacht – nahm die Währungsreform Gestalt an. Es waren vor allem vier Gesetze, die das westdeutsche Geldwesen regulierten: das Währungsgesetz vom 18. Juni 1948, das mit Wirkung vom 21. Juni die *Deutsche-Mark-Währung* einführte, das gleichzeitig verkündete Emissionsgesetz, das der Bank Deutscher Länder das Notenausgaberecht verlieh und Vorschriften über Mindestreserven enthielt (zunächst beschränkte man die Emission auf 10 Milliarden DM), ferner das Umstellungsgesetz vom 26. Juni[85]) und schließlich – im Oktober – das Festkontengesetz, welches die endgültige Höhe alter Bankguthaben in neuer Währung regelte.
Jedermann erhielt am Stichtag einen Kopfbetrag von 40 DM, später noch einmal 20 DM. Binnen sechs Tagen war alles Altgeld abzuliefern und im Verhältnis 10:1 umzutauschen, wobei allerdings die Hälfte dieser Beträge zunächst auf einem Festkonto verbucht wurde. Löhne, Gehälter, Renten, Mieten und Verbindlichkeiten, die nach dem Stichtag eintraten, sollten 1 : 1, RM-Forderungen grundsätzlich 10 : 1 umgestellt werden. Unternehmungen erhielten Übergangshilfen für geschäftliche Zwecke – 60 DM je Arbeitnehmer. Länder und Gebietskörperschaften bekamen DM-Beträge in Höhe von einem Sechstel ihrer Isteinnahmen während des Halbjahres Oktober 1947 bis März 1948.
Da Teile der ursprünglich im Verhältnis 10 : 1 umgestellten Altguthaben später gestrichen wurden, ergab sich bei vielen Konten ein Umstellungsverhältnis 100 : 6,5.
Über Nacht waren die Schaufenster gefüllt. Schlagartig öffneten die Fabrikanten und Händler ihre Lager. Die Währungsreform konnte Erfolg haben und Vertrauen zu dem neuen Geld wecken, weil ein annäherndes Gleichgewicht zwischen der monetären Nachfrage und dem Güterangebot eintrat. Allerdings veranlaßte der gewaltige Nachholbedarf die Käufer, mit dem neuen Geld sofort auf den Markt zu gehen. Eine hohe Umlaufgeschwindigkeit des Geldes und eine steigende Geldmenge rief einen starken Preisanstieg hervor, zumal das Warenangebot unter dem Eindruck hochgesteckter Preiserwartungen zeitweilig wieder stockte. Hatte der Preisindex für Verbrauchsgüter (1938 = 100) am Stichtag den Stand von etwa 150 aufgewiesen, so stieg er auf 185 Ende 1948. Im Frühjahr 1949 konnte die Politik der Notenbank die Preissteigerungen wieder langsam eindämmen.
Mit der Währungsreform war der Grundstock für ein zügiges wirtschaftliches Wachstum gelegt, zumal der Frankfurter Wirtschaftsrat nach und nach alle Hemmnisse einer marktwirtschaftlichen Ordnung beseitigte. Allerdings mangelte es nicht an kritischen Stimmen: die Gewerkschaften klagten über neue soziale Konflikte.
Die Sowjetische Militäradministration verkündete am 23. Juni – also unmittelbar nach dem Schritt der westlichen Besatzungsbehörden – eine Geldreform für ihre Zone: mit Wirkung vom 24. Juni galten in der Sowjetzone und in Berlin alte Reichsmark- und Rentenscheine mit aufgeklebten Spezialkupons als neue Zahlungsmittel. Alles Altgeld sollte bis zum 28. Juni abgeliefert und im Verhältnis 10 : 1

umgetauscht werden. Ein Kopfbetrag von 70 DM wurde 1 : 1 eingewechselt[86]). Volkseigene Betriebe, Sowjetische Aktiengesellschaften und andere staatlich oder von der Einheitspartei kontrollierte Unternehmungen wurden bevorzugt mit neuen Zahlungsmitteln ausgestattet. Im Juli begannen die sowjetzonalen Behörden mit der Ausgabe neuer Geldscheine – der *Deutschen Mark der Deutschen Notenbank* –, um so die Kuponscheine ersetzen zu können.

An jenem 24. Juni 1948, dem Stichtag der Währungsreform in der Sowjetzone, endete in Warschau eine zweitägige Konferenz von acht Ostblockstaaten (Sowjetunion, Albanien, Bulgarien, Tschechoslowakei, Jugoslawien, Polen, Rumänien und Ungarn). Die Tagung war eine Antwort auf die Londoner Konferenz der sechs Westmächte. Die Ostblockstaaten warfen dem Westen vor, das Potsdamer Abkommen und den Kontrollmechanismus liquidieren zu wollen, in dem Londoner Kommuniqué die Reparationsverpflichtungen und das Friedensvertragsproblem gänzlich verschwiegen zu haben. Sie forderten erneut eine Vier-Mächte-Kontrolle des Ruhrgebietes, die *»Bildung einer provisorischen, demokratischen friedliebenden gesamtdeutschen Regierung aus Vertretern demokratischer Parteien und Organisationen Deutschlands«*, auf der Grundlage eines Übereinkommens der Sieger den Abschluß eines Friedensvertrages mit Deutschland, binnen Jahresfrist den Abzug der Besatzungstruppen und eine Fortsetzung der Reparationslieferungen[87]).

Im Westen blieb das Warschauer Kommuniqué weitgehend unbeachtet, denn alle Aufmerksamkeit richtete sich auf Berlin, dessen Verbindungswege zum Westen – zu Lande und zu Wasser – am selben Tag vollständig blockiert wurden.

Die Blockade Berlins

Berlin erlebte und erlitt das Schicksal Deutschlands in all jenen Jahren in geographisch verkleinertem Maßstab, aber in umso bedrängenderer Dichte. Wie im Alliierten Kontrollrat so folgten auch in der Kommandantur Berlins auf eine Periode halbwegs sinnvoller Zusammenarbeit der vier Mächte eine Zeit wachsender Gegensätze und schließlich der Zerfall.

Die Oktober-Wahlen des Jahres 1946 hatten zwar ein überzeugendes Votum der Berliner erbracht, die SED vermochte jedoch auch danach einen stärkeren Einfluß auf das öffentliche Leben auszuüben, als es der Zahl ihrer Sitze angemessen gewesen wäre.

Das hing damit zusammen, daß ein großer Teil der öffentlichen Einrichtungen im Ostsektor Berlins lag – so das Rathaus. Die Polizei unter dem Kommando des von den Sowjets mit seinem Amt betrauten Polizeipräsidenten Markgraf entzog sich den Weisungen des Magistrats und ließ ein parlamentarisches Mißtrauensvotum unbeachtet. Übergriffe kommunistischer Behördenleiter wurden vom sowjetischen Stadtkommandanten gedeckt, so daß die auf das Prinzip der Einstimmigkeit verpflichtete Kommandantur wenig dagegen ausrichten konnte.

Im Dezember 1946 wählten die Stadtverordneten den Sozialdemokraten Dr. Otto Ostrowski zum Oberbürgermeister, unter dessen Vorsitz alle vier Parteien – SPD, CDU, SED und LDP – im Magistrat zusammenwirkten. Aber bereits im April 1947 mußte Dr. Ostrowski zurücktreten – die drei nichtkommunistischen Parteien warfen ihm vor, sowjetischen Forderungen zu nachgiebig zu begegnen. Eine breite

Mehrheit der Stadtverordneten wünschte, Prof. Ernst Reuter an die Spitze des Magistrats zu berufen, aber die Sowjets legten gegen die Wahl Reuters zum Oberbürgermeister ihr Veto ein, so daß Frau Louise Schröder (SPD) als amtierender Oberbürgermeister fungieren mußte.

Welchen Motiven entsprang die Abneigung der Sowjets gegen Reuter? Der 1890 geborene Ernst Reuter hatte sich beim Ausbruch der russischen Revolution 1917 als Kriegsgefangener den Bolschewiki angeschlossen, war nach seiner Rückkehr zum Generalsekretär der KPD aufgestiegen, hatte jedoch 1922 aus Sorge vor dem russischen Einfluß auf die deutschen Kommunisten mit der Partei gebrochen und sich der Sozialdemokratie angeschlossen. Als Berliner Stadtrat für Verkehr hatte er in der Weimarer Republik das hauptstädtische Verkehrswesen glänzend organisiert. Nach der nationalsozialistischen Machtübernahme war er emigriert, um bis zu seiner Rückkehr 1946 in der Türkei als Verkehrsexperte tätig zu sein. Die Sowjets hatten ihm den Bruch mit der KPD nie verziehen[88]).

Die Berliner Bevölkerung sah dem Vorgehen der Sowjets nicht tatenlos zu. Als der FDGB mehr und mehr auf die Linie der Einheitspartei einschwenkte, schufen demokratische Gewerkschafter die *Unabhängige Gewerkschaftsorganisation* (UGO). Studenten und Professoren widersetzten sich den Eingriffen der Volksbildungsverwaltung unter Paul Wandel (SED) in die Autonomie der Berliner Universität. Nachdem im April 1948 Redakteure einer unabhängigen Studentenzeitung relegiert worden waren, riefen Studenten zur Gründung einer *Freien Universität* in Westberlin auf.

Seit dem Sommer 1947 sprach General Kotikow in den Sitzungen der Kommandantur immer häufiger von Groß-Berlin als einem Teil der Sowjetischen Besatzungszone. Die nach der Bildung der Bi-Zone beginnende Verlegung westalliierter Stäbe nach Frankfurt/Main deuteten die Sowjets in der Öffentlichkeit als Abzug der Westmächte, um so die Unruhe unter der Bevölkerung zur vermehren. Nach der gescheiterten Außenministerkonferenz von London im Frühjahr 1948 nahmen die Behinderungen des Verkehrs zwischen Berlin und den Westzonen ständig zu. Die Westalliierten mußten zeitweilig eine *kleine Luftbrücke* einrichten, die täglich 60 bis 100 to Güter für den eigenen Bedarf transportierte. Nach einem Luftzwischenfall im April drohten die Briten an, ihre Passagierflugzeuge fortan von Jagdmaschinen begleiten zu lassen. Sie planten, Lebensmittellager anzulegen und ordneten den Bau eines Kraftwerkes im britischen Sektor an, da das in Ostberlin gelegene Kraftwerk Klingenberg sowjetischer Kontrolle unterlag.

Im großen und ganzen jedoch waren die Westmächte auf die Blockade mangelhaft vorbereitet.

»Auf die sowjetischen Versuche, ihre Herrschaft über Berlin zu behaupten und die Verbindungen mit dem Westen zu lähmen, antworteten die Alliierten zusammenhanglos, manchmal mit starken Worten und militärischen Gesten, manchmal mit Unentschlossenheit und Kompromißbereitschaft.«[89])

Die Regierungen in Washington und London waren sich der Auswirkungen eines Rückzuges aus Berlin auf das europäische Kräfteverhältnis durchaus bewußt, wohl in stärkerem Maße als die französische Diplomatie. Dennoch enthielt das Londoner Kommuniqué vom Juni 1948 keine Äußerung zur Lage in Berlin, obwohl General Clay in einer telefonischen Konferenz mit dem Washingtoner Kriegsministerium im April in beschwörenden Worten Härte gefordert hatte:

»Die Tschechoslowakei haben wir verloren. Norwegen schwebt in Gefahr. (Clay

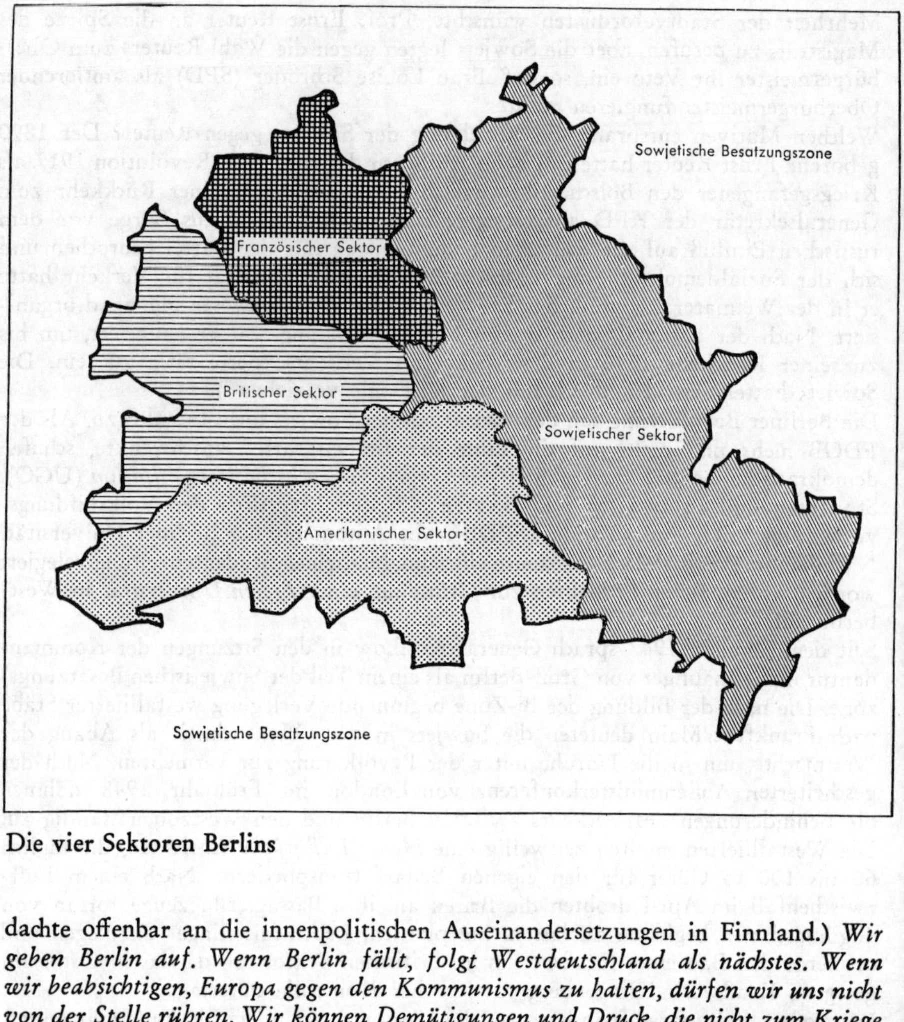

Die vier Sektoren Berlins

dachte offenbar an die innenpolitischen Auseinandersetzungen in Finnland.) *Wir geben Berlin auf. Wenn Berlin fällt, folgt Westdeutschland als nächstes. Wenn wir beabsichtigen, Europa gegen den Kommunismus zu halten, dürfen wir uns nicht von der Stelle rühren. Wir können Demütigungen und Druck, die nicht zum Kriege führen, in Berlin einstecken, ohne das Gesicht zu verlieren. Wenn wir fortgehen, gefährden wir unsere europäische Position. Falls Amerika dies jetzt nicht versteht, wenn es nicht begreift, daß die Würfel gefallen sind, wird es nie zu dieser Erkenntnis kommen, und der Kommunismus wird alles überrennen. Ich glaube, die Zukunft der Demokratie verlangt von uns, daß wir bleiben.«*[90])

In dieser Lage erkannte der Kreis um Ernst Reuter früh, wieviel von der Haltung der Berliner Bevölkerung selbst abhing. Am 18. März, am Tage der Jahrhundertfeier der 48iger Revolution, zur selben Stunde, als in Ostberlin der Volkskongreß tagte, riefen Franz Neumann (SPD), Jakob Kaiser (CDU), Karl Hubert Schwennicke (LDP) die Berliner in einer Massenversammlung vor der Ruine des ausgebrannten Reichstages zu mutigem Widerstand auf. Ein Nervenkrieg sei um Berlin entbrannt, sagte Ernst Reuter, aber die Welt werde Berlin nicht im Stich lassen.

So wurde die deutsche Hauptstadt der Schauplatz dramatischen Geschehens, an welchem deutsche Politiker in stärkstem Maße die Entscheidungen der Besatzungsmächte mitzugestalten vermochten.
Am 16. Juni 1948 verließen die sowjetischen Vertreter die Sitzung der Alliierten Kommandantur; die Ausschüsse setzten ihre Beratungen allerdings noch einige Zeit fort. Am 18. Juni gaben die Westmächte ihre Währungsreform bekannt, ohne sie sogleich auf Berlin auszudehnen. Vier Tage später erörterten Finanzexperten der vier Mächte noch einmal ergebnislos die Auswirkungen der getrennten Reformmaßnahmen auf Berlin. Die französischen Sachverständigen waren bereit, die Ostmark in ganz Berlin als verbindliches Zahlungsmittel anzuwenden. Dem widersetzten sich die beiden anderen Stadtkommandanten, solange bestimmte Bedingungen hinsichtlich der Kontrolle des Geldumlaufs ungeklärt erschienen. Die Sowjets ordneten daraufhin kurzerhand an, daß ihre Währungsreform in allen Sektoren Berlins zu gelten habe. Sie verpflichteten Louise Schröder, ihre Anweisungen durchzuführen. Am folgenden Tage – dem 23. Juni – verfügten die Westmächte, daß in ihren Sektoren die Westmark als gültiges Zahlungsmittel einzuführen sei. Sie verlangten vom Magistrat, daß er die sowjetischen Anweisungen nur im Ostsektor respektiere. Für die Nachmittagsstunden hatte der Stadtverordnetenvorsteher Dr. Suhr (SPD) eine Sitzung des Berliner Parlamentes in das im Sowjetsektor gelegene Stadthaus einberufen. Die Einheitspartei mobilisierte Demonstranten. Die Westberliner Zeitung *Tagesspiegel* schilderte die Ereignisse folgendermaßen:
»Die Straßen vor dem Stadthaus sind mit Menschenmengen überfüllt. Die Demonstranten, die sich gegen 14 Uhr Einlaß verschafft haben, haben die Tribünen des Stadtverordnetensaales gewaltsam besetzt und füllen fast den ganzen oberen Korridor des Gebäudes. Stadtrat Theuner soll, wie wir erfahren, verstärkten Polizeischutz angefordert haben.« [91])
Die Polizei kam dieser Aufforderung nicht nach, so daß nach Schluß der Sitzung einzelne Mitglieder der Stadtverordnetenversammlung Mißhandlungen erdulden mußten.
»Unter lautem Protest und Drohrufen der im Stadthaus versammelten Menge erklärte Stadtverordnetenvorsteher Dr. Suhr, daß die Sitzung nicht eher eröffnet werde, bis die Tribüne wieder geräumt worden sei. Immer mehr Leute haben sich vor dem Stadthaus versammelt. Sie tragen rote Fahnen und Transparente. Ein Lautsprecherwagen überträgt Ansprachen von Otto Grotewohl und Walter Ulbricht.«
Einige der Parlamentarier konnten erst in den späten Abendstunden das Rathaus wieder verlassen, nachdem der Magistrat gegen den Protest der SED-Fraktion seine Absicht bekundet hatte, zwei Währungen nebeneinander bestehen zu lassen. In der Nacht vom 23. zum 24. Juni sperrten die Sowjets den gesamten Personen- und Güterverkehr nach Berlin, die Stromlieferung aus dem Ostsektor und die Lebensmittelzufuhr aus ihrer Zone.
Beide Seiten erkannten rasch die Bedeutung psychologischer Waffen. Im Laufe des 24. Juni strahlte der Ostsender Meldungen aus, die Westberliner Wasserversorgung sei im Begriffe zusammenzubrechen. Eine Gegendarstellung des amerikanischen Rundfunksenders RIAS veranlaßte die Westberliner Haushalte, die sprunghaft gestiegene Wasserentnahme wieder auf ein normales Maß zu vermindern. Die UGO warnte die Arbeitnehmer vor Streikparolen des FDGB. Während 80.000 Berliner sich auf einer Massenversammlung zum Zeichen des Protestes gegen die

in den frühen Morgenstunden begonnene Blockade vereinten, liefen die ersten Gegenmaßnahmen des Westens an: die Transporte von Kohle und Stahl aus der Bi-Zone in den Osten wurden unterbrochen.
Am 25. Juni faßte General Clay seinen historischen Entschluß, eine Luftbrücke einzurichten. Noch zögerte die Regierung in Washington, sich eindeutig zu entscheiden. An jenem Tage transportierten britische Maschinen 6,5 to Lebensmittel nach Berlin. Niemand hielt es für möglich, daß genau dreihundert Tage später 927 Flugzeuge, in ein bis zwei Minuten Abstand auf den Flugplätzen Tempelhof, Gatow und Tegel landend, an einem Tage 6.393,8 to Güter in die belagerte Stadt befördern würden, nicht nur Lebensmittel, sondern auch Kohle, Werkzeuge und Maschinen.
An demselben 25. Juni beschloß der Magistrat, die dringendsten Maßnahmen zur Rationierung einzuleiten und einen Appell an die Vereinten Nationen zu entwerfen. Die Demonstrationen im Stadthaus erzwangen erste – mit Rücksicht auf die zum Magistrat gehörenden SED-Stadträte noch informelle – Gespräche über eine mögliche Verlegung von Dienststellen aus dem Ostsektor nach Westberlin.
Die Sowjets erklärten am 1. Juli, daß die Alliierte Kommandantur nicht mehr bestehe.
»Am 3. Juli begaben sich die drei westlichen Militärgouverneure einzeln zu Sokolowskijs Hauptquartier bei Potsdam. Sie wurden an der Stadtgrenze von sowjetischen Begleitoffizieren empfangen. Man führte uns direkt in Sokolowskijs Vorzimmer, sodann in seinen Arbeitsraum. Dort begrüßte er uns höflich, aber kalt ... Robertson drückte seine Besorgnis über die Verschlechterung unserer Beziehungen aus, die in der Blockade gipfelten, und sagte, wir wünschten in der Währungsfrage eine Übereinkunft zu erzielen, durch die alles wieder in Ordnung käme. Sokolowskij unterbrach ihn, um in verbindlichem Ton zu erklären, die technischen Schwierigkeiten würden solange anhalten, bis wir unsere Pläne für eine westdeutsche Regierung begraben hätten. Das war ein erstes Eingeständnis der wirklichen Blockadegründe.«[92])
Offenbar waren die Sowjets davon überzeugt, daß die Luftbrücke auf die Dauer keinen Erfolg haben könnte – schon gar nicht während der Wintermonate. Am 7. Juli traf zwar der erste Kohletransport an Bord einer Skymaster ein. Die Zahl der einsatzbereiten Maschinen erschien dennoch zu gering, obwohl aus allen Teilen der Welt britische und amerikanische Flugzeuge nach Deutschland geschickt wurden. So erwog General Clay eine Mitteilung an die Sowjets, ein bewaffneter Konvoi werde nach Berlin durchbrechen, um die *technischen Schwierigkeiten*, von denen in russischen Verlautbarungen die Rede war, zu beseitigen. Clay ging von der Vermutung aus, daß die Sowjets an einem Krieg nicht interessiert seien. Die Regierung der USA hielt jedoch das Risiko für zu groß und zog daher einen Notenwechsel und diplomatische Verhandlungen vor.
In der Tat begannen in den letzten Tagen des Juli Gespräche zwischen den Botschaftern der Westmächte und sowjetischen Regierungsstellen in Moskau, an denen sich zeitweilig Stalin selbst beteiligte. Wie schon oft zuvor schien der sowjetische Staatschef verständigungsgeneigter zu sein als Außenminister Molotow, der zäh um westliche Zugeständnisse hinsichtlich Gesamtdeutschlands rang. Immerhin konnten sich die vier Verhandlungspartner Ende August über eine Direktive an ihre Berliner Kommandanten einigen – des Inhalts, daß die Blockade aufzuheben und in ganz Berlin die Ostwährung einzuführen sei. Das Abkommen erwies sich jedoch

als hinfällig, sobald die Besatzungsbehörden in die Beratung der technischen Details eintraten.
Eine Verständigung erschien um so schwieriger, als die SED inzwischen die Angriffe auf die gewählten politischen Organe Berlins verstärkt hatte. Im Juli war ein Aufruf an die Westberliner ergangen, sich zum Einkauf von Lebensmitteln im Ostsektor registrieren zu lassen. Die Bevölkerung sah darüber hinweg (selbst in den entbehrungsreichen Wintermonaten schätzten realistische Beobachter den Anteil der in Ostberlin Einkaufenden auf keineswegs mehr als 4 % der Westberliner Bevölkerung).
Als im Herbst Louise Schröder erkrankte und Dr. Friedensburg (CDU) als amtierender Bürgermeister an ihre Stelle trat, legte dieser Wert darauf, sein Büro im alten Stadthaus zu behalten, obwohl einige Dienststellen inzwischen nach Westberlin umgezogen waren und man auch mit dem Aufbau einer – der Befehlsgewalt des Polizeipräsidenten Markgraf nicht länger unterworfenen – Polizei begonnen hatte.
Am 26. August drangen erneut SED-Demonstranten in eine Stadtverordnetensitzung ein. Als am folgenden Tag die eisernen Gitter vor dem Haupteingang geschlossen wurden, stürmte die Menge das Stadthaus. Dr. Suhr mußte die Sitzung des Parlamentes vertagen. Ein dritter Versuch am 6. September, die Stadtverordneten im Rathaus zu versammeln, scheiterte angesichts der Ausschreitungen der Demonstranten, so daß die Mehrheit der Stadtverordneten sich entschloß, die Sitzungen fortan im Westsektor abzuhalten. Rund eine Viertel Million Berliner protestierten am 9. September auf dem Platz der Republik vor dem Reichstag gegen das Vorgehen der SED. Als eine erregte Menge sich anschickte, die rote Fahne vom Brandenburger Tor herunter zu holen und zu verbrennen, eröffneten Sowjetsoldaten das Feuer und verwundeten einen Jugendlichen tödlich.
In der ersten Oktober-Woche beschäftigte sich der Sicherheitsrat der Vereinten Nationen mit dem Konflikt in Berlin. Der Gedanke, die Weltorganisation einzuschalten, nachdem die Moskauer Botschafter-Gespräche als gescheitert gelten mußten, war amerikanischer Initiative entsprungen. Großbritannien und Frankreich zögerten zunächst, machten sich dann aber den amerikanischen Vorschlag zu eigen. Der sowjetische Vertreter teilte mit, er werde sich an den Beratungen nicht beteiligen. Als die nicht unmittelbar in den Konflikt verwickelten Mitglieder des Sicherheitsrates ihre Bemühungen verstärkten, um eine Kompromißformel auf der Grundlage der im August getroffenen Vereinbarungen zu erzielen, bezog die sowjetische Delegation ihrerseits Stellung. Sie bediente sich des Vetorechtes, um eine Entschließung des Sicherheitsrates zu verhindern, die die Einführung der Ostwährung in ganz Berlin mit einer Vier-Mächte-Kontrolle des Geldwesens verbinden wollte. Es erwies sich dabei, daß die in Deutschland tätigen westalliierten Militärs und Politiker solche Kompromiß-Pläne skeptischer beurteilten als die Diplomaten in den ausländischen Hauptstädten. Vorstellungen der um Vermittlung bemühten Finanzexperten der UNO mußten sich ab Ende November mit einem zusätzlichen administrativen Problem auseinandersetzen: der Spaltung des Berliner Magistrats. Im Herbst 1948 hatten die Sowjets den Ring um Berlin, die Sperren an der Sektorengrenze enger gezogen und die Bezirksämter der acht Ostberliner Bezirke personell verändert. Am 30. November, als der Sicherheitsrat einen Spezialausschuß mit der Untersuchung der Berliner Währungssituation betraute, da rief die SED über tausend Funktionäre und Abgesandte der gleichgeschalteten Parteien und

Massenorganisationen in einem Ostberliner Theatersaal zusammen, erklärte den demokratisch gewählten Magistrat für abgesetzt und ernannte Fritz Ebert (SED), einen Sohn des Reichspräsidenten, zum neuen Oberbürgermeister. Ebert versicherte, daß Berlin voll in die sowjetische Zone eingegliedert werde. Am folgenden Morgen hinderte die Ostpolizei den amtierenden Bürgermeister Dr. Friedensburg am Betreten des Stadthauses. Die Sowjets anerkannten sogleich den neu eingesetzten Magistrat, dem die in Westberlin tagende Stadtverordnetenversammlung ebenso wie die westlichen Kommandanten jede Legitimation absprachen.
Der Grund für die Spaltung des Magistrats lag auf der Hand: nach der vorläufigen Verfassung der Stadt mußten alle zwei Jahre Wahlen abgehalten werden. Sie waren für Anfang Dezember geplant, obwohl die Wahlvorbereitungen im Ostsektor auf sowjetische Weisung abgebrochen worden waren. Die SED rief zum Boykott der Wahlen auf und ließ kein Mittel unversucht, die Bevölkerung von der Ausübung des Stimmrechts abzuschrecken.
Dennoch gaben 86,6 % der wahlberechtigten Westberliner ihre Stimme ab. 64,5 % entschieden sich für die SPD, 19,4 % für die CDU und 16,1 % für die LPD. Nach den Wahlen vom 5. Dezember übernahm Prof. Reuter das Amt des Oberbürgermeisters, nun nicht mehr durch ein sowjetisches Veto daran gehindert.
Noch war der Winter nicht überstanden. Die Luftbrücke hatte jedoch längst den Beweis erbracht, daß die rund 2,5 Millionen Westberliner auch durch die Luft versorgt werden konnten.
Ende Januar gab Stalin der amerikanischen Nachrichtenagentur INS ein Interview, das die Diplomaten aufhorchen ließ. Stalin machte die Aufhebung der Blockade davon abhängig, daß die vom Westen an der Zonengrenze errichtete Gegenblockade ebenfalls beendet und eine Vier-Mächte-Außenministerkonferenz einberufen werde, bevor der westdeutsche Staat endgültig aus der Taufe gehoben sei. Die Währungsfrage erwähnte Stalin nicht mehr. Am 15. Februar richtete Dr. Jessup, der stellvertretende Delegierte der USA im Sicherheitsrat, an den sowjetischen Vertreter Malik die Frage, ob die Unterlassung Stalins zufällig sei. Einen Monat später, am 15. März 1949, teilte Malik Jessup mit, nichts sei zufällig, die Sowjets hielten die Währungsfrage für wichtig, glaubten jedoch, sie am zweckmäßigsten auf einer Außenministerkonferenz besprechen zu können. Und am 21. März ergänzte Malik seine Mitteilung dahingehend, daß die Blockade vor dem Beginn der Konferenz aufgehoben werden könnte, sobald nur der Tagungstermin fest vereinbart sei.
Tags zuvor hatten die Westmächte die DM-West zum einzigen gesetzlichen Zahlungsmittel innerhalb ihrer Sektoren erklärt.
Ende März riefen die Sowjets Sokolowskij aus Deutschland ab und ernannten an seiner Stelle General Tschuikow zum Befehlshaber. Verschiedene Umstände deuteten daraufhin, daß der politische Berater der SMAD, Oberst Tulpanow, in Ungnade gefallen war.
Amerikaner und Briten unterstrichen am 16. April noch einmal die Leistungsfähigkeit der Luftbrücke: 12.940 to Güter wurden binnen vierundzwanzig Stunden nach Berlin gebracht. Die Sowjets hatten ihre Vertreter auch während der Blockade nicht aus der Alliierten Luftsicherheitszentrale zurückgezogen und wußten daher über den Verkehr in den drei Luftkorridoren genau Bescheid.
Am 4. Mai erfuhr die Öffentlichkeit von einem Kommuniqué der Großmächte[83]): Blockade und Gegenblockade seien am 12. Mai zu beenden; danach seien dieselben Bedingungen anzuwenden, die vor dem 1. März 1948 gegolten hatten.

In annähernd 200.000 Flügen transportierten britische und amerikanische Maschinen während der Zeit der Luftbrücke rund 1,44 Millionen to Güter nach Berlin – darunter 950.000 to Kohle und 438.000 to Lebensmittel. Die *Operation Vittles,* wie man die Luftbrücke nannte, war durch die Entwicklung moderner Radartechnik ermöglicht worden, welche den Flugzeugen auch bei schlechtestem Wetter den Weg nach Berlin wies. Um die Piloten auf den Flug mit schwer beladenen Maschinen vorzubereiten, hatte man im Staate Montana in den USA eine genaue Nachbildung der Berliner Start- und Landebedingungen schaffen müssen. In Berlin selbst waren Zehntausende von deutschen Arbeitskräften in drei Schichten am Werk, in Tempelhof und Gatow neue Landebahnen anzulegen und den Flughafen Tegel zu bauen. Ein halbes Hundert Menschen – Piloten, Bodenpersonal, Zivilbevölkerung – fanden den Tod.

Das Ende der Blockade feierten die Berliner gemeinsam mit den alliierten Soldaten. Am 14. Mai unterzeichneten die drei Stadtkommandanten ein Besatzungsstatut für Westberlin, welches die rechtlichen Beziehungen zwischen ihnen und der deutschen Bevölkerung regelte[94]). Ein Streik des Eisenbahnpersonals für eine Entlohnung in Westmark war eine letzte unmittelbare Folge der Ereignisse, die mit den getrennten Währungsreformen ihren Anfang genommen hatten.

Über die Ursachen des sowjetischen Nachgebens gingen die Meinungen im Westen auseinander: die Gegenblockade hatte fraglos die Wirtschaft der Sowjetzone in Mitleidenschaft gezogen. Der Kampf um Berlin fügte dem sowjetischen Prestige schweren Schaden zu. Dessen ungeachtet hatten die Sowjets in der Zwischenzeit jedoch in ihrer Besatzungszone eine volksdemokratische Ordnung herangebildet, wovon im folgenden Abschnitt die Rede sein wird.

Der Abbruch der Blockade am 12. Mai 1949 war in den Augen der Weltöffentlichkeit die schwerste Niederlage, die die Sowjets seit dem Ende des Krieges hinzunehmen gezwungen waren. Aber zur gleichen Zeit bedeutete der Sieg der kommunistischen Armee in China den größten Machtzuwachs der Sowjetunion seit 1945.

Die „Partei neuen Typus"

Der folgenschwerste Akt bei der Errichtung eines volksdemokratischen Systems auf deutschem Boden war die Umgestaltung der SED zur *Partei neuen Typus,* d. h. zu einer leninistischen Kaderpartei, die sich politisch-ideologisch vollständig dem Führungsanspruch der KPdSU (B) unterwarf.

Am 29. Juni 1948 versicherte Grotewohl in einer Rede vor dem SED-Parteivorstand, die SED werde sich in den nächsten Jahren *eindeutig und ohne jeden Rückhalt nach dem Osten zu orientieren* haben[95]), der Weg der Volksdemokratien Osteuropas – *ideologisch klar und eindeutig auf den Weg des Marxismus-Leninismus ausgerichtet – sei* die *einzige Entwicklungsmöglichkeit* in der Sowjetzone.

Die SED mit nahezu 2 Millionen Mitgliedern müsse von einer Massenpartei zu einer Kaderpartei umgeschmiedet werden. Der Parteivorstand verpflichtete am folgenden Tag alle Mitglieder zur intensiven Schulung. Offenkundig bereiteten der Parteiführung auch nationalkommunistische Strömungen Sorge, denn am 3. Juli machte die SED sich in einem Beschluß *»Zur Jugoslawienfrage«* alle Argumente zu

eigen, deren sich Stalin und das Kominform beim offenen Bruch mit den jugoslawischen Kommunisten unter Tito bedient hatten.
Wenige Wochen später wandte Ulbricht sich scharf gegen *antisowjetische Propaganda* in Belegschaftsversammlungen großer Betriebe und bei Zusammenkünften von SED-Mitgliedern[96]).
Um der Lage Herr zu werden, gab der Parteivorstand Ende Juli Anweisungen für eine umfangreiche Parteisäuberung, die vor allem die ehemaligen Sozialdemokraten bedrohte. Parteikontrollkommissionen überprüften auf allen Ebenen der Parteiorganisation Mitglieder und Funktionäre.
Im September rückte die SED auch offiziell von der solange verfochtenen These ab, ein *besonderer deutscher Weg zum Sozialismus* sei möglich und wünschenswert. Anton Ackermann selbst, der diese Konzeption im Frühjahr 1946 mit voller Billigung der kommunistischen Parteiführung entwickelt hatte, übte Selbstkritik und versprach, *diese ernste ‚theoretische' Entgleisung* zu liquidieren und *bis auf den letzten Rest* auszumerzen[97]). Die KPdSU (B) sei in jeder Hinsicht das Vorbild der marxistisch-leninistischen Arbeiterparteien.
Die im Januar 1949 tagende 1. Parteikonferenz der SED, ein außerordentlicher Parteitag gleichsam, vollendete die Struktur der *Partei neuen Typus*: aus dem zahlenmäßig starken Parteivorstand ging ein kleineres Spitzengremium hervor, das *Politbüro*. Der Beitritt zur SED wurde erschwert: Bewerber mußten zunächst eine Zeit als *Kandidat* durchlaufen. Die paritätische Besetzung der Führungsgremien wurde auch offiziell beseitigt. Ehemalige Sozialdemokraten, die ihrer Überzeugung treu zu bleiben suchten, schieden aus. Die SED beschränkte den politischen Spielraum der anderen Parteien auf ein äußerst geringes Maß. (Im April 1948 war der LDP-Vorsitzende Dr. Külz gestorben.)
Der bedeutsamste Vorgang bei der Gleichschaltung der Parteien und Verbände war die Umgestaltung des FDGB. Er spielte in der politischen Strategie der SED schon deshalb eine Rolle, weil die Partei im Juni 1948 einen Zwei-Jahresplan zur wirtschaftlichen Entwicklung der Zone 1949/50 der DWK zugeleitet hatte: dieser Plan sollte den Anschluß an den Fünf-Jahr-Plan-Rhythmus der Sowjetunion herstellen. Er ging davon aus, daß die Produktion gegenüber 1947 um 35% zu steigern sei. Angesichts des geringen Investitionsaufwandes setzte dies eine vermehrte menschliche Arbeitsleistung voraus, und in der Tat verlangte der Zwei-Jahres-Plan ein Wachstum der Arbeitsproduktivität um 30%.
Am 13. Oktober 1948 förderte – nach dem Vorbild sowjetischer Aktivisten – der sächsische Bergarbeiter Adolf Hennecke 387% seines Tagessolls. Der Schichtablauf war sorgfältig geplant worden. Die SED stellte Henneckes Leistung als richtungweisende Tat dar.
Ende November tagten Funktionäre des FDGB in Bitterfeld und verlangten eine Abkehr von den *überholten gewerkschaftlichen Traditionen in der Lohn- und Tarifpolitik*[98]). Der Leistungslohn sei überall anzuwenden. Die Gewerkschaften hätten nicht länger die Aufgabe, *Arbeiter gegenüber den Unternehmern zu vertreten,* sondern vielmehr *in Zukunft ihre Aufmerksamkeit der Arbeitsdisziplin und der Steigerung der Arbeitsproduktivität zuzuwenden.* Die aus freien und geheimen Wahlen hervorgegangenen Betriebsräte wurden aufgelöst und durch *Betriebsgewerkschaftsleitungen* als unterste Organe des FDGB ersetzt.
In demselben Jahr 1948 begann auch der Aufbau einer militärischen Formation, *Kasernierte Volkspolizei* genannt.

Im Oktober 1948 beendete der Deutsche Volksrat seine Beratungen über den Verfassungsentwurf der *Deutschen Demokratischen Republik.* Der Entwurf beschrieb zwar die Grund- und Bürgerrechte, andererseits fanden sich in ihm Bestimmungen, die von vonherein auf ein totalitäres Herrschaftssystem zugeschnitten waren – so z. B. der Begriff *Boykotthetze* als Mittel zur Bekämpfung politischer Opposition, so der Verzicht auf eine Verfassungsgerichtsbarkeit, die selbst Parlamentsmehrheiten zur Respektierung der Grundrechte anhalten könnte. Die Verfassung sah eine 400-köpfige Volkskammer und eine Länderkammer vor, daneben die Möglichkeit des Volksentscheids. Volkskammer und Länderkammer sollten gemeinsam den Präsidenten wählen. Die Verfassung schrieb vor, daß der Ministerpräsident von der stärksten Fraktion zu ernennen sei und daß jede Fraktion mit mehr als 40 Abgeordneten an der Regierungsbildung zu beteiligen sei, sofern sie nicht ausdrücklich Opposition zu sein begehrte.
Im Frühjahr 1949 hielt die SED eine neuerliche Wahl in der Sowjetzone für zweckmäßig. Sie ließ indessen nicht mehr wie im Herbst 1946 mehrere Parteien nebeneinander bestehen, sondern schuf eine Einheitsliste, welche der Wähler bei der am 15. und 16. Mai stattfindenden Wahl zum *Dritten Deutschen Volkskongreß* nur noch annehmen oder ablehnen konnte. Die Sitze bei dieser Einheitswahl waren nach folgendem Schlüssel willkürlich verteilt worden: SED 25%, CDU und LDP je 15%, NDPD und DBD (die nie zuvor an Wahlen teilgenommen hatten) je 7,5%. Ein Zehntel der Sitze entfiel auf den FDGB, je ein Zwanzigstel auf FDJ und Kulturbund, je 3,7% auf den Demokratischen Frauenbund und die Vereinigung der Verfolgten des Naziregimes (VVN) und je 1,3% auf die VdgB und die Genossenschaften.
Noch während der Stimmauszählung erkannte die SED, daß ein zustimmendes Votum zum *Dritten Deutschen Volkskongreß* ausgeblieben war. Daraufhin ließen die Länderinnenministerien die Stimmauszählung nach neuen Gesichtspunkten wiederholen. In Brandenburg erhielten die Wahlvorstände folgendes Fernschreiben: *»Der Landesvolksausschuß hat nach Mitteilung von Herrn Minister Bechler einstimmig beschlossen, daß nur die Stimmzettel als Nein gezählt werden, bei denen das Kreuz im Kreis ‚Nein' gezeichnet wurde. Alle anderen Stimmzettel sind gültig. Unbeschriebene Stimmzettel gelten als Ja-Stimmen. Bei Bemerkungen oder Streichungen handelt es sich ebenfalls um Ja-Stimmen. Alle Bürgermeister haben sofort die ungültigen Stimmzettel und Stimmzettel mit ‚Nein' vom Sonntag in dieser Hinsicht zu überprüfen. Die Bürgermeister tragen für die Durchführung dieser Maßnahme die volle Verantwortung.«*[99])
Ähnliche Wahlfälschungen erfolgten in den anderen Ländern. Das Endergebnis konnte daher erst 20 Stunden nach Schließung der Wahllokale bekannt gegeben werden. Bei einer Wahlbeteiligung von 95,2% bezifferte die SED den Anteil der Ja-Stimmen auf 61,1% (in Ostberlin sogar nur 51,6%). Die 38,9% der Abstimmenden, die trotz Wahlmanipulationen als *Nein-* oder ungültige Stimmen gewertet werden mußten, also nach dem Eingeständnis der SED rund $^2/_5$ der Wähler, hatten keine Repräsentanten in dem 3. Deutschen Volkskongreß, der am 29. und 30. Mai in Ostberlin zusammentrat. Die 1.400 aus der Sowjetzone stammenden Mitglieder und die über 600 Westdeutschen bestätigten die Verfassung der *DDR*, wählten einen 400-köpfigen 2. *Deutschen Volksrat* und forderten eine *Nationale Front für Einheit und gerechten Frieden.* An die Außenministerkonferenz richteten sie einen Appell *im Namen des deutschen Volkes*[100]).

Der Parlamentarische Rat in Bonn

Zur Zeit der Blockade Berlins, zur Zeit der Geburt einer mitteldeutschen Volksdemokratie gingen Politiker und Staatsrechtler in den westlichen Besatzungszonen daran, eine Verfassung zu entwerfen, welche die bitteren Erfahrungen der Weimarer Republik nutzen, zugleich aber auch den Wünschen der Westmächte Rechnung tragen sollte.

Am 1. Juli 1948 übergaben die drei Militärgouverneure den Ministerpräsidenten in Frankfurt drei Dokumente. Unter Berufung auf das Londoner Kommuniqué vom 7. Juni empfahlen die Militärgouverneure, bis spätestens 1. September einen Parlamentarischen Rat einzuberufen, dessen Mitglieder – je 1 Delegierter für 750.000 Bewohner – von den Landtagen gewählt werden sollten. Die Verfassung sollte nach Zustimmung der Besatzungsmächte den Länderparlamenten zur Ratifikation vorgelegt und schließlich in Kraft gesetzt werden, sofern ⅔ der Länder sie bejahten. Das zweite *Frankfurter Dokument* räumte den Ministerpräsidenten das Recht ein, die bestehenden Ländergrenzen zu überprüfen. Das dritte Dokument beschrieb die Beziehungen zwischen einer verfassungsmäßig gewählten Regierung und den alliierten Behörden. Darin hieß es u. a.:

»Die Militärgouverneure werden die Ausübung ihrer vollen Machtbefugnisse wieder aufnehmen, falls ein Notstand die Sicherheit bedroht und um nötigenfalls die Beachtung der Verfassungen und des Besatzungsstatutes zu sichern.« [101])

Die Ministerpräsidenten nahmen eine Woche später in ihren *Koblenzer Beschlüssen* vom 7. Juli zu den *Frankfurter Dokumenten* Stellung:

»Die Einberufung einer deutschen Nationalversammlung und die Ausarbeitung einer deutschen Verfassung sollen zurückgestellt werden, bis die Voraussetzungen für eine gesamtdeutsche Regelung gegeben sind und die deutsche Souveränität in ausreichendem Maße wiederhergestellt ist.« [102])

Dem versagten die Militärgouverneure ihre Billigung. Clay berichtete zwar, daß der französische General Koenig dem Vorschlag wohlgesonnen gewesen sei, *»ein begrenzteres Staatsgebilde zu schaffen, als beabsichtigt gewesen war. Doch Robertson und ich nagelten ihn auf das Londoner Abkommen fest.«* [103])

Da die Verhandlungen zwischen deutschen und alliierten Stellen am 19. und 20. Juli keine Einigung erbrachten, erörterten die Ministerpräsidenten am 21. und 22. Juli im Jagdschloß Niederwald bei Rüdesheim erneut die Lage und verständigten sich über einen Kurs, der dann vier Tage später in einer dreistündigen Verhandlung mit den Militärgouverneuren in Frankfurt am Main zur gültigen Richtlinie erhoben wurde. Es bestand mithin Klarheit über die Einberufung des Parlamentarischen Rates.

Zwei von den Ministerpräsidenten berufene Ausschüsse bereiteten die Arbeit der Verfassunggebenden Versammlung vor. Vom 10. bis 23. August tagte der Herrenchiemseer Konvent. Die Verfassungsexperten der Länder verfaßten einen Grundentwurf mit teilweise alternierenden Vorschlägen.

Ein anderer Ausschuß beschäftigte sich in Karlsruhe mit der Änderung von Ländergrenzen und kam zu dem Schluß, daß die Länder Württemberg-Hohenzollern, Südbaden und Württemberg-Baden zu einem *Südweststaat* verschmolzen werden sollten.

Am 1. September konstituierte sich der Parlamentarische Rat in Bonn. Von seinen 65 Abgeordneten gehörten der CDU/CSU und der SPD je 27 an, der FDP 5 und der DP, der KPD und dem Zentrum je 2. Prof. Reuter hatte an den Besprechungen der Ministerpräsidenten als Abgesandter Berlins regelmäßig teilgenommen. Berlin entsandte fünf Delegierte in den Parlamentarischen Rat. Sie hatten beratende Stimme.

Der hessische Ministerpräsident Stock wies in seiner Eröffnungsansprache darauf hin, daß kein fremdes Diktat, sondern freie Vereinbarung der Deutschen die Versammlung zusammengeführt habe. Ihr Präsident wurde Dr. Konrad Adenauer, während der Sozialdemokrat Prof. Carlo Schmid im 21köpfigen Hauptausschuß den Vorsitz übernahm. Eine Reihe weiterer Ausschüsse nahm die Beratung von Einzelfragen auf. Die eigentlich politischen Entscheidungen fielen während der vier Lesungen des Grundgesetzes im Hauptausschuß.

Der 1. September, der Tag des Zusammentritts des Parlamentarischen Rates, zeichnete sich noch durch zwei weitere bedeutsame Entscheidungen aus: in der US-Zone endeten die Demontagen. In Nordrhein-Westfalen verweigerte der britische Landesgouverneur dem Sozialisierungsgesetz des Landtages seine Zustimmung. Bereits Mitte Juli hatten die Generale Clay und Robertson den Landesregierungen untersagt, sich mit der Sozialisierung zu beschäftigen, solange nicht die Vorarbeiten für eine Verfassung beendet seien. Um die Organisation und die Besitzverhältnisse im Bereich der bi-zonalen Kohleförderung, der Eisen- und Stahlindustrie und der vier großen Elektrizitätsgesellschaften vorläufig zu regeln, beriefen die Militärgouverneure Treuhänder. Im November und Dezember beschäftigten sich Experten der sechs Staaten, die das Londoner Kommuniqué verabschiedet hatten, erneut in der britischen Hauptstadt mit der Ruhrfrage. Sie legten am 28. Dezember ihren Regierungen den Entwurf für eine Internationale Ruhrbehörde vor.

Sozialisierung und Ruhrstatut spielten naturgemäß auch in den Debatten des Parlamentarischen Rates eine große Rolle, zumal damit die Frage verknüpft war, ob das Schwergewicht der öffentlichen Finanzwirtschaft beim Bund oder bei den Ländern liegen müsse. Die Militärgouverneure glaubten, im Parlamentarischen Rat starke zentralistische Tendenzen erkennen zu können, und unterstrichen im November noch einmal in einer Denkschrift das Gebot des Föderalismus. Über die Besorgnisse der Franzosen unterrichtete Clay am 22. November seine Regierung:

»Koenigs Haltung bei den letzten Sitzungen läuft darauf hinaus, daß die Franzosen sich mit einem westdeutschen Staat nicht einverstanden erklären können, weil ihnen das augenblickliche Klima nicht paßt ... Es ist weniger die Ruhrfrage, die sie beunruhigt, als vielmehr der ganze Wiederaufbau der deutschen Wirtschaft.« [104])

Den französischen Befürchtungen trug die Errichtung des militärischen Sicherheitsamtes der Westalliierten am 17. Januar 1949 Rechnung.

Im März 1949 geriet der Parlamentarische Rat in Bonn in eine schwere Krise. Eine zweite Denkschrift der Militärgouverneure kritisierte die Kompetenzverteilung zwischen Zentralgewalt und Ländern. Deutsche Gegenvorschläge wurden am 25. April offiziell verworfen. In erbitterten Diskussionen rangen die Parteien um eine Kompromißformel. Die Sozialdemokraten kündigten an, dem Grundgesetz ihre Zustimmung zu verweigern, falls den Westmächten weitere Zugeständnisse eingeräumt würden.

Der Völkerrechtler Hermann von Mangoldt (CDU-Abgeordneter im Parlamentarischen Rat) hat sich später zu der Frage geäußert, ob denn angesichts solcher Eingriffe der Militärgouverneure und ihrer Bonner Verbindungsstäbe *der Parlamentarische Rat überhaupt die nötige Freiheit gehabt hat, um eine Grundordnung zu entwerfen, die deutschen Auffassungen entsprach.* Mangoldt meinte, die Verfassunggebende Versammlung habe sich weitgehender Rechte erfreuen können: *»Bis in den März hinein haben sich die Mitglieder des Parlamentarischen Rates in der Freiheit ihrer Entschließung kaum beeinträchtigt gefühlt.«*[105])
Die März-Krise fand ein überraschendes Ende, denn die Außenminister der drei Westmächte unterzeichneten anläßlich ihrer Washingtoner Tagung am 8. April ein Schreiben, welches den deutschen Vorstellungen hinsichtlich Finanzverfassung und konkurrierender Gesetzgebung weit entgegenkam. Merkwürdigerweise leiteten die Militärgouverneure dieses Schreiben erst nach zwei Wochen dem Parlamentarischen Rat zu, so daß der Konflikt erst in den letzten Tagen des April aus der Welt geräumt war.
Am 8. Mai verabschiedete der Parlamentarische Rat mit 53 Stimmen der CDU/CSU, der SPD und der FDP gegen 6 CSU-Stimmen und je 2 Stimmen der DP, des Zentrums und der KPD das *Grundgesetz der Bundesrepublik Deutschland.* Die Militärgouverneure billigten die Verfassung in einem Schreiben vom 12. Mai, dem Tag, an dem die Blockade endete. Hinsichtlich der Polizeivollmachten, der Einbeziehung Berlins in den Geltungsbereich des Grundgesetzes und der Neuregelung der Ländergrenzen erhoben sie einige Vorbehalte, ohne allerdings den Text der Verfassung dadurch erneut in Frage zu stellen.
Die Mitglieder des Parlamentarischen Rates, die Ministerpräsidenten und Landtagspräsidenten, die Vertreter der Militärregierungen und des Frankfurter Wirtschaftsrates versammelten sich am 23. Mai 1949 in Bonn, um in einem feierlichen Staatsakt das Grundgesetz zu verkünden. Alle Mitglieder des Rates, einschließlich der Berliner, nur mit Ausnahme der beiden KPD-Angehörigen, unterzeichneten die Verfassung. Die Ministerpräsidenten und die Landtagspräsidenten setzten ebenfalls ihre Unterschrift unter das Dokument – auch sämtliche Vertreter Bayerns, dessen Landtag als einziger dem Grundgesetz keine Zustimmung erteilt hatte. Die 101 Nein-Stimmen im bayerischen Landtag (63 Ja-Stimmen, 9 Enthaltungen) hinderten die Unterzeichnung des Grundgesetzes nicht.
Der Parlamentarische Rat hatte auch Vorschläge für das Besatzungsstatut erarbeiten können.
In der zweiten März-Hälfte 1949 legten Wirtschaftssachverständige der Alliierten neue Maßstäbe für Demontagen und das deutsche Industrieniveau fest. Am 20. März ernannten die Gouverneure der Bi-Zone 12 deutsche Treuhänder für die Eisen- und Stahlindustrie. Am 28. März bestimmte ein Sechs-Mächte-Kommuniqué Grenzveränderungen zugunsten Frankreichs und der Benelux-Staaten. 135 qkm Gebiete mit 13.500 Bewohnern mußte Deutschland vorläufig abtreten[106]).
Am 4. April gründeten zwölf Staaten das Atlantische Bündnis. Erstmalig in ihrer Geschichte schlossen sich die USA damit in Friedenszeiten einer Militärallianz an.
Vom 5. bis 8. April widmeten sich die Außenminister der drei Großmächte in Washington noch einmal dem Deutschland-Problem. Sie verabschiedeten: das Besatzungsstatut, ein Abkommen über Dreimächtekontrolle und Fusion der westlichen Zonen, ein Protokoll über die Verschiebung der von den Deutschen geforderten Volksabstimmung in Baden und Württemberg, ein Abkommen über die gemein-

same deutsch-französische Verwaltung des Rhein-Hafens von Kehl[107]) und schließlich einen neuen Industrieplan für Westdeutschland[108]). Diesem Plan zufolge sollten 159 Werke von der im Oktober 1947 veröffentlichten Demontageliste gestrichen, wesentliche Einschränkungen des deutschen Industrieniveaus gelockert werden. Deutschland durfte z. B. wieder Aluminium, Kugellager, schwere landwirtschaftliche Traktoren und größere Typen von Schiffen herstellen. Die Stahlquote lag bei 11,1 Millionen to jährlich.

Am 28. April unterzeichneten die USA, Großbritannien, Frankreich und die Benelux-Staaten in London das Ruhrabkommen, das im Dezember des Vorjahres im Entwurf vorgelegt worden war.

Im St. James Palast zu London gründeten zehn Staaten – die fünf Mitglieder des *Brüsseler Paktes,* drei skandinavische Länder, Irland und Italien – am 5. Mai 1949 den Europa-Rat[109]).

So war innerhalb von eineinhalb Jahren in Westeuropa ein neues System völkerrechtlicher Beziehungen entstanden, mit dem der Westen Deutschlands eng verflochten wurde.

Am Tage der Unterzeichnung des Bonner Grundgesetzes begann in Paris die Außenministertagung der vier Großmächte: Acheson (USA), Bevin (Großbritannien), Schuman (Frankreich) und Wyschinskij (Sowjetunion) besprachen die Deutschland-Frage, wie es vor der Aufhebung der Blockade vereinbart worden war. Auf der Pariser Außenministerkonferenz (der ersten seit dem Scheitern der Londoner Ratstagung Ende 1947) versuchte Wyschinskij, in letzter Minute die Gründung der Bundesrepublik zu verhindern. Er beantragte, den Alliierten Kontrollrat wieder einzuberufen, *einen gesamtdeutschen Staatsrat auf der Grundlage der jetzt in der Ost- und in den Westzonen bestehenden deutschen Wirtschaftsorgane zu errichten, die Stadtverwaltung für ganz Berlin wiederherzustellen*[110]).

Der Westen antwortete darauf mit dem Vorschlag, die Länder der Sowjetzone in den Geltungsbereich des Bonner Grundgesetzes einzubeziehen und zu diesem Zweck erst einmal in ganz Deutschland die persönlichen Freiheiten, die Freiheit der demokratischen Parteien und die Unabhängigkeit der richterlichen Gewalt herzustellen.

Ohne in den Grundsatzfragen einen gemeinsamen Nenner zu finden, verabredeten die Großen Vier am Ende ihrer Pariser Konferenz (20. Juni), die Gespräche im Herbst fortzusetzen, den Kontakt zwischen den Besatzungsmächten in Berlin zu vertiefen – und zwar im Interesse folgender Zielsetzungen:

»a. *Ausdehnung des Handels und Entwicklung der finanziellen und wirtschaftlichen Beziehungen zwischen Berlin und den Zonen,*

b. *Erleichterung des Personen- und Güterverkehrs und des Austausches von Nachrichten zwischen den Westzonen und der Ostzone sowie zwischen Berlin und den Zonen,*

c. *Erwägung von Fragen gemeinsamen Interesses bezüglich der Verwaltung der vier Sektoren Berlins im Hinblick auf eine weitestmögliche Normalisierung des Lebens in der Stadt.*

Zur Förderung der ... genannten Aufgaben können die betreffenden Besatzungsbehörden deutsche Sachverständige und geeignete deutsche Organisationen in ihrem Arbeitsbereich zu ihrer Unterstützung heranziehen.«[111])

Die rechtliche Ordnung der Bundesrepublik

Vier alliierte Abkommen umrissen zusammen mit dem Grundgesetz die neue rechtliche Ordnung der Westzonen:

1. Das Besatzungsstatut regelte die Sonderbefugnisse der Besatzungsbehörden auf den Gebieten der Abrüstung und Entmilitarisierung, der Ruhrkontrolle, Dekartellisierung und Entflechtung, der Auswärtigen Angelegenheiten, der Displaced Persons, der Besatzungskosten und -rechte, der Kontrolle über Außenhandel und Devisenwirtschaft und der Aufsicht über den Strafvollzug von Kriegsverbrechern.

   Im übrigen behielten sich die Besatzungsmächte die Ausübung der vollen Regierungsgewalt aus Sicherheitsgründen oder zur Bewahrung der demokratischen Regierungsform vor. *Jede Änderung des Grundgesetzes bedarf vor Inkrafttreten der ausdrücklichen Genehmigung der Besatzungsbehörden*[112]). Nach Ablauf eines Jahres sollte das Statut überprüft werden.
2. Die Satzung der Hohen Kommisison für Deutschland und das Abkommen über Drei-Mächte-Kontrolle verpflichteten jede der drei Regierungen dazu, einen Hohen Kommissar zu ernennen, der neben dem Oberbefehlshaber der Besatzungstruppen die Kontrollrechte wahrnehmen sollte. Die Hohe Kommission bestand aus dem Rat der Hohen Kommissare, einem alliierten Generalsekretariat und verschiedenen Ausschüssen. Der Rat pflegte Verfassungsänderungen einstimmig zu bestätigen; in allen anderen Fragen entschied er mit Stimmenmehrheit, wobei der Einspruch des überstimmten Mitgliedes aufschiebende Wirkung hatte. In den Ländern der Bundesrepublik wirkten Landeskommissare, jeweils von der zuständigen Besatzungsmacht ernannt und von kleinen Stäben der beiden anderen Mächte unterstützt.[113])

   Die neuernannten Hohen Kommissare waren: John McCloy anstelle des im Mai 1949 zurückgetretenen amerikanischen Militärgouverneurs Clay, André Francois-Poncet, langjähriger Botschafter Frankreichs in Berlin, anstelle des Generals Pierre Koenig und Sir Brian Robertson, der in Deutschland blieb, jedoch nun aus der britischen Armee ausschied.
3. Der Hohen Kommission unterstellt war das bereits im Januar 1949 geschaffene militärische Sicherheitsamt.[114])
4. Die Internationale Ruhrbehörde besaß einen Rat, in welchem Frankreich, Großbritannien, die USA und Deutschland mit je drei Stimmen, Belgien, die Niederlande und Luxemburg mit je einer Stimme vertreten waren, und ein Generalsekretariat als ausführendes Organ. Deutschland war nicht befugt, den halbjährlich wechselnden Vorsitz im Rat zu übernehmen. Der Ruhrbehörde oblag es, Kohle, Koks und Stahl der Ruhr zu verteilen, zu diesem Zweck die innerdeutsche Verbrauchsquote festzusetzen und die Preispolitik zu gestalten.[115])
5. Das Bonner Grundgesetz schließlich beschrieb die rechtliche Ordnung der Bundesrepublik als die eines *demokratischen und sozialen Rechtsstaates* (Artikel 20).

In die Debatten des Parlamentarischen Rates waren immer wieder schmerzliche Erfahrungen der Weimarer Epoche eingeflossen.

»Das Grundgesetz kann weder in seinem materiellen, noch in seinem formellen Inhalt als eine gradlinige Weiterentwicklung des bisherigen deutschen Verfassungsrechtes angesehen werden ... vielmehr ist das Grundgesetz bewußt neue Wege gegangen.«[116])

Die Schöpfer der Verfassung verzichteten fast völlig auf die plebiszitäre Komponente der Weimarer Verfassung; nur bei der Änderung von Landesgrenzen sollten Volksabstimmungen möglich sein. Der Präsident wurde nicht mehr direkt vom Volk, sondern von einer Bundesversammlung gewählt – und zwar nicht mehr unbeschränkt oft, sondern höchstens für zwei Amtsperioden von je 5 Jahren.

Artikel 1 der Verfassung lautete: *»Die Würde des Menschen ist unantastbar. Sie zu achten und schützen ist Verpflichtung aller staatlichen Gewalt.*

Das deutsche Volk bekennt sich darum zu unverletzlichen und unveräußerlichen Menschenrechten als Grundlage jeder menschlichen Gemeinschaft, des Friedens und der Gerechtigkeit in der Welt. Die nachfolgenden Grundrechte binden Gesetzgebung, vollziehende Gewalt und Rechtsprechung als unmittelbar geltendes Recht.«

Die Parteien als Träger der politischen Willensbildung mußten in ihrer inneren Ordnung demokratischen Grundsätzen entsprechen. Parteien, die der freiheitlich-demokratischen Grundordnung widersprachen, waren vom Bundesverfassungsgericht zu verbieten. (Art. 21)

Dieses Verfassungsgericht hatte notfalls parlamentarische Mehrheiten zur Respektierung des Grundgesetzes anzuhalten und Streitigkeiten zwischen Bund und Ländern zu regeln. Ausschließende und konkurrierende Gesetzgebung von Bund und Ländern (Art. 70 – 75) waren im einzelnen festgelegt.

Neben den für vier Jahre in direkter, freier und geheimer Wahl zu wählenden Bundestag trat ein Bundesrat, die Vertretung der Länder, als zweite Kammer.

Im Unterschied zur Weimarer Verfassung stärkten die Schöpfer des Gundgesetzes die Exekutive: der Kanzler war nur noch durch ein konstruktives Mißtrauensvotum – also bei gleichzeitiger Wahl eines Nachfolgers – absetzbar. Die Bundesminister bedurften seines Vertrauens und konnten nur nach seinem Vorschlag vom Bundespräsidenten ernannt und entlassen werden.

In der Präambel des Grundgesetzes hieß es, daß diese Verfassung *dem staatlichen Leben für eine Übergangszeit eine neue Ordnung* geben wolle.

Bundestagswahlen und Regierungsbildung

Bald nachdem das Grundgesetz am 23. Mai 1949 in Kraft gesetzt worden war, begann in der Bundesrepublik ein erbitterter Wahlkampf. Die beiden größten Parteien – CDU und SPD – befehdeten einander heftig in wirtschafts- und außenpolitischen Fragen. Die Christlichen Demokraten wünschten, die *Soziale Marktwirtschaft* fortzusetzen. Die Sozialdemokraten bekannten sich weiterhin zur Sozialisierung der Schlüsselindustrien und zu einer Planung wichtiger Wirtschaftszweige; sie attackierten die von Prof. Erhard im Frankfurter Wirtschaftsrat durchgesetzte Linie als *Klassenkampf von oben.*

Die ungelösten wirtschaftlichen Probleme beeinflußten fraglos noch immer die Entscheidungen der großen Masse der Wähler:

Im Spätsommer zählte man in der Bundesrepublik neben 13,6 Millionen Beschäftigten noch immer 1,3 Millionen Arbeitslose. Trotz der Fertigstellung von 215.000 neuen Wohnungen während des Jahres 1949 mangelte es allerorten an Wohnraum. Die Eingliederung der Flüchtlinge hatte Fortschritte gemacht, galt aber noch keineswegs als vollbracht, zumal aus der Sowjetzone täglich bis zu tausend Menschen in die Westzonen überwechselten. Die Außenhandelsbilanz war passiv: Ausfuhren im Wert von 4,13 Milliarden DM standen Einfuhren in Höhe von 7,85 Milliarden DM gegenüber. Immerhin hatte die Industrieproduktion etwa 9/10 des Standes von 1936 erreicht (1948 lag sie noch knapp unter ⅔ der Produktion jenes Vorkriegsjahres).

Am 14. August 1949 fanden die Wahlen zum 1. Deutschen Bundestag statt. Von den 31.179.422 Wahlberechtigten schritten 24.490.752 (78,5%) zu den Urnen. Von den 23.724.119 gültigen Stimmen entfielen auf

CDU/CSU	7.357.579	31,0%	139 Sitze
SPD	6.932.272	29,2%	131 Sitze
FDP	2.788.653	11,9%	52 Sitze
KPD	1.360.443	5,7%	15 Sitze
Bayern-Partei	986.606	4,2%	17 Sitze
Deutsche Partei	940.088	4,0%	17 Sitze
Zentrum	727.343	3,1%	10 Sitze
WAV	681.981	2,9%	12 Sitze
Deutsche Rechtspartei und Deutsche Konservative Partei	428.949	1,8%	5 Sitze
SSW	75.387	0,3%	1 Sitz
Parteilose	1.140.257	4,8%	3 Sitze

Die Berliner Bundestagsabgeordneten – ohne volles Stimmrecht – wurden von der Westberliner Stadtverordnetenversammlung gewählt.

Der CDU/CSU als stärkster Partei fiel damit die Aufgabe der Regierungsbildung zu. Sollte sie ein Bündnis mit den nichtsozialistischen Parteien einer *Großen Koalition* mit den Sozialdemokraten vorziehen? Die SPD war dazu geneigt. Auch unter den Vertretern der drei westlichen Besatzungsmächte fanden sich Befürworter eines Zusammengehens der beiden stärksten Parteien.

Die führenden Politiker der CDU/CSU – einschließlich ihrer Länderregierungschefs – trafen auf Einladung Adenauers eine Woche nach der Wahl in seinem Rhöndorfer Haus zusammen, um die Grundlinien der Regierungsbildung festzulegen. Auf dieser Konferenz sollte sich erneut erweisen, daß Dr. Adenauer die bestimmende Kraft in der Christlich-Demokratischen Union war: mit zähem Verhandlungsgeschick konnte der – ohne Widerspruch als Kandidat für die Kanzlerwahl vorgeschlagene – Dr. Adenauer seinen Vorschlag einer Koalition mit der FDP und der Deutschen Partei durchsetzen, obwohl zunächst eine starke Gruppe unter der Führung von Jakob Kaiser und Ernst Lemmer für eine Große Koalition mit der SPD eingetreten war.[117]) Bei dieser Zusammenkunft empfahl Dr. Adenauer auch die Wahl des liberalen Politikers Prof. Heuss zum Bundespräsidenten und erwirkte die Zustimmung seiner Parteifreunde zu diesem Vorschlag.

Am Nachmittag des 7. September 1949 eröffnete der 73jährige Paul Löbe, einst Präsident des Reichstages und jetzt als Berliner Abgeordneter ältestes Mitglied des Bundestages, die konstituierende Sitzung des Parlamentes in dem Gebäude der ehemaligen Pädagogischen Akademie Bonns mit einem Wort des Gedenkens an die Opfer des Dritten Reiches und die Toten des Zweiten Weltkrieges. Die Abgeordneten wählten anschließend Dr. Erich Köhler (CDU) zum Bundestagspräsidenten. Bereits in der ersten Sitzung wurde ein Antrag zur alliierten Demontagepolitik eingebracht. Am gleichen Tag trat auch der Bundesrat, die Vertretung der Länder, in Bonn zusammen und wählte den Ministerpräsidenten von Nordrhein-Westfalen, Karl Arnold, zu seinem Präsidenten.

Am 12. September tagte die Bundesversammlung, bestehend aus den Abgeordneten des Bundestages und ebensovielen Delegierten, die die Landtage gewählt hatten. Im zweiten Wahlgang entschied sich eine absolute Mehrheit für Prof. Dr. Theodor Heuss als Bundespräsident. Gegenkandidaten waren Dr. Schumacher und der Zentrumspolitiker Amelunxen.

Mit Theodor Heuss trat ein Gelehrter von hohem Rang und eine der würdigsten Gestalten des deutschen Liberalismus an die Spitze des neuen Staates. Der 1884 geborene Württemberger hatte bald nach der Jahrhundertwende das Studium der Nationalökonomie in München und Berlin begonnen, war früh als Journalist tätig und mit dem Kreis um Friedrich Naumann verbunden gewesen. 1920 hatte er eine Professur an der im gleichen Jahre gegründeten Deutschen Hochschule für Politik in Berlin übernommen, war 1924 als Abgeordneter der DDP in den Reichstag eingezogen. Zurückgezogen aus einer Verantwortung, die zwangsläufig Schuld bedeutet hätte, lebte Prof. Heuss während des Dritten Reiches als Schriftsteller, der unmittelbar nach dem Zusammenbruch als liberaler Kulturpolitiker in das politische Leben zurückkehrte, ohne seine publizistische und wissenschaftliche Arbeit zu vergessen.

Auf Vorschlag des Bundespräsidenten wählte der Bundestag am 15. September Dr. Konrad Adenauer mit der – verfassungsrechtlich denkbar knappsten – Mehrheit von 202 Stimmen (bei 142 Nein-Stimmen und 42 Enthaltungen, sowie einer ungültigen Stimme) zum Bundeskanzler.

Am 20. September stellte Dr. Adenauer sein Kabinett vor: zur CDU/CSU gehörten außer dem Kanzler die Bundesminister für Inneres (Dr. Heinemann), Finanzen (Dr. Fritz Schäffer), Wirtschaft (Prof. Erhard), Ernährung und Landwirtschaft (Prof. Niklas), Arbeit (Anton Storch), Post (Hans Schuberth), Vertriebene (Dr. Lukaschek) und gesamtdeutsche Fragen (Jakob Kaiser). Die FDP stellte den Vizekanzler und Minister für Angelegenheiten des Marshall-Planes (Franz Blücher) sowie die Minister für Justiz (Dr. Thomas Dehler) und Wiederaufbau (Eberhard Wildermuth), die DP die Ressortchefs für Verkehr (Dr. Seebohm) und für Angelegenheiten des Bundesrates (Heinrich Hellwege).

Ein Außenminister gehörte wegen der alliierten Vorbehalte noch nicht zum Regierungsapparat. Ausländische Missionen wurden zunächst noch bei der Alliierten Hohen Kommission und nicht bei der Bundesregierung akkreditiert.

Dr. Adenauers Regierungserklärung umriß die großen Aufgaben, vor denen das junge Staatswesen stand. Als wichtigste Maßnahme für die Zukunft kündigte er an: eine Vereinheitlichung der Gesetze in den Ländern und Zonen, eine gleichmäßige Verteilung der Vertriebenen auf alle Teile des Bundesgebietes, Förderung des öffentlichen und privaten Wohnungsbaus, Aufhebung der Brennstoffbewirtschaftung als weiteren Schritt zum freien Markt, Senkung der Einkommensteuer, Lastenausgleich, ausreichende Versorgung von Kriegsbeschädigten und Kriegshinterbliebenen, vertriebenen Beamten und ehemaligen Militärpersonen, Berlin-Hilfe, Neugestaltung der Rechtsbeziehungen zwischen Arbeitnehmern und Arbeitgebern im Sinne einer *Selbstverwaltung der Sozialpartner an Stelle der staatlichen Bevormundung*, Beendigung der Entnazifizierung, vermehrte Bemühungen um Demontagestopp und Rückführung der Kriegsgefangenen.

»Das Streben nach Linderung der Not, nach sozialer Gerechtigkeit wird der oberste Leitstern bei unserer gesamten Arbeit sein«, versicherte der Kanzler. Das Besatzungsstatut (es trat am 21. September in Kraft) sei alles andere als ein Ideal, aber immerhin ein Fortschritt gegenüber dem vorher herrschenden *rechtlosen Zustand*. Man müsse nunmehr versuchen, *»unsere Freiheiten und unsere Zuständigkeit Stück für Stück zu erweitern. Es besteht für uns kein Zweifel, daß wir nach unserer Herkunft und nach unserer Gesinnung zur westeuropäischen Welt gehören.«*[118])

In seiner Regierungserklärung hatte der Bundeskanzler den Verzicht auf eine *Große Koalition* damit begründet, daß sie den Wählerwillen verfälschen, die Staatsnotwendigkeit einer Opposition in der Demokratie außer acht lassen würde. Dr. Schumacher antwortete darauf namens der größten Oppositionspartei, die SPD werde *»bei der Interessenvertretung der arbeitenden Bevölkerung ebenso unsentimental sein«* wie die *»in Sachen Besitzverteidigung sehr unsentimentale Regierung ... Aus dem Wesen und der Zusammensetzung dieser Regierung heraus besteht die große Gefahr, daß dieser neue Staat ein autoritärer Besitzverteidigungsstaat werden kann.«*[119])

Die harte Kritik der Opposition unterstrich aber zugleich, daß dem neuen Parlament – anders als dem Reichstag der Weimarer Republik – nur eine verschwindende Minderheit extremistischer Politiker angehörte.

Mit der Bildung der Organe der Bundesrepublik erloschen die Kompetenzen des Frankfurter Wirtschaftsrates. Anfang November entschied das Parlament in einer mit Spannung erwarteten Geheimabstimmung über den Sitz des Bundes: eine Mehrheit stimmte für Bonn und gegen Frankfurt.

Im Oktober 1949 wurde auch der Aufbau der freien Gewerkschaftsbewegung in Deutschland abgeschlossen: die im Jahre 1945 in Betrieben und Gemeinden gebildeten örtlichen Gewerkschaftsvereinigungen hatten 1946 Landesorganisationen und schließlich zonale Koordinationsgremien geschaffen. Aus einer Vierzahl von Landes- und Zonengewerkschaften entstanden schließlich 16 neue Einzelgewerkschaften, die auf ihrer gemeinsamen Tagung vom 12. bis 14. Oktober 1949 den DGB als Dachverband schufen. Der *Deutsche Gewerkschaftsbund* war vor allem ein Werk Hans Böcklers, der an die Spitze des DGB-Bundesvorstandes trat. Die *Münchener Grundsätze* des DGB forderten eine staatliche Vollbeschäftigungspolitik, Mitbestimmung der organisierten Arbeitnehmer in allen personellen, wirtschaftlichen und sozialen Fragen, Überführung der Schlüsselindustrien in Gemeineigentum und zentrale wirtschaftliche Planung im Gegensatz *zu der chaotischen Marktwirtschaft* seit der Währungsreform[120]).

In den Vordergrund des politischen Interesses rückte schon wenige Wochen nach der Regierungserklärung das Verhältnis der Deutschen zu den Besatzungsmächten. Der von der Sowjetunion den Regierungen der drei Westmächte Anfang Oktober übermittelte scharfe Protest gegen die Bildung einer *Separatregierung für die Westzonen Deutschlands* wurde zurückgewiesen. In ihrer Note vom 18. Oktober betonte die Regierung der USA erneut *ihren Glauben an die Prinzipien von Potsdam*, verwies auf alle fehlgeschlagenen Bemühungen um einen Viermächtevertrag über die vollständige Entmilitarisierung Deutschlands und tadelte die Aufstellung

einer mit militärischen Waffen ausgerüsteten Polizeistreitmacht in der Sowjetzone[121]).
Die Außenminister der drei Westmächte – Bevin, Schuman und Acheson – beschlossen auf einer Konferenz vom 9. bis 11. November in Paris aufgrund einer Denkschrift des Bundeskanzlers, *»daß die der deutschen Bundesrepublik bei der Führung der deutschen Angelegenheiten eingeräumte Entscheidungsfreiheit unter dem Besatzungsstatut in dem Maße erweitert wird, wie die deutsche Bundesregierung den Beweis liefert, daß sie sich auf dem Wege zu einem freien, demokratischen und friedlichen Deutschland befindet.«*[122])
Diesem Kommuniqué folgte am 24. November 1949 das *Petersberger Abkommen* zwischen dem Bundeskanzler und den drei Hohen Kommissaren, so benannt nach dem Amtssitz der Hochkommission auf dem Petersberg im Siebengebirge nahe Bonn.
Das *Petersberger Abkommen* regelte den Beitritt der Bundesrepublik zum Europarat (als assoziiertes Mitglied) und zur Ruhrbehörde. Die Bundesregierung bekräftigte ihren Willen, *mit allen ihr zur Verfügung stehenden Mitteln die Neubildung irgendwelcher Streitkräfte zu verhindern*[123]) (Kurz zuvor hatte der Westen von der Explosion der ersten sowjetischen Atombombe Kenntnis erhalten. Eine Debatte über einen militärischen Beitrag der Bundesrepublik zum Westbündnis war entstanden. Bundeskanzler Adenauer hatte Mitte November alle derartigen Pläne abgelehnt.)
Das *Petersberger* Abkommen verlieh der Bundesregierung das Recht, *konsularische* Beziehungen zu anderen Staaten aufzunehmen. Die Hohen Kommissare genehmigten den Bau größerer Schiffstypen und beendeten – bis auf geringfügige Ausnahmen – die Demontagen.
Im Bundestag löste das *Petersberger Abkommen* einen erneuten Konflikt zwischen Regierung und Opposition aus, welcher die starken Gegensätze nicht nur auf wirtschaftspolitischem, sondern auch auf außenpolitischem Gebiet unterstrich. Dessen ungeachtet unterstützten die Sozialdemokraten jedoch die erklärte Absicht der Bundesregierung, eine Verständigung mit Frankreich als vorrangige Aufgabe anzusehen und ein enges, freundschaftliches Verständnis zur westlichen Völkergemeinschaft anzustreben. Noch vor Jahresende unterzeichnete die Bundesrepublik einen ersten völkerrechtlichen Vertrag: das Abkommen mit den Vereinigten Staaten vom 15. Dezember 1949, durch das die Bundesrepublik und Westberlin in die amerikanische Marshall-Plan-Hilfe einbezogen wurden.

Die Konstituierung der *Deutschen Demokratischen Republik*

Parallel zur Gründung der Bundesrepublik vollzog sich in der Sowjetischen Besatzungszone die Konstituierung der DDR. Den Tag des Zusammentritts des Bundestages in Bonn bezeichnete das SED-Politbüro als *Tag der nationalen Schande*, Bundestag und Bundesregierung entbehrten der Rechtsgültigkeit.
Am 7. Oktober trat der *Deutsche Volksrat* unter dem Vorsitz Wilhelm Piecks in Ostberlin zusammen und konstituierte sich als *Provisorische Volkskammer der Deutschen Demokratischen Republik.* Nach der Verfassung wären Volkskammerwahlen notwendig gewesen. Man verschob diese Wahlen auf den Herbst 1950 –

ebenso wie die inzwischen überfälligen Gemeinde- und Landtagswahlen. In den bürgerlichen Parteien verlangten starke Gruppen den Verzicht auf die im Mai angewandte Einheitsliste.
Präsident der Volkskammer wurde der LDPD-Politiker Dieckmann. Am 10. Oktober wählten die fünf Landtage der Sowjetzone die 34 Mitglieder der *Provisorischen Länderkammer*, in welche Ostberlin sieben Beobachter entsandte.
Volkskammer und Länderkammer traten am 11. Oktober zu einer gemeinsamen Sitzung zusammen und wählten einstimmig Wilhelm Pieck (SED) zum *Präsidenten der DDR*.
Am folgenden Tag bestätigte die Volkskammer mit der gleichen Einmütigkeit die Regierung des Ministerpräsidenten Otto Grotewohl (SED). Ihr gehörten drei Stellvertretende Ministerpräsidenten an: Ulbricht (SED), Kastner (LDPD) und Nuschke (CDU). Von den 14 Fachministerien übernahm die SED sechs (Inneres, Planung, Industrie, Justiz, Volksbildung, Außenhandel), die CDU drei (Auswärtige Angelegenheiten, Arbeit und Gesundheitswesen, Post und Fernmeldewesen), die LDPD zwei (Finanzen, Handel und Versorgung), je ein Ressort die DBD (Land- und Forstwirtschaft), die NDPD (Aufbau) und der Kulturbund (Verkehr).
In seiner Regierungserklärung beschuldigte Grotewohl die Westmächte, Deutschland gespalten zu haben. Er bekannte sich zur Oder-Neiße-Linie als *Friedensgrenze, die ein freundschaftliches Verhältnis mit dem polnischen Volk ermöglicht*[124]).
Unter Berufung auf die Warschauer Beschlüsse vom Juni 1948 erklärte Grotewohl: *»Die Freundschaft mit der Sowjetunion, den Volksdemokratien und allen anderen friedliebenden Völkern ist daher die Grundlage der Außenpolitik der Regierung.«*
Er kündigte verstärkte Handelsbeziehungen zum Ostblock, vor allem zu China, an.
Am 13. Oktober sandte der Vorsitzende des sowjetischen Ministerrates, Marschall Stalin, ein Telegramm an Pieck und Gotewohl, in dem er die Bildung der *DDR* als einen *Wendepunkt in der Geschichte Europas* feierte[125]).
Die Sowjets tauschten offizielle diplomatische Vertreter mit der *DDR*-Regierung aus; sie ernannten ihren bisherigen Botschafter in Ungarn, G. M. Puschkin, zum Chef der diplomatischen Mission in Ostberlin. An die Stelle der Sowjetischen Militäradministration trat eine Sowjetische Kontrollkommission, die die Erfüllung des Potsdamer Abkommens und anderer Vier-Mächte-Vereinbarungen überwachen sollte. Als Chef dieser Kontrollkommission fungierte Armeegeneral W. I. Tschuikow, Oberbefehlshaber der sowjetischen Truppen in Deutschland. Politischer Berater der SKK wurde Botschafter Semjonow (der nach 1945 lange Zeit sehr einflußreiche Oberst Tulpanow war inzwischen in den Hintergrund gedrängt worden.)
Die kommunistischen Staaten erkannten die *DDR* de jure an, obwohl es in Polen und in der Tschechoslowakei noch gewisse Vorbehalte gab.
Die Deutsche Wirtschaftskommission bildete den Grundstock des neuen Regierungsapparates. Die SED bestritt zwar auch weiterhin die Legalität der Organe der Bundesrepublik, forderte aber gleichzeitig eine *Verständigung zwischen der Bonner Regierung und der Regierung der DDR*[126]).
Zur Errichtung der *DDR* nahm Bundeskanzler Dr. Adenauer am 21. Oktober 1949 in einer Rede vor dem Bundestag Stellung, die den Beifall aller Fraktionen – mit Ausnahme der KPD-Abgeordneten – fand:
»Nach dem völligen Zusammenbruch aller staatlichen Organisationen in Deutsch-

land mit der bedingungslosen Kapitulation kann eine Organisation in Deutschland nur dann den Anspruch darauf erheben, ein legitimer Staat zu sein, wenn sie auf dem freien Willen der Bevölkerung beruht ...

In der Sowjetzone gibt es keinen freien Willen der deutschen Bevölkerung. Das, was jetzt dort geschieht, wird nicht von der Bevölkerung getragen und damit legitimiert.

Die Bundesrepublik Deutschland stützt sich dagegen auf die Anerkennung durch den frei bekundeten Willen von rund 23 Millionen stimmberechtigter Deutscher. Die Bundesrepublik Deutschland ist somit bis zur Erreichung der deutschen Einheit insgesamt die alleinige legitimierte staatliche Organisation des deutschen Volkes.« [127])

War zwar die Bildung zweier Regierungen in Bonn und in Ostberlin erneut Ausdruck einer sich vertiefenden Spaltung Deutschlands, so gab es doch am Jahresende 1949 nur sehr wenige Deutsche, die eine Jahre, wenn nicht sogar Jahrzehnte andauernde Teilung überhaupt als denkbar empfanden. Die überwiegende Mehrheit des deutschen Volkes vertraute auf den Erfolg eines Bemühens, welches in der Präambel des Bonner Grundgesetzes mit dem Satz umschrieben war:

»Das ganze deutsche Volk bleibt aufgefordert, in freier Selbstbestimmung die Einheit und Freiheit Deutschlands zu vollenden.«

Günter Moltmann

Die Entwicklung Deutschlands von 1949 bis zu den Pariser Verträgen 1955

Die deutsche Situation um die Jahreswende 1949/50

Der am 12. September 1949 gewählte erste Präsident der Bundesrepublik Deutschland, Theodor Heuss, erklärte in seiner Botschaft zum Jahreswechsel 1949/50 unter anderem:

»Ich habe keine Botschaft mit Verheißungen zu geben, ich kann nur versuchen, die Empfindungen und Wünsche, die uns alle bewegen, auszudrücken ... Der Arbeitsstil der neuen gesetzgebenden Körper muß erst gesichert sein und sich einspielen ... Denn nie war einem Parlament mit geknickter Souveränität eine solche Last auferlegt ... Ein zweites, um den Sorgen zu begegnen, ist dies: Die Wirtschaft in Gang zu bringen, und wo sie im Gange ist, ihre Leistungskraft zu erhalten ... Aber die Frage bleibt uns gestellt, und wir spüren Monat um Monat deutlicher, daß auch die Welt, die uns das Problem der Heimatvertriebenen auferlegt hat, begreift, daß hier nicht bloß eine unsägliche deutsche Last entstand, die zu überwinden wir uns mühen, sondern eine Weltverantwortung erwachsen ist ... Eine zugleich feste wie loyale Innenpolitik, die die Demokratie nicht bloß als ein mechanisches Instrument begreift, ist heute, zumal heute, für die Deutschen auch die beste, vielleicht die einzige Außenpolitik, sofern man von einer solchen zu reden wagt.

Das Jahr 1949 gab den Deutschen der drei westlichen Zonen die Chance zum Neubeginn einer gemeinsamen Staatlichkeit. Sie ist genutzt worden. Auch in ihrer eingeengten Souveränität hat die Bundesrepublik Deutschland ihre Legitimation durch Volkszustimmung erhalten – aber wir wissen, daß die innere Kräftigung von einer Ausweitung des wechselseitigen Vertrauens abhängt. Das ist der Inhalt unserer Bemühungen, die Trümmer der Geschichte zu beseitigen, die zwischen dem deutschen und dem französischen Volke liegen, dem Verhältnis zu England jene Klarheit zurückzugeben, die vor einem halben Jahrhundert verlorenging. Und wir wissen ..., daß ein europäisches Gesamt nicht in großmächtigen Ansprüchen entsteht, sondern nur aus dem Geist, der jedem Staat und Volk seine Rechte beläßt, seine Achtung erweist ...

Wir wissen, daß im amerikanischen Volk die Anschauungen über Deutschland noch miteinander ringen, wir wissen, wie bei uns selber das Wissen um die Hilfe von manchem gestauten Ressentiment über dieses und jenes ungeschickt bedroht ist. Darüber hinwegzukommen, ist eine seelische Aufgabe ...

Wir gehen in das neue Jahr mit einer seltsamen Mengung der Gefühle ...« [1)]

Die Worte charakterisieren die zwiespältige Situation Deutschlands nach einem Jahr mit bemerkenswerten Ereignissen, die das Schicksal des von den Siegermächten des zweiten Weltkrieges beherrschten Landes in mancher Hinsicht verändert und zugleich Impulse für neue weitreichende Entwicklungen gegeben hatten. Nach der Beendigung der Berliner Blockade, die die territorial isolierte Hauptstadt Deutschlands gefährlich bedroht hatte, war in den drei westlichen Besatzungszonen eine *Verfassung* in Kraft gesetzt, in freier Wahl eine *Legislative* geschaffen und schließlich eine *Regierung* gebildet worden. Der überwiegende Teil des deutschen Volkes – nach der Volkszählung vom 13. September 1950 rund 47 500 000 Menschen – hatte sich in einem neuen, demokratisch strukturierten Staat zusammengefunden. Zum ersten Male konnte ein gewähltes Staatsoberhaupt zum Jahreswechsel auf er-

reichte Erfolge zurückblicken, den Sorgen und Nöten des Volkes Ausdruck geben und zugleich Richtlinien für die Zukunft aufzeigen. Schon diese Tatsache allein zeigte an, daß ein neuer Abschnitt in der deutschen Geschichte begonnen hatte.
Über vier Jahre lang waren die nach dem Zusammenbruch von 1945 übriggebliebenen Bestandteile Deutschlands den Besatzungsmächten auf Gedeih oder Verderb ausgeliefert gewesen. Politisch, rechtlich, sozial, wirtschaftlich und kulturell hatten fremde Direktiven das deutsche Leben gelenkt und geprägt. Eine eng umgrenzte deutsche Selbstverwaltung war nur schrittweise und nur für Teilbereiche des öffentlichen Lebens zugelassen worden. Jetzt waren die ersten Schritte auf dem Wege zur *Souveränität* getan. Das Bewußtsein, in vielerlei Hinsicht wieder selbst handeln und entscheiden zu können, konnte vielen Deutschen Auftrieb und Hoffnung geben. Man war nicht mehr so sehr Objekt des Willens der Sieger, sondern besaß größere eigene Initiativchancen und konnte sich der Bewährungsprobe stellen.
Was die Wiedergewinnung einer Teilsouveränität für Deutschland noch bedeutsamer machte, war die Tatsache, daß der neue Staat nach *demokratischen Prinzipien* errichtet worden war. Freilich hatte das zunächst nur formale Bedeutung, und es war noch abzuwarten, ob die Form auch die ihr entsprechenden Inhalte finden würde, ob sich das neue politische Leben in demokratischem Geist verwirklichen ließ. Die Tradition dazu war in der deutschen Geschichte nicht eben sehr vielversprechend gewesen. Immerhin hatte das Jahr 1949 schon gezeigt, daß radikale Bestrebungen links oder rechts in der Bevölkerung keinen nennenswerten Anklang fanden. Die Kommunistische Partei war im Bundestagswahlkampf nicht über 5,7 Prozent der Stimmen hinausgekommen, und nationalistische Kreise hatten noch geringere Erfolge verbuchen können. Dies allein konnte zwar noch nicht ein wiedererwachtes demokratisches Denken in breiten Schichten des Volkes verbürgen, aber ein hoffnungsvoller Start war immerhin vollzogen.
Doch war die neue Staatsgründung nicht von dem Enthusiasmus begleitet, den ein solcher Vorgang in Deutschland an sich gerechtfertigt hätte. Die Worte des Bundespräsidenten waren von anderen Empfindungen beherrscht als denen der reinen Freude und Befriedigung, und das entsprach durchaus der allgemeinen Stimmung in Deutschland überhaupt. Zu groß waren noch die Nachwirkungen der Vergangenheit, um ihnen nicht auf Schritt und Tritt zu begegnen, um nicht immer wieder vor neue schwierige Probleme gestellt zu sein. Zwar waren seit der Währungsreform in Westdeutschland deutliche Anzeichen einer *wirtschaftlichen Besserung* zu verzeichnen. Das Warenangebot war nach anfänglichen Stockungen wieder gestiegen, die Preise hatten sich stabilisiert. Der DM (West) brachte man nun auch im Ausland größeres Vertrauen entgegen. Die Lebensmittelrationierung lief aus (die endgültige Aufhebung erfolgte am 1. März 1950), womit Westdeutschland besser dastand als selbst das Siegerland Großbritannien. Die Industrieproduktion war gegenüber den Vorjahren weiter gestiegen. Die Alliierten hatten im Petersberger Abkommen vom 24. November 1949 die Beschränkungen für den deutschen Schiffbau gelockert und eine Anzahl wichtiger Industriewerke von der Demontageliste gestrichen. Aber der erfreuliche Aufstieg wurde doch auch noch durch einschneidende Bestimmungen der Besatzungsmächte gehemmt. Noch war der Schlußstrich unter die *Demontagen* nicht gezogen, und der Abbau weiterer Werke stand bevor. Die Zahl der *Arbeitslosen* hatte sich von 759 600 im Januar 1949 auf 1 498 850 im Dezember 1949 erhöht, wobei freilich auch der Zustrom von *Flüchtlingen* und *Vertriebenen*, die ständig aus dem Osten kamen, eine Rolle spielte. Eine *Stahlproduktionsquote* von 11,1

Millionen Tonnen im Jahr durfte nicht überschritten werden, und auch andere Industriezweige waren in der Produktion begrenzt. Der *Internationalen Ruhrbehörde*, die die Bundesrepublik durch ihren Beitritt (ohne das Recht, den Vorsitz zu übernehmen) anerkennen mußte, oblag die Verteilung von Kohle und Stahl, so daß der Inlandsbedarf wegen hoher Exporte nicht gedeckt werden konnte.
Schon an diesen Gegebenheiten wird deutlich, wie sehr die Souveränität des neuen Staates eingeengt war. Schwererwiegendes kam hinzu: die Westmächte hatten sich im neuen *Besatzungsstatut* vom 10. April 1949 (in Kraft seit dem 21. September 1949) eine Reihe bedeutsamer Rechte vorbehalten, unter anderem die Regelung der auswärtigen Angelegenheiten der Bundesrepublik, das Zustimmungsrecht zu Grundgesetzänderungen, Länderverfassungen und zu allen gesetzgeberischen Maßnahmen und Abkommen. Gemildert wurden diese Reservate nur durch die Versicherung der Besatzungsmächte, daß das Statut mindestens innerhalb von achtzehn Monaten überprüft und dann eventuell revidiert werden würde. Das *Petersberger Abkommen* sah vor, daß sich die Bundesrepublik an internationalen Organisationen wie dem Europarat beteiligen und ein bilaterales Abkommen mit den Vereinigten Staaten über die Marshallplanhilfe abschließen sollte und überdies Konsular- und Handelsbeziehungen zu anderen Staaten aufnehmen konnte. Da lagen wiederum hoffnungsvolle Ansätze, aber im ganzen war die Bewegungsfreiheit von Legislative und Regierung doch erheblichen Einschränkungen unterworfen, und die Worte des Bundespräsidenten von der *»Last«* eines *»Parlaments mit geknickter Souveränität«* waren durchaus zutreffend.
Eine wesentliche Aufgabe der Bundesrepublik ergab sich damit von selbst: der schrittweise Abbau der Schranken bis zur Wiedergewinnung der vollen Souveränität. Der *Bundestag* in Bonn sah sich von Beginn seiner Arbeit an diesem Problem gegenübergestellt, und der Hinweis des Bundespräsidenten auf den parlamentarischen *»Arbeitsstil«*, der sich erst noch *»einspielen«* müsse, bezog sich auf die erste große Kontroverse der Parteien über den Weg zur schnellen Erreichung des gemeinsamen Ziels. Jene erbitterte Auseinandersetzung in der Nacht vom 24. auf den 25. November 1949 war nicht nur charakteristisch für die leidenschaftliche Atmosphäre im neu zusammengetretenen Parlament, sondern kennzeichnete einen *Parteiengegensatz*, der auf Jahre hinaus die Positionen in vielen das Verhältnis zum Westen betreffenden Fragen bestimmen sollte. Der Vorgang sei darum hier kurz umrissen. [2])

Streitobjekt war das vom Bundeskanzler akzeptierte Petersberger Abkommen, in dem die Einschränkung der Demontagen mit dem deutschen Beitritt zur Internationalen Ruhrbehörde gekoppelt worden war. Die Sozialdemokratische Partei, an ihrer Spitze Kurt Schumacher, lehnte das Abkommen ab, weil damit ihrer Ansicht nach augenblickliche Vorteile durch große Zugeständnisse an andere Mächte erkauft werden sollten. Sie trat für ein kompromißloses Ringen um die Ausweitung der deutschen Souveränität ein, auf deren Basis erst eine echte Partnerschaft denkbar sei. Die Regierungsparteien, an ihrer Spitze Konrad Adenauer, vertraten demgegenüber eine Politik des Entgegenkommens durch Verhandlungen und gegebenenfalls durch *»Vorleistungen«*. Auf diesem Wege erhofften sie sich eine schnellere Eingliederung in die Gemeinschaft der westlichen Staaten, auch wenn dabei gewisse Souveränitätsrechte eingeschränkt blieben. Durch die Schärfe der Gegensätze veranlaßt, bezweifelte Adenauer, daß es der SPD in Wirklichkeit um die Demontagen ginge, worauf Schumacher mit dem Zwischenruf *»Bundeskanzler der Alliierten«*

antwortete und deshalb für zwanzig Sitzungstage vom Bundestag ausgeschlossen werden sollte. Der Konflikt wurde wenige Tage später beigelegt und die Ordnungsstrafe rückgängig gemacht. Trotzdem blieb ein parteipolitischer Gegensatz, der sich aus der grundverschiedenen Art der beiden führenden Politiker und aus den unterschiedlichen Konzeptionen ergeben hatte, weiter bestehen und bildete den Ausgangspunkt für spätere Dissonanzen. So trat zum Beispiel die Bundesregierung für die faktische Anerkennung einer Autonomie des *Saarlandes* innerhalb eines vereinten Europa ein, während die Opposition auf eine Volksabstimmung über diese Frage drängte. Die Auseinandersetzung über das Petersberger Abkommen hatte indessen trotz der Entgleisungen doch auch bewiesen, daß in Deutschland wieder eine Volksvertretung existierte, die um ihre politische Verantwortung wußte und dementsprechend sich einzusetzen bereit war.
Wirtschaftliche Probleme, vorläufige Beschränkungen der Souveränität und parteipolitische Kontroversen über das Verhältnis zu den Besatzungsmächten waren jedoch bei weitem nicht so bedrückend für das Selbstgefühl der Bevölkerung im neuen westdeutschen Staat wie die viel schwerer wiegende Tatsache, daß ein Teil des deutschen Volkes an der Entwicklung im Westen nicht teilhaben konnte. Für alle genannten Schwierigkeiten mußten sich über kurz oder lang Lösungen finden lassen, die Wiedervereinigung aller Deutschen in einem Staate war dagegen zeitlich überhaupt nicht abzusehen, ja durch die Gründung der Bundesrepublik und die Errichtung der *Deutschen Demokratischen Republik* problematischer denn je geworden. Die unterschiedlichen politischen, wirtschaftlichen und sozialen Entwicklungen in West und Ost, die Währungsreform und die Blockade Berlins hatten die Kluft zwischen den Westzonen und der sowjetischen Zone längst tief aufgerissen. Während die sowjetische Regierung und die SED gegen die Bildung des westdeutschen Staates protestierten, hatte sich der neue Zonenstaat ohne die verfassungsmäßig vorgeschriebenen Wahlen etabliert. 17,2 Millionen Deutsche (nach der Volkszählung vom 31. August 1950) hatten keine Möglichkeit gehabt, ihre eigene Volksvertretung zu wählen.
In der Präambel des Grundgesetzes heißt es: »*Es [das deutsche Volk] hat auch für jene Deutschen gehandelt, denen mitzuwirken versagt war. Das gesamte deutsche Volk bleibt aufgefordert, in freier Selbstbestimmung die Einheit und Freiheit Deutschlands zu vollenden.*« Zwei Artikel zeigen die Wege, auf denen die Wiedervereinigung getrennter Teile Deutschlands möglich ist, der eine für Teillösungen, der zweite für eine umfassende Gesamtregelung. Artikel 23 besagt: »*In anderen Teilen Deutschlands ist es [das Grundgesetz] nach deren Beitritt [zur Bundesrepublik] in Kraft zu setzen.*« Artikel 146 lautet: »*Dieses Grundgesetz verliert seine Gültigkeit an dem Tage, an dem eine Verfassung in Kraft tritt, die von dem deutschen Volk in freier Entscheidung beschlossen worden ist.*« Im Unterschied zu diesen Formulierungen beanspruchte die Verfassung der DDR vom 7. Oktober 1949 gesamtdeutsche Gültigkeit. In ihrer Präambel hieß es, daß sich »das deutsche Volk diese Verfassung gegeben« habe, und Artikel 1 begann mit dem Absatz: »Deutschland ist eine unteilbare demokratische Republik; sie baut sich auf den deutschen Ländern auf.« Eine Veränderung von Standpunkt und Anspruch zeigt dagegen die Verfassung der DDR vom 9. April 1968. In ihrer Präambel heißt es: ». . . in Ansehung der geschichtlichen Tatsache, daß der Imperialismus . . . Deutschland gespalten hat . . .« habe sich »das Volk der Deutschen Demokratischen Republik . . . diese sozialistische Verfassung gegeben.« Dabei sei es getragen

gewesen ». . . von der Verantwortung, der ganzen deutschen Nation den Weg in eine Zukunft des Friedens und des Sozialismus zu weisen«. Laut Artikel 1 ist die DDR »ein sozialistischer Staat deutscher Nation«.

Die *Wiedervereinigungsfrage* war freilich eng mit der Frage eines *Friedensvertrages* verknüpft und dadurch vor allem auch eine Angelegenheit der Siegermächte. Diese hatten sich bei wiederholten Außenministerkonferenzen nicht auf eine gemeinsame Deutschlandpolitik einigen können. 1949 war noch nicht einmal formal der Kriegszustand beendet. Den Deutschen diesseits und jenseits des Eisernen Vorhangs blieb daher in der Wiedervereinigungsfrage nichts anderes übrig, als die Entwicklung von Ost-West-Verhandlungen zu verfolgen, selbst Stellung zu nehmen, Anregungen und Vorschläge zu unterbreiten, auf Entscheidungen zu drängen und im übrigen den persönlichen Kontakt über die Grenze so eng wie möglich aufrechtzuerhalten, um die fortschreitende Auseinanderentwicklung nicht zu einem endgültigen Hemmnis für die erhoffte Lösung werden zu lassen.

Da der Friedensvertrag noch ausstand, blieben auch die Frage der *deutschen Grenzen* und das *Problem Berlin* weiterhin offen. Die Westmächte hatten erklärt, daß sie auf der Potsdamer Konferenz nicht bereit gewesen seien, bei einer Friedensregelung die Abtrennung der Gebiete östlich der Oder und Neiße zu unterstützen. [3]) Im Westen war das Schicksal einiger Grenzstreifen und das des Saargebietes noch ungeklärt. Berlin war seit der verfassungswidrigen Einsetzung eines Ostberliner Magistrats in zwei Teile gespalten, in das Gebiet der drei Westsektoren mit 2 142 400 Einwohnern und das des sowjetisch besetzten Sektors mit 1 179 300 Einwohnern (Volkszählung von 1950). Die Westmächte hatten mit Rücksicht auf den Viermächtestatus der Stadt einer Einbeziehung Groß-Berlins in die Bundesrepublik, wie sie Artikel 23 des Grundgesetzes vorsieht, nicht zugestimmt, so daß nur eine Anzahl nicht stimmberechtigter Berliner Mitglieder in Bundestag und Bundesrat entsandt werden konnten (Artikel 144). In der Verfassung der DDR vom 7. Oktober 1949 hieß es in Artikel 2: »Die Hauptstadt der Republik ist Berlin . . .« Ähnliches besagt die Verfassung vom 9. April 1968 (Artikel 1): Berlin sei die »Hauptstadt der Deutschen Demokratischen Republik«. Das Gesetz über die Bildung einer Provisorischen Länderkammer der DDR vom 7. Oktober 1949 bestimmte: »*Die Hauptstadt der Deutschen Demokratischen Republik kann in die Provisorische Länderkammer sieben Vertreter als Beobachter entsenden.*« Auch hier blieb also eine endgültige Regelung dem Friedensvertrag vorbehalten.

Die Unvollkommenheit und Halbheit der Entscheidungen von 1949 hatte freilich ihre Ursache nicht nur in der Uneinigkeit der Siegermächte über Deutschland, sondern letzten Endes in der weltweiten Auseinandersetzung zwischen Ost und West, in der Deutschland nur ein Teilproblem darstellte. Die Initiative der Westmächte zur Staatsgründung in ihren Besatzungszonen wurde von den Deutschen als willkommene Chance zum Wiederaufbau und zur Rehabilitierung genutzt. Aber das Glück darüber war getrübt durch das Bewußtsein, daß Deutschland Objekt einer politischen Kontroverse von größerer Bedeutung geworden war und daß das Bestreben der Weltblöcke, in Deutschland einen Partner zu finden, die Spaltung des eigenen Landes noch vertiefen mußte. Jedoch gab es nur eine Alternative: entweder in passiver Lethargie zu verharren und weiterhin rechtlos, unfrei und eingeengt zu bleiben, oder Stellung zu beziehen und sich der Sache der westlichen Demokratien zu verschreiben, zumindest in dem Teil Deutschlands, wo dies möglich war. Westdeutschland hatte den zweiten Weg gewählt. Es hatte sich für die demo-

kratische Erneuerung in einem vorläufig begrenzten Staatsgebiet entschieden. Dabei spielte nicht nur die Überlegung eine Rolle, daß eine günstige Chance genutzt werden mußte, sondern auch die Einsicht, daß die Prinzipien der westlichen Lebens- und Gesellschaftsordnung ein menschenwürdigeres Dasein nach bitteren geschichtlichen Erfahrungen versprachen. Erleichtert wurde die Entscheidung dadurch, daß die Westmächte Beispiele einer übernationalen Verantwortung gegeben hatten, die sich nicht allein aus machtpolitischen Gesichtspunkten erklären ließen, wie das Angebot der Marshallplanhilfe und der Verteidigung Berlins in fast aussichtsloser Lage.
Aus der so skizzierten deutschen Situation um die Jahreswende 1949/50 ergaben sich nun die *spezifischen Aufgaben deutscher Politik* für die folgenden Jahre. Erstes Ziel mußte der innere Wiederaufbau Westdeutschlands sein. Hier gab es die größte Arbeit zu bewältigen. Nach den Jahren des Krieges und des Besatzungsregimes konnte die Wirtschaft wieder angekurbelt werden. Daneben warteten große gesetzgeberische Fragen auf ihre Lösung. Die Bundesrepublik benötigte zu ihrer Konsolidierung den Ausbau ihrer politischen, rechtlichen und gesellschaftlichen Struktur. Nur dadurch konnten Voraussetzungen geschaffen werden, um auch zu voller innerer und äußerer Souveränität zu gelangen. Das Endziel war die Eingliederung in ein übernationales System gleichberechtigter Nationen, die sich dann freiwillig wieder Beschränkungen ihrer Rechte auferlegen konnten. Die Ansätze für eine europäische Integration wiesen hier den Weg. Die Bundesrepublik war nicht nur aufgerufen, sich zu beteiligen, sondern konnte bald auch selbst durch Anregungen und Initiativen die gemeinsame Sache fördern.
Andere Aufgaben wie die Wiedervereinigung, die Lösung des Berlinproblems und die Schaffung eines Friedensvertrages waren sicher nicht minder wichtig, ja mußten für Deutschland noch größere Bedeutung haben. Sie in den Vordergrund aller politischen Bemühungen zu stellen, wurde verständlicherweise immer wieder gefordert. Da es sich hier jedoch um Ziele handelte, deren Erreichung nicht allein, ja nicht einmal primär in deutschen Händen lag, waren die Möglichkeiten der Politik schmaler und die Erfolgsaussichten unsicherer. Ein langer Weg war vorgezeichnet. Die folgenden Seiten werden zeigen, wie auf vielen Gebieten Fortschritte gemacht und Erfolge erzielt wurden, wie andererseits aber auch Grundfragen der deutschen Politik durch Jahre hinaus offenblieben und sich sogar noch komplizierter gestalteten.

Die Bundesrepublik wird Partner des Westens

Das Jahr 1949 war nicht nur für die deutsche Entwicklung von besonderer Bedeutung gewesen, sondern auch für die gemeinsame Entwicklung Westeuropas. Am 5. Mai hatten die Außenminister von zehn europäischen Staaten (Großbritannien, Irland, Dänemark, Schweden, Norwegen, die Niederlande, Belgien, Luxemburg, Frankreich, Italien) in London die Statuten des *Europarates* unterzeichnet. Artikel 1 lautete: [4]) »*Ziel des Europarates ist es, eine größere Einheit unter seinen Mitgliedern herzustellen, zu dem Zweck, die Ideale und Prinzipien zu sichern und zu verwirklichen, die ihr gemeinsames Erbe darstellen, sowie ihren wirtschaftlichen und sozialen Fortschritt zu erleichtern.*« Nach der Hinterlegung der ersten sieben Ratifikationsurkunden traten diese Statuten am 3. August 1949 in Kraft. Im selben Jahr schlossen sich auch Griechenland und die Türkei und 1950 Island dem Europarat an. In Straßburg begann die Beratende Versammlung als erstes europäisches Parlament ihre Sitzungen, um gemeinsam politische, wirtschaftliche, soziale, kulturelle und rechtliche Fragen zu erörtern. Der Ministerrat bekam die Aufgabe, die Empfehlungen der Versammlung entgegenzunehmen und seinerseits Empfehlungen an die Regierungen der Mitgliedstaaten weiterzuleiten.

Dieser von großen Hoffnungen begleitete Zusammenschluß europäischer Staaten hatte eine längere Vorgeschichte. Als der zweite Weltkrieg beendet war und Europa die niederdrückende Bilanz aus den letzten Jahrzehnten seiner geschichtlichen Entwicklung zog, lag der Gedanke an eine neue Form intereuropäischer Zusammenarbeit nahe. Um gefährliche nationalistische Ambitionen einzelner Staaten endlich unwirksam zu machen, um trotz des Übergewichts der großen außereuropäischen Mächte Amerika und Sowjetrußland in der Weltpolitik eine achtenswerte Position zu wahren und um die großen Aufgaben des Wiederaufbaus gemeinsam zu bewältigen, knüpfte man an eine Tradition wieder an, die sich Jahrhunderte hindurch in manchen Plänen, Projekten und Utopien europäischer Staatsmänner und Denker manifestiert hatte (z. B. Europaideen des Duc de Sully, Jean-Jacques Rousseau, William Penn, Jeremy Bentham) und für die in den Jahren nach dem ersten Weltkrieg manche Kreise und namhafte Persönlichkeiten (z. B. Léon Jouhaux, Graf Coudenhove-Kalergi, Aristide Briand, Gustav Stresemann) erfolglos eingetreten waren.

Mit seiner Züricher Rede vom 19. September 1946 [5]) hatte sich Winston Churchill, damals Führer der konservativen Opposition in Großbritannien, zum Wortführer des europäischen Gedankens gemacht. Wie sehr er mit seinen Vorschlägen zur Errichtung der *Vereinigten Staaten von Europa* und zur Einberufung eines *Europäischen Rates* den Wünschen und Hoffnungen vieler Europäer entgegenkam, zeigte die Tatsache, daß sich seit 1946 in vielen europäischen Ländern spontan Vereinigungen mit dem Ziel der Vereinigung Europas bildeten, die schnell miteinander in Verbindung traten und sich zu größeren Verbänden zusammenschlossen. Für Deutschland wirkte der Appell Churchills besonders verheißungsvoll. Hatte dieser doch gesagt, daß es kein »*Wiedererstehen Europas ohne ein geistig großes Frankreich und ein geistig großes Deutschland*« gäbe. Unmittelbar zuvor, am 6. September 1946, hatte der amerikanische Außenminister Byrnes in seiner Stuttgarter Rede eine neue konstruktive Deutschlandpolitik der Vereinigten Staaten angekündigt. In doppelter Hinsicht ergab sich damit den Deutschen die Aussicht auf eine bessere Zukunft im Rahmen einer neuen Staatengemeinschaft. Schon am 20. Juni 1947 trat in Eutin der erste deutsche Europäerkongreß zusammen. Daneben fanden sich viele Anhänger des Europagedankens in der Paneuropa-Union des Grafen Coudenhove-Kalergi und zahlreichen anderen Vereinigungen zusammen. Im Juni 1949 konstituierte sich als deutscher Dachverband der »*Deutsche Rat der Europäischen Bewegung*«. Manche deutschen Europäer träumten damals sogar von einer Vereinigung, die über den Eisernen Vorhang hinwegreichen könnte.

Vom 7. bis 10. Mai 1948 fand in Den Haag der erste repräsentative europäische Kongreß unter dem Ehrenpräsidium Churchills statt. Vertreter aus über 30 Ländern nahmen teil. Entschlossen forderte die Versammlung die Schaffung einer politischen, wirtschaftlichen und kulturellen Union. Diesem nachdrücklichen Appell konnten sich die Regierungen nicht versagen. Nach wiederholten Besprechungen zwischen Großbritannien, Frankreich und den Beneluxstaaten (die im *Brüsseler Pakt* bereits

neben gegenseitigem Beistand im Falle eines deutschen Angriffs engere wirtschaftliche, soziale und kulturelle Beziehungen vereinbart hatten) kam dann jene Londoner Konferenz zustande, die zur Gründung des Europarates führte. Wenn Deutschland damals nicht beteiligt war, so lag das nur daran, daß es keinerlei staatliche Souveränität besaß. Die im Petersberger Abkommen in Aussicht genommene Einbeziehung der Bundesrepublik, zunächst als assoziiertes Mitglied, sollte jedoch nicht lange auf sich warten lassen. Am 31. März 1950 forderte der Ministerrat des Europarates die Bundesrepublik zum Beitritt auf und bot ihr 18 Sitze in der Beratenden Versammlung an (das entsprach der Anzahl der Sitze, die auch Frankreich, Italien und Großbritannien innehatten). Am 15. Juni 1950 stimmte der Bundestag zu. Westdeutschland wurde Partner im europäischen Parlament, entsandte aber vorerst noch keinen Vertreter in den Ministerrat. Im folgenden Jahr wurde es vollgültiges Mitglied.
Verglichen mit den Hoffnungen, die die frühen Anhänger einer europäischen Einigung gehegt hatten, war die verwirklichte übernationale Organisation jedoch in mancher Hinsicht enttäuschend. Das galt nicht nur für die Mitgliederzusammensetzung, die sich auf westliche europäische Staaten beschränkte. Das war unvermeidbar. Aber die Beratende Versammlung in Straßburg setzte sich auch nicht aus direkt gewählten Vertretern der Nationen zusammen. In der Bundesrepublik wählte der Bundestag die Delegierten aus seinen eigenen Reihen. Ferner hatten die Regierungen der Mitgliedstaaten der Versammlung nicht die Befugnis zuerkannt, bindende Beschlüsse zu fassen. Der Ministerrat bekam ein grundsätzliches Vetorecht, und die Regierungen erhielten ihrerseits wiederum das Recht, die Empfehlungen des Ministerrats nicht zu befolgen. Der Wert der neuen Institution lag in erster Linie in einem regelmäßigen Gedankenaustausch. Kurt Schumacher begründete die ablehnende Haltung der SPD-Bundestagsfraktion zum Beitritt mit den Worten: [6])
»*Der Weg in den Europarat geht ganz dicht an Europa vorbei. Deshalb sagt die SPD zum Einritt in den Europarat ‚nein'.*«
Bevor die Bemühungen um die Errichtung des Europarates zum Erfolg geführt hatten, war auf eine andere Initiative hin bereits eine übernationale Organisation zustande gekommen, an der die Westzonen Deutschlands, ohne schon ihre Eigenstaatlichkeit gewonnen zu haben, teilnahmen: die *OEEC (Organization for European Economic Cooperation)*. Die wirtschaftliche Unterstützung Europas durch die Vereinigten Staaten in Gestalt des *Marshallplans* war an die Voraussetzung geknüpft worden, daß die interessierten Staaten bei der Verteilung der Mittel und beim Wiederaufbau zusammenarbeiten würden. Daraufhin wurde die *Konvention über die europäische wirtschaftliche Zusammenarbeit* ausgearbeitet und am 16. April 1948 unterzeichnet. Außer den sechzehn am Marshallplan beteiligten Staaten war auch Westdeutschland, das von den drei Militärgouverneuren vertreten worden war, an der neuen Staatengemeinschaft beteiligt. Nach Entstehen der Bundesrepublik errichtete die Bundesregierung eine eigene Vertretung bei der OEEC und schloß mit den Vereinigten Staaten ein Abkommen über die wirtschaftliche Zusammenarbeit ab. Damit war Deutschland Mitglied einer europäischen Gemeinschaft, in der zwar nicht wie im Europarat umfassende Pläne zur politischen Integration erörtert wurden, dafür aber Zusammenarbeit im wirtschaftlichen Bereich mit großem Erfolg praktiziert und entscheidende Aufbauarbeit geleistet wurde. Am 19. September 1950 gründeten die OEEC-Länder eine *Europäische Zahlungsunion* (mit rückwirkender Kraft ab 1. Juli 1950). Die gegenseitigen Schulden und Guthaben konnten dadurch

gemeinsam verrechnet werden, was um so wichtiger war, als die nationalen Währungen noch nicht frei austauschbar waren.
Die OEEC begünstigte die Entstehung eines gemeinsamen europäischen Marktes durch eine Liberalisierung des zwischenstaatlichen Handels und ermöglichte damit eine zunehmende wirtschaftliche Produktivität. Sie umfaßte überdies mit Ausnahme von Spanien und Finnland alle nichtkommunistischen Länder Europas und wies so eine größere Zahl von Mitgliedern auf als der Europarat. Aber so wertvoll ihr Wirken auch war, die Anhänger eines europäischen Zusammenschlusses konnten auch in dieser Institution nicht die Erfüllung ihrer letzten Wünsche sehen. Die Mitgliedstaaten hatten der OEEC keinerlei Souveränitätsrechte übertragen, und der Zusammenschluß für ein begrenztes Programm hatte mehr den Charakter einer Interessengemeinschaft als einer echten Föderation. So ergab sich im Endeffekt auch nicht eine gemeinschaftliche Wirtschaftsstruktur der Beteiligten, sondern ein Erstarken der nationalen Wirtschaftskörper jeweils in ihrem Bereich. Die »Europäer« mußten nach neuen Möglichkeiten Ausschau halten.
Eine ganz neue Perspektive ergab sich, als der französische Außenminister *Robert Schuman* am 9. Mai 1950 vor Journalisten eine Regierungserklärung verlas, in der es hieß: [7]) *»Europa wird nicht mit einem Schlag und auch nicht durch eine Konstruktion des Ganzen gebildet werden; es wird durch konkrete Verwirklichungen gebildet, die zunächst eine Solidarität der Tatsachen schaffen. Die Vereinigung der europäischen Nationen erfordert, daß der jahrhundertealte Gegensatz zwischen Frankreich und Deutschland ein Ende nimmt. Die zu unternehmende Aktion muß sich in erster Linie an Frankreich und Deutschland wenden. In dieser Absicht schlägt die französische Regierung vor, . . . die Gesamtheit der französisch-deutschen Produktion von Kohle und Stahl unter eine gemeinsame oberste Autorität innerhalb einer Organisation zu stellen, die der Mitwirkung anderer Staaten Europas offensteht. Die Zusammenlegung der Produktion von Kohle und Stahl wird sofort die Errichtung gemeinsamer Basen der wirtschaftlichen Entwicklung als erste Etappe der europäischen Föderation sicherstellen . . .«*
Bundeskanzler Adenauer begrüßte noch am selben Tag den französischen Kabinettsbeschluß und hob hervor, daß hier keine allgemeinen Redensarten vorgetragen, sondern präzise Vorschläge gemacht worden seien. Eine Woche später billigte auch das Bundeskabinett den *Schumanplan*. Außer der Bundesrepublik erklärten sich Italien und die Beneluxstaaten zur Mitarbeit an der neuen *Europäischen Gemeinschaft für Kohle und Stahl* bereit. Schumans Projekt wurde von der Regierung der Vereinigten Staaten als konstruktiv und ermutigend gutgeheißen, von sowjetischer Seite dagegen als *»kontinentales Stahlkartell«* bezeichnet, das *»dem Kalten Krieg und den Vorbereitungen zu einem wirklichen Krieg«* Auftrieb geben solle. [8]) Die britische Regierung begrüßte zwar die französische Initiative, konnte sich aber zu einer Beteiligung an der Montanunion wegen der damit verbundenen Souveränitätsübertragung nicht entschließen. Die Bindungen zu den Mitgliedstaaten des Commonwealth und die besondere geographische Lage des Inselstaates ließen ihr eine zu enge Verkettung mit den europäischen Kontinentalstaaten nicht ratsam erscheinen. So zeichnete sich bereits im Mai 1950 eine Sechsergemeinschaft als *kleineuropäische Lösung* ab.
Die Verwirklichung des Schumanplans machte rasche Fortschritte. Schon am 20. Juni trafen sich in Paris Vertreter der sechs Staaten, um einen Vertragsentwurf vorzubereiten. Nach gründlichen Beratungen einer Expertenkommission konnte am

18. April 1951 der endgültige Text von den Außenministern der beteiligten Staaten unterzeichnet werden. Nach der Ratifizierung durch die nationalen Parlamente trat das Vertragswerk am 25. Juli 1952 in Kraft. Zum ersten Male in der Geschichte europäischer Integrationsbestrebungen übergaben nationale Regierungen Rechte an eine übernationale Körperschaft.
Die neue Europäische Gemeinschaft für Kohle und Stahl wurde für eine Dauer von fünfzig Jahren geschlossen, *»in dem Bewußtsein, daß Europa nur durch konkrete Leistungen, die zunächst eine tatsächliche Verbundenheit schaffen, und durch die Errichtung gemeinsamer Grundlagen für die wirtschaftliche Entwicklung aufgebaut werden kann«* (Präambel). [9]) Alle Beschränkungen für den Handel mit Produkten der Montanindustrie (zum Beispiel Zölle und Quoten) entfielen. Arbeitnehmer konnten von nun an frei ihren Arbeitsplatz wählen, und auch für Kapitalanlagen gab es keine zwischenstaatlichen Grenzen mehr. Kohle- und Stahlindustrien blieben zwar grundsätzlich den nationalen Gesetzen unterworfen, unterstanden aber hinsichtlich der Preisbildung, der Investitionen, der Produktion und z. T. auch des Außenhandels der unabhängigen Kontrolle der Gemeinschaft. Um die übernationalen Befugnisse wahrzunehmen, wurden folgende Organe gegründet: Eine *Hohe Behörde* mit neun Mitgliedern erhielt die zentrale Exekutivgewalt und damit das Recht, verbindliche Entscheidungen zu fällen, ohne daß einzelne Mitgliedstaaten auf sie Einfluß ausüben dürfen. An ihrer Spitze stehen ein Präsident und ein Vizepräsident. Zur sachlichen Beratung beruft sie einen *Beratenden Ausschuß* ein, dem Vertreter der Erzeuger, Arbeitnehmer, Verbraucher und Händler angehören. Die Tätigkeit der Hohen Behörde wird durch ein internationales Parlament, die *Gemeinsame Versammlung,* überwacht. Die nationalen Parlamente delegieren aus ihrer Mitte dafür 78 Abgeordnete (darunter 18 Deutsche), die die Jahresberichte und Haushaltspläne der Hohen Behörde erörtern und mit Zweidrittelmehrheit ein Mißtrauen aussprechen können. Als eine Art Staatenkammer fungiert der *Ministerrat* (je Staat ein Mitglied), der in bestimmten Fällen auch Zustimmungs- und Entscheidungsrechte hat. Schließlich hat ein *Gerichtshof* über die Zuständigkeit der Gemeinschaft, die Innehaltung der formalen Vorschriften und über Auslegungsstreitigkeiten im Falle einer Klage zu befinden. Auch dient er als Schiedsgericht.

Am 10. August 1952 – in der gleichen Zeit, in der die vierjährige Marshallplanhilfe auslief – nahm die Hohe Behörde in Luxemburg ihre Tätigkeit auf. Der Franzose *Jean Monnet,* einer der entschiedensten Fürsprecher eines vereinigten Europa und Mitinitiator der Montanunion, wurde ihr erster Präsident. Deutsche Mitglieder waren Franz Etzel als Vizepräsident und Heinz Potthoff. Am 10. Februar 1953 konnte der gemeinsame Markt für Kohle, Eisenerz und Schrott, am 1. Mai auch für Stahl eröffnet werden.
Für die Bundesrepublik hatte die Beteiligung an der Montanunion den besonderen Vorzug, daß damit der Weg zur vollen Entfaltung ihres industriellen Potentials nach siebenjähriger Beschränkung wieder frei wurde. Das Ruhrstatut und alle Auflagen der Siegermächte für die deutsche Stahlproduktion fielen von nun an fort. Schwierigkeiten bereitete allerdings die Vertretung des Saargebietes innerhalb der Gemeinschaft. Nach dem zweiten Weltkrieg war dies Gebiet wirtschaftlich und währungspolitisch an Frankreich angeschlossen worden. Dementsprechend übernahm Frankreich auch dessen Vertretung in der Montanunion. Um Deutschland damit aber nicht eine Anerkennung des umstrittenen und nicht endgültig fixierten Status des

Grenzlandes aufzuzwingen, erklärte die französische Regierung am Tage der Unterzeichnung des Vertrages, daß die Vereinbarungen die Bestimmungen eines späteren Friedensvertrages über das Saargebiet nicht präjudizierten. Damit war dies Problem zwar nicht gelöst, aber doch aus dem Zusammenhang der neuen Union ausgeklammert.

Die Teilintegration von sechs europäischen Staaten einschließlich der Bundesrepublik war nicht nur als Beginn echter überstaatlicher Zusammenarbeit in Europa bedeutsam, sondern vor allem auch als Wendepunkt der deutsch-französischen Beziehungen. Die alte Rivalität der beiden benachbarten Völker konnte endlich überwunden werden. Die deutsche Schwerindustrie hatte in früheren deutsch-franzö-

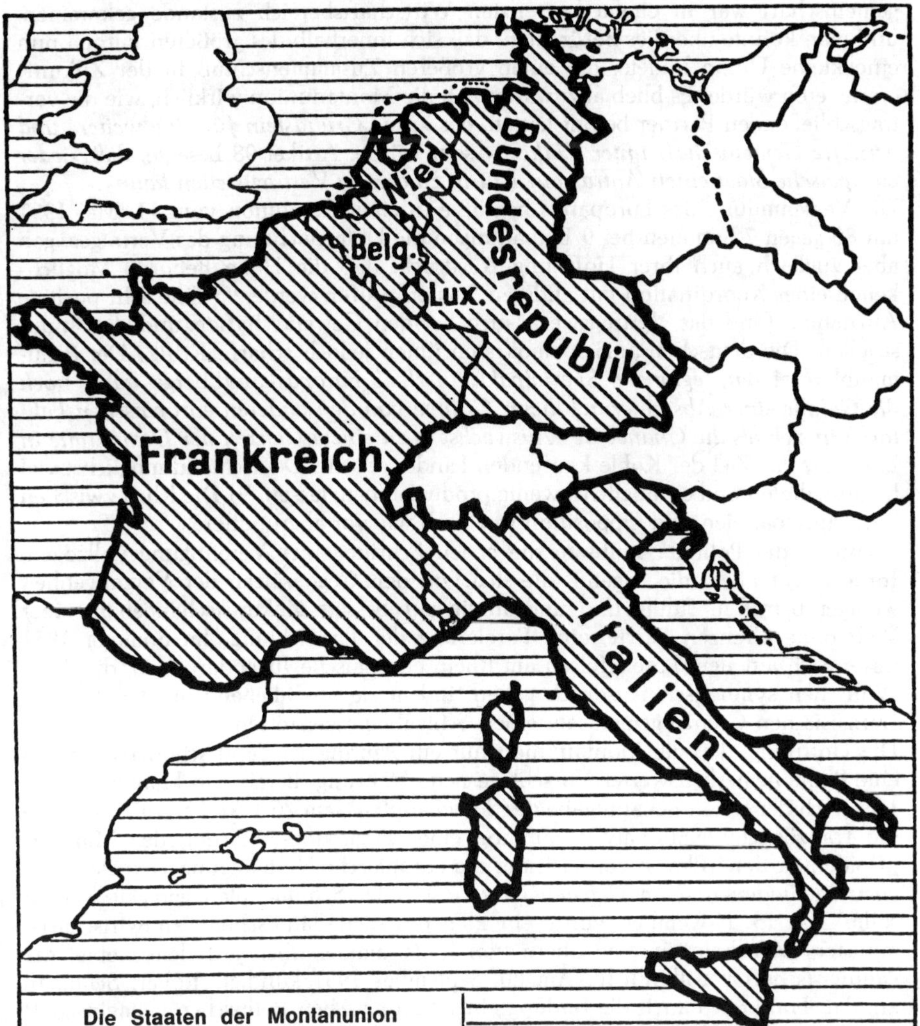

Die Staaten der Montanunion

sischen Auseinandersetzungen eine wichtige Rolle gespielt, und nach zwei Weltkriegen hatten die Siegermächte jeweils versucht, das ihnen gefährlich erscheinende Potential zu beschneiden. Indessen hatte sich dabei gezeigt, daß die deutschen Rohstoffquellen und die verarbeitenden Industrien nicht nur für die deutsche, sondern für die gesamteuropäische Wirtschaft unentbehrlich waren. Erst die Einsicht, daß nur eine gemeinsame Wirtschaftspolitik unter Verzicht auf nationale Egoismen beiden Seiten gerecht werden konnte, führte aus diesem Dilemma heraus. Die destruktive Phase der alliierten Deutschlandpolitik nach dem Kriege machte endgültig einer konstruktiven Entwicklung Platz.

Wer allerdings glaubte, ein großes vereinigtes Europa könne über Nacht geschaffen werden, der mußte auch die Montanunion mit Skepsis betrachten. Die Sechsergemeinschaft war in einem begrenzten Wirtschaftsbereich zustande gekommen, und man konnte überdies befürchten, daß sich innerhalb des größeren Europa nun eine kleine Union bildete, die einen größeren Zusammenschluß in der Zukunft erschweren würde. Es blieb abzuwarten, ob die Montanunion wirklich, wie die vertragschließenden Partner betont hatten, der »*erste Grundstein für eine weitere und vertiefte Gemeinschaft unter Völkern*« sein würde. Artikel 98 besagte, daß »*jeder europäische Staat einen Antrag auf Beitritt zu diesem Vertrag stellen kann*«.

Die Versammlung des Europarats begrüßte in einer Resolution vom 11. Mai 1951 mit 80 gegen 7 Stimmen bei 9 Enthaltungen die Unterzeichnung des Vertrages, gab aber zugleich auch ihrer Hoffnung Ausdruck, daß die Hohe Behörde Möglichkeiten einer Koordination mit anderen Staaten prüfen werde. [10]) Eine sehr positive Aufnahme fand das Vertragswerk auch bei den Gewerkschaften und den Industriellen. Die deutschen Sozialdemokraten übten jedoch scharfe Kritik: Der Schumanplan sei »*ein regionaler Spezialpakt innerhalb Europas*« und berge »*mehr noch die Gefahr einer Absonderung dieser Gruppe von den anderen europäischen Faktoren in sich als die Chance des Auswachsens zu einem Ganzen der Demokratie in Europa*«; das Ziel der Kohle kaufenden Länder sei, aus Deutschland möglichst viel herauszuholen und es möglichst wenig produzieren zu lassen. [11]) Die Kluft zwischen Regierungsparteien und Opposition war nach wie vor abgrundtief.

Während die Politiker mühsam die ersten Schritte einer Vereinigung vollzogen, forderte vor allem die Jugend, die sich von den Gegensätzen der Vergangenheit weniger betroffen fühlte und ungeduldig auf bessere Zukunftschancen in einer Welt ohne Grenzen harrte, eine Forcierung der Entwicklung. Im Sommer 1951 trafen sich auf dem Loreleifelsen am Rhein europäische Jugendgruppen, die ihren Wünschen symbolisch Ausdruck gaben, indem sie anschließend an der deutsch-französischen Grenze gemeinsam einen Schlagbaum zerstörten.

Die Hoffnung, daß die Montanunion nur ein Anfang sei, fand schon früh durch eine Reihe bemerkenswerter Vorschläge neue Nahrung. Bereits ein knappes halbes Jahr nach der ersten Bekanntgabe des Schumanplans, am 26. Oktober 1950, stimmte die französische Nationalversammlung einer Regierungserklärung des Ministerpräsidenten René Pleven zu, nach der die europäische Verteidigung »*mit den gleichen Methoden und im gleichen Geiste*« wie der Schumanplan geregelt werden sollte. Am 13. November wurde ein Plan des niederländischen Landwirtschaftsministers Mansholt für eine übernationale Zusammenarbeit auf dem Gebiet der Landwirtschaft veröffentlicht. Am 20. September 1951 kündigte Robert Schuman an, daß Frankreich auch die Bildung einer Europäischen Politischen Gemeinschaft vorschlagen werde. [12]) Die Aussichten der Bundesrepublik, ein gleichberechtigter und gleichverpflichteter Partner westeuropäischer Länder auch auf anderen Gebieten zu werden, waren so schon in den ersten Jahren ihres Bestehens groß. Die Verwirklichung der neuen Pläne gestaltete sich jedoch schwieriger als im Falle der Montanunion.

Die Konsolidierung der Bundesrepublik

Die Teilnahme der Bundesrepublik als geachteter und gleichberechtigter Partner an übernationalen Zusammenschlüssen setzte eine *Stabilisierung der Lebensverhältnisse* voraus, die dem Ausland Vertrauen in die zukünftige deutsche Entwicklung geben konnte. Die frühen fünfziger Jahre waren in Westdeutschland einer intensiven Aufbauarbeit gewidmet, die sich auf allen Ebenen des politischen, rechtlichen, sozialen und gesellschaftlichen Lebens beobachten ließ. Dementsprechend fanden sich die Westmächte bereit, ihre Besatzungsrechte einzuschränken und der Bundesrepublik nach und nach größere Souveränitätsrechte zuzubilligen.
Auf der *New Yorker Außenministerkonferenz vom 12. bis 18. September 1950* fand eine Überprüfung der deutschen Entwicklung statt. Die Westmächte erklärten, daß sie bis zur Vereinigung Deutschlands »*die Regierung der Bundesrepublik als die einzige frei und gesetzlich konstituierte deutsche Regierung*« ansähen, die infolgedessen befugt sei, »*in internationalen Angelegenheiten als Vertreter des deutschen Volkes für Deutschland zu sprechen*«. Sie stellten ferner in Aussicht, den Kriegszustand formell zu beenden, die Autorität der Bundesregierung auszudehnen, die wirtschaftlichen Beschränkungen zu revidieren und so »*zur Schaffung einer Atmosphäre gegenseitigen Vertrauens und Verstehens*« beizutragen. [13]) Diese hoffnungsvollen Ankündigungen erfolgten in einer Zeit, als bereits ein deutscher Wehrbeitrag für die Verteidigung des Westens diskutiert wurde (vgl. folgendes Kapitel), und sie sind inhaltlich dadurch mit beeinflußt worden. Jedoch lagen die Gründe für eine revidierte Deutschlandpolitik der Westmächte primär in der bereits im Besatzungsstatut von 1949 gegebenen Zusage, die jetzt eingelöst werden sollte.
Die erste Revision des Besatzungsstatuts erfolgte am 6. März 1951. Die Bundesrepublik durfte ein *Ministerium für auswärtige Angelegenheiten* errichten und *diplomatische Beziehungen* mit anderen Staaten unterhalten. Voraussetzung für diese Entscheidung war die Anerkennung der deutschen Auslandsschulden aus der Vor- und Nachkriegszeit. Die Höhe dieser Verpflichtungen wurde im folgenden Jahr auf der *Londoner Schuldenkonferenz* auf 14,3 Milliarden DM, zahlbar in Jahresraten von 600 Millionen, später von 750 Millionen DM, festgelegt. Den Posten des neuen Außenministers übernahm Adenauer selbst, erster Staatssekretär wurde Walter Hallstein.
Wenige Wochen nach diesem Schritt, der neben seiner staatsrechtlichen Bedeutung vor allem auch das Ansehen der Bundesrepublik im Ausland hob, erfolgte die Einlösung der wirtschaftlichen Zusagen der Westmächte: wichtige *Beschränkungen für die deutsche Industrie* wurden aufgehoben. Unter anderem fielen die Beschränkungen für den Bau von Handelsschiffen und für die Produktion von Hüttenaluminium, synthetischem Benzin und Gummi, bestimmten Chemikalien und von Werkzeugmaschinen fort. Auch eine Überschreitung der bisherigen Rohstahlquote von 11,1 Millionen Tonnen im Jahr wurde nun möglich. Ende April 1951 wurden noch

Industrieanlagen in Salzgitter-Watenstedt abgebaut, dann endeten die *Demontagen* in Westdeutschland. Damit waren neue Chancen zum wirtschaftlichen Wiederaufbau gegeben.

Als 1951 abermalige Bemühungen der Großmächte, den für Friedensregelungen nach dem zweiten Weltkrieg geschaffenen Außenministerrat zusammenzurufen, an den Ost-West-Spannungen scheiterten, beendeten Großbritannien und Frankreich am 9. Juli 1951 formell den *Kriegszustand* mit Deutschland. Ägypten und Indien waren bereits vorausgegangen, die Vereinigten Staaten folgten am 18. Oktober, danach die übrigen ehemaligen Gegner Deutschlands mit Ausnahme der Ostblockstaaten (diese erst am 25. Januar 1955). Die formelle Beendigung des Kriegszustandes hatte unter anderem den Vorteil, daß deutsche Geschäftsleute im Ausland wieder den normalen Status eines Ausländers und damit größere Sicherheit erhielten. Das alliierte Besatzungsrecht innerhalb Deutschlands blieb unberührt. Jedoch kündigten die Westmächte an, der Bundesrepublik weitere Vollmachten zu geben mit dem Endziel der vollen Souveränität.

Bereits im Frühjahr 1951 hatten zwischen der Bundesregierung und den alliierten Hohen Kommissaren Verhandlungen über die Ersetzung des Besatzungsstatuts durch ein *Sicherheitsabkommen* stattgefunden. Sie standen im engen Zusammenhang mit den gleichzeitigen Verhandlungen über die Europäische Verteidigungsgemeinschaft (vgl. folgendes Kapitel). Die Beteiligung der Bundesrepublik an der EVG erforderte abermals eine, diesmal noch gründlichere Revision der alliierten Deutschlandpolitik. »*Eine solche Integration wäre unvereinbar mit der Aufrechterhaltung des Besatzungsstatuts und der Fortdauer des Rechts zur Einmischung in die inneren Angelegenheiten der Bundesrepublik Deutschland*«, erklärten die westlichen Außenminister am 14. September 1951 in Washington. [14])

Einen Tag nach der Unterzeichnung des EVG-Vertrages, am 26. Mai 1952, wurde schließlich in Bonn der *Deutschlandvertrag* (auch »Generalvertrag«) unterzeichnet. Er sah die Aufhebung des Besatzungsstatuts, die Auflösung der Alliierten Hohen Kommission und für die Bundesrepublik die »*volle Macht über ihre inneren und äußeren Angelegenheiten*« vor. Dabei blieben den Alliierten »*die bisher von ihnen ausgeübten oder innegehabten Rechte auf (a) die Stationierung von Streitkräften . . ., (b) Berlin und (c) Deutschland als Ganzes einschließlich der Wiedervereinigung Deutschlands und einer friedensvertraglichen Regelung*«. [15]) Die Beendigung des Besatzungsregimes und die Wiederherstellung deutscher Souveränität ließen jedoch noch einige Jahre auf sich warten. Da der Deutschlandvertrag mit dem EVG-Vertrag gekoppelt war und dieser nach langen Debatten 1954 verworfen wurde (vgl. S. 46 f.), war eine Neuregelung nötig, die erst 1955 in Kraft treten konnte. Immerhin bedeutete der Vertrag von 1952 schon einen beachtlichen Fortschritt für den jungen Staat: die Souveränität war zugestanden, ihre Verwirklichung war nur noch eine Frage der Zeit.

Auf Teilgebieten wurden der Bundesrepublik im gleichen Jahr weitere Zugeständnisse gemacht. Mit dem Inkrafttreten der Montanunion am 25. Juli 1952 stellte die *Internationale Ruhrbehörde*, die von vielen Deutschen als diskriminierend empfunden wurde, ihre Tätigkeit ein. Kennzeichnend für das neue Klima zwischen Besatzungsmächten und der Bundesrepublik war auch ein kleineres Ereignis, das von den Deutschen stark begrüßt wurde: Großbritannien gab die Verwaltung der Insel *Helgoland*, die jahrelang als Übungsziel für britische Bombenwürfe gedient hatte, in deutsche Hände zurück.

Baden-Württemberg

Ergebnislos blieben jedoch vorerst alle Bemühungen, das *Saargebiet* wieder mit Deutschland zu vereinen. Die Bestrebungen Frankreichs, bis zu einer späteren Friedenskonferenz dort vollendete Tatsachen zu schaffen, waren offenkundig. Gegen separatistische Vereinbarungen zwischen der profranzösischen Landesregierung und Frankreich (1950 und 1953) protestierten Bundesregierung und Bundestag erfolglos. Die für die Rückgliederung an Deutschland eintretende Demokratische Partei des Saarlandes wurde 1951 verboten. Bei den im folgenden Jahr stattfindenden Landtagswahlen gaben 25 Prozent der Wähler ungültige Stimmen ab und folgten damit einer Aufforderung der nicht zugelassenen deutschgesinnten Parteien. Die Saarfrage schien für etliche Jahre das sich freundschaftlich entwickelnde deutsch-französische Verhältnis zu beeinträchtigen. Die Bundesregierung vertrat die Auffassung, daß sich das Problem in einem politisch integrierten Europa von selbst lösen würde, und ließ sich in ihrer Europapolitik nicht irritieren.
Auch innerhalb der Bundesrepublik gab es territoriale Probleme zu lösen. In der frühen Besatzungszeit waren Landesgrenzen zum Teil ohne Rücksicht auf landsmannschaftliche, historische und sozial-wirtschaftliche Zusammenhänge errichtet worden. Das Grundgesetz sah neben einer *Neugliederung des Bundesgebietes* durch Bundesgesetz (Artikel 29) eine *Neugliederung der ehemaligen Länder Baden und Württemberg,* die durch die Bildung der französischen Besatzungszone in drei Gebiete geteilt worden waren (Baden, Württemberg-Baden und Württemberg-Hohenzollern), durch Vereinbarung der betroffenen Länder vor (Artikel 118). Am 9. Dezember 1951 entschied sich die Mehrheit der Bevölkerung in einer Abstimmung für den Zusammenschluß zu einem Südweststaat, der den Namen *Baden-Württemberg* erhielt. Die Regelung anderer umstrittener Grenzziehungen wurde wegen Vorbehalten der Besatzungsmächte zunächst aufgeschoben.
Seit 1952 gab es also nur noch neun Bundesländer an Stelle der ursprünglichen elf. Einige von ihnen gaben sich neue *Landesverfassungen:* Schleswig-Holstein 1949, Nordrhein-Westfalen 1950, Niedersachsen 1951, Hamburg 1952, Baden-Württem-

berg 1953. In West-Berlin verabschiedete das Parlament 1950 eine Verfassung, in der die Stadt als ein Land der Bundesrepublik Deutschland und Grundgesetz und Gesetze der Bundesrepublik als für Berlin bindend erklärt wurden. Ein Zusatzartikel schränkte diese Bestimmung allerdings im Hinblick auf die noch bestehenden alliierten Zuständigkeiten ein.

Die Entwicklung des *parteipolitischen Lebens* konnte in gewissem Sinne ein Prüfstein für die demokratische Entwicklung des jungen Staates sein. »*Die Parteien wirken bei der politischen Willensbildung des Volkes mit. Ihre Gründung ist frei. Ihre innere Ordnung muß demokratischen Grundsätzen entsprechen.*« So heißt es im Grundgesetz-Artikel 21. Parteien mit dem Ziel, »*die demokratische Grundordnung zu beeinträchtigen oder zu beseitigen oder den Bestand der Bundesrepublik zu gefährden, sind verfassungswidrig*«. Wie im Bundestag waren auch in den Länderparlamenten die beiden großen Parteien CDU/CSU und SPD sowie die Freien Demokraten führend. Dazu kam eine Reihe kleinerer Parteien, die teilweise regional mehr Gewicht besaßen, zum Beispiel die Zentrumspartei (besonders in Nordrhein-Westfalen), die Bayernpartei, die Deutsche Partei (besonders in Niedersachsen), die Kommunistische Partei. Bei den Landtagswahlen in Schleswig-Holstein 1950 trat als neue Partei der *Block der Heimatvertriebenen und Entrechteten* (BHE) auf und erhielt einen beachtlichen Stimmenanteil (23 Prozent). Die große Zahl der Flüchtlinge im nördlichsten Bundesland sah hier eine Gelegenheit, ihre rechtlichen und sozialen Ansprüche zu vertreten. Schon bald konstituierte sich die Partei auf Bundesebene und begann, eine wichtige Rolle im politischen Leben Westdeutschlands zu spielen. Mit ihrer pragmatischen Zielsetzung hob sie sich von den stärker ideologisch ausgerichteten übrigen Parteien ab.

Parteien und Vereinigungen, die extrem rechts oder extrem links gerichtet waren, fanden in der Bundesrepublik nur sehr geringe Unterstützung. Die Bundesregierung bezeichnete 1951 die *KPD,* deren Bedeutung stark zurückgegangen war, die neonazistische *Sozialistische Reichspartei* (SRP) und dreizehn andere Organisationen als *verfassungsfeindlich*. Die kommunistische *Freie Deutsche Jugend* wurde kurz darauf verboten. Am 28. September 1951 begann das *Bundesverfassungsgericht,* das über die Einhaltung der Verfassung und über deren Auslegung zu entscheiden hatte, seine Tätigkeit. Auf Antrag der Bundesregierung erklärte es 1952 die SRP für verfassungswidrig und aufgelöst. Eine gleichzeitig eingereichte Klage gegen die KPD wurde erst 1956 im gleichen Sinne entschieden. Die Auflösung beider Parteien war nicht deshalb notwendig, weil sich die westdeutsche Bevölkerung als bemerkenswert anfällig für einen Rechts- oder Linksradikalismus gezeigt hatte, sondern sie erfolgte aus den rechtsstaatlichen Grundsätzen der Bundesrepublik.

Die Vertreter des *ersten Deutschen Bundestages* hatten ein umfangreiches Gesetzgebungswerk zu bewältigen, das die spezifischen Probleme und Nöte der Zeit widerspiegelte und das Maß der Aufbauarbeit ahnen läßt. Einige wichtige Gesetze seien hier genannt.

Um die bestehende Wohnungsnot zu lindern, wurde am 28. März 1950 ein *Wohnbaugesetz* verabschiedet, durch das eine staatliche Finanzierung für den Bau von 1,8 Millionen billigen Wohnungen für sechs Millionen Deutsche in den folgenden sechs Jahren vorgesehen wurde. Dieser soziale Wohnungsbau sollte in der Regel nur Personen mit einem Monatseinkommen von weniger als 600 DM zugute kommen. Der Mietpreis pro Quadratmeter Wohnfläche wurde auf 1 bis 1,10 DM angesetzt.

Am 19. Oktober 1950 verabschiedete der Bundestag das *Bundesversorgungsgesetz*, das die Ansprüche der Kriegsbeschädigten und Kriegshinterbliebenen regelte. Bei einem Aufwand von 3,2 Milliarden DM jährlich wurden Renten und kostenlose ärztliche Versorgung gewährt. Arbeitsfähige Kriegsversehrte erhielten Anspruch auf einen Arbeitsplatz.
Eine wichtige Regelung im Verhältnis zwischen Arbeitgebern und Arbeitnehmern brachte das am 10. April 1951 verabschiedete *Gesetz zur Mitbestimmung der Arbeitnehmer in der eisenschaffenden Industrie und im Bergbau*. Es sicherte eine bereits von der britischen Militärregierung eingeführte Beteiligung von Arbeitern und Angestellten in den Aufsichtsräten der Betriebe. Umfassender noch war das hart umstrittene *Betriebsverfassungsgesetz* vom 19. Juli 1952, nach dem ein Drittel der Betriebs- und Aufsichtsratsmitglieder mit gewählten Arbeitnehmern zu besetzen war. Den Betriebsbelegschaften kam dadurch ein Mitbestimmungsrecht in sozialen, personellen und wirtschaftlichen Angelegenheiten zu. Die Personalvertretung im öffentlichen Dienst wurde durch ein besonderes Gesetz geregelt.
Jahrelange Diskussionen erforderte das *Gesetz über den allgemeinen Lastenausgleich*, das am 16. Mai 1952 verabschiedet werden konnte. Die Lösung des Problems, wie ein Ausgleich zwischen den vom Krieg und den Kriegsfolgen betroffenen Bevölkerungskreisen und den nicht oder minder Betroffenen zu schaffen sei, war von den Besatzungsmächten den Deutschen selbst überlassen worden. 1949 hatte der Wirtschaftsrat ein Soforthilfegesetz als Zwischenlösung beschlossen, das Abgaben von erhaltenen Vermögenswerten für Flüchtlinge und Kriegsgeschädigte vorsah. Die endgültige Regelung setzte einerseits Ausgleichsabgaben für Vermögen und für durch die Währungsreform erzielte Hypotheken- und Kreditgewinne, andererseits Ausgleichsleistungen in Form von Hauptentschädigungen, Darlehen, Renten, Unterhaltsbeihilfen, Hausratsentschädigungen, Wohnraumhilfen und Währungsausgleiche für verlorene Sparguthaben fest. Auch Sowjetzonenflüchtlinge sollten aus einem besonderen Härtefonds Hilfe erhalten.
Vertriebene und Flüchtlinge aufzunehmen und sozial und wirtschaftlich einzugliedern, war für die Bundesrepublik eine besonders wichtige und nicht leicht zu bewältigende Aufgabe. Die zu treffenden Maßnahmen gestalteten sich vor allem deshalb so schwierig, weil der Strom der *Sowjetzonenflüchtlinge* unaufhörlich weiterging. Von September 1949 bis Ende 1952 beantragten 675 000 Menschen die Notaufnahme. Die Gesamtzahl der aus der Sowjetzone und Berlin nach Westdeutschland Zugewanderten betrug Ende 1952 1,9 Millionen, das waren 3,9 Prozent der Gesamtbevölkerung. Daneben gab es 8,3 Millionen (17 Prozent) Heimatvertriebene aus den Ostgebieten, die zum Teil noch in Lagern und Notunterkünften lebten und sehr ungleich über das Bundesgebiet verteilt waren. So betrug 1949 der Anteil der Vertriebenen in Schleswig-Holstein 35,2 Prozent der Bevölkerung, in der gesamten Bundesrepublik jedoch nur 15,9 Prozent. Mit 37,9 Prozent überstieg der Anteil der Vertriebenen an der Gesamtzahl der Arbeitslosen ein Drittel. [16])
1950 verabschiedete der Bundestag ein *Notaufnahmegesetz*, wonach nur solche Flüchtlinge besondere Unterstützung erhalten sollten, die die Sowjetzone oder Ost-Berlin wegen Gefährdung für Leib und Leben und persönliche Freiheit verließen. 1951 lebten noch 340 000 Menschen in Massenlagern. Wohnungen mußten zur Verfügung gestellt und Arbeitsplätze geschaffen werden. Umsiedlungsaktionen, die Hunderttausende von Heimatlosen umfaßten, entlasteten die am stärksten betroffenen Bundesländer. Ein *Vertriebenengesetz* von 1953 definierte den Begriff »Flücht-

ling« juristisch, verbesserte die Eingliederungsmöglichkeiten und regelte deren staatliche Finanzierung. Nachdem in den Jahren vor der Währungsreform vom Staat schätzungsweise 4,7 Milliarden Reichsmark für Vertriebene bezahlt wurden, betrug die Summe der öffentlichen Aufwendungen von 1948 bis 1953 23,9 Milliarden DM.

Während Vertriebene und Flüchtlinge auf ihr Heimatrecht pochten, befürchteten manche, vor allem auch im Ausland, daß hier die Keime für neue gewaltsame Entwicklungen in der Zukunft liegen könnten. Auf einer Versammlung aller westdeutschen Flüchtlingsorganisationen wurde darum am 5. August 1950 eine »*Charta der Heimatvertriebenen*« verkündet, in der es hieß: »*Wir Heimatvertriebenen verzichten auf Rache und Vergeltung. Dieser Entschluß ist uns ernst und heilig im Gedenken an das unendliche Leid, das im besonderen das letzte Jahrzehnt über die Menschheit gebracht hat.*« Die Versammelten forderten das gleiche Recht als Staatsbürger und den sinnvollen Einbau der Heimatvertriebenen in das Leben des deutschen Volkes. [17]) Der Bund der Vertriebenen Deutschen und der Verband der Landsmannschaften wurden in den folgenden Jahren zu zwei wichtigen Organisationen, die die Interessen der Geschädigten vertraten.
Hilfe war auch für die immer noch aus *Kriegsgefangenschaft* heimkehrenden Soldaten nötig. Während die Westmächte bereits bis Ende 1948 die letzten deutschen Kriegsgefangenen entlassen hatten, erfolgte die Rückführung aus der Sowjetunion erheblich langsamer. Besonders bedrückend war diese Frage, weil über die Zahl der noch in sowjetischen Lagern befindlichen ehemaligen Soldaten keine Klarheit bestand und viele Angehörige die Hoffnung hegten, daß Vermißte dort noch am Leben seien. 1950 gab die sowjetische Regierung bekannt, daß sie bislang fast zwei Millionen deutsche Kriegsgefangene entlassen habe und daß nur noch 13 500 Kriegsverbrecher zurückgehalten würden. Die Bundesregierung bezweifelte diese Angabe und rechnete auf Grund früherer sowjetischer Meldungen noch mit etwa 1,5 Millionen Gefangenen. Die Vollversammlung der Vereinten Nationen forderte alle Staaten auf, noch zurückgehaltene Kriegsgefangene zu entlassen. 1953 glaubte das Auswärtige Amt in Bonn, daß immer noch etwa 100 000 Gefangene und überdies 134 000 verschleppte Zivilpersonen in der Sowjetunion wären. Jedoch bestand damals nur mit 16 000 Gefangenen Briefverbindung. Von Zeit zu Zeit trafen Rückkehrertransporte aus dem Osten ein. Erst 1955, nach Adenauers Besuch in Moskau, kam man zu dem Schluß, daß die von den Deutschen noch vermutete Zahl zu hoch gewesen war. Viele Menschen mußten die Hoffnung, daß Angehörige noch am Leben wären, aufgeben. Für die Heimkehrer verabschiedete der Bundestag 1950 ein *Gesetz,* das ihnen ein Entlassungsgeld von 150 DM und eine Übergangshilfe in Form von Bekleidungsstücken und Gebrauchsgegenständen sicherte.
Die zunehmende Konsolidierung der Bundesrepublik in den ersten Jahren ihres Bestehens kommt besonders deutlich in der *wirtschaftlichen Entwicklung* zum Ausdruck. Hatten sich schon im ersten Jahr nach der Währungsreform deutliche Anzeichen einer wirtschaftlichen Besserung gezeigt, so setzte in den frühen fünfziger Jahren ein erstaunlich schneller Aufschwung ein, den die Aufhebung industrieller Beschränkungen durch die Besatzungsmächte und der Koreaboom (siehe folgendes Kapitel) begünstigten. Mehr und mehr Menschen wurden in den Arbeitsprozeß eingegliedert. Die Zahl der *Arbeitslosen,* die 1950 einen Höchststand erreichte, nahm in den folgenden Jahren ständig ab. Die Nachfrage nach Konsumgütern stieg zusehends, und dementsprechend wuchs auch der Lebensstandard der Bevölkerung.

Das *Bruttosozialprodukt* in der Bundesrepublik stieg von 97,2 Milliarden DM im Jahre 1950 auf 118,6 Milliarden 1951, 135,5 Milliarden 1952 und 145,5 Milliarden 1953. [18]) Der *Produktionsindex der westdeutschen Industrie* stieg von 100 im Jahre 1950 auf 139 im Jahre 1953. Im April 1951 ergab sich im *Außenhandel* zum erstenmal ein Ausfuhrüberschuß. Zwar lag im Jahresdurchschnitt der Wert der Einfuhr noch mit 149 Millionen DM über dem der Ausfuhr, aber vom folgenden Jahre an hatte die Bundesrepublik eine ständig zunehmende aktive Handelsbilanz: 706 Millionen DM Ausfuhrüberschuß im Jahre 1952, 2 515 Millionen DM 1953. Die Wirtschaftskonjunktur war zwar von einem langsamen Anstieg der Preise begleitet, aber die Freude über den wachsenden wirtschaftlichen Wohlstand überwog bei weitem eine diesbezügliche Besorgnis.
Verschiedene Faktoren bedingten den wirtschaftlichen Aufstieg Westdeutschlands. Als entscheidende Starthilfe muß der *Marshallplan* angesehen werden. Durch dies von 1948 bis 1952 wirksame amerikanische Wiederaufbau- und Hilfsprogramm kamen der europäischen Wirtschaft 13 Milliarden Dollar, davon der Bundesrepublik 1,5 Milliarden Dollar, zugute. Die mit diesem Geld eingeführten Güter trugen erheblich zur besseren Versorgung der Bevölkerung bei. Die für die Waren in Deutschland bezahlten Beträge (Gegenwertskonten) wurden für den Aufbau der deutschen Wirtschaft genutzt, die ohne Kapitalversorgung schwerlich den entscheidenden Auftrieb erhalten konnte. Als das Hilfsprogramm 1952 offiziell auslief, war das westdeutsche Wirtschaftsleben so weit in Gang gebracht, daß es sich aus eigener Kraft weiterentwickeln konnte. Die amerikanische Unterstützung fand überdies in Form von Anleihen und Aufträgen für die Industrie und einer Sonderhilfe für Berlin seine Fortsetzung.
Der zweite entscheidende Faktor für den Aufschwung der Wirtschaft war die außerordentlich starke Energie und die rege Initiative der arbeitenden Menschen in jenen Jahren. Ermutigt durch die amerikanische Unterstützung, ergriffen sie die Chancen, um nach der Zeit harter Entbehrungen und fruchtloser Bemühungen wieder zu greifbaren Erfolgen zu kommen und bessere Lebensbedingungen zu schaffen.
Die von der Bundesregierung verfolgte und gegen die parlamentarische Opposition verteidigte *Soziale Marktwirtschaft* gab der Entwicklung offenbar bedeutsame Impulse. Bundeswirtschaftsminister *Ludwig Erhard* war hier der entscheidende Promotor. Die Grundlagen der Sozialen Marktwirtschaft gingen auf die neoliberalistische Freiburger Schule zurück. Im Unterschied zur zentral gelenkten Wirtschaft soll hier ein freier Marktwettbewerb, getragen von der Initiative der Verbraucher und Erzeuger, das Wirtschaftsleben regulieren. Anders als im klassischen Liberalismus hat der Staat jedoch die Aufgabe, Korrekturen sozialer Art, zum Beispiel hinsichtlich der Einkommensverteilung und der Fürsorge für Bedürftige, und wirtschaftspolitischer Art, zum Beispiel Konjunkturdämpfung und Kartellverbot, vorzunehmen.

Auswirkungen des Koreakrieges

Kaum waren in Westdeutschland die ersten Schritte zur Konsolidierung des neuen Staates getan, da wurden im Sommer 1950 die politischen Entwicklungen in der Welt durch Ereignisse überschattet, die einen neuen Höhepunkt in der Auseinandersetzung zwischen Ost und West darstellten und die Konzeptionen der Politiker und die Interessen der Völker erheblich beeinflussen sollten. Der Einmarsch nordkoreanischer Streitkräfte über die Demarkationslinie des 38. Breitengrades nach Südkorea und der folgende Koreakrieg wirkten ähnlich wie die Berliner Blockade von 1948/49 als eine unerhörte Herausforderung für den Westen und als eine höchst gefährliche Bedrohung des Weltfriedens überhaupt. Abermals war durch das Vorgehen eines kommunistischen Regimes ein Krisenherd in der Weltpolitik entstanden. Er übertraf den voraufgegangenen sogar noch an Gefährlichkeit, weil hier der gefürchtete Umschlag vom »kalten« zum »heißen« Krieg Wirklichkeit geworden war.

Für die Verhältnisse in Deutschland war der Koreakonflikt besonders bedeutsam, weil *parallele Züge* in den Entwicklungen des fernöstlichen Landes und Deutschlands auf der Hand lagen und darum Rückschlüsse auf die Gefährlichkeit der eigenen Lage gezogen wurden. Ferner war die Deutschlandpolitik von weltweiten Konsequenzen, die der Westen aus dem Koreakrieg zog, stark mitbetroffen. Und schließlich ergaben sich gewisse wirtschaftliche Auswirkungen aus diesem Krieg auch für Deutschland.

Korea, das 1910 von Japan annektiert worden war, sollte nach dem zweiten Weltkrieg seine Unabhängigkeit erhalten und wurde für eine Übergangszeit im Norden von sowjetischen, im Süden von amerikanischen Truppen besetzt. Während dieser Zeit bemühten sich die Amerikaner um die Entwicklung demokratischer Institutionen und um den Abbau der Zonengrenze, um dann zu einer gemeinsamen Staatsgründung zu kommen, während die sowjetischen Militärbehörden die sofortige Bildung einer provisorischen Regierung verlangten, wobei zu befürchten war, daß sie die ihnen genehmen Politiker auf wichtige Schlüsselpositionen bringen würden. 1947 beschloß die Vollversammlung der Vereinten Nationen, eine Kommission zur Vorbereitung und Überwachung gesamtkoreanischer Wahlen zu entsenden. Die Kommission wurde jedoch von den ihr angehörenden zwei sowjetischen Vertretern boykottiert und erhielt nicht die Erlaubnis, sich im nördlichen Teil Koreas zu betätigen. So fanden nur im südlichen Teil am 10. Mai 1948 Wahlen statt, die von der Kommission *»als gültiger Ausdruck des freien Willens der Wählerschaft«* bezeichnet wurden. Am 15. August 1948 folgte im Süden die Ausrufung der *Republik Korea,* womit zugleich die amerikanische Militärregierung endete. Währenddessen war im Norden die *»Demokratische Volksrepublik Korea«* errichtet worden. Bis Ende 1948 zogen sich die sowjetischen Besatzungstruppen, bis Mitte 1949 auch die amerikanischen aus Korea zurück.

Der Angriff nordkoreanischer Truppen am Morgen des 25. Juni 1950 hätte den Untergang der Republik Korea und die Beherrschung des gesamten Landes durch die Kommunisten bedeutet, wenn nicht schnell und entschlossen Hilfe gekommen wäre. Noch am selben Tage verlangte der UN-Sicherheitsrat den Rückzug der nordkoreanischen Truppen. Zwei Tage später befahl der amerikanische Präsident Truman die militärische Unterstützung Südkoreas. Der Sicherheitsrat erklärte Nordkorea zum Angreifer und forderte alle Mitgliedstaaten auf, den Angegriffenen mit allen Mitteln zu helfen. Unter der UN-Flagge und einem gemeinsamen UN-Oberbefehl zogen sich dann die Operationen der Streitkräfte von fünfzehn Nationen (mit wirtschaftlicher Unterstützung weiterer Staaten, insgesamt 38) und der Südkoreas über ein Jahr hin. Nach anfänglichen Rückschlägen wurde der Süden des Landes befreit, der 38. Breitengrad überschritten und die mandschurische Grenze erreicht. Im November 1950 griffen jedoch starke Truppenverbände der Volksrepublik China in die Kämpfe ein und warfen die UN-Truppen auf den 38. Breitengrad zurück, wo die Fronten zum Stehen kamen. Waffenstillstandsverhandlungen führten am 27. Juli 1953 zu einem Abkommen, das mit geringen Abweichungen hinsichtlich der Demarkationslinie den Status quo ante wiederherstellte. Die Republik Korea war gerettet, der Versuch einer Wiedervereinigung des Gesamtstaates als Generalbereinigung der koreanischen Frage war allerdings gescheitert durch das Eingreifen des mächtigen kommunistischen Nachbarstaates Rotchina.

Auch Deutschland hatte durch die unterschiedliche Besatzungspolitik sowjetischer und westlicher Militärverwaltungen und durch die Verfestigung der als provisorisch gedachten Zonengrenze zum »Eisernen Vorhang« seine Einheit verloren. Auch in Deutschland waren auf der einen Seite durch die Einschleusung sowjethöriger Politiker die wichtigen Schlüsselpositionen der staatlichen Verwaltung besetzt und damit vorzeitig vollendete Tatsachen geschaffen worden, während sich auf der anderen Seite die Besatzungsmächte zunächst um die Entwicklung demokratischer Institutionen bemühten, um danach die Wiederherstellung eines aus freien Wahlen hervorgegangenen Gesamtstaates zuwege zu bringen. Auch in Deutschland waren schließlich zwei Staaten entstanden, von denen einer den Willen des Volkes repräsentierte der andere dagegen unter Druck und Zwang installiert worden war. Der erfolglose Versuch, die Vereinten Nationen einzuschalten und durch eine unparteiische Kommission die Voraussetzungen für freie Wahlen prüfen zu lassen, war in Deutschland noch nicht angestellt worden. Indessen sollte sich Anfang 1952 auch hier eine Parallele ergeben. Der wesentliche Unterschied zwischen der deutschen und der koreanischen Situation lag nur darin, daß sich die Besatzungsmächte noch in Deutschland aufhielten und auch vorläufig nicht daran dachten, das Land zu räumen. Handelte es sich doch hier um einen besiegten Gegner, während Korea ein befreites Land war.

Die *Lehre von Korea* gab der westlichen Welt und den Deutschen zu denken. Bei mangelnder Wachsamkeit und allzu großer Zuversicht, daß sich allein überlassene Staaten auch in unmittelbarer Nachbarschaft des kommunistischen Machtblocks eigenständig entwickeln könnten, konnten unversehens Gefahren erwachsen, die sich, wenn überhaupt, nur mit Aufbietung aller Kräfte eindämmen ließen. Die Vereinten Nationen, die im Falle Koreas wirksam eingegriffen und hier einen ihrer größten Erfolge zu verzeichnen hatten, konnten nicht als ein unbedingt zuverlässiges Instrument zur Wiederherstellung des Friedens angesehen werden. War doch die Erklärung Nordkoreas zum Angreifer und das militärische Aufgebot der Mitgliedstaaten durch einen glücklichen Umstand möglich gewesen: der sowjetische Vertreter im Sicherheitsrat hatte sich Anfang 1950 aus Protest gegen die weitere Anwesenheit des nationalchinesischen Vertreters nach der Ausrufung der Volksrepublik China zurückgezogen und konnte deshalb kein Veto einlegen. Die Sowjetunion hatte ihren taktischen Mißgriff schnell eingesehen und ihren Vertreter wieder in den Sicherheitsrat entsandt. Nach dem Eingreifen der chinesischen Verbände in Korea hinderte ein sowjetisches Veto den Sicherheitsrat daran, Rotchina zum Rückzug aufzufordern. Bei eventuellen neuen Aggressionen konnte die freie Welt nicht mit einer Wiederholung der schnellen und erfolgreichen UN-Reaktion rechnen.

Jeder schwache Punkt im Zwischenbereich der Machtblöcke konnte die kommunistischen Staaten zu weiteren expansiven Unternehmungen einladen, wenn die Westmächte nicht rechtzeitig und nachdrücklich vorbeugten und sich zum Widerstand rüsteten. In Europa, wo die Gefahr der Sowjetisierung schon seit Jahren klar

erkannt war – der Umsturz in der Tschechoslowakei und die Berliner Blockade waren Höhepunkte der sowjetischen Machtpolitik gewesen –, bestand bereits seit 1949 das umfassende *Verteidigungssystem der NATO*. Trotzdem war das militärische Potential der Sowjetunion und ihrer Satellitenstaaten ungleich größer. Seine Überlegenheit wurde noch gesteigert, als es der Sowjetunion gelang, *Atombomben* zu konstruieren (die erste Versuchsexplosion wurde im September 1949 bekannt) und damit das amerikanische Monopol zu durchbrechen. In Asien ergab sich im selben Jahr durch den *Sieg der chinesischen Kommunisten* eine erhebliche Ausweitung des kommunistischen Blocks. Diese Vorgänge ließen die Bedenken der Westmächte gegen zu große Aufwendungen für militärische Zwecke hinfällig werden. Der Koreakrieg veranlaßte erneute Anstrengungen und Sicherheitsvorkehrungen auch in Europa und insbesondere in Deutschland.
Für die durch Besatzungstruppen geschützte, selbst aber unbewaffnete Bundesrepublik ergab sich die Frage einer *Wiederbewaffnung*. Dabei waren zwei Momente im Spiel: zum einen die Überlegung, ob man es sich angesichts der östlichen Übermacht und der Tatsache, daß in der sowjetischen Besatzungszone eine starke kasernierte Volkspolizei militärischen Charakters aufgebaut worden war, leisten konnte, auf deutsche Kontingente zu verzichten; zum anderen, ob es nicht gar eine moralische Verpflichtung der Westdeutschen gab, an der gemeinsamen Verteidigung mitzuwirken, anstatt den eigenen Schutz fremden Mächten allein zu überlassen.
Bei der Gründung der Bundesrepublik war der gelegentlich geäußerte Gedanke an eine militärische Aufrüstung noch zurückgewiesen worden, und zwar sowohl von den Besatzungsmächten als auch von den Deutschen selbst. Am 21. November 1949 hatte der ehemalige amerikanische Militärgouverneur *Lucius D. Clay* als Privatmann die Aufstellung von gemischten europäischen Streitkräften gefordert, wobei »*sich auch Deutschland mit beschränkten Streitkräften eines besonderen Typus an dieser Organisation beteiligen könnte*«. Sprecher aller Besatzungsmächte dementierten damals jedoch Remilitarisierungsabsichten [19]). Am 3. Dezember 1949 erklärte Bundeskanzler *Adenauer* in einem Presseinterview [20]): »*In der Öffentlichkeit muß ein für allemal klargestellt werden, daß ich prinzipiell gegen eine Wiederaufrüstung der Bundesrepublik Deutschland und damit auch gegen die Errichtung einer neuen deutschen Wehrmacht bin.*« Am selben Tage betonte er einem amerikanischen Korrespondenten gegenüber, daß weder eine deutsche Wiederaufrüstung noch eine Beteiligung Deutscher in anderen Armeen in Frage käme. Nur wenn die Alliierten unabdingbar einen deutschen Beitrag zur Sicherheit Europas verlangten, sei »*im äußersten Fall . . . alsdann die Frage eines deutschen Kontingents im Rahmen der Armee einer europäischen Föderation zu überlegen*«.
Noch am 24. Mai 1950, einen Monat vor Beginn des Koreakrieges, veröffentlichte die *Alliierte Hochkommission* ein Gesetz zur Verhinderung der deutschen Wiederaufrüstung, das zusammen mit sieben Durchführungsverordnungen am 1. Juni in Kraft trat. Es sollte »*die Abrüstung und Entmilitarisierung Deutschlands auf industriellem Gebiet sicherstellen*«. [21])
Kaum zwei Monate nach Ausbruch des Krieges in Korea, am 17. August 1950, äußerte *Adenauer* in einem Presseinterview [22]): »*Baut man eine Verteidigung auf oder nicht? Bis jetzt hat das deutsche Volk seine Haltung gegen die Drohung des Kommunismus durch sein Vertrauen auf die bewaffneten Streitkräfte der Vereinigten Staaten bewahrt. Die Ereignisse in Korea haben aber eine merkliche Auswirkung gehabt, und es besteht ein Gefühl der Hilflosigkeit, daß die Russen eines Tages die Macht ergrei-*

fen werden ... Wir müssen die Notwendigkeit der Schaffung einer starken deutschen Verteidigungskraft erkennen. Ich will nicht von einer Armee oder Waffen sprechen, aber diese Streitmacht muß stark genug sein, um jede mögliche, den Vorgängen in Korea ähnelnde Aggression der Sowjetzonenvolkspolizei abzuwehren. So stark wie diese Volkspolizei ist, müssen auch wir sein. Das Ausmaß der Bewaffnung und Ausbildung muß dem Ausmaß der Bewaffnung und Ausbildung der Volkspolizei entsprechen.«

Mit diesen Worten war noch keine Entscheidung getroffen, aber eine grundlegende Wendung der deutschen Politik kündigte sich deutlich an. Auch bei den Westmächten wurde daraus kein Hehl mehr gemacht. Das Kommuniqué der *New Yorker Außenministerkonferenz* vom 19. September 1950 enthielt folgende Worte[23]: »*Die Frage, die durch das Problem der Teilnahme der deutschen Bundesrepublik an der gemeinsamen Verteidigung Europas aufgeworfen wird, ist zur Zeit Gegenstand von Untersuchungen und Gedankenaustausch.*« Freilich waren die Widerstände innerhalb und außerhalb Deutschlands groß. Die Deutschen, die nach den Erfahrungen der zwölfjährigen nationalsozialistischen Herrschaft mit ihrem katastrophalen Ende und angesichts der Kriegsfolgen, die bei weitem noch nicht überwunden waren, gerade begonnen hatten, sich in ihrer Existenz neu zu orientieren, hatten dem Soldatentum, dem Krieg und der Gewaltanwendung – einerlei, ob pervertiert oder nicht – abgeschworen. Der Gedanke an neue deutsche Soldaten wirkte für viele schockierend. So hatte der *Rat der Evangelischen Kirche* auf dem Kirchentag in Essen Ende August 1950 erklärt: »*Einer Remilitarisierung Deutschlands können wir das Wort nicht reden, weder was den Westen noch was den Osten anlangt.*« Ende September fügte der *Bruderrat der Evangelischen Kirche* hinzu[24]: »*Das gilt im gegenwärtigen Augenblick für die Aufstellung deutscher Verbände innerhalb einer westeuropäischen Armee nicht weniger als für die Schaffung einer eigenen deutschen Wehrmacht.*«

Selbst innerhalb der Bundesregierung war die Meinung über einen deutschen Wehrbeitrag nicht einhellig. Bundesinnenminister *Gustav Heinemann* trat am 9. Oktober von seinem Posten zurück, weil er als zuständiger Ressortminister vom Bundeskanzler nicht ausreichend über die Wiederaufrüstungspolitik informiert worden war und überdies eine abweichende Ansicht in der Sache selbst vertrat. Insbesondere wandte er sich dagegen, daß die Bundesregierung vor einer offiziellen Aufforderung der Westmächte zur Wiederbewaffnung Stellung bezöge. Er fürchtete ferner, daß man durch eine westdeutsche militärische Beteiligung das ausländische Mißtrauen gegen den Furor teutonicus erneut heraufbeschwören würde.[25]

In der Tat waren mißbilligende Stimmen aus dem Ausland unüberhörbar. Daß die Ostblockstaaten gegen eine Remilitarisierung protestierten *(Prager Konferenz, 20./21. Oktober 1950)*, lag in der Natur der Sache. Aber auch von französischer Seite wurden starke Vorbehalte geäußert. Der französische Hochkommissar *François-Poncet* erklärte am 8. Oktober, »*ein deutsches Kontingent, selbst wenn es einer zehnmal stärkeren Europa-Armee eingegliedert ist, sei eine schwer zu schluckende Tatsache für diejenigen, für die die Zerschlagung einer deutschen Militärmacht oberstes Ziel war, für das Millionen ihr Leben opferten*«.[26] Fünf Jahre nach Beendigung des zweiten Weltkrieges war für viele Menschen in den westlichen Nachbarländern der Wiederaufbau einer deutschen Wehrmacht noch ein Schreckgespenst, das nicht leicht zu ertragen war. Nationale Gegensätze, Argwohn und Mißtrauen ließen sich nicht von heute auf morgen überwinden. Bundeskanzler *Adenauer* sagte in einer Rund-

funkansprache am 11. Oktober[27]): *»Wir Deutschen haben unseren guten Willen gegenüber Frankreich, unsere feste Entschlossenheit, mit Frankreich in Zukunft gemeinsam zu gehen, so oft erklärt und auch bewiesen, daß ich glaube, man sollte nicht wieder mit Mißtrauen gegen uns kommen.«* Aber bot die auf europäische Zusammenarbeit ausgerichtete Politik der Bundesregierung genügend Sicherheit dafür, daß Deutschland auch in fernerer Zukunft nur an einer loyalen Partnerschaft mit dem Westen interessiert sein würde? Ein Jahr westdeutsche Politik schien nicht auszureichen, um alle Vorbehalte aus dem Wege zu räumen.
Die in Korea evident gewordene Bedrohung nichtkommunistischer Staaten war indessen stark genug, um schließlich doch die Einbeziehung Westdeutschlands in ein gemeinsames Verteidigungssystem voranzutreiben und aus der Vergangenheit herrührende Befürchtungen zurückzudrängen. Denjenigen Kritikern, die sich gegen die Wiedererrichtung einer deutschen Militärmacht wandten, wurde dadurch Wind aus den Segeln genommen, daß der Gedanke an neue nationale Streitkräfte von vornherein nicht ernsthaft erwogen wurde, sondern daß nur ein deutscher Wehrbeitrag innerhalb übernational organisierter Verbände zur Debatte stand. Damit konnte sowohl eine stärkere Koordination der westeuropäischen Verteidigung als auch eine internationale Kontrollmöglichkeit im Hinblick auf eventuelle neue, einseitig nationale Ambitionen Deutschlands gewährleistet werden.
Als bedeutsamer Schrittmacher für den deutschen Wehrbeitrag erwies sich der Straßburger *Europarat*, an dessen Beratender Versammlung im August 1950 zum ersten Male deutsche Vertreter teilnahmen.[28]) Dort zeigte sich, daß es in Frankreich nicht nur Kritiker einer deutschen Wiederbewaffnung gab, sondern auch bedeutsame Anhänger des Europagedankens, die sich für eine gemeinsame Verteidigung mit Deutschland einsetzten. Der französische Abgeordnete *André Philip* erklärte am 8. August: *»Wir sind gegen die Aufstellung einer deutschen Armee. Wenn wir eine europäische Armee haben, würde es allerdings in dieser Frage keine nationalen Probleme geben.«* Auch *Georges Bidault* und *Paul Reynaud* forderten die Organisierung einer gemeinsamen Verteidigung Europas. Am 11. August wurde eine von *Churchill* beantragte Resolution zur *»sofortigen Bildung einer europäischen Armee«* mit 89 gegen 5 Stimmen bei 27 Enthaltungen angenommen. Enthaltung übten die schwedischen Delegierten, die deutschen Sozialdemokraten und britische Labourabgeordnete. Gegner der Resolution waren hauptsächlich irische Delegierte, die wegen der Teilung ihres Landes eine gemeinsame Armee ablehnten, nicht aber wegen Vorbehalten gegen einen deutschen Wehrbeitrag.
Auch innerhalb der *NATO* wurde die Forderung nach einer deutschen Beteiligung an der gemeinsamen Verteidigung erhoben. Während einer Tagung des Atlantikrates vom 16. bis 18. September in New York brachte der amerikanische Außenminister *Dean Acheson* zum Ausdruck, *»daß die amerikanische Bereitschaft, wesentlich mehr Truppen nach Europa zu entsenden, mit der Einbeziehung deutscher Einheiten in die gemeinsamen Streitkräfte ein Ganzes [single pack] bilde«*.[29]) Das hätte einen Beitritt der Bundesrepublik zur NATO bedeutet.
Der entscheidende Schritt zum deutschen Wehrbeitrag – dessen Notwendigkeit von den Westmächten bald nicht mehr in Frage gestellt wurde – erfolgte jedoch weder auf der Basis der Europaratgespräche noch auf der Linie des amerikanischen Vorschlages im NATO-Rat, sondern durch eine neuartige Initiative des französischen Ministerpräsidenten *René Pleven*, der am 26. Oktober 1950 der französischen Nationalversammlung vorschlug, eine gemeinsame Verteidigung der sechs Montan-

unionsstaaten aufzubauen, mit den gleichen Methoden und im gleichen Geist wie bei der Verwirklichung des Schumanplans. Der *Plevenplan* wurde mit 349 gegen 235 Stimmen gutgeheißen. Deutschlands Verteidigungsbeitrag sollte damit nicht direkt den NATO-Streitkräften und auch nicht einer zu schaffenden großen europäischen Armee zur Verfügung stehen, sondern der kleineuropäischen Sechsergemeinschaft. Zwei Überlegungen mögen zu diesem Plan geführt haben: die in der Montanunion liegenden Ansätze zur Integration Frankreichs, Deutschlands, Italiens und der Beneluxstaaten konnten ausgebaut werden; innerhalb einer solchen militärischen Sechsergemeinschaft hatte Frankreich ein größeres Gewicht als in einer umfassenderen europäischen oder atlantischen Gemeinschaft. Großbritannien und die Vereinigten Staaten akzeptierten den Plevenplan. Schien doch hier der einfachste und schnellste Weg zu liegen, der östlichen Gefahr bald eine wirksame Kraft entgegenzustellen. Die NATO-Mitgliedschaft von fünf der sechs beteiligten Staaten gewährleistete überdies eine enge Zusammenarbeit im größeren atlantischen Rahmen.
Die Struktur der neuen *Europäischen Verteidigungsgemeinschaft* (EVG) wurde im Verlauf des folgenden Jahres in gemeinsamen Konferenzen ausgearbeitet. Sie entsprach in wesentlichen Grundzügen der Montanunion. Als Organe waren vorgesehen: das *Kommissariat* mit der obersten Exekutivgewalt, die *Versammlung* als übernationales Parlament (bestehend aus den Mitgliedern der Gemeinsamen Versammlung der Montanunion und zusätzlichen Vertretern Frankreichs, Deutschlands und Italiens), der *Rat* als Staatenkammer, der *Gerichtshof* (zugleich Gerichtshof der Montanunion). Die gemeinsamen Streitkräfte sollten einem übernationalen *Oberkommando* unterstellt werden. Am 27. Mai 1952 unterzeichneten die Außenminister der Teilnehmerstaaten in Paris den Vertrag. Am Vortage war in Bonn der Deutschlandvertrag unterzeichnet worden, der die Aufhebung des Besatzungsstatuts und die volle Souveränität für die Bundesrepublik vorsah. Damals ahnte man nicht, daß die endgültige Ratifizierung des EVG-Vertrages noch auf große Schwierigkeiten stoßen sollte und zwei Jahre später vollends scheiterte, worauf dann jedoch schnell die Aufnahme der Bundesrepublik in die NATO erfolgte. Der Eindruck des Koreakrieges hatte zur Forderung nach einem deutschen Verteidigungsbeitrag geführt, die Überwindung der Krise ließ diese Frage weniger dringlich erscheinen. Der Anstoß war jedoch gegeben, und die deutsche Wiederbewaffnung wurde dann bruchlos in anderem Rahmen fortgeführt.
Während die Gespräche über die EVG über die ersten Ansätze noch nicht hinausgekommen waren, erfolgten Maßnahmen, die wenigstens einen Minimalschutz der Bundesrepublik gegenüber der Sowjetzone mit ihrer bereits seit 1948 aufgebauten kasernierten Volkspolizei bieten konnten. Mit Einwilligung der Besatzungsmächte wurden 1951 eine bewaffnete *Bereitschaftspolizei* der Länder von zunächst 10 000 Mann und ein *Bundesgrenzschutz* von gleicher Stärke aufgebaut. Aufgabe des später auf 20 000 Mann verstärkten Grenzschutzes war es, an der Sowjetzonengrenze einen Sicherheitsgürtel zu ziehen und die Infiltration unerwünschter Elemente in die Bundesrepublik zu verhindern.
Unerwartete Auswirkungen hatte der Koreakrieg auf wirtschaftlichem Gebiet für die Bundesrepublik. Der Bedarf an Rohstoffen auf den Weltmärkten stieg erheblich an, und dementsprechend stiegen auch die Preise (in den ersten fünf Monaten um 13 Prozent, in den nächsten drei um weitere 14 Prozent). Das gleiche galt für industrielle Erzeugnisse (Preisanstieg um 22 Prozent). Dieser *Koreaboom* kam der deutschen Wirtschaft zugute. In vielen außerdeutschen Ländern arbeitete die Industrie

in erhöhtem Maße für die Rüstung, so daß die deutsche Industrie mit ihren Erzeugnissen auf den Weltmärkten vordringen konnte. Die westdeutsche Produktion stieg in den Monaten nach Beginn des Koreakrieges jeweils um 7 Prozent. Die Zahl der Arbeitslosen in dieser Zeit ging bemerkenswert zurück [30]). Auf Ersuchen der alliierten Hochkommission erklärte sich die Bundesregierung im Frühjahr 1951 bereit, von den Westmächten bestellte Rohstoffe, Erzeugnisse und Dienstleistungen, die knapp waren oder zu Verteidigungszwecken benötigt wurden, keinen nachteiligen Ausfuhrbeschränkungen zu unterwerfen, ferner einen überhöhten inneren Verbrauch dieser Güter und Leistungen zu verhüten, entsprechende Industrien zu unterstützen und, wenn nötig, angemessene Preise sicherzustellen. [31]) Unbeabsichtigt wurde die Bundesrepublik so zum wirtschaftlichen Nutznießer der Weltkrise. Diese Tatsache konnte den Standpunkt derjenigen, die von einer moralischen Pflicht Westdeutschlands zum Verteidigungsbeitrag sprachen, nur verstärken.

Die DDR 1950 bis 1952

Während sich in der Bundesrepublik das politische Leben seit Inkrafttreten des Grundgesetzes vielseitig und in neuen Formen weiterentwickelte, nahmen Vereinheitlichung und Gleichschaltung von Parteien und Verwaltung, von Wirtschaft und Gesellschaft in der DDR ihren Fortgang. Die Auseinanderentwicklung beider Teile Deutschlands verstärkte eine Kluft, die trotz aller Bemühungen auf vielen Ebenen immer weniger überwindbar erschien.

Am 7. Oktober 1949, dem Tage, an dem die Verfassung der DDR in Kraft trat, wurde in Ost-Berlin die »*Nationale Front*« gegründet. Diese als »*breiteste Massenbewegung*« gedachte Organisation umfaßte nicht nur Mitglieder der bestehenden Parteien und Verbände, sondern darüber hinaus viele Parteilose. Ihre Aufgabe wurde die Aktivierung breiter Kreise für die politischen Ziele der SED durch »Aufklärung« und Agitation. Als oberstes Organ wählten die Landesausschüsse der Nationalen Front am 3. Februar 1950 den *Deutschen Nationalrat*. Von nun an wurden für die Wahlen in der DDR nur noch Einheitslisten von »Kandidaten der Nationalen Front« aufgestellt.

Die nach der Verfassung vorgeschriebene *Wahl zur Volkskammer* sowie die im Herbst 1949 fällig gewesenen *Landtags-, Kreis- und Gemeindewahlen* fanden nach einjährigem Aufschub schließlich am 15. Oktober 1950 statt. Nach dem amtlichen Wahlergebnis sollen 98,44 Prozent der Wahlberechtigten ihre Stimme abgegeben haben, davon wiederum 99,7 Prozent für die Einheitsliste. Eine geheime Stimmabgabe war in vielen Fällen nicht möglich. Der Bundestag, die Bundesregierung und die drei westlichen Hochkommissare hatten schon vorher erklärt, daß die Wahlen nicht den freien Willen der Bevölkerung zum Ausdruck bringen könnten, da bei einer Einheitsliste keine echte Willensbildung möglich sei. Die Westberliner Parteien hatten die Ostberliner Bevölkerung aufgefordert, durch Einsendung des Lebensmittelkartenstammabschnittes an den Magistrat ein Votum gegen die kommunistische Herrschaft und für freie und geheime Wahlen abzugeben. Fast die Hälfte der stimmberechtigten Bevölkerung soll dieser Aufforderung Folge geleistet haben.

Der Ausbau der DDR zu einer *Volksdemokratie* nach dem Vorbild anderer sowjetisierter Staaten trat 1952 durch eine Reihe einschneidender Maßnahmen in ein neues

Stadium ein. Sie zielten auf eine schärfere Abgrenzung der DDR von Westdeutschland, auf eine Zentralisierung der Verwaltung im Innern und auf eine Eingliederung in das politische Gefüge des Ostblocks. Am 26. Mai 1952 erließ die Regierung eine Verordnung über Sperrmaßnahmen an der Zonengrenze [32]): »*Die entlang der Demarkationslinie zwischen der Deutschen Demokratischen Republik und Westdeutschland festgelegte Sperrzone umfaßt einen 10 m breiten Kontrollstreifen unmittelbar an der Demarkationslinie, anschließend einen etwa 500 m breiten Schutzstreifen unmittelbar an der Demarkationslinie und dann eine etwa 5 km breite Sperrzone ... Das Überschreiten des 10-m-Kontrollstreifens ist für alle Personen verboten ... Bei Nichtbefolgung der Anordnungen der Grenzstreifen wird von der Waffe Gebrauch gemacht ... Einwohner der Deutschen Demokratischen Republik ... müssen ... einen Passierschein für die Einreise in die 5-km-Sperrzone beantragen ... Innerhalb des 500-m-Schutzstreifens ist der Aufenthalt auf Straßen und Feldern, der Verkehr aller Art von Transportmitteln und die Ausführung von Arbeiten aller Art außerhalb der Wohnungen nur von Sonnenaufgang bis Sonnenuntergang gestattet ...*«
Auf Grund dieser Verordnung wurde der 10-m-Streifen entlang der Zonengrenze vielerorts eingeebnet und umgepflügt.

Auf einer Parteikonferenz der SED wurde kurz darauf, am 12. Juli 1952, beschlossen, zum »*planmäßigen Ausbau des Sozialismus*« überzugehen, durch eine *Verwaltungsreform* den Staatsaufbau zu zentralisieren, die Justiz durch Ausarbeitung *neuer Gesetzbücher* umzugestalten, *nationale Streitkräfte* aufzustellen und die *Landwirtschaftlichen Produktionsgenossenschaften* zu fördern. In dem Beschluß hieß es [33]): »*Die Schaffung der Aktionseinheit der kommunistischen, sozialdemokratischen, christlichen und parteilosen Arbeiter, das Bündnis der Arbeiterklasse mit den werktätigen Bauern und der Zusammenschluß aller deutschen Parteien in der Friedensbewegung und in der Nationalen Front des demokratischen Deutschland ist die vordringlichste Aufgabe. Der große Befreiungskampf der patriotischen Deutschen gegen die fremden imperialistischen Eindringlinge und Ausbeuter erfordert zugleich den entschiedenen Kampf gegen die rechten sozialdemokratischen Führer und Gewerkschaftsführer, die den Feinden der deutschen Nation Hilfsdienste leisten ... Das Hauptinstrument bei der Schaffung der Grundlagen des Sozialismus ist die Staatsmacht ...*«

Dem Parteibeschluß entsprechend wurden am 23. Juli 1952 durch Gesetz die bestehenden fünf Länder der DDR, Mecklenburg, Brandenburg, Sachsen-Anhalt, Thüringen und Sachsen, aufgelöst und statt dessen vierzehn Verwaltungsbezirke eingerichtet [34]): »*Die örtlichen Organe der Staatsgewalt müssen ... so reorganisiert werden, daß der Staatsapparat die Möglichkeit erhält, den Willen der Werktätigen, der in den Gesetzen der Deutschen Demokratischen Republik zum Ausdruck gebracht ist, unverbrüchlich zu erfüllen ...*«

Von den drei Faktoren, die den wirtschaftlichen Aufstieg Westdeutschlands ermöglichten, kam keiner der sowjetischen Besatzungszone zugute, so daß sich bald ein eklatanter Unterschied in *Produktivität* und *Lebenshaltung* ergab. Das amerikanische Angebot zur Wirtschaftshilfe war 1947 von der Sowjetischen Militärverwaltung und von der SED und LPD abgelehnt worden. Die Vorsitzenden der Ost-CDU, *Jakob Kaiser* und *Ernst Lemmer,* hatten sich für die Beteiligung der SBZ ausgesprochen. Sie waren als »*Agenten der amerikanischen Reaktion*« bezeichnet worden, und die Sowjetische Militärverwaltung hatte die Verbindung zu ihnen abgebrochen. Beide setzten später ihre politische Tätigkeit im Westen fort.

Der Anreiz zur persönlichen Initiative und der Wille zu erfolgreicher Arbeit waren überdies für eine Bevölkerung geringer, die unter einem politischen System lebte, das sich nicht auf das Vertrauen breiter Kreise stützen konnte. Unzufriedenheit und Not dokumentierte sich in den hohen *Flüchtlingszahlen:* 1949 (ab September) beantragten 129 245, 1950: 197 788, 1951: 165 648, 1952: 182 393 Menschen aus Ost-Berlin und der DDR das Notaufnahmeverfahren in West-Berlin und in der Bundesrepublik.

Der ständige Strom der Flüchtenden war nicht nur ein Symptom für die Stimmung der Bevölkerung, sondern zugleich auch ein steigender Verlust an Produktivkraft, der sich auf den wirtschaftlichen Aufbau negativ auswirkte.

Das Wirtschaftssystem in der SBZ hatte schon in den ersten Jahren der Besatzung die Form einer *zentral gelenkten Planwirtschaft* beziehungsweise einer unmittelbaren *Staatswirtschaft* erhalten. Beim weiteren Ausbau dieses Systems wurde das Schwergewicht auf die Grundstoff- und Schwerindustrie, nicht auf die Konsumgüterindustrie gelegt. Dafür waren zunächst die sowjetischen Reparationsforderungen ausschlaggebend, später die Absicht, die Staatsmacht der DDR zu festigen und das industrielle Gesamtpotential des Ostblocks zu vergrößern. Bis 1951 waren 77 Prozent der gesamten industriellen Produktion in »Volkseigentum« übergeführt. Die Landwirtschaft war dagegen noch fast völlig in Privatbesitz, wobei freilich auch hier eine Ablieferungspflicht nach festgesetzten Normen bestand. Abgesehen von den Waren, die die Läden der staatlichen Handelsorganisation (HO) zu überhöhten Preisen anboten, blieben Lebensmittel und Verbrauchsgüter noch auf Jahre hinaus rationiert. Die Versorgung der Bevölkerung wies immer wieder erhebliche Mängel auf.

Die Entwicklung der gesamten Wirtschaft in der DDR wurde nach sowjetischem Muster durch *Jahrespläne* geregelt, die die Staatliche Plankommission nach den Weisungen der SED ausarbeitete. Das Entwicklungstempo und das Verhältnis der Produktion einzelner Industriezweige zueinander wurden hier festgelegt. Der Volkswirtschaftsplan für das Jahr 1950, der von der Provisorischen Volkskammer am 9. Februar 1950 genehmigt wurde, sah eine 21prozentige Steigerung der Industrieproduktion vor, wobei dies Ziel durch *»Entwicklung der Aktivistenbewegung, Aufstellung technisch begründeter Arbeitsnormen, Einführung des Leistungslohnes und die Einschränkung unproduktiver Arbeit«* erreicht werden sollte. [35]) Für die Jahre 1951–1955 gab es erstmalig einen Fünfjahresplan. Er forderte eine Steigerung der Industrieproduktion von 23 Milliarden auf 43,8 Milliarden DM, eine Erhöhung der landwirtschaftlichen Erträge um 25 Prozent und eine Hebung des Volkseinkommens um 60 Prozent. [36]) Als Auftakt für dies Programm fand im Januar 1951 die Grundsteinlegung für das *Eisenhüttenkombinat Ost* in Fürstenberg an der Oder statt, wo russisches Erz mit schlesischer Kohle verarbeitet werden sollte. Der erste Fünfjahresplan konnte nicht durchweg erfüllt werden, vor allem blieb die Erzeugung von elektrischer Energie, Braunkohle, Eisenerz, Roheisen, Rohstahl und Kupfererz hinter den Zielen zurück.

Für den Güteraustausch zwischen Westdeutschland und der DDR trat am 20. September 1951 ein *Interzonenhandelsabkommen* in Kraft, das einen Warenverkehr auf Verrechnungsbasis vorsah. Bedingung dafür war der freie Verkehr zwischen der Bundesrepublik und West-Berlin. Behinderungen auf den Zufahrtswegen führten jedoch noch im selben Jahr zu einer zeitweiligen Unterbrechung des Interzonenhandels.

Für die Landwirtschaft wurde das Jahr 1952 ein einschneidender Wendepunkt. Die

Die DDR. Rechts: die neuen Verwaltungsbezirke seit Juli 1952

bis dahin noch freien Bauern wurden mehr und mehr zur Zusammenarbeit in *Landwirtschaftlichen Produktionsgenossenschaften* (LGP) angehalten, wofür staatlich gebilligte Musterstatuten maßgebend waren. Als Vergünstigung erhielten die Mitglieder der LPGs Steuerermäßigungen, bevorzugte Belieferung mit Düngemitteln, Geräten, Zuchtvieh und Futtermitteln. Die Maschinenausleihstationen wurden verpflichtet, LPGs vorrangig und zu niedrigsten Preisen zu versorgen. Bis Ende 1953 gab es 4691 solche Produktionsgenossenschaften, wodurch sich die Nutzfläche, die weiter von freien Bauern bewirtschaftet wurde, auf 75 Prozent verringerte.
Außenpolitisch suchte sich die DDR seit ihrer Errichtung mit den Nachbarländern Polen und der Tschechoslowakei besser zu arrangieren. Beide Staaten wünschten eine endgültige Anerkennung der Grenz- und Bevölkerungsverhältnisse, wie sie seit dem Ende des Krieges gestaltet worden waren. Eine feste Vereinbarung darüber sollte den Weg für die schnelle Eingliederung der DDR in den Ostblock ebnen. Am 6. Juni 1950 schlossen die DDR und Polen ein *Abkommen über wirtschaftlich-technische Zusammenarbeit* ab und vereinbarten eine *kulturelle Zusammenarbeit*. Ein *Grenzabkommen* vom 6. Juli 1950 besagte unter Bezugnahme auf das Potsdamer Abkommen, daß die Grenze entlang der Oder und Lausitzer Neiße »*die Staatsgrenze zwischen Deutschland und Polen*« bilde. 37) Am 23. Juni wurde überdies in einem Abkommen zwischen der DDR und der Tschechoslowakei festgestellt 38): »*Unsere beiden Staaten haben keine Gebiets- oder Grenzansprüche, und ihre Regierungen betonen ausdrücklich, daß die durchgeführte Umsiedlung der Deutschen aus der Tschechoslowakischen Republik unabänderlich, gerecht und endgültig ist.*«
Da die Festlegung einer deutsch-polnischen Grenze jedoch nicht den Bestimmungen des Potsdamer Abkommens entsprach, wo eine solche Regelung bis zu einer Friedenskonferenz zurückgestellt worden war, und weil der DDR-Regierung nicht das Recht einer Vertretung der Bevölkerung in der SBZ, geschweige denn Deutschlands überhaupt zugestanden werden konnte, erklärte das Bundeskabinett 39): »*Alle ihre Abreden und Vereinbarungen sind null und nichtig.*«

Für die Verstärkung der Staatsmacht der DDR forderte die SED 1952 die Aufstellung *nationaler Streitkräfte*. Die Remilitarisierung in der DDR hatte jedoch schon eine längere Vorgeschichte. Bereits 1948 ordnete die Sowjetische Militärverwaltung die Schaffung kasernierter Volkspolizeiverbände an, die in den folgenden Jahren stark ausgebaut wurden. Bis 1951 wuchs ihre Stärke auf etwa 65 000 Mann, darunter Artillerie- und Panzereinheiten. Seit Anfang 1952 wurden sechs motorisierte Divisionen zusammengestellt. Daneben gab es bereits Seestreitkräfte der KVP. Luftstreitkräfte folgten bald. Die dann folgende offene Aufrüstung wurde als Maßnahme gegen den »*aggressiven amerikanischen und den revanchelüsternen westdeutschen Imperialismus*« bezeichnet. 40)

Die neuen Streitkräfte gingen aus der kasernierten Volkspolizei hervor. Bis Ende 1952 wurden bereits zwei Armeekorps aufgestellt. Die Gesamtstärke betrug damals etwa 110 000 Mann.

Während man in der DDR zunächst noch nicht die allgemeine Wehrpflicht einführte, wurde die vor- und paramilitärische Ausbildung durch die Gründung der »*Gesellschaft für Sport und Technik*« in die Wege geleitet. Eine diesbezügliche Regierungsverordnung vom 7. August 1952 führte aus 41): »*Von großer Bedeutung ist hierbei die Entwicklung des Segel- und Motorflugsportes, des Flugmodell- und Fallschirmsportes, des Motor- und Wasserfahrtsportes, des Schieß- und Geländesportes sowie des Amateurfunkens zum wahrhaften Massensport.*« Die Mitgliedschaft in der

Gesellschaft für Sport und Technik setzte sich von Anfang an aus »Jugendlichen und Erwachsenen beiderlei Geschlechts« zusammen und war formell freiwillig. Für den Beitritt warben jedoch die Freie Deutsche Jugend und andere kommunistische Massenorganisationen sowie die Staatsorgane mit Nachdruck.

Die Wiedervereinigungsfrage und der Notenwechsel von 1952

Bei der zunehmenden Konsolidierung der Bundesrepublik und ihrer Einbeziehung in die Gemeinschaft westeuropäischer Staaten einerseits und bei dem Ausbau des SED-Regimes in der DDR und deren Eingliederung in das Gefüge des Ostblocks andererseits wuchsen die Befürchtungen der deutschen Bevölkerung in West und Ost, daß eine Wiedervereinigung immer schwieriger würde. Dabei war klar, daß dies Problem nicht erst aus der Entstehung zweier deutscher Teilstaaten resultierte, denn das hatte sich ja gerade aus der Unmöglichkeit gesamtstaatlicher Regelungen ergeben. Nun aber schien die Trennung definitiven Charakter anzunehmen. Die Hindernisse, sie zu überwinden, waren größer. Die Vorschläge beider Seiten für die Wiederherstellung der deutschen Einheit, die seit 1950 jahrelang ohne Ergebnis ausgearbeitet und vorgetragen wurden, offenbarten bald sehr gegensätzliche Konzeptionen.
Am 28. Februar erklärte der amerikanische Hohe Kommissar, *John J. McCloy*, vor der Presse, daß »*die politische Einigung Deutschlands auf der Grundlage freier gesamtdeutscher Wahlen ein Hauptziel der Politik der Vereinigten Staaten*« sei. [42]) Dabei müsse die Freiheit in dem Recht bestehen, »*sich frei einer Parteitätigkeit zu widmen*« und »*frei für einen beliebigen Kandidaten zu stimmen*«. Die Bundesregierung begrüßte diese Erklärung. Die Außenminister der Großmächte hatten nach der letzten gemeinsamen Konferenz in Paris (23. 5. – 20. 6. 1949) betont, daß die Besatzungsbehörden die Bemühungen zur Wiederherstellung der wirtschaftlichen und politischen Einheit Deutschlands auf Viermächtebasis fortsetzen würden und daß die Auswirkungen der verwaltungsmäßigen Teilung abzuschwächen seien. Damit war gesagt, wo die Initiative in erster Linie zu liegen hatte. Die Besatzungsmächte sahen es als ihre Verpflichtung an, gesamtdeutsche Fragen wie die Wiedervereinigung und endgültige Friedensregelungen zu lösen. Das bedeutete freilich nicht, daß sich nicht auch deutsche Stellen mit dieser Frage beschäftigen sollten und ihrerseits Vorschläge unterbreiten und Verhandlungen auf alliierter Basis mit Nachdruck verlangen konnten.
In diesem Sinne regte die Bundesregierung am 22. März 1950 die Besatzungsmächte an, ein Wahlgesetz zu erlassen und unter Kontrolle der Alliierten oder der Vereinten Nationen eine gesamtdeutsche Nationalversammlung frei wählen zu lassen, die die Aufgabe hätte, eine Verfassung auszuarbeiten. Der Verfassungsentwurf müsse dann vom deutschen Volk bestätigt werden. Voraussetzung für dies Verfahren sei allerdings, daß die persönliche und politische Bewegungsfreiheit garantiert sei. [43]) Die westlichen Hohen Kommissare bezogen sich auf diesen Vorschlag, als sie am 26. Mai den Oberkommandierenden in der sowjetischen Besatzungszone, General Tschuikow, zu Besprechungen über eine Wahlordnung aufforderten. Der gleiche Vorgang – Vorstellungen des Bundestages und der Bundesregierung und entsprechende Reaktionen der westlichen Besatzungsmächte – wiederholte sich noch einmal im Herbst 1950. Beide Initiativen wurden jedoch von sowjetischer Seite völlig ignoriert.

Das offensichtliche Desinteresse des Ostens änderte sich jedoch gegen Ende des Jahres 1950. Am 30. November schlug Ministerpräsident *Grotewohl* in einem direkten Schreiben an die Bundesregierung vor, einen paritätisch besetzten Gesamtdeutschen Konstituierenden Rat zu bilden, der zugleich gesamtdeutsche freie Wahlen für eine Nationalversammlung vorbereiten, Beratungen zum Abschluß eines Friedensvertrages aufnehmen und Vorbereitungen für eine Regierungsbildung treffen könne. Der Brief enthielt einleitende Formulierungen, die sich gegen »*die Remilitarisierung und Einbeziehung Westdeutschlands in die Pläne der Kriegsvorbereitungen*« richtete.[44]) Dagegen erklärte die Bundesregierung in einer Pressekonferenz am 15. Januar 1951, daß eine paritätische Besetzung des Konstituierenden Rates von vornherein ein Übereinkommen ausschlösse, daß statt dessen, wie bereits früher gefordert, eine frei gewählte Nationalversammlung die weiteren Schritte vornehmen müsse und daß zunächst die Voraussetzungen zu einer freien Wahl zu schaffen seien.[45]) Auch dieser Vorgang – ostzonale Initiative und Gegenvorstellungen der Bundesrepublik – wiederholte sich ähnlich noch einmal im September 1951. Die Positionen waren unvereinbar.

Bemerkenswert an dieser ersten Phase der Wiedervereinigungsgespräche war der späte Beschluß der DDR, ihrerseits Pläne vorzulegen, ohne auf die westlichen Initiativen einzugehen. Zeitpunkt und Formulierung des Grotewohl-Briefes geben die Erklärung dafür: Unmittelbar vorher hatte die *New Yorker Außenministerkonferenz der Westmächte* stattgefunden, auf der die Beteiligung der Bundesregierung an der gemeinsamen Verteidigung Westeuropas als Gegenstand von Erörterungen bezeichnet worden war (Kommuniqué vom 19. September 1950). Ferner hatten die Ostblockstaaten mit Bezugnahme auf das New Yorker Kommuniqué am 21. Oktober auf einer *Prager Konferenz* von den Westmächten gefordert, eine Remilitarisierung Westdeutschlands nicht zuzulassen. Partien des Grotewohl-Briefes entsprachen wörtlich den Prager Beschlüssen, in denen auch schon ein Gesamtdeutscher Konstituierender Rat für die Bildung einer provisorischen gesamtdeutschen Regierung gefordert worden war. Zwischen der Aussicht auf einen westdeutschen Verteidigungsbeitrag und dem östlichen Vorschlag für gesamtdeutsche Beratungen bestand zweifellos ein enges, vermutlich kausales Verhältnis. Der Ostblock versuchte, eine ihm unangenehme Entwicklung in Westdeutschland durch Zugeständnisse in der Wiedervereinigungsfrage aufzuhalten.

Diese Zugeständnisse waren freilich in ihrer Substanz sehr problematisch. Da sie sich im Grundsätzlichen von den westlichen Verfahrensvorschlägen unterschieden, ja sich nicht einmal auf diese bezogen, redeten West und Ost von vornherein aneinander vorbei. Der westliche Plan entsprach in der Reihenfolge der vorgesehenen Schritte dem anerkannten Verfahren bei der Bildung eines demokratischen Staates: freie Wahlen für eine Nationalversammlung – Ausarbeitung einer Verfassung – Parlamentswahlen – Regierungsbildung. Bei der Gründung der Bundesrepublik hatten zwar keine allgemeinen Wahlen für die Zusammensetzung des Parlamentarischen Rates stattgefunden, sondern nur Wahlen innerhalb der Länderparlamente, aber dem Zusammentritt des Bundestages waren freie Parlamentswahlen vorangegangen. Die Verfahrensvorschläge der Ostblockstaaten und Grotewohls enthielten keine eindeutige Feststellung, daß eine gesamtdeutsche Regierung erst das Endresultat einer Staatsgründung sein sollte, daß sie auf freien Wahlen basieren und damit echt repräsentativen Charakter haben würde. Vielmehr deuteten sie an, daß sich das ostzonale Regime von vornherein wichtige Positionen sichern wollte, um seine politischen

Prinzipien auch in einem deutschen Gesamtstaat durchzusetzen. Die Sowjetisierung osteuropäischer Staaten und die Vorgänge bei der Gründung der SED und der DDR hatten Methoden offenbart, die jetzt auch für Gesamtdeutschland zu befürchten waren. Deutlich wies *Kurt Schumacher* am 9. März 1951 im Bundestag auf diese Gefahr hin [46]: *»Dieser Konstituierende Rat ist die nationale Methode zur Erkämpfung der kommunistischen Diktatur in Deutschland. Viel zuwenig wird in unserem Lande die zur gleichen Zeit angewandte internationale Methode beachtet ... Sie* [die Sowjets] *erstreben die verstärkte politische Einwirkungsmöglichkeit auf die Gestaltung des deutschen Staatswesens. Diese undemokratische Zweckeinrichtung des Konstituierenden Rates soll eine ebenso undemokratische Zweckregierung schaffen. Die Aufgabe dieser sogenannten Regierung wäre, die Politik der vollendeten Tatsachen in kommunistischem Sinne durchzuführen.«* Der entscheidende Grund für das Aneinandervorbeireden von Ost und West war klar: eine Wiedervereinigung nach dem westlichen Konzept hätte das Ende des ostzonalen Regimes und damit das Scheitern einer seit Beginn der sowjetischen Besetzung durchgeführten Politik bedeutet; das östliche Konzept zielte auf eine Erhaltung und Ausweitung der kommunistischen Position in Mitteleuropa und auf eine Störung beziehungsweise eine Verhinderung der westlichen Integrationspolitik. Diese gegensätzlichen Konzeptionen versteckten sich hinter den Differenzen über die *Reihenfolge im Wiedervereinigungsverfahren.*

Aufschlußreich waren auch die Gegensätze über die anzustrebende *Verhandlungsebene.* Alle Vorschläge der Bundesrepublik waren an die Besatzungsmächte gerichtet, die der Politiker der DDR dagegen direkt an die Bundesrepublik unter der Parole *»Deutsche an einen Tisch«.* Ein direktes Eingehen der Bundesregierung auf die östlichen Anregungen hätte zugleich die Anerkennung der kommunistischen Politiker als verhandlungsberechtigte Repräsentanten der Deutschen in der DDR bedeutet. Um diese Anerkennung war es offensichtlich dem SED-Regime zu tun, das seinerseits für gleiche Vorbehalte gegenüber der Bundesrepublik schwerlich Verständnis gefunden hätte. Vom Osten wurde die Forderung, daß Deutsche gemeinsam über ihr Schicksal entscheiden müßten, und nicht oder erst zweitrangig die Besatzungsmächte, geschickt als Propagandamittel benutzt. Auf den ersten Blick sah das verlockend auch für manchen Westdeutschen aus, der nicht die Hintergründe der Initiativen sah.

Meinungsverschiedenheiten über eine supranationale Integration, über die Reihenfolge im Verfahren und über die Verhandlungsebene sollten auf Jahre hinaus Kernprobleme vieler Pläne und Gespräche über die deutsche Einheit werden. Ein neues Moment ergab sich im Herbst 1951, als sich die Regierungen der Westmächte auf Grund wiederholter Anregungen der Bundesrepublik entschlossen, die Durchführbarkeit freier gesamtdeutscher Wahlen durch eine unparteiische internationale Kommission unter Aufsicht der Vereinten Nationen in der Bundesrepublik, Berlin und der DDR prüfen zu lassen. Ihr Antrag an den UN-Generalsekretär führte zu einer *Entschließung der Vollversammlung* vom 20. Dezember 1951, durch die ein Ausschuß aus Vertretern Brasiliens, Islands, der Niederlande, Pakistans und Polens eingesetzt wurde, der die in Deutschland geltenden Verfassungsbestimmungen und ihre Anwendung, die Freiheit der politischen Parteien und die Organisation und Tätigkeit der richterlichen, polizeilichen und anderen Verwaltungsorgane untersuchen sollte.[47] Die Entschließung war gegen die Stimmen der Sowjetunion, der Ukraine, Weißrußlands, der Tschechoslowakei, Polens und Israels bei acht Enthaltungen an-

genommen worden. Die Regierung der DDR bezeichnete den UN-Beschluß als *»Einmischung in die inneren Angelegenheiten des deutschen Volkes«* und verneinte seine *»Rechtsgültigkeit«*. [48])
Der UN-Ausschuß, vermindert um den Vertreter Polens, der eine Beteiligung an den Untersuchungen abgelehnt hatte, erstattete am 30. April 1952 einen zusammenfassenden Bericht, der das Scheitern seiner Mission feststellte: *»Während der Ausschuß seine vorbereitenden Aufgaben in der Bundesrepublik Deutschland und in den Westsektoren von Berlin erfüllen konnte, war er bisher nicht imstande, mit den Behörden in der Sowjetzone von Deutschland und im Ostsektor von Berlin auch nur schriftlich in Verbindung zu kommen.«* Vier Schreiben an die Sowjetische Kontrollkommission mit der Bitte um Zusammenkünfte mit den zuständigen Behörden waren unbeantwortet geblieben. [49])
Während die Tätigkeit des UN-Ausschusses durch die negative Haltung der Sowjetunion und der ostzonalen Regierung boykottiert wurde, waren die Wiedervereinigungsgespräche bereits in eine neue Phase eingetreten, die sich in einem viermaligen *Notenwechsel* zwischen der sowjetischen Regierung einerseits und den Regierungen Großbritanniens, Frankreichs und der Vereinigten Staaten andererseits vom 10. März bis zum 23. September 1952 hinzog. Diese Noten hoben sich insofern von früheren Gesprächen über die deutsche Frage ab, als sie mit Zugeständnissen der Sowjetunion eingeleitet wurden, die neue Hoffnungen auch bei manchen Westdeutschen weckten, die bis dahin – entsprechend der allgemeinen Überzeugung – keine positiven Ansatzpunkte in östlichen Vorschlägen hatten erkennen können. Noch heute ist die Bedeutung dieses Notenwechsels mehr als andere Vorgänge der Nachkriegsgeschichte umstritten. Während manche Interpreten hier eine verpaßte Chance für Deutschland sehen, kommen andere zu dem Ergebnis, daß im Grunde doch kein Ausweg aus dem Dilemma bestanden habe.
Am 10. März schlug die Sowjetunion den Regierungen der drei Westmächte vor, *»unverzüglich die Frage eines Friedensvertrages mit Deutschland zu erwägen«*. [50])
Der erste entscheidende Passus der Note lautete: *»Es versteht sich, daß ein solcher Friedensvertrag unter unmittelbarer Beteiligung Deutschlands, vertreten durch eine gesamtdeutsche Regierung, ausgearbeitet werden muß. Hieraus folgt, daß die UdSSR, die USA, Großbritannien und Frankreich, die in Deutschland Kontrollfunktionen ausüben, auch die Frage der Bedingungen prüfen müssen, die die schleunigste Bildung einer gesamtdeutschen, den Willen des deutschen Volkes ausdrückenden Regierung fördern.«* Dann folgte ein *»Entwurf für einen Friedensvertrag mit Deutschland«*, in dem es einleitend hieß: *»Ein Friedensvertrag mit Deutschland soll gewährleisten, daß ein Wiederaufleben des deutschen Militarismus und einer deutschen Aggression unmöglich gemacht wird.«* In den *politischen Leitsätzen* wurde gefordert: 1. Wiedervereinigung Deutschlands, dem es möglich gemacht werden sollte, *»sich als unabhängiger, demokratischer, friedliebender Staat zu entwickeln«*; 2. Abzug der Besatzungstruppen und Aufhebung ausländischer Militärstützpunkte; 3. Gewährleistung *»demokratischer Rechte«*, damit alle Deutschen *»die Menschenrechte und die Grundfreiheiten genießen, einschließlich der Redefreiheit, der Pressefreiheit, des Rechts der freien Religionsausübung, der Freiheit der politischen Überzeugung und der Versammlungsfreiheit«*; 4. Gewährleistung der freien Betätigung demokratischer Parteien und Organisationen; 5. Verbot von Organisationen, *»die der Demokratie und der Sache der Erhaltung des Friedens feindlich sind«*; 6. gleiche bürgerliche und politische Rechte für ehemalige Soldaten und Nationalsozialisten, ausgenommen der

gerichtlich Verurteilten; 7. Verpflichtung, *»keinerlei Koalitionen oder Militärbündnisse einzugehen, die sich gegen irgendeinen Staat richten, der mit seinen Streitkräften am Kriege gegen Deutschland teilgenommen hat«*. Für die territoriale Abgrenzung Deutschlands sollten die in Potsdam *»festgelegten«* Grenzen gelten (also die Oder-Neiße-Linie). Ferner sollten keinerlei wirtschaftliche Beschränkungen auferlegt, *»eigene nationale Streitkräfte«* zur Verteidigung gestattet und die Produktion des dafür erforderlichen Rüstungsmaterials erlaubt werden. Ein deutsches Ersuchen um Aufnahme in die Vereinten Nationen wäre schließlich zu unterstützen.

In der *Antwortnote der Westmächte* vom 25. März wurde auf die Notwendigkeit freier Wahlen in allen Teilen Deutschlands zur Bildung einer gesamtdeutschen Regierung hingewiesen, wovon in der ersten sowjetischen Note nichts gesagt war. Außerdem wünschten die Westmächte eine Unterstützung der UN-Kommission in der DDR und in Ost-Berlin, um die Voraussetzungen für Wahlen prüfen zu lassen. Eine auferlegte Bündnisfreiheit für ein vereinigtes Deutschland, die Errichtung einer nationalen Armee und die sowjetische Interpretation der Potsdamer Grenzziehung wurden abgelehnt.

Der *zweite Notenwechsel* (9. April/13. Mai) ging insofern über den ersten hinaus, als sich die Sowjetunion jetzt ausdrücklich auch mit der Abhaltung freier Wahlen einverstanden erklärte. Indessen sei eine UN-Kommission nicht akzeptabel, weil sie nach sowjetischer Interpretation im Widerspruch zu Artikel 107 der UN-Charta stünde. Statt dessen solle eine Viermächtekommission gebildet werden. Die Westmächte lehnten das letztere ab, da dadurch eine unparteiische Prüfung nicht gewährleistet sei, erklärten sich aber bereit, auch über die Bildung einer anderen unparteiischen Prüfungskommission zu verhandeln. Außerdem forderten sie Handlungsfreiheit für eine aus freien Wahlen gebildete deutsche Regierung vor dem Abschluß eines Friedensvertrages. In der Koalitions- und Integrationsfrage blieben die Meinungsverschiedenheiten unverändert.

Der *dritte* und *vierte Notenwechsel* (25. Mai/10. Juli und 23. August/23. September) brachten keine wesentlich neuen Gesichtspunkte. Die Sowjetunion warf den Westmächten vor, den Notenaustausch zu verschleppen, und forderte unverzügliche Beratungen über einen Friedensvertrag, die Bildung einer gesamtdeutschen Regierung und über freie Wahlen. Die Westmächte erklärten sich einverstanden, eine Konferenz abzuhalten, auf der aber zunächst über eine unabhängige Prüfungskommission und ein Programm zur Regierungsbildung gesprochen werden müßte. Sie wiesen darauf hin, daß die Sowjetunion ursprünglich (in der ersten Note) die Regierungsbildung als Voraussetzung für Friedensverhandlungen angesehen hätte, jetzt aber dieser Punkt an nachgeordneter Stelle stehe. Ein sowjetischer Vorschlag, die Voraussetzungen für freie Wahlen durch deutsche Vertreter, zum Beispiel aus der Volkskammer und dem Bundestag, prüfen zu lassen, wurde abgelehnt. Im Grunde waren beide Seiten am Ende des Notenwechsels wieder da angelangt, wo sie schon 1951 gestanden hatten. Dabei spielte eine Rolle, daß in West und Ost inzwischen Tatsachen geschaffen waren, die die Wiedervereinigung noch erschwert hatten: die Unterzeichnung des Deutschland- und des EVG-Vertrages (26./27. Mai) einerseits und die Errichtung der Sperrzonen entlang der Zonengrenze (26. Mai) andererseits.

Die Bedeutung der durch die erste sowjetische Note eingeleiteten neuen Phase des Wiedervereinigungsgesprächs lag, darin sind sich die Interpreten einig, in einer veränderten politischen Konzeption des Ostblocks. Das Angebot von freien und gesamtdeutschen Wahlen als Voraussetzung für eine Lösung des Deutschlandproblems,

verbunden mit der Forderung nach Bündnisfreiheit des neu zu schaffenden Staates, also nach Neutralisierung, war der Kern des sowjetischen Vorstoßes. Dazu kam der Vorschlag, Deutschland nationale Streitkräfte zuzugestehen. Damit ergaben sich neue Aspekte, die wohl zu durchdenken waren. Der Grund für das östliche Angebot lag, auch darüber besteht kaum ein Zweifel, in der wachsenden Stärke des Westens, die sich auf einer NATO-Konferenz Ende Februar 1952 erneut manifestiert.
Die bevorstehende Eingliederung der Bundesrepublik in das militärische Bündnissystem des Westens veranlaßte den Versuch der Sowjetunion, durch neue Vorschläge eine unerwünschte Entwicklung aufzuhalten. Über die tieferen Beweggründe der Note vom 10. März 1952, über die historische Bedeutung des Notenaustauschs und über die Chancen, die darin enthalten waren, gehen die Meinungen jedoch weit auseinander. Das zeigt am besten eine Gegenüberstellung der Analysen von *Paul Sethe*, der die Diskussion durch seine eigenwillige Deutung wesentlich mit entfacht hat, und von *Wilhelm Cornides*, der den letzten Abschnitt des Handbuches »Deutsche Geschichte im Überblick«, herausgegeben von Peter Rassow, verfaßt hat.
Paul Sethe [51]): »*Ein Russe, der in den Vorstellungen lebte, die Lenin vom westlichen Ausland geschaffen hatte, und in dem die Erinnerung an zwei Angriffskriege des Westens weiter fortwirkte, mußte auf das tiefste erschrecken beim Anblick jener Vorbereitungen, die Westdeutschland in die militärische Front gegenüber Rußland einreihen wollten ... Die Überzeugung des Westens, nur in der Verteidigung zu handeln, war aufrichtig und wird von Millionen geteilt. Aber eine genaue und unbefangene Untersuchung der russischen Geistesverfassung hätte trotzdem dem Westen sichtbar machen müssen, daß sich die Sowjetunion mindestens genauso bedroht fühlte wie der Westen ... In ihrem Bestreben, den Abschluß des deutsch-amerikanischen Bündnisses unmöglich zu machen, ging die Sowjetunion sehr weit. Sie beschloß, einen hohen Preis dafür anzubieten: die deutsche Wiedervereinigung, die Bewilligung an die Deutschen, unabhängig Politik zu betreiben . . . Die sowjetrussische Note vom März und die Rede Grotewohls vom 14. März 1952* [betr. freie Wahlen zur verfassunggebenden Nationalversammlung] *sind der eindrucksstärkste Erfolg, den die Politik des Westens im Kalten Krieg errungen hat. . . . indem man die deutschen Uniformen am Horizont der Weltpolitik zeigte, zwang man die Sowjets zu einem Entgegenkommen, das wenige Jahre vorher undenkbar gewesen wäre ... Jetzt boten sie nicht nur die deutsche Einheit an, sondern mit dem Abzug der Besatzungstruppen und mit der deutschen Nationalarmee auch eine unabhängige deutsche Politik . . . Den ‚ausgebrannten Krater der Machtpolitik' hatte Friedrich Meinecke 1945 Deutschland genannt. Ein Staat in solcher Lage handelt weise, wenn er sich, erschöpft und ausgeblutet, der weltpolitischen Entwicklung entzieht, der er nicht mehr gewachsen ist, wenn er darum auf Bündnisse verzichtet, die von ihm mehr verlangen, als er geben kann. Es war ein natürlicher Instinkt, der Schweden und die Schweiz und 1955 auch Österreich zu einer solchen Politik bewogen hatte . . . Eine unabhängige Politik würde den Schutz für Deutschland nicht verringern, sondern erhöhen. Gewiß gibt es nicht nur ein russisches Sicherheitsbedürfnis, sondern auch ein europäisches, insbesondere ein deutsches ... Hätten die Sowjets aber Absichten zu einem kriegerischen Überfall, so gäbe es die Wirkung der Abschreckung auch bei einer unabhängigen deutschen Politik. Die Sowjets müßten nach der Räumung Deutschlands den Angriff 150 Kilometer weiter östlich beginnen ... Vor allem würde aber eine unabhängige deutsche Politik leichter als eine durch Bündnisse gefesselte in der Lage sein, zusammen mit befreundeten Mächten im Falle diplomatischer Zuspitzung*

zwischen den Lagern zu vermitteln und damit zu ihrem Teile dazu beizutragen, daß es überhaupt nicht zur kriegerischen Austragung des Konfliktes komme ...«
Wilhelm Cornides [52]): *»Die weltpolitischen Auswirkungen der Berliner Blockade und die Koreakrise gaben Stalin und Molotow Anlaß, die Methoden der sowjetischen Politik zu überprüfen. In beiden Fällen hatten die Westmächte nicht nur den territorialen Status quo ante behauptet, sondern, dank der sowjetischen Bedrohung, wesentlich ihr Machtpotential gestärkt ... Auf der Suche nach den schwächsten Stellen im westlichen System boten sich vor allem die beiden Länder an, deren Wiederaufbau von den Amerikanern gegen vielerlei innere und äußere Widerstände forciert worden war: Deutschland und Japan ... Als nun nach der erfolgreichen NATO-Konferenz in Lissabon im Februar 1952 der Abschluß der Verhandlungen über die EVG in Sicht kam, legte die Sowjetunion in einer Note vom 10. März 1952 neue Vorschläge zu einem Friedensvertrag vor. Dieser Vorstoß sollte den Eindruck erwecken, die Sowjetunion sei nun bereit, die Wiedervereinigung Deutschlands zuzulassen und Gesamtdeutschland die Freiheit zu einer unabhängigen Politik zu lassen, falls es auf das militärische Bündnis mit den Vereinigten Staaten verzichte. Die Note vom 10. März 1952 muß im Zusammenhang mit den gleichzeitig der UNO vorgelegten sowjetischen Abrüstungsvorschlägen vom 19. März 1952 gesehen werden. Dann zeigt sich, daß der von der Sowjetunion geforderte Abzug der westlichen Streitkräfte, die Liquidierung aller westlichen Stützpunkte, die Anerkennung der Oder-Neiße-Linie und das Verbot von Koalitionen und Militärbündnissen der Sowjetunion handgreifliche Vorteile boten, die den Rückzug der sowjetischen Truppen hinter die polnische Grenze und den Verzicht auf die inzwischen ohnehin erfüllten Reparationsforderungen rechtfertigen konnten. In den Abrüstungsvorschlägen wurde nämlich gleichzeitig das Verbot der Atomwaffen und die proportionale Herabsetzung der konventionellen Streitkräfte um ein Drittel (im Laufe eines Jahres) gefordert. Dies hätte der Sowjetunion ein eindeutiges Übergewicht der Rüstungen gesichert ... Die für die Beurteilung der Note entscheidende Frage ist, welche Ziele Stalin damit verfolgte. Er rechnete wohl damit, daß ... das atlantische Bündnissystem durch eine Ausklammerung Deutschlands und den Rückzug der amerikanischen Truppen entscheidend geschwächt werden würde ... Eine solche Entwicklung könnte, so mochte man im Kreml weiter rechnen, sehr wohl einen innenpolitischen ‚Erdrutsch' in der Bundesrepublik auslösen, da sich die außenpolitschen Voraussetzungen der bisherigen Politik radikal geändert hätten und den kommunistisch gesteuerten ‚demokratischen' Organisationen innenpolitsche Schlüsselpositionen zugänglich würden ... Das in den Konzeptionen von Jalta und Potsdam enthaltene Ziel der Zwangsneutralisierung Deutschlands – im Gegensatz etwa zu der freiwilligen Neutralitätspolitik der Schweiz oder Schwedens – wurde ... weiterverfolgt ... Deutschland hatte nach den sowjetischen Vorschlägen auch politisch keine wirklich selbständige Stellung in Europa zu erwarten ... Die sowjetische Note vom 10. März 1952 nährte geschickt die Illusion, eine unabhängige deutsche Politk würde leichter als eine durch Bündnisse an den Westen gefesselte in der Lage sein, zwischen West und Ost zu vermitteln ... So lange aber das Rhein-Ruhr-Gebiet als das potentiell stärkste Produktionszentrum und Rüstungsarsenal des europäischen Kontinents bestehenblieb, war den Deutschen der Weg in diese zweifelhafte Idylle verschlossen ... Es gab wohl keinen anderen Weg als die Forderung nach freien Wahlen* [nach Überprüfung der Voraussetzungen durch eine UN-Kommission], *um die Unaufrichtigkeit der sowjetischen Vorschläge vor den Deutschen bloßzustellen ... Der junge westdeutsche Staat, der*

gerade erst dem Stadium des Provisoriums entwuchs, konnte sich nicht anmaßen, die isolierte Lösung von Problemen zu erzwingen, die untrennbar mit der weltpolitischen Gesamtsituation zusammenhingen.«
Vergleicht man die Analysen von Sethe und Cornides, so mag auffallen, daß ersterer mehr noch in traditionellen politischen Denkformen – die er selbst in der Haltung der Bundesregierung und der des Westens vermißt – argumentiert und von daher das *»bequeme Denkschema der Propaganda«* mit ihrer *»unheilvollen Wirkung«* verurteilt, während letzterer deutlicher die Zwielichtigkeit von Begriffen wie *»freie Wahlen«* und *»demokratische Organisationen«* sieht, wenn sie einmal vom Westen, zum andern vom Osten verwandt werden. Im zweiten Fall bekommt Diplomatie weit mehr den Charakter taktischen Geplänkels vor dem Hintergrund umfassenderer und erheblich weiter reichender Grundtendenzen der internationalen Politik. Ob sich 1952 eine echte Chance zur Wiedervereinigung geboten hat oder ob nur ein gefährliches sowjetisches Manöver erfolgreich abgewehrt worden ist, läßt sich endgültig erst erweisen, wenn einmal die Archive der Regierungen geöffnet sein werden.

Der Kampf um den Wehrbeitrag

Der Unterzeichnung des EVG-Vertrages im Mai 1952 folgten zwei Jahre härtester Auseinandersetzung um seine Ratifizierung. Dabei spielten sowohl grundsätzliche ideologische Fragen als auch aktuelle politische Momente eine wichtige Rolle. Die weltpolitische Situation hatte sich seit der Zeit, in der die Pläne für eine Verteidigungsgemeinschaft zuerst konzipiert worden waren, in mancher Hinsicht geändert. Die durch die Koreakrise verursachte Verhärtung des Ost-West-Gegensatzes machte einer Phase relativer Entspannung Platz, die freilich nur so weit ging, daß hier und dort im westlichen Lager wieder stärkere Zweifel an der unbedingten Notwendigkeit eines deutschen Wehrbeitrages wach wurden. [53)]
Nachdem die Fronten in *Korea* in der Nähe des 38. Breitengrades zum Stehen gekommen waren, hatten am 10. Juli 1951 Waffenstillstandsverhandlungen begonnen. Der amerikanische Oberbefehlshaber, General MacArthur, war bereits vorher abgelöst worden, weil er eigenmächtig mit einer Ausdehnung der Kampfhandlungen auf Rotchina gedroht hatte, das wegen seines Eingreifens zugunsten Nordkoreas schließlich von der Vollversammlung der Vereinten Nationen zum Angreifer erklärt worden war. Ein solcher Schritt hätte zu einer unabsehbaren Ausweitung des lokalen Krieges, zu einem neuen Weltkrieg führen können. Angesichts dieses Risikos zogen die Vereinigten Staaten eine Kompromißlösung vor. Das Abklingen der Kämpfe beseitigte zwar keineswegs das Mißtrauen des Westens gegenüber dem Ostblock, ließ aber doch wieder Hoffnungen auf eine stabilere Zukunft aufkommen, zumal die Position des Westens inzwischen stärker geworden war.
In der Vollversammlung der *Vereinten Nationen*, die 1951/52 noch einmal in Paris stattfand, wurden neue Schritte zu Abrüstungsvereinbarungen unternommen. Ein Abrüstungsvorschlag der Westmächte sah die Bildung einer neuen Kommission vor, die sowohl über die Verminderung und Kontrolle von konventionellen Waffen als auch über ein kontrolliertes Verbot der Atomwaffen beraten sollte. Der französische Staatspräsident regte sogar eine Zusammenkunft der Regierungschefs der vier Großmächte an, um *»die Zwistigkeiten zu vermindern, welche die Welt paralysieren«*.

Als Vertreter der Sowjetunion bezeichnete Außenminister *Wyschinski* den westlichen Abrüstungsplan jedoch nur als »*nichtig und offensichtlich geheuchelt*« und wünschte, daß die Vollversammlung »*die Teilnahme am aggressiven Atlantikblock und die Schaffung militärischer Stützpunkte auf fremdem Gebiet durch einige Staaten, in erster Linie durch die USA, als unvereinbar mit der Mitgliedschaft in der Organisation der Vereinten Nationen*« erkläre.[54]) Daraus ergaben sich keine sehr positiven Zukunftsaspekte für die Arbeit der neuen Kommission. Der Westen mußte weiterhin auf den Ausbau seiner Sicherheit bedacht sein.
Am 8. September 1951 war nach langen Bemühungen, in denen sich vor allem der amerikanische Sonderbotschafter und spätere republikanische Außenminister *John Foster Dulles* hervortat, ein *Friedensvertrag* zwischen *Japan* und seinen ehemaligen Gegnern, mit Ausnahme der Sowjetunion und Indiens, zustande gekommen (ein Friedensvertrag mit Indien folgte im nächsten Jahr). Japan verlor alle Besitzungen und Kolonien außerhalb der Hauptinseln, erhielt jedoch seine Souveränität zurück und brauchte keine Reparationen mehr zu zahlen. In einem Sicherheitsvertrag hatten sich die Vereinigten Staaten das Recht auf Unterhaltung militärischer Stützpunkte und zur Stationierung von Truppen in Japan gesichert. Unmittelbar darauf waren *militärische Beistandsverträge* zwischen den USA und den Philippinen sowie Australien und Neuseeland (ANZUS, als Abkürzung für Australia, New Zealand, United States) abgeschlossen worden. Die Lage im Pazifik war damit stabiler geworden. Im Februar 1952 machte schließlich auch der Ausbau des *Atlantikpaktes* weitere Fortschritte. Auf einer Lissabonner Konferenz wurden Griechenland und die Türkei in den Verteidigungspakt aufgenommen und Maßnahmen zur Erhöhung der Verteidigungsstärke beschlossen.
Mit der ersten Explosion einer *Wasserstoffbombe* auf dem Eniwetok-Atoll im Stillen Ozean am 1. November 1952 wurde der amerikanische Vorsprung in der Atomwaffenerzeugung, der seit der Explosion der ersten sowjetischen Atombombe im Jahre 1949 verlorengegangen war, für kurze Zeit wiederhergestellt. Großbritannien hatte kurz zuvor seine erste Atombombe auf den Monte-Bello-Inseln erprobt. Noch vor Ablauf eines Jahres war jedoch die Sowjetunion in der Lage, ihrerseits eine Wasserstoffbombe, deren Vernichtungskraft die der herkömmlichen Atombombe um ein Vielfaches übertrifft, zur Explosion zu bringen.
Bei den Wahlen zur amerikanischen Präsidentschaft errangen die Republikaner Ende 1952 den Sieg über die Demokraten. Ihr Präsidentschaftskandidat, General *Dwight D. Eisenhower,* der Oberbefehlshaber der westlichen Alliierten im zweiten Weltkrieg, schien eine starke Führung der Vereinigten Staaten im Kalten Kriege zu verbürgen. Sein Außenminister, *John Foster Dulles,* war ein entschiedener Verfechter der »Politik der Stärke«.
Auch in der Führung des Ostblocks gab es bald eine bedeutsame Veränderung. Am 5. März 1953 starb *Stalin*. An seinen Tod knüpften sich Erwartungen auf eine Führungskrise in der Sowjetunion und auf bessere Verständigungsmöglichkeiten auf außenpolitischem Gebiet. Sein Nachfolger, *Georgij Malenkow,* hatte schon auf dem Kommunistischen Parteikongreß im Oktober 1952 den außenpolitischen Grundsatz der »*Koexistenz*« verkündet, demzufolge ein friedliches Nebeneinander von kapitalistischen und sozialistischen Staaten möglich wäre. Interne Auseinandersetzungen in der sowjetischen Partei- und Staatsführung, denen zunächst der Innenminister und Chef der Geheimpolizei, *Berija,* zum Opfer fiel und in deren weiterem Verlauf *Nikita Chruschtschow* als erster Sekretär der KPdSU mehr und mehr in den Vorder-

grund rückte, schienen tatsächlich die Ost-West-Spannungen vorübergehend ein wenig zu mildern.

Vor diesem weltpolitischen Hintergrund vollzog sich die Debatte um den *deutschen Wehrbeitrag*. Sowohl die zunehmende Konsolidierung des Westens als auch der »neue Kurs« der sowjetischen Politik warfen die Frage auf, ob die deutsche Aufrüstung immer noch unbedingt notwendig sei, ja, ob nicht durch sie vielleicht gar die Möglichkeiten zur internationalen Verständigung verbaut würden. Damit verknüpften sich sogleich auch wieder die nie ganz überwundenen grundsätzlichen und emotionalen Vorbehalte – deutscher- und ausländischerseits – gegen die Aufstellung neuer deutscher Divisionen. Sollte man durch eine konsequente Politik der Stärke die Sicherheit des Westens weiter ausbauen? Würde der Ostblock darauf nachgiebiger oder noch verhärteter reagieren? Wo lag das größere Risiko? Die Bundesregierung hielt an dem einmal eingeschlagenen Weg unbeirrt fest. War doch mit dem Wehrbeitrag auch das Zugeständnis von ersehnten Souveränitätsrechten und die stärkere Integration in die westeuropäische Gemeinschaft verbunden. Aussichten auf eine Verminderung des sowjetischen Drucks erschienen ihr nicht überzeugend genug. Die Gegner der Wiederbewaffnung, insbesondere die sozialdemokratische Opposition im Bundestag, fürchteten vor allem eine Verewigung der deutschen Teilung und einen verstärkten Druck aus dem Osten. Sie glaubten nicht, daß erhöhte Verteidigungsmaßnahmen schnell eine wirksame Abschreckung ergeben könnten.

Am 9. und 10. Juli 1952 fand im Bundestag die *erste Lesung* des EVG-Vertrages und des damit gekoppelten Deutschlandvertrages statt. Bundeskanzler *Adenauer* führte unter anderem aus[55]: *›Der Vertrag über die Gründung einer europäischen Verteidigungsgemeinschaft ist meines Erachtens der wichtigere der beiden Verträge . . ., weil er ganz losgelöst von den Problemen, die die Niederlage Deutschlands und die bedingungslose Kapitulation mit sich gebracht haben, in allererster Linie dazu bestimmt ist, für 50 Jahre in Westeuropa einen Krieg unter den europäischen Völkern unmöglich zu machen . . . Wir können, lassen Sie mich die theoretischen Möglichkeiten klarlegen, wählen zwischen folgenden Möglichkeiten: 1. Bejahung der Verträge und damit Anschluß an den Westen, 2. Ablehnung der Verträge, um damit zu erreichen: Anschluß an den Osten oder Neutralisierung Deutschlands, und 3. Herauszögern einer Entscheidung, um eventuell neu zu verhandeln . . . Ich bin der Auffassung, daß diese die Weltlage beherrschenden Spannungen dringend von uns verlangen, aus dem Zustand der Schwebe, in dem wir uns jetzt befinden, herauszukommen. Wenn wir Mithandelnde werden, können wir auch unsere ganze Kraft dafür einsetzen, daß die bestehenden Spannungen auf friedlichem Wege gelöst werden . . . Wir werden durch die Genehmigung der Verträge der Sache der Freiheit, der Schaffung eines neuen Europas, der Wiedervereinigung Deutschlands und dem Höchsten, dem Frieden und der Freiheit, dienen.‹*

Für die sozialdemokratische Opposition erwiderte *Carlo Schmid* unter anderem[56]: *›Wir können uns . . . nicht mit den Worten trösten, daß wir durch diese Verträge nunmehr zusammen mit dem Westen so stark werden, daß wir mit den Russen endlich die Sprache sprechen können, die sie allein verstehen. Glaubt man denn wirklich, mit diesen Verträgen die Russen zur politischen Kapitulation zwingen zu können? . . . Werden die Russen nicht jeden Machtzuwachs im Westen durch Schaffung neuer eigener Machtmittel – vielleicht sogar in dem von ihnen besetzten Deutschland – kompensieren und überkompensieren? . . . Ja, Deutschland will keinen Neutralismus und kann ihn nicht wollen! Es hat sich längst für ein Leben auf Grund* *von Ordnungen entschieden, die heute nur im Westen dieses Kontinents existieren können. Und daß es diesen Willen hat, hat dieses deutsche Volk auch dort bewiesen, wo der Osten lockte. Aber die Entscheidung für den Westen bedeutet doch nicht, daß man auf die Möglichkeit eigener deutscher Politik verzichten und eine Politik treiben müsse, deren machtpolitische Versuche mit Sicherheit durch Gegenmaßnahmen im anderen Teile Deutschlands kompensiert werden! . . . Wir kommen so nicht ans Ziel, sondern wir laufen Gefahr, der Ausweglosigkeit zuzutreiben. Darum sollten wir alle zusammen helfen, der verderblichen Entwicklung Einhalt zu gebieten, die diese Verträge unausweichlich macht. Wir können es, wenn wir diesem Vertragswerk die Zustimmung verweigern.*‹

Die Leidenschaftlichkeit der Debatte spiegelte eine Auseinandersetzung wider, die sich längst der ganzen westdeutschen Bevölkerung bemächtigt hatte. In einer Denkschrift der evangelischen Landesbischöfe vom Februar 1952 hatte es mahnend geheißen [57]: ›*Die Tatsache, daß das richtige politische Handeln in der Frage des Wehrbeitrages nach menschlichem Ermessen über das Leben und die Freiheit unseres Volkes und unserer Kinder entscheidet, darf uns nicht hindern, auch in denen Brüder zu erkennen, die in dieser Frage anders denken als wir selbst.*‹

Mit dem Problem der politischen Bedeutung des Wehrbeitrages verband sich früh auch schon die Frage nach seiner *Vereinbarkeit mit dem Grundgesetz*. Die Verfassung enthielt keine direkten Bestimmungen über die Aufstellung bewaffneter Streitkräfte, so daß die Kompetenz des Bundes in dieser Sache angezweifelt werden konnte. Im Januar 1952 hatten 144 Abgeordnete des Bundestages, Mitglieder der SPD-Fraktion und der Föderalistischen Union (Fraktion der Bayernpartei und des Zentrums), beim Bundesverfassungsgericht eine *Feststellungsklage* eingereicht, in der es hieß, daß eine parlamentarische Entscheidung über den Wehrbeitrag nicht ohne vorherige Grundgesetzänderung erfolgen könne, für die eine Zweidrittelmehrheit der Bundestagsabgeordneten nötig war. Sechs Monate später erklärte das Gericht, daß der Antrag so lange unzulässig sei, bis das Parlament seine Beratungen abgeschlossen habe. Inzwischen hatte jedoch Bundespräsident Heuss das Gericht um ein *Gutachten* über die gleiche Frage gebeten, da sich für ihn die Notwendigkeit ergeben konnte, die Ratifizierungsgesetze zu unterzeichnen. Die Verhandlungen hierüber zogen sich in die Länge. Sie waren noch nicht abgeschlossen, als der Bundestag in der Nacht vom 5. auf 6. Dezember 1952 die *zweite Lesung* der Gesetze vornahm.

Wieder kam es zu heftigen Debatten. [58] Beide Verträge wurden schließlich vor allem mit den Stimmen der CDU/CSU, FDP, DP und der Bayernpartei gegen die Stimmen der SPD, des Zentrums und der KPD gebilligt. Eine Reihe von zusätzlichen Entschließungen sollte gewisse Nachteile, die sich aus den Verträgen ergeben konnten, ausräumen. Indessen war die Unsicherheit über den Ausfall des vom Bundesverfassungsgericht zu erstattenden Gutachtens gewachsen. Um nicht das Risiko einzugehen, daß die Ratifikation der Verträge nach ihrem Abschluß für verfassungswidrig erklärt würde, beschloß der Bundestag, die dritte und endgültige Lesung aufzuschieben. Die Fraktionen der Regierungskoalition stellten ihrerseits einen *Antrag an das Bundesverfassungsgericht*, das feststellen sollte, daß die einfache Mehrheit für die Ratifikation im Parlament ausreichen würde.

Dies Verfahren wurde von der Presse dahingehend kommentiert, daß der Antrag der Koalitionsparteien bessere Aussichten auf einen positiven Gerichtsentscheid habe als das ältere Gesuch des Bundespräsidenten, da es vom zweiten Senat des Ge-

richts bearbeitet würde, der regierungsfreundlich sei, während das Gutachten für den Bundespräsidenten vom Plenum des Gerichts entschieden werden müsse, wobei die Haltung des oppositionsfreundlichen ersten Senats den Ausschlag geben könne. Um nicht zu widersprüchlichen Entscheidungen in ein und derselben Sache zu kommen und um ein Ausspielen der beiden Senate gegeneinander zu verhindern, beschloß das Bundesverfassungsgericht, daß das Gutachten des Plenums für den Bundespräsidenten beide Senate des Gerichts binden würde.
Damit war der Verfassungsstreit aber noch nicht zu Ende. Der Bundespräsident zog seinen Antrag auf das Gutachten zurück. Er begründete diesen Entschluß damit, daß ihm der Charakter eines Gutachtens schlechthin aufgehoben zu sein schiene, wenn dieses gleichzeitig über eine Feststellungsklage zu entscheiden habe. Die SPD warf dagegen der Bundesregierung vor, Druck auf den Bundespräsidenten ausgeübt und eine Verfassungskrise heraufbeschworen zu haben. Die innenpolitische Erregung hatte ihren Höhepunkt erreicht. Und doch gab das Bundesverfassungsgericht schließlich nicht den Ausschlag für die politische Entscheidung. Der Antrag der Regierungsparteien wurde am 7. März 1953 für unzulässig erklärt, und zwar mit denselben Gründen, die auch den ursprünglichen Antrag der Opposition erledigt hatten.
So erfolgte ohne vorbeugende juristische Klärung endlich am 19. März 1953 die *dritte Lesung* der Gesetze im Bundestag. Der Deutschland- und der EVG-Vertrag wurden mit 226 gegen 164 beziehungsweise 224 gegen 165 Stimmen verabschiedet. Noch einmal bemühte die Opposition das Bundesverfassungsgericht, jedoch wurde die Frage, ob eine einfache oder eine Zweidrittelmehrheit für den deutschen Wehrbeitrag nötig sei, noch im Laufe des Jahres praktisch bedeutungslos. Mit der Bundestagswahl im September 1953 erhielten die Regierungsparteien über zwei Drittel der Parlamentssitze. Am 26. März 1954 wurde das *Grundgesetz* dahingehend erweitert, daß *»die Verteidigung einschließlich der Wehrpflicht für Männer vom vollendeten achtzehnten Lebensjahr an und des Schutzes der Zivilbevölkerung«* zur Aufgabe des Bundes erklärt wurde (Artikel 73) und daß ein Artikel 142a ausdrücklich die Vereinbarkeit beider Verträge mit den Bestimmungen des Grundgesetzes feststellte. Vier Tage darauf erfolgte die Hinterlegung des EVG-Vertrages und damit der Abschluß seiner Ratifizierung durch die Bundesrepublik.
Parallel zu den langwierigen und heftigen Diskussionen in Westdeutschland ergab sich auch in *Frankreich* eine Auseinandersetzung um die Europäische Verteidigungsgemeinschaft. Auch hier waren die weltpolitischen Veränderungen Grund für eine wiederholte Prüfung und Kritik des Vertrages. Die Ratifizierung war zunächst aufgeschoben worden, um zusätzliche Bestimmungen zu formulieren, die unter anderem auf ein nationales Verfügungsrecht über die französischen Kontingente im Falle besonderer Gefahren im französischen Kolonialreich, auf ein von den Beitragsleistungen unabhängiges Stimmrecht innerhalb der Gemeinschaft und auf eine pauschale Zuteilung der amerikanischen Rüstungshilfe für die Gesamtgemeinschaft abzielten. Der von Frankreich immer größere Opfer fordernde Krieg in Indochina und die Furcht, durch die Integration der europäischen Streitkräfte ein zu großes Maß an Souveränität aufgeben zu müssen, hatten zu diesen Zusatzforderungen geführt. Zudem erschien angesichts des »neuen Kurses« der Sowjetunion auch vielen Parlamentariern in Frankreich ein Aufschub der letzten Entscheidung ratsam.
Die Warnungen der Vereinigten Staaten und Großbritanniens an Frankreich, daß im Falle einer Ablehnung des EVG-Vertrages eine schwierige Überprüfung der Politik beider Staaten im Hinblick auf die europäische Sicherheit erfolgen müsse, blie-

ben ohne Ergebnis. Der französische Ministerpräsident *Pierre Mendès-France* kündigte im Juni 1954 neue Vorschläge für die Lösung des Problems an. Auf einer Konferenz der EVG-Staaten in Brüssel verlangte Frankreich zusätzliche Bestimmungen für den Vertrag, durch die ein Übergewicht Deutschlands innerhalb der Verteidigungsgemeinschaft verhindert werden sollte. Die anderen Staaten lehnten diese Forderungen ab. So kam es am 31. August 1954, fünf Monate nach der deutschen Ratifikation, zur endgültigen Abstimmung in der französischen Nationalversammlung. Die Ratifizierung wurde abgelehnt, und damit war das Projekt einer westeuropäischen militärischen Integration, die gleichzeitig einen weiteren Schritt zur politischen Union darstellen sollte, gescheitert.
Trotz dieses negativen Endergebnisses war die jahrelange Diskussion um den Wehrbeitrag in der Bundesrepublik nützlich gewesen, nützlich schon deshalb, weil wenige Monate später über eine Ersatzlösung für die EVG entschieden werden mußte, für die eine Klärung der Standpunkte genauso notwendig war. Darüber hinaus hatte die Diskussion viele Deutsche vor die Aufgabe gestellt, Alternativen abzuwägen, Vergangenheit und Gegenwart zu durchdenken und politisch Stellung zu beziehen. In keiner anderen Frage wurde so leidenschaftlich das Für und Wider abgewogen wie in der des westdeutschen Wehrbeitrages. Für die Bevölkerung des jungen Staates mag darin ein bedeutsames Moment politischer Selbsterziehung gelegen haben. Nach dem Kriege hatten die Deutschen jegliche Ambitionen auf erneute militärische Bereitschaft verloren. Diese waren ihnen als Teilursachen des nationalsozialistischen Machtstrebens erschienen. Die Erfahrungen deutscher Soldaten in Krieg und Gefangenschaft waren nicht dazu angetan, abermals die Waffe in die Hand zu nehmen. Der *›Ohne-mich!‹-Standpunkt* wurde von vielen, besonders von Jugendlichen, lange Zeit vertreten. Da wurde das Problem der Sicherheit und der Verteidigungsbereitschaft angesichts neuer bedrohlicher Entwicklungen in der Weltpolitik akut. Vielschichtige Konsequenzen, die die Zukunft Deutschlands, Europas und der Welt betrafen, waren damit verbunden. Befürworter und Gegner einer deutschen Wiederbewaffnung machten sich die Entscheidung nicht leicht. Die Mehrheit sprach sich schließlich für die Verteidigungsbereitschaft aus. Daß dies Ergebnis erst nach langem Ringen zustande kam, zeugte zweifellos von größerer politischer Verantwortung als voreiliges und leichtfertiges Handeln.

Wiedergutmachung und Entschädigung

Das politische Denken der Westdeutschen konnte sich nicht allein auf die Fragen der Zukunftsgestaltung beschränken. Die Vergangenheit hatte ein Erbe hinterlassen, das vielerlei rechtliche, materielle und moralische Probleme stellte, die auf eine Lösung warteten. Wenn die Bundesrepublik das Recht beanspruchte, das deutsche Volk zu repräsentieren, dann ergaben sich ihr daraus auch Verpflichtungen, für diejenigen Schäden einzustehen, die einzelnen und ganzen Völkern unter dem Regime des Nationalsozialismus zugefügt worden waren. Nur wenn sie den berechtigten Ansprüchen der Geschädigten Gehör schenkte und – im Rahmen des Möglichen – Wiedergutmachungen vornahm, konnte das neue Bekenntnis zu Recht und Freiheit glaubhaft sein.
Die Reparationsleistungen der Nachkriegsjahre waren Deutschland von den Siegermächten als pauschale Wiedergutmachungsleistungen für die im Kriege entstandenen

Schäden auferlegt worden. Damit waren aber individuelle Ansprüche von Deutschen und Nichtdeutschen, die ohne persönliches Verschulden Nachteile erlitten hatten, noch nicht abgegolten. Viele hatten Eigentum und Existenzgrundlage, Gesundheit oder gar das Leben verloren. Hilfe war eine soziale Notwendigkeit und – mehr noch – eine moralische Pflicht. Durch entsprechende Gesetze mußte das Parlament die Bereitstellung der Mittel sichern. Der Lastenausgleich betraf Schäden, die sich aus Vertreibungen und Zerstörungen in der Kriegs- und Nachkriegszeit ergeben hatten. Das Bundesversorgungsgesetz regelte die Ansprüche der Kriegsbeschädigten und Kriegshinterbliebenen. Für die Verfolgten des Nationalsozialismus waren innerhalb der einzelnen Besatzungszonen begrenzte Wiedergutmachungsleistungen erfolgt, die manches harte Schicksal gemildert hatten. Es fehlte aber an einer einheitlichen und umfassenden Regelung.

Eine umfassende Wiedergutmachung des im Dritten Reich aus rassischen und politischen Motiven zugefügten Unrechts war sehr viel komplizierter. Die Opfer, soweit sie oder ihre Angehörigen noch lebten, waren über die Welt verstreut. Sie erwarteten nicht nur materiellen Schadenersatz, sondern verlangten auch eine echte Neuorientierung der Deutschen, eine überzeugende Absage an die Methoden des Unrechtstaates, das heißt eine innere Bewältigung der Vergangenheit. Sie wollten sicher sein, daß ihre Diskriminierung endgültig aufgehört hatte und die Keime neuer Diffamierungen und neuen Unheils beseitigt waren. Der Nationalsozialismus als Herrschaftssystem war tot. Mit der Entnazifizierung war auch die Gesellschaft einem Reinigungsprozeß unterzogen worden. Aber schon das war mit unzulänglichen Methoden geschehen. Nicht nur war durch die pauschale Einstufung vielen neues Unrecht zugefügt worden; manche schwere Schuld war gar nicht gesühnt worden, weil die Schuldigen unerkannt hatten untertauchen können. Gab es wieder einen Neonazismus? War der Antisemitismus wirklich überwunden? Wer unter dem Nationalsozialismus gelitten hatte, beobachtete die neue deutsche Entwicklung mißtrauisch. Es war Sache der Deutschen, hier klar Stellung zu beziehen.

In einem Interview mit der Allgemeinen Wochenzeitung der Juden in Deutschland erklärte Bundeskanzler *Adenauer* am 25. November 1949 [59]): *›Wir wollen in unseren jüdischen Volksgenossen Bürger mit gleichem Recht und Stand sehen. Wir betrachten es als unsere Pflicht, volle Genugtuung für alle Verbrechen, die gegen Juden begangen wurden, zu gewähren, soweit dies noch nach der Vernichtung so vieler Leben möglich ist. Viel zuwenig wurde in Deutschland in dieser Richtung seit 1945 getan. Die Bundesregierung ist entschlossen, die notwendigen Maßnahmen zu ergreifen.‹*

Der *Weltjudenkongreß* in London, New York und Tel Aviv erwiderte darauf [60]): *›Der Weltjudenkongreß kann die Erklärung Dr. Adenauers, was immer ihr Inhalt sei, von dem Hintergrund der jüngsten geschichtlichen Ereignisse und dem Zusammenhang der laufenden Entwicklung nicht abstrahieren . . . Eine schwere Last der Verantwortlichkeit für das, was geschehen ist, liegt daher auf dem deutschen Volke und auf denen, die es in ihrem Namen regieren. Diese Last kann nicht durch Erklärungen und Versprechungen entfernt werden.‹* Der Weltkongreß forderte deshalb, daß das deutsche Volk *»feierlich und geschlossen seine Schuld durch seine parlamentarischen Institutionen«* anerkenne, daß es ein Wiederaufleben von Nazidoktrinen *›durch alle notwendigen konstitutionellen und administrativen Vorkehrungen‹* unterdrücke und daß es das an den Juden geschehene Unrecht wiedergutmache und Entschädigungen leiste.

Ein Wiederaufleben von Nazidoktrinen wurde von manchen Beobachtern befürchtet, weil hier und dort gelegentlich Anzeichen dafür zu sprechen schienen, zum Beispiel Bestrebungen der Sozialistischen Reichspartei, gewisse neonazistische Publikationen, Schändungen von jüdischen Gräbern. Ob sich hinter diesen Anzeichen ein größeres Potential verbarg, war schwer zu bestimmen. Auf der anderen Seite gab es viele Deutsche, die in Verantwortung für die Vergangenheit eine neue christlich-jüdische Zusammenarbeit förderten. Neben noch bestehenden Ressentiments und Vorurteilen in manchen Bevölkerungskreisen zeigten sich Empfindungen der Scham über nationalsozialistische Verbrechen und Bemühungen, um zu einer echten Überwindung der Vergangenheit zu kommen. Für die Bundesrepublik war die Zeit gekommen, die Frage der Wiedergutmachung endlich anzupacken.

Am 13. März 1951 wandte sich die *israelische Regierung* an die vier Besatzungsmächte mit einem Reparationsanspruch gegenüber Deutschland in Höhe von 1,5 Milliarden Dollar. In den Noten wurde darauf hingewiesen, daß im Dritten Reich neben der Vernichtung von sechs Millionen Juden jüdisches Eigentum von schätzungsweise sechs Milliarden Dollar geraubt worden sei. Israel sei allein in der Lage, im Namen des jüdischen Volkes zu sprechen; zwischen 1933 und 1950 seien nahezu 380 000 Juden aus den von Deutschland beherrschten Ländern nach Palästina gekommen, und die Kosten der Ansiedlung habe zur Hauptsache das israelische Volk aufgebracht. [61])

Im September 1951 billigte der Bundestag eine *Regierungserklärung,* in der die Bereitschaft zu Verhandlungen mit Vertretern des Judentums und des Staates Israel über eine materielle Wiedergutmachung festgestellt wurde. Hinsichtlich des Umfanges der Leistungen müßten jedoch die Grenzen der deutschen Zahlungsfähigkeit berücksichtigt werden, die durch andere, infolge des Krieges erwachsene Sozialleistungen mitbedingt seien. Ferner hieß es in der Erklärung, daß die Rechtsnormen in der Bundesrepublik jeden Staatsbürger verpflichteten, »*jede Form rassischer Diskriminierung von sich zu weisen*«. Es sei dringend erforderlich, »*daß die Kirchen und die Erziehungsverwaltungen der Länder in ihrem Bereich alles daransetzen, damit der Geist menschlicher und religiöser Toleranz im ganzen deutschen Volk, besonders aber unter der deutschen Jugend, nicht nur formale Anerkennung findet, sondern in der seelischen Haltung und praktischen Tat Wirklichkeit wird.*« Die Bundesregierung sei entschlossen, »*die Kreise, die noch immer antisemitische Hetze treiben, durch unnachsichtige Strafverfolgung zu bekämpfen*«. [62])

Ein halbes Jahr später begannen in Den Haag Verhandlungen zwischen der Bundesrepublik, dem Staat Israel und einer Delegation von 23 jüdischen Organisationen außerhalb des Staates Israel über die Rückerstattung jüdischen Eigentums und Wiedergutmachungen. Das Ergebnis war die Unterzeichnung eines *Abkommens* am 10. September 1952, in dem sich die Bundesrepublik verpflichtete, Israel 3 Milliarden DM »*für den Ankauf von Waren und die Beschaffung von Dienstleistungen*« zur Verfügung zu stellen, »*die der Erweiterung der Ansiedlungs- und Wiedereingliederungsmöglichkeiten für jüdische Flüchtlinge in Israel dienen sollen*«. Ferner wurde ein Betrag von 450 Millionen DM für die jüdischen Organisationen in der Erwägung vorgesehen, »*daß erhebliche Werte, die von den nationalsozialistischen Gewalthabern besonders in den besetzten Gebieten geraubt worden sind, nicht zurückgegeben werden können, da keine Erben mehr vorhanden sind, und daß aus dem gleichen Grunde Entschädigung für zahlreiche wirtschaftliche Verluste nicht gezahlt werden kann, andererseits aber viele jüdische Verfolgte des Nationalsozialismus sich noch in Not befinden*«.[63]) Für diese Leistungen wurde eine Laufzeit von höchstens 12 bis 14 Jahren festgelegt.

Neben diesen Abmachungen versprach die Bundesrepublik eine Verbesserung des Entschädigungs- und Rückerstattungsrechtes für ehemalige Verfolgte. Israel verpflichtete sich andererseits, die etwa 2000 Mitglieder der Templergesellschaft zu entschädigen, die als deutsche Staatsangehörige in Jerusalem ansässig gewesen waren, nach dem Kriege aber das Land hatten verlassen müssen, und deren Vermögen als Pfand für Ansprüche gegenüber Deutschland beschlagnahmt worden war.

Mit dem Wiedergutmachungsabkommen von 1952, das im folgenden Jahr ratifiziert wurde, hatte die Bundesrepublik einen Ansatz zur Verständigung mit dem jungen Staat Israel und den jüdischen Organisationen gefunden. Die Deutsche Demokratische Republik versagte sich gleichartigen Leistungen. In den arabischen Staaten wurde das Abkommen nicht freundlich aufgenommen: die *Arabische Liga* protestierte. Diese Haltung erklärte sich aus der Tatsache, daß der Krieg arabischer Staaten gegen Israel formell noch nicht beendet war. Man fürchtete eine Verstärkung der militärischen Macht des Gegners, was nach dem Text des Vertrages jedoch ausgeschlossen war. Die Bundesrepublik wies auf die wahren Motive ihrer Leistungen hin und verwahrte sich gegen Mißdeutungen. Tiefergreifende Konsequenzen ergaben sich aus der arabischen Einstellung nicht.

Einen Tag nach der Unterzeichnung des Israel-Vertrages ersuchte der Bundestag die Regierung, nun auch einen Gesetzentwurf für die Entschädigung der Opfer des Nationalsozialismus vorzulegen, um dem Versprechen für individuelle Wiedergutmachung nachzukommen. Im Sommer 1953 konnte dementsprechend das *Bundesentschädigungsgesetz* verabschiedet werden, das einen Gesamtaufwand von etwa 4 Milliarden DM vorsah, die größtenteils zu Lasten der Länder gingen. Anspruch auf Entschädigung hatte, wer in den Jahren 1933 bis 1945 »*wegen seiner gegen den Nationalsozialismus gerichteten politischen Überzeugung, aus Gründen der Rasse, des Glaubens oder der Weltanschauung durch das nationalsozialistische Regime verfolgt worden ist und hierdurch Schäden an Leben, Körper, Gesundheit, Freiheit, Eigentum, Vermögen oder in seinem beruflichen Fortkommen erlitten*« hatte.[64]) Diejenigen, die auf Grund von Widerstandshandlungen gegen die Mißachtung der Menschenwürde oder die Vernichtung von Menschenleben verfolgt worden waren, wurden in den Kreis der Anspruchsberechtigten eingeschlossen. Die Reihenfolge der Leistungen wurde nach sozialen Gesichtspunkten geregelt: alte, kranke und gebrechliche Personen sollten sofort entschädigt werden, auch Ausbildungsbeihilfen für Geschädigte wurden unverzüglich fällig. Bis Ende 1962 sollten alle Ansprüche abgegolten sein (der Termin konnte später nicht eingehalten werden).

Auch mit diesem Gesetz war die Verpflichtung zur materiellen Wiedergutmachung noch nicht abschließend geregelt. In den von Deutschland während des Krieges besetzten Staaten hatten viele Menschen unter Verfolgungen gelitten. Auch hier galt es, Unheil wiedergutzumachen, soweit das noch möglich war. Diesbezügliche Verhandlungen und Abkommen waren jedoch späteren Jahren vorbehalten.

Der Volksaufstand vom 17. Juni 1953

Hatte das Jahr 1952 in der DDR eine Reihe sehr einschneidender Maßnahmen des SED-Regimes gebracht – die Abriegelung der Zonengrenze, den Beschluß zum

»planmäßigen Ausbau des Sozialismus«, die Zentralisierung der Verwaltung, eine verstärkte Kollektivierung der Landwirtschaft, die Aufstellung »nationaler Streitkräfte« –, so stand im folgenden Jahr ein Ereignis im Vordergrund, das als eine Reaktion gegen die zunehmende politische, gesellschaftliche und ideologische Unterdrückung der dort lebenden Deutschen verstanden werden muß und das deshalb das Interesse der ganzen Welt auf sich konzentrierte: der Volksaufstand vom 17. Juni 1953 – der Versuch, das Regime zu stürzen, um die Freiheit wiederherzustellen.
Die Erhebung begann mit der Arbeitsniederlegung der Bauarbeiter auf der Stalinallee in Ost-Berlin, jener Straße, die einen machtvollen Aufbau des Sozialismus in der DDR repräsentieren sollte. Anlaß zu den Demonstrationen, die sich in kürzester Zeit auf das gesamte Gebiet der DDR auswirkten, hatte eine am 28. Mai angeordnete *Erhöhung der Arbeitsnormen* um mindestens zehn Prozent gegeben. Die Arbeitsbedingungen in der DDR unterschieden sich von denen in der Bundesrepublik und anderen westlichen Ländern vor allem dadurch, daß zwischen Arbeitgebern und Arbeitnehmern ein echtes partnerschaftliches Verhältnis nicht mehr bestand. [65]) Der Staat hatte weitgehend die Rolle des privaten Unternehmers übernommen, Betriebsräte waren aufgelöst und durch Betriebsgewerkschaftsleitungen ersetzt worden; die Gewerkschaften wiederum hatten sich »in ein ausführendes Organ der staatlichen Arbeitspolitik« verwandelt. 1950/51 waren ohne Mitwirkung der Arbeiter »Rahmen- und Betriebskollektivverträge« formuliert worden, die zu erbitterten Protesten führten. Löhne und Arbeitsnormen waren daraufhin durch Gesetz geregelt, und zwar erheblich günstiger als ursprünglich vorgesehen.

Im Winter 1952/53 ergab sich in der DDR eine *ernste wirtschaftliche Krise*. Die Anforderungen des Fünfjahresplans hatten zu einem forcierten Aufbau der Schwerindustrie und zu einer Vernachlässigung der Konsumgüterindustrie geführt. Um die Krise zu überwinden, propagierten Partei und Gewerkschaft Normenerhöhungen, die die Arbeitsproduktivität steigern sollten oder aber, falls dies nicht eintreten würde, Lohnsenkungen bewirken konnten, die ihrerseits wieder zu einer Drosselung der Kaufkraft der Bevölkerung führen mußten. Der Appell an die Freiwilligkeit der Arbeiter war jedoch wenig erfolgreich, im Gegenteil, es kam bereits im Frühjahr 1953 zu Protesten und Streiks. Der Grad der Unzufriedenheit in der Bevölkerung über die schlechte Ernährungslage und über die staatliche Wirtschaftspolitik zeigte sich in einem rapiden Anstieg der Flüchtlingszahlen (von Januar bis Mai 1953 allein 184 793). Die Antwort der SED und der Regierung war die bereits erwähnte Anordnung über die Arbeitsnormen vom 28. Mai 1953.

Das Pankower Regime war sich der Zweckmäßigkeit seiner Maßnahmen jedoch keineswegs sehr sicher. Ganz offensichtlich herrschte gerade in jenen Wochen innerhalb der Partei- und Staatsführung ein Zustand der Ratlosigkeit, der schon bald zu einer bemerkenswerten Kursänderung führen sollte. Am 11. Juni erklärte das *Politbüro des Zentralkomitees der SED* öffentlich [66]), »*daß seitens der SED und der Regierung der DDR in der Vergangenheit eine Reihe von Fehlern begangen wurde, die ihren Ausdruck in Verordnungen und Anordnungen gefunden haben, wie z. B. der Verordnung über die Neuregelung der Lebensmittelkartenversorgung, über die Übernahme devastierter landwirtschaftlicher Betriebe, in außerordentlichen Maßnahmen der Erfassung, in verschärften Methoden der Steuererhebung usw. Die Interessen solcher Bevölkerungsteile wie der Einzelbauern, der Einzelhändler, der Handwerker, der Intelligenz wurden vernachlässigt. Bei der Durchführung der erwähnten Verordnungen und Anordnungen sind außerdem ernste Fehler in den Bezirken, Kreisen*

und Orten begangen worden . . . Aus diesen Gründen hält das Politbüro des ZK der SED für nötig, daß in nächster Zeit im Zusammenhang mit Korrekturen des Plans der Schwerindustrie eine Reihe von Maßnahmen durchgeführt werden, die die begangenen Fehler korrigieren und die Lebenshaltung der Arbeiter, Bauern, der Intelligenz, der Handwerker und der übrigen Schichten des Mittelstandes verbessern . . .«. Zugleich teilte das Presseamt beim Ministerpräsidenten mit, daß der Ministerrat bereits eine Anzahl von Korrekturmaßnahmen beschlossen habe: Aufhebung gewisser Beschränkungen für die Lebensmittelkartenausgabe, Zurücknahme von Preiserhöhungen in HO-Läden, Aussetzung der Zwangsmaßnahmen zur Beitreibung von Steuerrückständen, Rückgabe von Handwerks-, Industrie- und landwirtschaftlichen Betrieben an die Privateigentümer, Rückgabe des Eigentums an zurückkehrende Flüchtlinge, Überpüfung von Verhaftungen, Strafverfahren und Urteilen und anderes mehr.
Dieser »*neue Kurs*«, der den im Vorjahr proklamierten »planmäßigen Ausbau des Sozialismus« erheblich revidierte, spiegelte nicht allein die Unsicherheit des Sowjetzonenregimes angesichts der eklatanten Wirtschaftsmisere wider, sondern er war zugleich Ausdruck einer großen Krise des gesamten Sowjetsystems. Nach dem Tode Stalins am 5. März 1953 war in Moskau ein Führungskampf entstanden, der seinen Höhepunkt in den Auseinandersetzungen um den sowjetischen Innenminister Berija fand. Stalins Nachfolger Malenkow hatte unverzüglich einen gemilderten innenpolitischen Kurs eingeschlagen. *Wladimir Semjonow,* der politische Berater der Sowjetischen Kontrollkommission in Berlin, war im April nach Moskau gefahren und kehrte am 5. Juni als Chef der neugebildeten sowjetischen Hohen Kommission zurück. Der »neue Kurs« in der DDR stand zweifellos im Zusammenhang mit diesen Vorgängen. Eine vorübergehende Nachgiebigkeit gegenüber der Bevölkerung sollte die Macht des kommunistischen Regimes sichern.
Unter den Korrekturen vom 11. Juni fehlte jedoch eine Aufhebung der gerade erst verkündeten Normerhöhungen für die Arbeiter. Regierungs- und Parteistellen waren sich offenbar nicht klar darüber, ob sie auch hier nachgeben sollten. Während das »*Neue Deutschland*«, das Zentralorgan der SED, am 14. Juni die administrative Einführung der Normen verurteilte, erschien am 16. Juni im Gewerkschaftsorgan »*Tribüne*« ein Artikel, der strikt forderte, daß diese Maßnahme durchgeführt werden müsse. Daran entzündete sich die Empörung der Bauarbeiter auf der Stalinallee.[67]) Hinter den folgenden dramatischen Ereignissen stand jedoch mehr als nur die Frage der Normen; die seit langem aufgestaute Erbitterung gegen das SED-Regime überhaupt machte sich Luft. Das entscheidende Motiv der Erhebung war bereits in der Formulierung eines Belegschaftsmitgliedes des Hydrierwerkes Zeitz enthalten, das am 16. April 1953 während einer Betriebsversammlung ausgerufen hatte[68]): »*Wir wollen leben wie die Menschen, weiter wollen wir nichts!*«
Auf dem Bauabschnitt 40 in der Stalinallee war bereits am 15. Juni beschlossen worden, den Ministerpräsidenten Grotewohl und den SED-Generalsekretär Ulbricht um die Zurücknahme der Normerhöhungen zu bitten und bis zu einer zufriedenstellenden Antwort die Arbeit niederzulegen. [69]) Als Gewerkschaftsfunktionäre dieses Vorhaben unterbinden wollten und am Morgen des 16. Juni, wegen des Artikels in der »*Tribüne*« zur Rede gestellt, den Standpunkt vertraten: »*Erst mehr arbeiten, dann besser leben*«, entschlossen sich die Arbeiter, zunächst achtzig an der Zahl, gemeinsam einen Protestmarsch zu veranstalten. Der Demonstration schlossen sich schnell Arbeiter anderer umliegender Baustellen an, und bald bewegte sich ein Zug von

2000 Streikenden die Stalinallee entlang in Richtung auf die Gewerkschaftszentrale in der Wallstraße. Ein Transparent trug die Aufschrift: *»Wir fordern Herabsetzung der Normen«*, Sprechchöre erschallten: *»Kollegen, reiht euch ein, wir wollen freie Menschen sein!«* Da das Gewerkschaftshaus verschlossen war, marschierten sie weiter zum Haus der Ministerien in der Leipziger Straße. Unterwegs verstärkte sich der Zug durch die Belegschaften anderer Baustellen, und als er gegen 13 Uhr vor dem Regierungsgebäude anlangte, war die empörte Menge auf schätzungsweise 8000 bis 10 000 angewachsen.

Die Regierung, durch Rufe und Sprechchöre herausgefordert, versuchte, sie zu beschwichtigen. *Ulbricht* und *Grotewohl* zeigten sich nicht. Der Minister für Industrie, *Fritz Selbmann*, begann zu sprechen, kam aber kaum zu Wort und wurde schließlich von einem Arbeiter beiseite geschoben, der erklärte[70]: *»Es geht hier nicht um Normen und Preise, es geht um mehr. Hier stehen nicht allein die Bauarbeiter der Stalinallee, hier steht Berlin und die ganze Zone ... Was du hier siehst, ist eine Volkserhebung ... Die Regierung muß aus ihren Fehlern die Konsequenzen ziehen. Wir fordern freie, geheime Wahlen!«*

Ein anderer Arbeiter forderte die Menge auf, durch die Berliner Arbeiterviertel zu marschieren und für den nächsten Tag den Generalstreik auszurufen. Orkanartiger Beifall und Sprechchöre wie *»Nieder mit der Regierung!«* und *»Freiheit!«* waren die Antwort.

Mit den Vorgängen in der Leipziger Straße war aus dem Protestmarsch gegen die Normerhöhungen ein Aufstand gegen das Regime geworden. Der aufgebrachten Menge fehlte jedoch die klare Führung und konkrete Zielsetzung, ein deutliches Zeichen für den improvisierten und spontanen Charakter der Demonstration. Die Schwäche der Regierung war offenkundig; aber wie weit man gehen sollte und welche Wege am besten einzuschlagen seien, um die Verhältnisse zu ändern, blieb ungewiß. Als die Arbeiter den Rückmarsch angetreten hatten, sandte die Regierung Lautsprecherwagen aus, um eine Herabsetzung der Normen mitzuteilen. Da jedoch zur gleichen Zeit andere Lautsprecherwagen der SED nur eine Überprüfung der Normen versprachen, hielten sich die Arbeiter für betrogen. Sie besetzten einen der Wagen und forderten nun alle Berliner Arbeiter auf, am folgenden Tage zu streiken und sich am Strausberger Platz (Stalinallee) zu versammeln. Diese Parole verbreitete sich in der Nacht durch ganz Ost-Berlin und weiter durch die Zone.

Dem Präludium am 16. Juni folgte dann am 17. Juni eine Erhebung, die weit über Ost-Berlin hinausging und praktisch die ganze Zone erfaßte. Seit den frühen Morgenstunden zogen Tausende und Abertausende von Demonstranten aus allen Richtungen zum Zentrum Berlins. Sie kamen von der Reichsbahn-Bauunion, vom Stahlwerk Hennigsdorf, von den Großbetrieben Siemens-Plania, Abus-Maschinenbau, Stahlbau VEB, vom Kabelwerk Oberspree, vom Transformatorenwerk, von der Fabrik für Fernmeldewesen, aus Johannisthal, aus dem Walzwerk Oranienburg, aus Weißensee, Strausberg, Rüdersdorf, Mahlow, Velten und vielen anderen Arbeitsstätten. Volkspolizei und beschwichtigende Partei- und Gewerkschaftsfunktionäre wurden ausgelacht und beiseite geschoben, die Straßen im Stadtinnern füllten sich, und schon um 7.45 Uhr begann vom Strausberger Platz der erste große Demonstrationszug in Richtung Alexanderplatz und Leipziger Straße. Diesmal war das Regierungsgebäude von Volkspolizisten abgesperrt, die mit Holz- und Gummiknüppeln auf die Demonstranten einschlugen und Verhaftungen vornahmen. Im Gegenangriff wurden Steine geworfen und Scheiben zertrümmert, aber es gelang nicht, den Ein-

gang des Ministeriums zu erreichen.
Während sich immer neue Menschenzüge zur Innenstadt in Marsch setzten, tauchten gegen 9 Uhr die ersten russischen Panzerspähwagen auf, später folgten ihnen lange Panzerkolonnen, motorisierte Infanterie und motorisierte Granatwerfer. Die Soldaten trugen Stahlhelme und hatten ihre Seitengewehre aufgepflanzt. Die Demonstranten wichen ihnen aus, schlossen sich dann aber erneut zusammen. Da in der Leipziger Straße nichts zu erreichen war, kam es an anderen Stellen der Innenstadt zu Zusammenballungen. Die Empörung führte zu vielerlei Einzelaktionen. Propagandaplakate, Embleme, Fahnen wurden heruntergerissen, Grenzschilder zerstört, Baracken der Volkspolizei in Brand gesteckt, Fensterscheiben eines HO-Kaufhauses zertrümmert, sowjetische Mannschaftswagen mit Steinen beworfen. Der Potsdamer Platz an der Sektorengrenze füllte sich mit Demonstranten. Das Columbushochhaus mit einer Volkspolizeistelle wurde gestürmt, die rote Fahne vom Brandenburger Tor heruntergeholt und zerrissen, die Propagandagerüste am Marx-Engels-Platz verbrannt. Tumulte und Zusammenstöße ereigneten sich überall.
Um 11 Uhr kam der gesamte Verkehr in Ost-Berlin zum Erliegen, um 12 Uhr tauchten sowjetische T 34-Panzer am Marx-Engels-Platz, Unter den Linden, im Regierungsviertel und schließlich am Potsdamer Platz auf. Die Volkspolizei erhielt Schießerlaubnis. Die Demonstranten bewarfen sie und die Panzer mit Steinen. Lautsprecherwagen verkündeten[71]): »*Der sowjetische Stadtkommandant befiehlt: Ab 13 Uhr wird der Ausnahmezustand verhängt. Menschenansammlungen über drei Personen sind verboten. Verstöße werden nach dem Kriegsrecht bestraft.*« Die Volksmassen waren jedoch nicht schnell auseinanderzutreiben, zumal sie immer noch neuen Zuzug erhielten. Am Alexanderplatz entwaffneten sie Posten vor dem Polizeipräsidium und zerstörten eine Buchhandlung und ein HO-Geschäft. In der Friedrichstraße stürmte die aufgebrachte Menge das Gebäude des Staatssicherheitsdienstes. Der Stellvertretende Ministerpräsident Otto Nuschke wurde über die Sektorengrenze abgeschoben, wo ihn Westberliner Polizei in Schutzhaft nahm. Das Columbushaus und das »Haus Vaterland« am Potsdamer Platz gingen in Flammen auf.
Inzwischen verstärkten sich die Gegenmaßnahmen der Polizei und des sowjetischen Militärs. Der Sitz des Zentralkomitees der SED wurde abgeriegelt, die Funktionäre unter sowjetischem Schutz in Sicherheit gebracht. Gegen Karabiner, Maschinengewehre und Panzer konnten die unbewaffneten Aufständischen nichts ausrichten, auch wenn ihr Widerstandsgeist noch so groß war. Im Laufe des Nachmittags leerten sich langsam die Straßen, und am Abend trat in Ost-Berlin wieder Ruhe ein. Ab 21 Uhr war Ausgangssperre. Der Aufstand erlosch.
Ist schon die Tatsache, daß die Erhebung in Berlin trotz Fehlens einer zielstrebigen Koordination ein solch großes Ausmaß annehmen konnte, bemerkenswert, so muß die schnelle Ausbreitung der Unruhe über die ganze DDR noch erstaunlicher erscheinen. In *Frankfurt an der Oder* kam es in den frühen Morgenstunden des 17. Juni zu Arbeitsniederlegungen, in *Jena* formierten sich die Arbeiter zum Demonstrationszug, in *Görlitz* versammelten sich etwa 50 000 Menschen auf dem Obermarkt. In *Magdeburg* waren Hunderttausende auf den Beinen. Propagandaplakate und SED-Symbole mußten verschwinden, die Aufständischen stürmten die Gebäude der Gewerkschaft, des Staatssicherheitsdienstes und der Freien Deutschen Jugend, sie befreiten Häftlinge aus dem Gefängnis, entwaffneten Volkspolizisten, erklärten sich mit den Reisenden des Interzonenzuges solidarisch, sprengten das Tor des Polizeipräsidiums. Gegen die einrückenden sowjetischen Infanterieeinheiten gingen sie mit

Brechstangen und Hämmern vor. Als am Abend auch hier das Militär mit Waffengewalt die Oberhand errungen hatte, waren über vierzig Magdeburger tot und Hunderte verwundet.
In *Leipzig* hatten Arbeiter den Bürgermeister gezwungen, mit einem Transparent an der Spitze ihres Demonstrationszuges zu marschieren. Ein Pavillon der »Nationalen Front« und HO-Geschäfte wurden angezündet, Büros der Freien Deutschen Jugend, der Gewerkschaft und der SED gestürmt, die Einrichtungen zerstört. Um das Amtsgericht kam es zu Schießereien, auf dem Altmarkt wurde getanzt, am Völkerschlachtdenkmal eine Kundgebung veranstaltet. Anders als in Berlin war hier bereits eine ausgelassene Siegesstimmung bemerkbar. Dann rückten sowjetische Truppen ein, und die Volkspolizei begann zu schießen. Die erbitterte Menge leistete Widerstand bis zum Abend, und selbst am nächsten Tage wurde noch gestreikt. Auch in *Dresden* folgten den Arbeitsniederlegungen in den großen Industriebetrieben Demonstrationszüge zum Stadtinnern. Eine Autokolonne propagierte den Generalstreik, ein großes Stalinbild brannte auf, Volkspolizisten wurden entwaffnet. Durch frühes Eingreifen verhinderten die sowjetischen Truppen jedoch, daß der Aufruhr größere Ausmaße annahm.
Am weitesten gedieh die Aufstandsbewegung im *mitteldeutschen Braunkohlenrevier* mit den Zentren Halle, Wolfen, Bitterfeld, Merseburg, Leuna und Schkopau. Hier kam es nicht nur zu Demonstrationszügen, Stürmen auf die SED-Zentralen, Entwaffnungen von Volkspolizisten und Befreiungen von Häftlingen, sondern darüber hinaus zur Bildung von Exekutivorganen. In *Halle* konstituierte sich ein *»Initiativkomitee«*, das über die Stadtfunkanlage zur Massendemonstration aufrief und ein Flugblatt für die Bevölkerung drucken ließ. Der Vorsitzende sprach zu den Versammelten, forderte sie auf, Disziplin zu wahren, und verlangte unter dem Beifall der Menge den Rücktritt der Regierung und freie Wahlen.
Auch in *Bitterfeld* bildete sich ein Streikkomitee, auf dessen Veranlassung die wichtigsten Posten in der Stadt – Polizeiämter, das Bürgermeisteramt, die Dienststelle des Staatssicherheitsdienstes – besetzt wurden. Während der Bürgermeister im Gefängnis saß, sandte das Streikkomitee ein *Telegramm* an die *»sogenannte Deutsche Demokratische Regierung, Berlin-Pankow«* mit neun Forderungen: Rücktritt der Regierung, Bildung einer neuen provisorischen Regierung, Zulassung aller demokratischen Parteien, freie Wahlen in vier Monaten, Freilassung der politischen Gefangenen, Abschaffung der Zonengrenze, Normalisierung des Lebensstandards, Auflösung der »Nationalarmee«, Verzicht auf Repressalien gegen Streikende. [72]) Ein zweites Telegramm ging an den sowjetischen Hohen Kommissar, Semjonow, mit der Bitte, den Ausnahmezustand in Berlin und alle Maßnahmen gegen die Arbeiterschaft sofort aufzuheben.
Streikleitungen wurden auch in den Leuna- und Bunawerken bei Merseburg und in Schkopau gebildet, und in Merseburg wählte eine große Menschenmenge durch Zuruf ein zentrales Komitee. Überall, wo es zur Bildung solcher Exekutivorgane kam, wurde jedoch der Grundsatz vertreten, daß ein Widerstand gegen die sowjetischen Besatzungstruppen sinnlos sei und deshalb Provokationen vermieden werden müßten. So beendete der Einsatz von Militär schließlich auch die konstruktiven Ansätze der Erhebung im mitteldeutschen Industriegebiet.
Ein *Überblick über die Vorgänge,* die sich am 17. Juni in der DDR abspielten, zeigt, daß der Ostberliner Aufstand nur ein Ausschnitt aus dem viel weiter greifenden Gesamtgeschehen gewesen ist. Nach westlichen Ermittlungen und ostzonalen

Verlautbarungen ergibt sich, daß in über 270 Ortschaften Arbeitsniederlegungen stattgefunden haben. In dreizehn von insgesamt vierzehn Verwaltungsbezirken der DDR war teilweise oder ganz der Ausnahmezustand ausgerufen worden. Über 300 000 Arbeiter hatten sich an den Streiks beteiligt. Wie hoch der Anteil der übrigen Bevölkerung war, läßt sich zahlenmäßig nicht feststellen. Zweifellos hatten Initiative und Ausführung der Erhebung im wesentlichen bei der Arbeiterschaft gelegen, während das Bürgertum und die Bauern stärker im Hintergrund geblieben waren. Im Verlauf der Entwicklung waren die Arbeiter jedoch auch von anderen Bevölkerungsgruppen, besonders von Jugendlichen, stark unterstützt worden. Sobald es nicht nur um die Arbeitsbedingungen allein ging, sondern um Änderung des politischen Systems, entwickelte sich eine Solidarität ohne Rücksicht auf die soziale Stellung. Während des Aufstandes wurden in der DDR schätzungsweise zwei- bis dreitausend politische Häftlinge befreit.

Die Zahl der Opfer unter den Aufständischen läßt sich schwerlich genau feststellen. In Leipzig zählte eine Augenzeugin während einer Einäscherung 68 Urnen. [73]) Der ostzonale Minister für Staatssicherheit, Wilhelm Zaisser, teilte am 25. Juni 1953 im Ministerrat mit, daß nur vier Volkspolizisten, zwei unbeteiligte Zivilpersonen und 19 Demonstranten getötet und 378 Personen, darunter 191 Volkspolizisten, verwundet worden seien. [74]) Nach geheimen Feststellungen für den sowjetischen Staatssicherheitsdienst sollen 267 demonstrierende Arbeiter den Tod gefunden haben, 1017 verletzt worden sein; 116 Volkspolizisten und Funktionäre und 18 sowjetische Soldaten seien getötet, 645 beziehungsweise 162 verwundet worden. Dazu kamen die Opfer der anschließenden Terrorjustiz. Am 18. Juni wurde der Westberliner Arbeitslose Willi Göttling, der zufällig mit den Unruhen in Berührung gekommen war, standrechtlich erschossen. 91 weitere Menschen sollen auf die gleiche Weise den Tod gefunden haben. Von 5143 Verhafteten sollen 14 zum Tode verurteilt und 1067 mit insgesamt 6321 Jahren Zuchthaus bestraft, vom Militär- und Parteiapparat der Kommunisten 52 Mann wegen Befehlsverweigerung erschossen, 1756 verhaftet, bis zum 10. Juli 1953 630 mit insgesamt 2000 Jahren Zuchthaus bestraft und 131 den Sowjets zur Aburteilung übergeben worden sein. [75])

Die elementare Wucht, mit der die Erhebung innerhalb kürzester Zeit zum Ausbruch kam und ihren Höhepunkt erreichte, kann nur aus einer latent vorhanden gewesenen Bereitschaft zur Revolution überhaupt erklärt werden, denn der Mangel an straffer Kooperation und das Fehlen konkreter Zielsetzungen, das vielfach zu beobachten war, spricht eindeutig gegen eine planmäßige Vorbereitung und Organisation. Zweifellos war in der Arbeiterschaft noch ein Teil jener alten Tradition der Arbeiterbewegung lebendig, die ihre Stärke in der Solidarität der Betriebsbelegschaften sah. Aber der Aufstand war kein Klassenkampf, keine Revolution des Proletariats gegen das Bürgertum, sondern ein Kampf um elementare politische und gesellschaftliche Rechte, die der Gesamtbevölkerung vorenthalten worden waren. Insofern war er eine *»klassenlose Revolution«*.

Voraussetzung zu den Ereignissen war eine vorübergehende Schwäche des Regimes, die sich in der Unsicherheit des politischen Kurses offenbart hatte. Die Initialzündung war mit der Entschlossenheit der Bauarbeiter auf der Stalinallee gegeben. Die sofortige Resonanz in der DDR ergab sich sowohl durch die Berichte ihrer parteieigenen Presse, die trotz aller Verfälschung doch genug offenbarten, als auch durch westliche Rundfunkmeldungen. Darüber hinaus war die Eisenbahntelefonleitung und das Fernschreibnetz der Abteilung »Deutscher Innen- und Außenhandel« zur

Information benutzt worden. [76]) Der anfangs erfolgreiche Verlauf der Erhebung war begünstigt worden durch die Unentschlossenheit der Führungsgremien von Partei und Staat, die zunächst überrascht waren und sich dann über das Ausmaß der Vorgänge nicht schnell ein rechtes Bild machen konnten. Für die Niederschlagung des Aufstandes war nicht der Widerstand der Volkspolizei entscheidend, sondern das Eingreifen der Besatzungsmacht. Nur unter ihrem Schutz und Druck entschloß sich die Polizei zu energischen Gegenmaßnahmen und zum konsequenten Schußwaffengebrauch. Die Niederlage der Aufständischen ergab sich unausweichlich aus der Überlegenheit starker und voll ausgerüsteter militärischer Einheiten über unbewaffnete Volksmengen. Jedoch war für den Verzweiflungskampf einer entrechteten Bevölkerung der Freiheitswille größer als rationales Kalkül.

Die *Ziele der Erhebung* wandelten sich im Verlauf der Ereignisse. Ging es im Anfang nur um bessere Arbeitsbedingungen und höheren Lebensstandard, das heißt um die Beseitigung von Mißständen und Fehlentscheidungen des Regimes, so zielten die Forderungen der empörten Massen schon bald auf den Sturz des Regimes überhaupt, wodurch die tieferen Wurzeln der unerträglichen Lebensverhältnisse beseitigt werden sollten. In der nächsten Phase traten dann konstruktive Züge stärker hervor: man wollte nicht nur den Sturz des Regimes, sondern einen demokratischen Neuaufbau des Staates. Dafür war das Telegramm des Bitterfelder Streikkomitees besonders aufschlußreich. Das wichtigste Ziel war zweifellos die Wiederherstellung demokratischer Freiheiten. Das wiederum implizierte den Wunsch nach Aufhebung der Zonengrenze und nach Wiederherstellung der nationalen Einheit. Charakteristisch dafür war etwa die Szene auf dem Magdeburger Bahnhof bei Eintreffen des Interzonenzuges. Gelegentlich wurde bei Demonstrationen auch das Deutschlandlied gesungen.

Dem *ostdeutschen Regime* und der *sowjetischen Besatzungsmacht* bereiteten die Ereignisse des 17. Juni nicht geringe Schwierigkeiten. Wollten sie sich nicht selbst aufgeben, dann mußten sie mit Gewalt den Aufstand niederwerfen. Aber zu dieser konkreten Aufgabe kam die Bewältigung des dogmatischen Problems. Nie zuvor hatte sich eine so große Kluft zwischen der ideologischen Konzeption und der Wirklichkeit vor aller Weltöffentlichkeit manifestiert. Ausgerechnet die Arbeiter hatten sich gegen das System des »Sozialismus« erhoben und für seine Beseitigung das Leben aufs Spiel gesetzt. Die Unvereinbarkeit des Aufstandes mit der Konzeption mag die zögernde Haltung mancher Volkspolizisten und besonders des sowjetischen Militärs mit beeinflußt haben. Der Belagerungszustand wurde erst spät verhängt, seine Durchsetzung zunächst mehr durch militärische Demonstration (Auffahren von Panzern) und durch Warnschüsse, und erst, als das ohne Wirkung blieb, mit Waffengewalt erzwungen. Als Jugendliche die rote Fahne vom Brandenburger Tor herunterholten, waren drei sowjetische Kompanien dort stationiert. [77]) Die Zurückhaltung der Russen erklärte sich sicher oft auch daraus, daß sie selbst nicht die Angegriffenen waren, sondern in erster Linie das deutsche Regime.

Nach dem 17. Juni zogen SED und Regierung freilich scharfe Konsequenzen, um die Schlappe auszuwetzen, die eigene Sicherheit wiederzugewinnen und neuen Gefahren vorzubeugen. Außer der Terrorjustiz entwickelte sich eine interne Diskussion um die Parteilinie, der manche Aktivisten zum Opfer fielen. Nach der offiziellen Sprachregelung war der Aufstand auf eine westliche Provokation zurückzuführen. Jedoch gestanden manche hohe SED-Funktionäre den Arbeitern das Streikrecht zu, kritisierten die Fehler der Regierung und wünschten eine Umgruppierung und Neuorientierung der Partei (zum Teil sogar die Absetzung Ulbrichts). Eine Reihe von Mitgliedern des Politbüros und des Zentralkomitees der SED, unter anderen Rudolf Herrnstadt, Anton Ackermann, Hans Jendretzky, Wilhelm Zaisser, Max Fechner, Elli Schmidt, trat nach dem 17. Juni nicht mehr in der Öffentlichkeit auf und wurde schließlich ihrer Funktionen enthoben. [78])

Die *Haltung des Westens* war während der entscheidenden Vorgänge in Ost-Berlin und der Sowjetzone durch Passivität und vorsichtige Zurückhaltung gekennzeichnet. Das hatte verschiedene Gründe und ist unterschiedlich bewertet worden. Zunächst war die Überraschung über den unvermuteten Aufstand so groß, daß man den Meldungen keinen Glauben schenken wollte (die ersten Berichte des Senders RIAS wurden von den Nachrichtenbüros nicht übernommen). Als schließlich kein Zweifel mehr bestehen konnte, daß die Arbeiter demonstrierten, forderte die Bundesregierung die Bevölkerung der Sowjetzone und Ost-Berlins zur Besonnenheit auf. Am Tag der Erhebung sperrten Westberliner Polizei und alliierte Militärpolizei die Zufahrtswege zur Sektorengrenze ab, um das Eingreifen der Westberliner Bevölkerung zu verhindern.

Wenn die Aufständischen auf westdeutsche Hilfe oder gar auf Unterstützung der Westmächte gehofft hatten, wurden sie bitter enttäuscht. Wenn in einer für das Regime der DDR und für die sowjetische Führung überaus kritischen Phase Chancen vorhanden gewesen waren, um Zugeständnisse zu erreichen, wurden sie nicht genutzt. Der Mangel an westlicher Initiative mochte auf einem Mangel an Selbstvertrauen beruhen. Das kann jedoch nicht über das schwierige Dilemma hinwegtäuschen, in dem sich der Westen damals befand. Der Wunsch, daß die Erhebung erfolgreich sein und den Deutschen der Sowjetzone die Freiheit bringen möge, war begleitet von der Furcht, daß eine Ausweitung des Aufstandes im Falle der Niederlage um so größere Opfer zur Folge haben würde. Je größer der Abstand vom Schauplatz war, desto stärker machte sich bei aller inneren Teilnahme das rationale Moment geltend. Deshalb vor allem blieben die Aufständischen in ihrem Freiheitskampf allein.

Die *historische Bedeutung* der Volkserhebung vom 17. Juni 1953 umriß der Historiker *Gerhard Ritter* wie folgt: [79]) »*Zuerst und vor allem: sie hat die Nebel einer dicht gesponnenen Propaganda zerrissen, die über den sowjetisch besetzten Teilen Deutschlands lagerten, und die politische Wirklichkeit ans helle Licht gebracht. Sie war eine Erhebung desselben Arbeiterstandes, dessen politische, soziale und wirtschaftliche Interessen die Pankower Regierung besser als jede andere zu vertreten behauptet. Sie hat die ganze Welt, und nicht zuletzt die deutschen Machthaber, dadurch überrascht, daß sie so rasch aus einem Aufbäumen gegen überharten Arbeitsdruck und Arbeitszwang zu einer Proklamierung politischer Freiheitsforderung führte. Sie hat aber eben damit auch gezeigt, was vorher niemand gewußt, ja auch nur für möglich gehalten hätte: daß selbst unter der Zwangsherrschaft eines totalitären Staatswesens spontane Volkserhebungen mindestens zeitweise möglich sind: nämlich dann, wenn diese Zwangsherrschaft irgendwelche innere Unsicherheit merken läßt. Wichtiger noch: sie hat bewiesen, daß nicht nur materielle Wohlfahrtsinteressen (von denen die marxistische Doktrin fast ausschließlich redet) die Masse der Arbeiterschaft bewegen, sondern daß politische Freiheitsideale auch dort zu Hause und höchst lebendig sind.*«

Am 3. Juli 1953 erklärte der Bundestag den 17. Juni als »*Tag der deutschen Einheit*« zum gesetzlichen Feiertag.

Die Entwicklung der DDR und die gesamtdeutsche Frage 1953/54

Nach dem 17. Juni ergab sich für den Partei- und Staatsapparat der DDR vordringlich die Notwendigkeit, seine Macht gegenüber der Bevölkerung wieder zu festigen. Dazu sollte einerseits die Verfolgung der Widerstandskämpfer, andererseits eine gemäßigtere Politik, die schon mit der Ausrufung des »neuen Kurses« am 11. Juni begonnen hatte, dienen. Auf diese Weise versuchte man, den guten Willen des Regimes und die Provokationsthese glaubwürdig zu machen. Mit Härte und Nachgiebigkeit zugleich sollte die Ruhe wiederhergestellt werden, die für den weiteren »Ausbau des Sozialismus« zunächst Voraussetzung war.

Das *Zentralkomitee der SED* gab am 21. Juni eine aufschlußreiche Erklärung ab, in der es hieß: [80]) »*Wenn Massen von Arbeitern die Partei nicht verstehen, ist die Partei schuld, nicht der Arbeiter! Aus dieser grundlegenden Feststellung ergibt sich für alle Mitglieder und Funktionäre unserer Partei die Notwendigkeit, mit größter Sorgsamkeit zu unterscheiden zwischen den ehrlichen, um ihre Interessen besorgten Werktätigen, die zeitweise den Provakationen Gehör schenkten – und den Provokateuren selber ... Das Zentralkomitee ... setzt den neuen Kurs planmäßig fort.*«

Unter den Maßnahmen, die den neuen Kurs fortsetzen sollten, stand als erster Punkt: »*Den Lohnberechnungen sind ab sofort diejenigen Arbeitsnormen zugrunde zu legen, die am 1. April 1953 Gültigkeit hatten.*« Damit war die ursprüngliche Forderung der Bauarbeiter erfüllt. Ferner wurden soziale Fahrpreisermäßigungen wiederhergestellt, Sozialrenten erhöht, kurz zuvor aufgehobene Versicherungsansprüche wieder in Kraft gesetzt, eine Forcierung des Wohnungsbaus angekündigt, Mittel für die Verbesserung der Arbeits- und Erholungsbedingungen bereitgestellt und schließlich die Stromversorgung der Bevölkerung durch Einschränkungen bei der Schwer- und Grundindustrie normalisiert.

Bald folgten weitere Maßnahmen zur Verbesserung des Lebensstandards und der Lebensbedingungen, die für Jahre des Übergangs gewisse Erleichterungen auf vielen Gebieten erbrachten. In der Wirtschaftspolitik fand die Lebensmittel- und Verbrauchsgütererzeugung wieder stärkere Förderung, während der Ausbau der Schwerindustrie mit weniger Nachdruck fortgesetzt wurde. 1954 beschloß die sowjetische Regierung, 1643 Menschen, die seit 1945 von sowjetischen Militärgerichten in der Zone verurteilt worden waren, aus den Gefängnissen zu entlassen. Weitere 1200 von Sondergerichten der DDR zu Zuchthausstrafen verurteilte Häftlinge wurden amnestiert und freigelassen.

Die Nachgiebigkeit war jedoch begleitet von einer intensiven Propagandatätigkeit der Funktionäre, die mit der Propagierung des »neuen Kurses« eine bessere Agitationsgrundlage hatten als in den Jahren zuvor. In der Erklärung der SED vom 21. Juni 1953 waren auch Loyalitätskundgebungen der Betriebe gefordert worden: »*Der Prüfstein für den Erfolg unserer Aufklärungsarbeit werden die von den Belegschaften aus innerer Überzeugung angenommenen Beschlüsse der Unterstützung des neuen politischen Kurses von Partei und Regierung und ihre Einsicht in die Notwendigkeit zur aktiven Bekämpfung aller offenen und versteckten Provokateure sein.*« Was mit Verordnungen nicht erreicht worden war, sollte nun durch die subtileren Mittel der

Überredung und der Suggestion herbeigeführt werden. In der »*Aktivisten- und Wettbewerbsbewegung*« sah die Regierung den »*Haupthebel zur Verwirklichung des neuen Kurses*« (Erlaß des Ministeriums für Arbeit vom 29. Oktober 1953).
Unterdessen war die Justiz nicht müßig. Kurz nach dem 17. Juni mußte Justizminister *Max Fechner,* der den Aufständischen das Streikrecht zugebilligt hatte und dem der Ministerrat »*republikfeindliche Tätigkeit*« vorwarf, seinen Posten an *Hilde Benjamin,* die bisherige Vizepräsidentin des Obersten Gerichtshofes, abgeben. Während einerseits viele politische Häftlinge entlassen wurden, kam es andererseits zu immer neuen Verhaftungen und Verurteilungen aus politischen Gründen. Um Gesinnungszwang und hartem Druck zu entgehen, flohen weiterhin viele Menschen nach dem Westen. 1953 beantragten 331 390 Personen die Notaufnahme in West-Berlin oder in der Bundesrepublik, 1954 waren es 184 198.
Der »neue Kurs« in der DDR wurde durch Zugeständnisse der sowjetischen Besatzungsmacht unterstützt. Ab 1. Januar 1954 brauchten keine Reparationen mehr geliefert zu werden. Die nach dem Kriege als Sowjetische Aktiengesellschaften übernommenen deutschen Betriebe wurden, soweit sie noch in sowjetischer Hand waren, an die DDR zurückgegeben. Auch begrenzte die sowjetische Regierung die Höhe der Besatzungskosten auf fünf Prozent des Staatshaushaltes der DDR. Allerdings sicherte sich die Sowjetunion für ihre erheblichen Importe aus Deutschland Sonderpreise, die weit unter den Weltmarktpreisen lagen. Polen verzichtete ebenfalls auf Reparationen.
Während die Bundesrepublik infolge der langen Debatten um den EVG-Vertrag immer noch nicht die im Deutschlandvertrag zugestandene Souveränität erhalten hatte, verlieh die Sowjetunion am 25. März 1954 der DDR *erweiterte Souveränitätsrechte:* [81]) »*Die Sowjetunion nimmt mit der DDR die gleichen Beziehungen auf wie mit anderen souveränen Staaten. Die DDR wird die Freiheit besitzen, nach eigenem Ermessen über ihre inneren und äußeren Angelegenheiten einschließlich der Frage der Beziehungen zu Westdeutschland zu entscheiden.*« Jedoch behielt sich die Sowjetunion »*die Funktionen, die mit der Gewährleistung der Sicherheit in Zusammenhang stehen und sich aus den Verpflichtungen ergeben, die der UdSSR aus den Viermächteabkommen erwachsen*«, vor. Die Regierung der DDR verpflichtete sich ihrerseits, Bestimmungen des Potsdamer Abkommens einzuhalten und das sowjetische Recht zur Stationierung von Truppen auf dem Gebiet der DDR anzuerkennen. Die Aufgaben des Hohen Kommissars der UdSSR wurden auf die mit diesen sowjetischen Vorbehalten zusammenhängenden Fragen beschränkt.
Anders als bei den im Deutschlandvertrag für die Bundesrepublik vorgesehenen Souveränitätsrechten waren die zwischen der DDR und der Sowjetunion getroffenen Vereinbarungen nicht vertraglich fixiert, sondern nur in beiderseitigen Regierungserklärungen verkündet worden. Wesentlicher noch war, daß hier Souveränitätsrechte einem Regime zugestanden wurden, das seinerseits nicht auf das Prinzip der Volkssouveränität gegründet war, sondern seine Macht im Innern nur aus sowjetischer Initiative herleiten konnte und in seiner Existenz auf sowjetische Unterstützung angewiesen war, wie das Eingreifen russischer Verbände am 17. Juni 1953 klar gezeigt hatte. Die *Wahlen* in der DDR waren nach wie vor weder frei noch geheim. Für die am 17. Oktober 1954 stattfindenden Volkskammer- und Bezirkstagswahlen stellte die »Nationale Front« wiederum eine Einheitsliste von Kandidaten auf. Eine gegen diese Liste gerichtete Wahlpropaganda war nicht möglich. Außerdem wurde durch Druck vielerorts eine offene Stimmabgabe erzwungen. So kam

ein ähnliches Ergebnis wie bei den Wahlen von 1950 zustande: 99,46 Prozent der Wähler gaben angeblich ihre Stimme für die Einheitsliste ab. Die daraus resultierende Volkskammer wählte erneut *Otto Grotewohl* zum Ministerpräsidenten. Der Präsident der DDR, *Wilhelm Pieck,* war bereits im Vorjahre von der Volks- und Länderkammer für weitere vier Jahre gewählt worden.

Die der DDR übertragenen Souveränitätsrechte sollten eine Aufwertung des Regimes herbeiführen und diesem ausdrücklich das Recht zuerkennen, über seine Beziehungen zu Westdeutschland selbständig zu entscheiden. Das lag ganz auf der Linie der bisherigen Deutschlandpolitik der Sowjets, die in der *Frage der Wiedervereinigung* immer versucht hatte, die DDR als entscheidenden Verhandlungspartner mit ins Spiel zu bringen. Die Bundesrepublik und die Westmächte hatten eine Anerkennung des Zonenregimes immer abgelehnt und erklärten auch jetzt wieder, daß die Bundesregierung »*als die einzige demokratisch und frei gewählte deutsche Regierung*« allein berechtigt sei, für alle Deutschen zu sprechen. [82]) Dabei wurde die Wiederherstellung der deutschen Einheit nach wie vor als eine Verpflichtung der Besatzungsmächte angesehen, die sich aus deren beim deutschen Zusammenbruch übernommenen Befugnissen herleitete. Nur zwischen einer frei gewählten gesamtdeutschen Vertretung und den Siegermächten konnte nach dieser Konzeption ein Friedensvertrag ausgehandelt werden.

Je weiter der Ausbau der Positionen in West und Ost fortschritt, desto stärker drängte sich den Deutschen die Frage nach ihrem zukünftigen Schicksal als Nation auf. Hatten sich die Interessen der Westdeutschen seit 1950 stark auf den inneren Wiederaufbau und auf die westeuropäische Integration konzentriert, so war der 17. Juni Anlaß genug, die Misere des geteilten Vaterlandes jedem Deutschen zutiefst ins Bewußtsein zu rücken. Gab es einen Weg zur Einheit, der die Sicherheit und Freiheit nicht aufs Spiel setzte? Erneute Ost-West-Gespräche in den Jahren 1953 und 1954, die ihren Gipfelpunkt in der Berliner Konferenz fanden, waren dieser Frage gewidmet. [83])

Nachdem der *Bundestag* Anfang Juni 1953 abermals seine Forderungen auf Abhaltung freier Wahlen, Bildung einer gesamtdeutschen Regierung und Abschluß eines Friedensvertrages erhoben hatte und dabei die Handlungsfreiheit für ein wiedervereinigtes Deutschland gesichert wissen wollte, appellierte die *Bundesregierung* vier Tage nach dem Aufstand in Ost-Berlin und in der DDR an die Regierungen der Westmächte, erneut Anstrengungen zu machen, um das Deutschlandproblem zu lösen. Die Antwort, zunächst von den einzelnen Regierungen, dann gemeinsam auf einer westlichen Außenministerkonferenz in Washington gegeben, war zustimmend. Am 15. Juli schlugen die Westmächte in einer Note an die Sowjetunion eine *Viermächtekonferenz* vor, um über die Organisation freier Wahlen in ganz Deutschland und über die Errichtung einer gesamtdeutschen Regierung mit Handlungsfreiheit zu beraten. Damit knüpften sie an ihre unbeantwortet gebliebene Note vom 23. September 1952 an.

Vom August bis Ende des Jahres 1953 gingen zahlreiche Noten hin und her. Sie brachten das Problem selbst zwar einer Lösung nicht näher, führten aber schließlich zur Vereinbarung einer Viererkonferenz. Die sowjetische Regierung wandte sich zunächst gegen separate westliche Vorgespräche, bezeichnete den Aufstand vom 17. Juni als ein »*faschistisches Abenteuer*« und einen »*Akt ausländischer Söldner und verbrecherischer Elemente*«, forderte weiter Gespräche über eine allgemeine internationale Entspannung unter Einbeziehung Rotchinas, bezeichnete eine Prü-

fung der Voraussetzungen für gesamtdeutsche freie Wahlen als »*unnötig*« und »*nichtsversprechend*« und verurteilte die Remilitarisierung Westdeutschlands (Note vom 4. August 1953). In einer zweiten Note vom 15. August wurden die Verträge von Bonn und Paris angegriffen [84]): »*Die Einbeziehung Westdeutschlands in die ‚Europaarmee' und in den Nordatlantikblock würde den Zusammenschluß West- und Ostdeutschlands zu einem einheitlichen Staat unmöglich machen.*« Die Sowjetunion forderte wieder die Einberufung einer Friedenskonferenz, die Bildung einer provisorischen Regierung durch Volkskammer und Bundestag und gesamtdeutsche Wahlen. Nur die sich im folgenden herausschälende beiderseitige Bereitschaft, ohne ein vorher festgelegtes Programm über Deutschland zu verhandeln und andere weltpolitische Probleme auf einer späteren Konferenz gemeinsam mit Rotchina zu erörtern, ermöglichte den Zusammentritt der Außenminister vom 25. Januar bis 18. Februar 1954 im ehemaligen Kontrollratsgebäude in West-Berlin. Zuvor hatten die Westmächte auf einer Konferenz ihrer Regierungschefs und Außenminister auf den Bermudas noch einmal betont, »*daß ihre gemeinsame Stärke die beste Garantie für Frieden und Sicherheit sei*«.
Der fruchtlose Meinungsaustausch vor der Konferenz und der Verzicht auf ein wegweisendes Verhandlungsprogramm versprachen von vornherein keinen großen Erfolg der Gespräche. Und doch klammerten sich die Hoffnungen der Deutschen an das Viermächtetreffen. War es doch seit 1949 das erste Mal, daß sich die Außenminister der Großmächte wieder an einen Tisch setzten, um gemeinsam zu beraten. Indessen sollten die alten Gegensätze hier nur noch einmal mit letzter Klarheit zum Ausdruck kommen. Während der britische Außenminister *Eden* einen *Fünfpunkteplan zur Wiedervereinigung* vorlegte, der von *Bidault* und *Dulles,* den Außenministern Frankreichs und der Vereinigten Staaten, befürwortet wurde, schlug der sowjetische Außenminister *Molotow* wiederum vor, zunächst an die Ausarbeitung eines Friedensvertrages zu gehen. Der *Konflikt über die Reihenfolge* der vorzunehmenden Schritte, hinter dem sich der politische Gegensatz verbarg, stand sofort wieder im Mittelpunkt der Auseinandersetzungen. Die Konzeptionen waren unvereinbar:

Edenplan:	*Molotows Vorschläge:*
1. Freie Wahlen in ganz Deutschland,	1. Ausarbeitung eines Friedensvertrages mit Vertretern der DDR und der Bundesrepublik,
2. Einberufung einer Nationalversammlung,	2. Bildung einer provisorischen Regierung durch Volkskammer und Bundestag,
3. Ausarbeitung einer Verfassung und Vorbereitung der Friedensvertragsverhandlungen,	3. Durchführung gesamtdeutscher Wahlen durch die provisorische Regierung,
4. Annahme der Verfassung und Bildung einer Regierung, die über den Friedensvertrag verhandelt,	4. Bildung einer gesamtdeutschen Regierung.
5. Abschluß des Friedensvertrages.	

Mit diesen Vorschlägen zur Methode der Wiedervereinigung verbanden sich die *Sicherheitsfragen*. Molotow verlangte, daß schon vor der Durchführung von freien Wahlen die Besatzungstruppen bis auf kleine Kontingente abgezogen würden, daß spätestens innerhalb eines Jahres nach dem Inkrafttreten des Friedensvertrages alle ausländischen Streitkräfte zurückzuziehen und Stützpunkte zu beseitigen seien und daß sich Deutschland verpflichten müsse, »*keinerlei Koalitionen oder Militärbünd-*

nisse einzugehen, die sich gegen irgendeinen Staat richten, der mit seinen Streitkräften am Kriege gegen Deutschland teilgenommen hat«. Die westlichen Vertreter betonten, daß dem vereinigten Deutschland freistehen solle, die von einem Teilstaat eingegangenen Bündnisverpflichtungen zu übernehmen oder zu lösen, und daß die Verträge von Bonn und Paris nicht automatisch auf ein Gesamtdeutschland übergingen. Auf einen vorzeitigen Abzug der Besatzungstruppen ließen sie sich nicht ein, weil dann eine echte Überwachung der Wahlen unmöglich sei.

Daß es der Sowjetunion bei den Berliner Verhandlungen in erster Linie darum ging, den weiteren Ausbau des westlichen Sicherheitssystems zu verhindern und nicht so sehr um die Wiederherstellung der deutschen Einheit, zeigte ein überraschend von Molotow vorgelegter »*Entwurf eines Gesamteuropäischen Vertrages über die kollektive Sicherheit in Europa*«. Er sah vor, daß alle Vertragspartner sich verpflichteten, Streitigkeiten mit friedlichen Mitteln zu regeln und bewaffneten Überfällen gemeinsam »*mit allen zur Verfügung stehenden Mitteln einschließlich der Anwendung von Waffengewalt*« entgegenzutreten. Bis zur Wiedervereinigung Deutschlands könnten die Bundesrepublik und die DDR gleichberechtigte Partner des Vertrages sein. Bot das eine Möglichkeit, die bedrohliche Spannung zwischen Ost und West aufzuheben? Der sowjetische Vorschlag bezweckte vor allem die Auflösung der NATO und die Verhinderung der Europäischen Verteidigungsgemeinschaft. Punkt 7 des Entwurfs verlangte von den Vertragspartnern die Verpflichtung, »*sich an keinen Koalitionen oder Bündnissen zu beteiligen und keine Abkommen zu schließen, deren Ziele im Widerspruch zu den Zielen des Vertrages über die kollektive Sicherheit in Europa stehen.*« Die Tatsache, daß es sich nur um ein *europäisches* Sicherheitssystem handeln sollte, bedeutete, daß sich zwar die Sowjetunion, nicht aber Amerika daran beteiligen konnte, so daß der Sowjetunion das entscheidende Übergewicht innerhalb Gesamteuropas zufallen mußte. Die von der Sowjetunion verfolgte Absicht war zu deutlich, als daß die Ablehnung ihres Entwurfs durch die Westmächte hätte zweifelhaft sein können.

Das *Abschlußkommuniqué* der Viermächtekonferenz vom 18. Februar 1954 war nicht ganz negativ. Die Außenminister waren übereingekommen, auf einer späteren Konferenz über Korea und Indochina zu verhandeln und einen Meinungsaustausch der vier Regierungen über die Abrüstung einzuleiten. Im übrigen aber enthielt das Dokument nur die lakonische Feststellung [85]): »*Die vier Minister hatten einen vollen Gedankenaustausch über die deutsche Frage, die Probleme der europäischen Sicherheit und der Österreichfrage, waren aber nicht in der Lage, in diesen Fragen ein Übereinkommen zu erzielen.*« Am 25. Februar 1954 nahm das westdeutsche Parlament einstimmig eine *Entschließung* an, in der es hieß [86]): »*Der Deutsche Bundestag bedauert auf das tiefste, daß die Berliner Konferenz keine Lösung der Deutschlandfrage gebracht hat. Aus den Stellungnahmen des sowjetischen Außenministers geht eindeutig hervor, daß die Sowjetunion heute nicht willens ist, die Wiedervereinigung Deutschlands in Freiheit zuzulassen.*«

Von März bis September fand abermals ein ostwestlicher Notenwechsel über die deutsche Frage und die europäische Sicherheit statt, in dem die Vorschläge der Berliner Konferenz wiederholt wurden. Er blieb ebenfalls ohne greifbares Ergebnis. Um bei aller Aussichtslosigkeit der Bemühungen der Großmächte den Gedanken an die deutsche Einheit aufrechtzuerhalten und zu stärken, konstituierte sich am 14. Juni 1954 in der Bundesrepublik das *Kuratorium »Unteilbares Deutschland«*, dem führende Vertreter des öffentlichen Lebens und der Parteien, Journalisten,

Hochschulprofessoren, Männer der Wirtschaft und Vertreter der verschiedenen Berufsgruppen angehörten. Es stellte sich die Aufgabe, die Hilfsbereitschaft der Westdeutschen für die Bevölkerung der DDR und Berlins zu verstärken und den menschlichen und geistigen Kontakt zwischen beiden Teilen Deutschlands zu wahren und zu festigen.

Der zweite Bundestag und die Entwicklung der Bundesrepublik 1953/54

Die Legislaturperiode des ersten Deutschen Bundestages ging 1953 zu Ende. Vor den Parlamentsferien hatten die Abgeordneten ein neues *Wahlgesetz* verabschiedet, durch das das bislang geltende Mischsystem zwischen Verhältnis- und Mehrheitswahl noch stärker betont wurde. Die Zahl der Sitze betrug nun mindestens 484 (bisher 400), von denen die eine Hälfte durch Direktwahl in den 242 Wahlkreisen der Bundesrepublik, die andere Hälfte aus den Landeslisten der Parteien besetzt wurde (bisher im Verhältnis 60:40). Jeder Wähler bekam zwei Stimmen, eine für den Wahlkreiskandidaten und eine für die Landesliste. Die Verteilung der Mandate unter die Parteien erfolgte nun nach dem Verhältnis der Zweitstimmen, wobei jedoch wie bisher die Zahl der von den Parteien direkt errungenen Sitze jeweils abgezogen wurde. Überhangmandate (Direktmandate, die über den prozentual errechneten Anteil der Sitze einer Partei hinausgingen) konnten wiederum die Gesamtzahl der Bundestagsabgeordneten erhöhen. Die Fünfprozentklausel, die die Zuteilung von Sitzen an Parteien mit weniger als 5 Prozent Stimmenanteil im Lande und keinen Direktmandaten verhütete, wurde beibehalten, um das Auftreten von Splitterparteien zu verhindern.

Insgesamt wurden zwölf Parteien für die Neuwahlen zugelassen, unter ihnen fast alle der bereits am ersten Bundestag beteiligt gewesenen einschließlich der KPD, deren Verfahren vor dem Bundesverfassungsgericht noch nicht abgeschlossen war. Neu war die Beteiligung des 1950 gegründeten BHE, der Gesamtdeutschen Volkspartei und der rechtsextremen Nationalen Sammlung sowie der Deutschen Reichspartei. In der GVP hatten sich 1952 unter Führung des ehemaligen Bundesinnenministers *Gustav Heinemann* und der ehemaligen Zentrumsvorsitzenden *Helene Wessel* jene Kreise zusammengefunden, die gegen die Wiederaufrüstung und für direkte Verhandlungen zwischen den Regierungen der Bundsrepublik und der DDR über die Wiedervereinigung eintraten.

Die SPD hatte am 20. August 1952 durch den Tod *Kurt Schumachers* ihren profilierten Vorsitzenden und scharfen Kritiker der Regierungspolitik verloren. Unter seinem Nachfolger, *Erich Ollenhauer*, setzte die Partei ihre bislang verfolgte politische Linie fort. Das im September auf einem Parteitag in Dortmund angenommene *Aktionsprogramm der SPD* enthielt neben innenpolitischen Forderungen und dem Verlangen nach friedlicher Wiederherstellung der deutschen Einheit in Freiheit eine kritische Wertung des Schumanplans, des EVG- und des Deutschlandvertrages. Dies Vertragssystem gäbe das Saarland preis, führe nicht zur deutschen Gleichberechtigung und erschwere die friedliche Wiedervereinigung. Davon abgesehen betonten die Sozialdemokraten, daß sie die grundsätzliche Bereitschaft und Verpflichtung eines Staates, seine Freiheit auch mit militärischen Mitteln zu verteidigen,

bejahten. [87]) Während sich die SPD damit entschieden gegen eine »Politik der Stärke« mit deutscher Beteiligung wandte und eine weitere Integration der sechs Montanunionstaaten ablehnte, unterstützte die FDP in ihrem Wahlprogramm die Außenpolitik der Bundesregierung. [88])
Bei den am 6. September 1953 stattfindenden *Wahlen* beteiligten sich 86 Prozent der Wahlberechtigten, das heißt 7,5 Prozent mehr als 1949. Von den 27 551 272 gültigen Zweitstimmen entfielen auf

CDU/CSU	12 443 981	(45,2 Prozent),	244 Sitze
SPD	7 944 943	(28,8 Prozent),	151 Sitze
FDP	2 629 163	(9,5 Prozent),	48 Sitze
BHE	1 616 953	(5,9 Prozent),	27 Sitze
DP	896 228	(3,2 Prozent),	15 Sitze
KPD	607 760	(2,2 Prozent),	—

Ferner erhielt das Zentrum mit einem Stimmenanteil von 0,8 Prozent auf Grund eines Direktmandates 2 Sitze. Die GVP, die Bayernpartei, der Südschleswigsche Wählerverband und die beiden rechtsextremen Parteien hatten nur geringe Stimmenanteile und keine Direktmandate, so daß sie auch keine Bundestagssitze erhielten. West-Berlin entsandte 22 Vertreter nach Bonn.
Bemerkenswert am *Wahlergebnis* waren zunächst die niedrigen Stimmenanteile der kleineren Parteien. Eine Tendenz zur Konzentration auf die großen Parteien, die Hauptexponenten bei den Bundestagsdebatten und -beschlüssen, und gegen eine Zersplitterung der Stimmen wurde hier deutlich. Im zweiten Bundestag waren nur noch sechs Parteien vertreten gegenüber zehn im ersten. Den größten Gewinn hatte die CDU/CSU zu verbuchen, deren Stärke von 31 auf 45,2 Prozent angewachsen war und deren Mandate gerade die einfache Mehrheit im Bundestag ausmachten. Die stärkste Regierungspartei sah darin einen großen Vertrauensbeweis für die bislang verfolgte Regierungspolitik. Bemerkenswert war ferner der Erfolg des neu auf Bundesebene konstituierten BHE und die Niederlage der radikalen Rechts- und Linksparteien, von denen die KPD über die Hälfte ihrer Wähler verloren hatte.
Am 9. Oktober 1953 wurde *Konrad Adenauer* mit einer großen Mehrheit der Bundestagsabgeordneten zum Bundeskanzler wiedergewählt. Er kündigte an, den einmal eingeschlagenen Weg weiter zu verfolgen und den wirtschaftlichen Aufstieg der Bundesrepublik noch stärker zu fördern. Bei den Verhandlungen um die *Regierungsbildung* kam eine Koalition von CDU/CSU, FDP, DP und BHE zustande, die damit durch vier der fünf Bundestagsfraktionen gestützt wurde. Die Entscheidung des BHE – der sich bei seiner pragmatischen Zielsetzung vorher weder außenpolitisch noch ideologisch eindeutig festgelegt hatte –, in die bürgerliche Regierung einzutreten, brachte den Regierungsparteien die Zweidrittelmehrheit ein. Die sozialdemokratische Fraktion führte allein die Rolle der Opposition fort. Ihr Vorsitzender, *Erich Ollenhauer*, erklärte: [89]) »*Wir können zu einer Normalisierung des Verhältnisses zwischen Regierung und Opposition kommen; und wir Sozialdemokraten sind bereit, daran mitzuwirken . . . An lebhaften Diskussionen und unterhaltenden Momenten wird es trotzdem nicht fehlen.*«
Adenauers neues Kabinett, das um einige Ministersitze erweitert wurde, umfaßte alte Mitglieder *(Franz Blücher, Fritz Neumayer, Fritz Schäffer, Ludwig Erhard, Anton Storch, Hans-Christoph Seebohm, Jakob Kaiser, Heinrich Hellwege)* und neu Ernannte: von der CDU/CSU *Gerhard Schröder* (Inneres), *Heinrich Lübke* (Ernährung, Landwirtschaft und Forsten), *Joseph Wuermeling* (für das neu geschaffene

Familienministerium), *Robert Tillmanns* und *Franz-Joseph Strauß* (beide für besondere Aufgaben); von der FDP *Viktor-Emanuel Preusker* (Wohnungsbau), *Hermann Schäfer* (besondere Aufgaben); vom BHE *Theodor Oberländer* (Vertriebene), *Waldemar Kraft* (besondere Aufgaben).

Im Jahr darauf wählte die Bundesversammlung in Berlin *Theodor Heuss* mit über 88 Prozent der Stimmen erneut zum Bundespräsidenten. Während seiner ersten Amtsperiode hatte er sich durch maßvolle, kluge und überlegene Ausführung seiner Aufgaben ausgezeichnet, so daß er jetzt auch das Vertrauen der Sozialdemokraten erhielt. Die Kontinuität der westdeutschen Politik war damit nicht nur auf Regierungsebene, sondern auch in der Person des Staatsoberhauptes gewahrt.

Trotz der umfassenden Arbeit des Bundestages in der ersten Legislaturperiode standen auch jetzt Parlament und Regierung wieder vor vielseitigen gesetzgeberischen Aufgaben. Neben neuen Vorlagen war bislang Versäumtes nachzuholen. Das zeigte sich zum Beispiel in der Frage der *Gleichberechtigung von Mann und Frau,* die im Grundgesetz (Artikel 3, Abschnitt 2) eindeutig festgestellt worden war. Das spätestens am 31. März 1953 fällig gewesene Anpassungsgesetz war nicht verabschiedet worden, so daß das Bundesverfassungsgericht feststellen mußte, daß die Gleichberechtigung auch ohne gesetzliche Regelung im einzelnen geltendes Recht geworden sei. Um die sich daraus ergebenden Unstimmigkeiten zu beseitigen, legte die Regierung Anfang 1954 einen Gesetzentwurf vor, der jedoch besonders wegen des vorgesehenen Stichentscheides des Mannes bei ehelichen Streitigkeiten und bei der Ausübung der elterlichen Gewalt umstritten war. Erst kurz vor Ende der zweiten Legislaturperiode kam schließlich ein Gesetz zustande.

Größere Aufmerksamkeit widmete der Bundestag einer großen *Finanz- und Steuerreform*. Bereits vor der Wahl war durch eine kleine Steuerreform eine Entlastung der Steuerzahler um insgesamt jährlich 655 Millionen DM vorgenommen worden. 1954 beschloß der Bundestag, die Einkommen- und Körperschaftssteuer um weitere 3 Milliarden DM zu senken. Eine zugleich vorgeschlagene Finanzreform, die den Anteil des Bundes an den Einkommensteuererträgen der Länder von 36 auf 40 Prozent heraufsetzen sollte, scheiterte jedoch am Bundesrat. Der Familienförderung galt ein Gesetz zur Gewährung von Kindergeld. Für jedes dritte und weitere Kind wurde eine monatliche Zahlung von 25 DM beschlossen.

Eine besondere Finanzhilfe des Bundes war für *West-Berlin* nötig. Die Stadt hatte sich auf Grund ihrer Insellage nicht in gleicher Weise wie Westdeutschland wirtschaftlich entwickeln können, auch bereitete der ständige Zustrom von Flüchtlingen aus der DDR und Ost-Berlin große Schwierigkeiten. Im März 1954 wurde auch ein Notstandsprogramm aufgestellt, und der Bundeszuschuß für 1954 erhöhte sich von 685 auf 800 Millionen DM. Um die große Arbeitslosigkeit zu bekämpfen, sollten Lieferaufträge der Länder und Gemeinden an Berliner Firmen verstärkt werden. Von 1953 bis 1955 konnte die Zahl der Westberliner Arbeitslosen von 23,3 auf 15,3 Prozent der Arbeitnehmer reduziert werden. Damit lag sie aber immer noch erheblich höher als die Vergleichszahl im Bundesgebiet (1955: 5,2 Prozent). [90])

Am 29. September 1953 verlor Berlin seinen Regierenden Bürgermeister *Ernst Reuter*. Sein Nachfolger wurde *Walther Schreiber* (CDU). Eine große Koalition von CDU/FDP/SPD wie bisher kam nicht wieder zustande, und die SPD ging im Abgeordnetenhaus in die Opposition. Ein Jahr später errangen die Sozialdemokraten jedoch bei den Wahlen eine knappe Mehrheit. *Otto Suhr* wurde neuer Regierender Bürgermeister, er bildete eine Koalitionsregierung aus SPD und CDU. Erstmals seit 1946

war die SED wieder an den Wahlen beteiligt. Sie erhielt 2,7 Prozent der Stimmen und dokumentierte damit ihre Bedeutungslosigkeit im freien Teil der Stadt.
Das zweigeteilte Berlin, das für viele Deutsche der DDR die einzige Möglichkeit zur Zuflucht im Westen bot und das für Besucher aus beiden Teilen Deutschlands schaufensterartig westlichen und östlichen Lebensstil auf engstem Raume repräsentierte, wurde im Juli 1954 Schauplatz eines aufregenden Grenzübertritts von West nach Ost. *Otto John*, der Präsident des Bundesamtes für Verfassungsschutz, stellte sich der DDR zur Verfügung und erklärte, daß er damit alle Deutschen zum Kampf für die Wiedervereinigung aufrufen wolle. Man vermutete eine gewaltsame Entführung, wie sie in anderen Fällen vorgekommen war. Anderthalb Jahre später kehrte er jedoch in die Bundesrepublik zurück und wurde dort wegen Landesverrats zu vier Jahren Zuchthaus verurteilt.
Die Frage der Zugehörigkeit des *Saargebietes* stellte wie in den Vorjahren ein strittiges Problem der deutsch-französischen Beziehungen dar. Die französisch-saarländischen Konventionen von 1953, die nach dem Text der Präambel die Ausarbeitung eines europäischen Status für die Saar erleichtern sollten, verstärkten die Autonomie der Saarregierung, ohne die Wirtschaftsunion anzutasten. Während die französische Regierung die Anerkennung dieser Regelung als Voraussetzung für die Ratifizierung des EVG-Vertrages erklärte, wies die Bundesregierung darauf hin, daß die freie Meinungsbildung und insbesondere freie Wahlen im Saargebiet nicht gewährleistet seien und daß die Saarfrage eine Frage der deutschen Grenzen sei und deshalb einer friedensvertraglichen Regelung vorbehalten bleiben müsse. Für die Deutschen, die an einer westeuropäischen Integration und an einer engen deutsch-französischen Zusammenarbeit interessiert waren, stand hier weniger eine nationale Frage auf dem Spiel, sondern das Prinzip der Selbstbestimmung, das hier offensichtlich verletzt war. Die Kontroverse spitzte sich zu, als Ende 1953 zwei Saarländer, die als Kandidaten der CDU und SPD in den Bundestag gewählt worden waren, von der Saarregierung ausgewiesen wurden, weil sie einem »ausländischen Parlament« angehörten. [91])
Die Saarfrage wuchs sich zum europäischen Problem aus, und von europäischer Seite her kam auch ein bedeutsamer Lösungsvorschlag. Der holländische Delegierte *Van der Goes van Naters* legte im September 1953 einen Plan zur Europäisierung des Saargebietes vor, nach dem die auswärtigen Angelegenheiten und die Verteidigung in die Hände eines dem Europarat verantwortlichen europäischen Kommissars gelegt, die französisch-saarländischen Wirtschaftskonventionen durch ein Abkommen über die wirtschaftliche Zusammenarbeit ersetzt und die neue Verfassung einer Volksabstimmung unterworfen werden sollten. [92]) Sowohl französischer- als auch deutscherseits gab es noch viele Einwände, so daß langwierige Verhandlungen folgten. Trotzdem enthielt der Van-Naters-Plan den Keim zur späteren Lösung, da er die freie Willensäußerung der Saarbevölkerung über ihre eigene Zukunft vorsah. Die Anerkennung dieses Grundsatzes war auch für Frankreich unvermeidlich.
Die politischen Aufgaben, vor die sich die Bundesrepublik in den Jahren 1953/54 gestellt sah, gingen in vieler Hinsicht bereits über die elementaren Notwendigkeiten der ersten Aufbauzeit des jungen Staates hinaus. Nach der Phase der Konsolidierung hatte nun eine neue Phase des Ausbaus und der Festigung begonnen. Welche Fortschritte diese Entwicklung trotz aller noch ungelösten Probleme machte, zeigte sich wiederum besonders deutlich an den *Veränderungen der wirtschaftlichen Situation*. Dem raschen Aufschwung der ersten 50er Jahre folgte eine wirtschaft-

liche Hochkonjunktur, die von vielen als »*Wirtschaftswunder*« bezeichnet wurde. Der anwachsende Lebensstandard der westdeutschen Bevölkerung spiegelte sich im steigenden *Steueraufkommen* in der Bundesrepublik wider. Die den öffentlichen Haushalten zugute kommenden Steuereinnahmen stiegen von 29,45 Milliarden DM im Jahre 1951 auf 36,63 Milliarden DM, 39,43 Milliarden DM und 43,68 Milliarden DM in den Jahren 1953 bis 1955, obwohl die Steuerreform von 1954 erhebliche Ausfälle zur Folge hatte. Das *Bruttosozialprodukt*, das schon von 1950 bis 1953 auf etwa 150 Prozent gewachsen war, steigerte sich von 145,5 Milliarden DM 1953 auf 156,4 und 178,3 Milliarden DM in den beiden folgenden Jahren. [93])

Dem entsprach ein zunehmender Wohlstand weiter Bevölkerungskreise. Hatte man sich in der ersten Zeit nach der Währungsreform zunächst auf den Kauf von Lebensmitteln und Kleidung konzentriert, um den großen Nachholbedarf zu befriedigen, so wandte sich jetzt das Interesse der Käufer Dingen zu, die die Lebensführung erleichterten und bequemer machten: komfortablere Wohnungseinrichtungen, Kühlschränke, Waschmaschinen, Fernsehapparate, Autos und anderes. Die *Verbrauchsgüterindustrie* nahm einen großen Aufschwung. Die Volkswagenwerke steigerten ihre Produktion 1954/55 um 36 Prozent und stellten dann 1520 Fahrzeuge täglich her. Die Zahl der Fernsehteilnehmer überstieg nach zwei Jahren die Hunderttausendgrenze. Die Bewohner Westdeutschlands hatten bald den Lebensstandard ihrer Nachbarvölker übertroffen. Nach vielen Jahren der Isolierung setzte eine große Reiselust ein, die den *Touristenverkehr* innerhalb und außerhalb der Grenzen stark ansteigen ließ. Auch der *Wohnungsbau* hatte Höchstziffern zu verzeichnen: 1953 wurden 505 900, 1954 532 700 neue Wohnungen hergestellt. Indessen schien hier der Nachholbedarf unerschöpflich zu sein, so daß an eine Aufhebung der Wohnraumbewirtschaftung noch lange nicht zu denken war.

1952 zeigte die *Außenhandelsbilanz* der Bundesrepublik zum erstenmal einen Ausfuhrüberschuß von 700 Millionen DM, 1953 bereits von 2,5 und 1954 von 2,7 Milliarden DM. Dadurch sammelten sich große Devisenbestände an. Der Gesamtbestand an Gold und Auslandsforderungen der Bank Deutscher Länder stieg von 1952 bis 1955 von 4,635 auf 12,782 Milliarden DM.

Mit dem Anwachsen der Konjunktur verringerte sich die Zahl der *Arbeitslosen*. Gab es 1952 im Jahresdurchschnitt noch 1,38 Millionen, so fiel diese Zahl 1953 auf 1,26 und 1954 auf 1,22 und 1955 auf 0,93 Millionen. Zog man von diesen Zahlen die nur jahreszeitlich bedingte und die durch Arbeitsplatzveränderungen stets vorhandene Arbeitslosigkeit ab, so war der Zeitpunkt abzusehen, an dem man von einer Vollbeschäftigung sprechen konnte. In manchen Wirtschaftszweigen gab es bereits einen starken Mangel an Facharbeitern, so daß mit der Anwerbung ausländischer Arbeiter begonnen wurde.

Je mehr sich die wirtschaftliche Lage verbesserte, desto dringender forderten die Arbeitnehmer eine stärkere *Beteiligung am volkswirtschaftlichen Gesamtertrag*. Die Gehälter der im öffentlichen Dienst Beschäftigten wurden erhöht. In vielen Wirtschaftszweigen wurden neue Tarife ausgehandelt, vielfach auch durch Lohnstreiks erkämpft. In den Jahren 1954 und 1955 traten insgesamt über 700 000 Beschäftigte in den Streik. 1954 führten 3,7 Prozent dieser Arbeitsniederlegungen zu vollem Erfolg und 94,6 Prozent zu Teilerfolgen. Auf einem Kongreß des Deutschen Gewerkschaftsbundes forderte der Wirtschaftssachverständige der Gewerkschaften, *Viktor Agartz*, eine *expansive Lohnpolitik*. Danach sollten Löhne und Gehälter erhöht werden, um den Verbrauchsgüterbedarf zu steigern. Die dadurch notwendig

werdenden Produktionserhöhungen würden der gesamten Wirtschaft weiteren Auftrieb geben. [94])
Die Konjunktur hatte ihre Schattenseiten. Die Erhöhung der Kaufkraft war von Preisanstiegen begleitet, die ihrerseits wieder zu neuen Lohn- und Gehaltsforderungen führten. Inflationistische Tendenzen machten sich, wenn auch nicht alarmierend, bemerkbar. Die Bundesregierung appellierte an Arbeitgeber und Arbeitnehmer, durch Mäßigung die Konjunktur nicht zu gefährden.

Die Pariser Verträge

In der französischen Nationalversammlung, die den EVG-Vertrag mit 319 gegen 264 Stimmen bei 12 Enthaltungen abgelehnt hatte, war der diesbezügliche Antrag von *Edouard Herriot* mit folgenden Argumenten begründet worden [95]): Die von Frankreich geforderten zusätzlichen Bedingungen – Regelung der Saarfrage und Bindung Großbritanniens an die EVG – seien bislang nicht erfüllt. Der Vertrag würde die Souveränität und Unabhängigkeit Frankreichs vermindern, während Deutschlands Souveränität verstärkt würde. Das souveräne Deutschland bekäme die Möglichkeit, mit Rußland zu verhandeln, während es gerade Frankreichs Aufgabe wäre, mit Rußland zur Zusammenarbeit zu kommen. Die EVG würde das Ende Frankreichs bedeuten, der Friede würde *»auf der Straße des Krieges«* gesucht, die europäische Armee wäre eine *»Sammlung matrikulierter Nummern«* ohne Seele. Für ganz Europa müsse eine Lösung gefunden werden, nicht nur *»für ein Europa der Fünf oder Sechs«*.
Der Sozialist *Christian Pineau* hatte Herriot daraufhin Revanchetendenzen vorgeworfen und vor der Schaffung einer irreparablen Situation gewarnt. Zweifellos spielten bei der Ablehnung des Vertrages in Frankreich starke nationale Empfindungen eine wichtige Rolle. Zudem hatte die Sowjetunion kurz zuvor ihre Bereitschaft zu neuen Verhandlungen über die Abrüstung bekanntgegeben, so daß die Gegner der EVG befürchteten, eine Chance zu verpassen, doch noch zu einem Arrangement mit dem Gegner im Kalten Kriege zu kommen und so eine umfassendere Sicherheit zu erreichen. Das Umdenken von traditionellen Konzeptionen europäischer Politik auf die in der Nachkriegszeit entstandenen ideologischen und machtpolitischen Weltfronten und die sich aus ihnen ergebenden neuen Konstellationen fiel manchen Politikern schwer oder wurde gar für unnötig und gefährlich gehalten. Wenn Pineau jedoch vor einer irreparablen Situation gewarnt hatte, so zeigten die folgenden Monate, daß sehr schnell ein Ausweg aus dem Dilemma gefunden wurde, und zwar ein Ausweg, der insofern manche französischen Wünsche erfüllte, als er die Souveränität Frankreichs weniger beeinträchtigte, andererseits aber auch gerade das bewirkte, was man in Frankreich vermeiden wollte, nämlich den Aufbau einer deutschen Nationalarmee.
Bereits am Tage nach der Abstimmung in Paris (31. August 1954) wurde im britischen Kabinett eine Konferenz der sechs EVG-Staaten mit Großbritannien und den Vereinigten Staaten erwogen, um über einen deutschen Wehrbeitrag in anderer Form zu beraten. Nachdem der britische Außenminister Eden Mitte September in den Hauptstädten der EVG-Staaten Vorbesprechungen abgehalten hatte und auch Kanada in den Kreis der Beratungsmächte einbezogen worden war, konnte vom

28. September bis 3. Oktober eine *Neunmächtekonferenz in London* stattfinden, auf der eine Reihe bedeutsamer Beschlüsse gefaßt wurde [96]): 1. Das Besatzungsregime in der Bundesrepublik sollte aufgehoben und die Alliierte Hohe Kommission abgeschafft werden, ohne daß diese Maßnahmen unbedingt an den Zeitpunkt des Inkrafttretens von Abmachungen über einen deutschen Wehrbeitrag gebunden wären. 2. Die Bundesrepublik und Italien sollten dem Brüsseler Pakt vom 17. März 1948 beitreten, in dem sich die Beneluxstaaten, Großbritannien und Frankreich zu gegenseitigem Beistand im Falle eines Angriffs verpflichtet hatten. Zugleich sollte der Pakt als Westeuropäische Union eine neue Struktur erhalten. 3. Die Vereinigten Staaten und Großbritannien sicherten eine weitere Stationierung von Streitkräften auf dem europäischen Kontinent zur gemeinsamen Verteidigung zu. 4. Die Bundesrepublik sollte in die NATO aufgenommen werden. 5. Die Bundesrepublik erklärte, daß sie sich an den defensiven Charakter der NATO und des Brüsseler Paktes gebunden betrachte und eine Wiedervereinigung oder eine Änderung ihrer Grenzen nicht mit gewaltsamen Mitteln herbeizuführen trachte. Die Regierungen der USA, Großbritanniens und Frankreichs erklärten, daß sie die Bundesregierung allein als rechtmäßige deutsche Regierung betrachten und daß eine friedensvertragliche Regelung für Gesamtdeutschland, die Wiedervereinigung und der Schutz Berlins grundsätzliche Ziele ihrer Politik seien.

Nach einer Debatte über diese Beschlüsse sprach die französische Nationalversammlung dem Ministerpräsidenten Mendès-France mit 350 gegen 113 Stimmen bei 152 Enthaltungen das Vertrauen aus. Damit war deutlich, daß die Hemmnisse, an denen der EVG-Vertrag gescheitert war, den neuen Regelungen nicht im Wege stehen würden. Allerdings wurde von den französischen Parlamentariern die Forderung erhoben, daß eine Lösung der Saarfrage in die Reihe der neuen Abmachungen einbezogen werden müsse. Im deutschen Bundestag erklärte der SPD-Vorsitzende, *Erich Ollenhauer,* die Londoner Vereinbarungen seien *»in der heutigen Situation unakzeptabel«*. Er verlangte eine aktive Politik der Wiedervereinigung und setzte Hoffnungen auf gewisse Anzeichen einer weltpolitischen Entspannung, wofür unter anderem eine Rede des sowjetischen Außenministers Molotow in Ost-Berlin zu sprechen schien. Molotow hatte am 6. Oktober die Bereitschaft der Moskauer Regierung verkündet, erneut die auf der Berliner Konferenz gemachten Vorschläge zur Frage gesamtdeutscher freier Wahlen – also auch den Edenplan – oder mögliche neue Vorschläge zu erörtern. In einer sowjetischen Note an die Westmächte vom 23. Oktober wurde dies Angebot wiederholt. Indessen lag der Verdacht, daß die neuen Verteidigungsanstrengungen des Westens nur durch ein taktisches Manöver Moskaus unterminiert werden sollten, allzu nahe, als daß sich die westlichen Staaten irritieren ließen. Am Tage der Übermittlung der sowjetischen Note wurde in Paris ein umfangreiches Vertragswerk unterzeichnet, das die Londoner Vereinbarungen verwirklichen sollte. [97])

Der *Deutschlandvertrag* sah die bereits in der Vertragsfassung vom 26. Mai 1952 formulierte innere und äußere Souveränität der Bundesrepublik vor. Die bisherigen Besatzungsmächte behielten sich *»Rechte und Verantwortlichkeiten in bezug auf Berlin und auf Deutschland als Ganzes einschließlich der Wiedervereinigung Deutschlands und einer friedensvertraglichen Regelung vor«*. Gewisse Fragen, die sich aus Krieg und Besatzungszeit herleiteten (zum Beispiel Gültigkeit des Besatzungsrechtes, Dekartellisierung, Wiedergutmachung u. ä.) wurden in einem zusätzlichen *Überleitungsvertrag* geregelt.

Ein *Vertrag über den Aufenthalt ausländischer Streitkräfte in der Bundesrepublik Deutschland* gewährleistete das Stationierungsrecht der Westmächte. Die Anwesenheit ausländischer Truppen in Westdeutschland leitete sich nun aber nicht mehr aus besatzungsrechtlichen Motiven her, sondern wurde »*in Hinblick auf die gegenwärtige internationale Lage und auf die Notwendigkeit, die Verteidigung der freien Welt sicherzustellen*«, vereinbart. Rechte und Pflichten der ausländischen Streitkräfte und ihrer Mitglieder, ihre steuerliche Behandlung und die Höhe des deutschen Verteidigungsbeitrages regelten sich nach besonderen Vereinbarungen.
Die Beteiligung Deutschlands und Italiens an der durch Änderung und Ergänzung des Brüsseler Paktes neu gestalteten *Westeuropäischen Union* (WEU) war ein wesentlicher Bestandteil des gesamten Vertragswerkes. Hierin lag das entscheidende Moment für die Überwindung der französischen Vorbehalte gegen einen deutschen Wehrbeitrag im Rahmen der NATO. Charakteristisch war, daß sich der eigentliche Zweck der WEU klar von dem des Brüsseler Paktes unterschied. 1948 hatten sich Großbritannien, Frankreich und die Beneluxstaaten zu gegenseitiger wirtschaftlicher, sozialer und kultureller Zusammenarbeit verpflichtet und kollektive Selbstverteidigung im Falle eines deutschen Angriffs versprochen. Jetzt wurde dasjenige Land, vor dem man sich sechs Jahre vorher noch hatte schützen wollen, selbst Vertragspartner. Während der Brüsseler Pakt noch vom Geist des zweiten Weltkrieges her bestimmt war, resultierte die WEU aus der ganz anders gearteten Situation des Kalten Krieges. Die WEU trat an die Stelle der EVG, indem sie »*die Einheit Europas fördern und seine fortschreitende Integrierung unterstützen*« *sollte*. Die Mitglieder der neuen Gemeinschaft deckten sich mit denen der EVG, nur daß auch Großbritannien jetzt beteiligt war. Damit hatte Frankreich jene Erweiterung des Kreises der Vertragspartner erreicht, die es bei der EVG vermißt hatte. In militärischer Hinsicht sah der WEU-Vertrag eine enge Zusammenarbeit mit den Organen der NATO vor.
Den französischen Befürchtungen, daß Westdeutschland durch die Remilitarisierung zuviel Macht gewinnen könnte, wurde dadurch begegnet, daß sich die Bundesrepublik als einziger Vertragspartner verpflichtete, auf ihrem Gebiet keine atomaren, biologischen und chemischen Waffen (Abc-Waffen) herzustellen. Auch die Produktion von weitreichenden Geschossen, gelenkten Geschossen, Influenzminen, Kriegsschiffen mit mehr als 3000 Tonnen, U-Booten mit mehr als 350 Tonnen Wasserverdrängung und Bombenflugzeugen für strategische Zwecke sollte unterbleiben, solange der Rat der WEU nicht mit Zweidrittelmehrheit Gegenteiliges beschloß. Mit diesem Verzicht dokumentierte die Bundesrepublik noch einmal den defensiven Charakter ihres Wehrbeitrages. Ein Rüstungskontrollamt bekam das Recht, Produktionsanlagen, Depots und Streitkräfte zu inspizieren. Die bereits in einem Sonderabkommen zum EVG-Vertrag festgesetzten Höchstgrenzen für Gesamtstärke und Anzahl der Verbände in Friedenszeiten wurden beibehalten. Danach durfte die Bundesrepublik Streitkräfte von bis zu 500 000 Mann aufstellen. Eine Verpflichtung zur Erreichung dieser Zahl bestand jedoch nicht, andererseits war eine spätere Revision der Höchstgrenzen entsprechend den Bedürfnissen der NATO möglich.

Der vorgesehene *Beitritt der Bundesrepublik zur NATO* steckte den neuen Rahmen für den deutschen Verteidigungsbeitrag ab. Im Regelfall waren die NATO-Streitkräfte auf den Stufen der Armee und der Armeegruppe integriert. Deutsche Kontingente, die die Stärke einer Division erreicht hatten, sollten also dem NATO-

Oberbefehlshaber unterstellt werden. Der Rat des Nordatlantikpaktes beschloß überdies in Paris, die Verteidigungsorganisation durch eine Erweiterung der Vollmachten des NATO-Oberbefehlshabers für Europa zu verstärken. Das betraf unter anderem Befugnisse über die Verteilung der Streitkräfte nach strategischen Gesichtspunkten, über die Verstärkung der Infrastruktur, die bessere Koordinierung der Versorgung und die Inspektion der Streitkräfte und der Nachschubmittel.
Das Vertragswerk wurde schließlich ergänzt durch den Abschluß eines *deutsch-französischen Saarabkommens,* das die lange Kontroverse über das Schicksal des Grenzlandes beenden sollte. Für das Saargebiet wurde *»im Rahmen der WEU ein europäisches Statut«* ins Auge gefaßt, das durch eine Volksabstimmung gebilligt werden mußte. Landesverteidigung und auswärtige Angelegenheiten sollten in den Händen eines dem Rat der WEU verantwortlichen europäischen Kommissars liegen, auf allen anderen Gebieten war Selbstverwaltung vorgesehen. Die französisch-saarländische Wirtschaftsunion war beizubehalten, indessen sollten die wirtschaftlichen Beziehungen zwischen dem Saargebiet und der Bundesrepublik entsprechend der fortschreitenden europäischen Wirtschaftsintegration gleichartig gestaltet werden. Für die Volksabstimmung erhielten alle politischen Parteien, Vereine, Zeitungen und öffentlichen Versammlungen Genehmigungsfreiheit. Diese Regelung entsprach etwa dem Van-Naters-Plan von 1953.
Nach der Unterzeichnung aller Verträge begann abermals das Ringen um die Ratifizierung. Obwohl dabei erneut erhebliche Schwierigkeiten zu überwinden waren, konnte dieser Vorgang innerhalb eines halben Jahres abgeschlossen werden. Die französische Nationalversammlung stimmte der Ratifizierung am 30. Dezember 1954, der Rat der Republik am 27. März 1955 zu. Vom Bundestag wurde das Vertragswerk am 27. Februar 1955 gebilligt. Dabei stimmten die CDU/CSU- und die DP-Fraktion nahezu geschlossen mit Ja, während die FDP- und die BHE-Fraktion das Saarabkommen in der Mehrheit ablehnten und die SPD-Fraktion geschlossen gegen alle Verträge stimmte. [98]) Den Widerstand gegen das Saarabkommen begründete Max Becker (FDP) mit der These, daß die Saarländer bei der Volksabstimmung nur für oder gegen die Europäisierung stimmen könnten, aber nicht für den Anschluß an Deutschland. Die SPD begründete ihre grundsätzlich ablehnende Haltung damit, daß durch die Pariser Verträge die Wiedervereinigung, das oberste Ziel der deutschen Politik, unmöglich gemacht werden könnte. Sie forderte deshalb eine Aussetzung des Beitritts zur NATO und zur WEU, bis erneute Wiedervereinigungsverhandlungen ergebnislos bleiben würden.
In den Vertragstexten war im gewissen Grade Vorsorge getroffen, daß die Bundesrepublik nicht im voraus Verpflichtungen für ein wiedervereinigtes Deutschland eingehen würde. Der Deutschlandvertrag sollte bei einer grundsätzlichen Veränderung der Lage überprüft und entsprechend geändert werden (Artikel 10), der Vertrag über die Stationierung ausländischer Streitkräfte sollte bei einem Friedensvertrag automatisch außer Kraft treten (Artikel 3). Das Saarstatut war vorbehaltlich eines Friedensvertrages formuliert worden (Abschnitt I und VI). Auch die Mitgliedschaft in der WEU und der NATO konnte die Politik einer gesamtdeutschen Regierung nicht automatisch binden. Wie problematisch dies Moment jedoch war, zeigten Äußerungen des amerikanischen Außenministers *John Foster Dulles,* der im außenpolitischen Ausschuß des Senats auf die Frage nach Garantien gegen ein Ausscheiden Deutschlands aus der NATO ausführte, daß die Westmächte das Recht hätten, in der Frage der Wiedervereinigung mitzureden. [99]) *»Die Bedingungen der Wieder-*

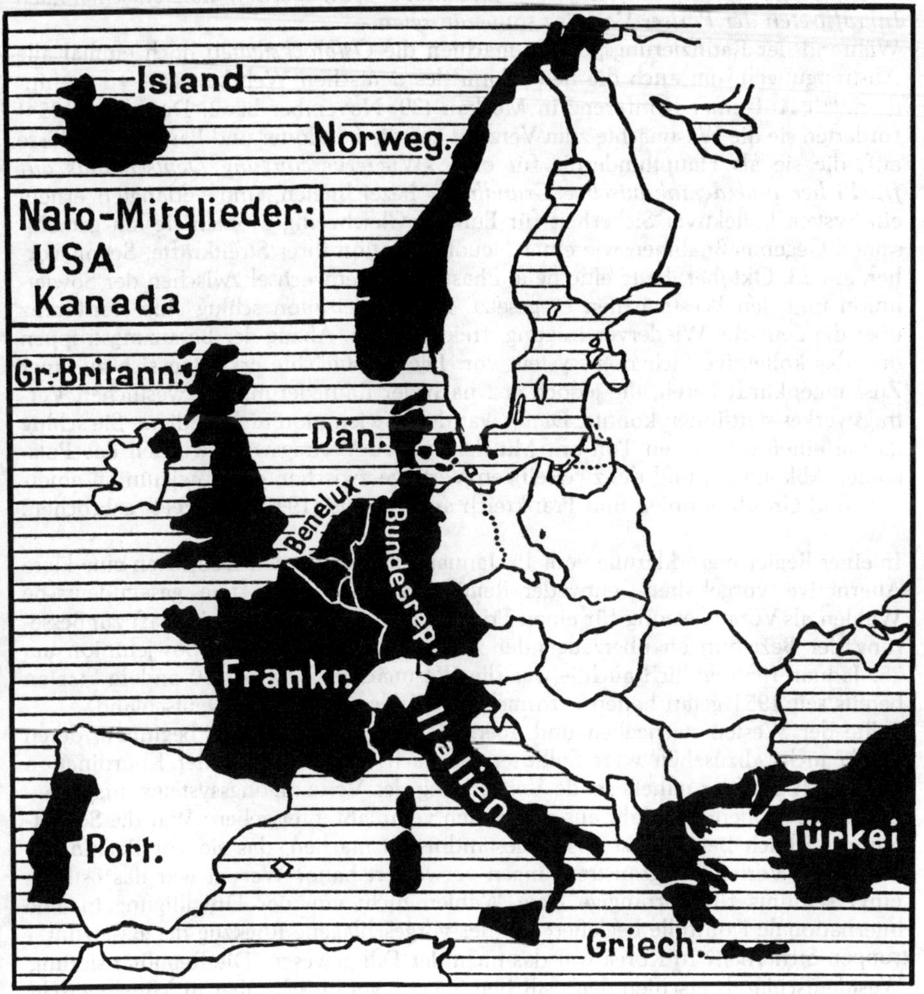

Die Mitgliedstaaten der NATO

vereinigung müßten jedenfalls für sie annehmbar sein, obschon die Deutschen nach Inkrafttreten der Pariser Verträge souverän seien.«
Während der Ratifizierungsperiode machten die *Ostblockstaaten* noch einmal alle Anstrengungen, um auch die neue Form des deutschen Wehrbeitrages zu verhindern. [100]) Auf einer Konferenz in Moskau (29. November bis 2. Dezember 1954) forderten sie die Westmächte zum Verzicht auf die Londoner und Pariser Beschlüsse auf, die sie als Haupthindernis für eine »*Wiedervereinigung Deutschlands auf friedlicher und demokratischer Grundlage*« bezeichneten, und verlangten erneut ein System kollektiver Sicherheit für Europa. Gleichzeitig drohten sie mit gemeinsamen Gegenmaßnahmen wie einer Neuorganisation ihrer Streitkräfte. Schon vorher, am 23. Oktober, hatte eine neue Phase im Notenwechsel zwischen der Sowjetunion und den Westmächten eingesetzt. Die Sowjetunion schlug eine Konferenz über die deutsche Wiedervereinigung, freie Wahlen, Abzug der Besatzungstruppen und das kollektive Sicherheitssystem vor. Die Westmächte erklärten sich zu einer Zusammenkunft bereit, die jedoch erst nach der Ratifizierung des westlichen Vertragswerkes stattfinden könnte. Damit war der Sowjetunion nicht gedient. Sie schlug darum einen schärferen Ton an: Mit dem neuen Vertragswerk würden das Potsdamer Abkommen und die zweiseitigen Verträge zwischen der Sowjetunion einerseits und Großbritannien und Frankreich andererseits (1942 und 1944) gebrochen.

In einer Regierungserklärung vom 15. Januar 1955 wurde den Deutschen eine klare Alternative vorgehalten: entweder Remilitarisierung oder freie gesamtdeutsche Wahlen als Voraussetzung für einen Friedensvertrag. Um die Bereitschaft zur Besserung der Beziehungen überzeugender zu machen, beendete die Sowjetunion am 25. Januar 1955 endlich auch – was die Westmächte und über 50 andere Staaten bereits seit 1951 getan hatten – formell den Kriegszustand mit Deutschland.
Sollte der Westen nachgeben und abermals mit Verhandlungen beginnen, deren Erfolg nicht abzusehen war? Sollte er die nach Jahren mühevoller Koordination schließlich greifbar naheliegende Verstärkung des Verteidigungssystems, ursprünglich durch drohende Gefahr aus dem Osten veranlaßt, preisgeben? War die Sowjetunion wirklich bereit, jetzt das Zugeständnis zu machen, das sie vor Beginn der westlichen Verteidigungsanstrengungen verweigert hatte? Warum war das östliche Einverständnis für vorrangige freie Wahlen nicht von der Einwilligung in eine internationale Kontrolle begleitet? Bot der vorgeschlagene Rückzug der Besatzungstruppen Sicherheit? In Korea war das nicht der Fall gewesen. Die Remilitarisierung Westdeutschlands erschien den östlichen Staaten gefährlich; aber in Mitteldeutschland gab es 1954 bereits nationale Streitkräfte von erheblicher Stärke, während in der Bundesrepublik noch nicht ein einziger Soldat unter Waffen stand.
Manche im Westen glaubten, man müsse weiter mit der Sowjetunion verhandeln. Am 29. Januar 1955 fanden sich in der Frankfurter *Paulskirche* rund tausend Menschen verschiedener Berufe, Konfessionen und Parteirichtungen zusammen, um gegen die Zustimmung zu den Pariser Verträgen zu protestieren. Prominente Vertreter der Wissenschaft und des öffentlichen Lebens, unter anderem der Soziologe *Alfred Weber*, der DGB-Vorsitzende *Georg Reuter*, der Theologe *Helmut Gollwitzer*, der ehemalige Innenminister *Gustav Heinemann* und der SPD-Vorsitzende *Erich Ollenhauer*, forderten mit beschwörenden Worten eine Revision der westdeutschen Politik, damit die deutsche Teilung nicht auf absehbare Zeit stabilisiert würde. In einem »*Deutschen Manifest*« verlangte die Versammlung Viermächtever-

einbarungen zur Wiedervereinigung vor dem weiteren Ausbau der militärischen Blockbildung.

Die westlichen Regierungen ließen sich jedoch nicht beirren, und die Parlamente sanktionierten ihre Politik. Bei der Annahme des Vertragswerkes im Bundestag stimmten alle Fraktionen zugleich einer Entschließung über die deutsche Einheit zu. [101]) Darin wurde die Wiedervereinigung als vordringliche Aufgabe der deutschen Politik bezeichnet, die Verpflichtung der Westmächte, das gleiche Ziel zu verfolgen, betont, Verhandlungen der Großmächte über freie Wahlen, Wiedervereinigung und Friedensvertrag gefordert und die Errichtung einer ständigen Kommission der Westmächte und der Bundesrepublik zur Erörterung aller sich bietenden Gelegenheiten für die Wiedervereinigung und zur Vorbereitung von Verhandlungen empfohlen.

Mit der Hinterlegung der Ratifikationsurkunden am 5. Mai 1955 traten die Pariser Verträge in Kraft. Die Alliierte Hohe Kommission löste sich auf. Am gleichen Tag gab die Alliierte Kommandantur in Berlin eine Erklärung ab, durch die die Rechte der Alliierten in den drei Westsektoren der Stadt eingeschränkt wurden. [102]) Am 9. Mai, genau zehn Jahre nach der Kapitulation, trat die Bundesrepublik der NATO bei. Eine bedeutsame Entwicklungsphase in der Nachkriegsgeschichte Deutschlands war abgeschlossen.

Das Resultat der westdeutschen Politik, die wiedererlangte Souveränität, war beachtlich, obschon es in seiner Art nicht den ursprünglichen Intentionen entsprach. Die Ersetzung der EVG durch den Beitritt der Bundesrepublik zur WEU und NATO erfüllte wohl ungeschmälert das Streben nach stärkerer Verteidigungsmöglichkeit und größerer Sicherheit des Westens, die mit der EVG verbundene Europakonzeption aber hatte durch die Ersatzlösung einen erheblichen Rückschlag erlitten. Eine bedeutsame Station auf dem Wege zur übernationalen Integration war nicht erreicht und damit die politische Gemeinschaft Westeuropas in weite Ferne gerückt. Gewiß erhielt die Integrationspolitik noch im Jahre 1955 neue Impulse, aber sie konnte nicht ebenso gradlinig weiterverfolgt werden, wie das bei der Verwirklichung der EVG möglich gewesen wäre. Das Prinzip nationaler Souveränität hatte wieder größeres Gewicht bekommen.

Fritz René Allemann charakterisierte die Entwicklung zugespitzt so: [103]) *»Ironisch und tragisch zugleich muß es allerdings anmuten, daß die Bonner Diplomatie, der man doch eher ihre Zielstrebigkeit als ihre Beweglichkeit nachzurühmen versucht war, schließlich ihren größten Erfolg mit dem Wiedergewinn der Souveränität verzeichnete, während sie doch mit außergewöhnlicher und hartnäckiger Konsequenz darauf hingearbeitet hatte, das Denken in nationalen Souveränitäten überhaupt zu überwinden.«*

Deutschland und die Welt im Jahre 1955

Nicht nur für die Bundesrepublik, sondern auch für ganz Europa und die Welt war das Jahr 1955 ein Wendepunkt. Aus den Pariser Verträgen ergaben sich mancherlei Konsequenzen und Neuansätze. Nachdem der Westen eine gemeinsame Konzeption gefunden hatte, machte er sich daran, diese zu verwirklichen. Die fol-

genden Jahre waren dem Ausbau seiner Position gewidmet. Die Politik der Stärke war vorrangiges Prinzip, sie wurde beharrlich weiterverfolgt. Stetigkeit und Konsequenz waren dabei wichtiger als Experimente und neue Initiativen. Für den Osten war jetzt die Zeit des Reagierens gekommen. Die Entscheidungen des Westens führten zu neuen Überlegungen und Maßnahmen. Ein Überblick über die wichtigsten Vorgänge des Jahres 1955 verdeutlicht, wohin die vorangegangene Entwicklung geführt hatte und welche Neuansätze sich für die Zukunft ergaben.
Der Aufbau westdeutscher Verteidigungsstreitkräfte erforderte sorgfältige und umfassende Arbeit auf organisatorischem Gebiet. Die Struktur der neuen *Bundeswehr* sollte ein Wiederaufleben alter militaristischer Tendenzen verhüten. An die Stelle des »Nur-Soldaten« der Vergangenheit sollte jetzt der *»Staatsbürger in Uniform«* treten. In der Dienststelle des Sicherheitsbeauftragten der Bundesregierung, *Theodor Blank,* war bereits an den Plänen zur Aufstellung deutscher Divisionen gearbeitet worden. Ihre Verwirklichung war jedoch nicht von heute auf morgen möglich.
Am 7. Juni 1955 wurde Blank zum Bundesminister für Verteidigung ernannt. Bei der Zusammenstellung des höheren Offizierskorps der Bundeswehr war eine sorgfältige Auswahl notwendig. Ein Personalgutachterausschuß, dessen Mitglieder von der Regierung vorgeschlagen, vom Bundestag bestätigt und vom Bundespräsidenten ernannt werden mußten, prüfte die Eignung der Bewerber. Ein *Freiwilligengesetz* regelte die Einstellung der ersten Soldaten, die für internationale Stäbe, für Lehrgänge, für die Übernahme der ausländischen Militärhilfe, für die Vorbereitung bodenständiger militärischer Einrichtungen und für Aufgaben des Verteidigungsministeriums vorgesehen waren. Ferner wurde ein *Soldatengesetz* beraten, das unter anderem bestimmte, daß Wehrpflichtige keinen Eid, sondern bloß eine Verpflichtungsformel sprechen sollten. Am 12. November 1955 erhielten die ersten 101 Freiwilligen in der Bonner Ermekeilkaserne ihre Ernennungsurkunden. Es waren die Generalleutnante *Adolf Heusinger* und *Hans Speidel,* 18 Oberstleutnante, 30 Majore, 40 Hauptleute, 5 Oberleutnante, 1 Stabsfeldwebel und 5 Oberfeldwebel. Die Einberufung der ersten 1000 freiwilligen Soldaten folgte am 1. Januar 1956.
Ein Dreijahresplan der Bundesregierung sah vor, bis zum Beginn des Jahres 1959 zwölf Divisionen aufzustellen und bis 1960 auch den Aufbau der Luftwaffe und der Marine abzuschließen. Die voraussichtlichen Kosten für die Wiederbewaffnung wurden auf 51 Milliarden DM veranschlagt. Der Bundeshaushaltsplan für 1956 sah zunächst einen Betrag von 9 Milliarden DM für Verteidigungszwecke vor. Im Verteidigungsministerium wurden vier Abteilungen errichtet (Streitkräfte, Heer, Marine, Luftwaffe). Für das Heer waren sechs Grenadier-, sechs Panzerdivisionen und weitere Heerestruppen (Artillerie, Flak, Raketenwerfereinheiten u. a.) mit einer Gesamtstärke von 370 000 Mann vorgesehen. Die Luftwaffe sollte 80 000, die Marine 20 000 Mann umfassen. Die Leiter der Abteilungen im Verteidigungsministerium sollten zugleich als »Inspekteure« den jeweiligen militärischen Oberbefehl übernehmen (später anders geregelt).
Entsprechend den innerhalb der NATO eingegangenen Verpflichtungen zur gegenseitigen Unterstützung schloß die Bundesrepublik mit den Vereinigten Staaten ein *Abkommen über Verteidigungshilfe* ab, wodurch unter anderem die amerikanische Unterstützung bei der Ausrüstung und Ausbildung der Bundeswehr gesichert wurde. Während sich Westdeutschland so an die Verwirklichung seines Wehrbeitrages für die westliche Verteidigung machte, war die *NATO* darauf bedacht, durch Umrüstung der Verbände auf eine *atomare Strategie* ihre militärische Kraft zu verstär-

ken. Angesichts der überlegenen Streitkräfte der Sowjetunion (175 gutausgerüstete Divisionen) war mit konventionellen Mitteln allein kein ausreichendes Gegengewicht zu schaffen. Außerhalb des atlantischen Bereiches konnte der Westen 1955 seine Verteidigung durch den Ausbau des Bündnis- und Paktsystems verstärken. Im Nahen Osten, wo bereits 1954 ein Beistandspakt zwischen Griechenland, Jugoslawien und der Türkei *(Balkanpakt)* abgeschlossen worden war, kam durch die Unterzeichnung eines Verteidigungsbündnisses zwischen der Türkei und dem Irak *(Bagdadpakt)*, dem sich auch Großbritannien und später Pakistan und der Iran anschlossen, ein weiteres Glied der Abwehrkette hinzu (24. Februar 1955). Fünf Tage vorher war ein in Parallele zum Nordatlantikpakt stehender *Südostasienpakt* (SEATO) in Kraft getreten, in dem sich die Vereinigten Staaten, Großbritannien, Frankreich, Australien, Neuseeland, Thailand, Pakistan und die Philippinen zur kollektiven Verteidigung zusammenschlossen. Ein Rat sollte für die Koordination von Abwehrmaßnahmen sorgen, ein gemeinsames Oberkommando wurde jedoch nicht aufgestellt.

Die erste Antwort der Sowjetunion auf die Pariser Verträge war die bereits angekündigte Annullierung des britisch-sowjetischen Beistandsvertrages vom 26. Mai 1942 und des französisch-sowjetischen Beistandsvertrages vom 10. Dezember 1944 am 7. Mai 1955. Beide Bündnisse waren während des zweiten Weltkrieges aus der gemeinsamen Gegnerschaft gegen Deutschland entstanden und hatten eine Laufzeit von je 20 Jahren. Der sowjetische Ministerrat hatte die Annullierung gefordert, weil nach seiner Ansicht die Pariser Verträge eine Bedrohung der Sowjetunion enthielten, die den Verpflichtungen der beiden bilateralen Bündnisse entgegenstände. Die Regierungen in London und Paris hatten dagegen geltend gemacht, daß die sowjetische Nachkriegspolitik eine bessere Zusammenarbeit verhindert hätte und daß die Pariser Verträge Westdeutschland in einen Regionalpakt einbezögen, der den Bestimmungen der Charta der Vereinten Nationen entspräche und bei seinem defensiven Charakter auch jede Angriffsdrohung eines Mitgliedstaates allein unmöglich mache.

Die zweite Gegenmaßnahme erfolgte eine Woche später: In Warschau unterzeichneten Vertreter von acht Staaten, und zwar von der Sowjetunion, Polen, der Tschechoslowakei, Ungarn, Rumänien, Bulgarien, Albanien und der DDR, ihrerseits einen Regionalpakt, der den gegenseitigen militärischen Beistand im Falle eines Angriffs und die Bildung eines gemeinsamen Oberkommandos vorsah. Der Sitz dieses Oberkommandos wurde Moskau, an die Spitze trat der Sowjetmarschall Konew. Die DDR stellte vorläufig keine Truppen. Erst nachdem die Nationalen Streitkräfte in der DDR im Januar 1956 in »Nationale Volksarmee« umbenannt worden waren und ein Ministerium für Nationale Verteidigung errichtet war, erhielt die DDR auch den gleichrangigen Status als Militärverbündeter im *Warschauer Pakt*.

Der Ostblock, der bereits 1948 durch Vollendung eines Systems bilateraler Beistandspakte zwischen der Sowjetunion und ihren Satellitenstaaten errichtet worden war, erhielt durch den Abschluß des Warschauer Vertrages größere Geschlossenheit. Mit seiner ostasiatischen Ergänzung – Freundschafts- und Beistandsvertrag zwischen der Sowjetunion und der Volksrepublik China von 1950 und sowjetisch-chinesische Vereinbarungen zur wirtschaftlichen und außenpolitischen Zusammenarbeit von 1954 – bildete er eine beträchtliche Machtballung innerhalb der politischen Weltkonstellation.

Nicht alle Staaten fügten sich indessen in die Zweiteilung der Welt in West und Ost. Im Jahre 1955 kam es in *Bandung* auf Java zum ersten Male zu einer umfassenden *Konferenz der farbigen Völker,* wobei diejenigen Staaten, die einem Konzept der Neutralität oder der »dritten Kraft« folgten, die Initiative ergriffen hatten. Hauptgegenstand der Beratungen waren jedoch nicht nur die Gegensätze der Machtblöcke, sondern vor allem auch die gemeinsamen Interessen von Entwicklungsländern, die koordinierte Anstrengungen wünschten, um sich neben den hochindustrialisierten Staaten der Welt behaupten zu können. Die Delegationen, die insgesamt 55 Prozent der Weltbevölkerung vertraten, wandten sich gegen Imperialismus und Kolonialherrschaft, forderten Abrüstung und Atomwaffenverbot und traten für eine verstärkte Zusammenarbeit der farbigen Völker ein. Ost-westliche Gegensätze ließen sich auch hier nicht eliminieren, zumal neben den »blockfreien« Staaten (wie zum Beispiel Indien und Ägypten) auch Mitglieder der Machtblöcke teilnahmen (von östlicher Seite die Volksrepublik China, von westlicher Seite unter anderem die Türkei, der Irak, Iran, Pakistan, die Philippinen und Japan). *John Kotelawala,* der Premierminister Ceylons, erklärte im Verlauf der Diskussionen: [104]) *»Wenn wir den Kolonialismus vereint bekämpfen, sollte es auch unsere Pflicht sein, offen zu erklären, daß wir uns dem sowjetischen Kolonialismus ebensosehr widersetzen wie dem westlichen Imperialismus.«*
Die Befürchtung, daß durch die Pariser Verträge alle Möglichkeiten zu ost-westlichen Arrangements aufgehoben sein könnten, bestätigte sich 1955 nicht. Trotz der Verhärtung der Fronten kam es zwischen der Sowjetunion und dem Westen weiter zu Gesprächen und begrenzten Vereinbarungen, die zumindest zeitweise die Hoffnungen auf eine umfassende Entspannung wachhielten. Ein erstes überraschendes Moment war die Bereitschaft der sowjetischen Regierung, einen *Staatsvertrag für Österreich* zu unterzeichnen, der diesem Land endlich die schon zwölf Jahre zuvor versprochene Souveränität zugestand. Seit Kriegsende hatten die Siegermächte immer wieder vergeblich über diesen Staatsvertrag verhandelt, wobei über Grenzfragen, das ehemalige deutsche Eigentum (vor allem Ölfelder) und über die Donauschifffahrt lange debattiert worden war. Von 1949 bis 1954 hatten sich die sowjetischen Diplomaten gar nur noch auf eine unergiebige Verzögerungs- und Obstruktionspolitik konzentriert. Am 8. Februar 1955 verkündete Molotow jedoch vor dem Obersten Sowjet, daß eine weitere Hinauszögerung des Staatsvertrages ungerechtfertigt sei. Im April erreichte der österreichische Bundeskanzler *Raab* in direkten Verhandlungen in Moskau eine Regelung, der auch die Westmächte zustimmten, so daß am 15. Mai ein Vertrag unterzeichnet werden konnte. Ihm zufolge wurde Österreich souverän, die Besatzungstruppen verließen das Land, und die Ölfelder gingen in österreichischen Besitz über. Zusätzlich verpflichtete sich Österreich zu einer *»immerwährenden Neutralität«*, was einen Verzicht auf den Beitritt zu Militärbündnissen und auf die Errichtung von militärischen Stützpunkten anderer Staaten im eigenen Land bedeutete. Noch im selben Jahre wurde Österreich Mitglied der Vereinten Nationen.

Die sowjetische Zustimmung zum Vertrag bedeutete die Aufgabe der in der Besatzungszeit errichteten Position in Österreich. Dabei spielte vermutlich die Aussöhnung Jugoslawiens mit dem Ostblock eine Rolle, denn die politische Gewichtverteilung blieb dadurch trotz des sowjetischen Rückzuges aus Österreich einigermaßen gewahrt. Die Neutralisierung Österreichs weckte Vorstellungen über eine mögliche Entspannung auf Grund beiderseitigen Nachgebens. Mancher Deutscher sah in der

Die Mitgliedstaaten des Warschauer Vertrages

österreichischen Regelung sogar einen Modellfall, der auch auf das eigene Land Anwendung finden könnte.

Die Entspannungshoffnungen fanden ihren Höhepunkt mit der *Genfer Gipfelkonferenz* (17. bis 23. Juli 1955), auf der sich die Regierungschefs *Bulganin, Eisenhower, Eden* und *Faure* trafen, um über Abrüstung, Sicherheit und die Wiedervereinigung Deutschlands zu beraten. Die Sowjetunion hatte den westlichen Vorschlag, nach dem Inkrafttreten der Pariser Verträge eine Konferenz abzuhalten, akzeptiert, und die versöhnliche Haltung der Gesprächspartner nach dem harten Ringen um Westdeutschlands Wehrbeitrag (der »*Geist von Genf*«) schien eine Verständigung nicht auszuschließen. Trotzdem wurden keine greifbaren Ergebnisse erzielt. [105]) Eisenhower legte einen Abrüstungsplan vor, der den Austausch von Rüstungsinformationen und eine gegenseitige *Luftinspektion* vorsah. Der britische Premierminister Eden regte die Schaffung einer »*militärisch verdünnten Zone*« beiderseits des Eisernen Vorhanges und freie Wahlen in ganz Deutschland an. Bulganin erklärte: »*Im Augenblick haben wir nicht die Absicht, die Frage der Annullierung dieser* (Pariser) *Verträge aufzuwerfen und die Forderung zu stellen, daß Westdeutschland diese Gruppierung verläßt, da eine derartige Forderung unrealistisch wäre.*« Angesichts der gegenwärtigen Situation wäre die Zeit für die Wiedervereinigung jedoch nicht reif. Bulganin forderte wiederum die Schaffung eines gesamteuropäischen Sicherheitspaktes, dem auch die beiden deutschen Teilstaaten angehören sollten. Am Ende der Konferenz wurde die Weiterberatung der Probleme den Außenministern überlassen, die sich Ende Oktober in Genf wiedertrafen, ohne daß von ihnen mehr erreicht wurde als von den Regierungschefs. Der Wunsch nach Entspannung und der nach Sicherheit ließen sich nicht auf einen Nenner bringen. Auf der Rückreise von Genf machte die sowjetische Delegation in Ost-Berlin Station. Der sowjetische Parteisekretär Chruschtschow betonte in einer Rede am 26. Juli, daß die »*politischen und sozialen Errungenschaften*« der DDR bei einer Lösung des deutschen Problems aufrechterhalten werden müßten.

Noch während der Vorbereitungen zur Genfer Konferenz hatte die sowjetische Regierung der Bundesregierung Verhandlungen zur Normalisierung der gegenseitigen Beziehungen vorgeschlagen. So kam es im September 1955 zur Begegnung Adenauers mit dem Regierungschef des führenden Ostblockstaates, Bulganin, in Moskau. Die »Normalisierung« sollte in der *Aufnahme diplomatischer Beziehungen*, dem Abschluß eines Handelsvertrages und in einem kulturellen Austausch beider Länder bestehen. War ein solches Übereinkommen bei der extremen Unterschiedlichkeit der politischen Konzeptionen möglich und ratsam? Würde nicht mit der Anerkennung der Bundesrepublik durch die Sowjetunion die Zweiteilung endgültig besiegelt werden? Adenauer entschied sich trotz aller Vorbehalte zur Annahme des sowjetischen Angebots, um die darin liegenden Möglichkeiten zur Entspannung nicht ungenutzt vorübergehen zu lassen. Es gelang ihm, wenigstens eine wichtige Gegenleistung der Sowjetunion zu erreichen: die Entlassung von etwa 10 000 noch zurückgehaltenen deutschen Kriegsgefangenen und Zivilinternierten. Überdies betonte er in einem Brief an den sowjetischen Ministerpräsidenten, daß die endgültige Regelung der deutschen Grenzen erst in einem Friedensvertrag getroffen werden könne und daß sich die Bundesregierung als Sprecherin des gesamten deutschen Volkes betrachte.

Unmittelbar nach der Moskaureise Adenauers verlieh die Sowjetunion der *DDR* die volle *Souveränität* und löste die sowjetische Hohe Kommission auf. Die sowjetischen Truppen blieben weiterhin in der DDR stationiert. Alle Beschlüsse des Kontrollrats aus den Jahren 1945 bis 1948 wurden für das Territorium der DDR außer Kraft gesetzt. Parteisekretär Chruschtschow erklärte, daß die Wiedervereinigung jetzt nur von den beiden selbst gelöst werden könne.

Herbert Lilge

Deutschland von 1955 - 1963

I
1955

EINE EPOCHE ENDETE, EINE BEGANN

Die Pariser Verträge, am 23. Oktober 1954 unterzeichnet und am 5. Mai 1955 in Kraft getreten, stellen in der Geschichte der Bundesrepublik eine entscheidende Zäsur dar. Die Alliierte Hohe Kommission und die Dienststellen der Landeskommissare wurden aufgelöst, das Besatzungsregime nach zehnjähriger Dauer beendet. Die Bundesrepublik, 1949 gegründet, hatte ihre formale Souveränität erlangt. Ab 9. Mai 1945 ruhten in Europa die Waffen. Deutschland hatte bedingungslos kapituliert. Am 9. Mai 1955 wurde die Bundesrepublik Mitglied der NATO. Diese 1945 nicht voraussehbare Entwicklung wurde ausgelöst und ermöglicht durch die seit Kriegsende immer stärker gewordene Ost-West-Spannung und durch die Ereignisse in Korea (1950). Unter dem Eindruck dieser weltpolitischen Entwicklung wurde eine enge Bindung der Bundesrepublik an den Westen und ihre Einbeziehung in das westliche Verteidigungssystem als notwendig angesehen. In Konsequenz dieser Wünsche und Pläne mußte notwendigerweise die westliche Besatzungspolitik einer schnelleren als ursprünglich beabsichtigten Revision unterzogen werden, deren Nutznießer die Bundesrepublik war.

Die Anpassung der alliierten Politik an die tatsächliche politische Lage, soweit sie die Bundesrepublik betraf, war mit der Ratifizierung der Pariser Verträge vollzogen. Die beiden grundlegenden Vorbehalte der Vertragsmächte betrafen *»die bisher von ihnen ausgeübten oder innegehabten Rechte und Verantwortlichkeiten in bezug auf Berlin und auf Deutschland als Ganzes einschließlich der Wiedervereinigung Deutschlands und einer friedensvertraglichen Regelung.«* [1]

Auch blieb der in Art. 5 des Deutschlandvertrages von 1952 niedergelegte alliierte Notstands-Vorbehalt bestehen. Die Pariser Verträge bestimmen seine Aufhebung, *»sobald die zuständigen deutschen Behörden entsprechende Vollmachten durch die deutsche Gesetzgebung erhalten haben«* (was seit 1968 der Fall ist).

Obschon an diesem 5. Mai 1955 eine Epoche deutscher Nachkriegsgeschichte endete und eine neue begann, wurde dieses an sich epochale Ereignis von der Bevölkerung nicht als solches empfunden. Das hatte im wesentlichen zwei Gründe: Einmal waren die bedeutendsten Etappen der Integration Westdeutschlands in die westliche Welt mit der Konsequenz einer ständig wachsenden politischen Selbständigkeit bereits durchschritten. Somit handelte es sich bei den Pariser Verträgen nur mehr um die völkerrechtliche Fixierung einer schon weitgehend eingetretenen politischen Entwicklung. Der Bevölkerung fehlte – wohl zu Recht – das Gefühl, ein wesentlicher Fortschritt sei erfolgt. Zum anderen versagten die Pariser Verträge die Erfüllung der Forderung auf Wiederherstellung der deutschen Einheit.

Auch die DDR erhielt am 20. September 1955 von der UdSSR ihre »volle Souveränität«. Sowjetische Truppen blieben aber ebenso in der DDR stationiert wie die Truppen der westlichen Alliierten in der Bundesrepublik. Das »Europäische Statut für die Saar«, Bestandteil der Pariser Verträge, wurde durch die Saarbevölkerung am 23. Oktober 1955 mit Zweidrittelmehrheit abgelehnt. Der Weg zur Rückgliederung des Saarlandes an die Bundesrepublik war frei. Die Möglichkeit, sich in dieser Phase besonders lebendiger europäischer Integrationsbestrebungen für die übernationale und nicht für die nationale Lösung zu entscheiden, wurde von der saarländischen Bevölkerung nicht ergriffen. Die Bundesrepublik selbst, die mit »außergewöhnlicher und hartnäckiger Konsequenz darauf hingearbeitet hatte, das Denken in nationalen Souveränitäten überhaupt zu überwinden«, sah sich durch das Nein der französischen Nationalversammlung zur EVG unverschuldet um die Früchte ihrer konsequenten Politik gebracht. Sie mußte am Ende des Jahres 1955 erkennen, daß das Geschenk der wiedererlangten nationalen Souveränität und einer damit verbundenen stärkeren militärischen Sicherheit erkauft worden war durch den Verlust an übernationalen Integrationsmöglichkeiten, wie sie die EVG geboten hätte. Die politische westeuropäische Gemeinschaft, schon als erreichbares Ziel vor Augen, erfuhr einen Rückschlag, und das nationale Element in der Politik bekam wieder größeres Gewicht.

Die Bundesrepublik und die DDR hatten, sehr wesentlich durch die Ereignisse des für die deutsche Nachkriegspolitik entscheidenden Jahres 1955 bestimmt, ihre festen Positionen in den beiden Machtblöcken bezogen. Der Weg, Sicherheit und Wiedervereinigung miteinander zu verbinden, erwies sich als nicht begehbar. Die Grundpositionen auf der Linie einer Politik der Stärke waren bezogen, die Grenzen abgesteckt. Chruschtschow, damals noch Parteisekretär, sagte bei seiner Rückkehr aus Genf am 26. Juli 1955 in Ost-Berlin: *»Ist es denn nicht klar, daß die mechanische Vereinigung beider Teile Deutschlands, die sich in verschiedenen Richtungen entwickeln, eine unreale Sache ist?«* [2] Ungleich deutlicher sollte er gegenüber dem französischen Ministerpräsidenten Mollet und dessen Außenminister Pineau werden, die Moskau vom 15. bis 19. Mai 1956 einen Staatsbesuch abstatteten: *»Wir ziehen 17 Millionen Deutsche unter unserem Einfluß 70 Millionen wiedervereinigten Deutschen, auch wenn sie neutralisiert sind, vor.«* [3] Beide Zitate waren richtungweisend für die Zukunft der sowjetischen Deutschlandpolitik. Chruschtschows Ostberliner Erklärung stellte die Weichen, die Existenz zweier deutscher Staaten wurde von Moskau und Pankow als Tatsache angesehen. Erstmals hatte sich somit die Weltmacht Sowjetunion öffentlich auf die Zweistaatentheorie und damit auf eine Politik der dauernden Spaltung Deutschlands festgelegt. Sie machte ihre Zustimmung zur Wiedervereinigung von Bedingungen abhängig, die für den Westen unannehmbar waren. Was waren die wesentlichsten Konsequenzen dieser veränderten sowjetischen Deutschlandpolitik? Die UdSSR strebte danach, sich aus der Viermächteverantwortung zurückzuziehen, was spätestens 1958 in der Berlinkrise eintreten sollte. In der Sicht Moskaus wurde die Wiedervereinigung immer mehr zu einer Angelegenheit der »beiden deutschen Staaten«. Parallel zu dem Desinteresse an dieser Frage wuchs die Insistenz der Sowjetunion, die Westmächte zu einer Anerkennung des status quo unter Einschluß der »Lösung des Berlin-Problems« zu bewegen. Im Zuge dieser veränderten Deutschlandpolitik wurde die DDR – wenn auch unter Schwierigkeiten, Rückschlägen und nicht voll überzeugend – zu einem wirtschaftlich attraktiven Schaufenster des Ostblocks ausgebaut. Das mußte auf die Dauer zu ihrer inneren Festigkeit und Stärkung führen.

Vom alliierten Besatzungsstatut zur Souveränität der Bundesrepublik

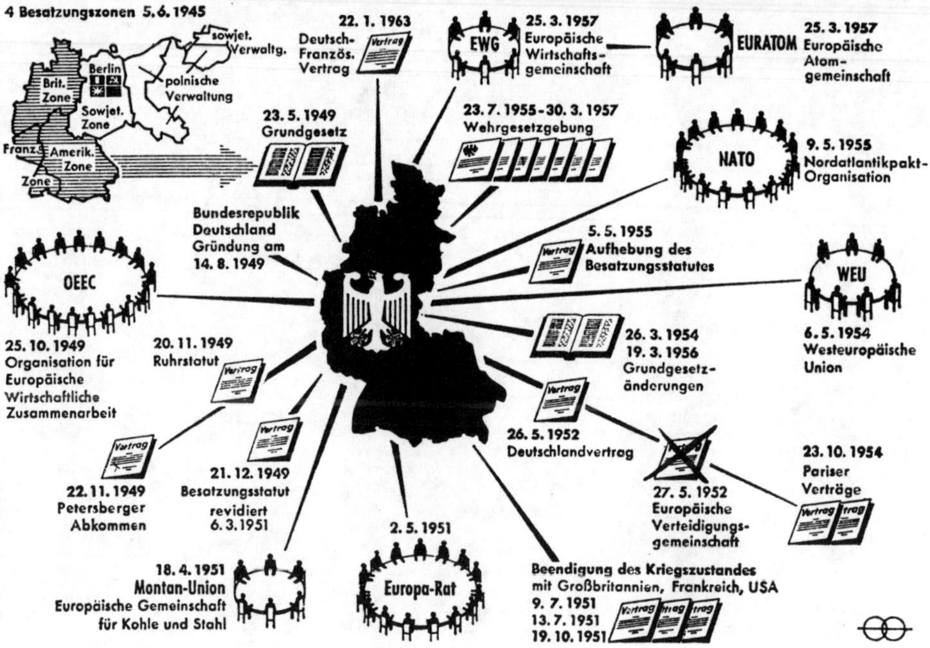

II
1956-1958

DIE ENTWICKLUNG IN DER BUNDESREPUBLIK

Regierungswechsel in Nordrhein-Westfalen

Das zweite Kabinett Adenauer, das sich zunächst auf die Koalition von CDU/CSU, FDP, DP und BHE stützte und damit über eine Zweidrittelmehrheit im Bundestag verfügte, war besonders seit 1955 wachsenden Spannungen ausgesetzt. Diese Differenzen bestanden aber nicht nur zwischen CDU/CSU und den Koalitionspartnern FDP und BHE, sondern auch innerhalb dieser Koalitionspartner. Sie hatten ihre wesentlichsten Ursachen im Saarabkommen und in einem von der CDU vorgeschlagenen neuen Wahlrecht. Bei der Verabschiedung des Saarabkommens im Februar 1955 im Bundestag stimmten die Fraktionen der FDP und des BHE überwiegend mit Nein, während von den FDP-Ministern einer mit Nein stimmte und zwei Stimmenthaltung übten. Beide BHE-Minister stimmten mit Ja. Beim BHE kam es zur Jahresmitte 1955 folgerichtig zur Spaltung, ausgelöst durch den Parteiaustritt ihrer beiden Minister Oberländer und Kraft. Neun Abgeordnete traten aus der BHE-Fraktion aus, zwei davon wurden Mitglied der FDP, sieben konstituierten sich als besondere parlamentarische Gruppe und hospitierten bei der CDU und wurden im Februar 1956 deren Mitglieder. Die restlichen achtzehn Abgeordneten forderten von Adenauer die Annahme der Rücktrittsgesuche der beiden Minister, was dieser ablehnte. Der BHE ging im Oktober in Opposition. Die CDU/CSU verlor dadurch zwar ihre Zweidrittelmehrheit im Bundestag, was politisch aber nicht ins Gewicht fiel, da das entscheidende verfassungsändernde Gesetz zur Wehrverfassung – dessen Gültigkeit von der Opposition bestritten worden war – bereits im März 1954 den Bundestag passiert hatte.

Von ungleich größerer Bedeutung und Auswirkung auf die Innenpolitik waren die Auseinandersetzungen zwischen CDU/CSU und FDP. Außenpolitisch nicht zu bagatellisierende Divergenzen zwischen beiden Parteien traten zwar zutage, waren aber nicht das primär auslösende Motiv für den Sturz des nordrhein-westfälischen CDU-Ministerpräsidenten Karl Arnold, für die Spaltung der FDP und ihren Austritt aus der Regierungskoalition im Bund. Die CDU/CSU-Fraktion hatte am 14. Dezember 1955 gemeinsam mit der DP einen Antrag für ein gemischtes Mehrheits- und Verhältniswahlrecht (sogenanntes Grabensystem) eingebracht. Jeder Wähler hatte nach diesem Vorschlag zwar wie bisher zwei Stimmen für die Wahl des Wahlkreiskandidaten und für die Landesliste, die entscheidende Veränderung bestand aber darin, daß die Anrechnung der errungenen Direktmandate bei der Verteilung der Listenmandate wegfiel. Dieser Plan, unzweifelhaft eine starke Hinwendung zum reinen Mehrheitswahlsystem, stieß auf starke Ablehnung bei allen anderen Parteien, insbesondere bei der FDP. Sie mußte mit Recht befürchten, daß er auf ihre Kosten gehen würde. Anfang Februar 1956 verzichtete zwar die CDU/CSU auf das »Grabensystem« und erklärte sich mit dem Wahlrecht von 1953 einverstanden, allerdings erweitert um eine Bundesliste. Diese aus koalitionspolitischen Gründen erfolgte Einigung sah vor, daß die Hälfte der 484 Abgeordneten wie nach dem bisher geltenden Wahlrecht von 1953 in den 242 Wahlkreisen direkt gewählt werden sollte. 40 Prozent der restlichen Mandate sollten nach dem Proporzschlüssel aufgrund der einzelnen Landeslisten verteilt werden, wobei die in Direktwahl errungenen Mandate abgezogen werden. Die letzten 10 Prozent sollten einer Bundesliste entstammen, von der allerdings die Direktmandate nicht mehr abgezogen werden. Die Fünf-Prozent-Sperrklausel sollte beibehalten werden.

Das Mißtrauen und die Spannungen waren aber schon zu weit fortgeschritten. Der Bruch zwischen den Christlichen und den Freien Demokraten wurde vollzogen durch den Sturz Karl Arnolds und durch die Wahl des Sozialdemokraten Fritz Steinhoff zum nordrhein-westfälischen Ministerpräsidenten am 20. Februar 1956. Der Beschluß des Landtags erfolgte mit 102 gegen 96 Stimmen bei einer Enthaltung. Der in den Ländern Bayern, Hamburg, Niedersachsen und Berlin vorangegangene Versuch, gegen die stärkste Partei zu regieren, fand jetzt in Nordrhein-Westfalen durch eine Koalition von SPD–FDP–Zentrum gegen die CDU seine Fortsetzung. Alle diese Versuche erwiesen sich von begrenzter Dauer und haben in der deutschen Nachkriegspolitik keine Nachahmung mehr gefunden. Der Sturz Arnolds wurde ausschließlich mit bundespolitischen Gründen motiviert, wobei das »Grabensystem« eine zentrale Rolle einnahm. Gegen den, wie die »SPD-Korrespondenz« schrieb, »von allen Parteien geachteten Arnold« lag kein Mißtrauen vor. Vor diesem Hintergrund gewinnen die Worte des gestürzten Ministerpräsidenten allgemeine Bedeutung:

»Ich denke dabei nicht nur an mich, sondern auch an die Mehrheit der Bevölkerung im Lande, und das entspricht wohl auch dem Geist und Willen der Landesverfassung ... Ich glaube vielmehr, daß eine Schlacht im falschen Saal geschlagen wird. Ob wir uns das leisten können, ist eine Frage von weittragender politischer Bedeutung ... Dieser Mißtrauensantrag kann meine Regierung nicht treffen. Ich sehe die Entwicklung mit Sorge. Ich meine, wir sollten alles vermeiden, was die Befürchtung hervorrufen könnte, nicht zuletzt auch im Ausland, wir wollten die Linie der Stabilität verlassen. Ich befürchte ernstlich, daß dadurch eine Diskrepanz zwischen Wählern und Gewählten auftreten könnte. Wenn Sie bereit sind, Beschlüsse von solcher Tragweite zu fassen, dann sollten Sie sicher sein, daß Sie sich in Übereinstimmung mit den Wählern befinden. Sie haben die Möglichkeit, nach Artikel 35 der Landesverfassung den Landtag aufzulösen und die Wähler zu befragen. Ich zweifle nicht daran, daß in diesem Fall die Wähler für eine Politik der ruhigen Überlegung und Besonnenheit eintreten und Ihr Mißtrauensantrag abgelehnt würde ...«[4]

Seine Prophezeiung sollte sich als richtig erweisen. In der Landtagswahl vom 6. Juli 1958 erhielt die CDU die absolute Mehrheit und die FDP verlor 4,4 Prozent an Stimmen. Die Abwahl Arnolds war aus zwei Gründen bedeutsam. Zum ersten Male erfolgte in der Geschichte des deutschen Nachkriegsparlamentarismus die Ablösung einer Regierung mittels konstruktiven Mißtrauensvotums, also, ohne daß Wahlen vorangegangen waren. Die in Bayern, Hamburg und Berlin entstandenen Koalitionen wurden jeweils im Anschluß an Wahlen gebildet. Bundespolitsche Bedeutung erhielt sie auch dadurch, daß die Bonner Regierungskoalition im Bundesrat ihre Zweidrittelmehrheit verlor. In Kennzeichnung der Stimmung und Empfindung jener Kreise, die in Opposition zur CDU standen, schrieb der »Sozialdemokratische Pressedienst« zu den Düsseldorfer Vorgängen:

»Die CDU mag den Schlag, den sie jetzt in Düsseldorf erhalten hat, als eine schwere Demütigung empfinden, aber wohl für fast alle anderen demokratischen Kräfte außerhalb ihrer Reihen wird damit auch ein Aufatmen verbunden sein: Man sieht, daß eine Auflockerung des festgefahrenen, starr und steril gewordenen politischen Lebens noch möglich ist. Düsseldorf hat bewiesen: Die deutsche Demokratie ist nicht an den Monopolanspruch der Kanzlerpartei, zu regieren, gebunden. Gerade die junge deutsche Demokratie, die sich noch zu bewähren hat, muß versuchen, von dem Prinzip des Wechsels in der politischen Macht, wo immer er sich als zweckmäßig und notwendig erweist, klugen Gebrauch zu machen ...« [5]

Die Folgen der Düsseldorfer Regierungsbildung waren weitreichend. Am 23. Februar erklärten 16 Abgeordnete der FDP-Bundestagsfraktion unter Führung des hessischen Abgeordneten Martin Euler ihren Austritt. Zu dieser Gruppe gehörten die vier FDP-Bundesminister Blücher, Neumayer, Schäfer und Preusker, die eindringlich vor einer Regierungsumbildung in Düsseldorf gewarnt hatten. Die CDU/CSU setzte die Regierungskoalition nur mit den aus der FDP ausgetretenen Abgeordneten fort, alle bisherigen FDP-Minister verblieben in ihrem Amt. Die FDP ging, wie der BHE, in die Opposition. Ihr Würzburger Parteitag sanktionierte alle Maßnahmen, die abgespaltene Gruppe wurde aus der Partei ausgeschlossen. Diese beschloß darauf am 23. April 1956 die Gründung der Freien Volkspartei (FVP), ab September bildete sie eine Arbeitsgemeinschaft mit der DP. Beide fusionierten im Januar 1957 unter dem Namen »Deutsche Partei«.

Die Wehrverfassung wird abgeschlossen

Am 1. Januar 1956 rückten 1000 Freiwillige in die Standorte Andernach, Wilhelmshaven und Nörvenich ein. Der Aufbau der ersten Bundeswehrkader begann. Das Jahr 1956 brachte mit entscheidenden Gesetzen die Wehrverfassung, d. h. die Einordnung der Streitkräfte in das verfassungsrechtliche Gefüge der Bundesrepublik, zum Abschluß. Das Grundgesetz, im Zeichen des Besatzungsregimes 1949 verabschiedet, enthielt keine Bestimmungen über Wehrfragen. Weder Besatzungsmächte noch Verfassungsväter dachten unter dem Eindruck der totalen Niederlage Deutschlands an seine Wiederbewaffnung. Aber nur drei Jahre danach, im Mai 1962, wurde die Bundesrepublik durch den Vertrag über die Gründung der EVG zur Wiederbewaffnung verpflichtet. Der Vertrag wurde zwar durch den Widerstand Frankreichs nicht in Kraft gesetzt, aber von diesem Zeitpunkt an datierte ein Verfassungsstreit darüber, ob sich dieser EVG- und der Deutschlandvertrag noch im Rahmen des Grundgesetzes hielten. Nach Auffassung der Opposition war die Aufstellung deutscher Truppen erst nach einer ausdrücklichen Ergänzung des Grundgesetzes möglich. Bundesregierung und parlamentarische Mehrheit verneinten eine solche Notwendigkeit und leiteten die Befugnisse zur Aufstellung deutscher Verbände aus der natürlichen Verteidigungsaufgabe jedes Staates ab. Der Bundesrat forderte ebenfalls eine verfassungsrechtliche Verankerung der Befugnisse des Bundes im Bereich des Wehrwesens. Durch das verfassungsändernde Gesetz vom 26. März 1954 wurde zwar in Abänderung des Art. 73 Abs. 1 GG dem Bund das ausschließliche Gesetzgebungsrecht über die Verteidigung einschließlich der Wehrpflicht und des Schutzes der Zivilbevölkerung zugesprochen, jedoch wurde die verfassungsrechtliche Gültigkeit dieses Gesetzes von der Opposition bestritten.

Es war daher von außerordentlicher innenpolitischer Bedeutung und beendete den vierjährigen Verfassungsstreit endgültig, als die wehrpolitischen Grundgesetzänderungen am 6. März 1956 mit 390 gegen 20 Stimmen, also mit den Stimmen der SPD, verabschiedet wurden. Die SPD begründete ihre Zustimmung mit »der Wahrung der Demokratie bei den Streitkräften«, sie bedeute aber keine Abweichung von ihrer grundsätzlichen Einstellung gegen eine Wiederbewaffnung und gegen die Pariser Verträge. Dieses verfassungsändernde Gesetz, im Bundesrat einstimmig verabschiedet, hat die Art. 1, 12, 36, 49, 60, 95 und 137 geändert und die Art. 17 a, 45 a und b, 59 a, 65 a, 87 a und b, 96 a und 143 des Grundgesetzes neu geschaffen. Diese ergänzenden und neuen Verfassungsbestimmungen hatten zum Ziel, die Stellung der deutschen Streitkräfte im Verfassungssystem klar festzulegen und zu erreichen, daß sie keinen Staat im Staate bilden. Die Rechtsbeziehungen zwischen dem Staatsbürger und der Bundeswehr und die Zuständigkeiten für die Verteidigungsaufgaben wurden klar geregelt. Im Gegensatz zu früheren deutschen Verfassungen liegt der Oberbefehl nicht beim Staatsoberhaupt, sondern in Friedenszeiten beim Bundesminister für Verteidigung und im Kriegsfall beim Bundeskanzler. Da diese Regelung, die dem Bundespräsidenten nur die Ernennung der Offiziere und Unteroffiziere beläßt, für die Bundesregierung einen erheblichen Machtzuwachs bedeutet, wurde sie einer verstärkten Kontrolle durch den Bundestag in der Form unterworfen, daß der Verteidigungsausschuß eine Sonderstellung erhielt, die im Art. 45 a GG niedergelegt ist:

»(1) Der Bundestag bestellt einen Ausschuß für auswärtige Angelegenheiten und einen Ausschuß für Verteidigung. Die beiden Ausschüsse werden auch zwischen zwei Wahlperioden tätig.

(2) Der Ausschuß für Verteidigung hat auch die Rechte eines Untersuchungsausschusses. Auf Antrag eines Viertels seiner Mitglieder hat er die Pflicht, eine Angelegenheit zum Gegenstand seiner Untersuchung zu machen.«

Außerdem hat der Bundestag nach schwedischem Vorbild im Wehrbeauftragten ein Hilfsorgan erhalten, das nicht nur über die Grundrechte des Soldaten zu wachen, sondern auch dem Bundestag bei der Ausübung der parlamentarischen Kontrolle zu helfen hat.

Die nähere Regelung der Rechtsstellung der Soldaten und die Bestimmungen über

Beginn, Dauer und Ende von Wehrpflicht und Wehrdienst blieben dem Soldatengesetz vom 19. März und dem Wehrpflichtgesetz vom 21. Juli 1956 vorbehalten. Das Soldatengesetz wurde gegen die Stimmen der SPD, das Wehrpflichtgesetz gegen die der SPD, des BHE und bei 20 Stimmenthaltungen der FDP-Fraktion verabschiedet. Das Soldatengesetz legte den Namen Bundeswehr für die deutschen Streitkräfte fest und bestimmte, daß Berufssoldaten sowie Soldaten auf Zeit einen Diensteid und alle übrigen Wehrpflichtigen ein Gelöbnis mit fast gleichem Wortlaut zu leisten haben. Das feierliche Gelöbnis lautet: *»Ich gelobe, der Bundesrepublik Deutschland treu zu dienen und das Recht und die Freiheit des deutschen Volkes tapfer zu verteidigen.«*
Nicht nur im Parlament, sondern auch in der gesamten deutschen Öffentlichkeit waren die Meinungen über die Notwendigkeit, eine allgemeine Wehrpflicht einzuführen, kontrovers. Leidenschaftlichkeit und Tenor der Auseinandersetzung erinnerten an die über die Pariser Verträge, nur daß jetzt auch noch der militärische Aspekt hinzutrat. Der Sprecher der SPD, Fritz Erler, begründete in dritter Lesung am 7. Juli 1956 den Widerstand gegen das Wehrpflichtgesetz u. a. damit: *»Schon die Debatten im Verlauf der zweiten Lesung haben gezeigt, daß es in Wirklichkeit die Folgen für die Vertiefung der Spaltung des Vaterlandes sind, die hier bei diesem Gesetz die Meinungen so hart aufeinanderprallen lassen. Unser Volk lebt in einer tiefen Tragik. Zwei Armeen werden in den beiden Teilen Deutschlands aufgestellt. Das ist schon schlimm genug. Noch schlimmer ist es, daß diese beiden Armeen eingeschmolzen werden in einander feindlich gegenüberstehende Militärblöcke, und noch schlimmer ist es, wenn durch unser Zutun dafür gesorgt wird, daß es sich bei diesen zwei Armeen dann auch noch um Wehrpflichtarmeen handelt ... Nun zu den militärischen Fragen, die sich im Zusammenhang mit der Wehrpflichtvorlage ergeben. Ich wiederhole: Die Strategie des Atlantik-Paktes läßt gar keinen Zweifel daran, daß ein bewaffneter Konflikt in Europa keine Aussicht hat – auch mit 500 000 deutschen Soldaten nicht – ein Konflikt mit konventionellen Waffen zu bleiben ...«* [6]
Dr. Erich Mende führte in der gleichen Sitzung für die FDP u. a. aus:
»Der grundlegende Unterschied zu der Opposition der sozialdemokratischen Fraktion ist folgender: Die SPD hat die Pariser Verträge abgelehnt, und sie lehnt in Konsequenz dieser Haltung auch das Wehrpflichtgesetz ..., auch das Freiwilligengesetz, das Soldatengesetz und das Gesetz über die Überführung des Bundesgrenzschutzes sowie die Haushaltsbewilligungen ab. Wir halten den Aufbau einer Notwehr auf militärpolitischem Gebiet und die militärpolitische Zusammenarbeit mit den Partnern der NATO als Weiterführung unserer bisherigen Linie für selbstverständlich ... Wir freien Demokraten haben niemals das Prinzip der allgemeinen Verteidigungspflicht preisgegeben, wir glauben aber, daß gewisse Prinzipien in den früheren Jahren über Vorstellungen von der allgemeinen Wehrpflicht zwangsläufig überholt sind ... und wir können diesem Wehrpflichtgesetz in dieser Form und zu diesem Zeitpunkt nicht unsere Zustimmung geben ...« [7]
Abstimmungsergebnisse und Argumentation zu den Wehrgesetzen legten deutlich die beiden Grundrichtungen in der deutschen Politik dar. Für die Regierung hieß

die gezogene Konsequenz aus der weltpolitischen Lage eine Politik der Stärke, des Engagements bei den westlichen Verteidigungsbestrebungen und die Auffassung, nur aus der Position gleicher Stärke mit der Sowjetunion erfolgversprechende Wiedervereinigungsverhandlungen führen zu können. Die Gegenrichtung, vertreten durch die SPD als stärkste Oppositionspartei, sah in den Verteidigungsanstrengungen weder ein ausreichendes Abschreckungsmittel noch das geeignete Instrumentarium zur Beseitigung der deutschen Teilung. Ganz abgesehen davon, daß in dieser Partei andersgeartete Vorstellungen über die Wiedervereinigung – wie sie später in ihrem Deutschlandplan zum Ausdruck kommen sollten – herrschten und ein eingewurzeltes, aus der Parteigeschichte und den gemachten Erfahrungen erklärbares Mißtrauen gegenüber der Armee schlechthin vorhanden war.
Die Verwirklichung der Wehrpflicht wurde durch das Gesetz über die Dauer des Grundwehrdienstes und die Gesamtdauer der Wehrübungen vollzogen. Es wurde am 5. Dezember 1956 gegen die Stimmen der SPD-Fraktion verabschiedet und legte die Dauer des Grundwehrdienstes auf 12 Monate, entgegen einer ursprünglich geplanten Dienstzeit von 18 Monaten, fest. Die Regierung sah sich in realer Einschätzung der gegebenen Situation – anhaltender starker Widerstand in der Öffentlichkeit gegen die Wehrpflicht und bekanntgewordene Umrüstungspläne der USA mit starker Truppenverminderung – zu einer Änderung ihrer Pläne veranlaßt. Im Bundestag mußte sie befürchten, keine Mehrheit für eine 18monatige Dienstzeit zu erhalten. Der Bundesrat hatte sich von Anfang an für eine Beschränkung auf 12 Monate ausgesprochen. Bundesverteidigungsminister Blank, der am 16. Oktober 1956 durch Bundesverteidigungsminister Strauß abgelöst wurde, gab bekannt, daß mit Rücksicht auf die verminderte Dienstzeit die Zahl der länger dienenden Freiwilligen nunmehr 300 000, statt wie vorgesehen 230 000, betragen werde. Am 1. April 1957 wurden die ersten 10 000 Wehrpflichtigen des Jahrganges 1937 zum Dienst in der Bundeswehr einberufen.

Volksbegehren zur Änderung der Landeszugehörigkeit

Weder die gegenwärtige Zahl der Bundesländer noch ihr Gebietsumfang werden vom Grundgesetz garantiert. Denn mit Ausnahme von Bayern und den Hansestädten Bremen und Hamburg sind sie vorwiegend Schöpfungen der Besatzungsmächte. Die Zerschlagung Preußens war für das Gebiet nördlich der Mainlinie ein wesentlicher Anlaß zu Neugründungen, die nicht immer landsmannschaftliche Verbundenheit, geschichtliche und kulturelle Zusammenhänge, wirtschaftliche Zweckmäßigkeit und soziales Gefüge ausreichend und sinnvoll berücksichtigten. Deshalb sieht das Grundgesetz in seinem Neugliederungsartikel 29 im Wege über Volksbegehren, Bundesgesetz und Volksentscheid in einem sehr komplizierten Verfahren die Möglichkeit vor, Änderungen über die Landeszugehörigkeit herbeizuführen. 1956 fanden in verschiedenen Teilen der Bundesrepublik Volksbegehren mit dem Ziel statt, eine Änderung der Landeszugehörigkeit zu fordern. So in den rheinland-pfälzischen Regierungsbezirken Montabaur und Rheinhessen mit dem Ziel einer Rückgliederung nach Hessen, in den Bezirken Koblenz und Trier mit dem Ziel einer Angliederung an Nordrhein-Westfalen, im Regierungsbezirk Pfalz mit dem Ziel einer Eingliederung in das Land Baden-Württemberg oder einer Rückgliederung nach Bayern. Mit Ausnahme der beiden Volksbegehren in der Pfalz erreichten oder überschritten alle anderen zehn oder mehr Prozent an Stimmen der zu den Landtagen wahlberechtigten Bevölkerung. Sie waren also erfolgreich. In dem niedersächsischen Verwaltungsbezirk Oldenburg und in dem niedersächsischen Landkreis Schaumburg-Lippe fanden ebenfalls Volksbegehren statt, die die Wiederherstellung eines selbständigen Landes Oldenburg und eines selbständigen Landes Schaumburg-Lippe forderten. In Süddeutschland fand ein Volksbegehren in den Regierungbezirken Nordbaden und Südbaden des Landes Baden-Württemberg mit dem Ziel statt, den früheren Freistaat Baden wiederherzustellen. Alle drei Volksbegehren waren erfolgreich. Erfolgreiche Volksbegehren bedingen aber noch keine Änderung der Landesgrenzen, sondern wirken nur vorbereitend auf ein zu erlassendes Bundesgesetz. Eine Verfassungsklage des Landes Hessen gegen den Bund wegen Untätigkeit in der Neugliederung wurde im Jahre 1958 abgewiesen. Das Bundesverfassungsgericht bestätigte zwar die Verpflichtung der Bundesregierung zur Erfüllung des Verfassungsauftrages, verneinte aber einen durchsetzbaren Rechtsanspruch der bestehenden Länder auf Durchführung der Neugliederung und verwies sie auf eine mit politischen Mitteln (über den Bundesrat) erreichbare Lösung.

Die Rückgliederung des Saargebietes

Die eindeutige Ablehnung des Saarstatuts durch die saarländische Bevölkerung in der Volksabstimmung vom 23. Oktober 1955 führte zum Rücktritt der Regierung Hoffmann. Nach einer kurzen Übergangsregierung bildete Hubert Ney (CDU) im Januar 1956 eine Koalitionsregierung aus den Parteien des »Heimatbundes«, eines Zusammenschlusses von CDU, SPD und DPS (Demokratische Partei Saar). Frankreich und die Bundesrepublik sahen sich vor die Notwendigkeit gestellt, die durch die Ablehnung des Saarstatuts entstandene neue Situation zu klären. In der Juni-Zusammenkunft zwischen Bundeskanzler Adenauer und Ministerpräsident Mollet erfolgte die Einigung über die Grundsätze eines Saarabkommens, über dessen Einzelheiten endgültig am 29. September in Bonn Übereinkunft erzielt wurde. Das Saarabkommen wurde am 27. Oktober 1956 in Luxemburg unterzeichnet. Die Saarfrage, seit Jahrzehnten Gegenstand des Streites und der Spannungen zwischen Deutschland und Frankreich, wurde damit endgültig geregelt und ein Beitrag zur allgemeinen Befriedung geleistet. Frankreich erklärte sich mit der politischen Eingliederung des Saarlandes in die Bundesrepublik zum 1. Januar 1957 einverstanden. Nach Ablauf einer bis zum 5. Juli 1959 dauernden Übergangszeit, in der es im französischen wie im saarländischen Interesse wirtschaftspolitisch noch an Frankreich angeschlossen blieb, vollzog sich auch der vollständige wirtschaftliche Anschluß an die Bundesrepublik. Die Warndtfrage wurde durch das Recht Frankreichs auf Abbau von 66 Millionen Tonnen Kohle von

Lothringen aus – innerhalb von 25 Jahren – geregelt. Zu den Saarverträgen gehörte auch ein Abkommen zwischen der Bundesrepublik, Frankreich und Luxemburg über den Ausbau der Mosel mit dem Ziel, den Mosellauf zwischen dem französischen Diedenhofen und Koblenz für 1500-Tonnen-Schiffe schiffbar zu machen.

Das Verbot der KPD

Am 17. August 1956 verkündete das Bundesverfassungsgericht die Verfassungswidrigkeit der KPD, die Auflösung dieser Partei und das Verbot, Ersatzorganisationen für die KPD zu schaffen oder schon bestehende Organisationen als Ersatzorganisationen fortzusetzen. Das Vermögen der KPD wurde beschlagnahmt. Der Antrag der Bundesregierung, im November 1951 gestellt, stützte sich auf Art. 21 Abs. 2 GG:

»(2) Parteien, die nach ihren Zielen oder nach dem Verhalten ihrer Anhänger darauf ausgehen, die freiheitliche demokratische Grundordnung zu beeinträchtigen oder zu beseitigen oder den Bestand der Bundesrepublik Deutschland zu gefährden, sind verfassungswidrig. Über die Frage der Verfassungswidrigkeit entscheidet das Bundesverfassungsgericht.«

Die Urteilsbegründung enthielt über die Zielsetzung der KPD Ausführungen von grundsätzlicher Bedeutung:

»Das Endziel der KPD ist die Errichtung der sozialistisch-kommunistischen Gesellschaftsordnung auf dem Wege über die proletarische Revolution und die Diktatur des Proletariats. Sowohl die proletarische Revolution als auch der Staat der Diktatur des Proletariats sind mit der freiheitlichen demokratischen Grundordnung unvereinbar. Beide Staatsordnungen schließen einander aus. Es ist nicht denkbar, den Wesenskern des Grundgesetzes (Würde, Freiheit und Gleichheit der Person) aufrechtzuerhalten, wenn eine Staatsordnung errichtet würde, bei der die Prinzipien der Diktatur des Proletariats allein Geltung haben. Soziale rechtsstaatliche Demokratie, Mehrparteiensystem und Recht auf Opposition, geistige Freiheit und Toleranz, geduldige Reformarbeit und fortwährende Auseinandersetzung mit anderen grundsätzlich als gleichberechtigt angesehenen Überzeugungen stehen in unvereinbarem Gegensatz zur Diktatur des Proletariats. Diesem Staatssystem liegt die Auffassung zugrunde, es müsse um der Ziele willen – die eine politische Partei oder Klasse als allgemeinverbindlich proklamiert – durch die Diktatur dieser Klasse die ganze freiheitliche Ordnung unter Einsetzung radikalster Mittel beseitigt und das Opfer von Generationen verlangt werden, denen weder Freiheit noch Gleichheit gewährt werden kann. Auch die Vertreter der KPD haben in der mündlichen Verhandlung die Unvereinbarkeit der beiden Staatsordnungen bejaht. Proletarische Revolution und Diktatur des Proletariats erstrebt die KPD zwar nicht als aktuelles, unmittelbar verwirklichbares Ziel. Aber die Art und Weise, wie sie die proletarische Revolution und die Diktatur des Proletariats systematisch zum Gegenstand ihrer parteipolitischen Schulung, Propaganda und Agitation im politischen Kampf innerhalb der Bundesrepublik Deutschland macht,

und ihr gesamtes Verhalten als Partei beweisen, daß sie schon jetzt darauf ausgeht, die freiheitliche demokratische Grundordnung des Grundgesetzes zu untergraben.« [8]

Der Prozeß bewegte sich ständig auf einem sehr schmalen Grat zwischen rechtlichen Überlegungen und politischen Konsequenzen. Wie schmal dieser Grat und wie schwierig die Prozeßmaterie war, geht aus vier Fragen hervor, die das Gericht der Bundesregierung und der KPD als den beiden Prozeßparteien zur Beantwortung vorlegte:

»1. Kann geklärt werden, ob ein eventuelles Verbot der KPD einem höheren Prinzip zuwiderläuft und der Wiedervereinigung entgegensteht?

2. Wodurch kann ein Verbot bei gesamtdeutschen Wahlen wieder aufgehoben werden, wenn es jetzt ausgesprochen würde?

3. Wie legen die Prozeßparteien den Art. 146 GG aus, in dem es heißt, das Grundgesetz trete an dem Tage außer Kraft, an dem eine gesamtdeutsche Verfassung in Kraft trete?

4. Ist es rechtlich möglich, die KPD nach einem Verbot wieder zuzulassen, oder liegt ein rechtliches Hindernis darin, daß die KPD dann vielleicht faktisch nicht mehr in der Lage ist, unter gleichen Voraussetzungen an einer gesamtdeutschen Wahl teilzunehmen?« [9]

Diese vier Fragen sollten in der späteren Urteilsbegründung folgende zentrale Beantwortung finden:

»Das Gericht hat festgestellt, daß das Verbot der KPD die Wiedervereinigung weder rechtlich hindert noch praktisch unmöglich macht. Solange die Wiedervereinigung eine internationale Frage bleibt, kann keine Maßnahme der Besatzungsmächte, die diese zur Wiedervereinigung Deutschlands unter sich vereinbarten, von einem Verbotsurteil behindert werden. Aber auch wenn Maßnahmen zur Vorbereitung der Wiedervereinigung, insbesondere der Erlaß und die Durchführung eines Wahlgesetzes für gesamtdeutsche Wahlen, von den deutschen Verfassungsorganen selbständig ohne bindende Auflage der Besatzungsmächte zu treffen wären, würde ihnen die verfassungsgerichtliche Feststellung der Verfassungswidrigkeit der KPD und ihr Verbot nicht entgegenstehen. Denn ein Urteil des Bundesverfassungsgerichts kann nur für den vom Grundgesetz zeitlich und sachlich beherrschten Raum wirken, nicht aber für die gesetzgeberische Vorbereitung gesamtdeutscher Wahlen als der Vorbereitung eines Aktes des pouvoir constituant des ganzen deutschen Volkes.« [10]

Das Urteil fand zwiespältige Aufnahme. Einerseits herrschte Befriedigung darüber, daß ein unparteiisches Gericht endlich einmal den prinzipiell staatsfeindlichen Charakter der Kommunistischen Partei Deutschlands festgestellt hatte und der klare Verfassungsbefehl des Art. 21 GG nicht durch politische Zweckmäßigkeitserwägungen suspendiert worden war. Der »Rheinische Merkur« schrieb:

»Der Schwerpunkt der KPD lag schon immer im Untergrund, und es ist nicht einzusehen, warum die Liquidatoren der Freiheit über die rechtsstaatlichen Sicherheiten hinaus auch noch die parlamentarische Immunität und Diätenversorgung

genießen sollen . . . Die Bundesregierung oeruft sich mit Recht auf das Gebot der Verfassung.« [11]
Andererseits bezweifelte man die politische Zweckmäßigkeit des durch die Bundesregierung gestellten Antrages – das Bundesverfassungsgericht dagegen hatte mit seinem Urteil nur das Gesetz erfüllt und die gleiche Entscheidung wie beim Verbot der SRP im Jahre 1952 getroffen. Eine in die Illegalität gedrängte politische Partei sei nur schwer kontrollierbar. Sei es notwendig gewesen, so wurde gefragt, diese Partei durch ein Verbot wieder interessant zu machen und eine Märtyrerrolle spielen zu lassen, nachdem die deutsche Bevölkerung durch den Ausgang der Wahlen mit aller Deutlichkeit ein Urteil über die KPD gefällt und sie zur Einflußlosigkeit verurteilt habe? Die »Frankfurter Rundschau« fragte: *»Ist unser Staatsgefüge so schwach, daß man sich nicht zutraut, die Kommunisten, ähnlich wie England und die Schweiz, höchst legal und demokratisch zu bewältigen?«* [12]
Das Verbot traf die KPD nicht unvorbereitet. Sie, die SED und Moskau hatten, begünstigt durch die fünfjährige Prozeßdauer, umfangreiche Vorbereitungen für den Fall eines Verbots getroffen. Die ca. 60 000 Mitglieder, von denen zwar nur ein Bruchteil in den Untergrund ging, hatten mit der Urteilsverkündung nicht zu existieren aufgehört. Unmittelbar nach dem Urteil wurde in einer Polizeiaktion im gesamten Bundesgebiet die Auflösung der KPD ohne Zwischenfall vollzogen. Bundesinnenminister Schröder sagte abschließend:
»Die Aussichten für eine illegale Betätigung der KPD sind verhältnismäßig gering. Die günstige soziale Entwicklung in der Bundesrepublik bietet einer linksradikalen Betätigung keinen Nährboden . . . Es kann natürlich nicht ausbleiben, daß die kommunistische Minderheit, die das mitteldeutsche Gebiet gewaltsam beherrscht, aus dem Urteil propagandistisches Material zu schlagen versucht. Viel wichtiger aber ist, daß die Bevölkerung der Sowjetzone aus dem Karlsruher Spruch entnimmt, daß die Sicherung der rechtsstaatlichen Ordnung und der Schutz der Freiheit vor den Feinden der Freiheit in der Bundesrepublik mit allen Konsequenzen gewährleistet wird.« [13]

Der Konkordatsstreit

Das Bundesverfassungsgericht entschied am 26. März 1957 in dem sogenannten Konkordatsstreit zwischen der Bundesregierung und den Ländern Niedersachsen, Hessen und Bremen, daß das Reichskonkordat, 1933 zwischen dem Deutschen Reich und der katholischen Kirche geschlossen, gültiges Recht ist. Gleichzeitig wies jedoch das Gericht eine Feststellungsklage der Bundesregierung gegen die Regierung Niedersachsens, diese habe durch Nichtachtung des Konkordats die Bundestreue verletzt, als unbegründet ab. Das Urteil stellte die Souveränität der Bundesländer in der Gestaltung ihrer Schulverhältnisse fest. Das niedersächsische Schulgesetz vom 14. September 1954, das die Gemeinschaftsschule gegenüber der Bekenntnisschule begünstigte, war nicht verfassungswidrig. Die Verpflichtung aus den Schulartikeln des Reichskonkordats könnte, so ist aus den Urteilsgründen zu

entnehmen, bei dem föderalistischen Charakter des Grundgesetzes nur von den Ländern erfüllt werden. Ihre Verpflichtung jedoch, die Schulartikel des Konkordats bei der Gestaltung des Schulrechts einzuhalten, verneinte das Bundesverfassungsgericht unter Hinweis auf Art. 123 Abs. 2 GG:
»Die vom Deutschen Reich abgeschlossenen Staatsverträge, die sich auf Gegenstände beziehen, für die nach diesem Grundgesetz die Landesgesetzgebung zuständig ist, bleiben, wenn sie nach allgemeinen Rechtsgrundsätzen gültig sind und fortgelten, unter Vorbehalt aller Rechte und Einwendungen der Beteiligten in Kraft, bis neue Staatsverträge durch die nach diesem Grundgesetz zuständigen Stellen abgeschlossen werden oder ihre Beendigung auf Grund der in ihnen enthaltenen Bestimmungen anderweitig erfolgt.«
Der Landesgesetzgeber ist gegenüber dem Bund nicht gehindert, an sich fortgeltendes Vertragsrecht von sich aus zu ändern. Eine gegenteilige Auffassung würde der vom Grundgesetz festgelegten Gestaltung des Verhältnisses von Bund und Ländern widersprechen.
Das Urteil war bedeutsam. Sowohl für die Auslegung des Grundgesetzes als auch für das vom Bund in Anspruch genommene Recht, für ihn verbindliche internationale Verträge respektieren zu müssen. Es war eindeutig in der Abwehr jeder Einschränkung der Kulturhoheit der Länder, dem Kernstück der föderalistischen Eigenstaatlichkeit.

Der Appell der Atomwissenschaftler

Schon Ende 1956 wurde in Beratungen der NATO-Konferenz das Problem aufgeworfen, ob die nichtamerikanischen Streitkräfte innerhalb dieses Paktes zur Verstärkung des atomaren Gegengewichtes gegenüber der sowjetischen Überlegenheit an herkömmlichen Waffen mit leichten Atomwaffen ausgestattet werden sollten. Das schloß die Frage nach einer möglichen Ausrüstung der Bundeswehr mit Kernwaffen ein. An ihr entzündeten sich Auseinandersetzungen, die Parlament, Öffentlichkeit und Wissenschaft ergriffen, das Bundesverfassungsgericht beschäftigten, über ein Jahr dauerten und an Intensität die Kontroverse über die Pariser Verträge übertrafen. Die von der SPD im Bundestag in dieser Sache am 2. April 1957 eingebrachte Große Anfrage ersuchte die Bundesregierung um Auskunft zu folgenden wesentlichen Punkten des Atomwaffenproblems:
Gefahr der Einbeziehung Deutschlands in einen Atomkrieg, Verwendung von nuklearen Waffen bei einer NATO-Stabsübung, Stationierung von Atomwaffen in der Bundesrepublik und Ausrüstung der Bundeswehr mit Atomwaffen, Verbot der Herstellung von Massenvernichtungsmitteln in der Bundesrepublik und Schutz der Bevölkerung vor atomaren Schäden.
Eine weit über das Parlament hinausreichende Resonanz fanden diese Sorgen und Probleme durch den Appell 18 führender deutscher Atomwissenschaftler, unter ihnen die Professoren Born, Gerlach, Hahn, Heisenberg, von Laue, Walcher und von Weizsäcker, an die deutsche Öffentlichkeit vom 12. April 1957. Der Wortlaut der sogenannten »Göttinger Erklärung«:

»Die Pläne einer atomaren Bewaffnung der Bundeswehr erfüllen die unterzeichneten Atomforscher mit tiefer Sorge. Einige von ihnen haben den zuständigen Bundesministerien ihre Bedenken schon vor mehreren Monaten mitgeteilt. Heute ist die Debatte über diese Frage allgemein geworden. Die Unterzeichneten fühlen sich daher verpflichtet, ihrerseits auf einige Tatsachen hinzuweisen, die alle Fachleute wissen, die aber der Öffentlichkeit noch nicht hinreichend bekannt zu sein scheinen.

1. *Taktische Atomwaffen haben die zerstörende Wirkung normaler Atombomben. Als ›taktisch‹ bezeichnet man sie, um auszudrücken, daß sie nicht nur gegen menschliche Siedlungen, sondern auch gegen Truppen im Erdkampf eingesetzt werden sollen. Jede einzelne taktische Atombombe oder -granate hat eine ähnliche Wirkung wie die erste Atombombe, die Hiroshima zerstört hat. Da die taktischen Atomwaffen heute in großer Zahl vorhanden sind, würde ihre zerstörende Wirkung im ganzen sehr viel größer sein. Als ›klein‹ bezeichnet man diese Bombe nur im Vergleich zur Wirkung der inzwischen entwickelten ›strategischen‹ Bomben, vor allem der Wasserstoffbomben.*
2. *Für die Entwicklungsmöglichkeit der lebensausrottenden Wirkung der strategischen Atomwaffen ist keine natürliche Grenze bekannt. Heute kann eine taktische Atombombe eine kleine Stadt zerstören, eine Wasserstoffbombe aber einen ganzen Landstrich von der Größe des Ruhrgebietes zeitweilig unbewohnbar machen. Durch Verbreitung von Radioaktivität könnte man mit Wasserstoffbomben die Bevölkerung der Bundesrepublik heute schon ausrotten. Wir kennen keine technische Möglichkeit, große Bevölkerungsmengen vor dieser Gefahr sicher zu schützen.*

   Wir wissen, wie schwer es ist, aus diesen Tatsachen die politischen Konsequenzen zu ziehen. Uns als Nichtpolitiker wird man die Berechtigung dazu abstreiten wollen. Unsere Tätigkeit, die der Tätigkeit der reinen Wissenschaft und ihrer Anwendung gilt und bei der wir viele junge Menschen unserem Gebiet zuführen, belädt uns aber mit einer Verantwortung für die möglichen Folgen dieser Tätigkeit. Deshalb können wir nicht zu allen politischen Fragen schweigen.

   Wir bekennen uns zur Freiheit, wie sie heute die westliche Welt gegen den Kommunismus vertritt. Wir leugnen nicht, daß die gegenseitige Angst vor den Wasserstoffbomben heute einen wesentlichen Beitrag zur Erhaltung des Friedens in der ganzen Welt und der Freiheit in einem Teil der Welt leistet. Wir halten aber diese Art, den Frieden und die Freiheit zu sichern, auf die Dauer für unzuverlässig. Und wir halten die Gefahr im Falle ihres Versagens für tödlich.

   Wir fühlen keine Kompetenz, konkrete Vorschläge für die Politik der Großmächte zu machen. Für ein kleines Land wie die Bundesrepublik glauben wir, daß es sich heute noch am besten schützt und den Weltfrieden noch am ehesten fördert, wenn es ausdrücklich und freiwillig auf den Besitz von Atomwaffen jeder Art verzichtet. Jedenfalls wäre keiner der Unterzeichneten bereit, sich an der Herstellung, der Erprobung oder dem Einsatz von Atomwaffen in irgendeiner Weise zu beteiligen. Gleichzeitig betonen wir, daß es äußerst wichtig ist, die friedliche Verwendung der Atomenergie mit allen Mitteln zu fördern, und wir wollen an dieser Aufgabe wie bisher mitwirken.« [14]

Auf Einladung des Bundeskanzlers fand am 17. April eine eingehende Aussprache mit einigen der Unterzeichner dieser Erklärung statt. In ihr wurde von der Bundesregierung klargestellt, daß sie keine eigenen Atomwaffen produzieren wird. Die Atomforscher brachten zum Ausdruck, daß es nicht ihr Ziel war, nur die Bundesrepublik aus einem allgemeinen Verhängnis herauszuhalten. Nur waren sie der Meinung, bei ihrer Initiative zur Abwehr dieses die Welt bedrohenden Verderbens in dem Staate beginnen zu müssen, dessen Bürger sie sind. Es blieb der Gegensatz, daß die Bundesregierung glaubte, sich einer atomaren Umrüstung der NATO – sofern die Abrüstungsverhandlungen scheitern sollten – als eines ihrer maßgebenden Partner nicht entziehen zu können, während die Professoren den Verzicht auf Atomwaffen jeder Art wünschten. Dagegen wurde Einigung in dem für die Atomwissenschaftler wichtigen Punkt erzielt, daß die Bundesregierung nicht an sie wegen der Beteiligung an der Entwicklung von Kernwaffen herantreten werde, da sie keine eigenen Atomwaffen produzieren werde.

Die Auffassung der Bundesregierung zur Anfrage der SPD-Fraktion fußte im wesentlichen auf ihren den Atomwissenschaftlern gegenüber gemachten Darlegungen. Bundesverteidigungsminister Strauß präzisierte sie im Bundestag in der Sitzung vom 10. Mai 1957 wie folgt:

»Eine isolierte Sicherheitspolitik der Bundesrepublik ist heute nicht mehr möglich. Maßnahmen, die ausschließlich der Erhaltung des Friedens und der Sicherung der Freiheit dienen, können und werden von der Sowjetunion nicht als Bedrohung aufgefaßt werden.

Die Bundesregierung versichert erneut ihre Bereitschaft, ein allgemeines Abrüstungsabkommen herbeiführen zu helfen.

Die Bundesregierung hat die Ausrüstung der Bundeswehr mit Atomwaffen bisher weder verlangt noch ist sie ihr angeboten worden.

Bis zum Erfolg der Abrüstungsverhandlungen kann die Bundesregierung den Sreitkräften der USA nicht die Bereitstellung solcher Waffen verweigern, die denen der Roten Armee im entsprechenden Bereich mindestens gleichwertig sind.

Zum Schutz der Bevölkerung vor den Auswirkungen der Atomwaffen sind wirksame Maßnahmen geplant.

Die Bundesregierung warnt angesichts der gewaltigen Militärmacht der Sowjetunion vor jedem Nachlassen der praktischen und psychologischen Verteidigungsbereitschaft.« [15]

Die Diskussion um die Atombewaffnung sollte ihren Höhepunkt aber erst 1958 erreichen.

Der Versuch der Volksbefragung

In einer von leidenschaftlicher Erregung erfüllten viertägigen außen- und wehrpolitischen Debatte vom 20. bis 25. März 1958 wurde mit den Stimmen von CDU/CSU und DP die Zustimmung des Bundestages zur atomaren Ausrüstung

der Bundeswehr angenommen. Anträge der SPD und FDP wurden, soweit sie den Verzicht auf atomare Ausrüstung und die Verweigerung zur Lagerung von Atomwaffen oder zum Bau von Abschußbasen im amerikanischen Gewahrsam betrafen, abgelehnt. Die parlamentarische Opposition sah in der atomaren Ausrüstung der Bundeswehr eine Erschwerung der politischen Lösung der deutschen Frage »bis zur Hoffnungslosigkeit«, sie sah in einem entspannten Ausgleich zwischen Ost und West einen möglichen Weg, die fortschreitende Spaltung Deutschlands aufzuhalten. Die parlamentarische Mehrheit vertraute auf die Notwendigkeit der Ausrüstung der Bundeswehr mit modernsten Waffen und deren abschreckende Wirkung zur Sicherung des Friedens. Vor der Schlußabstimmung am 25. März gab der SPD-Vorsitzende Ollenhauer bekannt, daß seine Fraktion soeben einen Gesetzentwurf zur Volksbefragung wegen einer atomaren Ausrüstung der Bundeswehr beschlossen habe und daß die Entschlossenheit der Bundesregierung, die Bundeswehr atomar auszurüsten, zum nationalen Notstand zu führen drohe. Die Freien Demokraten forderten angesichts des außergewöhnlichen Ernstes und der Tragweite der Entscheidung die Bildung einer Regierung des nationalen Notstandes. Die Bundesregierung ließ diese Forderung unberücksichtigt.
Parlamentarisch war der Streit um eine mögliche atomare Bewaffnung der Bundeswehr am 25. März zwar entschieden, nicht jedoch außerparlamentarisch. Parallel zu den Massenkundgebungen der am 10. März 1958 auf sozialdemokratische Initiative gegründete Protestbewegung »Kampf dem Atomtod«, deren Gründungsmitglieder sich aus führenden oppositionellen Politikern, evangelischen Theologen, Gewerkschaftsführern, Schriftstellern und Universitätsprofessoren zusammensetzten, wurden in den Bürgerschaften von Hamburg und Bremen Gesetze verabschiedet, die eine Volkbefragung in Anlehnung an den von der SPD-Bundestagsfraktion eingebrachten Gesetzentwurf in gleicher Sache vorsahen. Dieser Mitte Juni 1958 abgelehnte Entwurf enthielt die bei einer Volksbefragung zu stellenden zwei Fragen:

1. Sind Sie einverstanden, daß deutsche Streitkräfte mit atomaren Sprengkörpern ausgerüstet werden?
2. Sind Sie einverstanden, daß in Deutschland Abschußvorrichtungen für atomare Sprengkörper angelegt werden?

In Hessen beschlossen die Stadtverordnetenversammlungen von Frankfurt, Offenbach und Darmstadt, die Bevölkerung ihrer Gemeinden zu befragen. Ein außerordentlicher Landesparteitag der Berliner SPD faßte mit 111 gegen 103 Gegenstimmen den Beschluß, *»im Einvernehmen mit der Gesamtpartei darüber zu befinden, wann und in welcher Form auch in Berlin der Wille der Bevölkerung ermittelt werden soll«.*[16] Der Regierende Bürgermeister Brandt trat mit Nachdruck für eine Ausklammerung Berlins aus der Volksbefragungsaktion ein.
Der Bundesvorstand der FDP lehnte zwar eine Volksbefragung auf Bundesebene ab, sah jedoch die in den Stadtstaaten Bremen und Hamburg sowie in drei hessischen Städten mit Zustimmung der jeweiligen FDP-Fraktionen geplanten Volksbefragungen als zulässige Meinungsforschung an.
Die Bundesregierung reagierte scharf. Der Bundeskanzler erklärte in einem Schrei-

ben an den Hamburger und den Bremer Senat sowie an die hessische Landesregierung die Volksbefragung für verfassungswidrig und drohte mit Verfassungsklage. Nach Auffassung der Bundesregierung bedeuteten die vorgesehenen Volksbefragungen den Versuch, *»in unzulässiger Weise auf den Bundestag und die Bundesregierung Einfluß auszuüben. Sowohl die Verteidigung als auch die auswärtigen Angelegenheiten gehören zur ausschließlichen Gesetzgebungskompetenz des Bundes. Die Ausrüstung der Bundeswehr unterliegt der ausschließlich vollziehenden Gewalt des Bundes... Bei der im Gesetzentwurf vorgesehenen Volksbefragung handelt es sich nicht ... (aus einem Brief an den Hamburger Senatspräsidenten) um eine unverbindliche Meinungsforschung zu statistischen Zwecken, sondern um eine amtliche Abstimmung eines Teiles des Bundesvolkes über eine allein dem Bund zur Gesetzgebung und Verwaltung vorbehaltenen Materie.«* [17]

Der Brief des Bundeskanzlers blieb ergebnislos, so daß die Bundesregierung den Antrag auf einstweilige Anordnung an das Bundesverfassungsgericht stellte. Dem Antrag auf Aussetzung der Volksbefragungen wurde in allen drei Fällen entsprochen. In der Begründung hieß es:

»Die Entscheidung in der Hauptsache werde die Interpretation fundamentaler Verfassungsprinzipien bringen. Auch mit dem Ansehen des Bundesverfassungsgerichts, dem das Grundgesetz den Schutz der Verfassung anvertraut hat, wäre es unverträglich, wenn seine Entscheidung an einer vollendeten Tatsache nichts mehr zu ändern vermöchte. Weiter stellte es einen schweren Nachteil dar, wenn die Bundesregierung zusehen müßte, daß eine Maßnahme, die sie für verfassungswidrig hält, in einer nicht mehr rückgängig zu machenden Weise vollzogen wird. Wenn die Volksbefragung erst einmal ausgeführt sei, so könne eine Entscheidung des Bundesverfassungsgerichts daran nichts mehr ändern. Das Gesetz hätte damit seinen Zweck erfüllt. Mit der Ausführung der Volksbefragung käme das politische Gewicht dieser Maßnahme sofort zur vollen Geltung.« [18]

Am 30. Juli 1958 erklärte das Bundesverfassungsgericht die Volksbefragungsgesetze von Hamburg und Bremen als verfassungswidrig und stellte die Verletzung der Pflicht zur Bundestreue durch Hessen fest, weil das Land es unterlassen habe, die Beschlüsse aufzuheben, die in einigen hessischen Städten zu Volksbefragungen über Atombewaffnung der Bundeswehr gefaßt worden seien. Der Zweite Senat führte in seiner Urteilsbegründung u. a. aus:

»Das klare Ziel der Volksbefragungsaktion der Länder – die zuständigen Verfassungsorgane des Bundes zu zwingen, eine von ihnen für richtig gehaltene und getroffene Entscheidung im Bereich des Verteidigungswesens zu ändern – stellt aber einen von den Ländern her versuchten Eingriff in die ausschließliche Zuständigkeit des Bundes dar.

Die Zuständigkeit der Bundesorgane zur ausschließlich eigenverantwortlichen Bewältigung einer Sachaufgabe wird nicht erst dann von den Ländern beeinträchtigt, wenn sie ein Stück dieser Aufgabe dem Bund dadurch entziehen, daß sie es sachlich regeln, sondern schon dann, wenn sie die Bundesorgane durch den in einer von ihnen angeordneten amtlichen Volksbefragung liegenden politischen Druck zwingen wollen, die von ihnen getroffenen Sachentscheidungen zu ändern, also einen

Landesstaatswillen bilden wollen, um ihn dem verfassungsmäßig gebildeten Bundesstaatswillen entgegenzusetzen. – Die beiden Gesetze können nicht damit gerechtfertigt werden, daß, wie es die Begründung zum Hamburgischen Gesetz andeutet und das Bremische Gesetz in Paragraph 1 ausdrücklich ausspricht, die Volksabstimmung der Orientierung der Mitglieder der Landesregierung dienen soll – der Bundesrat ist ein Verfassungsorgan des Bundes.
Eine ›Instruktion‹ der Mitglieder der Landesregierungen im Bundesrat durch das Landesvolk, auch eine bloß rechtlich unverbindliche in der Weise, daß sich die Vertreter im Bundesrat daran orientieren und sie zur Richtschnur ihres Handelns im Bundesrat machen, ist nach der Struktur des Bundesrates ausgeschlossen. Eine vom Land zu diesem Zweck angeordnete Volksbefragung widerspricht dem Grundgesetz . . .« [19]
In einer weiteren, das Land Hessen betreffenden Entscheidung, hieß es ergänzend: *»Die hessische Gemeinde ist als hoheitlich handelnde Gebietskörperschaft, soweit ihr nicht Auftragsangelegenheiten vom Staate zugewiesen worden sind, von Rechts wegen darauf beschränkt, sich mit Angelegenheiten des örtlichen Wirkungskreises zu befassen. Sie überschreitet aber die ihr gesetzten rechtlichen Schranken, wenn sie zu allgemein überörtlichen, vielleicht hochpolitischen Fragen Resolutionen faßt oder für oder gegen eine Politik Stellung nimmt, die sie nicht als einzelne Gemeinde besonders betrifft . . . Jedenfalls gehört die Stellungnahme zur Frage der Ausrüstung der Bundeswehr nicht zu den Angelegenheiten des örtlichen Wirkungskreises und deshalb nicht zu den örtlich zu erledigenden Aufgaben der Gemeinde. Die Gemeinde mag berechtigt sein, sich mit einer Entschließung ihrer Verfassungsorgane gegen die konkrete Absicht zu wenden, auf ihrem Gemeindegebiet einen Atomreaktor, einen Flugplatz, eine militärische Anlage, z. B. eine Abschußbase für Atomsprengkörper, zu errichten. Sie ist aber nicht befugt, sich in derselben Weise gegen die Anlage von Atomreaktoren, Flugplätzen, militärischen Anlagen schlechthin zu wenden.«* [20]
Die durch die beabsichtigten Volksbefragungen drohende schwerwiegende Störung der grundgesetzlichen Ordnung war beseitigt, die deutsche Sozialdemokratie respektierte den Karlsruher Urteilsspruch. Die Protestbewegung »Kampf dem Atomtod« verlor rasch an Stoßkraft und politischer Wirksamkeit. Eine das ganze deutsche Volk bewegende politische Auseinandersetzung ebbte ab und sollte, wie die Entwicklung lehrte, auch nicht mehr aufflammen. Kernwaffen in nationalem deutschen Besitz sollten keine Tatsache werden.

Die Bundestagswahl 1957

Von den 13 Parteien, die sich am 15. September 1957 um die 494 Sitze des dritten Deutschen Bundestages bewarben, hatten außer den drei großen Parteien CDU/CSU, SPD und FDP nur noch die Parteifusion DP/FVP und der BHE Chancen, die Fünfprozentklausel zu überwinden. Um dem Fallbeil dieser Wahlbestimmung mit Sicherheit zu entgehen, hatte die DP/FVP durch Wahlabsprachen mit der CDU für mehr als drei Direktmandate gesorgt, deren Gewinn die Fünfprozentklausel unwirksam macht. Der BHE traf keine Wahlabsprachen. Von den bekannten Parteien, die sich noch 1953 um Sitze bewarben, fehlten die inzwischen verbotene KPD und die Gesamtdeutsche Volkspartei (GVP), die sich nach fünfjähriger Existenz im Mai 1957 auflöste und in der SPD aufging.

Der Wahlkampf wurde vor allem mit außen- und wirtschaftspolitischen Argumenten geführt. Die in der zweiten Legislaturperiode im wesentlichen vollzogene politische und militärische Integration der Bundesrepublik in den Westen, die Erlangung der Souveränität und der durch die russische Haltung begünstigte Wille der Bundesregierung, die Bundesrepublik nicht als Provisorium zu sehen, das wachsende internationale Ansehen, die wirtschaftlich stabile Lage mit steigenden Löhnen und Gehältern und Vollbeschäftigung sowie die ersten Auswirkungen der Rentenreform kennzeichneten die Situation im Wahljahr. Die Regierungsparteien verwiesen auf die Erfolge ihrer Politik der letzten acht, vor allem aber der letzten vier Jahre und kamen mit der Formel »Keine Experimente« der Mehrzahl der Wähler entgegen, deren Überlegungen primär der Sicherung des Erreichten galten. Die Strahlen wirtschaftlicher Prosperität wärmten zwar nicht alle, aber viele; der zweifellos vorhandene innere Widerstand gegen die Wehrpflicht wurde durch ein System vielfältiger Aufstiegs- und Ausbildungschancen und durch die Proklamierung des Soldaten als »Staatsbürger in Uniform« in bewußter Abkehr von früheren Praktiken deutschen Soldatenlebens zu überwinden versucht. Die im Wahljahr aufflammende Kontroverse über die Atombewaffnung der Bundeswehr hatte der CDU/CSU offensichtlich nicht geschadet. Der von den Sowjets mit brutaler Gewalt niedergeschlagene Ungarn-Aufstand war noch nicht vergessen, die verschärfte internationale Lage verstärkte die Einsicht eines großen Teiles der Wähler in die Notwendigkeit einer starken und modernen Verteidigung. Die Parallele zum Juni-Aufstand in der Zone mit seinen Rückwirkungen auf die Wähler bei der Bundestagswahl 1953 war unzweifelhaft gegeben.

Die SPD als stärkste Oppositionspartei forderte eine stärkere Wiedervereinigungspolitik und ein europäisches Sicherheitssystem unter Einschluß Gesamtdeutschlands mit der Konsequenz des Austritts beider Teile aus NATO und Warschauer Pakt. Sie machte sich zum Sprecher derer, deren Anteil am Wirtschaftsaufstieg gering oder nicht vorhanden war. Die außenpolitischen Vorstellungen der SPD waren für den Wähler wegen ihrer Differenziertheit nicht leicht begreifbar, sie erschienen ihm offensichtlich nicht konkret und klar genug. Ihre wirtschaftliche Kritik und Konzeption fand in der Bevölkerung, der es gut ging, kein ausreichendes Echo. Ein nicht auf die Erringung der politischen Macht, sondern nur auf die Verhinderung bzw. Brechung der absoluten Mehrheit der CDU gerichtetes Wahlziel war nicht attraktiv genug, es barg das Eingeständnis der Unterlegenheit. Der dem Bundeskanzler gegenübergestellte Oppositionsführer Erich Ollenhauer, eine integere und um die deutsche Nachkriegspolitik verdiente Persönlichkeit, ließ die politische und persönliche Ausstrahlungskraft vermissen, die Dr. Adenauer besaß. Die FDP, fast zwei Jahre in der Opposition, bemühte sich um die Rolle der »Dritten Kraft«. Im Zweifrontenkampf zwischen CDU/CSU und SPD setzte sie

ihre kritischen Akzente wirtschaftspolitisch verstärkt bei der SPD, außenpolitisch bei der CDU an. Das Plus, das aus einer Oppositionsrolle an sich erwachsen kann, blieb durch die Partei ungenutzt. Sie vermied jede Klarstellung vor der Wahl, mit welcher der beiden großen Parteien sie eine Koalition nach der Wahl eingehen würde.
Von 35 Millionen Wahlberechtigten gaben 88,2 Prozent ihre Stimmen ab. 1953 waren es 86 Prozent. Das Wahlergebnis lautete (in Klammern die Zahlen von 1953)[21]:

	Zweitstimmen		*Sitze*	
	Zahl	*v.H.*	*Zahl*	*v.H.*
CDU/CSU	*15 008 399*	*50,2 (45,2)*	*270 • (244)*	*54,4 (50,1)*
SPD	*9 495 571*	*31,8 (28,8)*	*169 (151)*	*34,0 (30,8)*
FDP	*2 307 135*	*7,7 (9,5)*	*41 (48)*	*8,2 (9,9)*
GB/BHE	*1 374 066*	*4,6 (5,9)*	*– (27)*	*– (5,5)*
DP/FVP	*1 007 282*	*3,4 (3,3)**	*17 (15)**	*3,4 (3,1)**

• = *einschl. drei Überhangmandate*
* = *DP allein*

Die CDU/CSU, seit Gründung der Bundesrepublik ununterbrochen in der Regierungsverantwortung, hatte sich nicht abgenutzt, sondern ihren größten Wahlsieg errungen. Sie erhöhte ihre absolute Mehrheit im Bundestag von 50,1 auf 54,4 Prozent und errang erstmalig eine absolute Stimmenmehrheit von 50,2 Prozent. Sie befand sich auf dem Höhepunkt ihrer Macht, kannte doch die deutsche Geschichte bisher keinen mehr als 50prozentigen Stimmenanteil einer Partei in einem freien Verfassungswesen. Die CDU/CSU sah im Wahlergebnis den eindeutigen Auftrag zur Fortsetzung ihrer Politik. Sie und die SPD, die ihre Niederlage trotz eines Stimmenanstiegs um 3 Prozent nicht bemäntelte, konnten 82 Prozent aller Stimmen und 88,4 Prozent aller Sitze auf sich vereinigen. Der Zug zur Parteienkonzentration hatte sich fortgesetzt. Waren im ersten Bundestag noch zehn Parteien, im zweiten noch sechs, so waren jetzt nur noch vier, davon nur drei aus eigener Kraft, vertreten.
Die FDP, nicht nur durch ihre Unentschlossenheit, sondern auch durch den Anteil der von ihr zur FVP übergegangenen Wähler geschwächt, hatte ihr Ziel, »Dritte Kraft« zu sein, nicht erreicht. Die vierte Partei, die DP/FVP, wäre im dritten Bundestag ohne die Hilfe der vorherigen Wahlabsprache nicht mehr vertreten gewesen. Der BHE verlor 250 000 Stimmen, seine politische Wirkungsmöglichkeit blieb nur noch auf einzelne Länder und Kommunen begrenzt. Die zunehmende wirtschaftliche Konsolidierung kam dieser Partei, die bei der Wahl von 1953 bereits 40 Prozent ihrer Wähler verloren hatte, nicht entgegen. Die Wahl brachte die erneute und verstärkte Absage an radikale Parteien und Splittergruppen. Der Wähler vermied es immer mehr, einer Partei seine Stimme zu geben, deren Chance, die Fünfprozentklausel zu überspringen, zweifelhaft war. Die großen Parteien boten in ihren Programmen und ihrer sozialen Gruppierung den Wählern

früherer kleiner oder Splitterparteien ausreichende Möglichkeit zu einer wirksamen Interessenwahrnehmung.
Der am 22. Oktober 1957 wiedergewählte Bundeskanzler Dr. Adenauer bildete sein drittes Kabinett aus CDU/CSU und der DP. 12 Minister gehörten der CDU, 4 der CSU und 2 der Deutschen Partei an. 4 neue Minister zogen in das Kabinett ein: Franz Etzel (Finanzen), Richard Stücklen (Post), Hermann Lindrat (Schatzministerium) und Paul Lücke (Wohnungsbauministerium). Neubesetzt wurden das Justizministerium mit dem bisherigen Finanzminister Schäffer, das Arbeitsministerium mit dem früheren Verteidigungsminister Blank und das Gesamtdeutsche Ministerium mit dem bisherigen Postminister Ernst Lemmer. Bundeswirtschaftsminister Ludwig Erhard wurde zum Vizekanzler und zum Vorsitzenden des Wirtschaftskabinetts ernannt.

Die stärkste Partei kommt wieder zum Zuge

Von unmittelbarer Auswirkung war die Bundestagswahl, in der die CSU 57 Prozent aller Stimmen in Bayern erzielte, auf die dortige Landespolitik. Die CSU als stärkste bayerische Partei war nach den Landtagswahlen vom November 1954 nicht an der Regierung beteiligt. Ministerpräsident Dr. Hoegner (SPD) erklärte am 9. Oktober 1957 von sich aus seinen Rücktritt, nachdem die vier Kabinettsmitglieder der Bayernpartei das gleiche am Vortage getan und der BHE seine Beteiligung am Kabinett Hoegner gekündigt hatte. Die ehemalige Viererkoalition sah sich, nur noch auf zusammen 73 Sitze der Sozialdemokraten und Freien Demokraten gestützt, einer Mehrheit von 131 Mandaten der CSU, der Bayernpartei und des BHE gegenüber. Unter Führung von Ministerpräsident Dr. Seidel wurde eine Koalitionsregierung aus CSU, FDP und BHE gebildet.
In Niedersachsen erfolgte eine Regierungsumbildung. Die im April 1955 entsprechend der Bonner Koalition aus CDU, FDP, DP und BHE gebildete Regierung unter Ministerpräsident Hellwege (DP) wurde am 6. November 1958 aufgelöst. Die neue Regierungskoalition setzte sich unter dem bisherigen Kabinettschef jetzt aus CDU, DP und SPD zusammen. Ausgelöst wurde dieser Schritt durch den Entschluß der gemeinsamen Fraktion der FDP–GB/BHE, sechs rechtsradikale Abgeordnete der Deutschen Reichspartei als Hospitanten aufzunehmen. CDU und DP sahen hierin eine politische Gefahr für das Land. In dem neunköpfigen Kabinett stellte die SPD allein vier Minister.
Die Hamburger Bürgerschaftswahl vom 10. November 1957 zeigte eine sehr deutliche Reaktion der Wählerschaft auf die vor vier Jahren durch den sogenannten Hamburgblock (CDU–FDP–DP) vorgenommene Aussperrung der SPD von der Regierung. Die SPD, in Hamburg traditionell die stärkste Partei, erhielt einen ungewöhnlich hohen Stimmenzuwachs und damit die absolute Mehrheit nach Stimmen und Mandaten. Gaben zur Bundestagswahl am 15. September 1957 45,8 Prozent der Wähler ihre Stimmen der SPD, so erhielt sie nur knapp zwei Monate später bei der Bürgerschaftswahl 53,9 Prozent. Diesem Stimmengewinn von 8,1

Prozent stand ein Stimmenverlust der CDU von 5,1 Prozent im gleichen Zeitraum gegenüber. Der Wahltrend der Bundestagswahl fand in Hamburg bei der Bürgerschaftswahl also keine Fortsetzung, sondern eine radikale Umkehrung. SPD und FPD bildeten den neuen Senat unter Führung von Max Brauer (SPD).
Somit war Ende 1957 jeweils im Süden und Norden der Bundesrepublik durch die Wiederübernahme der Regierung durch die stärkste Partei (CSU und SPD) eine innenpolitisch bedeutsame und, wie die Mehrheit der Wähler offensichtlich meinte, auch notwendige Korrektur vollzogen worden.
Das, was sich bei der Hamburger Wahl Ende des Jahres 1957 vollzog, ereignete sich, nur mit Anwendung auf die CDU, bei den Landtagswahlen in Nordrhein-Westfalen am 6. Juli 1958. Die CDU, 1954 mit deutlicher Führung als stärkste Partei aus den Landtagswahlen hervorgegangen, bildete zwar unter Ministerpräsident Karl Arnold eine Koalitionsregierung, wurde aber, wie am Anfang schon dargelegt, im Februar 1956 in die Rolle der Opposition verwiesen. Der Wählerwille korrigierte auch hier wie in Hamburg eine Entwicklung, die offensichtlich nicht dem Wunsch der Mehrheit der Wähler entsprach. Die CDU errang die absolute Mehrheit an Stimmen und Mandaten und bildete unter Ministerpräsident Franz Mayers das neue Kabinett allein.
Die Landtagswahlen in Bayern und Hessen vom 23. November 1958 führten CSU und SPD nahe an die absolute Mehrheit. In Hessen fehlte ein Mandat. In München bildete der wiedergewählte Ministerpräsident Dr. Seidel ein Koalitionskabinett aus CSU, BHE und FDP, in Wiesbaden Ministerpräsident Dr. Zinn sein drittes Kabinett aus SPD und zwei BHE-Ministern. In Baden-Württemberg vollzog sich ein Wechsel an der Kabinettsspitze. Kurt Georg Kiesinger (CDU), Vorsitzender des Außenpolitischen Ausschusses des Bundestages, wurde zum Ministerpräsidenten als Nachfolger von Gebhard Müller gewählt. Dieser wurde am 14. November 1958 Präsident des Bundesverfassungsgerichtes. Sein erster Präsident, Joseph Wintrich, war verstorben.
Die Wahlen zum Westberliner Abgeordnetenhaus vom 7. Dezember 1958 brachten der SPD einen Stimmengewinn von 6 Prozent und 14 zusätzliche Mandate gegenüber der Wahl von 1954 und damit den Ausbau ihrer absoluten Mehrheit. Die Berliner CDU verbesserte ihren Stimmenanteil sogar um 7,3 Prozent und erreichte 37,7. Ihr Zuwachs an Sitzen betrug 11. Die Freien Demokraten unterschritten als Folge der Absplitterung der FDV (im Bundesgebiet FVP), der sie 1956 von ihren 19 Mandaten 7 abtreten mußte, mit 3,8 Prozent die Fünfprozentklausel und waren erstmalig im Abgeordnetenhaus nicht mehr vertreten. Dieses Schicksal war der SED, soweit sie sich beteiligte, stets beschieden gewesen. Ganze 1,9 Prozent aller Stimmen erhielt sie, 1954 waren es 2,7 Prozent gewesen. Willy Brandt, am 3. Oktober 1957 als bisheriger Präsident des Berliner Abgeordnetenhauses als Nachfolger des verstorbenen Otto Suhr (SPD) zum Regierenden Bürgermeister gewählt, bildete am 15. Januar 1959 einen Koalitionssenat aus SPD und CDU. Das Abgeordnetenhaus war damit zwar oppositionslos geworden, die Fortsetzung der Koalition aber wegen der Berlinkrise, auf die noch einzugehen sein wird, geboten.

Der Ausgang von Bundestags- und Landtagswahlen und das Ergebnis verschiedener Regierungsbildungen in den Jahren 1957 und 1958 konnte, das läßt sich zusammenfassend sagen, als ein Zeichen einer bemerkenswerten politischen Stabilität gewertet werden. Einer Stabilität, die nicht zuletzt durch die »Wiedereinsetzung in den vorigen Stand« (um einen juristischen Begriff zu gebrauchen) der stärksten Partei in den Bundesländern Bayern, Nordrhein-Westfalen und Hamburg erzielt worden war.

Steuerliche Absetzung von Spenden für Parteien

Die SPD führte ihre Niederlage in der Bundestagswahl auch auf eine finanzielle Überlegenheit ihrer Gegner zurück. Auf eine von der hessischen Regierung eingereichte Klage entschied das Bundesverfassungsgericht am 24. Juni 1958, daß die gesetzlichen Bestimmungen über die steuerliche Absetzung von Spenden für die politischen Parteien den Gleichheitsgrundsatz der Verfassung verletzen. Der Begründung ist zu entnehmen:
Es seien heute alle Parteien auf Spenden angewiesen, ihr Finanzbedarf könne aus Mitgliederbeiträgen nicht gedeckt werden. Wenn es auch durchaus nicht die Aufgabe des Staates sei, diesen Geldbedarf zu decken, so müsse er doch darauf achten, daß eine gesetzliche Förderung der Parteikassen nicht das Grundrecht der Parteien auf Chancengleichheit verletze. Es steige jedoch der Steuersatz bei der Einkommensteuer mit der Höhe des steuerpflichtigen Einkommens bis zu 53 Prozent. Die Körperschaftssteuer betrage grundsätzlich 45 Prozent. So wirkte die Möglichkeit, Spenden an politische Parteien abzusetzen, in erster Linie als Anreiz auf Einkommensteuerpflichtige mit hohem Einkommen und auf Körperschaftssteuerpflichtige, nicht jedoch auf Lohnsteuerpflichtige mit kleinem Einkommen, die in der Regel nur sehr kleine Beiträge spenden, diese aber nicht von der Steuer wegen der Geringfügigkeit absetzen könnten. *»Daher müssen die umstrittenen Bestimmungen zur Folge haben, daß diejenigen Parteien, deren Programm und Tätigkeit kapitalkräftige Kreise ansprechen, stärker begünstigt werden.«* Das Gewicht bestimmter Parteien würde im politischen Konkurrenzkampf ohne sachlich zu rechtfertigenden Grund vor anderen verstärkt.
Die Begründung des Bundesverfassungsgerichtes, warum auch das Grundrecht des Bürgers auf Gleichheit verletzt werde, hatte ebenso grundsätzliche Bedeutung:
»Da bei Spenden an politische Parteien der Bezieher eines großen Einkommens einen absolut und relativ höheren Betrag an Steuern erspart als der Bezieher eines kleinen Einkommens, wird die politische Meinung des ersten sozusagen prämiiert. Eine solche durch ein Gesetz geschaffene unterschiedliche steuerliche Behandlung der Einflußnahme auf die politische Willensbildung je nach der Höhe des Einkommens verträgt sich aber nicht mit dem Grundsatz der formalen Gleichheit, der die Ausübung politischer Rechte in der freien Demokratie beherrscht.« [22]

WIRTSCHAFTS- UND SOZIALPOLITIK IN DER BUNDESREPUBLIK

Die wirtschaftliche Entwicklung der Bundesrepublik im Jahre 1955, gekennzeichnet durch steigende Löhne, Gehälter und Umsätze, durch Rekordziffern bei der industriellen Produktion und bei den Investitionen, hatte zu einer Steigerung des Bruttosozialproduktes um 12,8 Prozent geführt (das Bruttosozialprodukt umfaßt den Wert aller während eines Jahres erzeugten Güter und geleisteten Dienste). Der Konjunkturhöhepunkt in diesem bis dahin wirtschaftsexpansivsten Jahr wurde 1956 unterschritten, das Bruttosozialprodukt erhöhte sich um 9,5 Prozent auf 197,5 Mrd. DM. Die Entwicklung verlief ruhiger. Knappheit an Arbeitskräften und Vollbeschäftigung begannen den Arbeitsmarkt zu bestimmen. Die Arbeitslosigkeit verringerte sich weiter; Ende September wurden nur noch rund 411 000 Arbeitslose registriert. Die alte 48-Stunden-Woche wurde aufgegeben und die Reduzierung der Arbeitszeit auf 45 Stunden in fast allen Industriezweigen – der öffentliche Dienst folgte 1958 nach – bis Mitte 1957 erreicht. In der Metallindustrie wurde die 44-Stunden-Woche eingeführt. Im Rahmen verschiedener Steuersenkungsmaßnahmen fiel das Notopfer Berlin, seit 1949 eingeführt, für alle natürlichen Personen ab 1. Oktober 1956 weg. Die zunehmende Produktivität ermöglichte nicht unbeträchtliche Lohn- und Gehaltsaufbesserungen und bewirkte eine breite Kaufkraftsteigerung. Sie äußerte sich in der wachsenden Nachfrage vor allem nach Gütern des gehobenen Bedarfs. Die Bundesfinanzen hatten einen einmalig günstigen Stand, das Haushaltsjahr 1955 schloß mit einem Überschuß von über 3 Milliarden DM ab. Die vorübergehende Stillegung von Milliardenbeträgen im sogenannten Juliusturm – in Erinnerung an die Aufbewahrung des preußischen Goldschatzes 1871 im Spandauer Juliusturm – führte zu starken finanzpolitischen Auseinandersetzungen. Durch die Verzögerung in der Aufstellung der Streitkräfte, entgegen dem ursprünglichen Zeitplan, wurden von den bewilligten 5,2 Mrd. DM zunächst nur 95 Mio. DM abberufen. Das geschätzte Steueraufkommen für 1956 wurde noch durch die expansive Wirtschaftsentwicklung um 1,4 Mrd. überschritten. Ab 1957 gestaltete sich die Haushaltslage weniger günstig, da die für den Wehrhaushalt zurückgestellten Beträge nunmehr beansprucht wurden. Die Bundesrepublik war 1956 das Land in der westlichen Welt mit dem höchsten Jahresüberschuß auf seinen Gold- und Devisenkonten.

Die Rentenreform

In der Regierungserklärung vom 20. Oktober 1953 hatte Bundeskanzler Dr. Adenauer eine umfassende Sozialreform angekündigt und ihre Verwirklichung als vorrangiges innerpolitisches Thema bezeichnet. Im Jahre 1955 begannen die Vorarbeiten zu einer Reform, die den Umbau der gesamten Sozialversicherung vorsah. Beendet wurde Anfang 1957 zunächst die Neuordnung eines klassischen

Zweiges der sozialen Sicherung: die Rentenversicherung der Arbeiter, Angestellten und der im Bergbau Beschäftigten. Der Kern der Neuordnung der Alters- und Invaliditätsversicherung war der Übergang von der statischen zur dynamischen Leistungs- oder, wie sie später hieß, zur Produktivitätsrente. Die Erkenntnis, daß die Rentenleistungen ausreichen müssen, dem Empfänger nicht nur das Existenzminimum, sondern einen auf die Altersbedürfnisse zugeschnittenen Lebensstandard zu sichern, setzte sich durch. Bisher konnten die beitragsorientierten Leistungen der Rentenversicherungen die Produktivitäts- und Wirtschaftsentwicklung nicht aktuell widerspiegeln und blieben so hinter der Lohn- und Preisdynamik zurück.

Die Neurenten werden im Zeitpunkt der Rentenfestsetzung automatisch an die Entwicklung der Gehälter und Löhne angeglichen; die bereits laufenden Renten (Bestandsrenten) werden an die Entwicklung der Löhne und Gehälter jährlich durch Gesetz angepaßt. Der neue Grundsatz der Produktivitätsrente berücksichtigt, daß die Rentner, genau wie die noch Arbeitenden, an der Entwicklung des Sozialprodukts beteiligt werden und eine Rentenerhöhung dann gerechtfertigt ist, wenn die Wirtschaft eine entsprechende Produktivitätssteigerung verzeichnet. Für die Angestellten-Versicherungspflicht wurde die bisherige Einkommensgrenze von 750 DM auf 1250 DM monatlich heraufgesetzt. Betrugen die Jahresleistungen an die Rentner 1956 noch 7,4 Mrd. DM, so stiegen sie durch die Rentenreform, die den Beitragssatz von 11 auf 14 Prozent vom Grundlohn erhöhte, um etwa 5,6 Mrd. DM auf 13 Mrd. im Jahre 1957. Die SPD forderte die Versicherungspflicht für alle Arbeitnehmer, Renten von 75 Prozent des Bruttolohnes und Mindestrenten von 200 DM. Die Rechtsparteien wollten die Begrenzung der Versicherungspflicht bei 1000 DM.

Die Rentenreform, die eine entscheidende Leistungsverbesserung für die Mehrzahl der Alters- und Invaliditätsrentner bedeutete, trat rückwirkend ab 1. Januar 1957 in Kraft, nachdem sie der Bundestag mit den Stimmen der CDU/CSU, SPD und des BHE gegen die der FDP am 21. Januar verabschiedet hatte. DP und FVP enthielten sich der Stimme. Die Sozialdemokraten nannten die Reform zwar nützlich und wichtig und einen Beitrag zur Verbesserung der Lage der Rentner und Berufsunfähigen, sie enthielt aber nach ihrer Auffassung Mängel und Schwächen und stellte keine grundlegende Neugestaltung der sozialen Sicherheit dar. Die Kritik der Freien Demokraten zielte vor allem auf die Rentenautomatik. Sie sahen Gefahren für Währung und Kaufkraft durch die lohngebundene Produktivitätsrente.

Die Rentenreform, von der »Neuen Zürcher Zeitung« als ein *»spektakulärer Schritt in sozialpolitisches Neuland, als das wichtigste soziale Reformwerk seit der Bismarck-Ära«* bezeichnet, war die bedeutendste innen- und sozialpolitische Entscheidung des zweiten Deutschen Bundestages. Die dem Reformwerk innewohnenden Risiken wurden nicht geleugnet. Die »Frankfurter Allgemeine Zeitung« schrieb: *»Erst die nächste Generation wird wissen, ob die jetzt getroffene Entscheidung richtig war. Vielleicht wird man die gestrige Abstimmung einmal als einen für die gesamte spätere wirtschafts- und währungspolitische Entwicklung entscheidenden Punkt markieren ...«*

Die Rentenreform hat, wie die nachstehende Übersicht zeigt, die Rentenbeträge z. T. erheblich angehoben. Die Erhöhung (ohne Berücksichtigung der im Vorgriff auf die Reform gewährten Sonderzulagen) machte bei der Rentenversicherung der Arbeiter und Angestellten 58 bzw. 65 und bei den Witwenrenten 73 bzw. 87 Prozent aus.

Monatliche Durchschnittsrenten in DM[23]

Rentenart	*Rentenvers. der Arbeiter*			*Rentenvers. der Angestellten*		
	Sept.	*April*	*Sept.*	*Sept.*	*April*	*Sept.*
	1953	*1957**	*1957*	*1953*	*1957**	*1957*
Renten an Versicherte	*78,90*	*90,50*	*143,20*	*121,—*	*138,—*	*227,20*
Witwen-, Witwerrenten	*49,40*	*56,—*	*96,60*	*63,—*	*74,20*	*139,10*
Waiseneinzelrenten	*31,80*	*31,80*	*50,30*	*37,80*	*38,70*	*53,90*

** ohne Sonderzulagen.*

Die Wirtschaft im Jahre 1957 . . .

Das Expansionstempo der industriellen Erzeugung verlangsamte sich 1957 gegenüber 1956. Die sehr hohen Zuwachsraten der Vorjahre wurden nicht mehr erreicht. Der besonders starke Aufschwung der Jahre 1954 bis 1955 hatte seine Ursache in einem Boom der Investitionsgüterindustrien mit Zuwachsraten von 18 bis 24 Prozent. Die Nachfrage hatte sich seit 1956 beruhigt, der Nachholbedarf war teilweise befriedigt. Die industrielle Expansion hatte sich den westeuropäischen Ländern angeglichen. Bis 1957 verdoppelte die Bundesrepublik – gemessen am Stichjahr 1937 – ihr Produktionsvolumen, Großbritannien steigerte es um 50, Frankreich um 80 Prozent.
Die Lebenshaltung in der Bundesrepublik verbesserte sich weiter. Das Investmentsparen mit seinem Risikoausgleich gegenüber der Aktie nahm 1957 eine fast sprunghafte Entwicklung, die sich 1958 noch ungleich stärker fortsetzte. Der Gesamtwert der Fonds aller deutschen Investmentgesellschaften erhöhte sich gegenüber 1956 um mehr als das Doppelte. Über 3 Millionen Zertifikate waren im Umlauf, obschon die meisten aller Fonds erst 1956 eröffnet wurden. Die soziale Zusammensetzung der Käuferschichten war aufschlußreich: Angestellte und Arbeiter 29,8, Hausfrauen 23, Kaufleute 15,4, freie Berufe 11,7, Pensionäre und Rentner 7,8 und sonstige Käufer 12,3 Prozent. Der Gesetzgeber trug der wachsenden Bedeutung des Investmentsparens Rechnung, indem er 1957 das Gesetz über Kapitalanlagegesellschaften mit Schutzbestimmungen für den Anteilseigner und Publizitätsvorschriften verabschiedete.
Von 1954 bis 1957 verdoppelte sich die Zahl der Kraftfahrzeuge in der Bundesrepublik auf mehr als 5 Millionen.
Die Handelsbeziehungen der Bundesrepublik wurden immer umfangreicher und zeigten eine ununterbrochene Aufwärtsentwicklung:[24]

	Wert der Einfuhr	Wert der Ausfuhr
1950	*11,4 Mrd. DM*	*8,4 Mrd. DM*
1951	*14,7 Mrd. DM*	*14,6 Mrd. DM*
1952	*16,2 Mrd. DM*	*16,9 Mrd. DM*
1953	*16,0 Mrd. DM*	*18,5 Mrd. DM*
1954	*19,3 Mrd. DM*	*22,0 Mrd. DM*
1955	*24,5 Mrd. DM*	*26,0 Mrd. DM*
1956	*28,0 Mrd. DM*	*31,0 Mrd. DM*
1957	*31,6 Mrd. DM*	*36,0 Mrd. DM*

Der durch den Ausfuhrüberschuß erzielte hohe Devisenbestand betrug 1957 12 Milliarden DM in Devisen und 6 Milliarden in Gold.
Das, was 1948 im Jahr der Währungsreform Utopie war, wurde zehn Jahre später Wirklichkeit. Deutschland war Gläubigerland geworden, seine Banken traten als Kreditgeber anderer Regierungen auf, unsere Währungsreserve rangierte hinter der der USA und der Schweiz mit 25 Mrd. an dritter Stelle. Die Bundesrepublik rückte an die zweite Stelle der freien Industrienationen vor.

... und im Jahre 1958

In Amerika hatte die Zahl der Arbeitslosen 5 Millionen überschritten. Auf den Halden des Ruhrgebietes lagerten über 14 Millionen Tonnen Kohle – niedrige Frachtraten, die billige amerikanische Kohle und der Vormarsch des Heizöls waren die Ursachen der Absatzkrise im Steinkohlenbergbau. Die Schatten der Suezkrise – hektische Aufträge und übermäßige Vorratsaufstockung – lösten sich erst langsam von der westlichen Weltwirtschaft. Die eingetretene Konjunkturdämpfung erstreckte sich in der Bundesrepublik im wesentlichen neben dem Steinkohlenbergbau auf die Stahl- und Textilindustrie. Die Kleiderschränke waren gefüllt, der Nachholbedarf gedeckt. Der Wettbewerb wurde schärfer, der Druck zur Kostensenkung größer. Die Investitionen in der Phase einer überschäumenden Hochkonjunktur konnten nicht mehr mühelos über die Preise finanziert werden.
Aber die Konjunkturdämpfung erstreckte sich nicht gleichmäßig auf alle Wirtschaftszweige. Die Arbeitslosigkeit erreichte 1958 ihren tiefsten, die Beschäftigung ihren höchsten Stand seit der Währungsreform. Der wachsende Wohlstand führte nach Sättigung des Nachholbedarfs zu einer stürmischen Zunahme des sogenannten gehobenen Bedarfs, zu einer Änderung der Konsumgewohnheiten, zu einer ungeahnten Entfaltung des sozialen Wettbewerbs mit dem Streben des einzelnen nach Repräsentation. Auto und automatische Waschmaschine, Moped, Fernsehgerät und Auslandsreise wurden, gestern noch Luxus, zum gehobenen Konsum. Die Produktion stellte sich auf diesen Wohlstand und auf das durch ihn geborene Prestigedenken beim Kauf von Gütern ein und sollte einer langen Zeit wirtschaftlicher Blüte entgegengehen. Mit Wirkung vom 29. Dezember 1958 wurde die Deutsche

Mark für Ausländer frei konvertierbar, d. h. in jede ausländische Währung umwandelbar. Dieser Schritt wurde gleichzeitig mit zwölf anderen europäischen Ländern vollzogen. Der Devisenhandel, bisher in die Teilmärkte der Hart- und Weichwährung gespalten, erhielt einen »gemeinsamen Markt«. Alle Kurse orientierten sich am US-Dollar. In der Bundesrepublik herrschte damit im Gegensatz zu anderen Ländern eine nahezu vollständige Liberalisierung des Devisenhandels, weil sie – was die Freiheit im Devisenverkehr erst ausmacht – auch die Inländerkonvertibilität eingeführt hatte. Jeder Deutsche konnte Guthaben in Deutscher Mark in jede andere als konvertierbar erklärte Währung umtauschen und Guthaben in dieser Währung halten. Jeder Deutsche hatte unbeschränkt Anspruch auf Reisedevisen und konnte unbegrenzt Kapital ausführen. Sein Privileg, in beliebiger Menge Gold zu kaufen, hatte selbst der Bürger der USA nicht.

Einseitige Vermögensbildung

Die private Vermögensbildung nahm zwar erheblich als Folge des wachsenden Wohlstandes zu, war aber nicht vergleichbar mit der der Unternehmer und der öffentlichen Hand, die sich bereits seit 1948 vollzog. Die Vermögensbildung blieb einseitig und erfaßte nicht die Masse der Arbeitnehmer. Ein im Auftrag der Bundesregierung erstelltes Gutachten kam zu dem Ergebnis, daß 75 Prozent aller privaten Vermögen im Besitz von 17 Prozent der bundesdeutschen Bevölkerung sind und daß sich die übrigen 83 Prozent in die restlichen 25 Prozent der privaten Vermögen teilen. In absoluten Zahlen bedeutet das, daß 18,9 Millionen Arbeitnehmer im Jahre 1959 6,1 Mrd. DM an Vermögen gebildet haben. Das sind, auf den Kopf des unselbständig Beschäftigten umgerechnet, im Jahre 1959 322 DM gewesen. Die 3,2 Millionen Selbständige haben 1959 6,8 Mrd. DM an Vermögen gebildet. Das sind 2125 DM pro Kopf. Dazu kommen weitere 5500 DM je Kopf des Selbständigen, errechnet aus 10,8 Mrd. DM an unverteilten Gewinnen aus Personengesellschaften und Einzelunternehmungen. Der Selbständige hatte also im Jahre 1959 23mal soviel Vermögen gebildet, wie es dem Unselbständigen möglich war.[25]

Die in der nachfolgenden Graphik genannten 87,7 Mrd. DM an privaten Ersparnissen verteilen sich nicht auf alle Haushalte, sondern konzentrieren sich vornehmlich auf jene, die bei der Vermögensbildung der Unternehmen ohnehin den Hauptanteil erhielten. So erhärtet das Schaubild das vorstehend Gesagte. Wenn auch der Vermögenszuwachs durch die Selbstfinanzierung über die Preise bei den Unternehmern schnell und intensiv wuchs, die Sachwertbesitzer, die »Reichen«, also immer reicher wurden, so wurden die »Armen« entgegen dem Sprichwort nicht ärmer. Das wachsende Einkommen – ein entscheidendes Verdienst der Gewerkschaften – sicherte einen höheren Lebensstandard, von der Steigerung des Sozialprodukts und des Volkseinkommens profitierten alle.

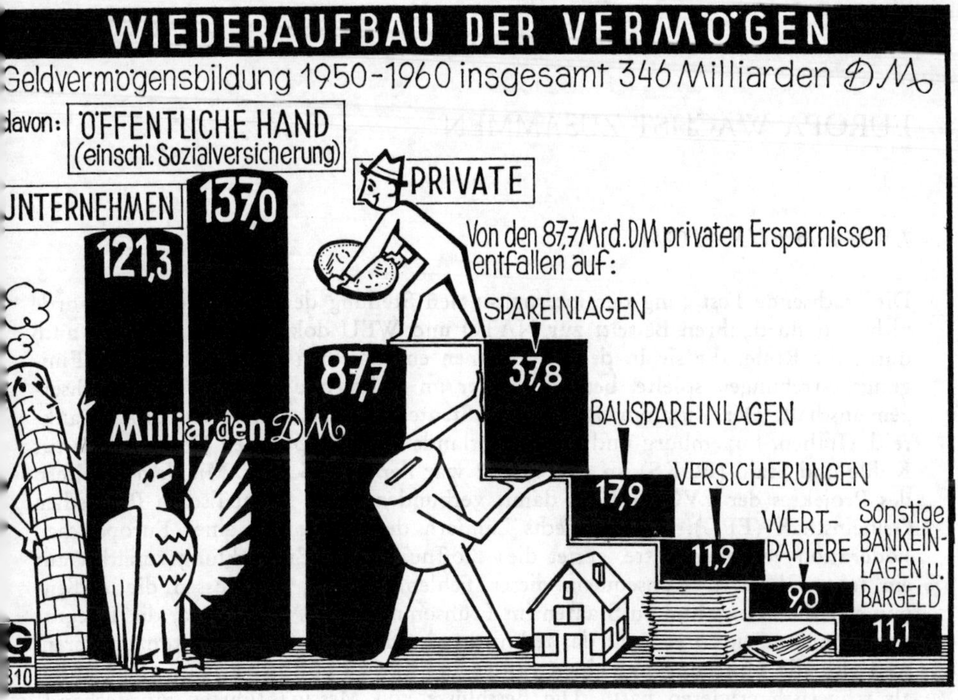
WIEDERAUFBAU DER VERMÖGEN
Geldvermögensbildung 1950-1960 insgesamt 346 Milliarden DM
davon: ÖFFENTLICHE HAND
(einschl. Sozialversicherung)
UNTERNEHMEN
PRIVATE
137,0
121,3
87,7
Milliarden DM
Von den 87,7 Mrd. DM privaten Ersparnissen entfallen auf:
SPAREINLAGEN
37,8
BAUSPAREINLAGEN
17,9
VERSICHERUNGEN
11,9
WERT-PAPIERE
9,0
Sonstige BANKEIN-LAGEN u. BARGELD
11,1

EUROPA WÄCHST ZUSAMMEN

EWG und EURATOM

Die wachsende Festigung der internationalen Stellung der Bundesrepublik wurde nicht nur durch ihren Beitritt zur NATO und WEU dokumentiert, sondern auch durch die Rolle, die sie in den allgemeinen europäischen Integrations- und Einigungsbestrebungen spielte, besonders aber im Rahmen der europäischen Sechsergemeinschaft. Der Zusammenschluß der Staaten Belgien, Bundesrepublik, Frankreich, Italien, Luxemburg und die Niederlande zur Europäischen Gemeinschaft für Kohle und Stahl (EGKS) im Jahre 1952 war der erste Schritt. Mit dem Scheitern des Projektes der EVG und des damit verbundenen der Europäischen Politischen Gemeinschaft (EPG), das den sechs Ländern den Charakter einer Europäischen Föderation verliehen hätte, geriet diese hoffnungsvolle Entwicklung zunächst auf ein totes Gleis. In Konsequenz dieser Fehlentwicklung beschlossen die Außenminister der Montanunion-Staaten im Frühsommer 1955 in Messina, die Integrationsbemühungen vorerst auf das technisch-wirtschaftliche Gebiet zu konzentrieren, weil sich die Hoffnung auf einen raschen militärisch-politischen Zusammenschluß als trügerisch erwiesen hatte. Die Beschlüsse von Messina führten zu Verhandlungen mit dem Ziel der Errichtung eines gemeinsamen europäischen Marktes und der Errichtung einer gemeinsamen Organisation zur friedlichen Nutzung der Kernenergie (EURATOM). Die Verträge zur Gründung der Europäischen Wirtschaftsgemeinschaft (EWG) und zur Europäischen Atomgemeinschaft wurden am 25. März 1957 in Rom unterzeichnet und am 1. Januar 1958 in Kraft gesetzt. Der Bundestag hatte den Verträgen am 5. Juli 1957 mit großer Mehrheit zugestimmt. Erstreckt sich die EWG auf alle Wirtschaftszweige, so beschränkte die Montanunion (EGKS) den Gemeinsamen Markt nur auf die Kohle-, Stahl- und Eisenerzproduktion. Sie bedingt auf diesem wirtschaftlichen Bereich die Unterwerfung der nationalen Souveränität der Mitgliedsstaaten unter die Autorität ihrer übernationalen Organe. Das ist der bisher einzige Fall. In allen anderen Fällen (EWG, EURATOM) *»wirkt sich die Zugehörigkeit der Bundesrepublik zu europäischen Gemeinschaften und Institutionen nicht in der Form einer die eigene Souveränität begrenzenden Unterordnung unter supra-nationale Organe, sondern in einer völkerrechtlichen, moralischen und politischen Bindung ihrer Außenpolitik an gewisse gemeinsame europäische Zielsetzungen und an eine solidarische Haltung mit ihren Partnern aus«*.[26]

Aufgabe der Gemeinschaft ist es, durch Errichtung eines Gemeinsamen Marktes und die schrittweise Annäherung der Wirtschaftspolitik seiner Mitglieder eine harmonische Entwicklung der Wirtschaft, eine beständige und ausgeglichene Wirtschaftsausweitung, Stabilität und eine beschleunigte Hebung des Lebensstandards sowie engere Beziehungen zwischen den Staaten zu fördern, die in dieser Gemeinschaft vereinigt sind. Zusammengefaßt ergibt sich:

Der Vertrag über die EWG wurde auf unbegrenzte Dauer geschlossen, das Verfahren für die Errichtung des Gemeinsamen Marktes ist unumstößlich; ist der Vertragsmechanismus für die Verwirklichung dieses Marktes erst einmal in Gang gesetzt, so muß sein Ziel in jedem Fall erreicht werden.
Die Verwirklichung des Gemeinsamen Marktes vollzieht sich in drei Zeitstufen, um die Anpassung der nationalen Volkswirtschaften an die veränderten Wettbewerbsbedingungen zu ermöglichen. Diese Übergangszeit besteht aus drei Stufen von je vier Jahren, der Übergang von Stufe zu Stufe erfolgt automatisch. Die Übergangszeit von zwölf Jahren kann auf höchstens 15 Jahre ausgedehnt werden. Die Gemeinschaft gründet sich auf eine Zollunion, die sich auf den gesamten Warenaustausch mit Ausnahme jener Erzeugnisse erstreckt, die unter den Montanunion- und den Euratom-Vertrag fallen, und auf das Verbot, zwischen den Mitgliedsstaaten Ein- und Ausfuhrzölle sowie Abgaben gleicher Wirkung zu erheben. Der Vertrag sieht die Einführung eines gemeinsamen Zolltarifs gegenüber dritten Ländern, die gleichmäßige Aufhebung aller mengenmäßigen Ein- und Ausfuhrbeschränkungen und den schrittweisen Abbau aller Einfuhr- und Ausfuhrzölle bis spätestens zum Ablauf der Übergangszeit vor. Für die Landwirtschaft, die Bestandteil des Gemeinsamen Marktes wird, sind Ausnahmebestimmungen vorgesehen, da ein vollständig liberalisierter Agrarmarkt nicht als möglich angesehen wird. Die Freizügigkeit der Arbeitnehmer innerhalb der Gemeinschaft wird sichergestellt, Beschränkungen der Niederlassungsfreiheit der Staatsangehörigen eines Mitgliedsstaates im Gebiet eines anderen werden schrittweise aufgehoben. Die Sozialpolitik der Vertragspartner soll angeglichen, die Wirtschafts- und Währungspolitik – die grundsätzlich autonom bleiben – koordiniert werden. Eine Assoziierung jener außereuropäischen Gebiete, für die die Mitglieder der Gemeinschaft internationale Verpflichtungen eingehen, ist vorgesehen.
Der Vertrag zur Gründung der Europäischen Atomgemeinschaft gilt ebenfalls für unbegrenzte Zeit und verfolgt das Ziel, die technischen und industriellen Voraussetzungen für eine Verwertung der Erfindungen auf dem Gebiet der Kernkraft und insbesondere der Erzeugung von Kernenergie zu schaffen.
Zur Ergänzung der Forschungen auf nationaler Ebene wird eine gemeinsame Kernforschungsstelle errichtet, die die Forschungsergebnisse koordiniert und eigene Forschungsprogramme ausarbeitet. Eine gemeinsame Agentur stellt die Versorgung der Gemeinschaft mit Erzen, Ausgangsstoffen und spaltbaren Stoffen sicher. Sie verfügt über ein Bezugsrecht für diese Stoffe, sofern sie im Gebiet der Mitgliedsstaaten erzeugt werden (bei einer Anbietpflicht der Erzeuger), sowie über das ausschließliche Recht, alle Verträge über die Lieferung dieser Erze und Stoffe aus Ländern innerhalb oder außerhalb der Gemeinschaft abzuschließen. Von der Euratom-Kommission bestellte Inspektoren können in den Mitgliedsstaaten Überwachungsmaßnahmen durchführen. Die Gemeinschaft ist Eigentümerin der spaltbaren Stoffe, die in den Mitgliedsstaaten erzeugt oder in diese Staaten eingeführt werden.

Gemeinschaft der Sechs

Für die Europäischen Gemeinschaften EGKS, EWG und EURATOM, unter dem Dachbegriff »Gemeinschaft der Sechs« bekannt, wurden mit dem Abschluß der Römischen Verträge gemeinsame Organe geschaffen:

Gemeinsame Organe

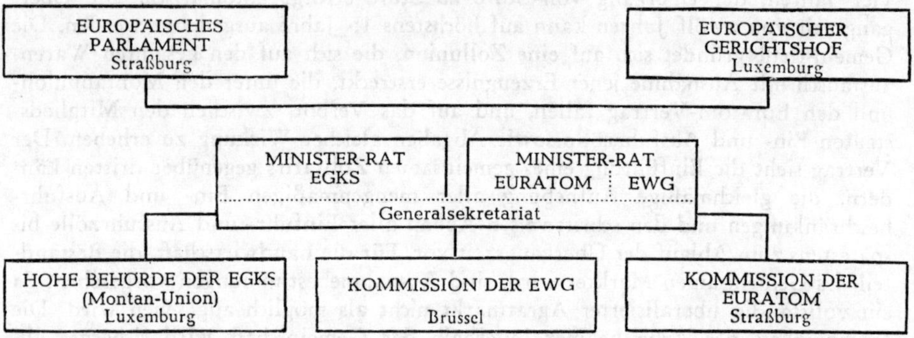

Das Europäische Parlament, die gemeinsame parlamentarische Versammlung der EGKS, EWG und EURATOM, konstituierte sich im März 1958 in Straßburg und löste die aus 78 Abgeordneten bestehende Gemeinsame Versammlung der EGKS ab. Die 142 Mitglieder der neugebildeten Versammlung gliedern sich auf die Mitgliedsstaaten wie folgt auf:

Belgien	14	Frankreich	36	Luxemburg	6
Bundesrepublik	36	Italien	36	Niederlande	14

Die Fraktionen, deren Mindeststärke 17 Mitglieder beträgt, setzen sich nicht nach nationaler, sondern nach Parteizugehörigkeit zusammen. Es gibt somit die drei Fraktionen der Christlichen Demokraten, Sozialisten und Liberalen. Die Kommunisten sind im Europäischen Parlament nicht vertreten, obschon die Parlamente Frankreichs und Italiens starke kommunistische Fraktionen haben. Die kommunistischen Bemühungen, in Straßburg vertreten zu sein, blieben bisher ergebnislos. Die Abgeordneten werden aus der Mitte der nationalen Parlamente ernannt. Die Befugnisse der Versammlung sind begrenzt, sie äußern sich vor allem im Recht ihrer Mitglieder zu Entschließungen, Stellungnahmen, Anfragen. Das Recht, mit Zweidrittelmehrheit aller Abgeordneten den Kommissionen jederzeit und der Hohen Behörde einmal jährlich das Mißtrauen auszusprechen und dadurch deren Mitglieder zum Rücktritt zu zwingen, hat mehr eine theoretisch-formale Bedeutung.

Europäisches Parlament und Gerichtshof sind die einzigen gemeinsamen Organe der drei Europäischen Gemeinschaften, während der Ministerrat der EGKS nicht mit den Organen der EWG und EURATOM verschmolzen wurde. Der Ministerrat hat auf den meisten Gebieten der Vertragswerke Entscheidungsbefugnis, die einstimmig, mit einfacher oder qualifizierter Mehrheit ausgeübt wird. In den Fällen, in denen der Ministerrat Beschlüsse mit einfacher oder qualifizierter Mehrheit fassen kann, können sie nur auf Vorschlag der Kommissionen bzw. der Hohen Behörde erfolgen. Nur auf Grund eines einstimmigen Beschlusses kann der Ministerrat diesen Vorschlag ändern. Diese Bestimmung sichert den Kommissionen und der Hohen Behörde als entscheidende Exekutivorgane der Gemeinschaft die Stabilität ihrer Tätigkeit und bietet den überstimmten Staaten die Gewähr, daß das allgemeine Interesse der Gemeinschaft gewahrt wird. Der Ministerrat als gemeinsames Organ von EWG und EURATOM nahm seine Tätigkeit im Januar 1958 in Brüssel auf. (Ab 1. Juli 1967 haben die drei Europäischen Gemeinschaften nur noch eine Gemeinsame Kommission und einen Gemeinsamen Rat – Ministerrat. Das nebenstehende Schaubild ist zwar für die Zeitphase, die das Buch behandelt, zutreffend, nicht aber ab Juli 1967.)

Die EFTA

Mit der Gründung der EWG wuchs allgemein der Wille zur Ausdehnung der wirtschaftlichen Zusammenarbeit in Europa. Die Errichtung einer großen europäischen Freihandelszone war das Ziel. Ein halbes Jahr nach Unterzeichnung der Römischen Verträge faßte der Europäische Wirtschaftsrat, der Rat der OEEC (Organization for European Economic Cooperation), dem die Bundesrepublik als 17. Mitgliedsstaat seit dem 31. Oktober 1949 angehört, eine folgerichtige Resolution, die eine europäische Freihandelszone unter Einschluß aller Mitgliedsstaaten der OEEC und eine Assoziierung der EWG mit den übrigen 11 Mitgliedern anstrebte. Die mit Tatkraft betriebenen Verhandlungen, besonders von Großbritannien inspiriert, scheiterten am 14. November 1958 am französischen Einspruch:
»Es ist Frankreich klargeworden, daß es nicht möglich ist, die in Frage stehende Zone so zu gründen, wie es die Briten gewünscht haben, nämlich durch die Schaffung eines Freihandels zwischen den 6 Ländern des Gemeinsamen Marktes und den 11 anderen Mitgliedsstaaten der OEEC, und zwar ohne einen einheitlichen Zolltarif an der Grenze der 17 Länder und ohne Harmonisierungsmaßnahmen auf wirtschaftlichem und sozialem Gebiet.« [27]
Die Länder Großbritannien, Dänemark, Norwegen, Österreich, Portugal, Schweden und die Schweiz ergriffen nunmehr die Initiative, die in einer Kette von Verhandlungen und Konferenzen ihren Niederschlag fand. Am 4. Januar 1959 wurde in Stockholm die Konvention zur Gründung der Europäischen Freihandelsassoziation (EFTA = European Free Trade Association) unterzeichnet, am 3. Mai 1960 trat der Vertrag in Kraft. Die EFTA, die ein ständiges Sekretariat in Genf unterhält und der Finnland seit März 1961 als assoziiertes Mitglied angehört, erstrebt die Schaffung eines freien Marktes zwischen den Mitgliedsstaaten. Wie der EWG-

Vertrag sieht die Stockholmer Konvention eine schrittweise Senkung der Einfuhrzölle vor. Ab 1. Januar 1970 erheben die Mitgliedsstaaten keine Einfuhrzölle mehr. Auch die Beseitigung der mengenmäßigen Beschränkungen der Ein- und Ausfuhren ist parallel zur EWG Vertragsinhalt. Dagegen kennt die EFTA keine gemeinsamen Außenzölle gegenüber Drittländern – die Zoll- und Handelspolitik bleibt der nationalen Zuständigkeit der Mitgliedsstaaten vorbehalten – und keine politischen Organe. Sie bietet ihren sieben Vollmitgliedern eine wenigstens teilweise Kompensation für die Diskriminierung ihrer Ausfuhren nach der EWG. Vor allem aber begreift sie sich als zeitliche Zwischenstufe, die zum Fernziel eines über 300 Millionen Menschen umfassenden freien westeuropäischen Marktes führen soll.

Als bemerkenswerte Schritte zu diesem Ziel eines integrierten Europamarktes mußten die Beschlüsse der britischen, dänischen (1961) und norwegischen Regierung (1962) angesehen werden, direkte Verhandlungen über eine Mitgliedschaft in der EWG einzuleiten. Die neutralen EFTA-Staaten Österreich, Schweden und die Schweiz stellten ebenfalls im Jahre 1961 formelle Assoziierungsansuchen, während Portugal nur die Zusammenarbeit mit der EWG erstrebte. Die Verhandlungen waren schwierig und langwierig, besonders auf dem Gebiet der Agrarpolitik. Im Januar 1963 scheiterten sie wieder am Veto Frankreichs, als Präsident de Gaulle die geplante Verbindung der EWG mit Großbritannien politisch und wirtschaftlich ablehnte. Die Bundesrepublik teilte nicht die französischen Auffassungen. Die deutsche Wirtschaft führte 1960 28 Prozent ihrer Güter in die EFTA-Länder aus, nur 1,5 Prozent weniger als in die EWG-Länder. Die Bundesregierung konnte allein schon im Interesse der deutschen Wirtschaft an einer fortdauernden Spaltung des westeuropäischen Wirtschaftsraumes nicht interessiert sein. Der französische Einspruch erwies sich jedoch damals als unüberwindbar.

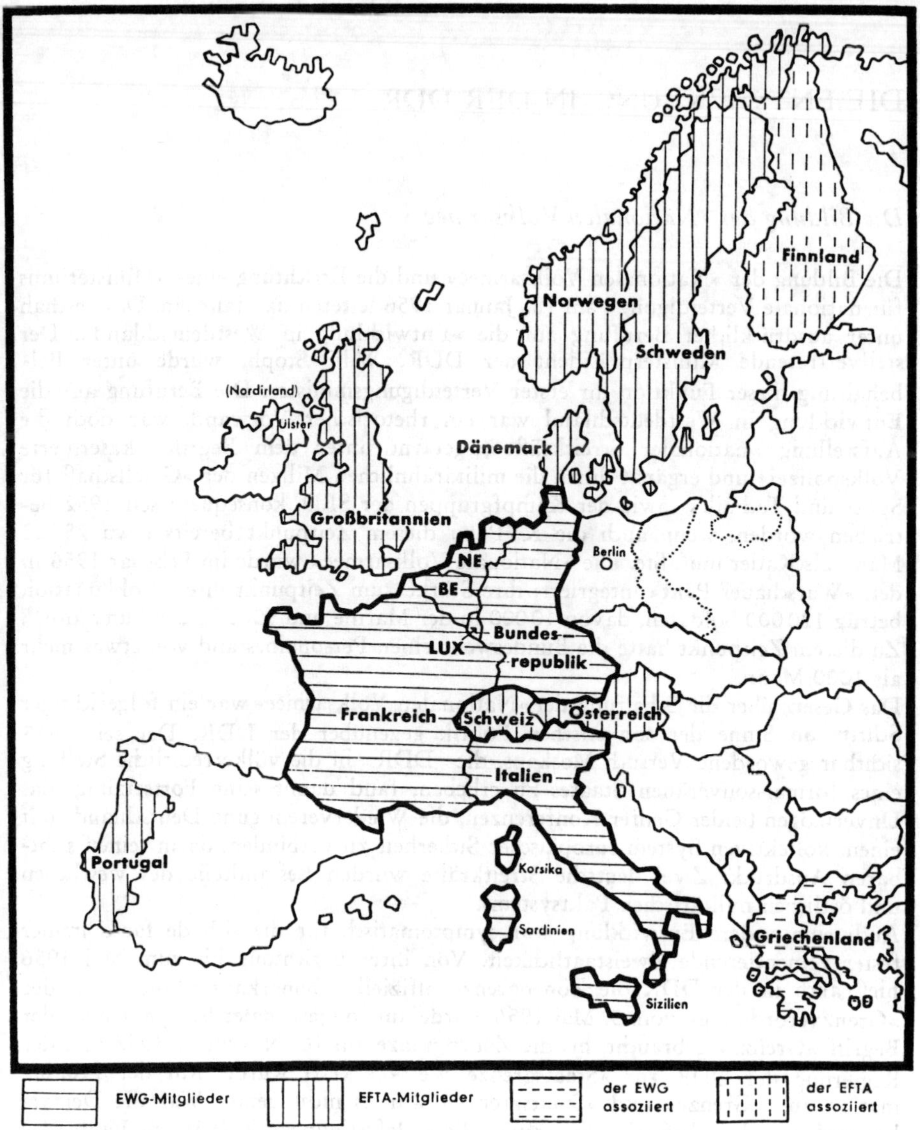
Finnland
Norwegen
Schweden
(Nordirland)
Ulster
Dänemark
Großbritannien
Berlin
NE
BE
Bundes-
republik
LUX
Frankreich
Schweiz
Österreich
Italien
Portugal
Korsika
Sardinien
Sizilien
Griechenland
EWG-Mitglieder
EFTA-Mitglieder
der EWG
assoziiert
der EFTA
assoziiert

DIE ENTWICKLUNG IN DER DDR

Die Bildung der »Nationalen Volksarmee«

Die Bildung der »Nationalen Volksarmee« und die Errichtung eines »Ministeriums für nationale Verteidigung« am 18. Januar 1956 leiteten das Jahr ein. Das geschah unter ausdrücklicher Berufung auf die »Entwicklung in Westdeutschland«. Der stellvertretende Ministerpräsident der DDR, Willi Stoph, wurde unter Beibehaltung dieser Funktion ihr erster Verteidigungsminister. Die Berufung auf die Entwicklung in Westdeutschland war ein rhetorischer Vorwand, war doch die Aufstellung »nationaler Streitkräfte«, getarnt unter dem Begriff »kasernierte Volkspolizei« und ergänzt durch die militärähnlichen Milizen der »Gesellschaft für Sport und Technik« sowie der Kampfgruppen der SED, konsequent seit 1952 betrieben worden, wenn auch die KVP zu diesem Zeitpunkt bereits etwa 75 000 Mann als Kader umfaßte. Die »Nationale Volksarmee« wurde im Februar 1956 in den »Warschauer Pakt« integriert; ihre Stärke zum Zeitpunkt ihrer Proklamation betrug 120 000 Soldaten, davon 10 000 in der Marine und 9000 in der Luftwaffe[28]. Zu diesem Zeitpunkt hatte die Bundeswehr einen Personalbestand von etwas mehr als 1000 Mann.
Das Gesetz über die Schaffung der »Nationalen Volksarmee« war ein folgerichtiger Schritt im Sinne der sowjetischen Politik gegenüber der DDR. Der seit 1955 sichtbar gewordene Versuch Moskaus, die DDR in die völkerrechtliche Stellung eines formal-souveränen Staates zu erheben, fand damit seine Fortsetzung, das Unvermögen beider Genfer Konferenzen, die Wiedervereinigung Deutschlands mit einem kollektiven System europäischer Sicherheit zu verbinden, darin seinen sichtbaren Ausdruck. Zwei deutsche Streitkräfte wurden Bestandteile des westlichen und östlichen militärischen Paktsystems.
Auch eine andere Entwicklung war symptomatisch für die sich de facto immer fester zementierende Zweistaatlichkeit. Von ihrer Errichtung bis zum Mai 1956 hieß auch in der DDR die Zonengrenze offiziell »Demarkationslinie«. Seit der »Grenzverordnung« vom 3. Mai 1956 wurde auf sowjetzonaler Seite nur noch der Begriff »Grenze« gebraucht, bis die Zonengrenze am 16. November 1957 von der Regierung der DDR zur »Staatsgrenze West« erklärt wurde. Mit der Proklamation zur »Grenze« und »Staatsgrenze« war es nicht getan. War die Demarkationslinie schon befestigt, so erfuhr diese Befestigung seit 1956 im Laufe der Jahre eine immer größere Perfektionierung durch militärische und technische Sperrmaßnahmen verschiedener Art.

Das kritische Jahr 1956

Die Aussöhnung des Kremls mit Tito 1955, die rücksichtslose Verdammung Stalins und seiner seit 1934 angewandten Herrschaftsmethoden auf dem XX. Parteikongreß der KPdSU, der Posener Arbeiteraufstand, die polnische und ungarische Oktoberrevolution, die durch diese Geschehnisse des Jahres 1956 ausgelösten freiheitlichen Tendenzen im Ostblock – welche Wirkungen hatten sie auf die SED, zu welchen Veränderungen führten sie im östlichen Deutschland?
Ulbricht, zunächst ein Mann der Vorbehalte gegenüber einer generellen und schockartigen Verdammung Stalins, kam – in meisterhafter Anpassung an die in Moskau angetroffenen Gegebenheiten – vom XX. Parteitag als erklärter Antistalinist zurück. Seine ersten öffentlichen Stellungnahmen enthielten eine scharfe Kritik an Stalin analog den Vorwürfen, die Chruschtschow in seiner Geheimrede erhoben hatte. *»Mit dieser Kehrtwendung bediente sich Ulbricht wiederum der Taktik, Auswirkungen und Ausmaß einer notwendig gewordenen Abkehr von der bisherigen durch ihn repräsentierten Politik durch eigene Initiative zu begrenzen.«* [29]
Wegen ihrer Zeitnähe zum XX. Moskauer Parteitag hätte die 3. Parteikonferenz der SED vom 24.–30. März 1956 das geeignete Forum für eine Grundsatzdebatte über die Entstalinisierung sein müssen, zumal für viele Funktionäre und Delegierte die jähe Abkehr von Stalin einem Einsturz ihrer politischen Weltanschauung gleichkam. Statt dessen stand im Mittelpunkt der Konferenz ein Bericht Ulbrichts über den zweiten Fünfjahresplan 1956–1960 und den »Aufbau des Sozialismus« in der DDR. Er sah eine industrielle Umwälzung auf der Basis der Ausnutzung der Kernenergie, den weiteren Ausbau der Schwerindustrie, die Anhebung der industriellen Bruttoproduktion auf wenigstens 155 Prozent des Standes von 1955 mit einem Wachstum der Grundstoffindustrie und des Maschinenbaues um über 60 und der Konsumgüterproduktion um 40 Prozent vor. Dieser zweite Fünfjahresplan war die Folge sehr klarer und kritischer Hinweise und Direktiven der sowjetischen Führung an die SED, der es bisher nicht gelungen war, die DDR für den Westen wirtschaftspolitisch attraktiv und die Volkwirtschaft gegenüber der der Bundesrepublik konkurrenzfähig zu machen. Die Formel »Modernisierung, Mechanisierung, Automatisierung« bestimmte die Produktionsanstrengungen. Wissenschaftler und Wirtschaftler aus der DDR fuhren zum Erfahrungsaustausch und Tagungsbesuch nunmehr auch ins westliche Ausland. Die Phrasen von der Überlegenheit der sozialistischen über die kapitalistische Wirtschaft verstummten vorübergehend. Die Entscheidungsfreiheit der Betriebsleitungen wurde vergrößert. Die restlose Sozialisierung der Wirtschaft wurde nicht abrupt, sondern schrittweise vorgenommen, indem man den größeren Privatbetrieben eine 50prozentige staatliche Beteiligung anbot. Durch diese Kommanditeinlagen wurde der Staat Unternehmenspartner, allerdings nur eine getarnte Vorstufe zur Vollsozialisierung. Eine Verbesserung in der Lebenshaltung der Bevölkerung wurde nicht nur stärker betont, sondern auch ganz offensichtlich erstrebt.
Diese wirtschaftspolitischen Ziele hatten auch entscheidende Auswirkungen auf das Schulwesen. Eine verstärkte polytechnische Bildung wurde gefordert, die bisherige

achtklassige Grundstufe der Einheitsschule dann ab 1958/59 durch eine Zehnklassenschule abgelöst. Diese neue Schul- und Unterrichtsform soll die jungen Menschen auf moderne industriegesellschaftliche Bedingungen vorbereiten durch vertieften mathematisch-naturwissenschaftlichen Unterricht (einschließlich Astronomie und technisches Zeichnen), durch eine engere Verbindung zwischen dem Unterricht in jedem Fach und der Wirklichkeit des wirtschaftlichen Lebens (allerdings so, wie es die Partei zu sehen wünscht) und durch den Unterrichtstag in der Produktion, bei dem die Schüler Grundbegriffe und Grundfertigkeiten der industriellen und landwirtschaftlichen Basisberufe kennenlernen und einüben sollen. Die Hoffnung der Partei, durch den Umgang mit der angeblich klassenbewußten Arbeiterschaft im Betrieb werde sich die politisch-ideologische Standfestigkeit der Schüler verbessern, hat sich nicht erfüllt. Im Gegenteil: immer wieder gab es Anlaß zu Klagen, daß das im politischen Unterricht gezeichnete Weltbild des »Marxismus-Leninismus« erheblich verwirrt worden sei durch die Erlebnisse der Schüler im Betrieb. Entgegen den Absichten der Erfinder wurde der Unterrichtstag in der Produktion, vor allem in der Anlaufphase, aber auch noch später, in der Praxis ausgenutzt, um den Betrieben bei der Planerfüllung zu helfen. Während mancher Betriebsleiter in den im Werk arbeitenden Schulklassen willkommene Hilfskräfte für die unter Arbeitskräftemangel leidende Produktion sah, wandten sich nicht wenige andere Betriebe gegen den Unterrichtstag in der Produktion, weil sie fürchteten, die oft recht undisziplinierten Schülergruppen würden den ordnungsgemäßen Produktionsablauf nur durcheinanderbringen.

Sofern der polytechnische Unterricht zu Produktionszwecken mißbraucht wurde, fand er bei Pädagogen und Medizinern Vorbehalte und Kritik. Prof. Dr. med. Neubert von der Universität Jena schrieb kritisch und sarkastisch: *»Ich glaube nicht, daß alles Heil jetzt von der Produktion herkommt. Ich sehe schon kommen: Nun ziehen die Klassen auf die LPG und in die Betriebe, bestaunen die Hühnerställe und die Maschinen und haben im Grunde gar nichts gewonnen. Erziehung ist etwas anderes als Produktion.«* [30]

Die Konferenz der SED, auf der lediglich in einer internen Sitzung die Entstalinisierung behandelt wurde, stimmte den Beschlüssen des XX. Parteitags zu und sprach dem ZK der SED ihr volles Vertrauen aus. In einer Erklärung Karl Schirdewans, Mitglied des ZK und des Politbüros der SED, hieß es:

»Unsere Feinde erheben gegenwärtig ein wüstes Geschrei gegen das Zentralkommitee unserer Partei, um einen Keil zwischen die Partei und das Volk zu treiben. Die Ablehnung des Personenkults bedeutet keinesfalls eine Herabsetzung der Autorität der gewählten Leitungen, kein anarchistisches Verhältnis zu den Führern, die im Kollektiv eine große inspirierende und vorwärtstreibende Tätigkeit ausüben. In unserer Partei werden die fähigsten Funktionäre der Arbeiterklasse in die kollektiven Leitungen auf demokratische Weise gewählt. Die ganze Partei schart sich wie eine eherne Phalanx um das Zentralkommitee und seine kampferprobten Genossen. Die Versuche der Feinde, die Leistungen des Genossen Walter Ulbricht, die er für die deutsche Arbeiterklasse gemeinsam mit den Genossen Wilhelm Pieck,

Otto Grotewohl und dem gesamten Kollektiv der Parteiführung vollbringt, herabzusetzen, finden die entschlossene Ablehnung durch die ganze Partei.«[31]
Diese Erklärung war offizielle Sprachregelung, sie traf nicht die wahre Situation. Von einer entschlossenen Ablehnung durch die ganze Partei konnte keine Rede sein. Die immer kritischer werdende Stimmung der Parteimitglieder zeigte sich in ihren Fragen an Referenten und Funktionäre in Auswertung der 3. Parteikonferenz:
»Warum liegt nach dem XX. Parteitag noch keine selbstkritische Stellungnahme unseres Politbüros vor? Warum werden nicht Personen zur Verantwortung gezogen, die sich in der DDR ähnlicher Methoden wie Stalin bedient haben? Warum werden bei uns keine Minister abgesetzt? Mit welchen Argumenten soll die Bevölkerung von der Richtigkeit der neuen, veränderten Stalineinschätzung überzeugt werden, ohne daß die Partei gleichzeitig den letzten Rest an Prestige einbüßt?« [32]
Das Politbüro sah sich daher im Juli 1956 zu einer Erklärung von beträchtlichen ideologischen Zugeständnissen veranlaßt, *»Es ist«*, so hieß es in ihr, *»erforderlich, daß wir unsere bisherige Arbeit auf allen Gebieten selbstkritisch beurteilen, entschlossen alle Hemmnisse und Fehler aufdecken und beseitigen und nach neuen Lösungen für verschiedene Fragen suchen ...«* [33]
Diese Politbüroerklärung war aber auch an die bundesrepublikanische Adresse gerichtet. Eine Verminderung der Volksarmee von 120000 auf 90000 Mann, der Verzicht auf Einführung der allgemeinen Wehrpflicht, Erleichterungen im innerdeutschen Reiseverkehr, die Freilassung von 20000 Häftlingen, darunter zahlreichen Sozialdemokraten, wurde in Aussicht gestellt. Die Ankündigung einer Strafrechtsreform wurde mit einer scharfen Kritik an Justizminister Hilde Benjamin und Generalstaatsanwalt Melsheimer verbunden. Es ist denkbar, daß bei ihrer Abfassung mit ihren weitgehenden Tendenzen und Plänen — ganz offensichtlich auch unter dem Eindruck des Posener Aufstandes abgegeben — Ulbricht überstimmt worden war.
Der Herbst 1956 führte, ausgelöst durch die Ereignisse in Polen und Ungarn, zu einer verschärften Auseinandersetzung, deren Exponenten in der Parteiführung Walter Ulbricht und Karl Schirdewan, als »Kaderchef« zweiter Mann in der Partei, waren. Letzterer schien offensichtlich bereit, in der Frage der Annäherung beider Teile Deutschlands und der Reformbestrebungen antistalinistischer Kräfte Konzessionen nicht nur taktischen Charakters zu machen. Die Spitzenfunktionäre Oelssner und Selbmann waren auf seiner Seite. Das Thema der Annäherung beider Teile Deutschlands hatte überdies einen aktuellen Hintergrund:
Bundesfinanzminister Fritz Schäffer hatte am 20. Oktober 1956, also wenige Tage vor dem Aufstand in Ungarn, mit Wissen des Bundeskanzlers den sowjetischen Botschafter in Ostberlin, Puschkin, besucht. An dem Besuch nahm der stellvertretende Verteidigungsminister der DDR, Vincenz Müller, teil. Die von Schäffer entwickelten Gedanken und Vorstellungen betrafen eine engere wirtschaftliche, verkehrstechnische und kulturelle Zusammenarbeit sowie die Konföderation beider Teile Deutschlands nach dem Muster der Beneluxstaaten ohne Anerkennung der

Eigenstaatlichkeit der DDR. Eine Volksabstimmung in beiden Teilen Deutschlands sollte der entscheidende Schritt in dieser Richtung sein. Die Vorstellungen Schäffers hinterließen bei Müller, auf dessen Initiative das Gespräch zustande gekommen war (Müllers Vater kannte Schäffer), Eindruck. Müller habe, so interpretierte Schäffer, *»den Gedanken nicht ertragen (können), daß von ihm ausgebildete deutsche Truppen gegen andere deutsche Truppen antreten sollten«.*[34] Die Pläne Schäffers wurden sowjetischerseits im Zuge der durch die Entwicklung in Ungarn verursachten Verhärtung der Moskauer Politik abgelehnt. Die Parteiführung selbst machte zu dieser Zeit deutlich, daß sie an erfolgreichen Verhandlungen über die Wiedervereinigung – Ulbricht hatte Ausgang des Jahres 1956, und vor allem auf der 30. Tagung des ZK-Plenums vom 30. Januar bis 1. Februar 1957, seine seit März 1956 gefährdete Machtposition entscheidend gefestigt – nicht interessiert war.

Wenn interessiert, dann nur unter den von Ulbricht vor dem 25. Plenum des ZK Ende Oktober 1955 entwickelten Voraussetzungen:

»Unter den Bedingungen der Remilitarisierung Westdeutschlands, der Zugehörigkeit zum Nordatlantik-Kriegspakt, des Bestehens ausländischer militärischer Stützpunkte und der Existenz der Pariser Verträge, die den ausländischen Mächten Eingriffe in die inneren Angelegenheiten Westdeutschlands erlauben, kann von freien Wahlen nicht die Rede sein. Wer unter diesen Bedingungen von gesamtdeutschen Wahlen spricht, der will die Versklavung des deutschen Volkes durch die imperialistische Bourgeoisie, die gegenwärtig in Westdeutschland herrscht.«[35]

Substantieller noch war die Forderung nach Wiederherstellung »demokratischer Verhältnisse« in Westdeutschland. Was verstand die SED darunter?

Überführung der westdeutschen Grundstoffindustrie in »Volkseigentum«. Durchführung der Boden- und Schulreform nach dem Muster der SBZ. Entfernung aller »Militaristen und Imperialisten« sowie ihrer Vertrauensleute aus dem Staatsapparat und ihre Ersetzung durch »aufrechte« Demokraten aus den arbeitenden Schichten. Anerkennung aller »Errungenschaften der Werktätigen« in der SBZ. In einer gesamtdeutschen Wehrmacht hat »die Arbeiterklasse das Kommando«, »stellen Werktätige die Truppe« und »fliegen die Militaristen heraus.«[36]

Unleugbar bestand zunächst in weiten Funktionärskreisen der SED gegenüber den Ereignissen, die vor allem in Polen zu einer nationalkommunistischen Entwicklung, aber auch in Ungarn zur Volkserhebung führten, Sympathien. Eine Umwandlung der DDR in einen nationalkommunistischen Staat ohne Ulbricht schien ihnen möglich. Drei Gründe waren es vor allem, daß sich in diesem zu Reformen bereiten Funktionärskorps ein schneller Stimmungswandel Ende 1956 vollzog:

1. *Die Befürchtung, eine Revolution in Mitteldeutschland könne über nationalkommunistische Forderungen hinausgehen und zur Restaurierung des Kapitalismus' und zum Verlust aller »sozialistischen Errungenschaften« führen.*
2. *Nach Bekanntwerden der Racheakte und Vergeltungsmaßnahmen der ungarischen Bevölkerung an Funktionären und Geheimpolizisten breitete sich die Furcht aus, daß die mitteldeutsche Bevölkerung bei einem nationalkommunistischen Umschwung in der SBZ ebenfalls keinen Unterschied zwischen dogmati-*

schen Stalinisten und nationalkommunistischen Funktionären machen und sich ähnlich wie in Ungarn an den Funktionsträgern des SED-Regimes rächen könnte.

3. *Der zeitlich zu Ungarn parallel laufende Konflikt um den Suezkanal ermöglichte eine erneute Kampfstellung gegen den Westen und führte eine Anzahl von SED-Funktionären wieder näher an die Parteiführung heran.*[37]

Der Konföderationsvorschlag Ulbrichts

Neu war der erstmals Anfang Februar 1957 von Ulbricht unterbreitete Vorschlag, den Weg der »Zwischenlösung« in der Deutschlandfrage in Form einer Konföderation zu finden. Organ dieser Konföderation sollte ein paritätisch zusammengesetzter »Gesamtdeutscher Rat« sein, der Regierungsfunktionen ausüben und eine einheitliche Verwaltung und Wahlen auf der Grundlage der in beiden Teilen Deutschlands geltenden Wahlgesetze vorzubereiten hätte. Es wurde aber an der Bedingung festgehalten, daß die Bundesrepublik im wesentlichen nach dem Muster der DDR umgestaltet werden müsse. Das war kein Beitrag zur Wiedervereinigung. Die Bundesregierung konnte sich darauf ebensowenig einlassen wie auf die Konföderationspläne der DDR vom 27. Juli 1957, die als Voraussetzung zur gegenseitigen Annäherung von BRD und DDR ein Abkommen vorsahen, das ein Verbot der Lagerung und Herstellung von Atomwaffen auf deutschem Boden, das Ausscheiden der beiden deutschen Staaten aus der NATO und dem Warschauer Pakt, die Aufhebung der Wehrpflicht sowie ein Ersuchen an die vier Mächte auf schrittweise Zurückziehung ihrer Truppen aus ganz Deutschland zum Inhalt haben sollte. Die Westmächte und die Bundesregierung bezeichneten in ihrer Berliner Erklärung vom 29. Juli 1957 die Wiedervereinigung Deutschlands in Freiheit als den einzig möglichen gangbaren Weg. Als Voraussetzung für eine gesamtdeutsche Regierung bezeichneten sie freie, in ganz Deutschland durchgeführte Wahlen zu einer gesamtdeutschen Nationalversammlung. In der Regierungserklärung vom 23. Januar 1958, vom Bundesaußenminister von Brentano verlesen, wurde die Ablehnung der Konföderationsbestrebungen wie folgt begründet:

»Was soll eine Konföderation zwischen einer Demokratie und einer kommunistischen Diktatur? Schon wegen des inneren Widerspruchs der staatstragenden Ideen wäre eine solche Konföderation zur Aktionsunfähigkeit verurteilt. Die Bundesrepublik würde durch den Abschluß eines völkerrechtlichen Vertrages mit der sowjetisch besetzten Zone deren Eigenstaatlichkeit anerkennen, ohne konkrete Fortschritte oder auch nur Zusicherungen hinsichtlich der endgültigen Wiedervereinigung zu erlangen. Die vier Mächte wären aus ihrer Verantwortlichkeit für die Wiedervereinigung Deutschlands entlassen. Sie würde allein von der Zustimmung der auf die Aufrechterhaltung ihres Herrschaftssystems bedachten sowjetzonalen Machthaber abhängen ...«[38]

Der Fall Harich

Es bleibt festzustellen: dieses für den Ostblock und seine Ideologie folgenschwere Jahr 1956 führte in der DDR zu keinen personellen Veränderungen in der Partei- und Regierungsspitze, zu keinen öffentlichen Rehabilitierungen zu Unrecht Verurteilter, zu einer – wenn überhaupt – viel vorsichtigeren Entstalinisierungspolitik als in Polen und Ungarn. Eine durchgreifende Liberalisierung wie in Polen war nicht eingetreten, sondern, wie die Ereignisse um Harich erweisen sollten, eine Verschärfung des Kurses und ein entschlossener Kampf gegen jeden oppositionellen Revisionismus, wie er vor allem an der Ostberliner Humboldt-Universität und an den mitteldeutschen Universitäten sich zeigte. Die geistige Situation erhellt treffend ein Vers, der einen desillusionierten SED-Intellektuellen als Faust charakterisiert, vorgetragenen im oppositionellen Kabarettprogramm der mathematisch-naturwissenschaftlichen Fakultät der Universität Jena im Winter 1956/57:

»Einst Ideale mich bewogen,
Ich fühlt' mich wahrlich hingezogen.
Heut' wünsch' ich, daß man mich errette
Von meinem Freund, dem Bajonette.« [39]

In Auswirkung der Verdammung Stalins und der polnischen Ereignisse formierte sich in Ostberlin eine nationalkommunistische Oppositionsgruppe unter Führung von Dr. Wolfgang Harich, Chefredakteur der »Deutschen Zeitschrift für Philosophie«, Lektor beim Aufbau-Verlag, Theaterkritiker und Dozent für Philosophie an der Ostberliner Humboldt-Universität. Der Oppositionsgruppe gehörten vor allem jüngere Wissenschaftler, Schriftsteller, Journalisten und andere Intellektuelle an. Die meisten waren Mitglieder der SED. Sie erstrebte keinen Bruch mit dem Kommunismus, sondern eine durchgreifende Reform, eine politische und ideologische Erneuerung der SED unter Loslösung von allen stalinistischen und dogmatischen Elementen. Sie waren Antistalinisten, keine Antikommunisten, bestritten aber den sowjetischen Führungsanspruch. Die von der Harichgruppe für die DDR als notwendig angesehenen Reformen, die eine Ausschaltung Ulbrichts zur Voraussetzung hatten, waren außerordentlich weitreichend:

1. *Umstellung der Produktion auf die Erhöhung des Lebensstandards nach dem Vorbild des neuen Kurses. Beseitigung der Normentreiberei. Einführung der Gewinnbeteiligung in allen verstaatlichten Betrieben, gesetzliche Regelung der Alterspension für die Arbeiter, Abschaffung des Prämiensystems für Spitzenfunktionäre, Gründung von Arbeiterräten, Gleichstellung und Förderung der mittelständischen Industrie.*
2. *Auflösung der landwirtschaftlichen Produktionsgenossenschaften und Entwicklung eines gesunden Klein- und Mittelbauerntums.*
3. *Wiederherstellung der Geistesfreiheit und der Autonomie der Universitäten, Beendigung des Kirchenkampfes, Auflösung des Staatssicherheitsdienstes und Garantierung der Rechtssicherheit.*

4. *Erweiterung des Blocksystems unter der Führung einer reformierten SED, Aufstellung von Einheitslisten des Blocks mit mehreren Kandidaten, so daß die Bevölkerung wirklich wählen kann, Wiederherstellung der Souveränität des Parlaments und durchgreifende Entbürokratisierung des gesamten Verwaltungsapparates.*
5. *Entwicklung einer Außenpolitik, die an dem Bündnis mit dem sozialistischen Lager bei Wahrung der völligen Unabhängigkeit und Gleichberechtigung festhält.*[40]

Harich sah in einer an Haupt und Gliedern reformierten SED die Voraussetzung, mit der westdeutschen SPD zusammen zu einer gestaltenden politischen Kraft zu werden und für die Wiedervereinigung einen entscheidenden Beitrag zu leisten. Punkt 5 seines Programmes, der die Perspektiven einer Einheit der deutschen Arbeiterbewegung aufzeichnet, lautete:

»Voraussetzung für eine zukünftige Einheit der deutschen Arbeiterbewegung ist eine vom Stalinismus befreite SED, die in ihren Anschauungen und in ihrer Politik völlig unabhängig ist. Wenn wir die SED reformieren, so wäre eine reformierte SED nur noch eine linke marxistische Bewegung, die nichts mehr mit der KP alten Typus und ihrer verhängnisvollen Entartung gemeinsam hätte. Damit würde alles wegfallen, was einer Einheit der deutschen Arbeiterbewegung im Wege steht.

Da in Westdeutschland die Einheit der deutschen Arbeiterklasse durch die SPD verwirklicht worden ist, würde eine zukünftige einheitliche deutsche Arbeiterbewegung zwangsläufig durch den größeren Einfluß der SPD mehr die Züge der SPD annehmen als die der reformierten SED; aber zweifellos würde diese künftige einheitliche deutsche Arbeiterbewegung stärker links orientiert sein als die heutige SPD. Bevor wir jedoch an die SPD herantreten können, um ihr Forderungen zu stellen, müssen wir als SED Trennendes beiseite stellen.

Uns trennt von der SPD gegenwärtig zwar vieles (bürgerlich-demokratische Illusionen, Tendenzen zum Opportunismus usw.), aber vor allem trennt uns von der SPD der Stalinismus. Darum muß sich die SED vom Stalinismus trennen, bevor eine Zusammenarbeit mit der SPD wirklich ehrlich möglich werden kann.

Erst wenn wir uns von unseren Fehlern trennen, können wir die Fehler der SPD kritisieren, wobei jedoch ein für allemal Schluß gemacht werden muß mit der Diffamierung der SPD als kapitalistische Agentur. Der erste Schritt zur Zusammenarbeit mit der SPD muß gegenwärtig sein: konspirative Zusammenarbeit der oppositionellen SED-Genossen mit der SPD zur Bekämpfung des Stalinismus, damit die ehrlichen und gesunden Kräfte der SED die SED von innen her erobern können.

Wenn das gelungen ist, dann können offizielle Kontakte zwischen der SPD und der reformierten SED aufgenommen werden. Daraus könnten sich die Keime einer zukünftigen Einheit zwischen der SPD und der reformierten SED entwickeln, wobei bei einer Einheit keine Partei die andere schlucken darf.

Stalinisten, die sich bis zuletzt an den Verbrechen der Ulbricht-Gruppe beteiligt haben, dürfen nicht in die neue Arbeiterpartei aufgenommen werden, sondern nur solche Kräfte, die aktiv gegen die stalinistische Entartung der SED gekämpft haben.«[41]

Am 29. November 1956 wurde Harich mit seinen engsten Mitarbeitern verhaftet und am 9. März 1957 durch das Oberste Gericht der DDR zu zehn Jahren Zuchthaus verurteilt. Der Vorsitzende des Strafsenats erklärte, daß die Angeklagten nicht deshalb verurteilt worden seien, weil sie bestimmte Auffassungen vertreten haben, sondern weil es ihr Ziel gewesen sei, die Verhältnisse in der DDR grundlegend zu verändern, die sozialistischen Errungenschaften preiszugeben und den Sturz der Regierung zu erzwingen. Mit den Worten des Generalstaatsanwaltes Dr. Melsheimer, Vertreter der Anklage in diesem Prozeß: *»Die staatsfeindlichen Ziele und die zu ihrer Verwirklichung angewandten Mittel und Methoden erfüllen einwandfrei den Tatbestand des Staatsverrats«* [42], wurde das Urteil begründet.
Mit der Verhaftung und Verurteilung der Harichgruppe wurde ein drastisches Exempel statuiert. Die oppositionelle Intelligenz, die sich in den verschiedenen Zentren, Formen und wissenschaftlichen Disziplinen äußerte, war gewarnt. Die Rückkehr der Parteiführung zu stalinistischen Methoden in der Bekämpfung ideologischer Abweichungen war Anfang 1957 eingetreten. Diese entscheidende Weichenstellung zur Verschärfung des Kurses ging von der 30. Tagung des SED-Zentralkomitees (30. Januar bis 1. Februar 1957) aus, auf der Ulbricht bestätigen mußte, daß sich in sämtlichen maßgeblichen wissenschaftlichen Institutionen Aufweichungstendenzen zeigten.
Das tragende Element des Aufstandes vom 17. Juni 1953 war die Arbeiterschaft gewesen, nicht die Intelligenz. Im Gegensatz dazu sah das Jahr der Gärung, 1956, die Intelligenz und Reformkräfte aus dem Parteikader als Opposition.

Ulbricht konsolidiert seine Macht

Hatte das Jahr 1956 unzweifelhaft für Ulbricht eine Krise seiner Autorität bedeutet, so brachten die Jahre 1957 und 1958, innenpolitisch gesehen, die Festigung und den Ausbau seiner Position und die Kaltstellung seiner Gegner.
In Konsequenz des harten Kurses wurde für Studenten und Oberschüler im Mai 1957 praktisch ein Reiseverbot in die NATO-Länder und somit auch in die Bundesrepublik erlassen und für Studienbewerber eine einjährige Arbeitsdienstpflicht eingeführt; das »Gesetz zur Änderung des Paßgesetzes der DDR« und das »Gesetz zur Ergänzung des Strafgesetzbuches« folgten im Dezember. Das Verlassen oder Betreten der DDR ohne Genehmigung der Behörden wurde unter harte Strafen gestellt und zu »Staatsverbrechen« eine umfangreiche Skala von Handlungen erklärt. Trotz der Schwere der Strafen unter Einschluß von lebenslangem Zuchthaus und Todesstrafe für eine Vielzahl von Delikten, die in einem Rechtsstaat überhaupt nicht strafwürdig sind, nahm die Flucht aus der DDR – wenn auch unter starkem Rückgang gegenüber 1957 – ihren Fortgang. Diese drakonische Strafgesetzgebung, die u. a. die »Verleitung zum Verlassen der DDR« zum »Staatsverbrechen« erklärte, konnte immerhin 204 092 DDR-Bewohner im Jahre 1958 jedenfalls nicht an ihrer Flucht in die Bundesrepublik hindern. Die Volkskammer verabschiedete am 27. Januar 1957 das »Gesetz über die Rechte und

Pflichten der Volkskammer gegenüber den örtlichen Volksvertretungen«. Dieses Gesetz brachte eine weitere Verstärkung der Zentralisierungstendenz und damit eine noch größere Abhängigkeit von den obersten Organen des Partei- und Staatsapparates. Dem »Gesetz über die örtlichen Organe der Staatsmacht« wurde in der DDR eine große Bedeutung zugemessen. In seiner Präambel heißt es, *»daß in der Deutschen Demokratischen Republik die Arbeiterklasse im Bündnis mit der werktätigen Bauernschaft und anderen werktätigen Schichten die politische Macht ausübt und den Sozialismus aufbaut.«* Damit wurde, in Ergänzung der Verfassung der DDR von 1949, erstmals eine genaue und direkte Formulierung über den Klasseninhalt der DDR im Gesetz vorgenommen und die Arbeiter- und Bauernmacht sowie der Aufbau des Sozialismus als zentrale, nicht mehr rückgängig zu machende Wesensmerkmale der Staatsstruktur gekennzeichnet. Der Begriff »Arbeiter- und Bauernmacht« – an sich unmarxistisch, da die proletarische Revolution nicht auf die Bauern bezogen war – besagt in einem Industrieland wie der DDR nichts über die wirklichen Machtverhältnisse. Bei den Bauern lag und liegt die Macht jedenfalls nicht, ebensowenig wie bei den Arbeitern.
Der 1957 einsetzende Prozeß der Restalinisierung als Folge des »Tauwetterjahres« 1956 führte zu einer rigorosen Einschränkung des nach Stalins Tod schrittweise erweiterten Meinungsspielraumes und zur weiteren Festigung der seit 1953 nicht mehr so starken Position Ulbrichts. Im Februar 1958 erfolgte der Ausschluß der Schirdewangruppe, zu der das Politbüromitglied Oelssner, Leiter der Kommission für Fragen der Konsumgüterproduktion und der Versorgung der Bevölkerung und Chefideologe der Partei, der stellvertretende Ministerpräsident Fritz Selbmann sowie Staatssicherheitsminister Wollweber gehörten. Die Politik dieser Gruppe, personell wesentlich stärker als die vier genannten Männer, war – sucht man nach einer Zusammenfassung – an der »Taktik des Ventils« orientiert, auf eine Verdrängung Ulbrichts aus seiner Führungsrolle gerichtet und – gültig für Schirdewan – von der Vorrangigkeit einer Wiedervereinigungspolitik gegenüber der gewaltsamen Durchsetzung des »Sozialismus « in der DDR überzeugt. Sie hielten Ulbricht, zumindest nach den folgenschweren Ereignissen des Jahres 1956 im Ostblock, für unfähig und seine Politik für falsch. So wollte, um ein Beispiel zu nennen, Oelssner die LPGs (Landwirtschaftliche Produktionsgenossenschaften), die wirtschaftlich unrentabel arbeiteten, auflösen und teilte mit Selbmann die Meinung, daß es unsinnig sei, in der sowjetischen Wirtschaft vorgenommene Strukturveränderungen auf den ungleich kleineren Wirtschaftsraum der DDR zu übertragen.

Mit dem Sturz dieser Oppositionsgruppe war der entscheidende Schritt zu einer abermaligen Festigung der persönlichen Diktatur Ulbrichts getan. Die Erweiterung des Politbüros der SED von neun auf dreizehn ihm größtenteils ergebene Mitglieder auf dem V. Parteitag im Juli 1958 verlieh Ulbricht eine große Machtfülle. Er mag sie derart allenfalls am Ende der Stalinära besessen haben.

Geldumtausch als zweite Währungsreform

Der nach der Währungsreform von 1948 zwischenzeitlich entstandene, neue erhebliche Geldüberhang wurde durch eine als »Geldumtausch« firmierte zweite Währungsreform vom 13. Oktober 1957 beseitigt. Die Bargeldhortung schätzte man auf 1,5 Mrd. DM Ost. Alle umlaufenden Banknoten wurden für ungültig erklärt, 300 DM Ost erhielt jeder DDR-Bewohner ohne Abzug umgetauscht. Weitere Beträge wurden einem Sonderkonto zur Überprüfung des »rechtmäßigen« Besitzes überwiesen. Sparguthaben wurden nicht angegriffen. Die private Bargeldhortung, gegen die sich der »Geldumtausch« primär richtete, hatte ihre Ursache in dem mangelnden Vertrauen der Einwohner in ihre Wirtschaft und Währung. Der Bürger der DDR als Konsument war gezwungen, relativ große Bargeldbeträge im Hause zu haben, um bei der chronischen Mangellage, der ungleichmäßigen Warenverteilung für sich plötzlich ergebende günstige Käufe jederzeit »einen Groschen« verfügbar zu haben. Die staatliche Handelsorganisation (HO) vermochte durch den freien Verkauf bewirtschafteter Waren zu stark überhöhten Preisen – eine Art Verbrauchssteuer – nicht in nennenswertem Umfang den Geldüberhang zu beseitigen. Diesem Ziel diente der »Geldumtausch«, der beträchtliche Bargeldmittel vernichtete und die etappenweise Aufhebung der Lebensmittelbewirtschaftung vorbereiten half. Wäre diese monetäre Aktion nicht erfolgt, so hätte dem angesammelten Bargeldbestand auch bei einer nur schrittweisen Aufhebung der Rationierung ein völlig unzureichendes Warenangebot gegenübergestanden.

Ursache des unterschiedlichen Lebensstandards

Die dann Ende Mai 1958 beschlossene völlige Abschaffung der Lebensmittelkarten, acht Jahre nach der Beseitigung der Lebensmittelrationierung in der Bundesrepublik, erwies sich trotzdem als ein voreiliger Schritt, da zwei Jahre später die katastrophale Lage der einheimischen Landwirtschaft zur vorübergehenden Wiedereinführung des Rationierungssystems bei Grundnahrungsmitteln führen sollte. Ebenso erwies sich die wirtschaftliche Losung des V. Parteitages, den westdeutschen Lebensstandard bis 1961 einzuholen und zu übertreffen, als ein auf die Zukunft der DDR gezogener Wechsel, der nicht im entferntesten eingelöst werden konnte.
Es sollte hier in knappen Worten auf die Ursachen des ungleich geringeren Lebensstandards der Bevölkerung eingegangen werden.
Die wirtschaftliche Ausgangssituation war für die sowjetisch besetzte Zone wesentlich schlechter als für Westdeutschland. Die Demontagen in Mitteldeutschland waren viel umfassender als im Westen und wurden rigoroser durchgeführt. Wichtige Industriewerke, unentbehrlich für den inneren wirtschaftlichen Wiederaufbau, wurden zugunsten der Sowjetunion enteignet. Die Segnungen des Marshallplanes blieben der Zone versagt. Während Mitteldeutschland als Industrieland nicht nur keine Hilfe erhielt, mußte es sogar anderen Ostblockländern noch Hilfe gewähren; die Zone leistete nach Expertenschätzungen von 1945–1953 Reparationen an die

Sowjetunion im Werte von rd. 50 Mrd. Mark ohne Stationierungskosten. In dieser Zeitphase stand also nur ein kleiner Teil dessen für Investitionen und Konsumgüterproduktionen zur Verfügung, was Westdeutschland bzw. der Bundesrepublik zur Verfügung stand. Eine Schätzung des Pro-Kopf-Startkapitals für den wirtschaftlichen Wiederaufbau in den beiden Teilen Deutschlands, wie sie in dem Buch von Mosch *»Marktwirtschaft und Befehlswirtschaft«* enthalten ist, besagt, *»...daß jeder westdeutsche Einwohner nach Abzug der Demontagen 140 DM West als Starthilfe erhalten habe, während jeder mitteldeutsche Einwohner mit 2500 DM Ost belastet worden sei«*. Der westliche Weltmarkt blieb der DDR weitgehend verschlossen. Politische Gründe zwangen sie zum Außenhandel mit den Ostblockstaaten, deren nationale Wirtschaften zum damaligen Zeitpunkt alles andere als leistungsfähig waren. Auch fehlten wichtige industrielle Rohstoffe und eine ausreichende Energiebasis. Diese Tatsachen müssen gesehen werden und sind durch das politisch andere System der Zone nicht »verschuldet« worden. Eindeutig verschuldet dagegen wurde der seit 1947 einsetzende hohe Aderlaß an Arbeitskräften, darunter hochqualifizierte Fachleute, die in Ablehnung von Terror, Zwang und Lebensform flohen und das westdeutsche Arbeitspotential ungewöhnlich ausdehnten. Die im Westen im Vordergrund stehende Steigerung des Lebensstandards war in der DDR letztlich eine Frage zweiten Ranges. Sein viel geringeres Wachstum erklärte sich einmal aus den dargelegten schweren Startbedingungen beim wirtschaftlichen Wiederaufbau, zum anderen entsprach aber, was nicht vergessen werden darf, das langsamere Wachstum den durch die kommunistische Lehre bedingten Wirtschaftstheorien. Danach hatten die Investitionsgüter- und Schwerindustrie den Vorrang vor der Konsumgüterindustrie und damit vor der Steigerung des Lebensstandards. Daß sie in der Entwicklung zurückblieb, hatte seine Ursache auch in dem wirtschaftlichen Unabhängigkeitsstreben vom Westen. Dieses primäre Ziel, ein schnelleres Wachstum der Gesamtwirtschaft zu erreichen, erforderte beträchtliche Investitionen bei gleichzeitiger Drosselung des Konsums.

Die »Hallstein-Doktrin«

Im Oktober 1957 nahm Jugoslawien diplomatische Beziehungen zur DDR auf. Dieser Schritt führte im gleichen Monat in konsequenter Anwendung der Hallstein-Doktrin zum Abbruch der diplomatischen Beziehungen zwischen der Bundesrepublik Deutschland und Jugoslawien, was den Fortbestand der Konsulate in Zagreb, Hamburg und München nicht berührte.
Was war die »Hallstein-Doktrin«? Wann und warum ist sie entstanden? Unter ihr wird der politische Grundsatz verstanden, daß die Bundesrepublik keine politischen Beziehungen mit Staaten unterhält, die ihrerseits diplomatische Beziehungen mit der DDR unterhalten. Diese politische Maxime wurde in dem Augenblick entwickelt, als die Bundesrepublik in Auswirkung des Adenauerbesuches in der UdSSR einen Botschafter nach Moskau entsandte. Diese Doktrin, als solche im Sprachgebrauch der deutschen Publizistik bezeichnet, erkennt die Beziehungen

zwischen der Bundesrepublik und Moskau als einzigen Sonderfall an, weil die Sowjetunion eine der vier Besatzungsmächte und damit Träger besonderer Rechte und Verantwortlichkeiten für Gesamtdeutschland ist. Die Aufnahme diplomatischer Beziehungen galt deshalb als unausweichlich, weil ohne die Mitwirkung der Sowjetunion die Wiedervereinigung in den Augen Bonns als unmöglich angesehen wird. Für alle anderen Staaten der kommunistischen und nichtkommunistischen Welt traf das jedoch nicht zu. Die Duldung einer doppelten diplomatischen Vertretung Deutschlands führt nach Ansicht der Bundesregierung zwangsläufig zur Anerkennung zweier deutscher Staaten. Diese Einsicht führte auf einer Botschafterkonferenz Anfang Dezember 1955 in Bonn zur Formulierung dieses außenpolitischen Leitsatzes durch den damaligen Leiter der politischen Abteilung im Auswärtigen Amt, Prof. Grewe; Staatssekretär war Prof. Hallstein. Ihm gebührt allenfalls die Patenschaft, nicht aber die Vaterschaft dieses beherrschenden Leitsatzes deutscher Außenpolitik. Diesen hatte der Bundeskanzler nach seiner Rückkehr aus Moskau am 22. September 1955 vor dem Bundestag sinngemäß bereits zum Ausdruck gebracht. Jugoslawien und Kuba blieben bis zum Jahre 1963, mit dem diese Darstellung schließt, die bisher einzigen Anwendungsfälle. Diese politische Maxime vertrat und vertritt Mao Tse-tung in bezug auf China. In Argumentation und Diktion gleichen sich Hallstein-Doktrin und Pekings Standpunkt, bezogen auf Formosa, weitgehend.
Die Hallstein-Doktrin wurde nicht einheitlich beurteilt. Ihre Befürworter sahen sie als unerläßliches Instrument zur Durchsetzung des Alleinvertretungsanspruchs der Bundesrepublik an. Ihre Kritiker befürchteten, sie werde in der deutschen Außenpolitik zur Immobilität führen und eine schnelle und geschmeidige Reaktion auf unvorhergesehene Situationen erschweren. Sie sahen die Gefahr der Selbstblockierung der deutschen Außenpolitik besonders im Hinblick auf eine aktive deutsche Ostpolitik. Sie hatten Zweifel an der Richtigkeit, daß die Hallstein-Doktrin auch auf die kommunistischen Staaten angewendet wurde, denn diese Staaten standen schon in vollen diplomatischen Beziehungen zur DDR, ehe die Hallstein-Doktrin geboren wurde.

(Sie hatte durch die Aufnahme bzw. durch die Wiederherstellung diplomatischer Beziehungen mit Rumänien und Jugoslawien in den Jahren 1967 bzw. 1968 bereits stark an Wirkung verloren und ist 1970 praktisch bedeutungslos geworden. Die Koalitionsregierung Brandt/Scheel verneint ihre Praktikabilität als Instrument einer flexiblen Ostpolitik; auch der Öffentlichkeit fehlt weitgehend das Verständnis für diese Doktrin, die dem Faktengewicht der eingetretenen politischen Entwicklung nicht mehr gerecht wird.)

III
1959 - 1961

DIE DEUTSCHE FRAGE

Die Berlin-Krise

Am 27. November 1958 richtete die Sowjetunion Noten an die drei Westmächte, die Bundesrepublik und die DDR, in denen sie für Westberlin den Status einer »freien und entmilitarisierten Stadt« forderte und eine einseitige sowjetische Aktion zur Beendigung des Viermächte-Besatzungsstatuts in Berlin nach Ablauf von sechs Monaten androhte.

In der Note der UdSSR an die USA hieß es dazu:

»*... Man muß natürlich berücksichtigen, daß die politische und wirtschaftliche Entwicklung Westberlins in der Zeit seiner Besetzung durch die drei Westmächte in einer anderen Richtung verlief als die Entwicklung Ostberlins und der DDR, so daß die Lebensformen in beiden Teilen Berlins gegenwärtig grundverschieden sind. Die Sowjetregierung ist der Meinung, daß der Bevölkerung Westberlins bei Beendigung der ausländischen Besetzung das Recht gewährt werden muß, solche Verhältnisse bei sich zu haben, die sie selbst wünscht. Wenn die Einwohner Westberlins die gegenwärtigen Lebensformen beizubehalten wünschen, die auf privatkapitalistischem Eigentum beruhen, so ist das ihre Angelegenheit. Die UdSSR ihrerseits wird jede Wahl der Westberliner in dieser Beziehung respektieren.*

In Anbetracht aller dieser Erwägungen würde es die Sowjetregierung ihrerseits für möglich erachten, daß die Frage Westberlin gegenwärtig durch Umwandlung Westberlins in eine selbständige politische Einheit – eine Freistadt – gelöst werde, in deren Leben sich kein Staat, darunter auch keiner der bestehenden zwei deutschen Staaten, einmischen würde. Man könnte unter anderem vereinbaren, daß das Gebiet der Freistadt entmilitarisiert werde und daselbst keinerlei Streitkräfte stationiert werden. Die Freistadt Westberlin könnte eine eigene Regierung haben und ihre Wirtschaft, ihre Verwaltungs- und sonstigen Angelegenheiten selbst lenken.

Die vier Mächte, die nach dem Kriege an der gemeinsamen Verwaltung Berlins beteiligt waren, wie auch die zwei deutschen Staaten, könnten die Verpflichtung übernehmen, den Status Westberlins als Freistadt zu achten, wie das beispielsweise die vier Mächte in bezug auf den von der österreichischen Republik übernommenen Neutralitätsstatus getan haben. Die Sowjetregierung ihrerseits hätte keine Einwände dagegen, daß in irgendeiner Form auch die Organisation der Vereinten Nationen an der Wahrung des Status der Freistadt Westberlins mitwirken würde. Offensichtlich würde in Anbetracht der spezifischen Lage Westberlins, das sich auf dem Territorium der DDR befindet und von der Außenwelt abgeschnitten ist, die Frage auftauchen, mit der DDR in dieser oder jener Form eine Vereinbarung über Garantien für einen ungehinderten Verkehr in der Freistadt mit der Außenwelt –

sowohl in östlicher als auch in westlicher Richtung –, für die Freizügigkeit der Menschen und die Beförderung der Waren zu treffen. Westberlin würde seinerseits die Verpflichtung übernehmen, in seinem Gebiet keine feindselige, subversive Tätigkeit gegen die DDR oder einen beliebigen anderen Staat zu dulden.
Die Sowjetregierung strebt danach, daß die erforderliche Änderung der Lage Berlins in einer ruhigen Atmosphäre ohne Eile und unnötige Reibungen unter möglichst weitgehender Berücksichtigung der Belange der interessierten Seiten erfolge ...
In Anbetracht dessen gedenkt die Sowjetregierung, im Laufe eines halben Jahres keine Änderungen an dem gegenwärtig geltenden Modus für Militärtransporte der USA, Großbritanniens und Frankreichs aus Westberlin in die Bundesrepublik vorzunehmen. Sie hält diese Frist für durchaus hinreichend, um eine gesunde Basis für die Lösung der Fragen zu finden, die mit der Änderung der Lage Berlins verbunden sind ...
Wird die erwähnte Frist jedoch nicht dazu ausgenutzt, zu einer entsprechenden Einigung zu gelangen, so wird die Sowjetunion durch Übereinkommen mit der DDR die geplanten Maßnahmen durchführen. Hierbei wird in Betracht gezogen, daß die DDR, wie jeder andere selbständige Staat, ganz für die Fragen zuständig sein muß, die ihren Raum betreffen, das heißt, ihre Hoheitsrechte zu Lande, zu Wasser und in der Luft ausüben muß. Gleichzeitig damit werden alle bisherigen Kontakte mit Vertretern der Streitkräfte und anderen offiziellen Personen der Sowjetunion in Deutschland mit entsprechenden Vertretern der Streitkräfte und anderen offiziellen Personen der USA sowie Großbritanniens und Frankreichs in Berlin betreffende Fragen eingestellt werden ...« [43]
Das Datum dieser Note war zugleich die diplomatische Geburtsstunde der kommunistischen Dreistaatentheorie. Diese Theorie, die bei dem Passierscheinabkommen vom 17. Dezember 1963 eine zentrale Rolle spielen sollte, besagt, daß die Entwicklung nach der Kapitulation Deutschlands zu drei Staaten geführt habe: »Deutsche Demokratische Republik«, »Bundesrepublik« und »Besonderes Territorium Westberlin«, das weder zur Bundesrepublik noch zur DDR gehöre. Diese kommunistische These leugnet also die staatsrechtliche Zugehörigkeit Westberlins zur Bundesrepublik. Richtig ist lediglich, daß Westberlin ein »Bundesland besonderer Art« ist, was sich aus den Rechtsvorbehalten der westlichen Schutzmächte ergibt. Diese Rechtsvorbehalte werden im Interesse der Westberliner Sicherheit aufrechterhalten, um die Wahrung der Viermächteverantwortung für Gesamtberlin zu demonstrieren. Wenn die DDR Westberlin als »besonderes Territorium« bezeichnet, so erfolgt das auf Grund der Behauptung, Westberlin liege auf dem »Territorium der DDR«. Nach bundesdeutschem Recht, gestützt auf eine Entscheidung des Bundesverfassungsgerichtes von 1957, gilt Berlin als Bundesland. De facto ist Berlin (West) fast völlig in das Rechtssystem und völlig in das Wirtschafts- und Finanzsystem der Bundesrepublik eingegliedert.
Was waren die Motive und Ziele des ultimativen Schrittes der Sowjetunion in der Berliner Frage? Zwei können als wahrscheinlich, wenn nicht als sicher genannt werden: der Versuch, den Westen zur Anerkennung der DDR zu zwingen und die Beseitigung Westberlins als Symbol einer freiheitlichen Gesellschaftsordnung.

Die UdSSR hatte bei Nichtanerkennung ihres Vorschlages und Nichtbeachtung ihres Ultimatums, womit sie rechnete, die Übertragung ihrer Rechte aus den seit 1945 bestehenden alliierten Vereinbarungen an die Organe der DDR angekündigt. Das hätte zu weitreichenden und folgenschweren Konsequenzen für den Transitverkehr von Zivilpersonen, Truppen und Gütern zwischen den Westsektoren Berlins und der Bundesrepublik führen müssen. Die Wiederholung der Blockade Berlins von 1948 drohte. US-Außenminister John Foster Dulles entwickelte zu diesem Zeitpunkt die sogenannte »Agententheorie«, durch die er Verhandlungen der Westmächte mit Beauftragten der DDR als Agenten der Sowjetunion für möglich hielt, sofern die Sowjetunion hierdurch nicht aus ihrer Verantwortung für Berlin entlassen und die DDR nicht anerkannt würde. Der Vollzug dieser Theorie trat aber nicht ein.

Die Erreichung des zweiten Zieles, die Beseitigung Westberlins als Vorposten westlicher Freiheit inmitten einer kommunistischen Welt, war aber ohne Zweifel vordringlicher. Schon seit 1956/57 beschäftigte die SED-Führung die Berlinfrage außerordentlich. Über Westberlin flüchteten jährlich Abertausende aus der DDR in die Bundesrepublik. Das Flüchtlingsproblem – wenn auch von unterschiedlicher Dringlichkeit – brannte dem SED-Regime nicht nur wegen der volkswirtschaftlichen Auswirkungen, sondern auch als Beweis eines untrüglich politischen Autoritätsverlustes immer stärker unter den Nägeln. Das Drängen Ulbrichts auf Lösung des Berlinproblems hatte aber erst im Herbst 1958 Erfolg. Chruschtschows Rede im Moskauer Sportpalast vom 10. November 1958, in der er den Viermächtestatus Berlins durch Verletzung des Potsdamer Abkommens als überholt bezeichnete und für den Abschluß eines deutschen Friedensvertrages eintrat, bereitete die Welt auf die Berlin-Krise vor, die durch die sowjetische Note vom 27. November 1958 ausgelöst wurde.

Der sowjetische »Freistadt«-Vorschlag war unannehmbar. Die Westmächte, die übrigen Mitglieder der NATO, Regierung, Opposition und Öffentlichkeit in der Bundesrepublik und Westberlin reagierten einheitlich. Berlins Regierender Bürgermeister, Willy Brandt, gab am 20. November 1958 zu den sowjetischen Forderungen vor dem Berliner Abgeordnetenhaus eine Erklärung ab, die das Anwesenheitsrecht der Westmächte in Berlin begründete und die Auffassungen des Weißen Hauses und des britischen Auswärtigen Amtes wiedergab:

»Über den Status Berlins im geteilten Deutschland gibt es einen Strauß internationaler Vereinbarungen, die fälschlich als Teil des Potsdamer Abkommens bezeichnet worden sind. Zwischen den Westmächten und der Sowjetunion handelt es sich vor allem um die Londoner Vereinbarungen vom 12. September 1944, die am 5. Juni 1945 in Berlin ergänzt wurden. In der Londoner Vereinbarung ist ausdrücklich von einem ›Berliner Gebiet‹ die Rede, das ›unter der gemeinsamen Besatzung‹ der Mächte stehen solle, und es wurde weiter festgelegt, daß die Streitkräfte der UdSSR die ›Ostzone‹ zu besetzen hätten ›mit Ausnahme des Berliner Gebiets, für das ein Besatzungs-Sondersystem vorgesehen ist‹. Diesen Texten reihen sich die Vereinbarungen an, mit denen die Beschlüsse der Pariser Außenministerkonferenz vom Frühsommer 1949 bestätigt und ergänzt wurden. Hier handelt es

sich vor allem um die Wiederherstellung des ungehinderten Verkehrs von und nach Berlin. Jene Verträge und Abmachungen sind die Grundlage der freiheitlich demokratischen Ordnung in Westberlin, der Unterstellung Westberlins unter die oberste Gewalt der drei Mächte, unseres Gemeinwesens überhaupt, das – unter einem frei gewählten Stadtparlament und einer der Volksvertretung verantwortlichen Regierung – allen Hindernissen zum Trotz unbestreitbare Leistungen des Aufbaues und wesentliche Erfolge im Interesse der Bevölkerung zu verzeichnen hat. Aus internationalen Verträgen, aus völkerrechtlichen Vereinbarungen kann man sich nicht einseitig lösen, ohne rechtsbrüchig zu werden. Wer glaubt, sich darüber hinwegsetzen zu können, wird selbst sehr ernste Rückwirkungen in Kauf nehmen müssen.« [44]

Die wesentlichsten Argumente der Ablehnung waren:

Die Zustimmung des Westens zu einer »Freien Stadt Westberlin« würde als endgültige Aufteilung Deutschlands verstanden werden. Der psychologische Schluß der Weltöffentlichkeit, die westlichen Nationen unter Einschluß der Deutschen hätten die Hoffnung auf Wiedervereinigung aufgegeben, wäre unvermeidlich gewesen.

Die Annahme des sowjetischen Vorschlages hätte zur Anerkennung der DDR geführt, da der sowjetische Plan die Teilnahme der DDR am Abschluß und an der Durchführung des Berlinabkommens vorsah. Mit der »freien« Stadt Berlin würde ein dritter deutscher Staat geschaffen.

Die Einheit Berlins als Stadt, so minimal sie schon ist, würde endgültig zerstört. Die Sektorengrenzen in ihrer noch bestehenden Durchlässigkeit würden wie an der Zonengrenze zum »Eisernen Vorhang« werden. Berlin als Fluchtmöglichkeit für mitteldeutsche Bürger hätte zu bestehen aufgehört.

Die politische und wirtschaftliche Unabhängigkeit Berlins wäre ständig bedroht. Mit der Übernahme der Kontrolle der Verbindungswege in der Luft, zu Wasser und zu Lande durch die DDR-Organe hätten die Kommunisten ein Instrument der ständigen Erpressung in die Hand bekommen. In einer solchen permanent unsicheren Situation gäbe es keine politische Unabhängigkeit einer autonomen Stadtregierung. Die Verpflichtung der »freien« Stadt, »Spionage«, »Diversion« und »antikommunistische Propaganda« zu verhüten, müßte – da diese Begriffe bei den Kommunisten einen völlig anderen Bedeutungsinhalt haben – zur Aufhebung der Grundrechte der Presse-, Meinungs- und Versammlungsfreiheit führen.

Die sowjetischen Truppen würden, aus dem Ostsektor Berlins abgezogen, an der Stadtgrenze von Gesamtberlin stehen. Die Truppen der westlichen Schutzmächte müßten in die Bundesrepublik abgezogen werden. Halbmilitärische Verbände und Volkspolizei blieben in Ostberlin. Das wäre keine wirksame Garantie für den Schutz der »Freistadt Berlin«.

Der sowjetische Berlinvorstoß bedeutete letztlich die Preisgabe Westberlins. Sie war unzumutbar. War sie es auch für die Weltöffentlichkeit? Der bekannte amerikanische Publizist Walter Lippmann vertrat in seiner Artikelserie »The Two Germanys and Berlin«, veröffentlicht im April 1959 in der »New York Herald Tribune«, die Auffassung, daß die Wiedervereinigung gegenwärtig nicht mehr im

Bereich praktischer Politik liege und Berlin dadurch ein besonderes Problem geworden sei. Die Zukunftssicherung Westberlins könne nicht in ausreichendem Maße durch den Entschluß zu einer Politik der Festigkeit auf der Grundlage gleichzeitiger Unbeweglichkeit erfolgen. Eine internationale Charta für Berlin, ein UN-Statut, schien ihm praktikabel:

»Dies ist unsere günstigste Gelegenheit, eine geordnete Entwicklung in Deutschland zu sichern. Wenn wir eine internationale Charta für Berlin erlangen könnten, könnten wir das Risiko gefährlicher Zwischenfälle, die durch Mißverständnisse, durch Rücksichtslosigkeiten oder Unvorsichtigkeiten untergeordneter Offiziere oder Beamter oder durch mutwillige Herausforderung entstehen könnten, bedeutend vermindern. Wenn wir die beiden deutschen Staaten in ein Rechtsverhältnis miteinander bringen könnten, bestünde eine Aussicht, daß die deutsche Einheitsbewegung, die sicherlich wachsen wird, offen und sichtbar und weniger im geheimen oder auf dem Weg der Verschwörung vor sich gehen wird.« [45]

Der sowjetische Friedensvertragsentwurf

Am 11. Januar 1959 legte die Sowjetregierung 28 Regierungen den Entwurf eines Friedensvertrages mit Deutschland vor. Er enthielt 48 Artikel. Die Berlin-Note vom 27. November 1958 wie der Friedensvertragsentwurf sind als der energische Versuch der sowjetischen Politik zu werten, die Anerkennung der DDR zu erreichen. Was bedeutete der sowjetische Vertragsentwurf in seinem Kern?

1. Die völkerrechtliche Anerkennung der endgültigen Teilung Deutschlands. Der Friedensvertrag sollte mit zwei deutschen Staaten abgeschlossen werden. Im Fall der Bildung einer deutschen Konföderation sollten ihre Organe zusammen mit den Regierungen beider deutscher Staaten den Friedensvertrag unterzeichnen. Bei der endgültigen Teilung Deutschlands würde es sich zunächst sogar um eine Dreiteilung gehandelt haben, da Artikel 25 des Entwurfs vorsah, Westberlin bis zur Wiederherstellung der Einheit Deutschlands den Status einer entmilitarisierten Freien Stadt zu geben.
2. Die Neutralisierung Deutschlands und damit die Zerstörung der westlichen Bündnisgemeinschaft. In Artikel 5 hieß es: *»Deutschland verpflichtet sich, keinerlei Militärbündnisse einzugehen, die gegen irgendeinen Staat, der Teilnehmer des vorliegenden Vertrages ist, gerichtet sind, sowie nicht an Militärbündnissen teilzunehmen, deren Teilnehmer nicht alle vier wichtigsten verbündeten Mächte der Anti-Hitler-Koalition, die UdSSR, die USA, das Vereinigte Königreich und Frankreich, sind.«* Der Austritt der Bundesrepublik aus der NATO und der Westeuropäischen Union und der der DDR aus dem Warschauer Pakt wären die Folgen gewesen.
3. Die weitgehende Entmilitarisierung Deutschlands. Die ihm zugestandenen eigenen nationalen Streitkräfte waren so schwach gehalten, daß sie nicht in der Lage waren, die Neutralität Deutschlands in einem bewaffneten Konflikt zu schützen.

4. Eine wirtschaftliche Isolierung der Bundesrepublik. Die Zerstörung der EWG mußte befürchtet werden.
5. Die Wiederzulassung der KPD in der Bundesrepublik und das Verbot freier politischer Betätigung »revanchistischer« Parteien und Organisationen, die »eine Überprüfung der Grenzen Deutschlands fordern oder territoriale Ansprüche an andere Staaten zum Ausdruck bringen« (Artikel 17). Befürchtungen, daß diese Vertragsbestimmung zur Unterdrückung aller bisherigen politischen Parteien in der Bundesrepublik führen könnte, waren nicht unbegründet. In »Einheitszeitschrift für Theorie und Praxis des wissenschaftlichen Sozialismus«, herausgegeben vom ZK der SED, hieß es im Februarheft 1959 in einem Artikel *»Der sowjetische Entwurf eines Friedensvertrages und das Selbstbestimmungsrecht der deutschen Nation« u. a.: »Der sowjetische Friedensvertragsentwurf sichert auch elementare Rechte, die eine Grundlage für die freie Betätigung der demokratischen Kräfte in Westdeutschland darstellen. Die Verwirklichung dieser Bestimmungen würde bedeuten, daß die volle Freiheit der politischen Betätigung für alle diejenigen Organisationen und Gruppen sowie für diejenigen Bürger Westdeutschlands wiederhergestellt würde, denen die demokratischen Freiheiten wegen ihres Kampfes gegen die NATO-Politik Adenauers geraubt wurden ... Mit dem Inkrafttreten des Friedensvertrages würden natürlich die objektiven historischen Gesetzmäßigkeiten in Deutschland weiterwirken. Die fortschrittlichen Kräfte des deutschen Volkes, insbesondere die deutsche Arbeiterklasse, werden ihren Kampf für den gesellschaftlichen Fortschritt in ganz Deutschland fortsetzen.«* [46]
6. Die völkerrechtliche Anerkennung der Oder-Neiße-Linie als Ostgrenze Deutschlands. Artikel 8, Absatz 1 des Vertragsentwurfs lautete: *»Die Grenzen Deutschlands werden so sein, wie sie am 1. Januar 1959 waren.«*

Der Westen reagierte auf den sowjetischen Friedensvorschlag negativ. Er sah als unerläßliche Voraussetzung für eine erfolgversprechende Lösung der deutschen Frage freie Wahlen als ersten Schritt an. Die Bildung einer gesamtdeutschen Regierung konnte nach Auffassung des Westens sich nur auf diesem Wege vollziehen. Machte Molotow noch auf der Londoner Außenministerkonferenz von 1947 die Unterzeichnung eines Friedensvertrages von der vorherigen Errichtung einer gesamtdeutschen Zentralregierung abhängig, so sollte sich diese Einstellung im Laufe der Jahre grundlegend wandeln. Der Gedanke der Zentralregierung wurde verdrängt durch den einer provisorischen gesamtdeutschen Regierung und den einer Ost- und Westdeutschland umfassenden Konföderation, wie von Ulbricht vorgeschlagen. Beide hätten der kommmunistischen Herrschaft in der DDR den Fortbestand gesichert und ihr die Möglichkeit geboten, auch Einfluß in der Bundesrepublik zu gewinnen. Freie Wahlen jedoch hätten zur Beseitigung des SED-Regimes geführt. Eine Konföderation aber, ein Staatenbund, *»bedarf eines Mindestmaßes gemeinsamer Ziele, Überzeugungen und Maßstäbe, die sich auf gewisse grundlegende Ideale und Wertvorstellungen gründen.«* [47]

Mit dem Friedensvertragsentwurf von 1959 leitete die Sowjetunion aber eine neue Phase der Deutschlandpolitik ein, indem sie auf völkerrechtlich unvollkommen arbeitende Zwischenlösungen verzichtete und nicht nur die Aushandlung, sondern auch die Annahme und Unterzeichnung eines Friedensvertrages durch zwei deutsche Staaten forderte. Das, was als eigentliches Ziel sowjetischer Deutschlandpolitik schon seit Juli 1955 nicht mehr verborgen geblieben war, wurde jetzt in aller Offenheit völkerrechtlich verbindlich fixiert: die deutsche Wiedervereinigung wurde nicht mehr gewünscht. Die Moskauer Politik berief sich mit Nachdruck auf das Modell von Potsdam, das sie in ihrer Besatzungszone verwirklicht sah. Die Westmächte hatten sich von diesem Potsdamer Modell in sowjetischer Auslegung (neutralisiertes und entmilitarisiertes Rumpfdeutschland) frühzeitig gelöst und sich zum Wiederaufbau und zur Integration Westeuropas sowie zu seiner militärischen Sicherung entschlossen. Im Zuge dieser Entwicklung sind im entscheidenden Jahr 1955 durch die Pariser Verträge für die Bundesrepublik einerseits und durch den Warschauer Pakt und die Moskauer »Souveränitätserklärung für die DDR« andererseits Friedensverträge »mit de-facto-Natur für beide deutsche Staaten« geschlossen worden. Vor diesem Hintergrund wird die Enge der gegenseitigen politischen Bewegungsmöglichkeiten beider Blöcke verständlich. Ein Nachgeben hätte für beide eine Preisgabe ihrer seit 1945 ausgebauten Position bedeutet und, bezogen auf Westeuropa, die Aufgabe der demokratischen Grundordnung, der politischen und wirtschaftlichen Integration unter Einschluß der Bundesrepublik.

Die Genfer Außenministerkonferenz

Die Regierung der UdSSR ließ keinen Zweifel am Abschluß eines separaten Friedensvertrages mit der DDR und den östlichen Ländern, falls der Westen den Entwurf ablehnen sollte. Die durch Chruschtschow ausgelöste Berlin-Krise und Deutschland-Aktivität schufen eine starke internationale Spannung und in Deutschland einen hohen Grad von Besorgnis, die zwar nicht wich, aber gemildert wurde durch eine im März 1959 erreichte Vereinbarung über eine Außenministerkonferenz der vier Mächte in Genf.

Der Westen formierte sich nicht ohne Schwierigkeiten zur Geschlossenheit, die in der Rede des amerikanischen Präsidenten Eisenhower vom 16. März 1959 ihren Ausdruck fand. Sie war das stabilisierende Element in der Krise und zeigte Wirkung auf den Kreml. Eisenhower ließ nicht den geringsten Zweifel zu, daß die USA ihre Rechte und Pflichten in Berlin wahrnehmen würden, zeigte sich aber auch zu Verhandlungen bereit. Der ultimative Charakter, den die sowjetische Berlin-Note zweifellos hatte, wurde von Chruschtschow auf einer Pressekonferenz am 19. März bestritten. Auch räumte er den Westmächten – entgegen dem Notentext – legitime Anwesenheitsrechte in Berlin ein.

Präsident de Gaulle gab in einer Pressekonferenz am 25. März ebenfalls klar zu erkennen, daß Frankreich in der deutschen wie in der Berliner Frage den gleichen

Standpunkt wie seine beiden Alliierten einnehme. In der Frage der Anerkennung der deutschen Grenzen deckte sich aber seine Auffassung mit der der Sowjetunion in Artikel 8 ihres Friedensvertrages. Er sagte: *»Die Wiedervereinigung der beiden Teile Deutschlands zu einem einzigen Deutschland, das völlig frei sein würde, scheint uns das natürliche Schicksal des deutschen Volkes zu sein unter der Bedingung, daß dieses Deutschland nicht seine augenblicklichen Grenzen im Westen, im Osten, im Norden und im Süden in Frage stellt ...«* [48]

Chruschtschow hatte sich in der von ihm seit dem 27. November 1958 eingeleiteten krisenhaften Entwicklung so exponiert, daß es ein Teilziel des westlichen Konferenzprogrammes für Genf war, ihm eine Brücke zum Rückzug zu bauen, ohne daß er sein Gesicht zu verlieren hätte. Diesen Rückzug hatte er mit seinen Antworten auf der Moskauer Pressekonferenz vom 19. März 1959 bereits eingeleitet. Das hatte er schon anläßlich eines Besuches in der DDR vom 4. bis 12. März getan, als er am 9. März in einer Rede in Ostberlin erklärte:

»Wenn nötig, werden wir auch damit einverstanden sein, daß die USA, England, Frankreich und die Sowjetunion oder neutrale Länder in Westberlin ein Minimum an Truppen haben sollen, die die Einhaltung des Status der Freien Stadt zu sichern hätten, sich aber nicht in das innere Leben der Stadt einmischen dürften ...« [49]

Die Genfer Außenministerkonferenz, die vom 11. Mai bis 5. August 1959, mit einer Unterbrechung vom 21. Juni bis 12. Juli, tagte, sah als Teilnehmer neben den vier Konferenzmächten USA, Großbritannien, Frankreich und die UdSSR die Bundesrepublik Deutschland und die Deutsche Demokratische Republik. Der Versuch Moskaus, mit der gleichberechtigten Plazierung der Regierungsvertreter beider deutscher Staaten am Konferenztisch die völkerrechtliche de-facto-Anerkennung der DDR durchzusetzen, scheiterte am Widerstand der Westmächte. Die beiden deutschen Delegationen unter Führung ihrer Außenminister erhielten nur den Status als Berater und getrennte Tische zugewiesen. An den Geheimsitzungen nahmen sie nicht teil. Trotzdem förderte das gleichberechtigte Auftreten der beiden deutschen Regierungsdelegationen auf einer international bedeutsamen Konferenz die »Aufwertung« der DDR, besonders unter den Neutralen.

US-Außenminister Herter legte namens der Westmächte und in Übereinstimmung mit der Bundesregierung am 14. Mai einen Stufenplan für die deutsche Wiedervereinigung und für einen deutschen Friedensvertrag vor – als »westlicher Friedensplan« oder auch als »Herterplan« bekanntgeworden – der in seinen Grundzügen vorsah:

Stufe I:

Ost- und Westberlin sollen durch freie Wahlen unter UN- oder Viermächte-Überwachung vereint werden. Ein für Berlin frei gewählter Rat, der die Stadt nach eigenem Ermessen verwalten könne, sei der erste Schritt zur Wiedervereinigung. Die Freiheit und Unverletzlichkeit Berlins werde durch die vier Mächte garantiert, deren Streitkräfte in Berlin stationiert bleiben.

Stufe II:
Die vier Mächte setzen einen gemeinsamen deutschen Ausschuß ein, der Beschlüsse mit Dreiviertelmehrheit faßt. Er wird bestellt von den jeweiligen Behörden und setzt sich aus 25 Mitgliedern aus der BRD und 10 Mitgliedern aus der ›DDR‹ zusammen. Aufgabe des Ausschusses: Vorschläge für technische Kontakte, Freizügigkeit von Personen, Sicherung der Menschenrechte, vor allem aber Ausarbeitung eines Gesetzentwurfs zu allgemeinen, geheimen und freien Wahlen unter unabhängiger Kontrolle. Über den Wahlgesetzentwurf soll eine Volksabstimmung stattfinden. Falls der Ausschuß innerhalb eines Jahres keinen solchen Gesetzentwurf vorlegt, sollen die BRD und ›DDR‹ je einen Entwurf aufstellen. Über beide Entwürfe soll in ganz Deutschland abgestimmt werden. Der Wahlgesetzentwurf mit Stimmenmehrheit erhält Gesetzeskraft.
Stufe III:
Nach spätestens zweieinhalb Jahren Wahlen unter Kontrolle für eine gesamtdeutsche Versammlung in beiden Teilen Deutschlands gemäß Wahlgesetz. Ausarbeitung einer Verfassung nach dem Grundsatz der Föderation durch die gesamtdeutsche Versammlung. Eine gesamtdeutsche Regierung, nach dieser Verfassung gebildet, ersetzt die Regierungen der BRD und ›DDR‹ und erhält innere und äußere Entscheidungsfreiheit vorbehaltlich der Rechte und Verantwortlichkeit der vier Mächte für Berlin und Deutschland als Ganzes (Wiedervereinigung, Friedensvertrag, Truppenstationierung). Die gesamtdeutsche Regierung soll Verhandlungen über einen deutschen Friedensvertrag aufnehmen.
Stufe IV:
Abschluß der endgültigen Friedensregelung mit der gesamtdeutschen Regierung. Allen ehemaligen Kriegsgegnern Deutschlands steht der Beitritt offen. Die Friedensregelung tritt in Kraft, wenn die entsprechenden Verträge durch die vier Mächte ratifiziert worden sind.« [50]
Dieser westliche Friedensplan von 1959 enthielt gegenüber den Plänen der westlichen Außenminister von 1955 einige bemerkenswerte Zugeständnisse: 1. Freie Wahlen standen nicht mehr am Beginn des Wiedervereinigungsprozesses. 2. Das Wahlgesetz sollte nicht mehr von den vier Mächten, sondern von den Deutschen selbst ausgearbeitet bzw. im Fall der Nichteinigung einer Volksabstimmung unterzogen werden. 3. Ein gemischter deutscher Ausschuß wurde im Gegensatz zu 1955 erstmalig vorgeschlagen, somit also eine Kontaktnahme zwischen beiden Teilen Deutschlands.
Außenminister Gromyko legte den sowjetischen Friedensvertragsentwurf vom 10. Januar 1959 als Verhandlungsgrundlage vor. Im Gegensatz zu den westlichen Vorschlägen wünschte die Sowjetunion zuerst den Abschluß eines Friedensvertrages – ausgearbeitet von einer paritätisch besetzten Kommission aus Vertretern beider Teile Deutschlands — mit beiden deutschen Staaten und betrachtete die Wiedervereinigung als eine ausschließlich deutsche Angelegenheit. Hinsichtlich Westberlins beharrte die UdSSR auf ihrer Forderung, dieser Stadt den Status einer freien, entmilitarisierten Stadt zu geben.
Die westliche wie die östliche Delegation lehnten die Vorschläge der Gegenseite ab.

Im Zuge weiterer modifizierter Vorschläge über Westberlin befristete Gromyko das westliche Besatzungsrecht auf eineinhalb Jahre. Der Westen erklärte am 16. Juni in einem Kompromißvorschlag sein Einverständnis zur Beschränkung seines Berliner Truppenkontingents auf insgesamt 110 000 Mann, zur Einschränkung »feindseliger Propaganda« und zur Beibehaltung einer wie bisher nur konventionellen Bewaffnung der in Berlin stationierten Truppen. Für die Regelung des freien Zugangs nach Westberlin sollte das gleiche Verfahren angewendet werden, wie im New Yorker Abkommen vom April 1949 zur Beendigung der Berliner Blockade vereinbart, aber – ein entscheidendes Zugeständnis – *»dieses Verfahren kann auch durch deutsches Personal durchgeführt werden«.*[51]

Deutsches Personal? Das schloß Organe der DDR ein, ohne allerdings damit ein Präjudiz für die grundsätzliche Verantwortlichkeit, die bei der Sowjetunion für die Kontrolle des freien Zugangs nach Berlin lag, zu schaffen. Dieses Zugeständnis fußte auf der Agententheorie von Dulles. Chruschtschow allerdings bezeichnete solche Erwägungen als »zumindest naiv«. Der Versuch der Sowjetunion, die Verhandlungen über Berlin mit dem Vorschlag eines gesamtdeutschen Ausschusses zu verbinden, ist von Außenminister Herter kategorisch zurückgewiesen worden: *»Entweder wird die Bundesrepublik in dem gesamtdeutschen Ausschuß vor allen und jeden Forderungen der sogenannten DDR kapitulieren, in dem Bestreben, einseitige Sowjetaktionen in Berlin zu verhüten – oder die Sowjetunion wird den Mangel an Fortschritten im gesamtdeutschen Ausschuß als Vorwand benutzen, um die drei Westmächte vor eine Lage zu stellen, die die Sowjets für eine unmögliche Situation in Westberlin halten.«*[52]

Gleiches galt für den sowjetischen Vorschlag eines befristeten Berlin-Abkommens für 12 oder 18 Monate, weil der Westen den Fortbestand seiner alten Rechte nach Fristablauf für gefährdet hielt.

Die Genfer Außenministerkonferenz blieb also ergebnislos. Sie erreichte weder – was auch nicht erwartet worden war – eine umfassende Vereinbarung zur deutschen Frage und zur europäischen Sicherheit, noch gelang ihr das Nahziel einer Interimslösung über Berlin, obschon man sich in dieser Frage in einigen Punkten recht nahe gekommen war. Das Berlin-Problem, der eigentliche Kern der Genfer Konferenz, blieb zwar ungelöst, aber am 27. Mai 1959, dem Datum des Ablaufs des Ultimatums, brach kein kriegerischer Konflikt aus, sondern die Weltmächte saßen am Verhandlungstisch. Hierin allein bestand schon ein Erfolg der Genfer Konferenz. Ein weiteres Ergebnis war eine Art stillschweigenden Einvernehmens über den Status quo in Berlin. Chruschtschow hatte in seiner Moskauer Rede vom 19. Juni 1959 anläßlich des Empfanges einer Delegation der DDR unter Führung von Ulbricht und Grotewohl gesagt:

»In Anbetracht dessen, daß sie (die Westmächte) gegenwärtig nicht bereit sind, einer endgültigen und unverzüglichen Annullierung des Besatzungsregimes in Westberlin zuzustimmen, gab die Sowjetregierung Genossen Gromyko die Anweisung, gegen die Beibehaltung der Besatzungsrechte der drei Mächte in Westberlin für eine bestimmte Zeit keine Einwände vorzubringen.«[53]

Die Spannungen um Berlin waren damit praktisch auf den Stand vor dem 27. November 1958 reduziert. In der Frage des Abschlusses eines deutschen Friedensvertrages ließ Chruschtschow in seiner zitierten Moskauer Rede zwar keinen Zweifel an einem separaten Vertrag mit der DDR mit der Konsequenz »des Endes aller Überreste der Okkupation«, wenn es nicht gelingen sollte, zusammen mit den Westmächten einen Friedensvertrag für Gesamtdeutschland abzuschließen.

Bezüglich der in Genf von den Konferenzpartnern für die Arbeit der gesamtdeutschen Kommission genannten unterschiedlichen Fristen (ein und zweieinhalb Jahre) zeigte er eine verständnisvolle Haltung und erklärte ausdrücklich, »daß die Festlegung eines Termins keineswegs die Hauptfrage ist«. Gromyko verhielt sich entsprechend.

Genf führte zwar im Gesamtaspekt der deutschen Frage unter Einschluß Berlins zu keinem Ergebnis in der Sache, wohl aber zu einem Ausbruch aus dem gefährlichen Bannkreis gesetzter Fristen. Unmittelbarster Nutznießer dieser psychologischen Entspannung war die Berliner Bevölkerung, deren standhafte, von Pathos freie Haltung auf eine unvoreingenommene Weltöffentlichkeit einen starken Eindruck hinterließ. Wenn schließlich das Scheitern der Genfer Konferenz keine deprimierende Wirkung zeigte, so mag das an der Einladung Chruschtschows durch Präsident Eisenhower gelegen haben, ihn in den USA zu besuchen. Diese Einladung wurde, was sie auch war, als ein weiterer Schritt zur Entspannung aufgefaßt. In der Berlin- und Deutschland-Frage war eine Pause eingetreten.

Der Deutschlandplan der SPD

Von einem Einverständnis in der Wiedervereinigungspolitik zwischen Regierung und Opposition konnte nicht gesprochen werden. Die Fronten waren außerordentlich verhärtet. Mitte März 1959 veröffentlichten die beiden Oppositionsparteien, SPD und FDP, Vorschläge zur Lösung der deutschen Frage. Sah das Konzept der Freien Demokraten die Ausarbeitung von Verträgen über europäische Sicherheit, deutsche Friedensregelung und Wiedervereinigung vor, die alle gleichzeitig in Kraft treten sollten, so setzte der Deutschlandplan der SPD vom 18. März 1959 eine allmähliche Annäherung in Stufen voraus. Er ging aus von einer allgemeinen Sicherheitsvereinbarung für Mitteleuropa und berücksichtigte Vorstellungen, die der amerikanische Diplomat Kennan, der britische Oppositionsführer Gaitskell und der polnische Außenminister Rapacki entwickelt hatten. Er wurde vorgelegt in der Sorge, daß, wenn die Großmächte sich nicht über Berlin einigen, Krieg drohe und, wenn sie sich nur über Berlin verständigen, die deutsche Teilung endgültig werde. Der Deutschlandplan lautete im Wortlaut seiner wesentlichsten Auszüge:

». . . Die langjährige Teilung Deutschlands hat zu einer strukturell grundverschiedenen politischen und wirtschaftlichen Entwicklung in beiden Teilen Deutschlands geführt. Hieraus ergibt sich zwangsläufig, daß die Wiederherstellung der staatlichen Einheit Deutschlands durch eine frei gewählte Nationalversammlung eine allmähliche Annäherung in Stufen voraussetzt . . .

Die erste Stufe:

Die politische Zusammenführung beginnt in der ersten Stufe mit der Bildung einer Gesamtdeutschen Konferenz. Beide deutschen Regierungen entsenden Beauftragte auf der Grundlage der Parität.

Die Gesamtdeutsche Konferenz hat die Aufgabe, Regelungen über innerdeutsche Angelegenheiten zu vereinbaren. Soweit diese Regelungen der Zustimmung verfassungsmäßiger Organe der Teile Deutschlands bedürfen, bleiben deren Zuständigkeiten unberührt.

Die Gesamtdeutsche Konferenz ist von allen Gesetzesvorlagen des Bundestages und der Volkskammer zu unterrichten und muß sich hierzu äußern. Die Gesamtdeutsche Konferenz setzt zur Wahrung der Einheitlichkeit in der Auslegung der Menschenrechte und Grundfreiheiten ein Gesamtdeutsches Gericht ein, das in letzter Instanz entscheidet. Seine Mitglieder werden auf die Charta der Menschenrechte der Vereinten Nationen vereidigt ...

Die zweite Stufe:

In der zweiten Phase der politischen Zusammenführung wird ein Gesamtdeutscher Parlamentarischer Rat errichtet. Seine Mitglieder, die in ganz Deutschland Immunität genießen, werden je zur Hälfte in beiden Teilen Deutschlands gewählt. Die Gesamtdeutsche Konferenz schreibt diese Wahl aus.

Dem Gesamtdeutschen Parlamentarischen Rat wird die gesetzgeberische Zuständigkeit, insbesondere für Eisenbahn, Straßenverkehr, Binnenschiffahrt, Post- und Fernmeldewesen und zur Förderung der volkswirtschaftlichen Erzeugung, übertragen. Er hat ferner die Befugnis, den Mißbrauch wirtschaftlicher Macht zu verhindern und den gewerblichen Rechtsschutz zu regeln. Gegen die von ihm erlassenen Gesetze kann jede der beiden Regierungen in einer bestimmten Frist Einspruch erheben. Der Gesamtdeutsche Parlamentarische Rat kann diesen Einspruch mit Zweidrittelmehrheit zurückweisen ...

Die dritte Stufe:

In der dritten Stufe der Zusammenführung befaßt sich der Gesamtdeutsche Parlamentarische Rat mit der Vorbereitung von gesamtdeutschen Gesetzen zum Steuersystem, Finanzausgleich, zur Zollunion, zur Währungsunion und zur sozialpolitischen Anpassung.

Eine gesamtdeutsche Willensbildung kann auch durch Volksabstimmungen herbeigeführt werden. Auf Antrag von einer Million Wahlberechtigten wird ein Gesetzentwurf einheitlich in beiden Teilen Deutschlands zur Volksabstimmung gestellt. Widerspricht eine der beiden Regierungen, so kann die Volksabstimmung nach einem Jahr wiederholt werden und wird dann verbindlich.

Volksabstimmungen sind ausgeschlossen, wenn sie eine Einschränkung der Menschenrechte und Grundfreiheiten, eine Änderung der Eigentumsverhältnisse oder die Beseitigung der Legislativ- oder Exekutivorgane in beiden Teilen Deutschlands zum Ziel haben.

Der Gesamtdeutsche Parlamentarische Rat ist befugt, jederzeit mit Zweidrittelmehrheit ein Gesetz für die Wahl einer Verfassunggebenden Nationalversammlung zu erlassen. Ist er hierzu nicht in der Lage, so erhält für diesen Fall eine Volks-

abstimmung uneingeschränkte Gesetzeskraft, wenn zwei Drittel aller abgegebenen Stimmen sich für die Wahl einer Verfassunggebenden Nationalversammlung aussprechen.

Die Nationalversammlung löst den Gesamtdeutschen Parlamentarischen Rat ab und beschließt die gesamtdeutsche Verfassung.

Während der stufenweisen Zusammenführung Deutschlands ist Berlin Sitz aller gesamtdeutschen Institutionen.

Die Wiedervereinigung:

Nach dem Inkrafttreten der gesamtdeutschen Verfassung werden allgemeine, freie und geheime Wahlen zum Gesamtdeutschen Parlament abgehalten. Aus ihm geht die Gesamtdeutsche Regierung hervor ...« [54]

Der Plan stellte nach Auffassung der Sozialdemokraten einen geeigneten Weg zu einer möglichen politischen Annäherung beider Teile Deutschlands und schließlich zur Wiedervereinigung dar. Die Bundesregierung lehnte ihn aus folgenden Gründen ab:

1. *Es fehlt jede Koppelung der militärischen Entspannungspläne mit dem politischen Stufenplan. Dabei würde diese Form der Entspannungszone eine einseitige, die Verteidigungskraft des Westens schwächende Vorleistung darstellen und zum Rückzug der US-Truppen aus Europa führen ...*
2. *Der politisch-wirtschaftliche Stufenplan enthält ebenfalls keinerlei Bedingungen oder kontrollierbare Verpflichtungen darüber, daß einer Stufe wirklich die nächste folgt. Die Wiedervereinigung, ihre Form, ihr Ausmaß und ihr Tempo ist damit völlig in das Belieben Pankows gestellt.*
3. *Die Durchführung des Planes bedeutet gleichberechtigte Anerkennung der Pankower Regierung und entspricht damit nicht den zahlreichen einstimmigen Beschlüssen des Deutschen Bundestages.*
4. *Wirklich freie, gesamtdeutsche kontrollierte Wahlen sind erst nach der Fertigstellung der Verfassung vorgesehen, das heißt, zu einem Zeitpunkt, an dem keine Entscheidungen mehr getroffen werden können. Bis dahin sollen paritätisch besetzte Gremien beraten beziehungsweise entscheiden.*

Hierin liegt eine entscheidende Gefährdung der demokratischen Entwicklung eines zukünftigen Gesamtdeutschlands, denn wir wissen alle aus den leidvollen Erfahrungen der letzten Jahre, daß politische, wirtschaftliche und weltanschauliche Begriffe – von Demokratie über Freiheit bis zu Menschenrechten – im Westen und Osten völlig verschiedene Bedeutung haben. Daran müßte auch ein paritätisch besetzter Gerichtshof scheitern ... [55]

Dagegen fand der Plan nach anfänglicher Ablehnung durch die SED deren begrenzte Zustimmung mit den Worten, daß er *»in mancher Hinsicht die realen Gegebenheiten in der Welt und in Deutschland berücksichtige«*.[56] Vor allem die paritätische Besetzung der von der SPD vorgeschlagenen Gremien mag die Zustimmung der SED gefunden haben. Auch die sowjetische Nachrichtenagentur TASS brachte ihre einschränkende Zustimmung zum Ausdruck. Sie sah die wichtigste positive Bedeutung des Programms der SPD darin, daß es von der Tatsache ausgehe, daß zwei deutsche Staaten existieren und daß die Führer der SPD, aller-

dings mit Vorbehalten, anerkannt hätten, daß es einen Fortschritt in der Vereinigung Deutschlands nur geben könne, wenn sie von den Deutschen selbst in die Hand genommen werde.
Das Funktionieren des Planes hatte die grundsätzliche Einigung der vier Mächte zur Voraussetzung. Da sie in Genf nicht eintrat, blieb auch der SPD-Plan, der in der deutschen Öffentlichkeit zwar eine starke, aber doch überwiegend negative Resonanz fand, wirkungslos. 1960 ließ die SPD diesen Plan fallen.

Ist Freiheit wichtiger als Einheit?

Nach einer im Grunde festgefügten Vorstellung, wie sie seit 1945 bestand, glaubte die überwiegende Mehrheit der Bevölkerung an die Möglichkeit, wieder einen einheitlichen deutschen Staat zu schaffen. Seit 1958 wurde in zunehmendem Maße in Publizistik und Politik aber die Frage gestellt, ob nicht die Freiheit wichtiger als die Einheit sei, ob nicht die Freiheit von dem Problem der Wiedervereinigung – das sich immer stärker als unlösbar erwies – zweckmäßigerweise getrennt werden sollte. War die Besserung der Lebensbedingungen für 17 Millionen Deutsche in der DDR nicht vorrangig und die Entwicklung zum Nationalstaat nicht sekundär? Am 20. März 1958 erklärte Dr. Adenauer im Bundestag:
»Mir liegt am Herzen, daß wir endlich dazu kommen, daß die 17 Millionen Deutschen hinter dem Eisernen Vorhang so leben können, wie sie wollen. Darum denke ich, wir sollten diese ganze Frage (die Frage der Wiedervereinigung) nicht nur unter nationalen oder nationalistischen Aspekten des Machtbereiches, sondern unter dem Gesichtspunkt betrachten, daß dort 17 Millionen Deutsche zu einer Lebens- und Denkweise gezwungen werden, die sie nicht wollen.« [57]
Bundesverteidigungsminister Strauß stellte die Frage noch zwingender und brach damit ein nationales Tabu:
»Ist es denn wirklich die Wiedervereinigung, die uns in erster Linie drängt, quält, bedrückt? Es ist doch weniger die Wiedervereinigung im Sinne der Wiederherstellung der staatlichen Einheit Deutschlands; es ist vielmehr das Herzensanliegen der Wiederherstellung demokratischer und menschenwürdiger Zustände in diesem Gebiet.« [58]
Diese Gedankengänge blieben nicht auf die beiden Politiker beschränkt, andere, darunter namhafte Publizisten, griffen sie auf und vertieften sie. Entscheidend verändert jedoch wurde das bisher übliche Bild von der Vorstellung zukünftiger deutscher Staatlichkeit erst durch den Philosophen Karl Jaspers. Im März des Jahres 1960 gewährte er in Basel dem Journalisten Thilo Koch ein Fernsehinterview, das am 10. August gesendet wurde. Es erregte weltweites Aufsehen und ließ über Jaspers nach seinen eigenen Worten »einen Sturm hereinbrechen«. »Wie ist es möglich«, so fragte sich der Philosoph verwundert, »daß das Selbstverständliche solche Empörung auslösen kann?« Was bezeichnete Jaspers als das Selbstverständliche? Die entscheidende Stelle des Interviews gibt darauf die Antwort:
»... Ich bin seit Jahren der Auffassung, daß die Forderung der Wiedervereinigung

nicht nur irreal ist, sondern politisch und philosophisch in der Selbstbesinnung irreal. Denn, die Wiedervereinigung beruht – der Gedanke der Wiedervereinigung beruht darauf, daß man den Bismarckstaat für den Maßstab nimmt. Der Bismarckstaat soll wiederhergestellt werden. Der Bismarckstaat ist durch die Ereignisse unwiderruflich Vergangenheit, und ich habe das Bewußtsein, daß die Forderung der Wiedervereinigung daher kommt, daß, wie ein Gespenst der Vergangenheit, etwas Unwirkliches an uns herantritt. Die Wiedervereinigung ist sozusagen die Folge dessen, daß ich das, was geschehen ist, nicht anerkennen will. Sondern, daß man etwas wie eine Rechtsforderung auf etwas gründet, das durch Handlungen entstanden ist, die dieses ungeheure Weltschicksal heraufbeschworen haben, und die Schuld des deutschen Staates sind. Diese Handlungen aber will man nicht anerkennen, sondern gründen ein Recht auf das, was nicht mehr existiert.«

Frage: »Herr Professor! Ich möchte Sie nicht mißverstehen. Meinen Sie damit, daß wir auf die Forderung nach nationaler Einheit verzichten müssen, weil wir anerkennen sollen, daß der Krieg Deutschland in der damals bestehenden Form vernichtet hat und daß das nicht wiederherstellbar wäre?«

Jaspers: »Ich bin in der Tat der Meinung, und ich finde gar nicht, daß ein Sinn heute darin besteht, was im 19. Jahrhundert Sinn hatte und einmal eine große Chance bedeutete, die verspielt worden ist durch das Hitlerreich. Nachdem das vorbei ist, hat es keinen Sinn mehr, deutsche Einheit zu propagieren, sondern es hat nur einen Sinn, daß man für unsere Landsleute wünscht, sie sollen frei sein!«

Frage: »Das wollte ich eben sagen, denn das würde, was Sie bisher gesagt haben, ohne das, was nun folgen muß, bedeuten, daß wir diese 17 Millionen ihrem Schicksal überlassen.«

Jaspers: »Unmöglich! Wir müssen sie mehr noch als die Ungarn und all die anderen, die uns auch wesentlich sind, unsere Landsleute natürlich, so ansehen: das sind wir selber! Es ist ein schuldloses Geschick, daß sie im Osten sind und vergewaltigt werden und wir im Westen durch Gnade der Sieger die Freiheit haben – nicht etwa durch uns. Daß sie im Osten unterdrückt werden, bedeutet für uns, daß wir unablässig in der Öffentlichkeit die freien Wahlen fordern müßten, nur in diesem Bereich eines selbständigen Staates, unter neutraler Kontrolle, bei denen dann festgestellt wird, was man im Osten will, wobei entmilitarisierter Staat nach dem Beispiel Österreichs etwa durchaus möglich wäre. Wie das im einzelnen wird, ist gleichgültig. Nur die Freiheit – allein darauf kommt es an. Wiedervereinigung ist demgegenüber gleichgültig ...« [59]

Seine feste Überzeugung, daß die Freiheit im Rang vor der Wiedervereinigung stehe, löste einen Sturm von Protesten aus, obschon die zitierten Auffassungen des Bundeskanzlers, vor allem aber die des Bundesverteidigungsministers zwei Jahre vorher, nichts anderes enthielten, aber keine gleiche Reaktion zeigten. Lag es daran, daß hier zum ersten Male eine deutsche Persönlichkeit von unbestritten weltweiter Reputation aus dem geistigen Lager das Wort ergriff und die Wiedervereinigung, Verfassungspostulat und proklamiertes erstes Ziel deutscher Politik, als irreal bezeichnete? Unter dem Eindruck, daß seine Antworten in dem Interview nur Andeutungen darstellen, entschloß sich Jaspers, seine Überlegungen zur Wiedervereinigung in einer Artikelserie darzustellen. Sein darin von ihm entwickelter Gedankengang war folgender:

1. *Die Einheit, auf die es heute ankommt, ist die konföderative Einheit Europas und Europas mit Amerika. Ob in dieser großen, für die Selbstbehauptung aller freien Staaten unerläßlichen Einheit ein oder mehrere deutsche Staaten konföderative Glieder sind, ist für das gemeinsame Schicksal unerheblich.*
2. *Die Forderung der Wiedervereinigung ist daraufhin zu prüfen, ob sie der aussichtsreichste Weg zur Befreiung unserer deutschen Landsleute ist oder ob sie gar eine Erschwerung sein könnte ...*
   Die Besinnung verlangt die Anerkennung der Folgen eines Krieges, für dessen Ansetzung durch den Hitlerstaat und Durchführung durch die Generale wir als Bürger des Staates, der dieses tat, haften ...
   Das Wesentliche ist, daß unsere ostdeutschen Landsleute die Hoffnung auf Freiheit und Selbstbestimmung keineswegs aufgeben müssen. Eine ungeheure Geduld fordert das Schicksal von ihnen. Niemand kann das in diesem Augenblick schon ändern ...
   Die Frage ist: Schließt Selbstbestimmung ohneweiters auch die Freiheit zur Angliederung an andere Staaten und die Freiheit zu Bündnissen ein?
   Selbstbestimmung ist ein politisches Menschenrecht. Keine Bevölkerung darf darauf verzichten, ihre Lebensform, ihren Gesellschaftszustand selber zu bestimmen. Wiedervereinigung zu einem einmal dagewesenen Territorium ist kein Grundrecht, überhaupt kein Rechtsanspruch. Denn die Folge des durch den früheren deutschen Staat mutwillig angezettelten Kriegs ist die Zerstörung dieser territorialen Einheit.
   Noch einmal: Während das Grundrecht eines Volkes auf Frieden nie verspielt werden kann, kann das Recht auf den Umfang eines nationalen Staats in der Tat verspielt werden ...
   Die These: erst die Freiheit, dann die Einheit sagt nicht: statt Einheit die Freiheit, sondern stellt die Rangordnung fest: Die politische Freiheit ist eine absolute, die Wiedervereinigung eine relative Forderung. Wiedervereinigung und Freiheit sind nicht Gegensätze, aber voneinander trennbare Ziele ...
   Wer über die realen Möglichkeiten nachdenkt, sieht nicht, wie um diesen Preis (den vorläufigen Verzicht auf Wiedervereinigung) herumzukommen ist.
   Der Kampf in der Öffentlichkeit um die Freiheit der Selbstbestimmung ist sauberer als der um Wiedervereinigung und auf die Dauer aussichtsreicher. Die Freiheit ohne Wiedervereinigung hat die größere Chance ...[60]

Alle politischen Parteien warfen Jaspers wirklichkeitsfremdes Denken vor und maßen seine These »Freiheit wichtiger als Einheit« an den Fakten der Macht und verneinten ihre Verwirklichung. Die Politiker fragten nach der Anwendbarkeit der Jaspersschen Formel und vermißten ein Rezept. Die Sowjetunion, so argumentierten sie, werde die Freiheit der Zone ebensowenig wie die Wiedervereinigung konzedieren. Wenn aber überhaupt, so könne die Freiheit für die mitteldeutsche Bevölkerung nur über den Weg der Wiedervereinigung erreicht werden.

Nicht nur der Philosoph mußte sich mit Recht fragen, warum diese Argumente

nicht schon 1958 wenigstens gegen den Politiker Strauß gebraucht wurden. Die Stärke des Protestes mußte auch deshalb überraschen, weil in der Mitte des Jahres 1960 in frischer Erinnerung an den Eklat der Pariser Gipfelkonferenz eine allgemeine und tiefe Resignation eingetreten war. Man war müde geworden, auf eine Verwirklichung der zahlreichen Wiedervereinigungspläne zu hoffen. Die Argumente der Kritiker von Jaspers bargen doch selbst stark illusionäre Elemente und auch eine gewisse Ungerechtigkeit ihm gegenüber. Seinen Vorstellungen lag doch nicht die utopische Annahme zugrunde, von Moskau die Zustimmung zu einer Demokratisierung der DDR zum gegenwärtigen Zeitpunkt zu erreichen. Sie gingen vielmehr von der Erwägung aus, daß einmal eine Lage denkbar wäre – Polen war ein Beispiel –, in der die Sowjetunion zu Zugeständnissen dann bereit sein könnte, wenn sie weder zu ihrem machtpolitischen noch Prestige-Verlust führen würden. Das wäre aber nur dann möglich, wenn das Festhalten an der staatlichen Wiedervereinigung fallengelassen würde. Prof. von der Gablentz von der Berliner Hochschule für Politik schrieb: *»Die Wiedervereinigung ist spätestens seit 1953 aus einer Selbstverständlichkeit zu einer Ideologie geworden ... Viel zu lange haben wir nur an die staatliche Wiedervereinigung gedacht, anstatt zuerst an die persönliche Freiheit ... Die Wiedervereinigung wäre eine vernünftige Konsequenz dieser Freiheit. Aber sie ist nicht notwendig. Sie ist es nicht, was die Not wendet. Das ist allein die Möglichkeit, nach eigener Bestimmung zu leben.«* [61]
Jaspers hatte in der seit zehn Jahren in gleichen Bahnen verlaufenden Diskussion um die deutsche Frage einen neuen Akzent gesetzt.

Die Mauer und ihre Vorgeschichte

Schien es um die Jahreswende 1958/59 noch so, daß die Krise um Berlin zu ernstesten Konsequenzen führen werde, so zeigte schon die Genfer Konferenz der Außenminister, wie dargelegt, daß aus dem russischen Monolog der Drohung ein Dialog geworden war. Der Besuch Chruschtschows in den USA vom 15. bis 28. September 1959 brachte die Fortsetzung dieses Dialoges. Es wurde zwischen Eisenhower und Chruschtschow Übereinkunft erzielt, daß die Gespräche über die Berliner Frage ohne zeitliche Beschränkung wieder aufgenommen werden sollten. Diese Nichtbefristung dürfe aber, so Chruschtschow, zu keiner Verzögerung auf unbestimmte Zeit führen. In den Gesprächen auf dem amerikanischen Landgut Camp David vom 25. bis 27. September gewann Eisenhower die Überzeugung, daß die Ultimaten in der deutschen und Berliner Frage nicht als Drohung gemeint gewesen seien. Eisenhowers Vertrauen in den schließlichen Sieg des guten Willens ließ ihn seine Zustimmung zur Pariser Gipfelkonferenz im Mai 1960 geben. Dieser in seiner Grundhaltung optimistische Präsident weckte im deutschen Bundeskanzler Befürchtungen, daß die allgemeinen Entspannungsbemühungen zum Nachgeben in der Deutschland- und Berlinfrage führen könnten. Die Gipfelkonferenz scheiterte aber, ehe sie begann. Der Zwischenfall mit dem amerikanischen Erkundungsflugzeug U 2 über sowjetischem Territorium am 1. Mai 1959 war für den sowjetischen

Ministerpräsidenten der äußere Anlaß, die Konferenz zum Scheitern zu bringen. Es ist erwiesen, daß er von den amerikanischen Erkundungsflügen in großer Höhe über der Sowjetunion schon Kenntnis hatte, als er Amerika besuchte. Das von ihm forcierte Scheitern der Konferenz mag auf innerpolitische Gründe zurückzuführen sein. Auf einer Pressekonferenz am 17. Mai 1960 in Paris fand er zu einer ungewöhnlich feindseligen Sprache gegenüber der Bundesrepublik:

»Jetzt möchte ich jener Gruppe von Personen antworten, die hier ein ›Hallo‹ machte und lärmte in dem Bemühen, eine Atmosphäre der Unfreundlichkeit zu schaffen. Man setzte mich in Kenntnis, daß die Handlanger Kanzler Adenauers hierher ihre Agenten von den Faschisten geschickt haben, die wir bei Stalingrad nicht gänzlich geschlagen hatten. Alle erinnern sich der Zeiten, als die Hitlerfaschisten mit einem ›Hallo‹ in die Sowjetunion zogen. Das sowjetische Volk antwortete aber mit einem solchen ›Hallo‹, daß viele von diesen Eindringlingen gleich drei Meter tief in den Boden versanken. Wenn die Überreste der noch nicht ganz geschlagenen faschistischen Eindringlinge gegen uns lärmen, wie dies die hitlerfaschistischen Räuber taten, wenn sie wieder einen Überfall auf die Sowjetunion und die anderen sozialistischen Länder vorbereiten, so werden wir ihnen so antworten, daß ihnen kein Knochen heilbleiben wird.« [62]

Die Verschlechterung der internationalen Lage nach Abbruch der Konferenz ließ befürchten, daß Moskau in der deutschen Frage unter Einschluß Berlins nunmehr zu einseitigen Handlungen schreiten würde. Aber Chruschtschow lenkte zur Überraschung der Weltöffentlichkeit ein. Am 20. Mai 1960 sagte er in einer öffentlichen Versammlung in Ostberlin, wo er auf der Rückreise von Paris Station gemacht hatte:

»Natürlich hat die Sowjetunion jetzt das völlige moralische Recht, ohne weitere Verzögerung den Friedensvertrag mit der Deutschen Demokratischen Republik zu unterzeichnen. Damit wäre auch die Westberlin-Frage gelöst. Wir haben das erörtert und sind zu folgender Schlußfolgerung gekommen: Wir glauben, daß ungeachtet der Sprengung der Gipfelkonferenz der Kampf der friedliebenden Kräfte vom Sieg gekrönt werden wird. Wir möchten glauben, daß die Gipfelkonferenz in sechs bis acht Monaten stattfinden wird. Unter diesen Bedingungen hat es Sinn, noch etwas zu warten und zu versuchen, durch gemeinsame Anstrengungen aller vier Siegermächte eine Lösung zu finden. Die Sache geht uns nicht aus den Augen, warten wir noch, dann wird sie besser heranreifen. Deshalb wird man in bezug auf den deutschen Friedensvertrag und dabei auch in der Frage Westberlin offensichtlich die bestehende Lage bis zum Treffen der Regierungschefs beibehalten müssen ... Die Westmächte, unsere Partner beim Gipfeltreffen, müssen diese unsere Haltung richtig verstehen. Ihrerseits müssen sie auch diese Prinzipien einhalten, das heißt, keinerlei einseitige Schritte zulassen, die ein Treffen der Regierungschefs verhindern würden.« [63]

Dieses Einlenken entsprach auf keinen Fall den Vorstellungen der Politik der DDR, die in Konsequenz des Ausganges der Pariser Konferenz rasche und energische Schritte zu ihren Gunsten erwartet hatte. Die gewonnene Atempause hielt bis Juni 1961 an, als sich Amerikas neugewählter Präsident John F. Kennedy und Chruschtschow am 3. und 4. Juni in Wien trafen. Das auf dieser Zusammenkunft Kennedy übergebene sowjetische Memorandum zur Deutschlandfrage machte deutlich, daß sich die Vorstellungen des Kremls nicht gewandelt hatten. Neu war, daß der Dreimächtestatus von Westberlin durch Stationierung sowjetischer Truppen in einen Viermächtestatus umgewandelt werden könnte:

»... Die UdSSR schlägt vor, die zuverlässigsten Garantien gegen die Einmischung in die Angelegenheiten der Freien Stadt seitens irgend eines Staates zu schaffen. Als Garant der Freien Stadt könnten in Westberlin symbolisch Kontingente von Truppen der USA, Großbritanniens, Frankreichs und der Sowjetunion stationiert werden. Seitens der UdSSR würden auch keine Einwände gegen die Stationierung von Kontingenten der Truppen neutraler Länder unter der Schirmherrschaft der UNO in Westberlin zu gleichen Zwecken erhoben werden ...« [64]

Neu war auch, bezogen auf den Abschluß eines Friedensvertrages, eine größere Flexibilität in den Modalitäten im Gegensatz zum sowjetischen Friedensvorschlag vom 10. Januar 1959. Die Bundesrepublik, so hieß es, brauche nicht sofort aus der NATO auszutreten, die D. Demokratische Republik brauche auch nicht sofort durch alle Partner eines Friedensvertrages anerkannt zu werden, man könne sogar einen östlichen und einen westlichen Friedensvertrag »mit beiden oder mit einem deutschen Staat nach eigenem Ermessen unterzeichnen, sofern die Verträge nur die gleichen Grundsätze zu den wichtigsten Fragen einer Friedensregelung enthalten«. Es wurden wieder Fristen gesetzt, ohne daß sie den Charakter von einem Ultimatum hatten. Sechs Monate wurden als ausreichend für eine Einigung der »beiden deutschen Staaten« über die Friedensregelung und Wiedervereinigung angesehen. Eine weitere Hinauszögerung des Friedensvertrages wurde als »unmöglich und gefährlich« bezeichnet. Zum Schluß wurde wieder der Abschluß eines separaten östlichen Friedensvertrages mit der Konsequenz für Westberlin genannt: *»Gleichzeitig wird dies auch die Aufhebung des Besatzungsregimes in Westberlin mit allen sich hieraus ergebenden Fragen bedeuten. Insbesondere werden die Fragen der Benutzung der Verbindungswege auf dem Lande, zu Wasser und in der Luft, die über das Territorium der DDR führen, nicht anders zu lösen sein als auf der Grundlage entsprechender Übereinkommen mit der DDR. Dies ist auch natürlich, da die Wahrnehmung einer Kontrolle über solche Verbindungswege das unveräußerliche Recht eines jeden souveränen Staates ist.«* [65]

Genau das erstrebte Ulbricht. Mit dem Friedensvertrag zwischen der Sowjetunion und der DDR hätte er das entscheidende Instrument in den Händen gehabt, um die Anwesenheit der Westmächte in Berlin zu erschweren und die Rechtsgrundlagen dieser Stadt, wie sie der Westen sah, zu untergraben. An entsprechenden Äußerungen aus Ulbrichts Munde im Sommer 1961 hat es nicht gefehlt, wobei er die Nachgiebigkeit des Westens einkalkulierte. Das Drängen Ulbrichts war von seinem Standpunkt aus verständlich. Die krisenhafte Zuspitzung der Situation um Berlin blieb der mitteldeutschen Bevölkerung natürlich nicht verborgen. Für sie war seit mehr als einem Jahrzehnt Berlin stets das große Loch gewesen, durch das sie ohne Gefährdung des eigenen Lebens hatte fliehen können. Die Befürchtungen, Ulbricht könne »die Falle zumachen«, waren mehr als begründet.

Die Flüchtlingszahlen, an sich schon hoch, nahmen sprunghaft zu.[66]

Jahr	Gesamtzahl	Erwerbspersonen	vH	Jugendliche bis 25 Jahre	vH
1947	130 000				
1948	150 000				
1949	129 245	(erst ab 1952 aufgegliedert)			
1950	197 788				
1951	165 648				
1952	182 393	119 832	65,7	95 942	52,6
1953	331 390	199 496	60,2	161 243	48,3
1954	184 198	111 697	60,6	90 371	49,1
1955	252 870	159 073	62,9	132 562	52,4
1956	279 189	170 587	61,1	136 878	49,0
1957	261 622	169 003	64,6	136 651	52,2
1958	204 092	123 410	60,5	111 090	54,1
1959	143 917	87 344	60,7	77 060	54,1
1960	199 117	120 851	60,8	96 981	48,8
1961	133 700, die in den ersten 7 Monaten in Westberlin eintrafen				
	47 433, die vom 1. bis 13. August in Westberlin eintrafen.				

In den ersten siebeneinhalb Monaten des Jahres 1961 flohen also nur 18 000 Menschen weniger als im ganzen Jahr 1960. Im Juni, Juli und August flohen täglich 1500 bis 2000 Menschen. »Es war unser Kapital, das uns davonlief«, gab später der Ostberliner Rundfunk- und Fernsehkommentator von Schnitzler zu.
Die »Neue Zürcher Zeitung« kennzeichnete am 2. Juli 1961 die Situation für die Machthaber in Pankow wie folgt:
»Es ist verständlich, daß das kommunistische Regime der Ostzone diesen Zustand als unerträglich ansehen muß ... Das ›offene Loch‹ in Berlin verzögert eine politische Konsolidierung des Regimes und läßt die Ostzone im Vergleich zur dynamischen Entwicklung Westdeutschlands immer fühlbarer stagnieren, und zwar in einem Maße, das auch wichtige politische Aspirationen der kommunistischen Seite in Mitleidenschaft zieht ... Man ist sich in Berlin bereits heute völlig im klaren darüber, daß einer der ersten Schritte Ulbrichts nach dem Abschluß eines Friedensvertrages die Schließung der Sektorengrenze und damit die Abriegelung des Flüchtlingsstromes sein wird. Die bisherigen Absperrungsmaßnahmen, wie die Errichtung eines besonderen Kontrollnetzes um Ostberlin gegen die Zone, haben sich als ungenügend erwiesen.«
Ulbricht hatte noch am 15. Juni in einer Pressekonferenz vor in- und ausländischen Journalisten erklärt: *»Niemand hat die Absicht, eine Mauer zu errichten ... Wir sind für vertragliche Regelung der Beziehungen zwischen Westberlin und der*

Regierung der Deutschen Demokratischen Republik. Das ist der einfachste und normalste Weg zur Regelung dieser Fragen.« [67]

Meinte Ulbricht, was er sagte? Es spricht in der Rückschau vieles dafür, daß die separate Friedensvertragsregelung mit der ihr innewohnenden Automatik für Westberlin als weiterreichende Lösung von ihm vorgezogen wurde. Chruschtschow, so scheint es, entschied sich gegen diesen Wunsch und für den Bau der Mauer. Warum? Er sah zwar ein, daß der durch die Massenflucht eingetretenen gefährlichen Schwächung der sowjetzonalen Wirtschaftskraft Einhalt geboten werden müsse – eben durch den Bau der Mauer als »kleinere Lösung« –, er unterschied sich aber von Ulbricht durch die realere Einschätzung einer direkten Kriegsgefahr. Die Westmächte hatten nämlich ihre ganzen Bemühungen darauf konzentriert, Moskau vor der Unterschätzung ihrer Entschlossenheit auch zum militärischen Handeln zu warnen. In den im Inhalt, nicht im Wortlaut, übereinstimmenden Antwortnoten der Westmächte auf das Wiener Memorandum der UdSSR hieß es unmißverständlich klar und ernst:

»Die Sowjetregierung ist sich zweifellos bewußt, daß die Stadt Berlin weder zur Sowjetunion noch zur sogenannten Deutschen Demokratischen Republik gehört. Sie liegt nicht, wie die Sowjetregierung behauptet, auf dem Territorium der Deutschen Demokratischen Republik. Das Protokoll vom 12. September 1944 ist in diesem Punkte völlig klar. Es sieht vor, daß die Sowjetunion ein Gebiet im Osten Deutschlands besetzen soll ›mit Ausnahme des Gebietes von Berlin, für das ein besonderes Besatzungssystem gilt‹. Dieses Protokoll, das die Sowjetregierung am 6. Februar 1946 gebilligt hat, ist nach wie vor in Kraft. Es kann revidiert oder außer Kraft gesetzt werden durch Übereinkunft zwischen den vier Mächten, aber nicht durch eine Vereinbarung zwischen einer der Mächte und den von dieser Macht in einem Teil Deutschlands eingesetzten Behörden ... Die Regierung Ihrer Majestät hofft, daß die Sowjetregierung ihrerseits nicht daran denkt, einen solchen Schritt zu unternehmen, der, wie bereits gesagt, unübersehbare Folgen haben würde. Sie hält es für notwendig, die Sowjetregierung mit allem Ernst vor den schweren Gefahren einer solchen Handlungsweise zu warnen.« [68]

Diese Sprache mag ihren Eindruck nicht verfehlt und den Beschluß der Staaten des Warschauer Paktes beeinflußt haben. Die Entscheidung über Krieg und Frieden wäre also durch Abschluß eines separaten Friedensvertrages auch in die Hände Ulbrichts gelegt worden – was dem Kreml zu riskant war. Der Bau der Mauer jedoch, so meinte man in Moskau, berühre nicht direkt die Rechte der Westmächte, beschränke die Maßnahmen auf die Bewohner der DDR und Ostberlins und schließe dadurch zwar Konfliktmöglichkeiten nicht aus, reduziere sie aber. Die Politik des kleineren Risikos wurde gewählt. Die Entscheidung über die Errichtung der Mauer fiel auf einer Zusammenkunft der Warschauer-Pakt-Staaten Anfang August. Sie sanktionierten nicht nur diesen Schritt, sondern sie legten ihn dem DDR-Regime direkt auf:

»... Die Regierungen der Warschauer Vertragsstaaten wenden sich an die DDR mit dem Vorschlag, an der Westberliner Grenze eine solche Ordnung einzuführen, durch die der Wühltätigkeit gegen die Länder des sozialistischen Lagers zuverlässig

der Weg verlegt und rings um das ganze Gebiet Westberlins einschließlich seiner Grenze mit dem demokratischen Berlin eine verläßliche Bewachung und eine wirksame Kontrolle gewährleistet wird. Selbstverständlich werden diese Maßnahmen die geltenden Bestimmungen für den Verkehr und die Kontrolle an den Verbindungswegen zwischen Westberlin und Westdeutschland nicht berühren ...« [69]
Marschall Konjew, Heerführer im Krieg gegen Deutschland und erster Oberbefehlshaber der Truppen der Warschauer-Pakt-Staaten, wurde wenige Tage vor dem 13. August zum Befehlshaber der sowjetischen Streitkräfte in der DDR ernannt. Ein vom Rang her ungewöhnlicher Vorgang. Am 10. August lud er die drei westlichen Stadtkommandanten in sein Potsdamer Hauptquartier. Es blieb bis heute ungeklärt, ob er sie darüber informierte, was dann am 13. August geschah. Dagegen gilt als glaubhaft, daß er ihnen die Versicherung gab, daß, was auch immer in Berlin geschehen möge, die Rechte der Westmächte davon unberührt blieben. Am 11. August erteilte die Volkskammer der Regierung der DDR die Vollmacht, »alle Maßnahmen vorzubereiten und durchzuführen, die sich aufgrund der Festlegungen der Teilnehmerstaaten des Warschauer Vertrages als notwendig erweisen.« Stoph, amtierender Ministerpräsident, kündigte die Entschlossenheit der Regierung an, geeignete Maßnahmen gegen die Fluchtbewegungen zu ergreifen.
Trotz dieser und anderer Anzeichen, die auf eine bevorstehende Absperrung hindeuteten, löste der Vollzug dieser Maßnahmen bei der gesamten deutschen Bevölkerung Erschütterung und Empörung aus. In den frühen Morgenstunden des 13. August 1961, an einem Sonntag, riegelten Volksarmee und Volkspolizei die Sektorengrenzen innerhalb der Stadt und die Zonengrenze nach Westberlin hermetisch ab. Den Bewohnern der DDR und Ostberlins war jede Möglichkeit genommen, nach Westberlin zu gelangen. Den Westberlinern war es dagegen noch bis zum 22. August erlaubt, Ostberlin zu besuchen. Einwohner der übrigen Bundesrepublik durften weiterhin Ostberlin betreten. Dazu war und ist eine Aufenthaltsgenehmigung erforderlich.
Den Stacheldrahtverhauen und anderen Hindernissen folgte der Bau der zwei Meter hohen Mauer, die Berlin teilt. Fenster und Türen von unmittelbar an den Sektorengrenzen gelegenen Häusern wurden zugemauert, deren Bewohner zwangsweise ausgewiesen. Die Grenzposten erhielten Schießbefehl und schossen auf jeden Flüchtling, der mit Todesmut in die Freiheit strebte. Der S- und U-Bahnverkehr war vorübergehend unterbrochen. Die bis dahin rund 80 Übergänge in Berlin wurden bis auf wenige geschlossen. Die 50000 »Grenzgänger«, die täglich von Ostberlin und den Berliner Randgebieten nach Westberlin strömten, fielen für die Westberliner Wirtschaft aus. Die menschlichen Beziehungen zwischen beiden Teilen Berlins, in Generationen gewachsen, waren unterbrochen und führten zu erschütternden Folgen und Szenen:
»Lindenstraße: Die Betonwand ist zur Klagemauer geworden. Auf Westberliner Seite weinen eine Frau und ihr Kind. Sie können nicht hinüber zur Großmutter, die im Sterben liegt. An einer anderen Stelle steht ein Brautpaar vor der Mauer. Die beiden haben gerade geheiratet. Die Eltern konnten an der Feier nicht teilnehmen. Sie winken über die Grenze hinweg. Und an einer dritten Sperre schließlich hebt

ein Mann einen Täufling hoch und zeigt ihn dem Bruder auf der anderen Seite. Die menschlichen Kontakte über die Frontlinie bestehen noch. Man winkt und ruft. Manchmal fliegen ein Päckchen Zigaretten, ein halbes Pfund Kaffee, ein paar Apfelsinen über die Betonmauer. Die Volkspolizisten wenden sich meist ab oder tun, als hören und sehen sie nichts. Aber es gab auch Fälle, in denen sie die Zigarettenpäckchen auffingen und zertrampelten.
Bernauer Straße: Sie ist ein tragisches Symbol für die totale Spaltung der Stadt. Eine Häuserreihe gehört zum Sowjetsektor, die andere Straßenseite und die Straße selbst gehören zu Westberlin. Drüben sind Türen und Fenster im Erdgeschoß vermauert. Vor einigen Tagen sprang hier eine Frau aus dem dritten Stock in den Tod. Noch immer schauen oben Ostberliner aus dem Fenster. Sie winken und weinen. Aber es werden immer weniger. Einer nach dem anderen wird durch den Hintereingang des Hauses, der zum Sowjetsektor geht, hinausgeführt.« [70]

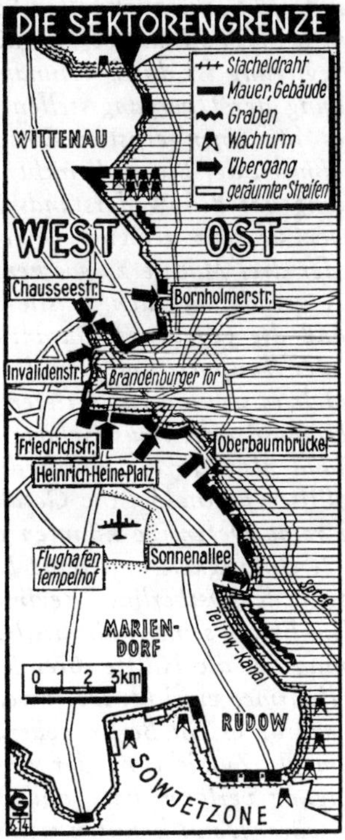

Empörung und Verbitterung der Berliner Bevölkerung über den Handstreich vom 13. August waren groß. Sie wurden genährt durch erregende und tragische Flüchtlingsschicksale und durch ein Gefühl wachsender Ohnmacht. Am 16. August fanden sich vor dem Schöneberger Rathaus, dem Sitz des Westberliner Senats, 250 000 Menschen ein. Die Aufschriften der Schilder, die sie mit sich führten, sagten, was diese Menschen dachten: *»Vom Westen verraten?« – »Wo sind die Schutzmächte?« – »Weiß der Westen keinen Rat?« – »Papierene Proteste stoppen keine Tanks!« – »München – Berlin, 1938 – 1961?!«*

Auf dieser machtvollen Demonstration teilte Berlins Regierender Bürgermeister Willy Brandt mit, daß er Präsident Kennedy einen Brief geschrieben habe. Dieser Brief zeichnete sich durch Offenheit aus und war protokollarisch sicher ungewöhnlich, seine Rechtfertigung erhielt er durch den Ernst der Lage und durch die sichtbar gewordene Unentschlossenheit und Uneinigkeit im westlichen Lager. Die wesentlichsten Auszüge lauteten:

»Die Maßnahmen des Ulbricht-Regimes, gestützt durch die Sowjetunion und den übrigen Ostblock, haben die Reste des Viermächtestatus nahezu völlig zerstört. Während früher die Kommandanten der alliierten Mächte in Berlin bereits gegen Paraden der sogenannten Volksarmee protestierten, haben sie sich jetzt mit einem verspäteten und nicht sehr kraftvollen Schritt nach der militärischen Besetzung des Ostsektors durch die Volksarmee begnügen müssen. Die illegale Souveränität der Ostberliner Regierung ist durch Hinnahme anerkannt worden, soweit es sich um die Beschränkung der Übergangsstellen und des Zutritts zum Ostsektor handelt. Ich halte dies für einen ernsten Einschnitt in der Nachkriegsgeschichte dieser Stadt, wie es ihn seit der Blockade nicht mehr gegeben hat.

Die Entwicklung hat den Widerstandswillen der Westberliner Bevölkerung nicht verändert, aber sie war geeignet, Zweifel in die Reaktionsfähigkeit und Entschlossenheit der drei Mächte zu wecken. Dabei ist ausschlaggebend, daß der Westen sich stets gerade auf den existierenden Viermächtestatus berufen hat. Ich weiß wohl, daß die gegebenen Garantien für die Freiheit der Bevölkerung, die Anwesenheit der Truppen und den freien Zugang allein für Westberlin gelten. Dennoch handelt es sich um einen tiefen Einschnitt im Leben des deutschen Volkes und um ein Herausdrängen aus Gebieten der gemeinsamen Verantwortung (Berlin und Deutschland als Ganzes), durch die das gesamte westliche Prestige berührt wird. Die politisch-psychologische Gefahr sehe ich in doppelter Hinsicht: 1. Untätigkeit und reine Defensive könnten eine Vertrauenskrise zu den Westmächten hervorrufen. 2. Untätigkeit und reine Defensive könnten zu einem übersteigerten Selbstbewußtsein des Ostberliner Regimes führen, das heute bereits in seinen Zeitungen mit dem Erfolg seiner militärischen Machtdemonstration prahlt.

Die Sowjetunion hat die Hälfte ihrer Freistadt-Vorschläge durch den Einsatz der deutschen Volksarmee erreicht. Der zweite Akt ist eine Frage der Zeit. Nach dem zweiten Akt würde es ein Berlin geben, das einem Ghetto gleicht, das nicht nur seine Funktion als Zufluchtsort der Freiheit und als Symbol der Hoffnung auf Wiedervereinigung verloren hat, sondern das auch vom freien Teil Deutschlands abgeschnitten wäre. Dann könnten wir statt der Fluchtbewegung nach Berlin den Beginn einer Flucht aus Berlin erleben.

Ich würde es in dieser Lage für angemessen halten, wenn die Westmächte zwar die Wiederherstellung der Viermächte-Verantwortung verlangen, gleichzeitig aber einen Dreimächtestatus Westberlins proklamieren. Die drei Mächte sollten die Garantie ihrer Anwesenheit in Westberlin bis zur deutschen Wiedervereinigung

wiederholen und gegebenenfalls von einer Volksabstimmung der Bevölkerung in Westberlin und der Bundesrepublik unterstützen lassen ...« [71]
Präsident Kennedy entsandte am 18. August Vizepräsident Johnson und General Clay, Vertrauter und Freund der Berliner aus der Zeit der Blockade, nach Berlin und verfügte die Verstärkung der amerikanischen Garnison um 1500 Mann. Johnson und Clay erhielten einen überwältigenden Empfang, der in seiner bewegenden Form nur noch vom Empfang des Präsidenten selbst zwei Jahre später überboten wurde. Die Truppenverstärkung erreichte Berlin ungehindert und wurde vom Vizepräsidenten und von der Berliner Bevölkerung gemeinsam jubelnd begrüßt. Diese symbolischen Gesten verfehlten nicht ihre Wirkung und überwanden die Vertrauenskrise weitgehend.
Der Bundeskanzler besuchte Berlin erst zwei Tage nach Johnson. Er wurde kühl empfangen. Das hatte zum Teil seine Ursache in der Art, wie er auf die Ereignisse in Berlin reagiert hatte. In der Rückschau und Distanz zu jenen dramatischen Tagen mag das Urteil über das Verhalten des Bundeskanzlers gerechter ausfallen und die Anerkennung durch Premierminister Macmillan mehr Verständnis finden, daß Adenauers Besonnenheit und Zurückhaltung in jenen Tagen ein Beitrag dazu war, Unbesonnenheiten der Berliner, ja vielleicht der mitteldeutschen Bevölkerung und damit ein mögliches Blutbad verhindert zu haben. Die Berliner jedoch fragten nach dem Bundeskanzler, der nicht kam. Es fehlte ihnen, als den unmittelbar Betroffenen, das Verständnis für Worte wie »trotz des Ernstes der Situation besteht kein Anlaß zur Panik«. Psychologisch zumindest waren solche Sätze falsch gewählt und standen im Gegensatz zur Wucht und Bedrohlichkeit der Ereignisse.
Die sich aufdrängende Frage, ob ein sofortiges militärisches Eingreifen der drei Schutzmächte den Mauerbau verhindert bzw. beseitigt hätte, ist spekulativ. Es steht aber fest, daß die Westmächte diese Absicht nicht hatten. Nach ihrer Meinung waren durch die Absperrung keine entscheidenden Rechte des Westens, der immer nur die Freiheit der Westberliner garantiert hatte, verletzt worden. Sicherlich war das zitierte Berlinprotokoll vom September 1944 entscheidend verletzt worden, denn das Berliner Statut sah nicht nur den ungehinderten Verkehr in allen Sektoren der Stadt, sondern auch das klare Verbot des Auftretens deutscher Truppen in irgendeinem Teil der Stadt vor. Jetzt standen zwar die Soldaten der Volksarmee mit ihren Panzern in Ostberlin, aber hatte der Westen, von formalen Protesten abgesehen, dieses Auftreten in Form alljährlicher Militärparaden nicht schon lange geduldet? Gewohnheitsrecht hatte geschriebenes Recht abgelöst. Die Westmächte wollten und konnten diesen Prozeß – vor allem in einer Situation, die einem Puverfaß glich – nicht rückgängig machen. Es hatte überhaupt den Anschein, daß den Westmächten die Mauer, deren inhumane Auswirkungen sie bedauerten und verurteilten, unter dem Aspekt der temporären Friedenssicherung eine relativ günstige Lösung bedeutete, die der zur politischen Explosion treibende Menschenverlust der DDR anfänglich gar nicht erwarten ließ. Sie mögen in der Befürchtung der weitreichenden und gefährlicheren Folgen eines Separatfriedensvertrages sogar eine gewisse Erleichterung empfunden haben.
Der Nervenkrieg, charakterisiert durch zahlreiche Sticheleien, aber auch durch

ernsthafte Versuche des Ostens, sich Aufsichts- und Kontrollrechte anzueignen (z. B. Luftkorridore), schuf eine Spannung, die für das restliche Jahr 1961 zum Dauerzustand wurde, aber die Kriegsgefahr trotz zahlreicher Zwischenfälle nicht erhöhte. Im Gegenteil: Chruschtschow erklärte auf dem XXII. Parteitag der KPdSU in Moskau:

»Wenn die Westmächte Bereitschaft zur Regelung des deutschen Problems zeigen, so wird die Frage der Termine der Unterzeichnung eines deutschen Friedensvertrages nicht solche Bedeutung haben. Wir werden dann nicht darauf bestehen, den Friedensvertrag unbedingt bis zum 31. Dezember 1962 zu unterzeichnen ...« [72]

Das Drängen Ulbrichts auf Abschluß eines Friedensvertrages fand in Moskau kein Gehör. Das damit verbundene Risiko des militärischen Konflikts war dem Kreml offenbar zu groß, während Ulbricht überzeugt war, daß es zu keinem Krieg kommen werde.

Als beherrschendes Fazit der Mauer blieb und bleibt:

Sie ist das sichtbare Eingeständnis eines weitgehenden Versagens des Kommunismus in der DDR, der es während der Zeit seiner Herrschaft nicht vermocht hat, sein System für die unter seiner Herrschaft lebenden Bewohner anziehend zu machen.

Bilanz der Mauer nach 3 Jahren

Länge der Mauer ...	15 km	Festnahmen an der Mauer und an der Berliner Zonengrenze ...	1798
Ausdehnung der Drahtsperren	130 km	Haftstrafen wegen Beteiligung an Fluchtunternehmen	rd. 6000 Jahre
Bunker und Schützenstellungen	232	Haftstrafen für Fluchthelfer	rd. 1000 Jahre
Beobachtungstürme ...	165	Registrierte Erschossene	52
Stationäre Ortslautsprecher	61	Registrierte Schwerverletzte	34
Zahl der Grenztruppen	14000 Mann		
Aktionen mit Gebrauch der Schußwaffe	833		

Solidarhaftung für Berlin

Mit der Errichtung der Mauer erfolgte der schwerste Vorstoß der Sowjetunion gegen den Viermächtestatus seit 1948. Zugleich wurde Ostberlin dadurch praktisch von der DDR annektiert. Gesamtberlin wird als Verhandlungsgegenstand bei zukünftigen Verhandlungen durch die Kommunisten nicht mehr akzeptiert. Die Sowjetunion hat diese Haltung auch durch die Auflösung ihrer Kommandantur in Ostberlin am 23. August 1962 deutlich unterstrichen. So sehr die Westmächte bereit waren und es noch sind, für die Freiheit Westberlins und der Zufahrtswege ein hohes Risiko einzugehen, so ist die Wiederherstellung des gebrochenen Viermächtestatus für Gesamtberlin kaum mehr ihr Ziel.

So wenig die Berliner jemals bereit sind, die Mauer innerlich hinzunehmen, so sehr

sind sie jedoch gezwungen, mit ihr zu leben. Ihre Haltung erschöpft sich aber nicht im Haß gegen die Mauer, die Lebensfähigkeit ihrer Stadt steht ihnen höher. Die Mauer hat Berlins politische Aufgabe zwar verändert, aber nicht aufgehoben. Für die Menschen in Mitteldeutschland und Ostberlin war Westberlin bis zum 13. August 1961 ein Teil der freien Welt, den sie ungehindert betreten konnten. Schätzungen sprechen von 500 000 Menschen, die täglich in beiden Richtungen die Sektorengrenze passierten. Zehntausende aus Ostberlin besuchten Westberlin, um sich für Stunden als freie Menschen in einer freien Stadt zu fühlen. Der Besuch der Theater, Kinos und Konzerte war ihnen gegen Ostmark im Umtausch-Verhältnis 1 : 1 möglich und erlaubte die Begegnung mit einer Kunst, die frei von der kommunistischen Zwangsideologie war. Die von den Ostbewohnern begehrten Dinge des täglichen Bedarfs konnten – wenn auch teuer – ebenfalls in Westberlin gekauft werden. Mit dem 13. August 1961 verlor Berlin seine Funktionen, »Tor zur Freiheit« für die bedrängten Menschen Mitteldeutschlands, »Stätte der Begegnung« und »Schaufenster der freien Welt« zu sein. Was aber blieb?
Der ungebrochene und starke Selbstbehauptungswille des freien Berlins läßt die Stadt zu einer zentralen Stätte der Bildung, der Wissenschaft und der Kunst werden. Sechzehn Theater und die 1961 neu errichtete Deutsche Oper setzen die große Tradition des Berliner Theaterlebens fort. Den Weltruf einer Musikstadt gewann es zurück. Die großen kulturellen Aufgaben gelten aber der Zukunft. Diese entscheidenden kulturellen Planungen betreffen das pädagogische Zentrum, das Schulbauinstitut und das Institut für Bildungsforschung. Diese pädagogischen Impulse von europäischer Ausstrahlungskraft sollen in Verbindung mit der künstlerischen und wissenschaftlichen Leistungskraft Berlin wieder zu einem ›Zentrum der Kultur‹ werden lassen. Parallel zu dem Bau oder Ausbau dieser neuen Einrichtungen von nationaler und internationaler Bedeutung treten Absicht und Notwendigkeit, die wirtschaftliche Lebens- und Leistungskraft der Stadt entscheidend zu stärken.
Die Spaltung der Stadt, die hohen Verluste durch Krieg und Demontagen sowie der weit über dem Bundesdurchschnitt liegende Prozentsatz alter Menschen beeinflussen die wirtschaftlichen Möglichkeiten. War schon seit dem Inkrafttreten des Grundgesetzes die Eingliederung Berlins in das Rechts-, Währungs-, Finanz- und Wirtschaftssystem der Bundesrepublik einer der Leitgedanken deutscher Politik, so galt und gilt das seit dem 13. August 1961 noch mehr. Aus der Bundesrepublik fließen jährlich die notwendigen Geldmittel zum Ausgleich der Berliner Leistungsbilanz. Der entscheidende Teil dieser öffentlichen Mittel wurde und wird für den Haushalt von Berlin in Form der Bundeshilfe gewährt. Berlin erhält sie vom Haushaltsjahr 1951 an. Die Bundeshilfe, die jährlich mit dem Bundeshaushaltsgesetz festgesetzt wird, befähigt Berlin, »die durch seine besondere Lage bedingten Ausgaben zur wirtschaftlichen und sozialen Sicherung seiner Bevölkerung zu leisten und seine Aufgabe als Hauptstadt eines vereinten Deutschlands zu erfüllen«. Sie ist eine politische Hilfe und geht weit über den Rahmen eines reinen Finanzausgleichs zwischen den Ländern hinaus. Sie betrug seit 1958 jährlich mehr als 1,1 Milliarden DM und erreichte zur Überwindung der Folgen des Mauerbaues ab 1962 einen

wesentlich höheren Umfang. Betrug die gesamte Bundeshilfe 1961 29,4 Prozent des Haushalts von Berlin, so dehnte sich ihr Anteil 1962 auf 38,6 Prozent aus. Die Einnahmen Berlins aus der Bundeshilfe haben sich im einzelnen wie folgt entwickelt: *72 a*

Rechnungsjahr	Allgemeiner Bundeszuschuß	Besonderer Bundeszuschuß für Aufbaumaßnahmen	Variabler Bundeszuschuß	Rücküberweisung von Notopfer Berlin	Bundesdarlehn	Bundeshilfe insgesamt
			Mio DM			
1951 bis 1960	6859,0	150,7	194,9	59,8	1160,0	8424,4
1961	751,0	31,0	95,3	—	275,0	1152,3
1962	1032,9	31,0	341,2	—	244,3	1649,4
1963 (Beträge nach dem Haushaltsplan von Berlin)	1300,0	32,0	128,0	—	310,0	1770,0

Die deutschen Rundfunkanstalten unterstützen den Sender »Freies Berlin« im Rahmen eines Finanzausgleichs. Von größter Bedeutung sind die für den Aufbau und Ausbau der Berliner Wirtschaft aus dem ERP-Sondervermögen bereitgestellten Mittel. Einen weiteren und äußerst bedeutsamen Beitrag leisten Bund und Länder durch besondere Steuervergünstigungen für Berlin.

So wichtig Steuervergünstigungen und ähnliche Leistungen für Berlin auch sind, so reichen sie nicht aus, den Bestand und die Fortentwicklung der Berliner Wirtschaft zu sichern. Entscheidend ist hier ihre Kapazitätsausnutzung und damit die Auftragserteilung nach Berlin. Bundes-, Landes- und Gemeindebehörden, Bundesbahn und Bundespost sowie die westdeutsche Privatwirtschaft gaben und geben Aufträge in großer Zahl nach Berlin. Die Sonderlage des freien Berlins bedingt ein ungewöhnliches Ausmaß an finanzieller und moralischer Unterstützung. Hier besteht eine politische Solidarhaftung.

DIE ENTWICKLUNG IN DER BUNDESREPUBLIK

Die SPD wandelt sich

Der für die SPD enttäuschende Ausgang der Bundestagswahl 1957 war für sie Anlaß zu grundsätzlichen Überlegungen. Die Erkenntnis, daß entscheidende Schritte zur Gewinnung neuer Wählerschichten und damit zur Überwindung der Dreißig-Prozent-Hürde notwendig waren, gewann an Boden. Neue Wählerschichten aber konnten nicht mehr aus dem Lager der politischen Linken, sondern nur aus Kreisen bisheriger CDU- und FDP-Wähler gewonnen werden. Die Sozialdemokratie sah sich einer politischen, gesellschaftlichen und wirtschaftlichen Entwicklung in der Bundesrepublik konfrontiert, auf die sie – bliebe es bei ihrem wirtschaftlichen Programm, ihrer wehrpolitischen Haltung, ihren außenpolitischen Vorstellungen und der Formel »Wiedervereinigung durch Bündnisfreiheit« – auch in Zukunft keinen entscheidenden Einfluß nehmen könnte. Im Verlaufe des letzten Jahrzehnts waren politische Fakten geschaffen worden (Marktwirtschaft, europäische Integration. Mitgliedschaft in der NATO, deutscher Wehrbeitrag und Zementierung der Teilung Deutschlands). Diese Fakten waren wirksam und politisch irreversibel geworden. Die SPD glaubte, gestützt auf die Noten der UdSSR von 1952, daß ein Sicherheitssystem im Interesse aller – auch der Sowjetunion – geschaffen werden könne, welches die Wiedervereinigung ermögliche. So wenig heute mit letzter Sicherheit gesagt werden kann, daß der Standpunkt der SPD falsch war, so setzte sich doch die Auffassung der CDU, nur im Bündnis mit dem Westen und in der Wiederbewaffnung die Voraussetzungen zur Erreichung der deutschen Einheit zu sehen, durch. Die SPD mußte sich an Hand der nun einmal gegebenen Situation neu orientieren. Das, was Willy Brandt 1963 in einer Rede in Tutzing gesagt hatte, beeinflußte bereits 1959 die Überlegungen der Partei: *»Niemand, der Einfluß und Gewicht hat, kann und will die außenpolitischen Entscheidungen der zurückliegenden Jahre rückgängig machen. Es geht auch nicht darum, sie neu zu fällen. Wir haben von dem auszugehen, was heute ist, und unsere Vorstellungen darüber zu entwickeln, welchen Weg Deutschland weitergehen soll ...«* [72b]

Die parteiinternen Auseinandersetzungen um einen Kurswechsel sozialdemokratischer Politik waren heftig und langwierig. Das konnte nicht überraschen angesichts einer fast hundertjährigen Tradition dieser Partei, die sie in allen Phasen deutscher geschichtlicher Entwicklung im 19. und 20. Jahrhundert gepflegt und auf die sie einen verständlichen Stolz hatte. Der SPD als einziger Mitgliederpartei in der Bundesrepublik gehörten seit Jahren und Jahrzehnten Menschen an, deren Überzeugungen fest im sozialistischen Programm wurzelten. Es war nicht leicht und daher kein Prozeß von heute auf morgen, die traditionellen Vorstellungen der überwiegenden Mehrheit des Parteivolkes den gewandelten Einsichten der Parteiführung anzupassen. So ließ zum Beispiel noch der Deutschlandplan der SPD

vom März 1959, vorwiegend auf Vorschlägen der Partei von 1954 und 1955 aufgebaut, einen gewandelten Standpunkt vermissen. Dieser, von der Sowjetunion und dem Pankower Regime im Grund nicht unfreundlich aufgenommene, Plan führte zu einem Angebot direkter Gespräche zwischen SED und SPD, die letztere eindeutig ablehnte. In selbstkritischer Analyse ihres Planes und der Reaktion, die er auslöste, kam die SPD-Führung zu dem Ergebnis, »durch diesen Deutschlandplan an Vertrauenswürdigkeit gegenüber dem Westen verloren zu haben«.
Herbert Wehner, stellvertretender Parteivorsitzender der SPD, galt als einer der maßgeblichen Initiatoren der politischen Wandlung. Die Arbeit an einem neuen Grundsatzprogramm wurde von ihm wesentlich beeinflußt. Im November 1959 wurde es nach vielen parteiinternen Debatten und Auseinandersetzungen gegen manche Widerstände genehmigt. Es bedeutete eine klare Loslösung vom Sozialismus im marxistischen Sinne. In seinem Mittelpunkt stand der Mensch, nicht eine Klasse; es entideologisierte die Partei weitgehend. Ihr Verhältnis zu den Kirchen wurde auf eine neue Grundlage gestellt, die Formel »Wettbewerb soweit möglich – Planung soweit wie nötig« zum wirtschaftspolitischen Leitsatz erhoben, die Landesverteidigung grundsätzlich bejaht. Mit diesem Programm wurde eine Annäherung an die politische und wirtschaftliche Vorstellungswelt sogenannter bürgerlicher Wählerschichten erreicht.
Der Extrakt des Godesberger Programms, für jede zukünftige sozialdemokratische Politik von grundlegender Bedeutung, ist folgender:

1. *Die SPD erstrebt eine Gesellschaft der Freiheit, Gerechtigkeit und Solidarität. Die Partei lehnt jede Diktatur und jeden Totalitarismus ab. Sie fordert Demokratie als allgemeine Staats- und Lebensform und spricht den Kommunisten das Recht ab, sich auf den Sozialismus zu berufen.*
2. *Die SPD bekennt sich zum Grundgesetz der Bundesrepublik und dessen bürgerlichen Grundrechten. Sie erstrebt die Einheit Deutschlands in gesicherter Freiheit. Die Partei bekennt sich zum Wettstreit mit anderen politischen Parteien.*
3. *Die SPD bejaht die Landesverteidigung, die der politischen und geographischen Lage Deutschlands gemäß sein muß. Sie ächtet die Massenvernichtungswaffen und erstrebt eine allgemeine Abrüstung, die Einbeziehung Deutschlands in eine europäische Entspannungszone mit Rüstungsbegrenzung und Kontrolle, dies jedoch im Zuge der politischen Wiedervereinigung Deutschlands ...*
4. *Die Wirtschaft ist den allgemeinen Interessen unterzuordnen, Ziel der Wirtschaftspolitik sind Vollbeschäftigung und Preisstabilität mit freier Wahl des Verbrauchs, des Arbeitsplatzes und freier Unternehmerinitiative. Privateigentum an Produktionsmitteln wird garantiert, soweit es nicht einer gerechten Sozialordnung entgegensteht. Überführung in Gemeineigentum ist ein Mittel der Wirtschaftspolitik, aber kein Grundsatz. Einkommen und Vermögen sollen gerecht verteilt werden. Wirtschaftliche Macht unterliegt öffentlicher Kontrolle. Die Gewerkschaften haben Mitbestimmungsrecht im Wirtschafts- und Sozialleben.*

5. *Der Staat hat Existenzfürsorge für den einzelnen zu treffen. Der Bürger hat Anspruch auf eine staatliche Mindestrente, die der Entwicklung der Arbeitseinkommen anzupassen ist, jedoch nicht auf eine Vollpension. Die Partei bekennt sich zu Familienschutz, Jugendförderung und Gleichberechtigung der Frau.*
6. *Die SPD toleriert die Kirchen und fordert von ihnen Toleranz gegen Andersgläubige. Sie ist zur Zusammenarbeit mit den Kirchen bereit und bejaht deren öffentlichen Schutz. ›Nur eine gegenseitige Toleranz, die im Andersglaubenden und Andersdenkenden den Mitmenschen gleicher Würde achtet, bietet eine tragfähige Grundlage für das menschlich und politisch fruchtbare Zusammenleben.‹*
7. *Die allgemeine Schulpflicht soll auf zehn Jahre Volksschule ausgedehnt werden, zu den Hochschulen sind neue Bildungswege zu eröffnen. Wissenschaft, Kunst und Forschung müssen frei sein. Die Partei fordert absolute Schulgeld- und Lehrmittelfreiheit, auch für Hochschulen*[73].

Ein so entscheidender Wandel politischer Vorstellungen, ein so beherztes Abwerfen traditionsreichen politischen Ballastes wurde vom politischen Gegner nicht geglaubt. Die CDU/CSU sah hierin eine Tarnung wahrer Absichten und wertete zunächst das Godesberger Programm als eine rein taktische Maßnahme zum Zwecke eines entscheidenden Wählergewinnes. Das Jahr 1960 schon widerlegte diesen Verdacht, soweit es um die sozialdemokratische Neuorientierung in der Außenpolitik ging.

Das Scheitern der Pariser Gipfelkonferenz und die daraus gewonnene Einsicht, daß man mit der Sowjetunion nicht verhandeln könne, schufen nach Ansicht der SPD die Notwendigkeit für eine Überprüfung bisheriger außenpolitischer Auffassungen und eine gemeinsame deutsche Außenpolitik. Nun hatte Bundesverteidigungsminister Strauß in einer Rede in Erlangen die vier Voraussetzungen für eine gemeinsame Außenpolitik genannt:

1. *Die Sozialdemokraten müßten gemeinsam mit der CDU anerkennen, daß die europäische Einheit und die atlantische Allianz Voraussetzungen für die Freiheit und die Erlangung der deutschen Wiedervereinigung sind.*
2. *Die sozialdemokratische Partei müsse sich von der alten These distanzieren, daß die Wiedervereinigung nur möglich sei, wenn die Bundesrepublik Deutschland aus der NATO und aus den europäischen Bündnissystemen ausscheidet.*
3. *Die Sozialdemokraten müßten nicht nur in Worten, sondern auch in der Tat bereit sein, mit den Unionsparteien die Lasten und Bürden der Landesverteidigung zu tragen, gleichgültig, wer in der Regierungsverantwortung und wer in der Opposition steht. Die Sozialdemokraten müßten alle irgendwie gearteten Disengagement-Pläne aufgeben.*
4. *Die Sozialdemokraten müßten den Begriff des Selbstbestimmungsrechtes für ganz Deutschland, d. h., nach freien Wahlen für die Wiedervereinigung, uneingeschränkt anerkennen*[74].

In einer außenpolitischen Debatte des Bundestages am 30. Juni 1960 nahm Herbert Wehner zu diesen vier Voraussetzungen wie folgt Stellung:

»Zu 1: Die Sozialdemokratische Partei Deutschlands geht davon aus, daß das europäische und das atlantische Vertragssystem, dem die Bundesrepublik angehört, Grundlage und Rahmen für alle Bemühungen der deutschen Außen- und Wiedervereinigungspolitik ist.

Zu 2: Die SPD hat nicht gefordert und beabsichtigt nicht, das Ausscheiden der Bundesrepublik aus den Vertrags- und Bündnisverpflichtungen zu betreiben. Sie ist der Auffassung, daß ein europäisches Sicherheitssystem die geeignete Form wäre, den Beitrag des wiedervereinigten Deutschlands zur Sicherheit in Europa und in der Welt leisten zu können.

Zu 3: Die SPD bekennt sich in Wort und Tat zur Verteidigung der freiheitlichen demokratischen Grundrechte und der Grundordnung und bejaht die Landesverteidigung. Unterschiedliche Auffassungen über Zweckmäßigkeiten auf diesem Gebiet, die im demokratischen Staat legitim sind und die demokratisch-parlamentarisch ausgetragen werden, bedeuten doch nicht, daß die parlamentarische Opposition weniger verantwortungsfreudig wäre als die Regierung. Nun zu der Untervoraussetzung, alle Disengagement-Pläne abzuschwören. Hierzu berufe ich mich auf folgende Erklärung, die ich wörtlich wiedergeben muß:

Wir Deutschen wollen nicht als Störenfriede auf dem Wege zur Abrüstung erscheinen. Wir halten auch die Abrüstung für ein essentielles Moment auf dem Wege zur Entspannung. Es wäre selbstverständlich unehrlich, zu sagen: ›Es mag kontrolliert und inspiziert werden auf der Welt, nur nicht bei uns, sondern wir müssen hier das gute Beispiel geben, und wir sind bereit, die Bundesrepublik ganz oder teilweise zu einem Bestandteil einer Kontroll- und Inspektionszone zu machen – das heißt nicht, daß die Kontroll- und Inspektionszone identisch ist mit den geographischen Grenzen der Bundesrepublik – aber die Bundesrepublik, ganz oder teilweise, zu einem Bestandteil einer Kontrollzone zu machen nach den Vorschlägen, die zwischen den Großmächten vereinbart werden können. Einigen sich die Großmächte jedoch, so stehen wir nicht durch irgendwelche deutsche Sonderwünsche dieser Einigung im Wege.

Auf diese Erklärung des Herrn Bundesministers für Verteidigung vom Oktober 1959 nach seiner Rückkehr von einer Kanada-Reise berufe ich mich bei der Behandlung der Frage, was wir zu Disengagement-Plänen meinten. Vielleicht – die Sache ist ganz ernst – vielleicht gibt es hier bei genauerem Besehen und bei genauerer Erörterung einen Berührungspunkt; vielleicht liegt er noch im weiten Feld.

Zu 4 berufe ich mich auf den Wortlaut des Beschlusses, den der Bundestag am 1. Oktober 1958 einstimmig, mit den Stimmen der Sozialdemokraten, in Berlin gefaßt hat.«[75]

Weitere Ausführungen galten der Versicherung, daß der Deutschlandplan mit allen seinen Elementen der Vergangenheit angehöre und der Frage, warum man nicht versuchen sollte, auf der Basis der Anerkennung der moralischen und nationalen Integrität des innenpolitischen Gegners zu Resultaten zu kommen, die allen Deutschen morgen oder übermorgen helfen könnten. *»Das geteilte Deutschland*

kann nicht unheilbar miteinander verfeindete Christliche Demokraten und Sozialdemokraten ertragen.«
Diese Rede war in der sozialdemokratischen Außen- und Deutschlandpolitik der Nachkriegszeit ein Wendepunkt. Sie fand größte Beachtung und raubte der Regierung das Argument angeblicher Unzuverlässigkeit der SPD in Fragen der Vertragstreue und der Verhandlungsprinzipien. Die vom Bundeskanzler in Wahlkämpfen gebrauchte Behauptung, eine sozialdemokratische Regierung gefährde die errungene Position der Bundesrepublik, hatte durch diese programmatische Rede, deren Ernsthaftigkeit nicht anzuzweifeln war, den Boden verloren. Eines der wesentlichsten Unterscheidungsmerkmale zwischen CDU und SPD seit 1949 – die kontroverse außenpolitische Konzeption – war im Grundsatz weggefallen. Der jahrelange Widerstand der SPD gegen eine Einbeziehung der Bundesrepublik in den Westblock war aufgegeben, und es war von ihr indirekt anerkannt worden, daß die Außenpolitik der Bundesregierung diese zu einem geachteten Mitglied der westlichen Bündnisgemeinschaft hatte werden lassen.
Der Anpassungsprozeß ging in Einzelfragen weiter. Die SPD bejahte zwar nunmehr eindeutig die Landesverteidigung, für die Wehrpflicht galt das aber noch nicht in gleichem Maße. Der Parteitag von Hannover, am 24. November 1960, brachte auch hier eine gewandelte Antwort: *»Beim jetzigen Stand ist eine abrupte Änderung des Wehrsystems nicht möglich, wohl aber eine Umgestaltung in der Art, daß in übersehbarer Zeit von der Heranziehung von Wehrpflichtigen abgesehen werden kann.«* [76]
Eine entscheidende Divergenz zwischen SPD und Regierung bestand noch hinsichtlich der Ausrüstung der Bundeswehr mit Atomwaffen. Der seit Godesberg sichtbar gewordene neue Kurs, der für die CDU im Hinblick auf ihre Wahlchancen eine Gefahr war, ließ die Regierungspartei mit Schärfe die Frage nach dem verbindlichen Standpunkt der SPD in dieser Sache stellen. Hier sah die CDU/CSU ein wesentliches Unterscheidungsmerkmal und versuchte, die SPD in Bedrängnis zu bringen. In der Tat war die atomare Ausrüstung der Bundeswehr ein großes innerparteiliches Problem für die SPD. Der von ihr seit Jahren geforderte Verzicht auf Atomwaffen seitens der Bundesrepublik ging davon aus, die sowjetische Furcht vor neuen deutschen Angriffsabsichten dadurch zu beschwichtigen und ein Einlenken Moskaus in der deutschen Frage zu erleichtern. Die SPD änderte ihre Beurteilung der sowjetischen Politik und der Chancen westlicher Wiedervereinigungsaktivität und sah sich vor die Aufgabe gestellt, eine Formel zu finden, die die Anwendung atomarer Waffen im äußersten Fall nicht ausschließt, ohne diesen entscheidenden Kurswechsel mit Rücksicht auf ihre Mitglieder allzu deutlich zu machen. Das geschah mit der offiziellen Erklärung des Parteitages: *»Sinnvolle Aufgabenteilung verstärkt die Wirkung des (NATO-)Bündnisses und ermöglicht es, die Zahl der mit Atomwaffen ausgerüsteten Armeen nicht zu vergrößern. Die Bundeswehr muß wirksam ausgestattet und ausgerüstet werden. Auf eine Vermehrung der Zahl der Atommächte und deshalb auf die atomare Bewaffnung der Bundeswehr soll die Bundesrepublik nicht hinwirken.«* [77]
Nicht mehr die Ablehnung der atomaren Ausrüstung der Bundeswehr, sondern

eine zurückhaltende Bundesrepublik, die sich nicht zur atomaren Bewaffnung drängen soll, hieß jetzt die Forderung der SPD. So also wurde auch in dieser essentiellen Einzelfrage eine Annäherung an die Politik der Regierung vollzogen.
Die Glaubhaftmachung des neuen Kurses führte auch zu personellen Konsequenzen. Sie wurden erleichtert durch die Erklärung Ollenhauers vom Juli 1959, selbst auf ein Regierungsamt zu verzichten. Diese untadelige und integere, von Sachlichkeit beherrschte Persönlichkeit, ließ jede Ausstrahlungskraft vermissen. Sie war nicht volkstümlich. Es hatte sich in der Vergangenheit gezeigt, daß der Inhalt eines Parteiprogramms für den Wähler weniger wichtig war als eine in den Mittelpunkt der Wahlwerbung gestellte Persönlichkeit, sofern sich durch sie eine bestimmte Politik oder auch der erreichte materielle Wohlstand verkörperte. Mit anderen Worten: Viele CDU-Wähler hatten nicht die Partei und ihr Programm, sondern Adenauer und Erhard gewählt. Die SPD sah daher die Notwendigkeit, auch ihre bisherigen Methoden der Wahlkampfführung entscheidend zu ändern und auch eine Persönlichkeit herauszustellen, die die Chance hatte, volkstümlich zu werden. Die Wahl fiel auf Willy Brandt.
Am 24. August 1960 erklärte der Parteirat der SPD einstimmig den Regierenden Bürgermeister von Berlin, Willy Brandt, zum Kanzlerkandidaten für die Bundestagswahl 1961. Er, in der Partei damals durchaus nicht unumstritten, galt wegen seiner Jugend, Dynamik, Fortschrittlichkeit u. ä. als ein geeigneter Gegenkandidat zu der großen patriarchalischen Gestalt der deutschen Politik und der CDU, Konrad Adenauer. Die gemäßigte politische Linie, die Brandt verfolgte, die Bürgerlichkeit seiner Lebensführung, das von ihm verkörperte Gegenteil vom in langer Bewährung hochgedienten politischen Funktionär und seine als Regierender Bürgermeister in der Berlinkrise des Jahres 1958/59 bewiesenen Fähigkeiten, waren weitere Gründe für seine Kanzlerkandidatur, die der Parteitag in Hannover bestätigte. Mit ihm bildeten zehn SPD-Politiker eine »Mannschaft«, die in ihrer Zusammensetzung Regierungserfahrung in den Ländern und persönliches Können und Ansehen auch im bürgerlichen Lager repräsentierte. Zu ihr gehörten u. a. Carlo Schmid, Fritz Erler, Dr. Deist, Max Brauer, Georg August Zinn und Alex Möller. Damit waren die drei wesentlichsten Phasen des sozialdemokratischen Wandlungsprozesses innerpolitischer (Godesberg), außenpolitischer (Wehners Rede) und personeller (Hannover) Natur abgeschlossen.

Die Auseinandersetzungen um die Wahl des Bundespräsidenten

So günstig das Wahlergebnis von 1957 für die CDU auch war, so legte es ihr doch die Verpflichtung auf, die Nachfolge des Bundeskanzlers zu regeln. Denn es war ersichtlich, daß weniger die Partei als vielmehr der Bundeskanzler Adenauer die Wahl gewonnen hatte. Eine rechtzeitige Lösung der Nachfolgefrage war bei dem hohen Lebensalter des Regierungschefs an sich schon geboten, aber auch seine Partei mußte, wenn sie bei der nächsten Bundestagswahl gewinnen wollte, alles Interesse an einer sie befriedigenden rechtzeitigen Lösung haben.

Bundespräsident Heuss mußte im Sommer 1959 aus dem Amt scheiden, weil das Grundgesetz die zweimalige Wiederwahl des deutschen Staatsoberhauptes nicht zuläßt. Mitten in den Überlegungen um seine Nachfolge erfuhr die deutsche Öffentlichkeit zu ihrer großen Überraschung, daß der Bundeskanzler den Vorschlag der CDU/CSU, selbst für die Bundespräsidentschaft zu kandidieren, angenommen hatte. Am 8. April 1959 erklärte er in einer Rede über Rundfunk und Fernsehen:

»... Sie werden sehr erstaunt gewesen sein, meine lieben Landsleute, daß ich mich zur Wahl als Nachfolger unseres verehrten Herrn Bundespräsidenten Heuss zur Verfügung gestellt habe. Ausführlich möchte ich zur Zeit über meine Gründe nicht sprechen. Ich möchte nur folgendes sagen: Mein Entschluß ist zwar schnell gefaßt worden, aber – ich muß es noch nachträglich sagen – wohlüberlegt und richtig. Man muß ihn nicht unter dem Anliegen des Tages betrachten. Wir werden noch auf lange Zeit hinaus in einer Periode der Gefahr und der Unsicherheit sein. Mein Entschluß ist dazu bestimmt, auf Jahre hinaus die Kontinuität unserer Politik zu sichern. Ich glaube, daß ich kraft meiner Erfahrung und kraft des Vertrauens, das mir in so reichem Maße im Inland und im Ausland geschenkt worden ist, das Amt des Bundespräsidenten, der Bedeutung dieses hohen Amtes entsprechend, ausfüllen werde. Ich möchte Ihnen aber in zwei Sätzen mit allem Nachdruck folgendes sagen: Die Stellung, die Aufgaben und die Arbeit des Bundespräsidenten wird in der deutschen Öffentlichkeit, und damit auch in der internationalen Öffentlichkeit, zu gering eingeschätzt. Sie ist viel größer, als man schlechthin glaubt.« [78]

Adenauers Kandidatur war deshalb ungewöhnlich, weil sie ihm letztlich wesensfremd sein mußte. Er hatte seit Gründung der Bundesrepublik die Schlüsselposition im Staat bekleidet. Konnte diese Persönlichkeit, ausgestattet mit einer ungewöhnlichen Kraft und Entschiedenheit des Willens, einem ausgeprägten Instinkt zur Macht und einem politisch-kämpferischen Temperament wie kein anderer in den eigenen und gegnerischen Reihen, am zwar höchsten, aber doch machtpolitisch einflußarmen Staatsamt Genüge finden? Was also waren seine Motive? Er glaubte an die Sicherung der Kontinuität seiner Politik auch in diesem Amt und an die Einsetzung eines Kanzlers seines persönlichen Vertrauens. Der Nachdruck, mit dem er auf die nach seiner Meinung verkannte Stellung des Bundespräsidenten hinwies, mußte überraschen, denn der Bundeskanzler Adenauer war ja einer der Väter des Grundgesetzes und kannte die engen Grenzen sehr genau, die den präsidentiellen Vollmachten gesetzt sind.

Zwei Monate nach der Annahme erklärte der Bundeskanzler am 4. Juni 1959 den Rücktritt von der Kandidatur. Als Grund nannte er:

»Seit dem 6./7. April 1959, dem Tage, an dem ich mich zur Annahme der Kandidatur bereit erklärte, hat sich die außenpolitische Situation, wie der Verlauf der Konferenz zeigt, verschlechtert. Falls Genf in etwa einen Erfolg hat, wird sich eine Serie von Gipfelkonferenzen anschließen, während der größte Vorsicht und Wachsamkeit für uns dringendes Erfordernis ist. Falls in Genf sich kein Ergebnis zeigt, das Präsident Eisenhower veranlaßt, auf eine Gipfelkonferenz zu gehen, ist die ganze Situation noch schwieriger und unangenehmer. Ich glaube, bei dieser

Entwicklung es nicht verantworten zu können, meinen jetzigen Posten zu verlassen . . .« [79]

Das waren aber nicht die ausschlaggebenden Gründe für seine Kehrtwendung. Sie gipfelten letztlich in der Überlegung, nur der Widerruf des Rücktritts als Bundeskanzler könne den Übergang der Macht in die Hände des Bundeswirtschaftsministers Ludwig Erhard, den er nicht als den rechten Mann an diesem Platz ansah, verhindern. Adenauers Überzeugung, nämlich den Kanzler seines persönlichen Vertrauens einsetzen zu können, hatte sich sehr bald als Fehlspekulation erwiesen. Denn die Christlichen Demokraten sahen, gemessen an Attraktivität und Volkstümlichkeit, Erhard als den einzig möglichen Nachfolger Adenauers an. Sie setzten keine Zweifel in die Fähigkeiten von Bundesfinanzminister Etzel, von dem es hieß, Adenauer betrachte ihn seit Jahren als seinen Erben. Sie wußten aber sehr genau – und hier ergab sich eine Parallele zu Brandt–Ollenhauer bei den Sozialdemokraten –, daß man mit dem Politiker Etzel mangels jeglicher Ausstrahlungskraft keine Wahl gewinnen werde. So mußte auch Adenauers Versuch, Ludwig Erhard selbst für den Posten des Bundespräsidenten zu gewinnen, mißlingen.

Der Unmut über den Schritt Dr. Adenauers, der den für seine Partei so lebenswichtigen und so greifbar nahen organischen Übergang im Amt des Bundeskanzlers zu seinen Lebzeiten zu gefährden schien, war in der CDU groß. Aber nicht nur in ihr! Die Opposition warf ihm vor, »ein ruchloses Spiel« mit höchsten Staatsämtern gespielt zu haben. Eine rechtzeitige und würdige Form der Korrektur seines Entschlusses, Bundespräsident werden zu wollen, hätte bei Parteien und Öffentlichkeit schließlich doch Verständnis gefunden. Die Methode seines Vorgehens war es, die nicht nur die Öffentlichkeit erregte, sondern auch das Ansehen des Amtes des Bundespräsidenten zu beeinträchtigen drohte und die Gefahr einer institutionellen Schwächung der Bundesrepublik hervorrief. Die Art und Weise, in der das höchste deutsche Staatsamt angeboten und ausgeschlagen wurde, das Hin und Her von Erklärungen und Gegenerklärungen, gefährdeten auch die Entwicklung des Staatsbewußtseins schlechthin, dessen Ausprägung durch Adenauer sowieso zu wünschen übriggelassen hatte.

Die Überzeugung von der eigenen Unersetzlichkeit, die im Verzicht auf die Bundespräsidentschaft zum Ausdruck kam, mußte aber auch im Ausland grundlegende Erwägungen und Befürchtungen wecken. Der Schweizer Publizist Fritz R. Allemann faßte sie wie folgt zusammen:

». . . Schon bisher fragten sich die Verbündeten Bonns immer wieder mit einiger Angst, ob der westliche und ›europäische‹ Kurs der Bundesrepublik, ihre Eingliederung in das westliche Verteidigungssystem und ihre Zuverlässigkeit als Alliierter wirklich Adenauer überdauern werde, ob dieser Kurs nicht im Grunde von einem einzigen Mann bestimmt sei und ob man nicht mit unvorhersehbaren Veränderungen rechnen müsse, wenn dieser Hochbetagte einmal nicht mehr imstande sein werde, das Steuer zu führen. Indem Adenauer sich in extremis doch dafür entschied, Kanzler zu bleiben, machte er diese Frage unausweichlich und legte damit jedem denkbaren Nachfolger die Hypothek des westlichen Mißtrauens auf, das darin beschlossen liegt: wenn der Architekt der bisherigen bundesrepublikanischen

Politik selber nicht glaubt, daß seine Mitarbeiter fähig wären, diese Politik weiterzuführen – wie kann man dann erwarten, daß die Amerikaner, Engländer und Franzosen das glauben sollten?« [80]

Der Verzicht Adenauers auf die Präsidentschaftskandidatur, das wird aus der Distanz als wesentlichste Auswirkung deutlich, bedeutete einen Wendepunkt in der »Ära Adenauer«. Sein Verhalten erschütterte erstmals den Glauben in die Festigkeit und Klarheit seiner Führung. Das persönliche Gepräge, das der Staatsmann Adenauer in zehnjähriger Regierungszeit der Bundesrepublik verliehen hatte, wurde aus seiner nicht zu bezweifelnden Autorität gespeist. Mit der Juni-Krise des Jahres 1959 begann der Verschleiß dieser Autorität und der, zunächst nicht sichtbare, Verfall seines Regimes. Sein außerordentliches Prestige setzte er durch die von ihm allein heraufbeschworene Nachfolgekrise aufs Spiel und damit sein Werk: die Formung der Bundesrepublik Deutschland. Die Chance, auf dem Höhepunkt seiner politischen Bahn, nach einem Jahrzehnt großer Erfolge, abzutreten und das aus diesen Erfolgen genährte Prestige als Staatsoberhaupt nutzbar zu machen, wurde vertan. Dieser Fehler erwies sich letztlich als die Wurzel jener Entwicklung, die zum Verlust der absoluten CDU-Mehrheit in den September-Wahlen des Jahres 1961 und zu den Erschwernissen der Regierungsbildung im gleichen Jahre führen sollte.

Am 15. Juni beschloß die CDU/CSU, den Bundesernährungsminister Dr. h. c. Heinrich Lübke der Bundesversammlung für die Wahl des neuen Bundespräsidenten vorzuschlagen. Er wurde am 1. Juli 1959 in Berlin im zweiten Wahlgang gewählt. SPD und FDP hatten die Bundestagsvizepräsidenten Prof. Dr. Carlo Schmid und Dr. Max Becker nominiert.

Am 15. September 1959 wurden Dr. Lübke auf sein neues Amt vereidigt und Prof. Heuss in einem Staatsakt verabschiedet. Bundestagspräsident D. Dr. Eugen Gerstenmaier vollzog diesen Abschied in würdiger Form mit den Worten: *»In dieser Stunde aber, in der der erste Bundespräsident der Bundesrepublik Deutschland aus seinem Amte scheidet, erheben sich ihre gesetzgebenden Körperschaften, um einhellig im Namen des deutschen Volkes zu bekunden: Theodor Heuss hat sich um das Vaterland verdient gemacht.«*

Theodor Heuss, eine der großen Gestalten des Liberalismus, hatte aufgehört, öffentlich zu wirken.

Der Fernsehstreit

Zu der von der Bundesregierung seit Jahren erstrebten Neuregelung des deutschen Rundfunkrechts gehörte auch ihre Initiative zur Entwicklung eines zweiten Fernsehprogramms unter Aufsicht und Einfluß des Bundes. Diesen Bestrebungen standen verfassungsrechtliche Schwierigkeiten gegenüber. Das Grundgesetz sprach dem Bunde zwar die Zuständigkeit im Fernmeldewesen und damit die Berechtigung der alleinigen Lizenzerteilung für Hörfunk und Fernsehen durch die Bundespost zu, aber die Kulturhoheit der Länder schloß deren Rechte auf dem Gebiet des Hörfunks und Fernsehens ein. Allerdings hatte die Einsicht, daß gemeinsame Bundesinteressen die Gestaltung eines gesamtdeutschen und eines Überseeprogramms durch

Bundesorgane nützlich sein ließen, zu der gesetzlichen Regelung im Jahre 1960 geführt, dem Bund eine »Deutsche Welle« für deutsche Rundfunksendungen nach Übersee und den »Deutschlandfunk« für gesamtdeutsche Rundfunksendungen zur Ausstrahlung in die Sowjetzone zuzubilligen. Die bestehenden Rundfunkanstalten beantragten 1957 beim Bundespostministerium Sendefrequenzen für ein geplantes »Zweites Fernsehprogramm«, das neben dem bisher gemeinsam ausgestrahlten »Ersten Programm« betrieben werden sollte. Die Bundesregierung verweigerte die Lizenzerteilung und versuchte, die freien Frequenzen für Bundeszwecke zu reservieren.

Die Kieler Ministerpräsidentenkonferenz vom 22. Juni 1959 vereinbarte einen gemeinsamen »Entwurf eines Vertrages über die Organisation des Zweiten Fernsehprogramms«, der vorsah, daß die Rundfunkanstalten durch einen von ihnen gebildeten öffentlich-rechtlichen Verband, an dem Bund und Länder beteiligt sein sollten, das Zweite Programm ausstrahlen sollten. Die Vorstellungen der Bundesregierung dagegen zielten auf Errichtung einer Aufsichtsbehörde des Bundes. Die Anstalt sollte sich durch Werbeeinnahmen finanzieren und die Durchführung der Fernsehsendungen Gesellschaften des privaten Rechts übertragen, wie es in einem Entwurf des Bundesinnenministers hieß.

Die Ergebnislosigkeit der monatelangen Verhandlungen zwischen Bund und Ländern, die Absicht der Bundesregierung, ab 1. Januar 1961 ein unter ihrem Einfluß gestaltetes Zweites Programm zu senden und der Versuch, die Hoheitsfrage zu umgehen, führten zu der von der Bundesregierung vorgeschlagenen Lösung eines Verwaltungsabkommens zwischen Bund und Ländern über eine privatrechtlich organisierte GmbH. Das Abkommen, dem am 15. Juli 1960 alle Ministerpräsidenten zustimmten, soweit sie der CDU/CSU angehörten, sah vor:

Es wird eine Gesellschaft mit beschränkter Haftung »Deutschland-Fernsehen GmbH« gegründet, deren Anteile zu 51 Prozent dem Bund, zu 49 Prozent den Ländern gehören, wobei zunächst nur die von der CDU regierten Länder sich anschließen wollen, den von der SPD regierten Ländern aber die spätere Übernahme ihrer Anteile offengehalten wird. Diese Gesellschaft erhält von den für die bisherigen Rundfunkanstalten anfallenden Fernsehgebühren zunächst 50 Prozent, die im Laufe von fünf Jahren auf 30 Prozent sinken. Im übrigen bestreitet die neue Gesellschaft ihre Ausgaben durch Verkauf von Sendezeit für Reklamezwecke der Privatwirtschaft. Den bestehenden Rundfunkanstalten wird verboten, künftighin solche Reklamesendungen aufzunehmen, die über ihr jeweiliges Sendegebiet hinausgehen; sie dürfen auch nur ein Drittel der Reklamezeit verkaufen, die der neuen Fernseh GmbH zugebilligt wird. Die neue Gesellschaft wird von einem Aufsichtsrat geleitet, in den der Bund und die Länder je fünf, die katholische und die evangelische Kirche, der Zentralrat der Juden, Arbeitgeber und Arbeitnehmer je einen Vertreter entsenden. Die Gesellschaft kann von privaten Firmen Programme kaufen, sie kann aber auch eigene Programme herstellen.[81]

Der loyale Sprecher aller Länder im Fernsehstreit, der rheinland-pfälzische Ministerpräsident Altmeier (CDU), erstrebte und erreichte auch die Zustimmung der sozialdemokratischen Ministerpräsidenten unter der Voraussetzung, daß die Bundesregierung die verbindliche Erklärung abgebe, daß alle weiteren Programme nicht dem Bund, sondern den Ländern zuständen. Er teilte das dem Bundeskanzler mit.

Jetzt folgte ein Schritt, der ungewöhnlich war, die politische, nicht die allgemeine Öffentlichkeit stark erregte und von ihr als politischer Handstreich bezeichnet wurde. Am 23. Juli 1960, einem Samstag, teilte der Bundeskanzler Ministerpräsident Altmeier mit, eine weitere Verschiebung der Vorbereitungen für das Zweite Programm sei nicht möglich, er lade daher die Ministerpräsidenten am 25. Juli um 11.00 Uhr zur Unterzeichnung des Vertrages ein. Der Gesellschaftsvertrag werde auch den späteren Beitritt der Länder ermöglichen. Der Brief kam am Nachmittag des 25. Juli in Mainz an, also zu einem Zeitpunkt, an dem der Bundeskanzler und Bundesjustizminister Schäffer den Vertrag bereits unterzeichnet hatten. Sie hinterlegten eine Stammeinlage von 11 000 DM und forderten die Bundesländer auf, Anteile von je 1000 DM zu übernehmen. Keines der Länder tat das. Bundesjustizminister Schäffer, der zunächst als Treuhänder der Länder deren 11 Anteile vertrat, gab sie an die Bundesregierung zurück, so daß diese alleiniger Gesellschafter war.

Dieses Vorgehen stieß auch in der CDU auf schwerste Bedenken. Ministerpräsident Kiesinger und der Intendant des Süddeutschen Rundfunks in Stuttgart, Bausch, rügten das Verhalten scharf. Letzterer schrieb in einem Brief an zahlreiche CDU-Politiker: *»Als ob es sich um den Import von Zitrusfrüchten handele, wird eine GmbH gegründet. Ein vortreffliches Rezept für alle Jongleure der Macht. Schon die Methode muß jeden Staatsbürger hellwach rütteln, erst jeden Politiker, der in der verfassungsrechtlichen Ordnung denkt ...«* [87]

Die Verfassungsklage war unausbleiblich. Sie wurde von den sozialdemokratisch regierten Ländern Hamburg, Hessen, Bremen und Niedersachsen erhoben. Diese Klage lief auch weiter, als ein Kompromißvorschlag des bayerischen Ministerpräsidenten Ehard, seit Ende Januar 1960 neuer bayerischer Regierungschef anstelle des krankheitshalber zurückgetretenen Dr. Seidel, zu einem Verwaltungsabkommen führte, das sich inhaltlich mit dem Vorschlag von Ministerpräsident Altmeier an Bundeskanzler Adenauer vor dem 25. Juli im wesentlichen deckte, jedoch von ihm keine Beachtung gefunden hatte. Aber nur die der CDU/CSU angehörenden Ministerpräsidenten unterschrieben.

Das Bundesverfassungsgericht erklärte am 28. Februar 1961 die Gründung der Deutschland-Fernsehen GmbH als verfassungswidrig, weil die Gesellschaft ganz von der Bundesregierung und dem Bundeskanzler beherrscht würde. Es müsse verhindert werden, daß Rundfunk und Fernsehen mit ihrer überragenden Bedeutung für die öffentliche Meinungsbildung dem Staat oder einzelnen gesellschaftlichen Gruppen ausgeliefert würden. Der Erlaß gesetzlicher Regelungen, die die in Artikel 5 GG garantierte Freiheit des Rundfunks sicherzustellen haben, sei ausschließlich Sache der Länder, während die sendetechnischen Befugnisse dem Bunde zuständen. Grundsätzliche und für das Verfassungsleben höchst bedeutsame Feststellungen zum Begriff des bundesfreundlichen Verhaltens traf das Bundesverfassungsgericht:

»... Der vorliegende Fall gibt Veranlassung, den verfassungsrechtlichen Grundsatz von der Pflicht zu bundesfreundlichem Verhalten nach einer anderen Seite weiterzuentwickeln: Auch das Procedere und der Stil der Verhandlungen, die zwischen dem Bund und seinen Gliedern und zwischen den Ländern im Verfassungsleben erforderlich werden, stehen unter dem Gebot des bundesfreundlichen Verhaltens. In der Bundesrepublik Deutschland haben alle Länder den gleichen verfassungsrechtlichen Status; sie sind Staaten, die im Verkehr mit dem Bund Anspruch auf gleiche Behandlung haben. Wo immer der Bund sich in einer Frage des Verfassungslebens, an der alle Länder interessiert und beteiligt sind, um eine verfassungsrechtlich relevante Vereinbarung bemüht, verbietet ihm jene Pflicht zu bundesfreundlichem Verhalten, nach dem Grundsatz divide et impera zu handeln, das heißt, auf die Spaltung der Länder auszugehen, nur mit einigen eine Vereinbarung zu suchen und die anderen vor den Zwang des Beitritts zu stellen. Jener Grundsatz verbietet es auch, daß die Bundesregierung bei Verhandlungen, die alle Länder angehen, die Landesregierungen je nach ihrer parteipolitischen Richtung verschieden behandelt, insbesondere zu den politisch entscheidenden Beratungen nur Vertreter der ihr parteipolitisch nahestehenden Landesregierungen zuzieht und die der Opposition im Bunde nahestehenden Landesregierungen davon ausschließt...«[83]

So scheiterte der Versuch der Bundesregierung, sich das Fernsehen unmittelbar nutzbar zu machen, an der föderativen Struktur der Bundesrepublik. Die Bundesregierung, repräsentiert in dieser Sache durch den Bundeskanzler, Bundesinnenminister und Bundesjustizminister, hatte eine empfindliche Niederlage erlitten. Sie wäre vermeidbar gewesen.

In Auswirkung des Urteils beschlossen die Ministerpräsidenten am 17. März 1961 in Bonn einstimmig, eine von den bestehenden Rundfunkanstalten unabhängige gemeinnützige Anstalt zur Vorbereitung eines gemeinsamen »Zweiten Fernsehprogramms« zu errichten. Dafür war ein Staatsvertrag notwendig, der durch die Länderparlamente verabschiedet werden mußte. Die Ministerpräsidenten unterzeichneten am 6. Juni in Stuttgart diesen Staatsvertrag. Als Sitz der Anstalt »Zweites Deutsches Fernsehen« wurde Mainz bestimmt. Die bestehenden Rundfunkanstalten müssen dreißig Prozent ihrer Einnahmen aus den Fernsehgebühren an die neue Anstalt abführen. Vor allem aber soll die Finanzierung durch Werbeeinnahmen gedeckt werden. Am 1. April 1963 wurde zum ersten Mal in der Bundesrepublik ein Zweites Fernsehprogramm ausgestrahlt.

Die politische Szene in den Ländern

Der Versuch einer innerpolitischen Aussöhnung und eines Parteizusammenschlusses im Saarland führte zum Jahresanfang 1959 (26. Februar) zu einer Neubildung des Kabinetts Reinert (CDU), nachdem der Ministerpräsident am 21. Januar zurückgetreten war. Die Fraktionen der CDU und der CSU/CVP – letztere war die Partei des früheren saarländischen Ministerpräsidenten Hoffmann – hatten Ausgang 1958 im Landtag eine Arbeitsgemeinschaft gebildet. Die Christliche Volkspartei sollte an der Regierung beteiligt werden. Ministerpräsident Reinert hatte das Justizressort, bekleidet vom ehemaligen Ministerpräsidenten und CDU-Landesvorsitzenden Ney, der CVP angeboten. Sein Inhaber weigerte sich jedoch, »als Vorkämpfer für die Wiedervereinigung mit Deutschland zugunsten der Separatisten« abzudanken. Das neue Kabinett Reinert setzte sich aus der CDU, SPD und CVP zusammen. Das Bestreben, eine Allparteienregierung zu bilden, scheiterte an der Demokratischen Partei, die es ablehnte, mit der CVP zusammen in der Regierung zu sein. Dr. Ney und andere CDU-Dissidenten traten aus der Partei aus und schlossen sich der DPS als Hospitanten an. Im Oktober 1960 gründeten sie die bedeutungslos gebliebene Christlich-Nationale Gemeinschaft. Der endgültige Zusammenschluß der saarländischen CDU und CVP, die seit 1957 mit der bayerischen CSU fusioniert war, erfolgte am 19. August 1959. Der Name CVP wurde gelöscht.

Die im deutsch-französischen Saarvertrag vom Oktober 1956 festgesetzte Übergangszeit endete am 5. Juli 1959. Nach der politischen (1. Januar 1957) wurde nunmehr auch die wirtschaftliche Eingliederung der Saar in das deutsche Bundesgebiet vollzogen und damit die Zollgrenze zwischen der Bundesrepublik und Frankreich an die bisherige französisch-saarländische Grenze zurückverlegt.

Am 19. April 1959 fanden in Niedersachsen und Rheinland-Pfalz Landtagswahlen statt. SPD und CDU verzeichneten in Niedersachsen gegenüber den Landtagswahlen von 1955 mit 4,3 bzw. 4,2 Prozent fast genau den gleichen Stimmenzuwachs. An Sitzen gewannen SPD 8 (insgesamt 65) und CDU 5 (51). Die Deutsche Partei, die in Niedersachsen ihre Hochburg hatte, behielt ihre 20 Mandate, der BHE verlor einen Sitz (13). Hinrich Wilhelm Kopf (SPD) löste Ministerpräsident Hellwege als Regierungschef ab und bildete sein Kabinett aus einer Koalition von SPD–BHE–FDP; CDU und DP gingen in die Opposition. Die DRP war nicht mehr im Landtag vertreten.

In Rheinland-Pfalz baute die CDU ihre absolute Mehrheit um einen Sitz aus (52), die SPD stagnierte in der Mandats- (37), nicht aber in der Stimmen-Zahl. Sie gewann gegenüber 1955 94000 Stimmen oder 3,1 Prozent. Die FDP verlor zwei Mandate (10), die DRP erzielte, was starke Beachtung in der Bundesrepublik fand, 87000 Stimmen und zog mit einem Abgeordneten in den Mainzer Landtag ein. Radikale Tendenzen unter unzufriedenen Winzern dieses größten Weinbaulandes der Bundesrepublik erklären zum Teil die Unterstützung, die diese rechtsradikale Partei fand. Der rheinland-pfälzische Landesverband der DRP wurde im Januar 1960 vom Innenminister des Landes mit der Begründung verboten, er sei eine Ersatzorganisation der vom Bundesverfassungsgericht 1952 als verfassungswidrig erklärten Sozialistischen Reichspartei. Ministerpräsident Altmeier (CDU), ununterbrochen seit Bestehen dieses Landes gewählter Regierungschef, setzte die Koalition zwischen CDU und FDP fort.

Die Bremer Bürgerschaftswahlen vom 11. Oktober 1959 brachten der SPD die absolute Mehrheit an Stimmen, die an Mandaten besaß sie schon 1955. Sie gewann 9 Sitze (61) und 7,1 Prozent Stimmen, ein im Ländermaßstab außergewöhnlicher Erfolg, der noch den der Hamburger SPD aus dem Jahre 1957 übertraf. Die CDU verlor 2 Mandate (16) und 11000 Stimmen. Ungewöhnlich war

ihr Stimmenverlust gegenüber der Bundestagswahl 1957. Er betrug 15,6 Prozent oder mehr als 65 000 Stimmen. Die DP, nahezu gleich stark mit der CDU, verlor ebenfalls und zog – wie die CDU – mit 16 Abgeordneten in die neue Bürgerschaft ein, der als vierte Partei mit 7 Mandaten die FDP angehörte. Die bisherige Große Kaolition wurde aufgelöst, einziger Koalitionspartner der SPD wurde die FDP, Senatspräsident blieb Wilhelm Kaisen (SPD).
Besonderes Interesse galt der Landtagswahl am 15. Mai 1960 in Baden-Württemberg. Bundeskanzler Adenauer hatte sie als Test für die Bundestagswahlen 1961 bezeichnet. Es waren auch die ersten Landtagswahlen nach dem Godesberger Parteitag der SPD. Würde sich die günstige Tendenz für die SPD fortsetzen, die in den bayerischen Gemeindewahlen vom 29. März 1960 deutlich erkennbar war? Zum ersten Male in der Geschichte dieser Kommunalwahl hatte die SPD die CSU überholt und führte mit 38,4 gegenüber 43,9 Prozent. Die Wahl zum Landtag von Baden-Württemberg brachte für den Bundeskanzler, der die absolute Mehrheit der CDU erhofft hatte, eine Enttäuschung, die nur durch die extrem niedrige Wahlbeteiligung von 59,8 Prozent etwas gemildert wurde. Gewinner der Wahl war eindeutig die SPD. Sie erzielte mit 44 Mandaten 8 mehr als 1956 und gewann 6,5 Prozent an Stimmen. Die CDU verlor 5 Mandate und besaß nur noch 51; ihr Stimmenverlust betrug 3,2 Prozent. Auch die FDP/DVP verlor 3 Mandate, nur der BHE blieb mit 7 Sitzen konstant. Die bisherige Allparteienregierung wurde nicht fortgeführt und am 23. Juni 1960 durch ein Koalitionskabinett aus CDU und FDP unter Ministerpräsident Dr. Kiesinger ersetzt. Die Forderung des BHE auf einen Ministersitz wurde von beiden Parteien abgelehnt. Ihr Angebot, den Posten eines stimmberechtigten Staatssekretärs für das Flüchtlingswesen zu stellen, wurde Anfang Juli angenommen. Damit trat der BHE als dritte Partei in die neugebildete Regierung von Baden-Württemberg ein.
Die saarländischen Landtagswahlen vom 14. Dezember 1960, die letzten vor der Bundestagswahl, verstärkten den in den vorangegangenen Wahlen überall deutlich erkennbar gewordenen Stimmenanstieg der Sozialdemokraten. Von 7 Mandaten im Jahre 1955 stiegen sie jetzt auf 16. Nur 19 erreichte die CDU, der aber infolge des vorangegangenen Parteizusammenschlusses das beträchtliche Stimmenreservoir der CVP zur Verfügung stand. Die Stellung der CDU wäre weitaus stabiler gewesen, wären ihr nicht mit der Saarländischen Volkspartei (SVP) 60 000 Wähler und 6 Mandate verlorengegangen. Die SVP war eine Sammlung der mit der wirtschaftlichen Rückgliederung der Saar unzufriedenen Wähler. Der neugewählte Landtag bestätigte am 17. Januar 1961 das Kabinett Dr. Josef Röder (CDU) mit den Stimmen der beiden Koalitionsparteien CDU und DPS, die 70 000 Stimmen und 6 Mandate verloren hatte. Damit schien die mit der Rückgliederung der Saar die ganzen Jahre über verbundene starke nationale, zum Teil nationalistische Strömung zurückgedrängt und von anderen Kräften und anderen politischen Zielen abgelöst zu sein.
Die Erfolgskurve der Sozialdemokraten in allen Länderwahlen, seit Ende 1957 klar erkennbar, hatte sich fortgesetzt. Die Ausgangsposition für die Bundestagswahl 1961 war günstig. Erreichte die SPD in den Landtagswahlen zwischen 1953

und 1957 im Durchschnitt 36,4 Prozent, so erzielte sie zwischen 1957 und 1961 40,4 Prozent.

Im Schatten der Bundestagswahl

Die aus 15 Mitgliedern bestehende Fraktion der DP, einziger Koalitionspartner der CDU/CSU im Bund, zerbrach am 1. Juli 1960. Neun Bundestagsabgeordnete, darunter die Bundesminister Seebohm und von Merkatz, erklärten ihren Austritt und traten im September der Fraktion der CDU/CSU bei. Deren Stärke wuchs somit auf 288 Mitglieder. Dieser Schritt wurde damit begründet, daß weite Kreise der DP, vor allem in Niedersachsen, ein Zusammengehen mit der FDP wünschten. Die Gruppe der Ausgetretenen mißbilligte diese Tendenz. Der Verlust der Fraktionseigenschaft im Bundestag und die Schrumpfung ihrer Wählerstimmen verstärkten die Neigung der DP zu einem Parteibündnis mit dem BHE, der Partei der Heimatvertriebenen. Die Verschmelzung beider Parteien erfolgte endgültig im April 1961 zur Gesamtdeutschen Partei (GDP) mit dem Ziel, sich über die kommenden Bundestagswahlen hinaus als »neues politisches Kräftefeld« zu betätigen. Das Parteiprogramm sollte nach den Worten des Bundesvorsitzenden des Gesamtdeutschen Blocks/BHE, Frank Seiboth, »auf dem konservativen Gedankengut der DP und dem sozialen und nationalen Anliegen des BHE basieren«. Der Zusammenschluß blieb ohne jede nennenswerte Auswirkung auf die Innenpolitik in der Bundesrepublik, die Partei – von regionalen Besonderheiten abgesehen – ohne Einfluß. Die Parteifusion wurde auf Grund des unbefriedigenden Wahlergebnisses, nur 2,8 Prozent aller Stimmen, am 30. Oktober 1961 bereits wieder gelöst. Am 1. November schloß sich der langjährige Vorsitzende der DP und ehemalige Ministerpräsident von Niedersachsen, Heinrich Hellwege, der CDU an.
Eine Neuorientierung weit größeren Gewichtes trat bei der FDP ein. Sie befand sich nicht nur seit 1956 in der Opposition, sondern auch in einer Krise, die ihren sichtbarsten Ausdruck in der Absplitterung der »Freien Volkspartei« und in den nur zwei Millionen Wählern fand, die die FDP bei den Bundestagswahlen 1957 erhielt. Die in dieser Partei vertretenen Hauptströmungen erschwerten die innere Geschlossenheit, die sie – zumindest nach außen – erreichen mußte, um in der Bundespolitik wieder politischen Einfluß zu erhalten. Dem südwestdeutschen Liberalismus, der Keimzelle der Partei und verkörpert durch Gestalten wie Theodor Heuss, Reinhold Maier und Höpker-Aschoff, stand eine im Rheinland und in Norddeutschland vertretene Strömung nationaler Richtung gegenüber, ergänzt durch die nationalistische des Saarländers Heinrich Schneider. Der bisherige Fraktionsvorsitzende im Bundestag, Dr. Erich Mende, wurde im Januar 1960 zu ihrem Vorsitzenden gewählt. Er wurde 1916 geboren und war damit zugleich der erste Vorsitzende einer deutschen Partei, der der Kriegsgeneration angehörte. Bestand auch zwischen FDP und SPD manche kultur- und außenpolitische Gemeinsamkeit, so wünschte die Mehrheit der Freien Demokraten, vor allem wirtschaftspolitisch begründet, doch eine Koalition mit der CDU.
Das freilich setzte voraus, daß die CDU auf eine Koalition angewiesen sein mußte.

Ihre absolute Mehrheit zu brechen, war also ein erklärtes Wahlziel der FDP. Der Frankfurter Parteitag der FDP im Frühjahr 1961 und spätere Erklärungen im Wahlkampf brachten klare Fronten: eine Koalition mit der SPD wurde eindeutig abgelehnt. Das Erscheinen des aus dem Amt geschiedenen Bundespräsidenten Heuss auf dem Frankfurter Parteikongreß war ein nicht zu unterschätzendes Ereignis, sagte er doch, daß er nach Frankfurt gekommen sei, um zu zeigen, wo seine politische Heimat sei. Die Sprache der Partei und die Zusammensetzung ihrer Führung zeigten aber deutlich, daß das liberale gegenüber dem nationalen Element in der Minderheit war. Die Partei strebte ganz eindeutig aus der Opposition heraus und wünschte Regierungsmitverantwortung, worunter sie allerdings nicht die Pseudoverantwortung der DP verstand.
Eine der Folgen des sozialdemokratischen Wandlungsprozesses war die Gründung einer neuen Linkspartei, der »Deutschen Friedensunion« (DFU). Sie entstand im Dezember 1960 und rekrutierte sich aus ausgetretenen und ausgeschlossenen Sozialdemokraten, früheren Kommunisten und aus Pazifisten verschiedenster Motive mit einem relativ starken evangelischen Theologenanteil. Das parteipolitische Ziel dieser Sammlung von »Friedensanhängern und Rüstungsgegnern«, zu deren Vorstand die Professorin Renate Riemeck, der Graf von Westphalen und der frühere Vorsitzende der sozialistischen Jugend »Die Falken«, Lorenz Knorr, gehörten, hieß: sofortiger Rüstungsstopp und Ablehnung der atomaren Rüstung in der Bundesrepublik, die militärische Neutralisierung beider Teile Deutschlands unter internationaler Sicherheitsgarantie und weitgehende »Entspannung der innerdeutschen Beziehungen«. Die Alternative hieß für diese Partei nicht »Kommunismus oder freie Welt«, sondern »friedlicher Wettbewerb oder Untergang«. Dr. Viktor Agartz, Exponent einer orthodoxen sozialistischen Wirtschaftspolitik, und Ende 1958 aus der SPD ausgeschlossen, nahm zwar an der Gründungsversammlung in Stuttgart als Beobachter teil, entfaltete aber keinerlei Aktivität. Die Vermutung, daß die DFU den Kommunisten wieder eine Plattform der Betätigung schaffe, war nicht unbegründet. Die SPD forderte ihr Verbot. Der Bundesinnenminister konnte sich aber zu einem solchen Antrag an das Bundesverfassungsgericht nicht entschließen, weil die Querverbindungen zwischen DFU und SED nicht ausreichend nachzuweisen seien, die Ablehnung des Verbotsantrages durch das Bundesverfassungsgericht aber durch die DFU nur propagandistisch ausgenützt werden würde.
Im Zuge der personellen Distanzierung der SPD von jenen Mitgliedern, die der Partei seit Godesberg nicht mehr folgen konnten, lag auch die Auseinandersetzung mit dem Sozialistischen Deutschen Studentenbund (SDS). Sie fand breites Echo und führte im Juli 1960 zum Bruch. Alle Beziehungen und Förderungsmaßnahmen durch die Partei wurden eingestellt und im November 1961 die Mitgliedschaft im SDS und seiner Fördergesellschaft mit der in der SPD für unvereinbar erklärt. Der SDS, dessen Mitgliederbestand Tausend nicht überschritt, warf der SPD vor: *»Die SPD hat aufgehört, eine reale Oppositionspartei zu sein, die in der Lage wäre, eine fundierte Alternative zur bestehenden Gesellschaftsordnung aufzuzeigen.«* [84]
Wolfgang Abendroth, Professor für wissenschaftliche Politik an der Universität

Marburg, schon immer ein Mann der äußersten Linken in der SPD, wurde, da er nachdrücklich für die politische Unabhängigkeit des SDS eintrat, aus der SPD ausgeschlossen. In der »Bilanz der sozialistischen Idee in der Bundesrepublik«, die Abendroth zog, hieß es:

»... Spätestens seit dem Godesberger Parteitag der SPD aber gibt es in der Bundesrepublik keine politische Partei mehr, die sich programmatisch zu sozialistischem Denken bekennt, wenn man das Wort Sozialismus so versteht, wie es in Deutschland und in der Welt vor 1933 und abermals von 1945 bis zum Sieg der Restauration in der Bundesrepublik verstanden wurde ... Der Aufschwung sozialistischen Denkens nach 1945 ist überwunden; sozialistisches Denken ist abermals in kleine Zirkel zurückgeworfen, die keinerlei größeren gesellschaftliche Einflußmöglichkeiten besitzen und aus der Diskussion der offiziösen Presse sowie aus den öffentlichen Auseinandersetzungen der Machtträger in der Gesellschaft ausgeschlossen sind.« [85]

Der SDS kritisierte die Politik der SPD zur Atomrüstung und Notstandsgesetzgebung. Er sah die Oder-Neiße-Linie als eine nicht mehr zu ändernde Realität an und befürchtete, daß die gefühlsbetonte Argumentation in dieser Frage »eine neue nationalistische Welle« hervorrufen könnte.

Bestrebungen, eine neue sozialistische Partei, als die die DFU nicht bezeichnet werden konnte, zu gründen, fanden keine Verwirklichung. Die SPD gründete einen eigenen Hochschulverband, den Sozialdemokratischen Hochschulbund (SHB).

Zu den Schatten, die die Bundestagswahl frühzeitig vorauswarf, gehörte auch die Verleumdungskampagne gegen Willy Brandt. Was warf man dem Kanzlerkandidaten der SPD vor? Die Tatbestände der gegen ihn gerichteten Flüsterkampagne, die in der Frage gipfelte »Hat Brandt während des Krieges auf Deutsche geschossen?«, legte die »Neue Zürcher Zeitung« in ihrer Ausgabe vom 4. März 1961 dar:

»Willy Brandt war als junger Sozialist aus dem Dritten Reich emigriert und 1938 dann vom nationalsozialistischen Regime ausgebürgert worden. Er ersuchte um die norwegische Staatsbürgerschaft; bevor er sie noch erhielt, griff die Wehrmacht Norwegen an. Brandt war als Mitglied einer Wohlfahrtsorganisation, der »Volkshilfe«, bei den norwegischen Truppen, wurde kurz vor der Kapitulation am 1. Mai 1941 in eine norwegische Uniform gesteckt, damit er sich als staatenloser ehemaliger deutscher Oppositioneller der Verfolgung der Gestapo besser entziehen konnte, war unerkannt als »Soldat« einen Monat in deutscher Kriegsgefangenschaft und floh dann nach seiner Entlassung nach Schweden, wo er in enger Verbindung mit der norwegischen Arbeiterbewegung während der restlichen Kriegsjahre journalistisch und politisch tätig war. In den ersten Nachkriegsjahren war er als norwegischer Berichterstatter und dann als Presseattaché seines neuen Heimatlandes in Deutschland, fand Kontakt mit der Sozialdemokratie Kurt Schumachers und nahm Ende 1947 wieder die deutsche Staatsbürgerschaft an, um fortan in Berlin politisch tätig zu sein, zuerst als Verbindungsmann des SPD-Vorstandes in der Vier-Sektoren-Stadt. Die Fakten dieses Lebenslaufs sind von einem Berliner Gericht, vor dem Brandt schon 1958 als Kläger gegen Verleumdungen auftrat, geprüft und in den wesentlichen Punkten durch zahlreiche Zeugen aus der skandinavischen Widerstandsbewegung erhärtet worden.«

Die durch eine obskure »skandinavische Presseagentur« aus Malmö geschürte Verleumdung nahm derartige Formen an, daß die SPD vom Bundeskanzler eine Ehrenerklärung für Brandt forderte, wenn nicht der Eindruck entstehen sollte, daß auch die CDU die Verdächtigungen billige. Ganz abgesehen davon, daß sich die Kampagne nicht nur gegen Brandt, sondern gegen die deutschen Emigranten schlechthin richtete und dem Ansehen der Bundesrepublik im Ausland schadete. Adenauer gab diese Erklärung am 8. März 1961 im Bundestag in folgender Form ab:

»In allen Parteien gibt es viele Männer und Frauen, die einen konsequenten Kampf gegen Hitler und sein System geführt haben. Aus allen Parteien lernten Gegner des Hitler-Systems das Grauen der Konzentrationslager kennen. Aus allen Parteien haben Gegner des Hitler-Systems als Beamte und Soldaten Widerstand geleistet, Verfolgten geholfen, das Grauen zu mildern versucht. Keinem, der aus persönlichen oder politischen Gründen in die Emigration ging, keinem, der im Innern, an seinem Platz verbleibend, Widerstand leistete, kann aus dieser Tatsache allein ein Vorwurf gemacht werden. Es kommt in jedem Falle darauf an, daß die Motive seines Handelns wie sein Handeln selbst ehrenwert waren. Eine Pauschalverurteilung wäre ebenso falsch wie eine Pauschalverherrlichung.« [86]

Die SPD zeigte sich von dieser Erklärung nicht voll befriedigt.

Ungleich deutlicher war der jetzt im Ruhestand lebende Theodor Heuss:

»Es ist einfach ein Unfug, einen Tarif für Patriotismus aufzustellen, wenn jemand nach 1933 Deutschland verließ, verlassen mußte, weil er hier seine bürgerliche Existenz, sogar sein Leben gefährdet sah, dem oder jenem mildernde Umstände wegen seiner ›Rasse‹, wegen seiner Jugend zuzugestehen ... Ich nenne jetzt ganz schlicht ein paar Namen, die sich in die politische Nachkriegsgeschichte der Bundesrepublik eingetragen haben: Max Brauer, Ernst Reuter und Willy Brandt, in den Neuaufbau Hamburgs und in die Schicksalstragik von Berlin, Rudolf Katz als Vizepräsident des Bundesverfassungsgerichts, unseren Landsmann Erwin Schoettle. Gewiß, alle diese Herren gehören der SPD an. Aber sie alle wissen, daß diese Nennung, die stellvertretend gedacht ist, kein Plädoyer für eine Partei ist, sondern ein notwendiger Protest gegen einen verhängnisvollen politischen Stil.« [87]

Der deutsche Botschafter in den USA, Prof. Wilhelm Grewe, zeigte eine noble Geste, als er auf den in Amerika weilenden Berliner Bürgermeister bei einem Essen einen Toast mit den Worten ausbrachte: *»Er ist zu den Kräften gestoßen, die für die Freiheit gekämpft haben. Er verdient den Respekt aller Demokraten in Deutschland. Unter gewissen Umständen hat der Patriotismus nichts mit der Uniform zu tun, die man trägt.«* [88]

Die Grundlinien der Wahlpolitik der beiden großen Parteien wurden auf deren Parteitagen Ende April in Köln und Bonn festgelegt. Im »Kölner Manifest« der CDU hieß es: *»Deutschland, nach dem Zweiten Weltkrieg verachtet und verlassen, hat in der Bundesrepublik unter Führung der Union Achtung und Freundschaft in der freien Welt erworben und Sicherheit vor dem sowjetischen Imperialismus gewonnen ... Die Erfolge unseres Volkes unter der Führung der Union sind jedem sichtbar. Wer das Erreichte nicht aufs Spiel setzen, wer unsere Zukunft sichern, und*

wer den Weg nach oben weitergehen will, wählt die Christliche Demokratische Union Deutschlands.« [89] Mit anderen Worten: »Keine Experimente!«
Der von Wehner Anfang April 1961 angekündigten Bereitschaft der SPD, zusammen mit der CDU eine Regierung zu bilden und eine gemeinsame Bestandsaufnahme der Außenpolitik vorzunehmen, wurde von Adenauer auf dem Kölner Parteitag kategorisch zurückgewiesen: *». . . Wer elf Jahre lang eine so verderbliche Außenpolitik getrieben und versucht hat durchzusetzen, hat keinen Anspruch darauf, daß ihm im zwölften Jahr das deutsche Volk in außenpolitischen Fragen Vertrauen schenkt . . . Eine Koalitionsgemeinschaft mit der SPD kommt für unsere Partei nicht in Frage!«* [90]
Der Wahlkampf wurde nicht wie bisher allein auf Adenauer, sondern auf Adenauer und Erhard abgestellt. Das menschlich distanzierte Verhältnis zwischen beiden Persönlichkeiten wurde dem Gebot des Wahlkampfes untergeordnet.
Die SPD legte auf ihrem außerordentlichen Parteikongreß in Bonn ein Regierungsprogramm vor, das außerordentliche soziale Leistungen versprach. Genannt seien ein gesetzlich garantierter Mindesturlaub von drei, später vier Wochen, eine soziale Krankenversicherung ohne Kostenbeteiligung und freie Behandlung ohne Rücksicht auf die Kosten, eine Altersrente in Höhe von 75 Prozent des Arbeitseinkommens und eine sofortige Erhöhung der Rentenmindestsätze auf 225 DM monatlich. Außenpolitisches Leitziel blieb die Partnerschaft mit dem Westen. Die Beibehaltung der Wehrpflicht wurde gegenwärtig als unvermeidlich angesehen. Neue Wege in der Vermögensbildung für breite Volksschichten sollten beschritten werden.
Da die vorangegangene Wahl von 1957 fast plebiszitären Charakter für Adenauer und – mit Einschränkung auch für Erhard angenommen hatte, stellte diesmal auch die SPD das Persönlichkeitsprinzip stark heraus und nominierte, wie bereits ausführlich dargelegt, Brandt als Kanzlerkandidaten. Mit seiner Person war unter Anlehnung an amerikanische Wahlkampfmethoden auch ein völlig neuer Wahlkampfstil verbunden. Blieb die CDU in der Regel bei den großen Massenkundgebungen, beschritt die FDP den Weg, die einzelnen Berufsstände und Wählerschichten durch Fachkongresse anzusprechen, so erreichte es die SPD, daß ihr Spitzenkandidat in einer mehr individuellen Methode täglich eine Vielzahl kleiner Städte und Dörfer besuchte und bei der Ortsdurchfahrt und bei kurzen Ansprachen von 40 000 bis 50 000 Menschen am Tage gesehen oder gehört werden konnte. Seine Personalunion zwischen Berliner Bürgermeister und Kanzlerkandidat erwies sich dabei als nützlich.
Die gesamte Wahlkampfsituation änderte sich schlagartig am 13. August. Zielte bisher die Propaganda primär auf Sicherung und Ausbau des Wohlstandes, so setzte nunmehr der 13. August in Berlin völlig andere, die existentielle Sicherheit der Wähler bedrohende Akzente. Die SPD stellte sich auf die neue Lage viel rascher um als die CDU und vor allem ihr Parteiführer Adenauer, der in der Fehleinschätzung der Volksmeinung schwerwiegende psychologische Fehler beging. Sie bestanden darin, daß er in seinem Wahlkampfstil am 14. August dort fortfuhr, wo er am 12. August aufgehört hatte. Der große Ernst, der das Volk ergriffen hatte, der nationale Notstand, der zwar nicht proklamiert, aber durch die Ereig-

nisse faktisch eingetreten war, verboten – wenn der Wahlkampf schon nicht eingestellt wurde – jede Polemik, vor allem aber jede persönliche Polemik gegen einen politischen Gegner, der zugleich Oberhaupt der Stadt war, der die Aufmerksamkeit und Anteilnahme des ganzen Volkes und darüber hinaus eines großen Teiles der westlichen Welt galt.
Die polemische Zuspitzung in der letzten Phase des Wahlkampfes durch CDU und SPD war unerfreulich, unnötig und ignorierte das durch den Berliner Mauerbau auferlegte Gebot der parteipolitischen Zurückhaltung in angemessenen Grenzen.
Chruschtschow mischte sich kurz vor der Wahl unmittelbar ein. In der sowjetischen Begründung für die Wiederaufnahme der Atombombenexperimente hieß es: *»Deutsche, die Adenauer wählen, müssen wissen, daß Adenauer und die Anhänger seiner Politik in Westdeutschland sich genau die gleichen antikommunistischen und revanchistischen Schlagworte zu eigen gemacht haben, mit denen Hitler zur Macht kam und in der Folge den Zweiten Weltkrieg entfesselte.«*[91]
Die CDU versuchte, diese indirekte Wahlunterstützung im Sinne der Parole »Wählt Adenauer, weil Chruschtschow ihn stürzen will« auszunutzen. Plakate in letzter Minute, die den sowjetischen Regierungschef und sozialdemokratische Führer vereinten, waren die unerfreuliche Folge. Die Bevölkerung war zum Teil abgestoßen und verwirrt. Zehn Tage vor der Wahl zeigten 30 Prozent der Wahlberechtigten – so die Erhebungen der Meinungsforscher – Unsicherheit, wen sie wählen sollten. Fünf Tage vor der Wahl waren es noch immer 20 Prozent.

Die Bundestagswahl 1961

Am 17. September 1961 wählte die Bevölkerung der Bundesrepublik ihren vierten Bundestag:

Parteien	*Stimmen*	*Prozent*	*Mandate*
SPD	*11 427 353*	*36,2*	*190*
CDU	*11 283 901*	*35,8*	*192*
FDP	*4 028 765*	*12,8*	*67*
CSU	*3 014 471*	*9,6*	*50*
GDP	*870 757*	*2,8*	*—*
DFU	*609 918*	*1,9*	*—*
DRP	*262 977*	*0,8*	*—*

Wahlberechtigte:	*37 330 524*	*Wahlbeteiligung:*	*87,7 %*
Abgegebene Stimmen:	*32 849 572*		*(1957: 87,8 %)*[92]
Ungültige Stimmen:	*1 298 673*		

Wichtigstes Ergebnis der Wahl war der Verlust der absoluten Mehrheit der CDU/CSU – an den 249 notwendigen Mandaten fehlten ihr sieben – und der erstmalige

Ausbruch der SPD in ihrer Geschichte aus dem »Turm der 30 Prozent«. Dem Stimmenverlust der CDU/CSU von 4,8 Prozent im Vergleich zu 1957 stand ein Gewinn der Sozialdemokraten von 4,4 Prozent gegenüber. Er entsprach ziemlich genau dem Stimmengewinn, den die SPD in den vorangegangenen Landtagswahlen erzielt hatte. SPD und FDP hatten eines ihrer Wahlziele, die absolute Mehrheit der CDU/CSU zu verhindern, erreicht. Aber dieses Ziel war nur sehr knapp erreicht worden. Die CDU/CSU hatte zwar verloren, war aber nicht entscheidend geschlagen worden; sie blieb die stärkste Partei.

Günstige innen- wie außenpolitische Voraussetzungen hatten der CDU/CSU 1957 einen maximalen Stimmengewinn beschert, der sich kaum wiederholen konnte. Ein Verlust war also von vornherein einzukalkulieren. Die seit 1959 (Wahl des Bundespräsidenten) und durch die Person Adenauers ausgelöste Nachfolgerkrise, seine durch ihn gesetzten Beispiele eines schlechten politischen Stils einschließlich seiner unglücklichen Wahlkampfführung waren weitere Ursachen eines Wählerverdrusses. Schließlich schlug auch die Losung »Schluß mit der Einparteienherrschaft« gegen die CDU aus. Vor diesem Hintergrund müssen die Verluste der CDU gesehen werden – die CSU blieb stabil –, die sich aber mit knapp 5 Prozent in relativ engen Grenzen hielten und die Stabilität dieser Partei in der Bundesrepublik bewiesen.

Die durch das Statistische Bundesamt vorgenommene repräsentative Bundeswahlstatistik, die in 1125 Wahlbezirken für rd. 800000 Wahlberechtigte Unterlagen auswertete und im November 1964 veröffentlicht wurde, ergab, daß die CDU/CSU ihre Stellung als stärkste Partei den Frauen verdankte. 46,9 Prozent gaben ihre Stimmen den Unionsparteien, die SPD erhielt nur 32,9 Prozent an weiblichen Wählerstimmen. Dagegen war der Stimmenanteil der Männer fast gleich, bei der Union waren es 40,3, bei der SPD 39,7 Prozent. Die Sozialdemokraten erhielten ihren größten Stimmenzuwachs im Vergleich zu 1957 bei der Altersgruppe zwischen 30 und 60, in dieser Gruppe mußte die Union ihren stärksten Stimmenverlust hinnehmen. Der Anteil der CDU/CSU-Stimmen nahm mit der Größe der Gemeinden ab und der Anteil der SPD-Wähler zu. In den evangelischen Gemeinden mußte die CDU ihre führende Rolle an die SPD abtreten, ein beträchtlicher Teil der evangelischen Wähler entschied sich für die FDP. In den Bauerngemeinden dominierte nach wie vor die CDU/CSU. In den Wahlbezirken, in denen 60 bis 80 Prozent der Wahlberechtigten Arbeiter sind, erhielt die SPD von 100 Stimmen der Männer 62 und von 100 Stimmen der Frauen 54, die CDU/CSU aber nur 26 bzw. 34. In Wahlbezirken ohne Arbeiter erhielt die Union fast doppelt soviel Stimmen wie die Sozialdemokraten.

Die SPD, die auf 40 Prozent und mehr Stimmenanteil gehofft hatte, erreichte ihr Hauptziel, stärkste Partei zu werden, nicht. Der Stimmengewinn von 2 Millionen gegenüber 1957 war aber unbestreitbar ein beachtlicher Erfolg. Der Wandel in der Wählermentalität war unverkennbar. Die SPD sah durch diese Wahl, die ihr neue Wählerschichten erschloß, die Richtigkeit des Kurswechsels von Godesberg bestätigt. Unklar blieb, welchen Einfluß die Berliner Vorgänge um den 13. August auf den Stimmengewinn hatten. Fest steht, daß sie nicht die Rolle gespielt haben, die ihnen unmittelbar in den Wochen nach dem Mauerbau zugemessen wurde,

denn dann hätte der Optimismus der Parteiführung, 40 Prozent zu erreichen oder gar zu überschreiten, im Wahlausgang seinen Niederschlag finden müssen. Die Zunahme der Direktmandate der SPD von 42 auf 91 war bemerkenswert.
Den größten Gewinn erzielten die Freien Demokraten, sie gewannen 5,1 Prozent und verstärkten ihre Fraktion von 41 auf 67 Abgeordnete. Dieser ungewöhnliche Erfolg, der durch die nachfolgenden Landtagswahlen keine Fortsetzung fand, hatte verschiedene Ursachen. Im Gegensatz zu 1957 ließ die FDP beim Wähler keinen Zweifel über ihren Koalitionspartner aufkommen. Weiterhin bezog sie eine klare Frontstellung gegen Adenauer. Wähler, die früher der CDU ihre Stimme gaben, dies aber mit Rücksicht auf Adenauer nicht tun wollten, stimmten mehr für die FDP als für die SPD. Von allen Parteien hatte sie auch den sachlichsten Wahlkampf geführt. Ehemalige DP-Wähler, die das Bündnis DP-BHE nicht billigten, gaben ebenfalls ihre Stimmen der FDP.
Hieran erwies sich auch, daß der Erfolg der FDP mit einem Sieg des Liberalismus nicht gleichbedeutend war, vielmehr siegte das nationale Element. Im Stammland des deutschen Liberalismus, in Baden-Württemberg, nahm – und das verdient Beachtung – die FDP nur um 2,2 Prozent zu, während sie dort, wo sie als Rechtspartei auftrat, im Rheinland und in Norddeutschland, Stimmengewinne zwischen 7 und 8 Prozent erreichte. Die FDP war aber trotz ihres Erfolges auch jetzt wieder ohne ein einziges Direktmandat geblieben.
Die GDP erlitt eine schwere Niederlage. Beide Parteien (DP und BHE) hatten noch 1957 getrennt 8 Prozent an Stimmen erhalten, jetzt waren es 2,8 Prozent. Die Heterogenität der Fusion zwischen einheimischen Konservativen und Flüchtlingen war offensichtlich. Die DFU vereinte nur 1,9 Prozent Wähler auf sich. In einzelnen Bundesländern ergab sich dabei eine Übereinstimmung mit der 1953 zuletzt abgegebenen Stimmenzahl für die KPD. Dem Programm der DFU standen zweifellos mehr Menschen als nur die 610 000 Wähler nahe, aber die Errichtung der Mauer hatte doch sehr stark die Wahlchancen dieser Partei beeinträchtigt und ihr Programm der Verständigungsbereitschaft mit der Sowjetunion widerlegt. Der Rechtsradikalismus hatte nichts zu bestellen. Die DRP erreichte nicht einmal ein Prozent. Mit der Konzentration auf nur drei im Bundestag vertretene Parteien war mit dieser Wahl ein vorläufiger Abschluß erreicht.

Die Regierungsbildung

Der CDU/CSU als stärkster Partei fiel wieder die Aufgabe der Regierungsbildung zu. Sie erwies sich als langwierig und schwierig. Sie war es deshalb, weil die CDU/CSU an Adenauer als Kanzler festhielt, die FDP jedoch sich im Wahlkampf klar gegen seine vierte Kanzlerschaft ausgesprochen hatte. Die mögliche Alternative einer Koalitionsregierung zwischen SPD und FDP bot sich nicht als praktikable Lösung an, zumal sie ja bereits vor der Wahl von der FDP ausgeschlossen worden war. Die einleitend zwischen CDU/CSU und SPD geführten Verhandlungen hatten mehr taktischen als realen Wert. Die SPD wäre auch unter einem

Kanzler Adenauer zur Großen Koalition bereit gewesen, wie sie auch eine »Regierung der nationalen Konzentration«, also unter Einschluß der FDP, gefordert hatte.
Ergaben die Koalitionsgespräche zwischen CDU/CSU und FDP bald eine Annäherung in Sachfragen, so schien die Personenfrage zunächst unüberwindlich. Die FDP, die sich auf Erhards Kanzlerkandidatur festgelegt hatte, geriet in der Öffentlichkeit in ein schiefes Licht – Umfall und Wortbruch warf man ihr vor –, als sie nach stürmischen Auseinandersetzungen bereit war, dennoch wieder unter Adenauer zu koalieren unter der Voraussetzung seiner befristeten Kanzlerschaft und eines stärkeren Einflusses auf die Außenpolitik unter möglichster Ablösung des bisherigen Außenministers von Brentano. Sein Brief, mit dem er am 30. Oktober 1961 seinen Rücktritt erklärte, wies ihn als einen Mann von staatsmännischem Format aus, der die Sache über die Person stellte. Die deutsche Öffentlichkeit reagierte auf diese noble Haltung außerordentlich positiv. Der hessische Ministerpräsident Dr. Zinn nannte das würdevolle Rücktrittsgesuch von Brentanos *»ein klassisches Dokument im Nachkriegsdeutschland«* [93].
Es lautete: *»Die ernste außenpolitische Lage verlangt, daß unverzüglich eine handlungsfähige Bundesregierung gebildet wird, die an den Überlegungen unserer Verbündeten teilnehmen und an ihren Entscheidungen mitwirken muß. Das setzt voraus, daß die Grundlinien ihrer Politik vom Deutschen Bundestag gebilligt sind. Die öffentliche Auseinandersetzung um die Person des zukünftigen Außenministers ist in diesem Augenblick unerträglich. Sie ist auch gefährlich und für die Stellung der Bundesrepublik in der Welt schädlich. Denn es geht in Wahrheit um die Sache, nicht um Personen. Hinter der Forderung nach einem Wechsel in der Person, steht in Wahrheit die Forderung nach einem Wechsel der Politik. Ein Kabinettsmitglied, und ganz besonders der Außenminister, bedarf in seiner Tätigkeit des Vertrauens des für die Richtlinien der Politik verantwortlichen Regierungschefs. Er bedarf aber auch des Vertrauens der parlamentarischen Kräfte, die die Regierung tragen. Daß dieses Vertrauen bei dem voraussichtlichen Koalitionspartner zu fehlen scheint, zeigt die ungewöhnliche Forderung, dem Außenminister einen Staatsminister im Kabinettsrang beizugeben. Über die Mitwirkung an der Gestaltung der Außenpolitik durch das Kabinett hinaus, verlangt die Freie Demokratische Partei für sich eine unmittelbare Einwirkung auf die Arbeit des Auswärtigen Amts. Eine solche Konstruktion ist mit der verfassungsrechtlichen Verantwortlichkeit eines Bundesministers unvereinbar. Er trägt die Verantwortung gegenüber dem ganzen Deutschen Bundestag, aber nicht gegenüber einzelnen Fraktionen. In der Öffentlichkeit könnte der falsche Eindruck entstehen, als scheitere die Regierungsbildung an der Forderung des amtierenden Außenministers, auch dem zukünftigen Kabinett anzugehören. Diese irrige Vorstellung muß ausgeräumt werden. Ich habe daher am Samstag, dem 28. Oktober 1961, den Herrn Bundeskanzler schriftlich gebeten, dem Herrn Bundespräsidenten meine alsbaldige Entlassung aus dem Amt vorzuschlagen.«* [94]
So ungewöhnlich und verfassungsrechtlich unerheblich die Verpflichtung zur befristeten Kanzlerschaft Adenauers war, so umstritten war auch der Koalitions-

vertrag zwischen den beiden Parteien, weil er eine Einschränkung der verfassungsmäßigen Rechte des Bundeskanzlers, die Richtlinien der Politik zu bestimmen, und der verfassungsmäßigen Pflicht der Abgeordneten, nur ihrem Gewissen zu folgen, nach Meinung vieler bedeutete. Die Erklärung des FDP-Parteivorsitzenden Mende, unter Adenauer nicht in das Kabinett einzutreten, wurde eingehalten. Aus Protest gegen die Zustimmung der FDP zur erneuten Kanzlerschaft Adenauers traten die beiden stellvertretenden Bundesvorsitzenden und Landesvorsitzenden Kohut (Hessen) und Schneider (Saar) von ihren Ämtern zurück. Der Ernennung des bisherigen Innenminister Schröder zum Außenminister stimmte die FDP zu. Konrad Adenauer wurde am 7. November 1961 zum Kanzler gewählt. Die Ergebnisse der vier bisherigen Kanzlerwahlen zeigen folgendes Bild:

	15.9.49	*9.10.53*	*22.10.57*	*7.11.61*
Stimmberechtigt	*402*	*487*	*497*	*499*
Notwendige Mehrheit	*202*	*244*	*249*	*250*
für Adenauer	*202*	*305*	*274*	*258*
gegen Adenauer	*142*	*148*	*193*	*206*
Enthaltungen	*44*	*14*	*9*	*26*
Ungültig bzw. nicht teilgenommen	*14*	*20*	*21*	*10*
Notwendige Mehrheit überschritten um	*0*	*61*	*25*	*8*

Die Berliner Abgeordneten blieben unberücksichtigt[95].

Am 14. November 1961 wurde das neue Bundeskabinett, aus 20 Ministern bestehend, vereidigt. Elf gehörten der CDU, vier der CSU und fünf der FDP an. Es wies drei Minister (für wirtschaftliche Zusammenarbeit, Volksgesundheit und Sonderaufgaben) mehr auf als das alte.
Ausgeschieden waren die Minister von Brentano, Etzel, Schäffer und Wilhelmi. Neu im Kabinett waren die fünf FDP-Minister Stammberger, Starke, Lenz, Scheel und Mischnik sowie Frau Schwarzhaupt und Krone von der CDU sowie Höcherl von der CSU. Vizekanzler wurde wieder Prof. Dr. Erhard.
Die am 29. November 1961 abgegebene Regierungserklärung enthielt die Fortentwicklung bisheriger Grundlinien der Regierungspolitik, aber auch die Versicherung, man werde alle Bemühungen unternehmen, um in den wichtigsten Lebensfragen zu übereinstimmender Auffassung und zu gemeinsamem Handeln aller Parteien zu gelangen. Die Verlängerung der Wehrpflicht von 12 auf 18 Monate wurde angekündigt und 1962 Gesetz. In der Erwiderung auf die Regierungserklärung ließ die sozialdemokratische Opposition durch die Rede Willy Brandts einen bemerkenswerten Stil erkennen. Er sagte:
»Meine Freunde und ich wünschen der neuen Bundesregierung Erfolg, wo immer es sich darum handelt, Gefahren von unserem Volk abzuwenden und das zu tun, was im Interesse der Freiheit und der Gerechtigkeit notwendig ist. Dies ist nicht

die Regierung, die wir in dieser Zeit für erforderlich halten, aber dies ist die ordnungsgemäß zustandegekommene Regierung der Bundesrepublik. Sie ist auch unsere Regierung, und wir sind selbstverständlich bereit, ihr die Chance zu geben, um die der Bundeskanzler gebeten hat. Meine Freunde werden es dieser, sehr bewußt gegen uns gebildeten Regierung allerdings nicht leichter machen, als sie es verdient. Nicht leichter, als es dem Interesse unseres Volkes, wie wir es sehen, in dieser ernsten Lage entspricht.« [96]

WIRTSCHAFTS- UND SOZIALPOLITIK IN DER BUNDESREPUBLIK

Die Volksaktie

1959 war der Beginn eines neuen konjunkturellen Aufschwunges. Die in der EWG zusammengeschlossenen Länder stellten einen wachsenden Markt dar, der den wirtschaftlichen Auftrieb begünstigte. Der europäische Kontinent war für amerikanisches Kapital und amerikanische Firmen interessant geworden. In den Mitgliedsstaaten der EWG bereiteten sich die Unternehmen durch große Investitionen auf neue Aufgaben und einen schärferen Wettbewerb vor. Die Industrieproduktion wuchs von 1959 auf 1960 um weitere 11, das Sozialprodukt stieg um 10 Prozent. Welche Wachstumserwartungen die deutsche Wirtschaft hegte, zeigte sich in der 1959 einsetzenden Aktienhausse, die Mitte 1960 ihren absoluten Höhepunkt hatte. Das Kursniveau von rd. 300 Prozent (1953 = 100) Ende 1958 stieg bis Ende 1959 auf 500. Die sensationellste Kursbewegung hatte die Daimler-Benz-Aktie: Ende 1956 stand sie noch auf 308, sie eröffnete das Jahr 1959 mit 954, erreichte einen Spitzenwert von 3300 und schloß mit 2650 Prozent. Die Bevorzugung des Aktienmarktes gegenüber den Rentenwerten hatte freilich nicht nur seine Ursache in dem Wachstumsoptimismus der deutschen Wirtschaft, sondern in der Sorge um die Stabilität und damit im Bestreben nach Substanz- und Wertsicherung.

Am 9. Oktober 1959 wurde die erste Volksaktie an den deutschen Börsen amtlich notiert. Es handelte sich um die im Mai zu einem Kurs von 145 Prozent zugeteilten Aktien der teilprivatisierten Preußag (Preußische Bergwerks- und Hütten-AG), die Personen mit einem steuerpflichtigen Einkommen bis 16000 DM (Verheiratete) erwerben konnten. Diese wirtschafts- und sozialpolitische Maßnahme, »breite Schichten der Bevölkerung zum Aktienerwerb anzuregen und neben dem Eigentum an Konsumgütern auch gestreutes Eigentum an Produktionsmitteln entstehen zu lassen«, fand starke Beachtung. Dieser neue Weg zur Eigentumsbildung wurde gangbar durch die Privatisierung wirtschaftlich gesunder staatlicher Unternehmen. Die Volksaktie war kleingestückelt und überstieg nicht den Nominalwert von 100 DM. Damit sollte eine möglichst breite Streuung unter dem vorgesehenen Käuferkreis gesichert werden.

Bedeutender als die Teilprivatisierung der Preußag war die im Jahre 1961 erfolgte Privatisierung des Volkswagenwerkes. 60 Prozent des Grundkapitals der Volkswagenwerk-AG, 360 Millionen DM nominell, wurden wie bei der Preußagaktie einem begrenzten Personenkreis (Jahreseinkommen bis zu 8000 DM für Ledige bzw. 16000 DM für Verheiratete) zu einem Kurs von 350 Prozent und einem Sozialrabatt von 25 Prozent angeboten. Keiner der Interessenten beider Volksaktien konnte die ursprünglich vorgesehene Zahl von fünf Aktien kaufen, weil das Kaufangebot weit überzeichnet wurde und die Kaufanträge bei der Preußag nur

bis zu vier, beim Volkswagenwerk nur bis zu zwei oder drei Aktien befriedigt werden konnten. Am 7. April 1961 wurde die Volkswagenaktie zum ersten Male im Freiverkehr an den deutschen Börsen notiert. Ihr erster Kurs lag bei 750 und stieg zeitweilig, stürmisch gefragt, bis 1100 Prozent. Die Aktie fiel, der allgemeinen Börsentendenz folgend, bis zum August 1961 auf unter 800 Prozent zurück. Die Volksaktionäre lernten also sehr bald: eine Volksaktie birgt in ihrem Kurs, in ihrer Substanz, wie jede andere Aktie, ein Risiko. Unleugbar galt das Interesse eines Teiles der Ersterwerber der Volkswagenaktie weniger einer guten Dividendenpolitik der Gesellschaft, als vielmehr der Spekulation. Es mußte auch fraglich bleiben, ob ein Eigentumsbewußtsein bei einem Nominalwert von 200 bis 300 DM entstehen konnte. Wenn auch das spekulative Moment beim Ersterwerb eine Rolle gespielt hat, wenn auch ein Teil der Hausfrauen und Pensionäre beim Aktienkauf für Interessenten tätig wurde, deren Jahreseinkommen eine Zeichnungsberechtigung ausschloß, so mußte der Schritt der Bundesregierung doch im wesentlichen als geglückt angesehen werden, eine neue Form der Eigentumsstreuung gefunden zu haben. Dafür sprechen die nachfolgend wiedergegebene Streuung der Volksaktien und die Tatsache, daß ein relativ hoher Prozentsatz der Ersterwerber auch noch heute im Besitz der Aktien ist. Die große Zahl der Volksaktionäre bringt durch ihre unmittelbare Beteiligung am Wirtschaftsleben, unter Einschluß des damit verbundenen Risikos, Wirtschaft und Gesellschaft und den damit zusammenhängenden Fragen ein größeres Interesse entgegen, was in diesen Kreisen vor der Einführung der Volksaktien nicht oder nur begrenzt vorhanden war.
Bis 1960 besaßen 835 000 Personen überhaupt Aktien. Darunter befanden sich 216 119 Preußagaktionäre. Die Aufteilung ergab folgendes Bild: Angestellte 62 844, Hausfrauen 56 304, freie Berufe 27 274, Pensionäre 22 139, Beamte 17 752, selbständige Gewerbetreibende 16 397, Arbeiter 11 025 und Belegschaftsangehörige 2384. Nach der Privatisierung des Volkswagenwerkes erhöhte sich die Zahl der Aktionäre auf etwa 2 Millionen[97].

Eigentumsbildung und Lohnfortzahlung

Andere Formen der Eigentumsbildung mit dem Ziel breiter Streuung, stellten das »Sparprämiengesetz« (1. Mai 1959) und das »Gesetz zur Förderung der Vermögensbildung der Arbeitnehmer« dar. Das erstere gewährte für Unverheiratete eine Prämie von 20 und für Verheiratete eine bis zu 30 Prozent für Sparbeträge zwischen 50 und 1600 DM jährlich, wenn sie für fünf Jahre verzinslich festgelegt werden. Der Ersterwerb von Aktien, Obligationen und Investmentzertifikaten wurde dabei erlaubt. Das zweite Gesetz, 1961 verabschiedet, bestimmte, daß die Arbeitgeber den Arbeitnehmern jährlich zusätzliche Aufwendungen bis 312 DM zukommen lassen können. Sie werden steuerrechtlich begünstigt und von den Sozialabgaben befreit, wenn sie vermögenswirksam angelegt werden. Die Festlegung der Zuwendungen auf fünf Jahre in Form von Sparleistungen verschiedenster Art – darunter auch der Erwerb von Aktien des arbeitgebenden Unterneh-

mens – wurde zur Bedingung gemacht. Arbeitnehmer des öffentlichen Dienstes waren darin nicht eingeschlossen. Das Verlangen der SPD, diese Zuwendungen nicht nur betriebsintern zu vereinbaren, sondern durch Tarifverträge festlegen zu lassen, wurde nicht erfüllt. Die CDU glaubte zum Zeitpunkt der Verabschiedung, die betriebliche Regelung vorziehen zu sollen und damit die Partnerschaft zwischen Arbeitgeber und Arbeitnehmer in den einzelnen Betrieben verstärken zu können. Die FDP hielt die Vermögensbildung nur aus eigener Sparleistung, nicht aber durch Zuwendungen, für sinnvoll und lehnte das Gesetz ab.
Die Sozialpolitik der Bundesrepublik wurde durch das Gesetz zur Verbesserung der wirtschaftlichen Sicherung der Arbeiter im Krankheitsfall (Lohnfortzahlungsgesetz), das am 1. August 1961 in Kraft trat, mitgeprägt. Es ging von der Grundüberlegung aus, daß ärztliche Versorgung für alle ausreichend zu sein habe und ein unterschiedlicher Krankheitsschutz vermieden bzw. beseitigt werden müsse. Mit diesem Gesetz wurden Arbeiter und Angestellte im Falle der Krankheit praktisch gleichgestellt. Der Arbeiter erhält wie der Angestellte in den ersten sechs Wochen seiner Erkrankung den vollen Nettolohn, was einem Lohnausgleich von 100 Prozent entspricht. Den größten Teil davon trägt die Pflichtkasse durch das Krankengeld, während der Arbeitgeber den Differenzbetrag bis zur Höhe des sonst gezahlten Nettolohnes übernimmt. Bisher wurden 90 Prozent des Nettolohnes weitergezahlt. Unbezahlte Karenztage fallen jetzt weg, und Krankengeld und Krankenhauspflege werden von bisher 26 auf nunmehr 78 Wochen ausgedehnt (bei gleicher Krankheit innerhalb von drei Jahren). Das Gespenst der Aussteuerung hat seinen Schrecken verloren. Nach der Frist von 78 Wochen geht die Versorgung auf die Sozialversicherung über. Das Gesetz wurde mit den Stimmen der CDU/CSU und SPD angenommen.

Der Interzonenhandel

Die Bundesregierung kündigte am 30. September 1960 das Interzonenhandelsabkommen zum 31. Dezember. Dieser gegen und in Abwesenheit von Bundeswirtschaftsminister Erhard erfolgte Schritt war die Antwort auf zahlreiche Schikanen der SED-Regierung in und gegen Berlin. Die Regierung der DDR hatte u. a. angeordnet, daß Reisende aus der Bundesrepublik für den Besuch Ostberlins eine Aufenthaltsgenehmigung benötigen.
Die Verhandlungen über ein neues Abkommen führten am 29. Dezember 1960 zu einer Verlängerung des Handelsabkommens zwischen der Bundesrepublik und der DDR über den 1. Januar 1961 hinaus. Die Regierung der DDR sagte inoffiziell Verkehrserleichterungen zwischen den Berliner Sektoren zu. Der Warenverkehr zwischen der Bundesrepublik und Westberlin sollte in Zukunft reibungslos verlaufen, die Autobahnbrücke bei Hof wiederhergestellt werden. Vor allem aber erhob sie keinen Widerspruch gegen eine von der Bundesregierung eingeführte Widerrufsklausel im neu aufgelebten Vertrag, der es ermöglichen soll, bereits erteilte Warenbegleitscheine außer Kraft zu setzen, wenn der Verkehr zwischen der Bundesrepublik und der DDR erschwert wird. Auch wurde der Wunsch der Bundes-

regierung respektiert, die Wasserstraßengebühr, die westdeutsche und westberliner Binnenschiffe für die Benutzung der mitteldeutschen Wasserstraßen zu entrichten hatten, aufzuheben. Das alles war ein Beweis für den großen wirtschaftlichen Wert des Handelsabkommens für die DDR.

Die Kündigung des Abkommens beschwor zwar die Gefahr eines vertragslosen Zustandes herauf, der die Interessen Berlins sehr fühlbar geschädigt hätte, blieb aber nicht, wie dargelegt, ohne Wirkung. Der wirtschaftliche Nutzen des Interzonenhandels fiel für die Bundesrepublik kaum ins Gewicht, vielmehr bestand seine primäre Bedeutung im politischen Wert für Berlin. Das wirtschaftliche Interesse der DDR an der Aufrechterhaltung des Abkommens dagegen war und ist groß. Sie ist am Interzonenhandel im Gegensatz zur Bundesrepublik ungleich stärker beteiligt, gemessen am Volumen des Außenhandels.

Überhaupt demonstrierte der Interzonenhandel, wie stark die Unterschiede und Gegensätze zwischen der BRD und der DDR auch auf wirtschaftlichem Gebiet waren. Die Verhandlungen über neue wirtschaftliche Vereinbarungen benutzte die Regierung in Pankow stets dazu, ihre staatliche Anerkennung zu erstreben. Sie wünschte Regierungsbeauftragte auf beiden Seiten als eine Art de-facto-Anerkennung, während die Bundesregierung nur technische Beauftragte entsandte und zu Verhandlungen bevollmächtigte. Der große Unterschied der beiden Wirtschaftssysteme und Währungen hat zu der Hilfskonstruktion »Verrechnungseinheit« geführt, bei der West- und Ost-Mark einander gleichgesetzt werden. Der DM-Ost als Währung – ohne jede internationale Geltung – steht die DM-West gegenüber, eine harte Währung von internationalem Ansehen. Sie ist frei konvertierbar. Die Regierung der DDR bestand aus Prestige darauf, daß ihre Währung nicht nach dem tatsächlichen Wert, der 1960 zwischen 4 und 5 Ostmark für eine Westmark lag, berechnet wurde. Die Bundesregierung dagegen konnte wegen des starken Wertgefälles den von der Regierung der DDR eingeführten Zwangskurs Ostmark = Westmark nicht anerkennen. So kam es zu den erwähnten »Verrechnungseinheiten«. Umfaßte der Interzonenhandel 1952 noch 225 Millionen Verrechnungseinheiten, so waren es im Jahre 1960 2 Milliarden. Größere handelspolitische neben der politischen Bedeutung hat das Abkommen für Westberlin, das insbesondere Kohle, Fleisch und Zucker aus der DDR bezieht.

Der Grüne Plan

Von der Gründung der Bundesrepublik im Jahre 1949 bis zum 5. September 1955, der Verkündung des Landwirtschaftsgesetzes, fehlte es an einer klaren Vorstellung von den in der deutschen Landwirtschaft anzustrebenden Zielen. Die Struktur der westdeutschen Landwirtschaft mit ihren zu vielen Menschen, unwirtschaftlichen Arbeitsgeräten, unzweckmäßigen Betriebsgrößen und nicht zusammenhängenden Äckern war zu schwach, um gegenüber der ausländischen Konkurrenz bestehen zu können. Sie erzeugte viel billigere Produkte als die deutsche Landwirtschaft. Die Hilfe des Staates war vielfältig, blieb aber ohne erkennbare Linie und dauerhaften

Erfolg. Der Anteil der Landwirtschaft an dem seit 1948 ständig wachsenden Volkseinkommen blieb zurück.

Das Landwirtschaftsgesetz beendete diese richtungslose Phase, setzte für das Ziel der internationalen Wettbewerbsfähigkeit der westdeutschen Landwirtschaft einen längeren Zeitraum und verpflichtete die Bundesregierung, alljährlich den Bundestag über die Lage der Landwirtschaft und die ergriffenen Maßnahmen zu unterrichten (Grüner Bericht), außerdem aber die Maßnahmen vorzuschlagen, die zum Ausgleich von Ertrag und Aufwand sowie zur Angleichung der Lage der Landwirtschaft an die vergleichbaren Wirtschaftsgruppen erforderlich sind (Grüner Plan). Diese neue Landwirtschaftspolitik der Regierung war nicht unumstritten. In den Augen der Kritik zielten die Förderungsmaßnahmen zu wenig auf eine Strukturänderung und zu sehr auf Erhaltung des Bestehenden.

Das Ziel konnte also nicht mehr länger in der Aufrechterhaltung von Schutzmaßnahmen und eines hohen Zollwalles, sondern mußte in einer Leistungssteigerung liegen. Der Übergang freilich vollzog und mußte sich planvoll und langsam vollziehen, denn eine plötzliche und gänzliche Freigabe landwirtschaftlicher Einfuhren

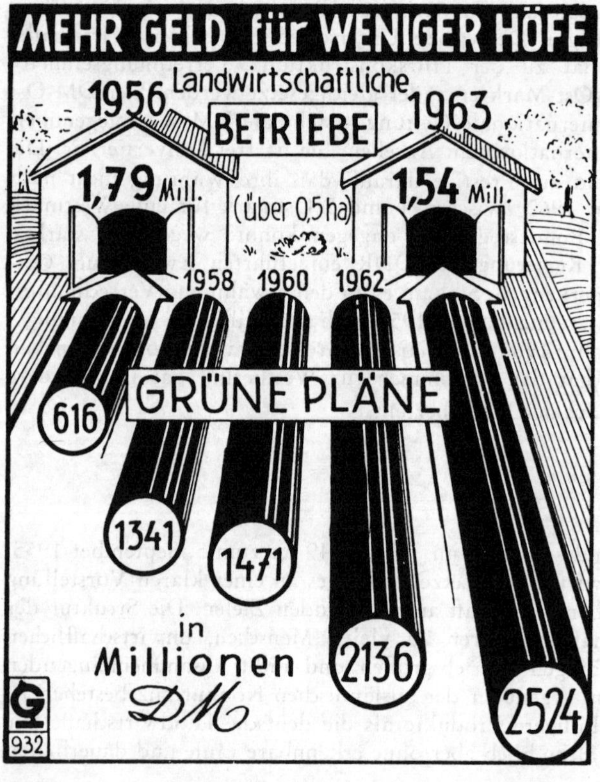

hätte zum Ruin von Millionen von Bauern geführt. Die agrarpolitischen Ziele, die seit 1956 mit den einzelnen Grünen Plänen verfolgt wurden und die Milliardenbeträge erforderten, sahen folgende Maßnahmen zur Verbesserung der wirtschaftlichen und sozialen Lage der Landwirtschaft vor:

Verbesserung der Agrarstruktur:

46 Prozent der landwirtschaftlichen Nutzfläche Westdeutschlands bedürfen der Flurbereinigung, d. h. der Felderzusammenlegung der einzelnen Höfe. Zu kleine Höfe müssen auf existenzfähige Betriebsgrößen aufgestockt werden. Bis 1960 wurde ein Sechstel der gesamten landwirtschaftlichen Nutzfläche bereinigt.

Steigerung der Erträge und Einnahmen:

Hierunter fallen die Motorisierung und Mechanisierung der Landwirtschaft. Gemeinschaftseinrichtungen, wie bäuerliche Maschinengemeinschaften oder -genossenschaften, Silos, Lagerhäuser, Kühlanlagen, brachten die klein- und mittelbäuerlichen Betriebe in den Genuß vielfältiger technischer Vorteile. Waren 1952 kaum Mähdrescher vorhanden, wurde 1960 schon ein Drittel der gesamten Getreidefläche mit solchen abgeerntet. Die Zahl der Traktoren versechsfachte sich in einem Jahrzehnt. 1959 gab es in einem Drittel aller Kuhställe Melkmaschinen. Die Einnahmen verbesserten sich durch eine Prämie für abgelieferte Qualitätsmilch von 3 Pfennig pro Liter. 1956 bis 1961 wurden an Milchförderungsbeträgen (für Kühl- und Melkeinrichtungen sowie die Sanierung von Tierbeständen) 1,7 Milliarden DM und als Ausgleichsbetrag für Eier 233 Millionen DM gezahlt; der Umsatzsteuerfortfall für Milcherzeugnisse zugunsten der Erzeuger betrug im gleichen Zeitraum 630 Millionen DM.

Verminderung der Betriebsausgaben:

Die Düngemittelverbilligung um durchschnittlich 20 Prozent forderte von 1956 bis 1961 1,5 Milliarden DM Bundeszuschüsse, die Verbilligung des Dieselkraftstoffes um 23,1 Pfennig je Liter kostete den Staat 973 Millionen DM. Der Fortfall der Umsatzsteuer auf der Erzeugerstufe belastete die Grünen Pläne mit 1,2 Milliarden DM.

Verbesserung der Lebensbedingungen:

Hierunter fallen der Bau von Landarbeitersiedlungen und Eigenheimen, um eine sozial befriedigende Lösung des Arbeitskräfteproblems zu erreichen. Die Zahl der Erwerbstätigen in der Landwirtschaft verringerte sich ständig. 1960 ging die Zahl der Erwerbstätigen wieder um 5,6 Prozent und damit auf 3,6 Millionen (1954 noch 4,3 Millionen) gegenüber einem Beschäftigtenstand in der Gesamtwirtschaft von rd. 25 Millionen zurück.

Im Rahmen der Grünen Pläne von 1956 bis 1961 wurden für einnahmesteigernde und kostensenkende Maßnahmen insgesamt 7,6 Milliarden DM bereitgestellt. Seit Verkündung des Landwirtschaftsgesetzes wurden der westdeutschen Landwirtschaft weitere 12,3 Milliarden DM in Form von Zuschüssen, Krediten und Steuererleichterungen – landwirtschaftliche Betriebe waren praktisch von direkten Steuern befreit – bewilligt[98].

Das Zurückbleiben der landwirtschaftlichen Betriebe gegenüber den übrigen Berufsgruppen wurde im Grünen Bericht 1960 vor allem über den »Vergleichslohn«

gemessen. Im Bundesdurchschnitt wurde 1958/59 in der Landwirtschaft ein Lohn von 3538 DM je Kopf erzielt, gegenüber 4656 DM in vergleichbaren anderen Berufen. Somit lag der landwirtschaftliche Lohn um 24 Prozent tiefer. Demnach ist gegenüber den vorhergegangenen Jahren ab 1954/55 eine bedeutende Verbesserung eingetreten, betrug doch der Lohnabstand 1954/55 noch 35 Prozent. Die Sofortmaßnahmen der Grünen Pläne zeigten ihre Wirkung.

Das Bild der westdeutschen Landwirtschaft änderte sich grundlegend. Die Arbeitsproduktivität in der Landwirtschaft stieg sogar stärker als in der Industrie. Es gelang nicht nur, das Produktionsergebnis je Arbeitskraft, sondern das je Flächeneinheit, die Milchleistung je Kuh, die Fleischleistung je Schwein oder Rind, wesentlich zu steigern. Die deutsche Landwirtschaft erwies sich auf Grund ihrer seit 1956 vollzogenen Strukturveränderung als ein großes Reservoir an Abeitskräften für die Industrie, deren Wachstum ohne dieses Reservoir landwirtschaftlicher Arbeitskräfte und ohne das der Sowjetzonenflüchtlinge sich nicht in dem Tempo, wie es geschah, hätte vollziehen können.

Die Zahl der Erwerbstätigen in der Landwirtschaft nahm um ein Drittel, die der landwirtschaftlichen Arbeiter um zwei Drittel ab. 1960 wurde bereits ein Drittel der westdeutschen landwirtschaftlichen Betriebe als international konkurrenzfähig angesehen. 1961 erzeugten 3,5 Millionen Menschen drei Viertel der Nahrungsmittel, die 56 Millionen Westdeutsche benötigten. Ein nicht zu übersehender Beweis der Produktivitätssteigerung, wenn auch in den USA – allerdings unter günstigeren Voraussetzungen – nur 7 Millionen Landwirte ein Volk von 180 Millionen ernährten.

Die Landwirtschaft in der Bundesrepublik 1950–1962

Jahr	Zahl der landwirtschaftl. Erwerbspersonen in 1000	Anteil der landwirtschaftl. Erwerbspers. a. d. Gesamtzahl d. Beschäftigten	Zahl d. unselbständig Beschäftigten i. d. Landwirtschaft in 1000	Zahl der Traktoren in 1000	Index der Arbeitsproduktivität * 1950 = 100
1950	5113	23,2	1141	138	100
1952	4695	22,0	885	245	118
1953	4535	20,8	830	300	129
1954	4400	19,6	785	371	136
1955	4285	18,4	740	461	142
1956	4175	17,5	705	543	149
1957	4100	16,8	685	614	157
1958	3980	16,2	630	696	170
1959	3820	15,4	595	774	176
1960	3615	14,3	545	799	203
1961	3540	13,8	495	895	202
1962	3465	13,3	465	968	212

* *Pflanzliche und tierische Produktion (in Getreideeinheiten), bezogen auf die landwirtschaftliche Erwerbsperson*[99].

Die Gründung der EWG im Jahre 1957 schuf zu Beginn der sechziger Jahre rascher als erwartet für die deutsche Landwirtschaft neue und schärfere Konkurrenzverhältnisse auf dem europäischen Markt. Das Schutzbedürfnis vor neuer Bedrohung wuchs wieder. Die unterschiedlichen nationalen landwirtschaftlichen Marktordnungen werden durch eine gemeinsame Marktordnung abgelöst. In diesem Prozeß erwies und erweist sich die notwendige Annäherung der Agrarpreise als besonders schwierig und politisch umstritten.

Die Lohnpolitik

Die dynamische Entwicklung der Wirtschaft – gekennzeichnet durch ein stetig wachsendes Sozialprodukt, Vollbeschäftigung und steigende Prosperität – hatte auf die Lohnbewegung entsprechenden Einfluß. Eine aktive Lohnpolitik der Gewerkschaften setzte vor allem seit 1955 ein. Solange es noch Arbeitslosigkeit gegeben, solange noch die Phase des Wiederaufbaus das westdeutsche Wirtschaftsleben bestimmt hatte, konnten die Gewerkschaften ihre Forderungen nur begrenzt

durchsetzen. Sie zeigten auch von selbst vielfach Zurückhaltung. Im November 1948 war der Lohnstopp gefallen, und seitdem konnten die Löhne ohne staatliche Zwangsschlichtung, die es in der Weimarer Republik gegeben hatte, zwischen den Tarifpartnern wieder frei ausgehandelt werden. Bis zum Erreichen der praktischen Vollbeschäftigung im Jahre 1955 wurde dem Arbeitsmarkt relative Ruhe geschenkt. Die innenpolitische Entwicklung blieb frei von wirtschaftlichen Spannungen, die sich in Streiks hätten entladen können. Die Bevölkerung war zu harter Arbeit bereit, die dem Wiederaufbau und damit der Schaffung und Sicherung der Arbeitsplätze galt. Der höhere Lebensstandard wurde natürlich erstrebt, aber er war in den Jahren unmittelbar nach der Währungsreform nicht das primäre Ziel. Die Produktivitätsentwicklung ließ die Reallöhne Jahr für Jahr steigen, die Preise blieben bis 1955 relativ stabil, die Mieten auf einem niedrigen Niveau gebunden.
Mit Beginn der Vollbeschäftigung wandelte sich der Arbeitsmarkt. Es wurden teilweise sehr harte Lohnkämpfe ausgetragen. Die anhaltende Hochkonjunktur erlaubte den Unternehmern seit 1959, die Lohnerhöhungen weitgehend auf die Preise abzuwälzen. Die Gewerkschaften setzten somit fühlbare Verbesserungen der Löhne ohne nennenswerte Streiks durch. Das vorstehende Schaubild verdeutlicht das.
Die gewerkschaftliche Lohnpolitik war nicht nur auf die Erhöhung der Nominallöhne, sondern auch auf eine indirekte Lohnerhöhung durch Arbeitszeitverkürzung bei vollem Lohnausgleich gerichtet. Sie war darin im wesentlichen erfolgreich. Außerdem führte der Arbeitskräftemangel zu übertariflicher Bezahlung durch die Unternehmer, um gute Arbeitskräfte halten oder abwerben zu können. Das Pro-Kopf-Einkommen aller unselbständig Beschäftigten stieg von 212 DM netto im Jahre 1950 auf 465 DM netto 1961. Die Relation beim Brutto-Einkommen, einschließlich Lohnsteuer und Arbeitnehmer- und Arbeitgeberbeiträge zur Sozialversicherung, hieß 243 DM zu 558 DM. Das war mehr als eine Verdoppelung des Nominaleinkommens. Das Realeinkommen betrug etwa 25 % weniger wegen der zwischen 1959 und 1961 um den gleichen Prozentsatz eingetretenen Preissteigerungen.
Die nachfolgende Tabelle veranschaulicht die Lohnbewegung nach Nominal- und Reallohn und die eingetretene Arbeitszeitverkürzung im Zeitraum von 1950–1962:

Jahr	*Bruttowochenverdienste der Industriearbeiter nominal*	*real*	*Geleistete Arbeitszeit der Industriearbeiter im Jahr*	*Jahr*	*Bruttowochenverdienste der Industriearbeiter nominal*	*real*	*Geleistete Arbeitszeit der Industriearbeiter im Jahr*
1951	*114*	*106*	*–*	*1957*	*163*	*141*	*92,7*
1950	*100*	*100*	*100*	*1958*	*171*	*145*	*90,9*
1952	*123*	*112*	*–*	*1959*	*180*	*152*	*90,2*
1953	*129*	*119*	*–*	*1960*	*197*	*163*	*90,2*
1954	*134*	*124*	*99,8*	*1961*	*217*	*176*	*88,4*
1955	*143*	*130*	*99,8*	*1962*	*239*	*187*	*86,3*
1956	*155*	*137*	*97,7*				

Anmerkung: 1950 = 100 bis 1960 ohne Saarland und Berlin, ab 1960 ohne Berlin[100].

Die Mark wird aufgewertet

Am 6. März 1961 wurde die Deutsche Mark gegenüber den ausländischen Währungen um 4,76 Prozent aufgewertet. Bestand bisher eine Parität von 4,20 DM zu einem Dollar, so betrug sie jetzt 4 DM. Die Bundesregierung entschloß sich zu diesem Schritt, um die Hochkonjunktur, die zu steigenden Preisen geführt hatte, zu dämpfen, zumal das Instrumentarium der Notenbank nicht ausgereicht hatte, die Preiserhöhungen und die damit einhergehende Kaufkraftminderung wirksam zu bremsen. Die USA hatten schon seit langem und sehr deutlich den Wunsch nach einer Aufwertung der DM geäußert. Geschähe das nicht, so würden die deutschen Exporte wegen ihrer Billigkeit die Konkurrenz anderer Industrieländer immer mehr behindern. Die deutschen Exportüberschüsse führten zu einem außergewöhnlich hohen Gold- und Devisenzufluß— genährt aus den Währungsreserven unserer Partnerländer –, pumpten zugleich zusätzliches Geld in den Geldumlauf und heizten so Konjunktur und Preise an. Diese Überschüsse führten zu starker Kritik im Ausland. Mit der Aufwertung wurde eine Verbilligung der Importe und eine Verteuerung der Exporte erzielt. Der deutsche Konkurrenzdruck auf dem Weltmarkt ließ nach. Die Industrie hatte ihren Auf- und Ausbau in der Nachkriegsepoche im wesentlichen auf Kosten der Konsumenten vollzogen. Mit der Aufwertung, die die Industrie zu schärferer Kalkulation zwang, konnte diese Linie nicht mehr im bisherigen Umfang fortgesetzt werden. Der Finanzierungsspielraum der Unternehmen wurde eingeengt. Die deutsche Exportindustrie trug die Hauptlast der Aufwertung.

Aber nicht nur die Industrie, sondern auch Gewerkschaften und SPD wandten sich gegen eine Aufwertung. Die geringeren Erträge der Industrie, so argumentierten sie, würden die Bereitwilligkeit der Unternehmen, höhere Löhne zu zahlen, einschränken. Auch wurde befürchtet, daß die Preisvorteile der nunmehr billigeren Importe aus dem Ausland nicht in vollem Umfang den Konsumenten erreichen würden.

Das Ausland, das die Aufwertung gefordert hatte, begrüßte sie zwar, kritisierte aber ihre Höhe. Es hatte mit zehn oder mehr Prozent gerechnet. Die Aufwertung wurde nicht unmittelbar wirksam. Erst nach und nach, auch nicht unbeeinflußt von der nachfolgenden Berlin-Krise, verminderte sich das Interesse an wirtschaftlichen Engagements in der Bundesrepublik. Überhaupt zeigte sich, daß der deutsche Export keine katastrophalen Einbußen erlitt. Auch blieb eine Überschwemmung des deutschen Marktes mit ausländischen Gütern aus.

DIE ENTWICKLUNG IN DER DDR

Hammer und Zirkel

Die Volkskammer der DDR beschloß am 1. Oktober 1959 die Gesetze über den Siebenjahresplan 1959 bis 1965 und die Änderung der Staatsflagge.

Es ist bereits an anderer Stelle dargelegt worden, daß die von Ulbricht auf dem V. Parteitag im Juli 1958 verkündete »ökonomische Hauptaufgabe«, bis 1961 den Pro-Kopf-Verbrauch an Lebensmitteln und Konsumgütern der mitteldeutschen Bevölkerung dem der Bevölkerung Westdeutschlands anzugleichen, scheiterte. Die Gründe wurden genannt. Der Siebenjahresplan, zu dessen wichtigstem Ziel die »ökonomische Hauptaufgabe« ja gehörte, litt von Anfang an unter dem Mangel wissenschaftlicher Grundlagen sowie an der Illusion über die eigene Wirtschaftskraft und über das Ausmaß sowjetischer Hilfe. Im November 1962 wurde er abgebrochen und durch das »Neue ökonomische System der Planung und Leitung der Volkswirtschaft« ersetzt. Dieses »Neue ökonomische System« – worauf noch einzugehen sein wird – ist im strengen Sinne allerdings kein adäquater Ersatz für den ersten Siebenjahresplan, sondern eine neue Methode der Wirtschaftsführung.

Die Flagge der DDR bestand bisher wie die der Bundesrepublik aus den Farben Schwarz-Rot-Gold. Die Farben wurden beibehalten, aber nunmehr trägt die Flagge auf beiden Seiten in der Mitte das Staatswappen mit Hammer und Zirkel. In den unterschiedlichen Flaggen fand jetzt die offizielle These von der Zweistaatlichkeit ihren sichtbaren Ausdruck. In einer vom Präsidenten des Bundestages am 6. Oktober 1959 verlesenen Protesterklärung namens aller Fraktionen hieß es:

»Nun beleidigen sie das deutsche Volk mit der Verfälschung seiner Fahne. Durch die von ihnen eingeführten neuen Symbole bringen sie zum Ausdruck, daß es nach ihrem Willen zwei deutsche Staaten geben soll. Das deutsche Volk jedoch wird nicht aufhören, sich dem zu widersetzen. Auf dem Deutschen Reichstag in Berlin wird vom 7. Oktober 1959 an die unverfälschte Fahne Deutschlands wehen.« [101]

Die Zwangskollektivierung der Landwirtschaft

Ende 1959 wurde noch mehr als die Hälfte der landwirtschaftlichen Nutzfläche in der DDR durch private Bauern bewirtschaftet. Sie mußten zwar mit verstärktem Druck zum Eintritt in die LPG (Landwirtschaftliche Produktionsgenossenschaft) rechnen, weil sie der proklamierten Sozialisierung, die im Zuge des Siebenjahresplans bis Ende 1965 vollendet sein sollte, im Wege standen. Im Staatsapparat herrschte aber offensichtlich die Auffassung vor, die Vollkollektivierung in diesem Zeitraum zu erreichen. Am 2. Februar 1960 fand in Moskau eine Agrarkonferenz der osteuropäischen Staaten statt. Sie war notwendig geworden durch die schwie-

rige Lage der Landwirtschaft, verschärft durch die ungewöhnliche Dürre des Sommers 1959 und durch die dadurch hervorgerufene Massenabschlachtung des Viehs. Die Staatsreserven an Butter waren aufgezehrt, die an anderen Grundnahrungsmitteln gefährdet. Die DDR und andere östliche Länder wandten sich um Hilfe an die UdSSR. Sie gewährte sie im Rahmen ihrer Möglichkeiten, forderte aber zugleich, durch eigene Anstrengungen in Zukunft diese Engpässe zu vermeiden. Die Moskauer Konferenz, an der neben den anderen Ostblockführern auch Ulbricht teilnahm, faßte – das steht eindeutig fest – nicht den Beschluß der Vollkollektivierung der einzelnen Landwirtschaften. Sah Gomulka keine Veranlassung zur Änderung seiner Landwirtschaftspolitik und zu einem verstärkten Druck auf die polnischen privaten Bauern, die 85 Prozent der Nutzfläche bewirtschafteten, stoppte Kadar in Ungarn die Kollektivierung zunächst ab, so folgte Ulbricht diesen Spuren nicht. Er warf das Steuer radikal herum. Nicht die Stützung der leistungsfähigen Einzelbauern, was eine volkswirtschaftlich einsichtsvolle und auch politisch ungefährliche Lösung dargestellt hätte, sondern die Übernahme der gesamten Landwirtschaft durch den Staat hieß sein Entschluß. Er war ganz entschieden beeinflußt durch ein Prestigedenken, das im Gegensatz zu der von der Harichgruppe und der von Oelssner und Vieweg 1956/57 vertretenen liberaleren Landwirtschaftspolitik auf der konsequenten Agrarkollektivierung bestehen mußte.
Unter stärkstem psychischem Terror wurde die zwangsweise Totalkollektivierung zuerst in Mecklenburg durchgeführt. In knapp drei Monaten war die Aktion beendet (April 1960). Die nachfolgende Tabelle macht deutlich, daß innerhalb weniger Monate der Anteil des selbständigen Bauern von 51,8 auf 7,6 Prozent sank oder, mit anderen Worten, »ebensoviele Einzelbauern der Kollektivierung zum Opfer fielen wie in der gesamten vorausgegangenen Zeit seit 1952«.

Verteilung der landwirtschaftlichen Nutzfläche in der DDR nach Eigentumsformen, in v.H.

Jahr	Zusammen	Volkseigene Güter	Sonstige volkseigene Betriebe	Landwirtschaftl. Produktionsgenossensch.	Übrige Betriebe *
1950	*5,7*	*2,7*	*3,0*	–	*94,3*
1955	*27,3*	*4,4*	*4,4*	*18,6*	*72,7*
1956	*30,4*	*4,4*	*3,4*	*22,6*	*69,6*
1957	*32,7*	*4,6*	*4,0*	*24,2*	*67,3*
1958	*37,8*	*5,8*	*2,6*	*29,4*	*62,2*
1959	*48,2*	*6,0*	*1,9*	*40,2*	*51,8*
1960	*92,4*	*6,3*	*1,8*	*84,2*	*7,6*
1961	*92,7*	*6,3*	*1,7*	*84,7*	*7,3*
1962	*93,3*	*6,4*	*1,5*	*85,4*	*6,7*

** Private und seit 1956 auch kirchliche Betriebe*[102].

Die angewandten Methoden waren rigoros. Parteimitglieder der SED, Staatsfunktionäre und Mitarbeiter der Nationalen Front bildeten die Agitatoren. Die Dörfer wurden, wenn notwendig, von Volkspolizei umstellt. Der Versuch der Bauern, durch Verlassen ihrer Höfe sich der Kampagne zu entziehen, mußte daher scheitern. Ihr Beitritt erfolgte vielfach erst nach wochenlangem Widerstand und nach entsprechenden Drohungen. Auch Verhaftungen kamen vor.
Ein unverfälschtes Bild über die Methoden der Zwangskollektivierung ergibt die Aussage des geflüchteten Bauern Edwin Baumgart:
»Ich bin Wolhyniendeutscher. 1939 mußte ich meine Heimat verlassen und wurde im Warthegau angesiedelt. Ich übernahm dort einen Hof, den ich 1945 aufgeben mußte.
Ich kam dann in die SBZ, wurde zuerst Gleisbauer und sparte mir etwas zusammen, um wieder einen Hof erwerben zu können. Das war mir 1955 geglückt. Ich kaufte mir am 16. März 1955 eine 20 Hektar große Wirtschaft.
Nur fünf Jahre konnte ich auf dieser arbeiten. Genau auf den Tag, am 16. März 1960, sollte ich diese der LPG zur Verfügung stellen. Sieben Werber waren auf unser Dorf angesetzt. Sie kamen immer gemeinsam und sprachen immer zusammen die noch sieben selbständigen Bauern des Dorfes an, die fest entschlossen waren, nicht der LPG beizutreten. Die Werber kamen Tag für Tag und bearbeiteten uns stundenlang, bis wir müde und mürbe wurden und unterschrieben.
Die Frauen baten ihre Männer weinend, doch endlich die Unterschrift zu leisten, damit sie wieder Ruhe hätten. Den Bauern war angedroht worden, daß die Werberzahl verdoppelt, daß Lautsprecher vor dem Haus auffahren, der elektrische Strom abgestellt und der Schornstein zugemauert würde. Da dies in dem benachbarten Dorf Stölln, Kreis Rathenow, beim Bauern Götz geschehen war, wußten wir, daß diese Drohung im Weigerungsfall auch bei uns wahrgemacht würde.
Wir unterschrieben deswegen.
Am 1. April 1960 sollte der Hof der LPG übergeben werden. Vorher habe ich noch alles, was irgend ging, beiseite geschafft. Dann setzte ich mich nach Westberlin ab.« [103]
Drei Typen von Produktionsgenossenschaften – abhängig davon, ob nur Ackerland, aller Boden oder auch die Viehwirtschaft kollektiviert sind – gibt es. Typ I und II sind Übergangsformen zu Typ III. In den ersteren, einer Gemeinschaft von Bauernwirtschaften, wird nur der Ackerbau gemeinsam betrieben, während im »Großbetrieb« des Typs III alle landwirtschaftlichen Produktionsformen unter voller Verschmelzung des Eigentums zu finden sind.
Bundestag und Bundesregierung protestierten einhellig gegen dieses totalitäre Vorgehen und klagten es in einer Sitzung des Deutschen Bundestages vom 6. April 1960 vor der Welt an. In der Erklärung hieß es u. a.: *»Totalitäre Machthaber haben es schwer, wenn auf ihren Gebieten Menschen wohnen, die leben können, ohne auf ihr Wohlwollen und ihre Gnade angewiesen zu sein; Menschen, deren Lebensumstände ihnen erlauben, auch ›nein‹ zu sagen, wo es um die Dinge geht, die allein das Leben lebenswert machen. Darum suchen sie, diesen Menschen die Grundlagen ihrer Unabhängigkeit zu entziehen. Sie haben dafür eine Menge von*

Techniken erfunden, und sie wenden diese der Reihe nach an, denn sie halten es für unklug, den Zaun, der die Freiheit der Bürger schützt, mit einem einzigen Tritt niederzulegen.
Nun sind die Bauern das Ziel. Solange ein Mensch auf einer Scholle sitzt, der mit Sachverstand, Fleiß und der Kraft seiner Arme den Boden bebaut, braucht er sich nicht auf die Gunst der Träger der Macht angewiesen zu fühlen. Zwar können diese ihn plagen; sie können ihm Abgaben auferlegen, die er nur unter schwersten Mühen leisten kann, aber im Letzten bleibt er doch in den wesentlichen Bereichen seiner Lebensordnung ein unabhängiger Mann.
Solche Leute will man drüben nicht mehr haben. Man will, daß im Lande nichts anderes mehr sei als abhängige ›Arbeitskräfte‹ und ihre Antreiber. Darum hat man sich jetzt ans Bauernlegen gemacht – wie dies einst vor Jahrhunderten und dann noch einmal vor Jahrzehnten in Zeiten von Krisen die damaligen Machthaber taten. Damit wird nicht nur wirtschaftlicher Schaden angerichtet: es werden seelische Kräfte vernichtet, ohne die ein Volk nicht richtig in Verfassung ist . . .
Das hat mit gerechter und sinnvoller Bodenreform nichts zu tun. Das ist schiere Vernichtung, Vernichtung, aus der neues Leben nicht sprießen kann. Denn, die hier ihre Höfe verlieren, bringen kein freiwilliges Opfer für das Gemeinwohl, sondern werden schlicht erpreßt. Das Böseste daran aber ist, daß man so tut, als freuten sie sich über die neue Ordnung. Zur Gewalt fügt man die Lüge, und man will das Volk zwingen, diese Lüge für die Wahrheit zu halten . . .« [104]
1961 traten ernste, durch die Zwangskollektivierung hervorgerufene Versorgungsschwierigkeiten, durch die Ungunst der Witterung verschärft, auf. Der bereits erwähnte Rückgang des Viehbestandes infolge Futtermangels führte zu Milchmangel; Kundenlisten für Butter wurden eingeführt. Ein aus humanitären Gründen erfolgtes Lebensmittelangebot der Bundesregierung an die DDR wurde abgelehnt. Der gegen die private Landwirtschaft gerichtete Terror und Druck dehnte sich anfänglich auch auf den von der Kollektivierung bisher verschonten Rest der Einzelhandelsbetriebe aus. Doch bewog dann die durch die Bauernkollektivierung ausgelöste wirtschaftliche und politische Krise die SED zu größerer Zurückhaltung. Das politische Ziel, die Eigentumsverhältnisse auch bei den Privatbetrieben in Einzelhandel und Handwerk entscheidend im Sinne einer Vollsozialisierung zu ändern, wurde bisher nicht erreicht. Betriebszahl und Anteil des privaten Handwerks und Handels am Bruttosozialprodukt gehen relativ langsam zurück. Das private Handwerk erbrachte 1962 immerhin noch rund 70 Prozent aller Handwerksleistungen. Die volkseigene Wirtschaft mit ihrem ausgesprochenen Mangel an Reparatur- und Dienstleistungskapazität erlaubte es der SED vorerst nicht, auf das private Handwerk zu verzichten.
Gefühl und Erfahrung der überwiegenden Mehrheit der Bevölkerung, das Regime sei und bleibe seinem innersten Wesen nach terroristisch, ließ den Flüchtlingsstrom ungewöhnlich ansteigen. Binnen 16 Monaten, von Ostern 1960 bis August 1961, flohen allein rund 440 000 Personen. Dieser Verlust an menschlicher Arbeitskraft bedrohte die eigene Volkswirtschaft in ihrer Substanz. Durch die Zwangskollektivierung der Landwirtschaft fielen schlagartig mehr als 150 000 Bauern aus, die

aus Marktproduzenten zu Konsumenten wurden, und rd. 80 000 Bauersfrauen, die nur noch auf dem privaten halben Hektar und im Stall tätig waren.

Die Machtkonzentration in der Person Ulbrichts

Am 7. September 1960 starb der Präsident der DDR, Wilhelm Pieck, im Alter von 84 Jahren. Sein Tod war die formale Voraussetzung zu einer auf die Person Ulbrichts abgestellten ungewöhnlichen Machtkonzentration. Schon am 10. Februar 1960 hatte die Volkskammer ein Gesetz über die Bildung des »Nationalen Verteidigungsrates« verabschiedet, dessen Vorsitzender Ulbricht wurde. Das »Gesetz über die Bildung des Staatsrates der DDR« vom 12. September 1960 schaffte das Amt des Staatspräsidenten ab und ersetzte es durch den »Staatsrat der Republik«. Die Volkskammer wählt ihn auf vier Jahre. Er besteht aus dem Vorsitzenden, sechs Stellvertretern, 16 Mitgliedern und einem Sekretär.

Der Staatsrat als oberstes Regierungsorgan

»schreibt die Wahlen zur Volkskammer aus und beruft die erste Tagung der Volkskammer nach der Neuwahl ein;
kann eine allgemeine Volksbefragung vornehmen;
ratifiziert und kündigt internationale Verträge;
ernennt die bevollmächtigten Vertreter der DDR in anderen Staaten und beruft sie ab;
nimmt Beglaubigungs- und Abberufungsschreiben der bei ihm akkreditierten diplomatischen Vertretungen anderer Staaten entgegen;
gibt allgemeinverbindliche Auslegungen der Gesetze;
erläßt Beschlüsse mit Gesetzeskraft;
faßt grundsätzliche Beschlüsse zu Fragen der Verteidigung und Sicherheit des Landes;
bestätigt grundsätzliche Anordnungen des Nationalen Verteidigungsrates der DDR;
beruft die Mitglieder des Nationalen Verteidigungsrates;
legt die militärischen Dienstgrade, diplomatischen Ränge und andere spezielle Titel fest;
verleiht Orden und andere hohe Auszeichnungen und Ehrentitel;
übt das Begnadigungsrecht aus.« [105]

Die personelle Zusammensetzung des Staatsrates — 1960 u. a. ein Meister im VEB-Wohnungsbau, ein LPG-Vorsitzender und eine Genossenschaftsbäuerin – erlaubt keine Überschätzung seiner politischen Bedeutung. Bedeutend allein ist das Amt des Vorsitzenden, das Walter Ulbricht zufiel, auf den es ausschließlich zugeschnitten war. Er schuf sich damit eine – diesmal sogar verfassungsrechtlich gesicherte – außerordentliche Machtfülle. Der Staatsratsvorsitzende, von niemandem kontrolliert, wirkt gleichzeitig als oberster Gesetzgeber, als oberste Instanz der Exekutive, als praktisch einzige Instanz der Verfassungsgerichtsbarkeit und als oberstes Organ der Rechtsprechung.

Die Möglichkeit, nunmehr als Staatsoberhaupt zu wirken, befriedigte seinen mit zunehmendem Alter immer stärker werdenden Wunsch, als Landesvater des »ersten Arbeiter- und Bauernstaates« geehrt zu werden. Dieser Wunsch war allerdings einseitig. Die alleinige Quelle des Respektes war seine Macht.

Das »Gesetzbuch der Arbeit«

Von tiefgreifender Wirkung war das »Gesetzbuch der Arbeit der DDR« (AGB), das, von der Volkskammer am 12. April verabschiedet, am 1. Juli 1961 in Kraft trat. Das AGB stellt in seinem Inhalt eine Zusammenfassung bereits bestehender arbeitsrechtlicher Bestimmungen sowie neuer arbeits- und sozialrechtlicher Ziele dar. Es sprengt unsere Vorstellungen vom Arbeitsrecht und greift tief in die private Sphäre des arbeitenden Menschen ein. Einerseits zementiert es die Verplanung und die Schlechterstellung des arbeitenden Menschen in der DDR gegenüber der Entwicklung in den vergangenen Jahren und gegenüber den Berufstätigen in der Bundesrepublik, andererseits soll dieses Gesetz nach dem Willen der SED seine politische Ausformung als »Vorbild« für ein kommunistisches Gesamtdeutschland erhalten. Die Diskussion über den Entwurf zum AGB hatte über 23 000 Abänderungsanträge der Arbeiterschaft zum Ergebnis. Nur ein Minimum wurde teilweise berücksichtigt. Die Abänderungsanträge, die im wesentlichen auf stärkere Mitbestimmung, längeren Urlaub, Arbeitszeitverkürzung, freien Hausarbeitstag für berufstätige Frauen u. a. m. zielten, wurden verworfen.

Das noch in der Verfassung verankerte »Recht auf Arbeit« wandelte sich praktisch zum Arbeitszwang, obschon es auch in der DDR möglich ist, daß jemand über längere Zeit dem Arbeitsprozeß fernbleibt. Das gilt insbesondere für die 30 Prozent aller arbeitsfähigen Frauen, die nicht berufstätig sind. Die Bestimmungen über den Abschluß und die Auflösung von Arbeitsverträgen schränken die freie Arbeitsplatzwahl weitgehend ein und erlauben die zwangsweise Verpflichtung in andere Betriebe und an andere Orte. Das Kündigungsrecht und damit die eigene Verfügungsgewalt des Arbeitnehmers über seine Arbeitskraft sind in der Praxis illusorisch geworden. Parallelen zum nationalsozialistischen Arbeitsrecht sind unverkennbar. Das fehlende Streikrecht macht das besonders deutlich. Der staatliche Arbeitgeber wurde sowohl unter Hitler wie unter Ulbricht mit dem Interesse der Arbeiterschaft gleichgesetzt. Fand das Streikrecht noch in der Verfassung der DDR wenigstens seine formale Erwähnung, so wurde es im AGB nicht mehr erwähnt mit der Begründung, daß die Arbeiter ja nicht gegen sich selbst streiken könnten, nachdem die Betriebe »Volkseigene Betriebe« seien. Der Freie Deutsche Gewerkschaftsbund (FDGB) vertrat und vertritt nicht die Interessen der Arbeitnehmer, sondern war längst der Willensvollstrecker der politischen Führung geworden. Die Satzung des FDGB sagt es eindeutig: *»Die Gewerkschaften anerkennen die führende Rolle der Sozialistischen Einheitspartei Deutschlands.«*

Von grundlegender Bedeutung waren die durch das AGB geschaffenen und von der

Staatsgewerkschaft weitgehend beherrschten Konfliktkommissionen. Die arbeitsrechtlichen Bestimmungen des Bürgerlichen Gesetzbuches waren aufgehoben, der ordentliche Rechtsweg konnte bei arbeitsrechtlichen Streitigkeiten nicht mehr beschritten werden, lediglich Bezirksarbeitsgerichte gelten noch als zweite Instanz. In den Konfliktkommissionen wurden die Arbeitsstreitigkeiten ideologisch entschieden. In den Paragraphen 143 und 144 AGB heißt es:

»Sie (die Konfliktkommissionen) dienen der gegenseitigen Erziehung der Werktätigen im Sinne der Gebote der sozialistischen Moral und zur bewußten Erhaltung des sozialistischen Rechts ... Die Konfliktkommissionen untersuchen und entscheiden bei Verstößen gegen die Gebote der sozialistischen Moral, insbesondere der sozialistischen Arbeitsmoral ...«

Verstöße gegen die »sozialistische Arbeitsdisziplin«, die auf einer behaupteten »grundsätzlichen Übereinstimmung der Interessen der Gesellschaft und des einzelnen« beruht, kamen einem Verstoß gegen die Staatsdisziplin und -räson gleich und wurden entsprechend arbeits- oder strafrechtlich geahndet. Im Zusammenhang damit steht die materielle Verantwortlichkeit der Arbeitnehmer. Für mißlungene Arbeitsstücke kann der Arbeiter schadensersatzpflichtig gemacht werden.

Das AGB ließ alle Forderungen auf Einführung der 45-Stunden-Woche wie der Fünftagewoche unberücksichtigt, der Urlaub blieb weiterhin auf 12 Tage begrenzt. Nur Jugendliche erhalten 18 bzw. 21 Tage. Jede Möglichkeit einer praktischen Mitbestimmung oder Mitwirkung der Arbeitnehmer wurde ausgeschlossen, die Leitung des Betriebes nach dem Prinzip der Einzelleitung gesetzlich durch das AGB verankert. Der Betriebsleiter ist auch *»für die Erziehung der Jugend nach den Grundsätzen der sozialistischen Moral mitverantwortlich ...«* (§ 117 Abs. 1 AGB).

Ein Auszug aus der Präambel des AGB, das in vielen seiner Bestimmungen und in seinem Geist einer Provokation des arbeitenden Menschen gleichkommt, unterstreicht die Bedeutung, die die Machthaber der DDR ihm unter gesamtdeutschen Zukunftsperspektiven zuerkennen.

»Die geschichtliche Aufgabe des ersten deutschen Arbeiter- und Bauernstaates ... besteht darin, die Überlegenheit des Sozialismus vor dem ganzen deutschen Volk zu beweisen ... Die Erringung der Überlegenheit des Sozialismus wird die Arbeiterklasse beider deutscher Staaten befähigen, ihre historische Aufgabe zu lösen ...«

Vor und nach dem 13. August 1961

Ende 1960/Anfang 1961 hatte sich die Parteiführung zu taktischen Zugeständnissen gegenüber einigen Bevölkerungsgruppen bereit gefunden (Ärzte, Zahnärzte, Lehrer, Intelligenz, Jugend). Sie gingen zurück auf die programmatische Antrittsrede Ulbrichts als Staatsratsvorsitzender vom Oktober 1960, in der er kritisiert hatte, daß *»noch zu sehr kommandiert, abgewiesen, andern über den Mund gefahren«* werde. Auch beschloß der Staatsrat einen Strafnachlaß für »mehr als 12000

Personen«. Dieser neue Stil, eines seiner Ziele war die Eindämmung der Fluchtbewegung, wurde bereits ab Sommer 1961 durch eine radikale Kursverschärfung abgelöst. Die Ursachen?

Die scharfe Sozialisierungspolitik mit der Folge einer ständigen Abwanderung unersetzbarer Arbeits- und Fachkräfte schuf ein ernstes Dilemma in der Wirtschafts- und Versorgungslage der DDR. Die Unzufriedenheit der Bevölkerung über die schlechte Lebensmittelversorgung – auf die übereilte Kollektivierung der Landwirtschaft zurückgeführt – wuchs. Seit Herbst 1960 mehrten sich die Versuche, aus den Produktionsgenossenschaften auszutreten. Das von der Bundesregierung gekündigte Interzonenhandelsabkommen, das die DDR-Unterhändler wegen der Abhängigkeit des Westberliner Verkehrs vom Interzonenhandel an sich in einer starken Position sah, führte zu einer weiteren Schwächung und Desorganisation der Wirtschaft. Der Versuch, kurzfristig eine weitgehende Unabhängigkeit von westdeutschen Lieferungen zu erreichen, die sogenannte »Störfreimachung«, wirkte sich empfindlich auf Verbraucherversorgung, Export und Investitionen aus. Die »Störfreimachung« war ein Schlag in's Gesicht wirtschaftlicher Vernunft und wurde von den führenden Wirtschaftlern und den Chefs der sozialistischen Konzerne auch offen kritisiert.

Ulbrichts 1961 mit Nachdruck erhobene Forderung nach Abschluß eines, wenn erforderlich separaten, Friedensvertrages löste in dieser mit Unmut, Unzufriedenheit und starkem Vertrauensschwund erfüllten Atmosphäre einen Schock aus. Die Flüchtlingszahlen stiegen sprunghaft an. Die Spannung zwischen politischer Herrschaft und Bevölkerung war groß und wuchs ständig. Methoden des Zwanges und der Abschreckung waren die Antwort von Partei und Regierung. Eine Verurteilungswelle wegen »versuchter Republikflucht« setzte ein. Die in Westberlin arbeitenden rd. 50 000 Grenzgänger wurden unter Druck gesetzt, um sie zur Arbeit in der DDR zu veranlassen. Diffamierungen und Verhaftungen erfolgten. Die Krise war offensichtlich geworden. Ihre Lösung war die Mauer.

Die Errichtung der Mauer selbst und die Monate danach waren von einer Terrorwelle begleitet, die jede wirksame Opposition erstickte. Der Gesinnungsterror nahm ungewöhnliche Ausmaße an. Wenn Leid oder Empörung den Mund der Unterdrückten öffneten, drohten und erfolgten öffentliche Anprangerung, Mißhandlungen, Verhaftungen und Verurteilungen. In den ersten sechs Wochen nach dem 13. August wurden 392 Personen zu insgesamt 1016 Jahren Freiheitsstrafe verurteilt, 4 mußten ihre Opposition mit lebenslangem Zuchthaus büßen. Machtrausch, Anmaßung und das Faustrecht der Mächtigen, der Partei- und Staatsfunktionäre, herrschten. Es genügte ihnen nicht, wenn die Bürger Mitteldeutschlands zum Mauerbau schwiegen, sondern sie wurden gedemütigt, erpreßt und zu Zustimmungserklärungen und Ergebenheitsadressen im Rahmen von Betriebs- und Einwohnerversammlungen gezwungen. Eine Provinzzeitung berichtete in jenen Tagen zynisch über einen Arbeiter, der sich standhaft geweigert hatte, den Mauerbau als »Friedenstat« anzuerkennen: *»Wir haben Z. dann das Maul poliert, mit dem er feindliche Argumente weiterverbreitete. Mit Überzeugung kamen wir bei ihm nicht weiter.«*

Am 24. August 1961 erließ der Ministerrat die »Verordnung über Aufenthaltsbeschränkung«. Die Gerichte konnten nunmehr politisch mißliebige Bürger aus ihrem Lebenskreis »ausweisen«, an einen bestimmten Ort »verbannen« und sogar zu »Zwangsarbeit« verurteilen.

Sprache, Praktiken und Perfektion dieses Terrors waren nur mit den Zuständen vergleichbar, die 1953, nach Niederschlagung des Juni-Aufstandes, herrschten. Es war ein Rückfall in den Stalinismus eingetreten, obwohl Stalin bereits acht Jahre tot war.

IV
1962 - 1963

DIE ENTWICKLUNG IN DER DDR

Mit dem Kommunismus leben

Es mag in den Jahren 1957 bis Anfang 1960 Ansätze zu einer Versachlichung des Verhältnisses zwischen politischer Führung und Bevölkerung gegeben haben. Sie fielen in eine Phase der Konsolidierung und – ermöglicht durch den Wegfall der drückenden Reparationen ab 1954 – einer langsamen, aber sichtbaren wirtschaftlichen Erstarkung. Das Wachstum der industriellen Produktion und damit des Sozialprodukts hob den Lebensstandard der Bevölkerung. Die Fluchtbewegung hörte nicht auf, aber sie ließ nach. Erste Anzeichen einer Anpassung, deren Wurzel nicht die Überzeugung, sondern die Resignation war, wurden sichtbar. Die im vorangegangenen Kapitel geschilderten Ereignisse der Jahre 1960 und 1961 hatten jedoch diese Ansätze wieder zerstört.

Aber der Bau der Mauer schuf die Voraussetzung zu einer neuen Entwicklung. Der schlimmste Terror verebbte allmählich in den darauffolgenden Monaten bis Jahresende, es zeichnete sich ein Wandel ab. Der XXII. Parteitag der KPdSU, im Oktober 1961, mit seiner in der Öffentlichkeit erfolgten massiven Verurteilung der Verbrechen Stalins und der daraus resultierenden verstärkten Entstalinisierung hatte zunächst nur rein äußerliche Konsequenzen. Sie bestanden in einer Umbenennung von Straßen und Plätzen sowie in der Beseitigung von Denkmälern des toten Diktators. Aber doch bald führte der gemäßigte Kurs Chruschtschows auch bei dem anpassungsfähigen und elastischen Ulbricht, »dessen Kommunismus stets ein Spiegelbild der Politik Moskaus gewesen war«, zu ersten Konsequenzen, zu einer ersten Auflockerung. So fanden sich im Neujahrsinterview zum 1. Januar 1962, das Ulbricht dem Parteiorgan »Neues Deutschland« gewährte, neben dem Eingeständnis einer schlechten Wirtschaftslage die Worte: *»Geduld und Verständnis bringen wir den Bürgern entgegen, die ehrlich arbeiten, auch wenn sie nicht alle komplizierten Fragen ... unseres sozialistischen Aufbaues und unseres nationalen Kampfes verstehen. Sie betrachten wir als Freunde, als zu unserer großen Familie gehörig, auch wenn wir mit ihnen hier und da streiten müssen.«*

Die so Angesprochenen empfanden sich sicherlich nicht als Freunde des SED-Regimes, aber es waren jetzt Menschen, die sich vom Kommunismus zwar nicht überzeugen ließen, sich aber mit ihm arrangieren mußten. Denn nach dem 13. August 1961 gab es keine reale Alternative mehr für sie. Man hatte Vorbehalte, aber man mußte sich mit der politischen Realität abfinden. Man mochte ideell noch in der Opposition stehen, materiell war man interessiert, zeigte eine gute Arbeitsmoral und strebte – ein natürliches menschliches Bedürfnis – nach Anerkennung seiner Leistung. Man schimpfte, aber – und dieser Unterschied hat Gewicht – im Gegensatz zu früheren Jahren jetzt auf »unsere Republik«, »unsere Regierung«, man sagte »bei uns in der HO«. Diese Menschen entsprachen durchaus nicht dem Bild des »sozialistischen, des neuen Menschen«, wie er propagiert und gefordert wurde. Aber diese ihre materiellen Interessen, die Verbesserung ihres Lebensstandards, die Befriedigung eines wachsenden Konsumdranges sind nun einmal unlösbar an das politische System gebunden. Es widerspricht der menschlichen Natur, dauernd in einer Konfliktsituation leben zu müssen. Das gilt auch in politischer Hinsicht. Das Leben unter dem Nationalsozialismus bewies es. Dieser Prozeß der Einsicht, sein Leben unter den herrschenden Bedingungen der DDR wohl oder übel einrichten zu müssen, dieser Prozeß einer Bewußtseinsumbildung vollzieht sich nicht von heute auf morgen, aber er vollzieht sich. Seine entscheidende Phase setzte erst nach dem Berliner Mauerbau ein, weil mit ihm die Alternative Flucht aufgehört hatte zu bestehen. Darin lag für die DDR-Machthaber – abgesehen von dem unmittelbaren Vorteil, das Arbeitskraftpotential erstmals in der Geschichte der DDR als feste Größe einsetzen zu können – der größte Nutzen.

Mit dem Mauerbau sowie dem Ende 1960 praktisch abgeschlossenen Prozeß der »Vergesellschaftung« der Produktionsmittel und damit der Beseitigung der privaten Unternehmen und Betriebe – mit Ausnahme des Handwerks – entfiel für Ulbricht aber auch die Möglichkeit, politische und wirtschaftliche Krisen und Schwierigkeiten, wie in der Vergangenheit geschehen, mit der offenen Grenze oder »kapitalistischen Überresten in der DDR« zu entschuldigen.

Der ernste Rückschlag in Wirtschaft und Versorgung der DDR 1961/62, die durch den Charkower Professor Libermann im Herbst 1962 in der UdSSR und in der DDR ausgelöste Diskussion um wirtschaftliche Reformpläne, die Mitte November 1962 durch das ZK der KPdSU gefaßten Beschlüsse, die der Umorganisation und Reform der Wirtschaftsverwaltung und des Planungsrates galten, zwangen auch die politische Führung in Pankow zu Überlegungen, wie das seit 1946 als sakrosankt angesehene Wirtschaftssystem leistungsfähiger gemacht werden konnte. Daß die mit tiefgreifenden Reformen verbundene Lösung wirtschaftlicher Probleme zur Hauptaufgabe, zum Kernstück der Parteiarbeit und der »stillen Entstalinisierung« erhoben wurde, hatte vornehmlich zwei Gründe:

1. *Durch eine modernisierte Wirtschaft, die mehr erzeugt und bessere Waren produziert als bisher, erhöht sich der Lebensstandard der Bevölkerung. Damit, so rechnet Ulbricht, wird eine wichtige Voraussetzung für die Aussöhnung der Bevölkerung mit dem Regime geschaffen; die Menschen sind mehr als bisher zur Unterstützung des Systems und zur Mitarbeit bereit – ein Umstand, der u. a. den Status der DDR innerhalb und außerhalb des Ostblocks beeinflussen würde.*
2. *Die Entwicklung seit Stalins Tod scheint bewiesen zu haben, daß Experimente und Veränderungen in der Wirtschaft für den Bestand der kommunistischen Herrschaft relativ ungefährlich sind, während ähnliche Experimente, ein Lockerlassen der Zügel etwa in der Kulturpolitik oder in der Ideologie, zu Gärungen führen können, die für die Partei gefährlich sind ...*[106]

Für die Richtigkeit beider Motive sprach vieles. Der Widerstand bürgerlicher Schichten, in den ersten Nachkriegsjahren beachtlich, spielte 1962 schon lange keine

Rolle mehr. In der ersten großen Krise des Jahres 1953 ruhte er ausschließlich auf den Schultern der Arbeiterschaft. Die zweite Krise im Jahre 1956 sah primär, unterstützt von Parteikadern, die Intelligenz als Opposition. Sie allein erwies sich als stabil, erklärbar durch den in jeder Gesellschaftsordnung existierenden Gegensatz von Geist und Macht. Das Ausmaß an geistiger Freiheit, das die Intellektuellen als Grundvoraussetzung jeder schöpferischen Tätigkeit fordern, konnte und wollte Ulbricht nicht zugestehen. Bis zum heutigen Tage nicht! Die Landbevölkerung, das einzige noch stark konservative Grundelement der Gesellschaft der DDR und Hauptträger eines vielfach bewundernswerten Widerstandes in der dritten Krise 1960/61, konnte zwar nicht den Untergang des selbständigen Bauerntums verhindern, erzwang aber doch durch ihre Haltung schon 1962 erhebliche Konzessionen. Sie führten, in Verbindung mit vernünftigen Maßnahmen in der Landwirtschaftspolitik – z. B. wurden im Dorf ansässige, erfahrene Altbauern durchweg mit der Leitung der Landwirtschaftsbrigaden betraut – 1963 zu einer unverkennbaren Beruhigung.
Diktaturen lassen sich, eine nicht zuletzt in Deutschland gemachte Erfahrung, für breite Bevölkerungskreise dann besser ertragen, wenn der Lebensstandard ausreichend ist. Das ist er, gemessen an westdeutschen Maßstäben, in der DDR sicherlich nicht. Aber die Lebensverhältnisse haben sich spürbar verbessert – besonders in Familien mit mehreren erwerbstätigen Mitgliedern. Chronische Mangelerscheinungen an Grundnahrungsmitteln traten nicht mehr auf, während die Anpassung der Konsumgüterproduktion an die gestiegenen Konsumgüterbedürfnisse hinsichtlich Qualität und Auswahl noch immer ungenügend war. Nach wie vor hat die Grundstoffindustrie Vorrang.

Rückstand in der Industrieentwicklung seit 1936
Rückstand der DDR gegenüber der westdeutschen Entwicklung
(in v.H. des westdeutschen Nettoproduktions-Niveaus)

	Effektives Industrieniveau 1958	Effektives Industrieniveau 1962	Pro-Kopf-bezogen* 1958	Pro-Kopf-bezogen* 1962
Grundstoffe einschl. Bergbau	–17,6	–27,6	+ 1,9	– 3,9
Investitionsgüter	–32,4	–32,2	–16,1	–10,2
Verbrauchsgüter	–40,7	–44,9	–26,8	–27,1
Nahrungs- und Genußmittel	–45,2	–48,8	–31,7	–32,2
Bau	–57,9	–62,6	–48,0	–50,5
Industrie insges. einschl. Bau	–36,2	–39,9	–20,7	–20,2
ohne Bau	–33,5	–37,3	–17,7	–17,0

* Die unterschiedliche Bevölkerungsveränderung seit 1936 kommt hier zum Ausdruck [107]

Die Einsicht der politischen Führung, daß die mitteldeutsche Bevölkerung nicht in der Zukunft, sondern in der Gegenwart annehmbar leben möchte und die Tatsache, daß der größte Teil dieser Menschen nicht mehr – oder nicht mehr vorherrschend – am inneren Widerstand gegen das Regime orientiert war, trafen sich mit der gebieterischen Notwendigkeit zu Wirtschaftsreformen. Das war zur Neige des Jahres 1962.

Der VI. Parteitag der SED und das »Neue ökonomische System«

Dieser Parteitag, der vom 15. bis 21. Januar 1963 in Ostberlin stattfand, bestätigte und festigte die absolute Herrschaft Ulbrichts. Seine Machtstellung wurde durch ihm treu ergebene Anhänger, die die Mehrheit im Politbüro bildeten, gestützt und gesichert. Sie alle, wie Stoph, Honecker, Matern u. a., hatten die entscheidenden Machtpositionen inne. Fünf Kandidaten des Politbüros schieden aus der SED-Führung aus, darunter der relativ aufgeschlossene und undogmatische Parteisekretär des Bezirks Magdeburg, Alois Pisnik, der Kulturfunktionär Alfred Kurella und Karl Mewis. Letzterer, zusammen mit Ulbricht Exponent der landwirtschaftlichen Zwangskollektivierung und schon vor dem Parteitag als Vorsitzender der Staatlichen Plankommission als Nachfolger des befähigten Leuschner abgesetzt und aus dem Ministerrat ausgeschieden, wich Dr. Erich Apel. Dieser Wechsel war symptomatisch. Mit Dr. Apel, dem ZK-Sekretär Dr. Günter Mittag und dem Diplomwirtschaftler Herbert Jarowinski traten erstmals neben die im Politbüro dominierenden Funktionäre, die nur ihre Parteilaufbahn in das Zentrum der Macht geführt hatte, die Spezialisten, die wirtschaftlichen Fachkräfte. Das war in der Führungsspitze die personelle Konsequenz der großen Kehrtwendung in der SED-Wirtschaftspolitik, die auf dem VI. Parteitag verkündet wurde.
Die Funktionsschwächen des Wirtschaftssystems der DDR wie das aller nach den Grundsätzen der sowjetischen Zentralverwaltungswirtschaft arbeitenden Länder waren immer offenkundiger geworden. Die industrielle Zuwachsrate war von 12,4 Prozent im Jahre 1959 auf 6,2 im Jahre 1961 gefallen. Diese Zentralverwaltungswirtschaft war und ist zum Teil noch immer durch drei Grundelemente gekennzeichnet:

1. Die zentrale Planung und Lenkung der Wirtschaft, die an die Stelle des »Marktautomatismus« und der Orientierung an auf dem Markt gebildeten Preisen tritt.
2. Die generelle Beseitigung des Individualeigentums an Produktionsmitteln, damit also auch jeder individuellen unternehmerischen Tätigkeit und Initiative. Das Wirtschaften selbständiger Kleinbauern oder von Alleinmeistern im Handwerk wird nur als Randerscheinung geduldet.
3. Das Streben nach Maximierung des Wirtschaftswachstums als wichtigstes Ziel zentraler Planung –, und zwar unter einseitiger Ausrichtung dieser Wachstumspolitik auf die Schwerindustrie, d. h. die Grundstoff-, Produktionsmittel- und Rüstungsindustrie [108].

Worin äußerte sich nun im wesentlichen die Wirtschaftsreform, zu deren Vollstrecker sich Ulbricht gemacht hatte? Das »gedankenlose Administrieren« wurde angeklagt und die Forderung nach Dezentralisation bei der Planaufstellung und vor allem bei der Planverwirklichung erhoben. Nach der ökonomischen Rationalität wurde gefragt, größere Zuständigkeiten und Rechte der VVB (Vereinigung volkseigener Betriebe = eine Art kommunistischer Konzerne mit Generaldirektoren an der Spitze) und der VEB (volkseigene Betriebe) wurden verlangt. Die Erkenntnis begann sich durchzusetzen, daß der finanzielle Betriebserfolg, daß Wettbewerb, Gewinn, Rentabilität, der »ökonomisch richtige« Preis, nicht aber die totale staatliche Preisregulierung Grundvoraussetzungen des »Neuen ökonomischen Systems« sein müssen. Dazu gehörte auch die Entschlossenheit, das Mittel der »materiellen Interessiertheit« (Leistungslohn, Prämien, Selbstkostensenkung) viel stärker als bisher anzuwenden.

In seiner Rede vor dem Parteitag am 15. Januar 1963, die die bemerkenswerten Eingeständnisse einer durchschnittlich um 25 Prozent geringeren Arbeitsproduktivität in der DDR gegenüber der Bundesrepublik und eines zu niedrigen »Nutzeffektes der Investitionen« enthielt, sagte Ulbricht:

»... Somit verschwindet auch jegliche Grundlage für die bisher übliche kleinliche Bevormundung der VVB und der volkseigenen Betriebe. Wenn wir hier die Verantwortung und die materielle Interessiertheit richtig festlegen, so werden auch alle konkreten Einzelfragen an Ort und Stelle sachgemäß vorbereitet und einwandfrei gelöst werden. Jede Einmischung anderer Stellen kann dann nur störend wirken... Unsere Argumentation richtet sich gegen das dogmatische Verharren auf Positionen der Wirtschaftspolitik, die heute offensichtlich überholt sind.

Heute gilt der Grundsatz des höchsten ökonomischen Nutzeffektes... Bei der Aufstellung und Erfüllung unserer Pläne können wir uns nicht mehr mit einem globalen quantitativen Wachstum des Produktionsumfanges zufrieden geben. Es genügt nicht mehr, einfach von der ›Steigerung der Produktion‹ oder der ›Erfüllung der Pläne‹ zu sprechen, sondern es ist notwendig, die qualitativen Kennziffern zugrunde zu legen: neben der Eigenleistung des Betriebes und der Einhaltung des Sortiments vor allem die Rentabilität, die Qualität, die Steigerung der Arbeitsproduktivität und die Senkung der Selbstkosten sowie die Aufgaben des Planes Neue Technik...

In der Diskussion wurde vielfach gefordert, dem Gewinn im System der sozialistischen Wirtschaftsführung und bei der materiellen Interessiertheit eine größere Bedeutung beizumessen, als dies bisher der Fall war. Das ist richtig. Der Gewinn ist mehr als eine buchhalterische Rechengröße. Im Gewinn spiegelt sich in bedeutendem Maße wider, wie der Betrieb seinen Aufwand an vergegenständlichter Arbeit senkt, wie er seine Erzeugnisse verkauft und der Volkswirtschaft bedarfsgerecht in hoher Qualität zur Verfügung stellt, und welchen Beitrag er für die Erhöhung des Akkumulationsfonds leistet. Wir haben deshalb allen Anlaß, den Gewinn in das Blickfeld aller Arbeiter und Ingenieure, aber auch der Partei- und Gewerkschaftsleitungen zu rücken... Was der Gesellschaft nützt, muß auch dem einzelnen sozialistischen Betrieb und den Werktätigen der Betriebe nützen!...« [109]

Der »gesellschaftliche Nutzen«, also der Nutzen für den Plan und für die Erfüllung der durch ihn gesetzten politischen Ziele der Führung, hatte bisher stets den Vorrang vor allen anderen Überlegungen. Betriebs- und Belegschaftsinteressen waren untergeordnet. Jetzt wurde – befruchtet von den Thesen des sowjetischen Wirtschaftstheoretikers Libermann – das bisherige Prinzip einer starren planbürokratischen Wirtschaftsführung geopfert.

So wuchs, um ein Beispiel zu nennen, die Freiheit der Betriebe in Detailfragen. Die größere Eigenständigkeit beim Absatz, bei den Preisen, bei der Material- und Kreditbeschaffung, bei der Prämienfestsetzung kam vor allem den VVB zugute. Sie bilanzieren jetzt selbst, können im Innen- und Außenhandel eigene Initiativen ergreifen und erhalten jeweils eine eigene Filiale der Notenbank zugeordnet.

Ulbricht hatte sich nunmehr zum Sprecher jener Experten gemacht, die schon 1955 eine revisionistische Wirtschaftstheorie entwickelt hatten und dafür öffentlich Selbstkritik üben oder andere Maßregelungen erfahren mußten. Das Produktionsprinzip, das des wirtschaftlichen Nutzeffektes, hatte über das der Planbürokratie gesiegt, die Kapitulation der stalinistischen Wirtschaftsdogmatiker und -dilettanten, von Ulbricht lange Jahre gestützt, war vollzogen. Das wirtschaftliche Reformwerk wurde unter dem Namen »Das neue ökonomische System der Planung und Leitung der Volkswirtschaft in der Praxis« am 11. Juli 1963 vom Ministerrat beschlossen. Es stellt aber trotz aller tiefgreifenden Reformmaßnahmen weder eine Abkehr von den tragenden Grundsätzen des Wirtschaftssystems der DDR (»Der Plan ist und bleibt das entscheidende Instrument unserer ökonomischen Politik«) noch eine Identifizierung mit einer Art »kommunistischer Marktwirtschaft« nach jugoslawischem Muster dar.

Unbestreitbar stellt das neue System den ernsten Versuch in der Praxis dar, die Zentralverwaltungswirtschaft durch beachtliche Reformen leistungsfähiger zu machen, sie zu modernisieren und zu rationalisieren. Sie gehen über alle früheren Versuche weit hinaus. Eine leistungsfähige junge Generation von Wissenschaftlern verdrängt inkompetente, unqualifizierte Parteifunktionäre und Wirtschaftsbürokraten. Sie gelangt, idealistisch und von ihrer Aufgabe erfüllt, an die Schalthebel der Wirtschaft. Hier wird es, auf die Dauer gesehen, zu entscheidenden Veränderungen kommen, die sich in einer beachtlichen Effizienzsteigerung niederschlagen werden. Der Übersteigerung der Planziele, ein Charakteristikum aller früheren Epochen, war ein größerer Realismus gefolgt, die Wissenschaft begann die Utopie und Ideologie in der Wirtschaft der DDR zu verdrängen. Nicht vollständig, aber teilweise.

Es handelt sich aber nicht, und das wird manchmal übersehen, um eine Beseitigung der beiden Grundelemente der auch in der DDR praktizierten Zentralverwaltungswirtschaft sowjetischen Typs: des Ausschließlichkeitsanspruchs der zentralen Planung und der alleinigen Anerkennung des »gesellschaftlichen« Eigentums an den Produktionsmitteln. An diesen Grundprinzipien ändert das »Neue ökonomische System der Planung und Leitung« – eine Synthese zwischen Dogma und wirtschaftlicher Vernunft – nichts Wesentliches. Die Prophezeiung, *»daß die Zeit der krisenhaften Störungen deshalb für die Wirtschaft Mitteldeutschlands ebensowenig* *zu Ende sein wird wie die der wirtschaftsorganisatorischen Experimente«* [110], hat sich als richtig erwiesen.

Die Nüchternheit dieser Analyse schließt aber eine sich bereits vollziehende Entwicklung nicht aus, wie sie Ernst Richert in seinem Buch »Das zweite Deutschland« beschreibt:

»... Es ist dies ein Sichabfinden unter Vorbehalten. Man mag zwar noch um einzelne Positionen kämpfen – etwa um etwas mehr Meinungsfreiheit, etwas mehr Rechtssicherheit, etwas mehr Freiheit der Konsumentenwahl. Aber das Ganze wird nicht mehr in Frage gestellt, nicht etwa, weil man es schön fände, sondern, weil es einfach keine reale Alternative mehr gibt ... Halbwegs faire Arbeits- und Lebensbedingungen, ein vernünftiges System von Anreizen und Chancen, positive, möglichst mit Sozialprestige ausgestattete Bewertung spezialisierter Leistungen auf der Grundlage eines früh beginnenden Trainings der Gesellschaft im Funktionieren ›nach Plan‹ bei sinnvoller Einordnung jugendlicher und sonstiger emotionaler Bedürfnisse, die als Antriebselemente zur Bewährung in die Arbeitswelt eingebaut werden. Das etwa sind die Umrisse jener mittleren Ebene, auf der einander die Interessen der Führung und die der Bevölkerung, zunächst des speziell industriell tätigen ›Kerns‹ der Gesellschaft, entgegenkommen. Die Frage des politischen Kredits der Führung bei der Bevölkerung erhält in dem Maß, wie das gelingt, in etwa das Gewicht, das die Frage des politischen Kredits der Direktion von General Motors oder von Siemens bei ihren Belegschaften hat ...« [111]

Die im Jahre 1963 begonnene Wirtschaftsreform unter Einschluß der Landwirtschaft und ein sich dazu parallel entwickelnder Stil der größeren Offenheit, der politischen Mäßigung und Duldsamkeit gegenüber der Bevölkerung, insbesondere der Jugend, leiteten einen Prozeß ein, der zwar den vollen Frieden zwischen Gesellschaft und Führung in der DDR nicht zu schaffen vermochte, aber doch die Versachlichung der Beziehungen zwischen beiden.

DIE DEUTSCHE FRAGE

Die Atempause

Präsident Kennedy hatte in seiner Rede vom 25. Juli 1961 keinen Zweifel daran gelassen, daß die USA heute entschlossen seien, die Freiheit Westberlins mit allen, also auch mit atomaren Mitteln zu verteidigen. Die Rede erlangte aber eine über die Aktualität hinausgehende Bedeutung bis zum heutigen Tage durch die Verkündung der drei Essentials, der drei Grundpositionen, Grundfreiheiten Berlins. Über sie kann nach westlicher Auffassung nicht verhandelt werden. Das sind:
das Anwesenheitsrecht westlicher Truppen in Berlin;
der freie Zugang von und nach Berlin muß aufrechterhalten werden;
die Freiheit und Lebensfähigkeit der Westberliner Bevölkerung muß garantiert sein.

Dieser westlichen Position standen und stehen die Berlin- und Deutschlandforderungen der Sowjetunion und der DDR gegenüber, die zusammengefaßt lauten: Westberlin soll in eine »freie, neutrale und entmilitarisierte« Stadt umgewandelt werden. (Für diesen Fall hat die UdSSR bisher nicht genau fixierte Garantien unter Einschluß der UNO angeboten.)

Die westlichen Schutzmächte haben ihre Truppen aus Berlin abzuziehen. Ein befristetes Verbleiben neutraler Truppen unter dem Kommando der UNO wird zugestanden. Der Zugang von und nach Berlin untersteht nach Abschluß eines Friedensvertrages der vollen Souveränität der DDR; ein Friedensvertrag mit »beiden deutschen Staaten« soll abgeschlossen werden. Verweigern die Westmächte die Unterzeichnung, soll zwischen der Sowjetunion und anderen unterzeichnungsbereiten Staaten ein separater Friedensvertrag abgeschlossen werden.

Die Unvereinbarkeit der kommunistischen mit der westlichen Deutschland- und Berlin-Konzeption barg – wie im Kapitel über die Jahre 1959–1961 eingehend dargelegt wurde – die Gefahr der internationalen Krise oder gar die des Krieges. Aber nach dem 13. August 1961 zeigte sich eine unverkennbare Entspannung. Eine Atempause trat ein. Sie hatte verschiedene Ursachen:

Die Sowjetunion wurde sich in wachsender realer Einschätzung der westlichen Entschlossenheit, ihre Grundrechte in Berlin zu verteidigen, klar, daß ein separater Friedensvertrag mit der DDR eine erhebliche Gefahrenautomatik auslösen würde, wenn in diesem Friedensvertrag keine Vorbehaltsklauseln enthalten wären, die die westlichen Grundrechte in Berlin sichern würden. Das aber war für die DDR unzumutbar. Der Status quo war also für den Osten keine befriedigende Lösung, aber, aus der Sicht Moskaus, nicht in der Pankows, die gegenwärtig beste.

Die Kuba-Krise vom Oktober 1962, in deren Verlauf die Sowjetunion ihre Offensivwaffen von der Insel abziehen mußte, beseitigte in Moskau auch den letzten Zweifel an der Entschlossenheit der USA, die entscheidenden Positionen des Westens in der Welt – wozu Berlin gehört – unter Einschluß des Kriegsrisikos zu verteidigen. Die Befürchtungen, Moskau werde seinen in Kuba erlittenen Rückschlag durch Drohungen oder Schritte gegen das westliche Berlin zu »kompensieren« versuchen, erwiesen sich als unbegründet. Moskau hatte aus Kuba seine Lehren gezogen.

Die wachsenden Schwierigkeiten im kommunistischen Lager – verursacht durch die Auseinandersetzung Moskau/Peking – hatten die außenpolitische Aktionsfähigkeit der UdSSR eingeschränkt. Die Sorgen der DDR waren nicht primär die Sorgen Moskaus.

Im Frühjahr 1962 wurden amerikanische Vorschläge an die Sowjetunion bekannt, die die Errichtung einer Internationalen Behörde für die Überwachung des Zugangs nach Berlin zum Ziel hatten. Diese Behörde sollte für den militärischen und zivilen Verkehr in den Luftkorridoren und auf der Autobahn nach Westberlin zuständig sein. Der Eisenbahn- und Wasserstraßenverkehr wurde nicht einbezogen, da er bereits völlig in den Händen der Organe der DDR lag. Dreizehn gleichberechtigte Mitglieder (USA, UdSSR, Großbritannien, Frankreich, Polen, CSR, Schweden, Schweiz, Österreich, die Bundesrepublik, die DDR, Westberlin und Ostberlin) sollten ihr angehören. Die Entscheidungen sollten mit einfacher Mehrheit gefällt werden, bei Stimmengleichheit gaben die neutralen Mächte, Schweden, die Schweiz und Österreich den Ausschlag. Außenminister Rusk gestand die Möglichkeit zu, daß örtliche DDR-Organe Befugnisse an den Zugangswegen nach Berlin haben könnten, was aber in keiner Weise die Anerkennung der DDR oder der dauernden Teilung Deutschlands bedeute. Ulbricht erklärte sich mit diesem internationalen Schieds- und Aufsichtsorgan einverstanden unter der Voraussetzung, daß der Status Westberlins im Sinne der östlichen Forderungen geändert werde und die Regelung des Zugangs nach Westberlin die Anerkennung der Souveränität der DDR unvermeidbar mache. Die, wie amerikanischerseits behauptet wurde, durch eine deutsche Indiskretion bekanntgewordenen amerikanischen Kompromißvorschläge, die eine größere Stabilität in der Berlin-Frage im Sinne eines Mindestmaßes an Übereinkommen zwischen den beiden Weltmächten erstrebten, trafen auf eine reserviert-kühle Haltung der Bundesregierung. Sie befürchtete damit eine verklausulierte Anerkennung des DDR-Regimes, und es behagte ihr nicht, daß es und die Bundesrepublik in diesem internationalen Organ vertreten sein sollten. Dieser Berlin-Plan der USA, der zu einer vorübergehenden Krise in den Beziehungen zwischen den USA und der Bundesrepublik führte, blieb aber ergebnislos. Sein Scheitern gefährdete aber nicht die Atempause, die seit dem 13. August eingetreten war.

In dem vom Nationalrat der Nationalen Front am 25. März 1962 beschlossenen und am 18. Juni auf einem sogenannten »Nationalen Kongreß« verabschiedeten »Nationalen Dokument« unter dem Titel »Die geschichtliche Aufgabe der DDR und die Zukunft Deutschlands« wurde der Grundsatz der deutschen Zweistaatlichkeit bekräftigt:

»Wir müssen auf längere Zeit mit dem Bestehen zweier grundverschiedener und voneinander völlig unabhängiger deutscher Staaten rechnen. Nicht nur mit dem

Bestehen, sondern mit dem Nebeneinanderbestehen, denn wir können nicht die Geographie Europas ändern. Heute stehen diese beiden deutschen Staaten sich feindlich gegenüber. Das ist unerträglich, aber leider Tatsache ... Wir sind der Ansicht: Bei aller Klarheit über die Unvermeidlichkeit der ideologischen Auseinandersetzungen bietet die friedliche Koexistenz die Gewähr eines friedlichen Miteinanderlebens und eines friedlichen Wettbewerbs der beiden deutschen Staaten bis zu ihrer Vereinigung. Diese friedliche Koexistenz der sozialistischen DDR mit dem kapitalistischen deutschen Staat ist nicht lediglich ein vorübergehender und vielleicht höchst unsicherer Waffenstillstand. Das ist nicht ein Zustand, in dem lediglich nicht geschossen wird. Die friedliche Koexistenz bedeutet vielmehr, daß die beiden deutschen Staaten normale wirtschaftliche, kulturelle und auch politische Beziehungen untereinander haben, daß sie auf den verschiedensten Gebieten zusammenarbeiten und auf der Basis der Gegenseitigkeit und völligen Gleichberechtigung ihre Rechte und vernünftigen Interessen achten ...« [112]

Die seit Kuba besonders sichtbar gewordene Tendenz der Regierung der Sowjetunion zur Zurückhaltung in der Berlin- und Deutschland-Frage wurde offenbar in Chruschtschows Rede vom 16. Januar 1963 auf dem VI. Parteitag der SED. Er sagte u. a.:

»... Die Sicherung einer friedlichen Koexistenz der beiden deutschen Staaten angesichts der entstandenen realen Lage ist eine Aufgabe von Weltbedeutung. Auf den ersten Blick mag es scheinen, daß sich, verglichen mit jener Zeit, als wir die Frage des Abschlusses eines Friedensvertrages mit beiden deutschen Staaten aufwarfen und auf dieser Grundlage eine Normalisierung der Lage in Westberlin forderten, nichts geändert habe. Vier Jahre sind vergangen, doch der Friedensvertrag ist nicht da ... Und so können manche Leute erklären, man habe sich die Zeit um die Ohren geschlagen, die sozialistischen Länder hätten nichts erreicht, als sie die Frage eines deutschen Friedensvertrages mit aller Schärfe gestellt haben. Aber wer so denkt, der übersieht oder verkennt voll und ganz die Wandlungen, die sich inzwischen vollzogen haben ... Der 13. August 1961 ist ein historischer Tag in der Entwicklung der DDR. Sie haben die Grenze mit Westberlin ihrer Kontrolle unterstellt, und das war der wichtigste Schritt zur Festigung der Souveränität der DDR ... Betrachtet man nun diese Frage unter dem Aspekt der unmittelbarsten Interessen der sozialistischen Länder, so ist der Abschluß eines deutschen Friedensvertrages in der Tat nicht mehr das gleiche Problem wie vor den Schutzmaßnahmen an der Grenze der DDR und Westberlins ...« [113]

Diese Rede ließ, auf Berlin bezogen, die Gefahr einer unmittelbaren Bedrohung dieser Stadt immer mehr in den Hintergrund treten und bestätigte nur die Atempause, die in der deutschen Frage überhaupt eingetreten war.

Das Jahr 1963 beschwor mit dem Moskauer Teststopp-Abkommen vom 5. August und der Passierscheinregelung für Berlin zum Jahreswechsel 1963/64 die Gefährdung westdeutscher Grundpositionen herauf. Die zwischen den USA, Großbritannien und der Sowjetunion getroffene Übereinkunft verbietet alle Atomversuche, mit Ausnahme der unterirdischen. Dem Vertrag traten nahezu alle Staaten der Welt mit Ausnahme Frankreichs, Rot-Chinas, Kubas und Albaniens bei. Für die

Bundesrepublik, deren Unterzeichnungsbereitschaft nie in Zweifel stand, ging es, da die DDR den Vertrag in Moskau ebenfalls unterzeichnete, im wesentlichen um die Klärung der völkerrechtlichen Auswirkungen dieses Schrittes. Aus Anlaß der Unterzeichnung des Vertrages durch die Bundesrepublik am 19. August 1963 gab die Bundesregierung eine Erklärung ab, worin sie zum Ausdruck brachte, *»daß sie auch weiterhin die sowjetische Besatzungszone nicht als Staat und die dort eingesetzten Stellen nicht als Regierung anerkennt«*. Allen Staaten, mit denen die Bundesrepublik diplomatische Beziehungen unterhält, wurde diese Erklärung zur Kenntnis gebracht. Der stellvertretende Außenminister der UdSSR weigerte sich, den schriftlichen Text dieser Erklärung entgegenzunehmen. Am 16. August hatten bereits die britische und die amerikanische Regierung die Sowjetregierung in gleichlautenden Noten davon unterrichtet, daß sie die Unterzeichnung des Moskauer Vertrages durch die DDR nicht akzeptieren, da das ostdeutsche Regime kein Staat oder eine Wesenheit mit nationaler Souveränität sei. Die Regierung der UdSSR erwiderte:

»Die beiden deutschen Staaten sind einander völlig gleichgestellt und besitzen die gleichen Rechte und Pflichten. Deshalb ist der Anspruch der deutschen Bundesregierung, als alleinige Wahrerin deutscher Interessen auf internationaler Ebene zu gelten, bar jeder Grundlage, da es kein geschlossenes Deutschland gibt. Die westdeutsche Haltung widerspricht den Normen des internationalen Rechts und widerspiegelt die revanchistischen Tendenzen gewisser westdeutscher Kreise. Gemäß dem Grundsatz der Nichteinmischung in die inneren Angelegenheiten anderer Staaten und aufgrund der Anerkennung der Souveränität dieser Staaten weist die sowjetische Regierung die Versuche gewisser Regierungen, die Rechte und die Souveränität anderer unabhängiger Staaten zu verneinen, kategorisch zurück. Die sowjetische Regierung betrachtet in ihrer Eigenschaft als einer der Depositäre des Moskauer Vertrags die Deutsche Demokratische Republik, die den Vertrag unterzeichnet hat, als völlig gleichberechtigten Partner.« [114]

Nach westlicher Auffassung also blieb damit die Vertragsunterzeichnung durch die DDR ohne jede völkerrechtliche Verbindlichkeit. Der Osten teilte diese Meinung nicht. Die DDR selbst glaubte, zumindest auf dem Wege der völkerrechtlichen Aufwertung, einen guten Schritt vorangekommen zu sein.

Das Passierscheinabkommen

Am 17. Dezember 1963 wurde nach Verhandlungen zwischen einem Beauftragten des Berliner Senats und Vertretern der DDR eine Vereinbarung über die Ausgabe von Passierscheinen an die Einwohner Westberlins für die Zeit vom 19. Dezember 1963 bis zum 5. Januar 1964 getroffen. Die Vereinbarung erlaubte mehr als 1,2 Millionen Westberlinern erstmals nach zweieinhalb Jahren, seit der Errichtung der Mauer, den Besuch ihrer Verwandten im Ostsektor der Stadt. Zwölf Ausgabestellen für Passierscheine wurden in Westberlin errichtet, in denen Postangestellte der DDR die Antragsformulare entgegennahmen. Dieses Passierscheinabkommen, ein Gebot der Menschlichkeit, diente der Pankower Regierung auch als Versuch, in ihren Bemühungen um die Anerkennung ihrer und Moskaus »Drei-Staaten-Theorie« einen entscheidenden Schritt weiterzukommen. Es ist bereits an früherer Stelle gesagt worden, worauf sich diese Theorie nach kommunistischer Auffassung stützt. Die politische Führung der DDR sah in den Verhandlungen zwischen ihren Vertretern und dem Beauftragten des Berliner Senats die Bestätigung ihrer Auffassung, daß Berlin ein selbständiges Territorium sei, weil die Bundesregierung nicht als Verhandlungspartner aufgetreten war. Hätte diese darauf bestanden, so wäre die DDR dieser Forderung nicht nachgekommen und die Mauer nicht geöffnet worden. Senat, Bundesregierung und auch die westlichen Schutzmächte konnten es sich wenige Tage vor Weihnachten wegen der humanen Aspekte der Regelung nicht leisten, ihr nicht zuzustimmen. Der politische Wert der Vereinbarung lag für die DDR in den direkt geführten Verhandlungen zwischen dem Berliner Senat und ihr sowie in der Unterschrift des Westberliner Beauftragten unter einem Protokoll, in dem – vom Westen ausdrücklich nicht anerkannt – von »Berlin (Ost) / Hauptstadt der DDR« wörtlich die Rede ist. Das war keine völkerrechtlich verbindliche Anerkennung der Drei-Staaten-Theorie, es war aber in der Sicht des Ostens ein Schritt auf dem Wege, dieser Theorie, vor dem Hintergrund weiterer Passierscheinregelungen für das Jahr 1964, gewohnheitsrechtliche Geltung zu verschaffen. Sah die Regierung der DDR – wie dargelegt – einen politischen Erfolg im Passierscheinabkommen, so konnte der Westen mit ungleich größerem Recht von einem politischen Erfolg sprechen. Er bestand darin, daß Millionen von Menschen aus Ostberlin und aus der DDR Gelegenheit zu einer vom SED-Regime überhaupt nicht kontrollierbaren freien Aussprache mit Westberlinern erhielten. Das Berliner Protokoll vom 17. Dezember 1963, ein Dokument der ungewöhnlich schwierigen Problematik der deutschen Frage auf nur einem kleinen Teilgebiet, hatte folgenden Wortlaut:

»Nach einem Meinungsaustausch, der durch einen Brief des Stellvertreters des Vorsitzenden des Ministerrats der DDR, Herrn Alexander Abusch, vom 5. Dezember 1963 an den Regierenden Bürgermeister von Berlin, Herrn Willy Brandt, eingeleitet wurde, sind Staatssekretär Erich Wendt und Senatsrat Horst Korber vom 12. bis 17. Dezember 1963 zu sieben Besprechungen über die Ausgabe von Passierscheinen für Bewohner von Berlin (West) zum Besuch ihrer Verwandten in Berlin (Ost) / Hauptstadt der DDR, in der Zeit vom 18. Dezember 1963 bis 5. Januar 1964 zusammengekommen. Ungeachtet der unterschiedlichen politischen und rechtlichen Standpunkte ließen sich beide Seiten davon leiten, daß es möglich sein sollte, dieses humanitäre Anliegen zu verwirklichen. In diesen Besprechungen, die abwechselnd in Berlin (West) und Berlin (Ost) / Hauptstadt der DDR stattfanden, wurde die als Anlage beigefügte Übereinkunft erzielt. Beide Seiten stellten fest, daß eine Einigung über gemeinsame Orts-, Behörden- und Amtsbezeichnungen nicht erzielt werden konnte. Dieses Protokoll mit seiner Anlage wird von beiden Seiten gleichlautend veröffentlicht.

Berlin, den 17. Dezember 1963

Auf Weisung des Stellvertreters des Vorsitzenden des Ministerrats der DDR gez. Erich Wendt, Staatssekretär.

Auf Weisung des Chefs der Senatskanzlei, die im Auftrag des Regierenden Bürgermeisters von Berlin gegeben wurde. gez. Horst Korber, Senatsrat.« [115]

Die DDR hatte, versucht man eine knappe Bilanz Ausgang 1963 zu ziehen, drei von ihr seit Jahren mit großer Beharrlichkeit verfolgte Ziele nicht erreicht. Der Versuch, die Sowjetunion zum Abschluß eines separaten Friedensvertrages zu bewegen, blieb fruchtlos. Im »Freundschafts- und Beistandspakt« vom 12. Juni 1964 zwischen der UdSSR und der DDR wurde diese jahrelange Forderung ausdrücklich fallengelassen. Sie war bisher in Moskau einfach nicht durchzusetzen. Die Frage Westberlin war im Sinne einer »freien und entmilitarisierten Stadt« nicht »gelöst« worden. Ulbricht war es zum dritten nicht gelungen, die diplomatische Anerkennung in der nichtkommunistischen Welt durchzusetzen. Auch nicht in den afrikanisch-asiatischen Ländern. Es gelang ihm zwar vereinzelt, konsularische Beziehungen aufzunehmen und vor allem die Wirtschaftsbeziehungen zu den blockfreien Staaten zu verstärken, was aber keiner diplomatischen Anerkennung gleichkam. Die »Hallstein-Doktrin« hatte sich als erstaunlich wirksam erwiesen. Die starke Stellung der Bundesrepublik als Europas stärkste Wirtschaftsmacht mag die Quelle dieser Wirksamkeit gewesen sein. Beim Abschluß der Verträge der Bundesrepublik mit Polen, Ungarn, Rumänien und Bulgarien über die Errichtung von Handelsmissionen gelang die Durchsetzung der sogenannten Berlinklausel, mit der diese Oststaaten das Vertretungsrecht der Bundesregierung für Westberlin anerkannten. Diese Staaten setzten sich damit in Widerspruch zur Forderung der Regierung der DDR, Westberlin sei ein Territorium eigener Art und habe keine staatsrechtliche Bindung an die Bundesrepublik. Es hatte sich gezeigt, daß diese vier Oststaaten beim Abschluß der Handelsverträge in dem Punkt der Berlinklausel ihre wirtschaftlichen Interessen über die Solidarität mit Pankow stellten. Das war die eine, die negative Seite der Bilanz für Ulbricht. Hatte sie auch eine positive Seite für ihn?

Die Zeit, das wurde in großen Zügen dargelegt, arbeitete in der deutschen Frage bei seit Jahren starr gebliebenen Fronten für eine immer stärkere Verhärtung des Status quo. Das bedeutete, daß sie für die Verfechter der These von den zwei deutschen Staaten arbeitete. Zu dieser Erkenntnis gehörten die durch Nüchternheit geprägten Aussagen zweier westlicher Staatsmänner. In einem Interview, das Kennedy dem Schwiegersohn Chruschtschows, Adshubej, gewährte, sagte er, nichts in der Welt werde die Russen zwingen können, vor dem Jahre 2000 Mitteldeutschland zu räumen. Bundeskanzler Adenauer wies im Bundestag darauf hin: in der Frage der Wiedervereinigung müsse man sich auf Zeiträume ähnlich denen der Abwesenheit Elsaß-Lothringens von Frankreich gefaßt machen.

WIRTSCHAFTS- UND SOZIALPOLITIK IN DER BUNDESREPUBLIK

Neue Wege

Im Jahre 1962 zeigte sich auf dem Arbeitsmarkt und in der Gewerkschaftspolitik eine neue Entwicklung. Sie reichte bis 1961 zurück und hatte ihren Initianten in dem ideenreichen und dynamischen Vorsitzenden der Gewerkschaft Bau–Steine–Erden, Georg Leber. Es war seit langem die Sorge der Gewerkschaften, daß die Nichtorganisierten, deren Zahl weitaus größer ist als die der Gewerkschaftsmitglieder, in den Genuß aller Vorteile kamen, die in den Tarifkämpfen für die Arbeitnehmer ausgehandelt wurden. Die Gewerkschaften hatten versucht, die Lohnerhöhungen nur für ihre Mitglieder gelten zu lassen. Selbst wenn die Arbeitgeber das zugestanden hätten, wäre dieses Zugeständnis in der Lohnpraxis ohne Bedeutung gewesen, denn sie konnten nicht gehindert werden, bei anhaltender Hochkonjunktur und zunehmendem Arbeitskräftemangel auch den Nichtgewerkschaftlern die gleichen Löhne zu zahlen. Leber hatte nun 1961 den sogenannten Solidaritätsbeitrag für nichtorganisierte Arbeiter verlangt, der von den Arbeitgebern eingezogen werden und für Zwecke sozialer Natur allen Arbeitern zugute kommen sollte. Diese Forderung, die auf Widerstand stieß, ließ Leber fallen und tauschte sie gegen andere Vorteile für die organisierten Bauarbeiter aus. Als am 31. Dezember 1962 der neue Tarifvertrag in der Bauwirtschaft in Kraft trat, wurde er in der Öffentlichkeit und von den Tarifpartnern als ein bedeutsamer Schritt auf dem Wege zu einer Versachlichung in der Lohnpolitik begrüßt. Der materielle Vertragsinhalt war in einzelnen Punkten revolutionär. Bauwirtschaft und Gewerkschaft vereinbarten Sonderleistungen nur für den organisierten Bauarbeiter. Diese heftig und lange umstrittene Vereinbarung enthielt Arbeitgeberbeiträge an eine Urlaubskasse, eine Zusatzrente für langjährige Gewerkschaftsangehörige sowie eine weitere Rente für Arbeiter, die langfristig in ein und demselben Betrieb beschäftigt waren. Es wurde ein Betrag von 45 Mio. DM von Arbeitgeberseite zur Verfügung gestellt, mit dem nach den Plänen der Gewerkschaft Ferienheime gebaut werden. Die Gewerkschaft errichtete eine aus Mitteln der Bauwirtschaft gespeiste Stiftung, die Kindern von tödlich verunglückten Bauarbeitern Stipendien für ihre Ausbildung gewährt. Auf der Grundlage dieses Abkommens wurde im Frühjahr 1963 ein Tarifvertrag, bezüglich der Laufzeit ein Novum, für die Dauer von zwei Jahren abgeschlossen. Einsichtsvoll geführte Verhandlungen orientierten sich bei den in Zeitstufen festgesetzten Lohnerhöhungen an der zur erwartenden realen Steigerung des Sozialprodukts. Die Gewerkschaft verzichtete auf eine für Oktober 1963 festgesetzte Arbeitszeitverkürzung von 43 auf 42 Stunden und erklärte sich mit einer Verschiebung auf den 1. April 1964 einverstanden.

Sehr bemerkenswert war auch der Vorschlag Lebers, einen paritätischen Ausschuß

aus Arbeitgebern und -nehmern zu schaffen, der unter wechselndem Vorsitz in loyaler Zusammenarbeit alle Fragen des Baugewerbes mit Ausnahme von Tariffragen besprechen sollte. Diesem Ansatz zu einem neuen wirtschaftspolitischen Denken war keine Verwirklichung beschieden, er traf auf zu starke Widerstände, vor allem im gewerkschaftlichen Lager selbst. Man befürchtete, die Gewerkschaften könnten in eine gewisse Abhängigkeit von den Arbeitgebern geraten, anstelle der Koalitionsfreiheit könnte der direkte oder indirekte Koalitionszwang treten.
Die Industriegewerkschaft Metall, die mitgliederstärkste Gewerkschaft, hielt im September 1962 in Essen ihren 7. Ordentlichen Gewerkschaftstag ab. Diese Gewerkschaft unter ihrem Vorsitzenden Otto Brenner, wirtschaftspolitisch im Gegensatz zu Leber immer noch dem Gedanken der Sozialisierung anhängend und im Ruf politischer Radikalität stehend, zeigte auf diesem Gewerkschaftstag – vielfach als eine Wende bezeichnet – eine sachliche und nüchterne Haltung. Sie lehnte den Streik gegen ein legal zustande kommendes Notstandsrecht ab. Otto Brenner sagte:
»Ich möchte nochmals klar und deutlich sagen, wir sind der Ansicht, daß die vorhandenen gesetzlichen Regelungen ausreichen, einem etwa eintretenden Notstand wirksam zu begegnen. Ein besonderes Notstandsgesetz lehnen wir daher nach wie vor kompromißlos ab. Es würde eine große latente Gefahr für unsere junge Demokratie bedeuten – die nicht mit Notstandsgesetzen, sondern nur durch den Aufbau einer sozialen Demokratie gesichert und gefestigt werden kann. Ich muß aber noch einmal wiederholen: wenn man uns fragt, ob wir gegen ein Gesetz streiken werden, das auf demokratische Weise mit einer Zweidrittelmehrheit des Bundestages zustande kam, können wir nur mit einem Nein antworten . . .« [116]
Die wirtschafts- und gesellschaftspolitischen Vorstellungen der Metallgewerkschaft stimmten nicht mit denen der Bundesregierung überein und mochten sich auch von denen Georg Lebers unterscheiden. Aber dieser Essener Gewerkschaftstag erlaubte keinen Zweifel daran, daß diese größte und einflußreichste deutsche Industriegewerkschaft eindeutig die durch das Grundgesetz bestimmte politische Ordnung bejahte und entschlossen war und ist, die Demokratie mit allen Mitteln zu verteidigen. Otto Brenner hielt ein eindrucksvolles Plädoyer für die Unentbehrlichkeit der Gewerkschaften:
». . . Jeder, der die Tatsachen objektiv betrachtet, muß erkennen, daß gerade den Gewerkschaften als demokratischem Korrektiv gegen den überwuchernden Druck gesellschaftlicher Institutionen und Apparate, als solidarischer Selbsthilfeorganisation zur Überwindung der Abhängigkeit der arbeitenden Menschen eine ungeheure Bedeutung zukommt. Für die Arbeitnehmer ist es keine rhetorische Frage, wenn sie sich vorzustellen versuchen, was wäre, wenn es keine Gewerkschaften gäbe. Wir haben das am eigenen Leib während der Nazizeit erfahren. Wir erleben es im Osten und überall dort, wo es keine freie Gewerkschaftsbewegung gibt. Wir wissen also, was es bedeutet, wenn der Arbeitnehmer den Anforderungen des Staates und der Unternehmer preisgegeben ist. Gerade diese Erfahrung hat uns gelehrt, in unserer jungen Demokratie eifersüchtig und wachsam die Rechte der Gewerkschaften zu verteidigen und mit allem Nachdruck auf der Verwirklichung des freien, demokratischen und sozialen Rechtsstaates zu bestehen . . .« [117]

Die Arbeitskämpfe nahmen 1963 zum ersten Mal seit 1956 (viermonatiger Metallarbeiterstreik in Schleswig-Holstein) einen größeren Umfang an, blieben aber weitgehend auf die Metallindustrie Baden-Württembergs beschränkt. In der Metallindustrie war es bereits Ende 1961 mit der Kündigung der Tarifverträge durch die Arbeitgeber zu einer Situation gekommen, die auf einem von der Hochkonjunktur geprägten Arbeitsmarkt ungewohnt war. Tarifkündigungen gingen bisher stets von den Arbeitnehmern aus. Die Metallarbeitergewerkschaft hatte vom Urlaub und der Arbeitszeitverkürzung getrennte Lohnverhandlungen erstrebt, während die Arbeitgeber mit ihren Tarifkündigungen geschlossen über das Paket Löhne, Urlaub und Arbeitszeit verhandeln wollten, weil alle drei Einzelfragen zu dem einheitlichen Begriff der Arbeitgeberleistungen und Arbeitnehmervorteile gehörten. Konnte der Anfang 1962 drohende Streik nur mit größter Mühe vermieden werden, so traf das für den Metallarbeiterstreik in Baden-Württemberg vom 28. April bis 7. Mai 1963 nicht zu. Er war von größter Bedeutung.

Der Streik – ausgelöst durch eine unerfüllt gebliebene Lohnforderung von 8 Prozent – wurde durch eine Gesamtaussperrung seitens der Arbeitnehmer beantwortet. Es handelte sich um den ersten Aussperrungsbeschluß der Arbeitgeber für einen Industriezweig in einem geschlossenen Gebiet seit den Arbeitskämpfen in der nordwestdeutschen Metallindustrie des Jahres 1928/29.

Die IG Metall hatte, um Streikgelder zu sparen, beschlossen, nur ausgewählte Betriebe zu bestreiken. In Nordbaden-Nordwürttemberg wurden von 969 Firmen mit 357000 Lohnempfängern 65 Firmen mit 105000 Lohnempfängern und in Südwürttemberg-Hohenzollern von 350 Firmen nur 84 mit 70000 Arbeitnehmern bestreikt. Der Arbeitgeberverband beschloß daraufhin für die genannten Tarifgebiete die Aussperrung für alle Betriebe mit mehr als 100 Arbeitnehmern. Man hoffte, durch diese Maßnahme den Arbeitskampf wesentlich abzukürzen. Die Aussperrung, die die Teilbestreikung der Gewerkschaft gegenstandslos machte, sollte die Gewerkschaft zwingen, wöchentlich nicht 8 Mio. DM, sondern mehr als 20 Mio. DM an die Streikkasse zu zahlen.

Der SPD-Pressedienst warf den Arbeitgebern vor, die Aussperrung zu einer machtpolitischen Auseinandersetzung mit dem Ziel der finanziellen Ausblutung der IG Metall und einer langfristigen Lahmlegung der gesamten Gewerkschaftsbewegung zu benutzen. Diese Haltung sei gegenüber den Interessen der Allgemeinheit verantwortungslos. In grundsätzlichen Ausführungen zu den Motiven und zur Rechtslage der Aussperrung nahm »Die Welt« Stellung:

»Es ist den Gewerkschaften ein leichtes, durch einen gezielten Streik mit dem Ausstand einiger weniger Leute einen großen Betrieb stillzulegen. Lassen sie in einer Automobil- oder Maschinenfabrik die Arbeiter in der Gießerei streiken, so können sie damit das ganze Werk praktisch stillegen. Sie zahlen die Streikgelder vielleicht für hundert Arbeiter. Die Unternehmensführung aber hat die Kosten für Weiterbeschäftigung der übrigen Arbeiter und Angestellten und für den Produktionsausfall zu tragen. Deshalb greifen die Unternehmer, um im Kampf gleichzuziehen, zu Gegenmitteln und sperren auch die nichtstreikenden Arbeitnehmer aus. Das gleiche gilt übertragen für einen ganzen Wirtschaftsbereich. Durch

gezielte Streiks werden einzelne Betriebe stillgelegt. Getroffen werden damit zugleich die Zulieferanten dieser Betriebe sowie alle die Unternehmen, die selbst auf Zulieferung aus den bestreikten Werken angewiesen sind. Auch hier ist die Aussperrung die Gegenwaffe gegen den Streik, der sonst mit relativ kleinem Einsatz an Streikenden und Streikgeldern eine große Zahl von Unternehmen lähmen kann ... Das Grundgesetz der Bundesrepublik sagt nichts über Streik und Aussperrung. Aus dem Grundsatz der Koalitionsfreiheit wird aber das Recht auf Arbeitskämpfe mit Streikfreiheit und Aussperrungsfreiheit abgeleitet. Hessen hat in seiner Verfassung das Streikrecht verankert, zugleich aber den Arbeitgebern das Recht auf Aussperrung versagt. Hiergegen hat aber der Große Senat des Bundesarbeitsgerichts in seinem grundlegenden Urteil vom 28. Januar 1955 entschieden und nach dem Gleichheitsgrundsatz, der im Artikel 3 des Grundgesetzes festgelegt ist, Streik und Aussperrung als einander gleichgeordnete Maßnahmen des Arbeitskampfes bezeichnet. Es heißt in diesem Urteil: ›Bei dem legitimen Arbeitskampf gilt der Grundsatz der Kampfparität, der Freiheit der Wahl der Kampfmittel.‹« [118]
Unter Mitwirkung von Bundeswirtschaftsminister Erhard kam es am 7. Mai 1963 in Bonn zu einer Einigung. Die Tariflöhne wurden – der Tarifvertrag in der Bauwirtschaft erwies sich als beispielgebend – zum 1. April 1963 um 5 und zum 1. April 1964 um weitere 2 Prozent erhöht, die Arbeitszeit ab 1. Januar 1964 von $42^1/_2$ auf $41^1/_4$ Stunden bei vollem Lohnausgleich verkürzt. Die Laufzeit betrug 18 Monate, Urlaubsgeld wurde nicht gewährt.
Dieser zwischen dem Arbeitgeberverband Gesamtmetall und der IG Metall abgeschlossene Vertrag war ein Markstein im Arbeitskampf. Am Verhandlungstisch saßen von jetzt ab nicht nur die beiden Kontrahenten, sondern auch Sachlichkeit und selbstkritische Vernunft. Die Zeit schien vorüber, in der die Gewerkschaften Forderungen erhoben, die sich dann doch nicht realisieren ließen, und die Arbeitgeber »vor jeder neuen Lohnrunde die schwärzesten Bilder an die Wand malten«. Das schloß, wie sich erweisen sollte, für die Zukunft den mit Schärfe geführten Lohnkampf nicht aus, aber das Klima war besser, die Mauer niedriger geworden.

Die Wohnungswirtschaft

Im Höhepunkt der Wohnungsnot, in den Jahren 1948/49, fehlten in der Bundesrepublik etwa 5 Millionen Wohnungen. Die Beseitigung dieser Not war eines der vordringlichsten Ziele der Wirtschafts- und Sozialpolitik. Bund, Länder und Gemeinden haben im Wohnungsbau eine ihrer größten Leistungen nach dem Kriege vollbracht. Sie schlug sich nieder im Bau von mehr als $7^1/_2$ Millionen Wohnungen, davon mehr als 2 Millionen Eigentumswohnungen und Eigenheime, von 1949 bis Ende 1963. Ab 1953 wurden in jedem Jahr mehr als 500 000 Wohnungen gebaut. 22 Millionen Menschen fanden im angegebenen Zeitraum ein neues Heim, 155 Mrd. DM wurden aufgewendet.
Diese Leistung, eine Gemeinschaftsarbeit der privaten Wohnungswirtschaft und der öffentlichen Hand, liegt im internationalen Vergleich an der Spitze.

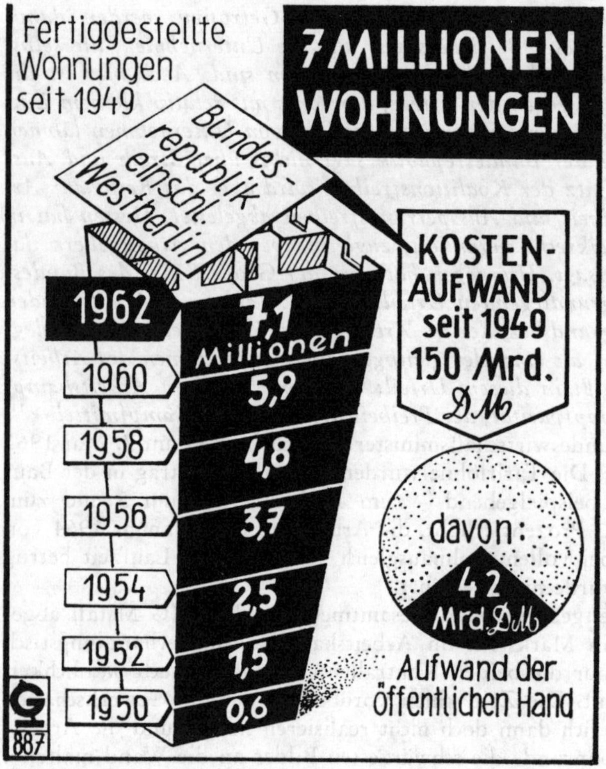

Die Lösung der Wohnungsfrage als Grundlage jeder sozialen Gesundung und Stabilität war als Ziel unbestritten. Ganz abgesehen davon, daß die Sozialstaatsklausel des Grundgesetzes keine Deklamation, sondern ein verbindlicher Rechtssatz ist, der – bezogen auf die Wohnungswirtschaft – im »sozialen Wohnungsbau« seine Verwirklichung gefunden hat. Die Hälfte der gebauten Wohnungen waren Wohnungen des öffentlich geförderten sozialen Wohnungsbaus. Umstritten war jedoch der Weg. Der Auffassung, auch in der Wohnungswirtschaft marktwirtschaftliche Prinzipien gelten zu lassen, wurde widersprochen mit dem Argument, soziale Sicherheit wiege schwerer als marktwirtschaftliche Freiheit, die Marktwirtschaft allein könne aus eigener Kraft keinen sozialen Ausgleich schaffen, die Wohnungswirtschaft mit ihren Sonderbedingungen sei marktwirtschaftlich weit weniger anpassungsfähig als alle anderen Wirtschaftszweige. Freilich wuchs die Erkenntnis in allen Lagern, daß die Wohnungszwangswirtschaft – in den ersten Nachkriegsjahren zur Unterbringung der zum Teil obdachlosen Bevölkerung unerläßlich – und der nahezu absolute Kündigungsschutz weitgehend in die Verfügungsgewalt des Hauseigentümers eingriffen und kein Dauerzustand bleiben durften. Soziale

und wirtschaftliche Aspekte der Wohnungspolitik, die sich gegenüberstanden, ließen die Schwierigkeiten der politischen Entscheidung, eine für alle tragbare Lösung zu finden, offensichtlich werden. Die durch gesetzgeberische Maßnahmen gekennzeichnete Wohnungspolitik wurde durch folgende Grundprinzipien bestimmt:
Staatliche Förderung aller Maßnahmen und Bestrebungen, den Wohnungsbau mit sozial tragbaren Mieten zu steigern.
Schrittweiser Abbau der Wohnungszwangswirtschaft und ihr Ersatz durch marktwirtschaftliche Grundsätze.
Hilfe bei sozialen Härten.
Die Wohnungspolitik der Nachkriegszeit kannte drei Phasen, jeweils durch entscheidende Gesetze geprägt und durch eine Entwicklung gekennzeichnet, die von den zunächst bestimmenden sozialen und politischen Notwendigkeiten zu den immer beherrschender werdenden wirtschaftlichen Erfordernissen verläuft.
1950 schuf das von den gesetzgebenden Körperschaften einstimmig beschlossene Erste Wohnungsbaugesetz die Voraussetzungen für eine ungewöhnlich hohe staatliche Förderung des Wohnungsbaus. Der Schwerpunkt lag dabei im sozialen Wohnungsbau.
Das Erste Bundesmietengesetz von 1955 und das Zweite Bundesmietengesetz von 1956 führten das Rentabilitätsprinzip in die Wohnungswirtschaft ein und förderten den Eigenheimbau.
Das am 23. Juni 1960 gegen die Stimmen der Sozialdemokraten verabschiedete »Gesetz über den Abbau der Wohnungszwangswirtschaft und über ein soziales Miet- und Wohnrecht« gab dem Althausbesitz nach fast 50 Jahren schrittweise die freie Verfügung über sein Eigentum zurück und überließ die Wohnungswirtschaft weitgehend marktpolitischen Prinzipien, die dort ihre Grenze finden sollen, wo soziale Erfordernisse des Mieters und seiner Familie berührt werden[119].
Frühzeitig entstand in der Wohnungswirtschaft ein getrennter Markt, auf dem Wohnungen zu stark unterschiedlichen Bedingungen vermietet werden. Die Erklärung dafür lag im Ausmaß der staatlichen Bausubventionen und damit der staatlichen Einflußnahme auf Vermietung und Bewirtschaftung. Der Mieter der freifinanzierten Wohnungen mußte ungleich höhere Mieten zahlen als der im sozialen Wohnungsbau. Die mit öffentlichen Mitteln gebauten Sozialwohnungen blieben einem Personenkreis vorbehalten, dessen Brutto-Jahresverdienst 9000 DM nicht überstieg; für jedes weitere Familienmitglied erhöhte sich diese Verdienstgrenze um 1800 DM jährlich. Diese billigen Sozialwohnungen waren und sind in vielen Fällen zu einem Wirtschafts- und Gerechtigkeitsproblem geworden, weil das Einkommen der Mieter zwar beim Einzug in die Wohnung geprüft wurde, die spätere Einkommenssteigerung aber unberücksichtigt blieb. Da die Lohn- und Gehaltsentwicklung kontinuierlich und kräftig im Laufe der Jahre anstieg, wohnen heute zahlreiche Mieter in den Sozialwohnungen, die sich eine bessere Wohnung zu höherem Preis leisten könnten. Pläne, diesen Mieterkreis aus dem sozialen Wohnungsbau auszuschließen, wurden verschiedentlich geäußert, sind aber stets wieder fallengelassen worden. Die rechtlichen Schwierigkeiten einer solchen weitreichenden Maßnahme erwiesen sich als unüberwindlich.

Der Abbau der Wohnungszwangswirtschaft vollzog sich durch eine ab 1. Juli 1960 pauschal eingetretene Mietpreiserhöhung für Altbauwohnungen um 15 Prozent der Grundmiete zusätzlich verschiedener vom Wohnungskomfort abhängiger Mietzuschläge und vor allem durch die allgemeine Mietpreisfreigabe, die ab 1. November 1963 eintrat. Die Freigabe der Mieten erfolgte in allen kreisfreien Städten und Landkreisen, in denen weniger als 3 Prozent Wohnungen fehlten. Am 1. Juli 1961 wurde die Wohnraumbewirtschaftung in den kreisfreien Städten und Landkreisen beseitigt – die Wohnungsämter fielen also weg –, in denen am 31. Dezember des vorhergegangenen Jahres das statistische Wohnungsdefizit unter 3 Prozent gesunken war.
In diesen »weißen« Kreisen fallen zwar alle zwangswirtschaftlichen Bindungen wie Wohnraumbewirtschaftung, Mietpreisbindung und Mieterschutz, sie werden aber nicht ersatzlos gestrichen, sondern durch ein modernes soziales Miet- und Wohnrecht mit verlängerten Kündigungsfristen, einem sozial begründeten Widerspruchsrecht in Härtefällen und vor allem durch eine Miet- und Lastenbeihilfe ersetzt. Diese Miet- und Lastenhilfen (1965 durch das Gesetz über Wohngeld entscheidend verbessert und vereinfacht) sind keine Fürsorgeleistungen, sondern es besteht ein Rechtsanspruch auf sie. Sie werden jenen Mietern gezahlt, die wirtschaftlich nicht in der Lage sind, die volle Miete oder Belastung (bei Eigenheimen, Kleinsiedlungen) zu zahlen und richten sich in ihrer Höhe nach dem Betrag, um den die gezahlte Miete die »tragbare« Miete (je nach Einkommen und Personenzahl 10 bis 24 Prozent des Einkommens) übersteigt.
Dieses neue Miet- und Wohnrecht, 1963 im wesentlichen parlamentarisch erarbeitet und am 4. Juni 1964 gegen die Stimmen der SPD verabschiedet, gehörte nach Auffassung der Bundesregierung und der sie tragenden Parteien zu den wichtigsten sozialpolitischen Gesetzen der jüngsten Zeit. Es sei in dieser Form in der freien Welt ohne Beispiel. Sozialdemokratie, Gewerkschaften und der Deutsche Mieterbund teilten diese Meinung nicht. Weder sahen sie in der Änderung des Bürgerlichen Gesetzbuches und der Zivilprozeßordnung einen ausreichenden Schutz gegen nicht zu rechtfertigende Härten, noch glaubten sie an das Partnerschaftsverhältnis, das die Beziehungen zwischen Mietern und Vermietern zukünftig bestimmen soll. Dieser das Leben des weitaus größten Teiles der Bevölkerung berührende Prozeß der Überführung eines der lebensnotwendigsten Güter, der Wohnung, in die Marktwirtschaft war von starken sozialen Spannungen begleitet.

Rück- und Ausblick

Das Fragment einer gesellschaftspolitischen Bilanz Ende 1963, zeitlich zusammenfallend mit dem fast fünfzehnjährigen Bestehen der Bundesrepublik, könnte es so lauten?
»Ziehen die Arbeiter Bilanz aus fünfzehn Jahren Bundesrepublik, so können sie

zufrieden sein. Sie haben zwar weniger erreicht als die Selbständigen, aber sicher genausoviel, wenn nicht mehr, als die Beamten. Sie und ihre Organisationen gehören zu diesem Staat, sie erkennen ihn an, wie er sie . . . Viele Arbeiter werden Angestellte werden und – wenn nicht selbst, dann in ihren Kindern – keine Ressentiments mehr besitzen und erregen. Der Anteil der Löhne an den Produktionskosten wird weiter sinken, womit ein Argument gegen Lohnerhöhungen verblaßt. Die Gewerkschaften sind reich, sie lassen ihr Geld arbeiten wie die Kapitalisten auch, und sie haben sich auch schon das bescheidene Schweigen der Besitzenden angewöhnt. Die Wirtschaftsform ist kaum mehr umstritten, nur die freien Mieten und die Lebensmittelpreise bereiten Ärger. Obwohl es den Arbeitern bei weitem nicht so gut geht, wie ihre Neider glauben, so scheint es doch so, als ob es nichts mehr gäbe, was die Parteien dem Volke versprechen könnten . . . Haben die Bundesbürger wirklich alles, daß man ihnen, wie der Salome, nur noch rollende Köpfe anbieten kann? Die Gesellschaftspolitiker beantworten die Frage mit Nein und fordern das ›Eigentum für alle‹. Sie sind unzufriedener als die betroffenen ›breiten Schichten‹ selbst. Denn das Schlagwort, samt dem Wunsch, die Arbeitnehmer stärker, als dies bisher geschehen ist, am Vermögenszuwachs zu beteiligen, entstammt nicht den Hütten der Armen, sondern den Schreibmaschinen der Nachdenklichen. Sie finden, daß die Arbeiter, die endlich Staatsbürger geworden sind, auch Vollbürger der Wirtschaft werden sollten . . .«[120]

Nun war in der Tat, wie bereits an anderer Stelle dargelegt, eine ungewöhnliche Vermögenskonzentration statt einer breiten Eigentumsstreuung eingetreten. Diese Entwicklung war unbefriedigend. Die Umverteilung der Vermögen aber erwies sich als Fiktion und wird heute von keinem mehr ernstlich gewollt. Die Eigentumsdebatte hat längst eine andere Richtung eingenommen: breitere Verteilung des Vermögenszuwachses, mittelbare oder unmittelbare Beteiligung aller an dem Produktionsvermögen der Volkswirtschaft. Dieses Grundproblem bedarf noch der Lösung. Psychologische Hemmnisse, die in der Eigentumsfremdheit der breiten Schichten der Arbeitnehmer und in der mangelnden Gewohnheit, mit Eigentum umzugehen, wurzeln, müssen noch vielfach überwunden werden. Boten die Arbeitgeber eine Umwandlung von Barleistungen in vermögenswirksame Zuwendung an – das ist einer vom Bundesarbeitsministerium vorgenommenen Erhebung für das Jahr 1963 über die Auswirkungen des Ersten Vermögensbildungsgesetzes vom Jahre 1961 zu entnehmen –, so sprachen sich 94,7 % der Arbeiter und 75,9 % der Angestellten gegen eine solche Umwandlung aus. Auch der Deutsche Gewerkschaftsbund war lange Jahre an einer Eigentumsbildung in breiter Hand nicht vordringlich interessiert. In seiner Forderung auf Mitbestimmung zeigte sich zunächst sein primäres Interesse. Die Verfügungsgewalt über das Volksvermögen, nicht der Besitz von Anteilen an ihm, war eines der großen Ziele seiner Politik.

In der Frage des Eigentums für jeden – eine der zentralen sozialpolitischen Aufgaben mit dem Ziel der stärkeren Bindung des einzelnen an den Staat – zeichnete sich über den geeigneten Weg nach den zweijährigen Erfahrungen und Enttäuschungen eines praktisch unwirksam gebliebenen ersten Schrittes zur Eigentums-

bildung breiter Schichten Ende 1963 eine Annäherung der Auffassungen von CDU und SPD ab: Die Eigentumspolitik sollte in die Tarifpolitik – mit der Konsequenz, daß eine eigene Sparleistung des einzelnen nicht notwendig ist – einbezogen werden. Enttäuschend waren die Erfahrungen deshalb, weil, nach einer Erhebung für das Jahr 1962, nicht einmal 2 Prozent der Arbeitnehmer die Vergünstigungen des Ersten Vermögensbildungsgesetzes erhalten haben. Nur 250000 Arbeitnehmer haben durchschnittlich im Jahre 1962 220,– DM aufgrund dieses Gesetzes gespart. Der entscheidende Grund für dieses unbefriedigende Ergebnis lag darin, daß nur Einzelverträge und Betriebsvereinbarungen begünstigt wurden. 1963 boten von rd. 357000 Unternehmen mit 12175000 Beschäftigten nur 2,1 Prozent dieser Unternehmen ihren Arbeitern, und durchaus nicht allen, vermögenswirksame Leistungen an. So wurde es verständlich, daß in der Tarifvertragsfähigkeit der Vermögensbildung, wie von den Sozialdemokraten bereits 1961 angestrebt, ein gangbarer Weg gesehen wurde.
Die Freien Demokraten dagegen distanzierten sich nachdrücklich von diesem Weg und sahen in der Weiterentwicklung des prämienbegünstigten Sparens und Bausparens die geeignete Förderung der Vermögensbildung, weil nach ihrer Auffassung Eigentumsbildung stets eine eigene Leistung voraussetzt. Die Eigentumsbildung in breiteren Volksschichten kann aber – darin schienen sich Bundesregierung, CDU/CSU und Opposition einig – durch ein staatlich begünstigtes Sparen allein nicht entscheidend gefördert werden, weil immer nur die sparen können, deren Einkommen es erlaubt. Die unteren Einkommensschichten und die kinderreichen Familien blieben von dieser Lösung ausgeschlossen. Den sich abzeichnenden Vorstellungen der Bundesregierung und einer aus CDU/CSU und SPD sich bildenden parlamentarischen Mehrheit über die Notwendigkeit, durch Tarifvertrag vermögenswirksame Leistungen der Arbeitgeber zugunsten der Arbeitnehmer unter Einschluß des öffentlichen Dienstes vereinbaren zu können, widersprach nicht nur die FDP, sondern auch die Wirtschaft. Ihren gesellschaftspolitischen Überzeugungen lag der Gedanke zugrunde, daß Sparen an Konsumverzicht gebunden sei und ein sich bildendes Vermögen stets im untrennbaren Zusammenhang mit der eigenen Leistung und dem eigenen Opfer stehe. Fehle dieser Wille beim einzelnen, dann fehle auch die festere Beziehung zum Staat. Ein ohne eigene Anstrengung gebildetes Vermögen fördere nur die Ansprüche der Masse an den Staat, töte das individuelle Verantwortungsbewußtsein und begünstige die fatale Neigung, »allen Fortschritt letztlich nur von den Gesetzen der Obrigkeit zu erwarten«.
Die Ansichten darüber, mit welchen Mitteln diese unbestritten dringliche sozialpolitische Aufgabe einer wirklich verbesserungsbedürftigen Vermögensverteilung zu erreichen sei, gingen also sehr erheblich auseinander.

DIE ENTWICKLUNG IN DER BUNDESREPUBLIK

Die SPD wird wählerstärkste Partei in den Ländern

Eine Analyse der Landtags- bzw. Bürgerschaftswahlen in neun Bundesländern von November 1961 bis Ende 1963 ergab, daß die Sozialdemokraten die Christlichen Demokraten zum ersten Male seit 1952 überflügelt hatten. 43,3 Prozent aller gültigen Stimmen entfielen auf die SPD, 42 auf die CDU/CSU (in diese Wahlstatistik ist die für die CDU günstige Wahl zum Stuttgarter Landtag von 1964 einbezogen). Damit blieb der Wähleranteil der Christlichen Demokraten bei den Landtagswahlen seit 1961 gegenüber dem vor vier Jahren konstant, während die Sozialdemokraten eine Zuwachsquote von 39,3 auf 43,4 Prozent und damit fast die gleiche wie bei der Bundestagswahl 1961 (4,4) aufwiesen. Die SPD verzeichnete einen Stimmenüberschuß bei den der Statistik zugrunde gelegten zehn Landtagswahlen gegenüber der Bundestagswahl um 200 000 und gegenüber den Landtagswahlen vor vier Jahren um 1,6 Millionen. Die SPD als großer Rivale der CDU/CSU hatte einen respektablen Erfolg erzielt, der die politische Zahlenlandschaft in den deutschen Bundesländern weiter zu ihren Gunsten veränderte. Ein Prozeß, der bereits nach der Bundestagswahl 1957 begann und sich kontinuierlich weiterentwickelte.

Die Wahl der Hamburger Bürgerschaft am 12. November 1961 setzte den Stimmengewinn der SPD und den Stimmenverlust der CDU gegenüber 1957 fort. Die absolute Mehrheit der SPD, 1957 bereits mit 53,9 Prozent erzielt, wurde auf 57,4 ausgedehnt. Von 120 Mandaten entfielen auf die SPD 72. Die abfallende Stimmenzahl der Hamburger CDU betrug gegenüber 1957 3,1 Prozent, der Mandatsverlust 5 (36). Die FDP erstarkte geringfügig um 1 Prozent und 2 Mandate (12), hatte aber, was wegen des geringen zeitlichen Abstandes zur September-Wahl höchst bedeutsam war, gegenüber der Bundestagswahl 92 000 Stimmen oder 6,1 Prozent verloren. Der außergewöhnliche FDP-Erfolg auf Bundesebene hatte sich also nicht fortgesetzt. Die Koalition zwischen SPD und FDP unter Senatspräsident Dr. Paul Nevermann (SPD), der im Dezember 1960 Max Brauer (SPD), den um den Wiederaufbau Hamburgs verdienten langjährigen Ersten Bürgermeister, abgelöst hatte, blieb bestehen.

Die Landtagswahlen vom 8. Juli 1962 in Nordrhein-Westfalen brachten der CDU den Verlust ihrer 1958 errungenen absoluten Mehrheit. Sie verlor 8 Sitze, während die SPD 9 gewann. Die 1958 zwischen beiden Parteien bestehende Differenz von 23 Mandaten schmolz auf 6 zusammen (CDU = 96; SPD = 90). Dem Verlust von 260 000 Stimmen bei der CDU stand bei der SPD ein Gewinn von 380 000 gegenüber. Die FDP verlor ein Mandat und zog mit 14 Abgeordneten in den Düsseldorfer Landtag ein. Die 1 118 000 Stimmen, die die FDP bei der Bundestagswahl erhalten hatte, reduzierten sich auf 553 000 oder von 11,8 auf 6,9 Prozent. Gegenüber 1958 hatte die FDP nur 33 000 Stimmen verloren. Der am 23. Juli

wiedergewählte Ministerpräsident Dr. Franz Meyers (CDU) bildete am 26. Juli ein Koalitionskabinett aus CDU und FDP.
In Schleswig-Holstein, dem nördlichsten Bundesland, verschlossen die Wahlen vom 23. September 1962 dem BHE den Wiedereinzug in den Landtag. Dieses flüchtlingsstarke Bundesland war einst eine Hochburg des BHE gewesen. 1954 noch war er die drittstärkste Partei und übertraf die FDP nach Stimmen und Mandaten um das Doppelte; noch 1958 war er stärker als die FDP. Der Verlust von 36000 Stimmen gegenüber der Landtagswahl von 1958 (5 Abgeordnete) ließ den BHE nunmehr unter die Fünfprozentklausel fallen. Die CDU verbesserte gegenüber 1958 geringfügig ihre Wahlbilanz, im Landtag fehlten ihr mit 34 Sitzen zwei zur absoluten Mehrheit. Die SPD hatte 3 Mandate (29) gewonnen, die FDP 2 (5). Es scheint, daß die FDP den größeren Gewinn aus der Konkursmasse des BHE erzielte als CDU und SPD. Die Südschleswiger Wählervereinigung, die nicht den Bestimmungen der Fünfprozentklausel unterliegt, war mit einem Abgeordneten vertreten. Er gewann vorübergehend dadurch an Einfluß, daß die CDU, die nach dem Ausscheiden von FDP-Justizminister Leverenz aus dem Kabinett von Hassel am 24. November 1962 eine Minderheitenregierung bildete, auf die Stimme des Vertreters der dänischen Minderheit angewiesen war. Ministerpräsident von Hassel legte am 7. Januar 1963 seine Amtsgeschäfte, weil zum Bundesverteidigungsminister ernannt, nieder. Justizminister Dr. Helmut Lemke (CDU) wurde am gleichen Tage zum Ministerpräsidenten gewählt, die Koalition zwischen CDU und FDP wurde Mitte Februar 1963 durch die Berufung von Staatssekretär Qualen (FDP) aus dem Bundesschatzministerium zum Finanzminister wieder geschlossen.
Hessen, seit 1946 ein ohne Unterbrechung sozialdemokratisch regiertes Land und mit stabilen politischen Verhältnissen, wählte am 11. November 1962 seinen 5. Landtag. Die Wahlen brachten der SPD einen starken Erfolg und die absolute Mehrheit nach Stimmen (50,9 Prozent) und Mandaten (51 von 96). Diese unmittelbar im Schatten der »Spiegel«-Affäre stehende Wahl in der Bundesrepublik wurde in der Presse vielfach als Testwahl und im Erfolg der hessischen Sozialdemokraten ein Indiz dafür gesehen, wie stark die Kritik der Öffentlichkeit an dem Verhalten der Bundesregierung in dieser Sache sei. Die CDU verlor gegenüber 1958 4 Sitze (28), die FDP gewann 2 (11). Dem BHE, der in Hessen ein solides Fundament hatte, blieb die Entwicklung von Schleswig-Holstein erspart. Er verlor zwar 36000 Stimmen, zog aber mit 6,3 Prozent wieder in den Landtag und mit einem Minister (bisher 2) als einziger Koalitionspartner der SPD in das 4. Kabinett ein, das Ministerpräsident Dr. Georg August Zinn am 31. Januar 1963 bildete.
Das Ergebnis der bayerischen Landtagswahlen vom 25. November 1962 zwang zur Zurückhaltung gegenüber der These, mit der der Wahlerfolg der hessischen SPD zu erklären versucht wurde. Denn die CSU, deren Vorsitzender der im Mittelpunkt der »Spiegel«-Affäre stehende Bundesverteidigungsminister Strauß war, festigte ihre Position. Sie gewann nicht nur 460000 Stimmen, fast 2 Prozent, und 7 Mandate gegenüber 1958, sondern vor allem auch die absolute Mehrheit (108 Mandate von 204). Dabei mag sie der Haupterbe der dem BHE verlorengegangenen 300000 Stimmen gewesen sein, der damit nicht mehr im Landtag vertreten

war. Die SPD buchte einen Stimmengewinn von mehr als 600 000 und sandte mit 79 Abgeordneten 15 mehr in das Maximilianeum als 1958. Trotz dieses respektablen Erfolges, der vor allem in dem Wählervotum der Großstadtbevölkerung (in München gewann die SPD alle Sitze und erreichte fast 50 Prozent der Stimmen) zu suchen war, erzielte die SPD mit 35,3 Prozent an Stimmen den niedrigsten Anteil in allen Bundesländern. Die FDP blieb stabil, sie gewann ein Mandat (9). Mit 8 Sitzen (bisher 14) war die Bayernpartei als vierte Partei im Parlament vertreten; sie bildete mit der CSU eine Koalition. Dem Kabinett unter Vorsitz von Ministerpräsident Alfons Goppel (CSU), am 11. Dezember 1962 mit 109 von 201 abgegebenen Stimmen gewählt, gehören mit Ausnahme von Staatssekretär Wehgartner (Bayernpartei) nur Mitglieder der CSU an.

Die Wahlen zum Berliner Abgeordnetenhaus vom 17. Februar 1963 brachten der SPD ein außerordentliches Vertrauensvotum der Wähler. Sie erhielt mit 61,9 Prozent der Stimmen den höchsten SPD-Anteil in allen Bundesländern. Ihr prozentualer Zuwachs gegenüber 1958 betrug 9,3, die Anzahl der Mandate wuchs von 78 auf 89. Die CDU erlitt eine schwere Niederlage, von 55 Mandaten 1958 verlor sie 14. Mit 448 000 Stimmen erhielt sie 160 000 oder 8,8 Prozent weniger als 1958. Die FDP, 1958 mit nur 3,8 Prozent Stimmen auf Grund der Spaltung aus dem Abgeordnetenhaus verdrängt, hatte sich konsolidiert und erhielt mit 123 000 Stimmen (7,9 Prozent) 61 000 mehr als 1958. Sie zog mit 10 Abgeordneten wieder in das Abgeordnetenhaus ein und bildete am 11. März 1963 mit der SPD den neuen Senat, während die CDU, der langjährige bisherige Koalitionspartner, in die Opposition ging. Regierender Bürgermeister blieb Willy Brandt; mit Heinrich Albertz stellte die SPD auch den Bürgermeister. Die Ressorts Finanzen, Gesundheitswesen und Justiz fielen in dem 13köpfigen Senat an die FDP. Die SED, in einer freien Wahl zur Bedeutungslosigkeit verurteilt, erhielt mit 1,3 Prozent ihren bisher niedrigsten Anteil in allen Wahlen.

Die rheinland-pfälzische CDU erlitt bei den Wahlen vom 31. März 1963 das gleiche Schicksal wie ihre nordrhein-westfälische Schwester: sie verlor die absolute Mehrheit, die sie 1955 gewonnen hatte. Der fühlbare Verlust bestand in 51 000 Stimmen und 6 Mandaten; mit 46 Sitzen fehlten ihr 5 an der absoluten Mehrheit. Die SPD gewann 5,8 Prozent an Stimmen und erhöhte ihre Sitzzahl von 37 im Jahre 1959 auf 43. Die FDP blieb relativ konstant und verbesserte sich um einen Sitz auf 11. Der durch die DRP 1959 erzielte spektakuläre Erfolg, der ihr ein Mandat im Mainzer Landtag einbrachte, wiederholte sich nicht mehr. Wenn sie auch noch 56 000 Stimmen erzielte, so verlor sie doch 31 000 und fiel mit 3,2 Prozent unter die Fünfprozentklausel. Am 18. Mai wurde Ministerpräsident Dr. Peter Altmeier (CDU), seit 1946 Regierungschef, in seinem Amt bestätigt. Die Koalition zwischen CDU und FDP wurde, allerdings erst nach langwierigen Verhandlungen und einigen bedeutenden kulturpolitischen Zugeständnissen an die FDP, fortgesetzt.

Die Wahl zum niedersächsischen Landtag am 19. Mai 1963 hatte als hervorstechendstes Ereignis den politischen Tod der in diesem Bundesland einst bedeutenden Deutschen Partei und des ehemals einflußreichen BHE zu verzeichnen. CDU, SPD und FDP, letztere hatte lange Jahre im Schatten der DP gestanden, teilten sich ziemlich gleichmäßig in dieses Erbe. Die DP hatte 1959 noch 425 000 Stimmen und 20 Mandate auf sich vereinen können, 1963 blieben noch 98 000 Stimmen = 2,7 Prozent übrig. Der BHE, den in seiner Blütezeit 1955 17 Abgeordnete im niedersächsischen Landtag vertraten, erlitt zwar 1959 fühlbare Einbußen, erhielt aber doch noch 286 000 Stimmen und 13 Mandate. Sein Sturz in die politische Bedeutungslosigkeit vollzog sich 1963 mit einer Stimmeneinbuße von 153 000. Mit 3,7 Prozent fiel er wie die DP mit 2,7 % unter das Fallbeil der Fünfprozentklausel. Die SPD gewann zwar gegenüber der letzten Landtagswahl 5,4 Prozent an Stimmen (44,9) und 8 Mandate (73), sie wurde aber von der CDU mit 6,9 Prozent (37,7) und einem Zuwachs von 11 Sitzen (62) übertroffen. Die FDP erzielte 6 Mandate mehr als 1959 und gewann 131 000 Stimmen (3,6 Prozent). Mit 14 Abgeordneten und einem Stimmenanteil von 8,8 Prozent hatte sie ihre bisher beste Position erreicht. Waren im niedersächsischen Landtag in den früheren Wahlperioden fünf bis sieben Parteien vertreten, so brachte der Wahlausgang vom 19. Mai 1963 eine Konzentration auf nur 3 Fraktionen. Am 12. Juni sprach der Landtag einem Koalitionskabinett aus SPD und FDP unter Ministerpräsident Dr. Georg Diederichs (SPD) sein Vertrauen aus. Er hatte das Amt des Regierungschefs bereits seit Ende 1961 inne, als er Nachfolger des verstorbenen Ministerpräsidenten Hinrich Wilhelm Kopf (SPD) geworden war. Dieser verdienstvolle und populäre Mann hatte seit November 1946 mit Ausnahme von Mai 1955 bis zur Wahl von 1959 an der Spitze dieses Bundeslandes gestanden und sechs Kabinette geleitet.

Die Bremer Bürgerschaftswahl vom 29. September 1963 war, bezogen auf die beiden großen Parteien, atypisch. Die SPD verlor, berechnet nach dem Stand der Sitzverteilung unmittelbar vor den Wahlen, 5 Mandate und – berechnet nach dem Wahlergebnis vom 11. Oktober 1959 – 0,3 Prozent der Stimmen. (Als Vergleichsbasis für die Mandate kann wegen der Auflösung der Deutschen Partei nur die veränderte Sitzverteilung zum Ende der Legislaturperiode herangezogen werden: SPD 62, CDU 22, FDP 11, DP 5.) Die CDU gewann an Stimmen 14,1 Prozent und 9 Mandate, die FDP verlor 3. Die DP, deren Hochburg neben Niedersachsen Bremen war, hatte bei der Bürgerschaftswahl 1959 noch 16 Sitze – die gleiche Anzahl wie die CDU – erhalten und war zum Ende der Wahlperiode auf Grund der Auflösung und Verschmelzung zur GDP auf 5 zusammengeschrumpft. Die Deutsche Reichspartei hatte ihren Wählern empfohlen, die DP zu wählen. Die CDU war, das bestätigte der Wahlausgang, nahezu zum Alleinerben der Deutschen Partei geworden. Die DFU mochte die SPD Stimmen gekostet haben, der Verlust gefährdete aber nicht ihre absolute Mehrheit. In der Zusammensetzung des am 26. November neugewählten Senats unter seinem Präsidenten Wilhelm Kaisen (SPD), seit 1946 ununterbrochen Regierungschef dieses Stadtstaates, änderte sich gegenüber dem alten nahezu nichts. Die FDP blieb Koalitionspartner der SPD.

Ende 1963 ergab sich also eine Stimmenbilanz mit nicht zu übersehenden Tendenzen, die, soweit sie die Sozialdemokraten betrafen, eingangs dieses Kapitels bereits genannt wurden. Die teilweise kräftigen Stimmengewinne der Christlichen Demokraten resultierten primär aus dem Erbe der kleineren Parteien DP und BHE, die

Resonanz der CDU in den evangelischen, d. h. norddeutschen Landschaften verstärkte sich dadurch. Wie erklärten sich aber die zum Teil erheblichen Stimmeneinbußen in den Ländern Hamburg, Nordrhein-Westfalen, Berlin und Rheinland-Pfalz? Dort war ein Schwund der Stammwählerschaft eingetreten, dort hatte eine Wählerwanderung eingesetzt. Die SPD war, wie schon bei der Bundestagswahl, auch für frühere CDU- und FDP-Wähler wählbar geworden. Erste Risse in dem traditionellen Wählerfundament der CDU waren sichtbar geworden. Diese Risse veränderten aber nicht das Kräfteverhältnis im Bundesrat und somit nicht die Majorität der Länder mit CDU/CSU-Ministerpräsidenten.

Der deutsch-französische Vertrag und seine Vorgeschichte

Im Prozeß der wirtschaftlichen und politischen Einigung Europas, der mit der Gründung der EWG und der Konstituierung des Europäischen Parlaments (1957/58) einen kraftvollen Impuls erhalten hatte, war die Politik de Gaulles von entscheidendem Einfluß. Seine zurückhaltende Einschätzung der übernationalen europäischen Institutionen ließ ihn das Schwergewicht der Verhandlungen zu engerer Zusammenarbeit auf die Regierungen legen. Seine Bestrebungen, die bereits bestehenden supranationalen europäischen Institutionen in zwischenstaatliche Organisationen umzuwandeln und einen Rat der Ministerpräsidenten als oberstes Organ zu schaffen, fanden mit Ausnahme von Bundeskanzler Adenauer, wenn auch zunächst mit Vorbehalten, bei den übrigen Regierungschefs der EWG-Mitgliedsstaaten kaum Anklang. Ihr Beschluß im Februar 1961, durch eine Kommission ein europäisches Statut entwerfen zu lassen, führte unter Vorsitz des Franzosen Christian Fouchet zum Entwurf für eine »Union der europäischen Staaten«. Sie sollte ein Staatenbund mit gemeinsamer Verteidigungs- und Außenpolitik sein. Ein Rat der Regierungschefs, der wenigstens alle vier Monate zusammentreten sollte, unterstützt durch Zusammenkünfte der Fachminister, sollte das oberste Gremium darstellen. Ein Parlamentarischer Rat und eine Politische Kommission aus Regierungsbeamten wurden weitere Institutionen. Dieser »Fouchet-Plan«, in seinem Kern auf einer engen Zusammenarbeit zwischen der Bundesrepublik und Frankreich basierend, stieß auf Ablehnung, insbesondere der Benelux-Länder. Sie fürchteten eine Hegemonie Frankreichs, wünschten als Gegengewicht die Beteiligung Großbritanniens und eine Einschränkung der Befugnisse der einzelnen Staaten zugunsten der europäischen Institutionen. Auch wurde eine Gruppenbildung innerhalb der NATO befürchtet. Die Idee von der Gründung einer Union der europäischen Völker erhielt durch einen zweiten, von de Gaulle wesentlich beeinflußten Fouchet-Plan, der der Errichtung eines »Europas der Vaterländer« entsprach, eine neue Form. Sie verfiel der Ablehnung, weil damit die politische Integration Europas entscheidend zurückgeworfen worden wäre. Anfang 1962 verstärkte sich die Tendenz Frankreichs, unter ausdrücklicher Betonung der Solidarität mit der Bundesrepublik als wesentlicher Voraussetzung für Gleichgewicht und Zusammenwachsen Europas, eine Politik der Selbständigkeit zu demonstrieren.

Die Pressekonferenz de Gaulles vom 15. Mai 1962 enthüllte klarer als bisher seine politischen Ziele.

Er lehnte die Integration der französischen Streitkräfte in die NATO ab und bestand auf dem Aufbau einer nationalen Atomstreitkraft. Das supranationale Europa hielt er nicht für realisierbar, die einzelnen europäischen Staaten könnten nicht den Mehrheitsbeschlüssen eines Europäischen Parlaments unterworfen werden. Sein Widerstand gegen den beantragten Beitritt Großbritanniens zur EWG wuchs. Immer stärker trieb die Entwicklung zu einer zunächst zweiseitigen Vereinbarung über eine enge Zusammenarbeit Frankreichs mit der Bundesrepublik, da die geplante politische Union sich nach den Vorstellungen des französischen Staatspräsidenten und Adenauers nicht verwirklichen ließ. Die gegenseitigen Staatsbesuche Adenauers in Frankreich vom 2. bis 6. Juli und de Gaulles vom 4. bis 9. September 1962 in der Bundesrepublik bereiteten den Entschluß vor, die Beziehungen zwischen beiden Ländern enger und schneller zu entwickeln als vorgesehen war und sie durch praktische Maßnahmen konkret zu gestalten.

Der Besuch des Präsidenten der französischen V. Republik glich einem Triumphzug durch die Bundesrepublik. Wo immer er öffentlich sprach – in einem fehlerfreien Deutsch und nicht vom Blatt ablesend – löste er Begeisterung und Jubel aus: auf dem Bonner Marktplatz, in Hamburg, München, Stuttgart, auf dem Ludwigsburger Schloßplatz und in der August-Thyssen-Hütte in Dortmund. Dort rief er den Arbeitern zu: *»Die Tatsache, daß Charles de Gaulle hier ist und von Ihnen so herzlich empfangen wird, beweist, wie sehr unsere beiden Völker schon einander vertrauen.«* [121]

In einem Rückblick auf den Staatsbesuch de Gaulles in der Bundesrepublik schrieb Carlo Schmid:

»Der Staatsbesuch ... war ein Akt der Hochherzigkeit und zugleich politischen Kalküls. Beides zusammen gibt ihm seine eigentliche Bedeutung, denn Hochherzigkeit ohne Bindung an wohlberechnete Interessen ist im Bereich des Politischen von kurzer Dauer und zweifelhafter Wirkung; bloßes politisches Kalkül ohne Beteiligung des Herzens kann zu manchem Nützlichen führen, wird aber selten eine neue Epoche in den Beziehungen von Völkern einleiten. Mir scheint durch diesen Besuch und die Art, wie die Bevölkerung der besuchten Städte ihn angenommen hat, ein Blatt im Buche der Geschichte umgewendet und ein gutes Kapitel aufgeschlagen worden zu sein ...

Wenn de Gaulle uns die Hand drückt – so etwa möchte ich die Empfindungen der Menschen auf den Straßen und Plätzen deuten – dann kann unsere Hand nicht mehr schmutzig sein. Nach allem, was geschehen ist, konnten wir uns ja nicht selbst Absolution erteilen. De Gaulle hat den Deutschen gesagt: Ihr seid ein großes Volk! Ihr braucht Euch nicht dauernd vor der Weltgeschichte zu verkriechen, wenn auch schlimme Dinge geschehen sind, über die wir nicht mehr sprechen wollen. Wer sonst hat dies nach 1945 den Deutschen gesagt? ...«

Nicht ohne Grund hatte Carlo Schmid seinem Rückblick die Überschrift gegeben »Nüchternheit, die sich der Begeisterung nicht schämt«. Er schloß mit den Worten:

»Völker pflegen sich bei Massenkundgebungen auf Grund spontaner Gefühlsregungen zu äußern. Das kann sehr schön sein und kann manches in Bewegung bringen, das sonst verstocken müßte; aber kein Volk, kein Staat kann darauf verzichten, daß auch die Dinge, an denen es mit starken Gefühlen beteiligt ist und die es aus tiefstem Herzensgrunde will, rational und unter Abwägung der Interessen und Erwägung möglicher Folgen verantwortlich diskutiert werden, ehe politische Entscheidungen fallen. Wir hoffen, daß man es bei uns so halten wird ...« [122]

Der politische Wert dieses sich vollziehenden Wandels zweier »Erbfeinde« zu Freunden wurde durch die Befürchtung eingeschränkt, daß sich bei den Völkern, auf deren Freundschaft und Zusammenarbeit wir angewiesen waren, die Vorstellung von einer im Westen Europas entstehenden deutsch-französischen Hegemonie bilden könnte oder zumindest das Bewußtsein, Frankreich und Deutschland fiele bei der Ausgestaltung der politischen Ordnung Europas ein Monopol zu. Die Sorge, dieses enge Zusammengehen der beiden Staaten könne mehr bedeuten als nur die Koordinierung der Politik der beiden Regierungen und damit das Ende eines politischen, unter Einschluß Großbritanniens vereinigten Europas, wurde laut. In der Bundesrepublik wie im Ausland. Die Regierung der Bundesrepublik war zwar prinzipiell für eine institutionelle Integration Europas, wozu ja entscheidende Schritte durch Bildung übernationaler Institutionen in der Vergangenheit erfolgt waren. Sie war für einen allmählichen Souveränitätsabbau der einzelnen Staaten. Aber das Angebot de Gaulles an Deutschland zur Zusammenarbeit mochte der Bundeskanzler als ersten politischen Schritt auf dem Wege zur Einheit Europas nicht zurückweisen, zumal er der wirtschaftlichen und politischen Rolle Großbritanniens in einem vereinigten Europa mit Distanz gegenüberstand. Diese Auffassung teilte nicht das gesamte Kabinett. Bundeswirtschaftsminister Erhard und Außenminister Schröder vertraten eine die Partnerschaft Englands einschließende Politik. De Gaulles Presseerklärung vom 14. Januar 1963, England könne im Augenblick nicht Mitglied der EWG werden, sondern sich höchstens mit dieser assoziieren, führte zu einer Zuspitzung der Spannungen. Die übrigen EWG-Länder und die USA wie eine Entschließung des Auswärtigen Ausschusses des Bundestages legten dem Bundeskanzler dringend nahe, bei de Gaulle zu vermitteln und auf den Beitritt Großbritanniens als Vollmitglied der EWG zu dringen. Diese Mission blieb ergebnislos. Premierminister Macmillan konnte mit Rücksicht auf das Commonwealth die Forderung de Gaulles, daß England auf jede Sonderregelung für die britische Landwirtschaft verzichten muß, nicht akzeptieren. Den Hintergrund des kompromißlosen französischen Neins bildete die Befürchtung und bis zu einem gewissen Grade auch die des Bundeskanzlers, daß das Wesen der europäischen Einheit durch einen Beitritt Englands zur EWG einen grundlegenden Wandel erfahren würde, zumal diesem Schritt der Beitritt anderer EFTA-Staaten folgen würde. Dieses Bild vertrug sich vor allem auch nicht mit der Vorstellung de Gaulles von einem Europa, das sich jeder »atlantischen Abhängigkeit« entziehen und sich als selbstbewußte »Dritte Kraft« begreifen müsse. Nicht technische Differenzen, sondern entscheidende politische Streitfragen bildeten also die für Großbritannien unüberwindliche Mauer. Als am 28. Januar 1963 die Verhandlungen in Brüssel endgültig scheiterten, hatte die europäische politische Einigungsbewegung einen sehr ernsten Rückschlag erlitten.

Am 22. Januar 1963 wurde der Vertrag zwischen der Bundesrepublik Deutschland und Frankreich geschlossen. Ein historisches Ereignis. Er gestaltet das Verhältnis zwischen Deutschen und Franzosen von Grund auf neu und beendet eine jahrhundertealte Feindschaft und Rivalität. Er sieht durch die Konsultationspflicht eine enge Zusammenarbeit zwischen beiden Ländern in den auswärtigen Angelegenheiten, in der Verteidigung, im Erziehungswesen und in Jugendfragen vor. Die Förderung des Jugendaustausches zwischen beiden Völkern ist eines der wichtigsten Vertragsziele. Ein deutsch-französischer Gemeinschaftsfonds finanziert Begegnung und Austausch von Schülern, Studenten, jungen Handwerkern und Arbeitern. Es wurde vereinbart, daß sich die Regierungschefs beider Länder zweimal, die Außen- und Verteidigungsminister viermal im Jahr treffen sollen.

Keine der im Deutschen Bundestag vertretenen Parteien bezweifelte die Lebenswichtigkeit der Aussöhnung und Freundschaft zwischen beiden Völkern. Zweifel bestanden – und hier insbesondere, aber nicht ausschließlich, bei der sozialdemokratischen Opposition – nur über die mögliche Auswirkung des Vertrages auf die Entwicklung der europäischen Gemeinschaft und die atlantische Partnerschaft. Die nahezu einstimmige Annahme des Ratifizierungsgesetzes durch den Bundestag am 16. Mai 1963 wurde dadurch möglich, daß der Vertrag eine Präambel erhielt, die sicherstellt, daß die deutsche Politik von der Weiterentwicklung und Ausgestaltung der europäischen Gemeinschaften unter Einbeziehung Großbritanniens als dem wirklichen europäischen Einigungsprozeß und von der engen Partnerschaft mit den USA bestimmt wird:

»In der Überzeugung,

daß der Vertrag zwischen der Bundesrepublik Deutschland und der Französischen Republik vom 22. Januar 1963 die Aussöhnung und Freundschaft zwischen dem deutschen und dem französischen Volk vertiefen und ausgestalten wird,

mit der Feststellung,

daß durch diesen Vertrag die Rechte und Pflichten aus den von der Bundesrepublik Deutschland abgeschlossenen multilateralen Verträgen unberührt bleiben,

mit dem Willen,

durch die Anwendung dieses Vertrages die großen Ziele zu fördern, die die Bundesrepublik Deutschland in Gemeinschaft mit den anderen ihr verbündeten Staaten seit Jahren anstrebt und die ihre Politik bestimmen,

nämlich:

die Erhaltung und Festigung des Zusammenschlusses der freien Völker, insbesondere einer engen Partnerschaft zwischen Europa und den Vereinigten Staaten von Amerika, die Verwirklichung des Selbstbestimmungsrechts für das deutsche Volk und die Wiederherstellung der deutschen Einheit,

die gemeinsame Verteidigung im Rahmen des nordatlantischen Bündnisses und die Integrierung der Streitkräfte der in diesem Bündnis zusammengeschlossenen Staaten, die Einigung Europas auf dem durch die Schaffung der europäischen Gemeinschaften begonnenen Wege unter Einbeziehung Großbritanniens und anderer zum Beitritt gewillter Staaten und die weitere Stärkung dieser Gemeinschaften,

den Abbau der Handelsschranken durch Verhandlungen zwischen der Europäischen Wirtschaftsgemeinschaft, Großbritannien und den Vereinigten Staaten von Amerika sowie anderen Staaten im Rahmen des »Allgemeinen Zoll- und Handelsabkommens«,

in dem Bewußtsein,

daß eine deutsch-französische Zusammenarbeit, die sich von diesen Zielen leiten läßt, allen Völkern Nutzen bringt, dem Frieden in der Welt dienen und dadurch zugleich dem deutschen und dem französischen Volke zum Wohle gereichen wird, hat der Bundestag das folgende Gesetz beschlossen.«

Diese Präambel stellt keine deklamatorische Zusammenfassung guter Wünsche dar, sondern sie bindet als rechtsverbindlicher Teil des Ratifizierungsgesetzes die Organe der Bundesrepublik, entsprechend zu handeln. Der Bundesrat stimmte dem Gesetz nach Einfügung der Präambel am 31. Mai 1963 einstimmig zu. Die französische Nationalversammlung und der Senat gaben ebenfalls ihre Zustimmung. Damit war – ein epochales Ereignis – das Fundament der Freundschaft zwischen Frankreich und Deutschland gelegt. Der Bau des Hauses selbst ist Sache der Völker, weniger der Regierungen.

Kennedy besucht Deutschland

Der amerikanische Präsident John F. Kennedy weilte vom 23. bis 26. Juni 1963 zu Besuch in der Bundesrepublik und in Berlin. Der Entschluß zu diesem Besuch in Europa, der auch Italien, Großbritannien und die Republik Irland einschloß, wurde bereits zu einem Zeitpunkt gefaßt, als durch de Gaulles Absage an England vom Januar 1963 und durch sein Nein auf das amerikanisch-englische Angebot von Nassau, einer multilateralen atlantischen Atomstreitmacht beizutreten, in der europäischen Einigung und in der westlichen Allianz eine Krise ausgebrochen war. Kennedys Besuch in Europa galt dem Kampf gegen diese Krise. Die Analyse seiner Besuche und in Deutschland gehaltenen Reden, vor allem der in der Frankfurter Paulskirche, ergab die Bekräftigung einer Politik der gemeinsamen Interessen und Anstrengungen des Westens sowie eine in der Form konziliante, in der Sache aber klare Absage an das kontinentale Denken und an die nationale Verteidigungskonzeption des Generals. Der Besuch Kennedys hatte, soweit er Deutschland galt, noch einen zweiten Hintergrund: So sehr die Anfang des Jahres gegründete enge Zusammenarbeit zwischen Frankreich und der Bundesrepublik unzweifelhaft im Interesse des Westens lag und ohne das Zusammenwirken beider Länder keine europäische Einigung möglich war, so sehr waren mit dem deutsch-französischen Vertrag doch Befürchtungen verbunden, sein Einfluß könne in Europa zu einer Blockbildung beider Staaten mit antiamerikanischer Tendenz, die beim französischen Präsidenten vorhanden zu sein schien, führen.

Diese Befürchtungen wurden durch die Reaktion der deutschen Bevölkerung grundlegend zerstört. Kennedy schlug eine so herzliche und spontane Zuneigung entgegen, die ihn, vor allem durch seinen Besuch in Westberlin, nicht nur den politischen Wettstreit, sondern auch den Popularitätswettstreit mit dem General gewinnen ließ. Eine Reaktion, die in ihrer Aufrichtigkeit den eher zur skeptischen Nüchternheit neigenden Präsidenten beeindruckte und zur Korrektur seines Deutschlandbildes zwang. *»Die Bevölkerung eines Landes hat nur ganz selten Gelegenheit, unmittelbar auf die Politik Einfluß zu nehmen. Der Besuch des amerikanischen Präsidenten bot unserem Volk eine solche Chance, und es hat sie genutzt.«* [123]

Das Volk bestätigte in einer Demonstration des Vertrauens und der Dankbarkeit, in Berlin in einer unvergeßlichen Weise besonders manifest geworden, die Auffassung, die es instinktiv wie auch bewußt in seiner überwältigenden Mehrheit vertrat: die Sicherheit der Bundesrepublik und Westberlins kann nur durch engste Anlehnung an die USA garantiert werden. Ein außenpolitischer Leitsatz, den die Bundesregierung seit 1949 vertrat. Der deutsch-französische Vertrag kann die amerikanische Sicherheitsgarantie nicht ersetzen.

In seiner großen Rede in der Frankfurter Paulskirche vom 25. Juni 1963, ein Zeugnis nüchternen und visionären Denkens zugleich, sagte Kennedy u. a.:

»... Ich möchte das Wunder der wirtschaftlichen Leistungen Deutschlands nicht verkleinern. Aber das wahre deutsche Wunder war Ihre Abkehr von der Vergangenheit um der Zukunft willen – war Ihre Aussöhnung mit Frankreich, Ihre Beteiligung an der Schaffung Europas, Ihre führende Rolle in der NATO und Ihre wachsende Unterstützung konstruktiver Vorhaben in allen Teilen der Welt. Ihr Wirtschaftsgefüge, Ihre Verfassungsgarantien, Ihr Vertrauen in die Autorität ziviler Instanzen, das alles steht im Einklang mit den Idealen älterer Demokratien ...

Die Zukunft des Westens beruht auf der atlantischen Partnerschaft – einem System der Zusammenarbeit, der wechselseitigen Abhängigkeit und der Übereinstimmung zwischen Völkern, die ihre Lasten gemeinsam tragen und ihre Chancen in aller Welt gemeinsam nutzen können. Mancher mag sagen, das sei lediglich ein Traum, doch ich bin anderer Meinung. Eine ganze Kette großer Leistungen – Marshall-Plan, NATO, Schuman-Plan und Gemeinsamer Markt – drängt uns auf dem Weg zu größerer Einheit immer weiter voran ...

Unsere Verteidigung ist jetzt stark – doch muß sie noch stärker werden. Unsere wirtschaftlichen Aufgaben sind jetzt klar – doch müssen wir ihre Erfüllung weiter vorantreiben. Das größte Erfordernis und unsere bemerkenswerteste Unterlassung ist freilich der Fortschritt zu wahrer politischer Gemeinschaft ... Wir haben in den Vereinigten Staaten und in Kanada zweihundert Millionen Menschen, und hier auf der europäischen Seite des atlantischen Bündnisses kommen noch nahezu dreihundert Millionen hinzu. Die Stärke und Einigkeit dieser halben Milliarde Menschen sind jetzt und in Zukunft der Anker aller Freiheit für alle Nationen. Wir wollen uns von Zeit zu Zeit der gemeinsamen Ziele versichern. Aber lassen wir den Worten Taten folgen, indem wir unsere Bemühungen um noch mehr Einigkeit zwischen uns verstärken und neue Verbindungen und Institutionen schaffen, die auf den bereits vorhandenen aufbauen.

Durch schöne Worte läßt sich keine Allianz errichten, sondern nur durch konkrete Taten. Die große konstruktive Aufgabe der Gegenwart liegt hier auf diesem Kontinent, wo Bemühungen um die Schaffung eines vereinten Europas im Gange sind. Es ist nicht Sache der Amerikaner, den Europäern vorzuschreiben, wie diese Bemühungen voranzutreiben sind. Ebensowenig glaube ich, daß es nur einen einzigen richtigen Kurs oder nur eine alleingültige Form dafür gibt. Die Europäer selbst sind es, die Europa bauen ...
Wir alle hier im Westen müssen treu zu unserer Überzeugung stehen, daß der Friede in Europa nie vollständig sein kann, solange nicht überall in Europa die Menschen in Frieden und Freiheit darüber befinden können, wie ihre Länder regiert werden sollen, und – ohne Bedrohung irgend eines Nachbarn – die Wiedervereinigung mit ihren Landsleuten erwählen können ... Denn wir wissen jetzt, daß Freiheit mehr bedeutet als Ablehnung der Tyrannei, daß Prosperität mehr bedeutet als Erlösung von der Not, daß Partnerschaft mehr bedeutet als Beteiligung an der Macht. All das sind in erster Linie große Menschheitsabenteuer. Sie müssen Sinn und Überzeugungskraft und Zielstrebigkeit haben, und weil das so ist – heute in Ihrem Land und in meinem und in allen Nationen des Bündnisses – sind wir zu einer großen neuen Mission aufgerufen. Unsere Mission ist die Schaffung einer neuen Gesellschaftsordnung, die auf Freiheit und Gerechtigkeit fußt, wo der Mensch Herr seiner Geschicke, wo der Staat Diener seiner Bürger und wo alle Männer und Frauen eines besseren Lebens für sich und ihre Kinder teilhaftig werden können.
Um diese Vision Wirklichkeit werden zu lassen, müssen wir vor allem eine Welt des Friedens erstreben, in der die Völker in gegenseitiger Achtung zusammenleben und in gegenseitiger Wertschätzung zusammenarbeiten, eine Welt, in der der Friede nicht mehr nur eine Pause zwischen zwei Kriegen ist, sondern den schöpferischen Kräften der Menschheit Auftrieb gibt. Wir werden einen solchen Frieden nicht heute finden, auch nicht morgen ... Dennoch muß das Ziel der Schaffung einer friedlichen Welt, heute wie morgen, unsere Entscheidungen leiten und unser Wollen beflügeln. Insofern sind wir alle Idealisten, insofern sind wir alle Visionäre. Man soll dieser atlantischen Generation nicht nachsagen können, daß sie Ideale und Visionen der Vergangenheit und Zielstrebigkeit und Entschlußkraft ihren Widersachern überlassen habe. Wir haben bereits zuviel erreicht und zu große Opfer gebracht, um jetzt die Zukunft preiszugeben ...« [124]
War der amerikanische Präsident bereits in Westdeutschland Zeuge und Ziel einer bewegenden Äußerung des deutschen Volkes, so galt das noch mehr für Berlin. Der Garant ihrer Freiheit stand vor den Westberlinern, der Mann, dem es nicht einfiel, in den Verhandlungen um Berlin »einen Apfel für einen Obstgarten einzutauschen«. In seiner Ansprache vor 300 000 Berlinern vor dem Schöneberger Rathaus, in der es ihm meisterhaft gelang, das »Atmosphärische« zu treffen, sprach er, ganz anders als zuvor in der Paulskirche und danach in der Freien Universität, Sätze von beißender Schärfe und verhaltener Leidenschaft über die Unmenschlichkeit der Mauer und den Anschauungsunterricht, den sie den Anwälten einer Zusammenarbeit mit dem Kommunismus erteile. Er erklärte sich solidarisch mit

den Berlinern, und er überzeugte. Hatte er doch durch die Art und Weise, mit der er in der Kubakrise den Sowjetrussen entgegengetreten war, den Respekt nicht nur der westlichen Welt gefunden. Gleichwohl blieben auch oder besonders in Berlin die Grundlagen seiner Politik sichtbar: harte Verteidigung der Position in Westberlin und flexibles Verhandeln in allen anderen Fragen mit dem Ziel der Zusammenarbeit unter den Großmächten. Sein Besuch in Berlin bewies unzweideutig den Berlinern das feste amerikanische Engagement in ihrer Stadt und zeigte dem Präsidenten, daß es politisch gerechtfertigt ist, sich für die Freiheit Westberlins zu engagieren. Für die Überwindung der deutschen Spaltung sah er in Gegenwart und naher Zukunft keine reale Chance. Hatten es die Deutschen gehört, was er ihnen aus der Paulskirche zurief? *»Ich predige keine leichte Befreiung, und ich mache keine leeren Versprechungen.«* Auch das gehörte zur Bilanz seines Deutschlandbesuches.

Die »Spiegel«-Affäre

In der Nacht vom 26. zum 27. Oktober 1962 wurden auf Anordnung des Ermittlungsrichters beim Bundesgerichtshof in Karlsruhe die Redaktionsräume des Nachrichtenmagazins »Der Spiegel« in Bonn und Hamburg durchsucht. Die Durchsuchung der Hamburger Zentrale, die zunächst zu einer völligen Sperrung aller Räume geführt hatte, dauerte bis zum 26. November. Am 6. November war noch die Hälfte der Redaktionsräume polizeilich besetzt. In Hamburg wurden drei Ermittlungsrichter und sieben Staatsanwälte sowie Kommandos der Bundeskriminalpolizei und Hilfskommandos der Hamburger Polizei eingesetzt. Es wurden neben dem »Spiegel«-Herausgeber Rudolf Augstein auch mehrere leitende Redakteure verhaftet. Der stellvertretende Chefredakteur und Militärexperte des »Spiegel«, Conrad Ahlers, weilte in Südspanien auf Urlaub und wurde dort in der Nacht vom 26. zum 27. Oktober von der spanischen Polizei vorläufig festgenommen. Er wurde mit seinem Einverständnis in die Bundesrepublik zurückgeflogen und bei seinem Eintreffen in Frankfurt am Main verhaftet. Die vorläufige Festnahme von Ahlers ging auf eine direkte Intervention des Bundesverteidigungsministers Strauß zurück. Er rief persönlich den deutschen Militärattaché in Madrid, Oberst Oster, in der Nacht vom 26. zum 27. Oktober an und gab ihm den dienstlichen Befehl, er »solle die spanischen Behörden bitten, mögliche Maßnahmen zur Sicherstellung des Ahlers zu ergreifen«. Der Haftbefehl wurde auf dem Interpol-Weg übermittelt. Der am 4. Februar 1963 veröffentlichte »Spiegel«-Bericht der Bundesregierung enthielt zur Verhaftung des Redakteurs Ahlers widersprechende Darstellungen der Bundesministerien und wurde vom Bundesverteidigungsminister und seinem Staatssekretär Hopf nicht unterschrieben. Am 6. November legte der spanische Informationsminister in einer Pressekonferenz ein am 27. Oktober um 12 Uhr aufgegebenes Telegramm des Bundeskriminalamtes in Wiesbaden an die spanische Generaldirektion für Sicherheit und eine Ausfertigung des Haftbefehls in spanischer Übersetzung vor. Der spanische Informationsminister erklärte, Ahlers sei zum Zeitpunkt des Eintreffens des Telegramms bereits verhaftet gewesen, und zwar auf Grund eines am 27. Oktober um 2 Uhr morgens geführten Telefongesprächs mit dem Leiter des deutschen Interpolbüros in Wiesbaden. Die Tatsache der vorläufigen Festnahme, die gemäß der Interpolsatzung wegen eines politischen Delikts nicht zulässig war, war zutreffend. Sie erfolgte gegen 2.30 Uhr am 27. Oktober und war von Oberst Oster veranlaßt worden. Die Frage, wer das erwähnte Telefonat des Bundeskriminalamtes geführt habe, konnte nicht geklärt werden.

Dem Bericht der Bundesregierung ist weiter zu entnehmen, daß der Bundesverteidigungsminister in der Nacht vom 26. zum 27. Oktober zunächst, ehe er Oberst Oster erreichen konnte, den Kanzler der deutschen Botschaft in Madrid anrief und ihn ersuchte, den Militärattaché zum sofortigen Rückruf in Bonn zu veranlassen. Er gebot ihm Schweigen und sagte: »Das ist ein dienstlicher Befehl, ich handle in diesem Augenblick auch im Namen des Herrn Bundeskanzlers und des Herrn Außenministers.« Ob das, bezogen auf die Person des Bundeskanzlers, zutreffend war, blieb ungeklärt. Der Bundeskanzler hat es verneint. Erwiesen ist, daß weder der Außenminister noch sein Staatssekretär noch irgendeine andere Stelle des Auswärtigen Amtes von dem Vorgehen gegen Ahlers Kenntnis hatten und daher auch nicht einverstanden sein konnten.

Womit wurden die Durchsuchungen und Verhaftungen begründet? Die »Spiegel«-Ausgabe vom 10. Oktober 1962, ausgeliefert am 8. Oktober, enthielt einen Artikel »Bedingt abwehrbereit« über das NATO-Manöver »Fallex 62«. Die Durchsicht des Artikels sowie Anzeigen von privater Seite – darunter die des Würzburger Universitätsprofessors von der Heydte – ließen die Bundesanwaltschaft am 9. Oktober ein Ermittlungsverfahren einleiten und ein Gutachten beim Bundesverteidigungsministerium darüber einholen, ob und in welchem Umfang in diesem Artikel Staatsgeheimnisse verraten worden seien. Das am 19. Oktober erstattete Gutachten kam zu dem Ergebnis, daß wichtige Tatsachen, deren Geheimhaltung im Interesse der Landesverteidigung geboten sei, durch den »Spiegel« öffentlich bekanntgemacht worden sind. Der Verdacht sei gerechtfertigt, daß die Redaktion des »Spiegel« in den Besitz von Informationen aus dem Bereich der Landesverteidigung durch Verrat von Bundeswehrangehörigen gekommen sei. Diese Erkenntnisse führten zum Erlaß der Haftbefehle durch den Ermittlungsrichter des Bundesgerichtshofes am 23. Oktober. Sie lauteten auf Tatverdacht des Landesverrates, der landesverräterischen Fälschung und der aktiven Bestechung. Am 3. November wurde Oberst Wicht, der dem Bundesnachrichtendienst zugeteilt worden war, verhaftet. Die Bundesanwaltschaft gab bekannt, er habe die Redaktion des »Spiegel« spätestens am 18. Oktober davon in Kenntnis gesetzt, daß gegen sie ein Ermittlungsverfahren liefe. Aus einem beschlagnahmten Aktenvermerk gehe klar hervor, daß Augstein und die beschuldigten Redakteure sowie Oberst Wicht daraufhin ihre künftigen Aussagen abgesprochen hätten.

Die Begleitumstände der Aktion gegen den »Spiegel« erregten die Öffentlichkeit leidenschaftlich, rührten an den Kern der Staatsform, schufen nicht nur eine

Regierungs- und Vertrauenskrise, sondern auch die akute Gefahr einer Staatskrise. Die Besorgnis um die Wahrung der Rechtsstaatlichkeit stand dabei im Vordergrund. Um welche Begleitumstände handelte es sich?

Die Aktion wurde erst 18 Tage nach Erscheinen des inkriminierten Artikels und dann noch in der Nacht ausgelöst. Sie begann einen Tag, nachdem der Bundestag am 25. Oktober gegen die Stimmen der SPD dem Bundesverteidigungsminister in der sogenannten und vom »Spiegel« ausgelösten Fibag-Affäre bescheinigt hatte, daß er seine Dienstpflichten nicht verletzt habe. Die Durchsuchungs- und Verhaftungsbefehle waren bereits am 23. Oktober ausgestellt und – einer Mitteilung des Hamburger Senats zufolge – mit dem Vermerk versehen gewesen, daß die Durchsuchung zur Nachtzeit zulässig sei. (Die Bundesanwaltschaft begründete die verzögerten strafprozessualen Maßnahmen mit der Einholung des Gutachtens und die nächtliche Aktion in Hamburg mit einer irrtümlichen Festnahme in Düsseldorf anstelle von Augstein und damit mit der Gefahr, der »Spiegel« hätte gewarnt werden können.)

Der Bundesverteidigungsminister betonte mit Nachdruck in der Öffentlichkeit: »Ich habe nichts, im buchstäblichen Sinne nichts mit der ›Spiegel‹-Angelegenheit zu tun.« Um einen »Racheverdacht« von vornherein auszuschließen, habe er seinen Staatssekretär Volkmar Hopf am 16. Oktober gebeten, diese Angelegenheit zu übernehmen. Er habe in dieser Sache keine Amtspflicht ausgeübt. Erst am 8. November gab der Bundesverteidigungsminister in der Fragestunde des Bundestages bekannt, daß sein Ministerium am 27. Oktober um 2 Uhr früh mit dem Militärattaché Oster telefoniert habe. Auf die Frage, wer Oster die Weisung gegeben habe, die Festnahme von Ahlers zu veranlassen, antwortete er, daß in dieser Fragestellung eine Behauptung stecke, die in dieser Form wohl nicht zutreffe. Am 9. November gab der Minister im Bundestag zu, daß er persönlich mit Oster telefoniert habe.

Der Bundeskanzler sagte am 7. November im Bundestag: *»Wir haben einen Abgrund von Landesverrat im Lande ... Denn, wenn von einem Blatt, das in einer Auflage von 500 000 Exemplaren erscheint, systematisch, um Geld zu verdienen, Landesverrat getrieben wird ... Wenn der Herr Ahlers in Deutschland gewesen wäre und er wäre verhaftet worden, dann könnte kein Mensch etwas dagegen sagen. Er war zufällig in Spanien, und da hat ihn dasselbe Mißgeschick getroffen. Nun, wir wollen prüfen: sind da irgendwelche Bestimmungen verletzt worden? Ich weiß es nicht. Aber ob der Mann, gegen den das Bundesgericht wegen des Verdachts eines so schweren Verbrechens einen Haftbefehl erläßt, nun in Malaga oder in Hamburg verhaftet wird, darüber rege ich mich nicht auf.«*

Hierauf entgegneten die Abgeordneten Döring (FDP) und Arndt (SPD). Döring: *»Aber, Herr Bundeskanzler, ich bin nicht nur meinem Freunde, sondern auch dem Staatsbürger Augstein und allen anderen schuldig, dagegen zu protestieren, daß Sie hier sagen: Herr Augstein verdient am Landesverrat. Dann haben Sie als erster sich ein Urteil gefällt, das zu fällen nur dem Gericht zusteht. Ich bin nicht bereit, unwidersprochen hinzunehmen, daß letztlich durch eine ganz bestimmte Stimmungsentwicklung, gleichgültig, wer sie bewirkt, Leute verurteilt sind, bevor sie überhaupt jemals einen Gerichtssaal gesehen haben ...«*

Arndt: *»Sehen Sie, das ist einfach die Spannung, weil hier nämlich die Auffassung vertreten wird: auf das Wie, auf die Methode, kommt es gar nicht an. Als ob der Zweck die Mittel heilige. Wenn wir uns auf rechtsstaatliche Weise verteidigen, dann bildet es sehr wohl einen Unterschied, ob jemand in Malaga unter Verstoß gegen internationale Abreden oder auf sonst dunkelhafte und zweifelhafte Weise seiner Freiheit beraubt worden ist, oder ob er hier auf unserem Boden auf einen Haftbefehl eines Richters festgenommen worden ist. Das ist eine Frage der Rechtsstaatlichkeit ...«*

Bundesinnenminister Höcherl erklärte am 8. November zur Frage des sogenannten kurzgeschlossenen Verkehrs zwischen den Kriminalpolizeien zweier Staaten im Bundestag, daß es auch im Fall des Offenburger Studienrats Zind (er wurde wegen antisemitischer Äußerungen verurteilt und flüchtete ins Ausland) nicht möglich gewesen sei, ein Ersuchen über Interpol zu stellen, und daß Zind im Wege des kurzgeschlossenen Polizeiverkehrs in Italien festgenommen worden sei, wobei dann die Auslieferung nicht habe vollzogen werden können (ein italienisches Gericht versagte sie). Dieses Verfahren sei »etwas außerhalb der Legalität«. Wenn im Falle Ahlers die Polizei versucht haben sollte, einen Landesverräter auf diesem Wege zu bekommen, so könne man sagen, daß dies außerhalb der Bestimmungen sei, daß man aber moralische Vorwürfe deshalb nicht machen könnte. Am 9. November korrigierte sich der Innenminister. Die Stellung eines Auslieferungsverlangens nicht über Interpol, sondern auf der »direkten Polizeischiene« sei vollkommen korrekt.

Bundesjustizminister Stammberger (FDP) wurde erst am 27. Oktober, also erst nach deren Anlaufen, über die Maßnahmen gegen den »Spiegel« unterrichtet. Der Minister hatte zwar am 24. Oktober von der am 18. Oktober erfolgten formellen Anforderung eines Gutachtens durch die Bundesanwaltschaft (am 9. Oktober war es bereits mündlich angefordert worden) beim Bundesverteidigungsministerium Kenntnis erhalten, nahm aber an, daß die Sache noch in Vorbereitung sei. Er wurde weder von der Erstattung des Gutachtens am 19. Oktober noch von der Ausstellung der Haft- und Durchsuchungsbefehle am 23. Oktober verständigt. Staatssekretär Hopf vom Bundesverteidigungsministerium soll Staatssekretär Strauß (CDU) vom Bundesjustizministerium von der Aktion verständigt und gebeten haben, den Minister nicht zu informieren. Die »Badische Zeitung« nannte es eine Tatsache, daß Hopf nach Karlsruhe gefahren war und der Bundesanwaltschaft nahegelegt hatte, wegen der gebotenen Geheimhaltung mit Bonn weder zu telefonieren noch zu korrespondieren. Er übernehme es, die zuständigen Stellen unmittelbar zu unterrichten, *»aber die zuständige Stelle, den Bundesjustizminister, unterrichtete er gerade nicht.«* Zu diesem Zeitpunkt war die Bundesanwaltschaft ohne Chef. Ob dies alles tatsächlich so geschah, konnte nicht geklärt werden. Jedenfalls übernahm Staatssekretär Hopf die Verantwortung für die Nichtverständigung des Bundesjustizministers. Stammberger verlangte seine Entlassung, die der FDP angehörenden Bundesminister drohten mit dem gleichen Schritt, wenn dem Justizminister nicht Genugtuung widerfahre. Am 5. November zog Stammberger sein Rücktrittsgesuch zurück. Staatssekretär Strauß wurde von seinen Aufgaben entbunden und in den Wartestand versetzt, Staatssekretär Hopf beurlaubt. Erst vor dem Hintergrund und in Kenntnis dieser Fakten wird der Artikel der Londoner »Times« vom 6. November 1962 verständlich. Er würdigte die Vorgänge kritisch:

»Die deutsche Bundesregierung ist mit knapper Not einer üblen Krise entronnen. Dr. Adenauer war gezwungen, zwei verläßliche Beamte in die Wüste zu schicken, und den Freien Demokraten war ein kleiner Sieg vergönnt, der es ihnen gestattet, in der Regierung zu bleiben, ohne allzuviel Gesicht zu verlieren. Aber damit ist die ganze Geschichte keinesfalls erledigt. ›Der Spiegel‹ muß noch zu den gegen ihn erhobenen Anschuldigungen Stellung nehmen, und die Bundesregierung muß noch genau erklären, was eigentlich geschah und warum es geschah. Insbesondere: Waren die gegen das Nachrichtenmagazin ergriffenen Maßnahmen rechtmäßig? Waren sie politisch inspiriert oder beeinflußt? Das sind ernste Fragen. Inzwischen ergibt sich aus dem Ablauf des bisherigen Geschehens eine Reihe von Schlußfolgerungen. Die offensichtlichste ist, daß die ganze Geschichte in einen Dunst von Gerüchten, ausweichenden Stellungnahmen, Widersprüchen und Ungewißheiten gehüllt ist, der unter den Deutschen und ihren Verbündeten nur Besorgnis erregen kann. Die nächtliche Polizeiaktion kam 18 Tage nach der Veröffentlichung des beanstandeten Artikels und 24 Stunden, nachdem Verteidigungsminister Strauß hinsichtlich in der Fibag-Affäre vom ›Spiegel‹ erhobener Anschuldigungen vom Bundestag entlastet worden war. Wenn auch die Forderung nach Vorlage der Druckfahnen der nächsten Nummer zur Prüfung gleich wieder fallengelassen worden ist, so war sie doch zweifellos gestellt worden. Das Personal wurde aus seinen Büros vertrieben. Ein Mitglied der Redaktion wurde in Spanien unter mysteriösen Umständen verhaftet, und niemand hatte den Mut, sich hierfür verantwortlich zu erklären. Der Justizminister war von den Maßnahmen vorsätzlich in Unkenntnis gehalten worden. Schließlich bemühte sich noch Herr Strauß, seine Hände in dieser Angelegenheit in Unschuld zu waschen, obwohl sie doch gerade ihn am nächsten angehen sollte. Es überrascht daher kaum, wenn der rechtliche Tatbestand der Aktion gegen den ›Spiegel‹ zugunsten eines fast allgemeinen Verdachts beiseitegeschoben wurde, daß es sich hierbei um einen Racheakt handele für die lästige und verletzende Art, mit der die Zeitschrift die Regierung im allgemeinen und Herrn Strauß im besonderen behandelt hatte. Seit dem politischen Ränkespiel nach der letzten Bundestagswahl ist der Stern des Herrn Strauß im Sinken, und der ›Spiegel‹ hat an diesem Niedergang mit Genuß mitgewirkt. Unter diesen Umständen hätte man billigerweise erwarten können, daß – falls ein echter Grund für ein gesetzliches Einschreiten gegen den ›Spiegel‹ bestand – mit peinlichster Sorgfalt und untadelig vorgegangen worden wäre. Daß das Gegenteil geschah, verrät nicht nur eine völlige Mißachtung für korrektes Vorgehen, es erweckt unvermeidlich auch Zweifel hinsichtlich der Motive . . .« [125]

Die ungewöhnliche Publizität des Falles im In- und Ausland, der Aufruhr von Presse und Publikum – wenn auch hier und da nicht frei von polemischen Übertreibungen und verfälschenden Vereinfachungen – der hohe Grad von Mißbilligung

auch durch den unpolitischen Teil der Bevölkerung, die schlagartig ans Licht getretene Vertrauenskrise – worauf war das alles zurückzuführen? Versuchen wir, die wesentlichsten Gründe zusammenzufassen und eine Analyse des »Spiegel«-Komplexes vorzunehmen:
Der Bundeskanzler übte im Parlament Verbaljustiz, tat eine offensichtlich rechtswidrige Verhaftung (Ahlers) als Lappalie ab und bezichtigte unter Vorwegnahme der richterlichen Entscheidung die Verhafteten des Landesverrats.
Der Bundesverteidigungsminister verneinte zwei Wochen lang entschieden jede Beteiligung an der Sache und ließ seinen Staatssekretär »büßen«, ohne nach Aufdeckung der eigenen Beteiligung die politische Konsequenz des Rücktritts zu ziehen. Er hatte offenkundig Volk und Parlament die Unwahrheit gesagt.
Die Inhaber höchster Regierungsämter – Bundeskanzler, Bundesverteidigungs- und Bundesinnenminister – gaben durch ihr Verhalten und durch ihre Formulierungen vor dem Bundestag zu erkennen, daß sie das, was sie für Staatsräson hielten, höher einzuschätzen schienen als die rechtsstaatliche Ordnung. Das Eingeständnis des Bundesinnenministers, sich »... etwas außerhalb der Legalität« bewegt zu haben, stützte diese Annahme.
Der Kern des parlamentarischen Systems, daß der, der Verantwortung trage, auch antworten müsse, war durch die Art, wie geantwortet, Ministerverantwortung abgeschoben, der Mißgriff kaschiert und die Ausrede gebraucht wurde, erschüttert. Es war würdelos. Verwaltung und Justiz gerieten durch ihr Verhalten in den Verdacht, zu Werkzeugen der Gewalt geworden zu sein, *»mit deren Hilfe unbequeme und aufsässige Leute zur Räson gebracht werden.«* [126]
Die im Grundgesetz verbürgte Rechtsstaatlichkeit war in Zweifel gezogen. Die Zahl der Mutlosen, Nachdenklichen und Skeptiker im In- und Ausland wuchs, die in der Erinnerung an schon einmal Erlebtes Deutschland als unverbesserlich zu bezeichnen begannen.
Es war unbestritten, daß der Verrat von Staatsgeheimnissen auch durch die Presse selbstverständlich strafbar ist. Aber eine eingespielte demokratische Tradition sorgt anderswo dafür, daß die Motive der Redakteure, die die Bestimmungen übertreten, nicht den materiellen und politischen Motiven gemeiner Landesverräter gleichgesetzt werden. Der Fall machte aufmerksam auf die im deutschen Strafrecht unzureichend definierten Tatbestandsmerkmale des publizistischen Landesverrats und rief nach ihrer Neufassung.
Der Verdacht, daß im Fall des »Spiegel« der vieldeutbare Begriff des »Staatsgeheimnisses« als Vorwand und Waffe gegen die Grundrechte der Meinungsfreiheit und der Pressefreiheit dienen könne, galt nicht als unbegründet. Ebenso nicht die Vermutung, daß es sich Regierung und Justiz leicht gemacht hatten beim Abwägen, ob das Grundrecht oder der Staatsschutz den höheren Rang beanspruchen und welches Interesse gewichtiger ist, das an der Geheimhaltung oder das an der Veröffentlichung.
Die Kritiker der »Begleitumstände« der »Spiegel«-Affäre waren durchaus nicht alle Freunde des »Spiegel«. Bei ihnen gesellte sich zu dem Unbehagen über das, was geschehen war und nicht hätte geschehen dürfen, das Unbehagen über die nach

ihrer Meinung unverdiente Märtyrerrolle des »Spiegel«, der durch das Vorgehen der Regierung geradezu in diese Rolle gedrängt worden war. So unbestritten sein sollte, daß dieses Nachrichtenmagazin eine gesellschaftliche Funktion erfüllt, so umstritten ist doch die Form, in der der »Spiegel« als »immun erscheinender Volkstribun« und als »führendes Organ der außerparlamentarischen Opposition« diese Funktion wahrnimmt. Als Sprecher derer, die das Vorgehen gegen den »Spiegel« für gerechtfertigt hielten und sich dagegen wehrten, daß das Nachrichtenmagazin nach anderen Maßstäben, wie sie behaupteten, gemessen werde als das »gewöhnliche Volk«, mag Prof. Dr. Frh. von der Heydte gelten. Er schrieb: *»Freiheit verpflichtet den, der sie genießt. Es gibt keine Freiheit, die nicht auch Pflichten für den begründet, der sie gebraucht. Pressefreiheit ist für den Journalisten nicht nur ein institutionell garantiertes Recht; sie verlangt von ihm und setzt voraus, daß er bestimmte Pflichten erfüllt: ›Pflichten der Allgemeinheit, dem Vaterland gegenüber‹. In allen anderen Demokratien der Welt weiß der Journalist um diese Pflichten; er kennt die Grenzen, die das Wohl der Allgemeinheit, der er zu dienen hat, seinem Informationsrecht und seiner Informationspflicht setzt. Manchem Journalisten der Bundesrepublik scheint leider das Gespür für diese Grenzen noch zu fehlen ... Wer in der letzten Woche gewisse Zeitungen las, mußte den Eindruck gewinnen, es gäbe in der Bundesrepublik nur ein einziges Grundrecht, das der Freiheit der Presse. Über der Pressefreiheit muß in jedem Rechtsstaat der Grundsatz der Gleichheit aller vor dem Gesetz stehen. Es gibt – Gott sei Dank! – bei uns noch nicht zweierlei Recht: eines für ›Spiegel‹-Redakteure und ein anderes, das für den einfachen Staatsbürger gilt.«* [127]

Prof. Dolf Sternberger zog ein abschließendes Resümee:

»... In der gegenwärtigen Krise hat die Regierung sich nicht bewährt. Die öffentliche Meinung aber war wach, und die parlamentarische Opposition hat, unter dem Antrieb der öffentlichen Meinung, ihre Chance und ihre Aufgabe wahrgenommen. Sie hat Fragen gestellt und die ministerielle Verantwortlichkeit zum Vorschein gebracht, die schon vergessen schien. Sie hat ein Geständnis erzwungen. Das ist auch etwas wert und ein Beweis für die Verfassung ... Haben wir auch eine Staatskrise? ... Ein kluger Mann hat uns die Diagnose gestellt, das Volk verachte die Regierung und die Regierung verachte das Volk. Ein bitteres Wort, sorglich zu bedenken. Wenn es wahr ist, so haben wir eine Staatskrise. Ein gründlicher Wandel ist noch nicht in Sicht. Aber die Regierung kann durch Erfahrung klüger werden. ... Eine Regierung kann Mißtrauen verdienen, Vertrauen aber verdient der Staat. Die Krise dauert an, die Heilung wird lange brauchen.« [128]

Die »Spiegel«- Affäre hatte aber auch positive Aspekte. Sie deckte Gefahren und Tendenzen auf, löste eine in dieser Breite und Vehemenz nicht erwartete Diskussion aus und bewies eine Freiheitsregung und ein Verfassungsbewußtsein – also demokratisches Engagement unseres Volkes –, wie es nicht für möglich gehalten worden war. Der plötzlich wieder sichtbar gewordene Obrigkeitsstaat – seit 1945 mehr theoretischer Begriff als bedrohende Wirklichkeit – schreckte und erregte den ganz überwiegenden Teil des Volkes. Die Redaktionen der Zeitungen wurden mit Leserbriefen überhäuft, Studenten demonstrierten, und die Diskussion erfaßte auch den legendären »Mann auf der Straße«. Die Summe aller Reaktionen stellte ein eindeutiges Plebiszit für Verfassung und Demokratie gegen eine obrigkeitliche Staatsideologie dar, deren Zeichen in der »Spiegel«-Krise deutlich geworden waren. Das war das »glückliche Ergebnis einer unglücklichen Sache«.

(Am 13. Mai 1965 lehnte der 3. Strafsenat des Bundesgerichtshofs die Eröffnung des Hauptverfahrens gegen die Angeschuldigten Ahlers und Augstein ab und setzte sie mangels Beweises außer Verfolgung. Bereits Anfang 1965 wurde das Ermittlungsverfahren gegen die Mehrzahl der in die »Spiegel«-Affäre verwickelten und zeitweilig in Untersuchungshaft gehaltenen Personen – darunter auch Oberst Wicht – eingestellt. Der Senat ging davon aus, daß in den von Ahlers verfaßten Artikeln »Stärker als 1939?« und »Bedingt abwehrbereit« einige Tatsachen veröffentlicht worden sind, die möglicherweise Staatsgeheimnisse waren. Er hielt es jedoch nicht für beweisbar, daß Ahlers und Augstein erkannt und mindestens billigend damit gerechnet haben, daß die Artikel Staatsgeheimnisse enthalten könnten, zumal der Bundesnachrichtendienst auf zwei an ihn gerichtete bedeutsame Fragen keine Sicherheitsbedenken geäußert hatte.

In dem Beschluß des Bundesgerichtshofes ist der für eine Eröffnung des Hauptverfahrens gesetzlich erforderliche »hinreichende Tatverdacht«, nicht jedoch das Bestehen jedweden Tatverdachts verneint worden. Aus zwei weiteren Beschlüssen des Bundesgerichtshofs vom selben Tage ergibt sich, daß gegen beide Beschuldigte ein begründeter Tatverdacht bestand und nach Auffassung des Gerichts noch besteht. So lautete der Beschluß zur Frage der Entschädigung für erlittene Untersuchungshaft: *»Die Bundeskasse ist nicht verpflichtet, die Angeschuldigten für erlittene Untersuchungshaft zu entschädigen. Das Verfahren hat weder ihre Unschuld ergeben noch dargetan, daß ein begründeter Verdacht gegen sie nicht vorliegt.«* [128a]

Am 3. Juni 1965 stellte die Bonner Staatsanwaltschaft das Ermittlungsverfahren gegen den früheren Bundesverteidigungsminister Strauß, seinen damaligen Staatssekretär Hopf und Oberst Oster ein. Das Verfahren war eingeleitet worden, nachdem bei verschiedenen Staatsanwaltschaften und bei der Bundesanwaltschaft im Zusammenhang mit der Festnahme Ahlers' in Spanien 31 Strafanzeigen eingegangen waren. Die Staatsanwaltschaft bejahte den objektiven Tatbestand der Freiheitsberaubung und der Amtsanmaßung, stellte das Verfahren aber wegen Fehlens der subjektiven Voraussetzungen der Strafbarkeit ein. Bei Strauß und Hopf nahm die Anklagebehörde an, daß es ihnen nicht zu widerlegen sei, daß sie sich in einer Notstandslage geglaubt und gemeint hätten, diese berechtige sie im Interesse des Staates zu Schritten, die unter normalen Umständen verboten sind.

Am 5. August 1966 wies das Bundesverfassungsgericht die Verfassungsbeschwerde des »Spiegel« gegen die Haft- und Durchsuchungsbefehle der Bundesanwaltschaft vom Oktober 1962 mit 4 gegen 4 Stimmen zurück. 4 Richter fanden, daß das Vorgehen verfassungswidrig war, 4 waren der Auffassung, daß das Grundgesetz nicht verletzt worden ist. Das Gesetz über das Bundesverfassungsgericht bestimmt, daß bei Stimmengleichheit ein Verstoß gegen das Grundgesetz oder sonstiges Bundesrecht nicht festgestellt werden kann.)

Die Koalitions- und Regierungskrise

Die koalitionspolitischen Risse, die die »Spiegel«-Affäre hatte sichtbar werden lassen, konnten mit der Genugtuung, die Bundesjustizminister Stammberger und mit ihm die FDP durch »Opferung« zweier Staatssekretäre erhalten hatten, nicht dauerhaft gekittet werden. Die Spannungen waren tieferreichend und hatten in der »Spiegel«-Krise nur ihren aktuellen Anlaß. Die Erinnerung bei den Freien Demokraten an den Bruch der Koalition 1956 und an die Zeit der Opposition, die ihm folgte, war ebensowenig geschwunden wie das Unbehagen über den »Umfall« von 1961, doch unter Adenauer, wenn auch auf Zeit, in eine Koalition eingetreten zu sein. Dieses neu eingegangene Regierungsbündnis war also von Beginn an spannungsreich und barg viele psychologische Schwierigkeiten, erklärbar aus dem Verlust der absoluten Mehrheit der Union und aus dem Zwang, sich die Ketten der Koalition anlegen lassen zu müssen. Die FDP wiederum stand einem Partner gegenüber, der immer noch fast um das Vierfache stärker war als sie und ihr koalitionspolitisches Eigengewicht stark reduzierte, wenn nicht oftmals gar in Frage zu stellen versuchte. Das Klima war schlecht, das Vertrauen fehlte. Wie sehr es fehlte, das zeigte nicht nur die Demütigung der FDP durch die bewußte Nichtinformation ihres Justizministers, sondern, was noch schwerer wog, das Verhalten der CDU/CSU-Kabinettsmitglieder, als sie auf dem Höhepunkt der »Spiegel«-Krise in Abwesenheit ihrer freidemokratischen Kabinettskollegen sozialpolitische Entscheidungen von Tragweite trafen.

Am 19. November 1962 brach die Regierungskrise aus. Die fünf FDP-Minister erklärten ihren Rücktritt mit der Begründung, damit die Voraussetzung für Verhandlungen über die erforderliche Regierungsumbildung zu schaffen. Der Fortbestand der Koalition, den die FDP erstrebte, wurde abhängig gemacht von dem Ausscheiden des Bundesverteidigungsministers Strauß, der für die FDP in keiner Funktion in einer neuen Regierung mehr tragbar war. Der Parteivorstand lehnte eine Minderheitenregierung der Unionsparteien ebenso ab wie eine Koalition mit der SPD. Die CDU/CSU übte Kritik an dem Verhalten der FDP, kam aber an der Notwendigkeit einer Regierungsumbildung bei den gegebenen Mehrheitsverhältnissen, nicht vorbei. Dem Schritt der FDP-Minister folgte der der Unionsminister, die am 27. November ihren Rücktritt erklärten. Der geschäftsführende Vorsitzende der CDU, Dufhues, traf die Feststellung, daß die einseitige Aufkündigung der Koalitionsvereinbarungen von der FDP durch den Austritt ihrer Minister aus der Regierung auch andere Vereinbarungen hinfällig mache. Diese Äußerung wurde so verstanden, daß die briefliche Zusicherung des Bundeskanzlers, sein Amt vor Ende der Legislaturperiode zur Verfügung zu stellen – die Koalitionsvoraussetzung von 1961 – hinfällig geworden sei.

Die schwierigen Koalitionsverhandlungen wurden durch den Verzicht von Verteidigungsminister Strauß auf ein Ministeramt im Kabinett Adenauer wesentlich erleichtert. Der Verzicht wurde durch den für die CSU günstigen Ausgang der bayerischen Landtagswahlen vom 25. November 1962 erleichtert, wenn nicht gar

ermöglicht. Die CSU wertete den Ausgang dieser Wahl als eindeutigen Vertrauensbeweis für Strauß. Er sah sich rehabilitiert.
Im Zuge der Verhandlungen, die der Bildung des fünften Kabinetts Adenauer im Dezember 1962 vorausgingen, trat ein unerwartetes und für die deutsche Innenpolitik sehr bemerkenswertes Ereignis ein: die ernsten Koalitionsgespräche zwischen der Union und der SPD. Einen formalen Kontakt zwischen beiden Parteien im Rahmen der einer Regierungsbildung vorangehenden Verhandlungsprozedur hatte es schon früher gegeben. Er war stets ohne Bedeutung geblieben, was vor dem Hintergrund der entscheidenden innenpolitischen Weichenstellung Adenauers im Jahre 1949, als er sich gegen den Rat zahlreicher einflußreicher Parteifreunde gegen eine Große Koalition mit den Sozialdemokraten entschied, gesehen werden mußte. Dem Beschluß der Parteigremien der CDU/CSU – gegen erhebliche Bedenken und nur mit knapper Stimmenmehrheit erfolgt – waren unverbindliche, aber den Parteiinstanzen nicht bekannte Sondierungsgespräche zwischen dem Bundesminister für Wohnungswesen, Paul Lücke (CDU), dem CSU-Abgeordneten Freiherr zu Guttenberg und dem stellvertretenden SPD-Vorsitzenden Wehner vorausgegangen. Sie fanden mit Wissen des Bundeskanzlers statt. Er trat vor der Fraktion mit Entschiedenheit für die Aufnahme von Koalitionsverhandlungen mit der SPD ein und wies auf die ungewöhnlichen Belastungen und Schwierigkeiten hin, die die FDP als Koalitionspartner bereitet habe. In diesen Sondierungsgesprächen hatte man eine starke Annäherung erreicht. Die Ergebnisse stießen aber, als sie bekannt wurden – insbesondere bei der SPD – auf erhebliche Widerstände, genährt sowohl aus alten Ressentiments gegen den Bundeskanzler wie auch aus ernst zu nehmenden staatspolitischen Einwänden.
Die CDU wünschte die Zustimmung der SPD zur Umwandlung des bestehenden Verhältniswahlsystems in eine reine Mehrheitswahl nach englischem Vorbild, dessen Folge der politische Tod der FDP auf Bundesebene gewesen wäre, da sie selbst 1961 bei dem für sie günstigen Wahlausgang kein einziges Direktmandat erhalten hatte. Die CDU ging weiter von der Voraussetzung aus, daß die Kanzlerfrage und eine freiwillige Begrenzung seiner Amtszeit nicht zur Diskussion stände. Die SPD fand sich zu einer Wahlrechtsänderung nicht bereit. Zu umfassenden Koalitionsverhandlungen mit der Union kam es nicht, weil die SPD-Führungsgremien beschlossen hatten, alle sachlichen und personellen Fragen – einschließlich der Person des Bundeskanzlers – zur Diskussion zu stellen.
Die Mehrheit der SPD-Fraktion hatte schwerwiegende Bedenken gegen eine Große Koalition unter der Kanzlerschaft Adenauers. Die SPD könne, so hieß es durch ihren Sprecher, die Kanzlerschaft Adenauers dann akzeptieren, wenn ein fester Rücktrittstermin genannt werde. Auch der SPD-Parteirat lehnte mit Mehrheit eine Koalition unter Adenauer ab. Die Diskussion in diesem Gremium ließ auch erkennen, daß das Gros der Parteimitglieder eine Koaliton unter Adenauer nicht verstehen und billigen werde. Die CDU/CSU sah nun keine Basis mehr für erfolgversprechende Koalitionsverhandlungen mit der SPD und brach sie ab. Nach Ansicht Adenauers hätte die von ihm gewünschte Wahlrechtsreform zu einer Stabilisierung der Demokratie führen können, weil dann ab 1965 Klarheit bestanden

hätte, welche Partei die eindeutige Verantwortung für die Regierung zu tragen habe.
Trotz des Scheiterns der Koalition zwischen CDU/CSU und SPD, zu der die Oppositionspartei im Prinzip bereit war, blieben diese ersten Dezembertage 1962 ein innenpolitisch wichtiges Datum. Zum ersten Male in der Geschichte der Bundesrepublik wurde das Tabu, das eine Zusammenarbeit der beiden großen demokratischen Parteien zu verhindern schien, durchbrochen. Mit dem Faktum der ernsten Verhandlungsbereitschaft, aus welchen Motiven – staatspolitischen oder nur taktischen – es auch immer geschehen war, hatte die Union die Regierungsfähigkeit der Sozialdemokraten anerkannt und den Zweifel an der staatspolitischen Zuverlässigkeit für immer zerstört. Adenauer hatte dem von ihm seit dreizehn Jahren hart und zuweilen unbedenklich bekämpften sozialdemokratischen Gegner die Hand zu einem politischen Bündnis geboten.
Die Koalitionsverhandlungen zwischen CDU/CSU und FDP führten dann rasch zu einer vollen Einigung, nachdem Dr. Adenauer am 7. Dezember seinen Beschluß bekanntgeben ließ, nach den Parlamentsferien im Herbst 1963 von seinem Amt als Bundeskanzler zurückzutreten. Das fünfte und letzte Kabinett Adenauer wies gegenüber dem vierten folgende Veränderungen auf:
Verteidigung: von Hassel (CDU, ersetzte Strauß); Justiz: Dr. Bucher (FDP, ersetzte Dr. Stammberger); Finanzen: Dr. Dahlgrün (FDP, ersetzte Dr. Starke); Bundesangelegenheiten: Niederalt (CSU, ersetzte von Merkatz); Wissenschaftliche Forschung: Lenz (FDP, bisher Schatzminister). Dieses Ministerium trat an die Stelle des bisherigen Ministeriums für Atomenergie unter Dr. Balke, der ausschied.); Schatzminister Dr. Dollinger (CSU, ersetzte Lenz); Familien: Dr. Heck (CDU, ersetzte Dr. Würmeling); Gesamtdeutsche Fragen: Dr. Barzel (CDU, ersetzte Lemmer).
Ein sogenanntes Arbeitspapier, das die Einigung der Koalitionspartner in sachlichen Fragen enthielt, ersetzte den bisherigen Koalitionsvertrag. Diese Kabinettsumbildung löste nicht die Probleme, die zur Auflösung des vierten Kabinetts Adenauer geführt hatten. Sie lagen in einem durch Affären, Autoritätsverlust und Führungslosigkeit gekennzeichneten Regierungsstil, der seit der Präsidentschaftskrise 1959 sichtbar geworden war. Die sachlichen Meinungsverschiedenheiten waren überdeckt, aber nicht ausgeräumt, die Herrschaft des Bundeskanzlers war noch einmal und endgültig für zehn Monate verlängert worden. Die Lust der Freien Demokraten am Opponieren innerhalb der Koalition, die sie seit 1961 praktiziert hatten, war durch die Androhung mit der Großen Koalition, die vorerst noch Drohung geblieben war, gedämpft. Der Einfluß der CSU war reduziert, das Problem der Kanzlernachfolge, dringender als je zuvor, noch immer nicht gelöst worden. Die Schatten einer sich dem Ende nahenden Adenauer-Ära lagen, wie über dem vierten, so auch über seinem letzten Kabinett, dessen Lebensdauer zeitlich – ein verfassungsgeschichtlich ungewöhnlicher und verfassungsrechtlich nicht unbedenklicher Vorgang – genau begrenzt worden war. Das Kabinett stellte eine Übergangslösung, keinen Neubeginn dar. Wie wenig es ein wirklicher Neubeginn im Sinne einer Vertrauensbildung unter den Koalitionspartnern war und nach

allem, was vorgefallen, wohl auch nicht sein konnte, ging aus einem Interview hervor, das der FDP-Vorsitzende Mende der »Süddeutschen Zeitung« am 14. Dezember, dem gleichen Tage der Kabinettsneubildung, gab:

»Was der CDU jetzt recht war, kann uns dann billig sein. Man kann auch mit der SPD sprechen und möglicherweise eines Tages mit ihr eine Koalition schließen, wenn sich herausstellt, daß eine Koalitionsentscheidung unseres heutigen Partners vom Wahlrecht abhängen sollte.« [129]

Erhard wird nominiert

Die Niederlagen der CDU bei den Landtagswahlen von Nordrhein-Westfalen, Berlin und Rheinland-Pfalz sowie die im Dezember 1962 gefallene Entscheidung über die nur noch bis zum Herbst 1963 dauernde Amtszeit Adenauers hatten die Anstrengungen der Partei, die Kanzlernachfolge nunmehr rasch zu regeln, verstärkt und zu konkreten Maßnahmen geführt. Die Vorsitzenden der CDU- und CSU-Fraktion, von Brentano und Strauß, sowie der geschäftsführende CDU-Vorsitzende Dufhues wurden beauftragt, in der Partei Einstimmigkeit für einen Kandidaten als Nachfolger für Bundeskanzler Adenauer zu erreichen. Der bereits seit 1959 anläßlich der Vorgänge um die Präsidentschaftskandidatur des Kanzlers zutage getretene Bereitschaft einer Parteimehrheit, Erhard als Kanzlerkandidaten zu nominieren, wurde durch Adenauer hartnäckiger Widerstand entgegengesetzt. Er konzentrierte sich in der Auffassung, daß ein Wirtschaftsfachmann nicht Kanzler werden solle und daß die wirtschaftspolitischen Leistungen Erhards nicht unbedingt bedeuteten, daß dieser auch für das Amt des Bundeskanzlers geeignet sei. Adenauer stand mit dieser Meinung in der Öffentlichkeit und in der Partei nicht allein, fand aber keine Mehrheit. Mit 159 gegen 47 Stimmen bei 19 Enthaltungen wählte die CDU/CSU-Fraktion am 23. April 1963 Bundeswirtschaftsminister Dr. Ludwig Erhard zum Kanzlerkandidaten. Die Wahl Erhards wirkte auf die Union befreiend. Zu lange hatte auf ihr das Nachfolgeproblem wie ein Zwang gelastet, immer stärker war die Einsicht in ihren Reihen geworden, wenn auch nach außen nicht zugegeben, daß Adenauer seit 1961 mit dem Verlust des Rückhaltes der absoluten Mehrheit begonnen hatte, sich selbst zu überleben. Er scheiterte an der Frage seiner eigenen Nachfolge. Sein unfreiwilliger Rücktritt war nur folgerichtig. Nach der Abstimmung in der Fraktion erklärte Erhard:

»... Lassen Sie uns nicht mehr fragen, wer für oder gegen wen war, sondern lassen Sie uns angesichts der Fülle und Schwere der Aufgaben, die uns im nationalen, im europäischen und weltweiten Bereich gestellt sind, nur immer fester zusammenstehen. Lassen Sie nicht länger jene frohlocken, die innen und außen wider uns sind. Aus solchem Geiste heraus darf ich mich endlich an Sie, verehrter Herr Bundeskanzler, wenden. Was auch immer zwischen uns gestanden, uns zuweilen auch feindselig getrennt haben mag, sollte mit diesem Tag der Vergangenheit angehören. Ich erkenne darin einen geschichtlichen Auftrag, denn es wäre trostreich

für das deutsche Volk und beruhigend für die freie Welt, auf die Stetigkeit der deutschen Politik vertrauen zu dürfen. Das Vergessen- und Verzeihenkönnen ist nicht nur Christenpflicht, sondern es ist auch ein Ausdruck menschlicher Größe. Lassen Sie, Herr Bundeskanzler, uns zu beidem bekennen . . .« [130]

Die Wahl Erhards zum Bundeskanzler im Herbst 1963 konnte bei der Zustimmung, die die Nominierung bei den Freien Demokraten fand, nicht zweifelhaft sein. Die Nominierung Erhards fand aber nicht nur bei den beiden Koalitionspartnern eine große Mehrheit, sondern auch in der Öffentlichkeit. Ihr war der Autoritätsschwund des Kanzlers und der dazu parallel laufende Stabilitätsverlust nicht verborgen geblieben. Die Kritik wuchs und mit ihr das Bedürfnis nach einer unverbrauchten Autorität, die Erhard in der Mehrheit des Volkes besaß.

Adenauer tritt ab

Am 11. Oktober 1963 erklärte Dr. Adenauer seinen Rücktritt vom Amt des Bundeskanzlers mit Ablauf des 15. Oktober. Damit endete eine Epoche in der Geschichte Deutschlands, die verdientermaßen seinen Namen trägt, denn – ob Kritiker oder Bewunderer – die prägende Kraft seiner ebenso faszinierenden wie umstrittenen Persönlichkeit leugnet niemand. Wenn auch die Meinungen über ihn kontrovers sind, wenn es auch zu früh ist zur Einordnung seines Werkes in die Geschichte – so lassen sich doch die Grundlinien seiner Politik klar erkennen:

Der Entschluß der Westmächte, das westdeutsche Potential im Kampf um das politische Kräftegleichgewicht in der Welt zu nutzen und (seit Korea 1950) das Bestreben, das Gewicht des Westens zuungunsten der Sowjetunion in Europa durch Bewaffnung der Bundesrepublik zu verlagern, schufen die Voraussetzung für die Ära Adenauer und trafen in seiner Person auf einen pragmatischen, nüchternen Politiker und bündnistreuen Partner.

Die Grundkonzeption seiner praktischen Politik war die Überzeugung, daß die Sicherheitspolitik den Vorrang vor der Wiedervereinigungspolitik haben, daß die Lebensordnung der Bundesrepublik gegen sowjetische Einflüsse und Gefahren gesichert, ihr Bestand garantiert und dieser Staat fest und dauerhaft mit dem Westen verbunden werden müsse.

Die Bindung an die Vereinigten Staaten hielt er ebenso für lebensnotwendig wie die Aussöhnung und Freundschaft mit Frankreich.

Er sah der Bundesrepublik keine primär nationale, sondern eine europäische und atlantische Aufgabe gestellt und handelte konsequent danach.

Er fürchtete eine international isolierte Bundesrepublik und ein neutralisiertes Deutschland. Die Wiederherstellung der Einheit Deutschlands galt ihm nicht als vordringlichste Aufgabe. Er lehnte es ab, für die »Befreiung« der DDR, sofern die

Sowjets sie je erwogen haben sollten, irgendein Risiko einzugehen. Er weigerte sich, für die Wiedervereinigung einen Preis zu zahlen, der in der Bündnislosigkeit und Schutzlosigkeit Westdeutschlands bestand. Vor die Wahl gestellt, zwischen der Einheit des Landes und der Einheit eines Landesteiles, nämlich der Bundesrepublik, mit dem Westen zu entscheiden, wählte er die zweite Alternative, sofern sie überhaupt je bestanden haben sollte.

Sein Glaube, in einer »Politik der Stärke« liege der Schlüssel zur Wiedervereinigung, erwies sich als Irrtum, bestimmte aber sein politisches Handeln der fünfziger Jahre weitgehend.

Seine resolute Politik, den Bestand der Bundesrepublik durch keinerlei gesamtdeutsche Experimente zu gefährden, verband sich – in Kenntnis des Nachlassens nationalen Denkens und Empfindens – mit seinem Entschluß und seiner Tatkraft, freiwillig nationale Souveränität in supranationale Gebilde aufgehen zu lassen und damit wirksam an der Einigung Europas zu arbeiten. Es war nicht seine Schuld, daß bei seinem Rücktritt nur die wirtschaftliche Einigung feste Gestalt anzunehmen begann, die politische Union Europas, 1954 schon greifbar nahe, jedoch unerfüllt blieb.

Er sah im Wiedergutmachungsvertrag mit Israel eine moralische Verpflichtung, die er ohne Beachtung kompakter arabischer Drohungen erfüllte.

In der Innenpolitik zeigte er sich als Anhänger der Kleinen, nicht aber Großen Koalition. Er betonte Wert und Notwendigkeit einer starken und loyalen Opposition. Mit dem Bündnis von Union und Sozialdemokratie fürchtete er das Aufkommen einer antirepublikanischen Opposition. *»Sein Verhalten gegenüber der sozialdemokratischen Opposition ließ aber nicht erkennen, daß er ihren Wert und ihre Würde immer richtig einzuschätzen wußte.«* [131]

Er schenkte den Deutschen die ungewohnte Erfahrung, daß eine parlamentarische Demokratie eine starke, ja, autoritäre Führung nicht ausschließt.

Der Auseinandersetzung mit Verbrechen und Katastrophe des Nationalsozialismus räumte er keinen zentralen Platz in seiner Innenpolitik ein. So gewannen Entwicklungen und Personen Bedeutung und Einfluß, die sie nicht hätten haben dürfen.

Er war aufgeschlossen für soziale Fragen und *»bekam den gesellschaftlichen Status in den Griff, den Status einer schnell reich und reif gewordenen, nicht länger in feindliche Klassen zerfallenen Industriegesellschaft, mit der man nicht macht, was man will, sondern sie tun läßt, was sie will, indem man zwischen den Interessengruppen vermittelt und ihnen allen etwas bietet«* [132].

Er sah die Bundesrepublik nicht als Provisorium, sondern als das nun einmal gegebene Faktum. Seine Politik war darauf gerichtet, ihm Gewicht und Stabilität zu geben und zu sichern. Das Grundgesetz war für ihn kein Verfassungsnotbau, sondern Fundament und Gerüst eines fest und dauerhaft zu errichtenden Staates.

Der Deutsche Bundestag verabschiedete am 15. Oktober 1963 den ersten Kanzler der Bundesrepublik Deutschland in würdiger Form. Unter Zustimmung aller Parteien würdigte Bundestagspräsident Gerstenmaier Person und Werk:

»Diesem Haus und Ihnen selbst ist bewußt, daß es in einer parlamentarischen De-

mokratie kein ungewöhnlicher Vorgang ist, wenn ein Regierungschef sein Amt verläßt und auf seinen Abgeordnetensitz zurückkehrt. Der Deutsche Bundestag beabsichtigt auch nicht, mit dieser Sitzung einen Vorgang zu schaffen, der unbedingt zur Regel werden soll. Aber dieses Haus steht mit allen seinen Teilen so sehr unter dem Eindruck des Außergewöhnlichen und Bedeutsamen, das sich heute ereignet, daß es niemand gab, der dieser Sitzung widersprach.
Auch heute haben sich hier nicht nur Ihre Freunde, Weggefährten und Bewunderer vereint, sondern auch Ihre Kritiker und politischen Gegner. Ich weiß, daß in diesem Haus noch manche Wunde schmerzt, die in den Jahren Ihrer Kanzlerschaft geschlagen wurde. Um so höher aber ist der Rang dieser Stunde, in welcher die oberste Vertretung des deutschen Volkes allein dazu zusammentritt, um dem ersten Bundeskanzler der Bundesrepublik Deutschland dafür zu danken, daß er, obwohl in hohem Alter, standhaft und kraftvoll 14 Jahre hindurch die Bürde des schwersten Amtes trug, das Deutschland zu vergeben hat.
Der geschichtliche Rang dieser Stunde wird, wie mir scheint, schon daran deutlich, daß Sie, Herr Bundeskanzler, in hundert Jahren sturmbewegter deutscher Geschichte der einzige sind, der nach langer Regierungszeit unbesiegt und im Frieden von einem vergleichbaren Stuhle steigt und gelassen auf den Sitz zurückkehrt, von dem Sie hier am 15. September 1949 aufgestanden sind.
Mit schwankender Mehrheit hat sich das deutsche Volk, soweit es frei ist, in vier Bundestagswahlen für ihre Politik ausgesprochen. Diese Entscheidungen und die weltpolitische Entwicklung führten zu Ergebnissen, die Ihre Politik nahezu alternativlos gemacht haben. Es ist zwar vorauszusehen, daß dieses Haus auch in der Zukunft noch manchen harten Methodenstreit von Bedeutung erleben wird. Es ist auch nicht ausgeschlossen, daß veränderte weltpolitische Konstellationen neue Alternativen von Gewicht für die deutsche Politik bringen. Dennoch dürfen Sie sich bei Ihrem heutigen Abschied vom Amte sagen, daß die Grundentscheidungen der deutschen Politik, die Sie für notwendig gehalten haben, in diesem Haus schon seit einigen Jahren von allen hier vertretenen politischen Parteien anerkannt sind. Die Bundesrepublik Deutschland steht seit Jahr und Tag als gleichberechtigtes Glied in der Bündnisgemeinschaft der freien Welt; das Gefühl der Sicherheit und Freiheit in unserem Volk ist zwar noch immer nicht ganz ungefährdet, aber tiefer und stärker als vor 14 Jahren . . .
Der große Gedanke der europäischen Einigung, für den Sie Ihr Bestes gaben, ist aus den ersten Stufen der Verwirklichung heraus, und obwohl um seine Vollendung noch schwer gerungen werden muß, hat er Europa ein neues Gesicht gegeben und die herkömmlichen Methoden, Ziele und Wertordnungen der alten nationalstaatlichen Souveränitätspolitik so in Frage gestellt, daß eine Rückkehr zu ihr hoffentlich nicht mehr befürchtet zu werden braucht.
Das alles, Herr Bundeskanzler, muß man in den Blick nehmen und muß es noch einmal sehen vor der trostlosen Kulisse vom Mai 1945 und auch noch der vom 15. September 1949. Tut man das, dann wird deutlich, warum in dieser Stunde vom Dank die Rede ist. Sie wissen selbst, wieviel davon auch vielen anderen gelten muß. Den ehemaligen Gegnern und Bundesgenossen von heute, dem deutschen Volk in

allen seinen Schichten und Gruppen, Ihren Freunden und Mitarbeitern, den Toten und den Lebenden, Ihren Kritikern und auch Ihrer Opposition.
Dennoch ist es nicht mehr als recht und billig, in diesem Augenblick eben vor allem Ihnen zu danken. Denn Sie haben die Last Deutschlands auf dieser Bahn vor allem getragen, und Ihnen persönlich ist es wohl auch am meisten gelungen, die Mauer von Ablehnung um Deutschland zu durchbrechen und das zarte Pflänzchen eines neuen vorsichtigen Vertrauens zu den Deutschen sorgsam zu pflegen. Und dort, wo Deutschland wieder zu Ansehen in der Welt gekommen ist, da haben Sie einen großen Anteil daran.
Schön und gut, werden Ihre und meine Kritiker spätestens jetzt sagen. Aber eines, das Wichtigste, hat eben auch Konrad Adenauer nicht geschafft, nämlich die Wiedervereinigung Deutschlands! Ich darf und will hier keinen Streit um die Rangordnung der Werte und Ziele eröffnen, welche die Politik Ihrer Regierung bestimmt haben. Aber vielleicht darf man bei einem ruhigen Rückblick auf die heißen Kämpfe, die Sie, Herr Bundeskanzler, hier jahrelang zu bestehen hatten, heute doch sagen, daß diese Kämpfe ja nicht nur deshalb geführt wurden, weil etwa die einen nur die Einigung Europas und die anderen nur die Wiedervereinigung Deutschlands wollten, sondern sie wurden darum geführt, weil für den von allen anerkannten Verfassungsauftrag zwei sich gegenseitig ausschließende Alternativen verfochten wurden ...
Sie können – was selten genug einem Staatsmann widerfährt – Abschied nehmen in der Überzeugung, daß, alles zusammengenommen, die von Ihnen verfassungsmäßig bestimmte Politik der neuen Orientierung Deutschlands in der Welt nicht nur unvermeidlich, sondern auch richtig war.
Am 15. September 1949 haben Sie sich hier von Ihrem Abgeordnetensitz erhoben, um den Platz des Bundeskanzlers der Bundesrepublik Deutschland einzunehmen. Heute verlassen Sie ihn wieder mit einer geschichtlichen Leistung, ungebeugt und in Ehren. Damals standen Sie auf und traten vor das Haus. Heute steht der Deutsche Bundestag vor Ihnen auf, Herr Bundeskanzler, um für das deutsche Volk dankbar zu bekunden: Konrad Adenauer hat sich um das Vaterland verdient gemacht.« [133]

ANMERKUNGEN

DIE JAHRE 1945 – 1949

Abkürzungen:
DOK „Dokumente der deutschen Politik und Geschichte“, Bd. VI, herausgegeben von J. Hohlfeld, Berlin und München o. J.
EA Europa-Archiv (fortl. Seitenzahlen)
AdG Keesings Archiv der Gegenwart (Bd. 1945, 1946-47, 1948-49)

1) AdG 1945, S. 247
2) Eisenhower, Kreuzzug in Europa, Amsterdam 1948, S. 503
3) AdG 1945, S. 379
4) Clay, Entscheidung in Deutschland, Frankfurt/Main 1950, S. 31
5) Moseley, Die Friedenspläne der Alliierten, in: EA S. 3033
6) Cornides u. Volle, Um den Frieden mit Deutschland, Oberursel 1948, S. 53
7) ebenda, S. 53
8) S. Sherwood, Roosevelt und Hopkins, Hamburg 1950, S. 583
9) Cornides u. Volle, S. 54
10) Sherwood, S. 668
11) Cornides u. Volle, S. 55
12) ebenda, S. 74
13) Stalin-Rede in: Ulbricht, Zur Geschichte der neuesten Zeit, Ostberlin 1955, S. 362 f.
14) Cornides u. Volle, S. 60
15) DOK, S. 3
16) DOK, S. 8 f.
17) Truman, Memoiren, Band 1, Bern 1955, S. 285
18) Byrnes, In aller Offenheit, Frankfurt/Main 1947, S. 112
19) ebenda, S. 112
20) Potsdamer Abkommen, in: DOK, S. 26 - 40
21) Byrnes, S. 122
22) Clay, S. 29
23) ebenda, S. 29
24) Montgomery, Memoiren, München 1958, S. 431 f.
25) Clay, S. 41
26) Befehle des Obersten Chefs der SMAD, Sammelheft 1, Berlin 1946, S. 10
27) Wortlaut in: DOK, S. 10 - 16
28) vergl. Bodo Scheurig, Freies Deutschland. Das Nationalkomitee und der Bund Deutscher Offiziere in der Sowjetunion 1943 - 1945, München 1960
29) zitiert nach Leonhard, Die Revolution entläßt ihre Kinder, Köln 1955, S. 392
30) DOK, S. 18
31) Der neue Kampf um Freiheit, New York 1946, S. 45
32) ebenda, S. 46
33) SPD-Gründungsaufruf, in: DOK, S. 16 - 19
34) CDU-Gründungsaufruf, in: DOK, S. 19 - 22
35) LDPD-Gründungsaufruf, in: DOK, S. 22 - 24
36) Chronologische Materialien zur Geschichte der SED, Berlin 1956, S. 10
37) vergl. Paul Weymar, Konrad Adenauer, München 1955
38) E. Deuerlein, CDU/CSU 1945 - 1957, Köln 1957, S. 48
39) Bericht von Leo Schwering, zitiert nach Deuerlein, S. 60 f.
40) Turmwächter der Demokratie, Bd. 2: Reden und Schriften Kurt Schumachers, Berlin 1953, S. 33

[41]) ebenda, S. 39
[42]) DOK, S. 33
[43]) Eisenhower, S. 505
[44]) AdG 1945, S. 409
[45]) Der Alliierte Kontrollrat in Deutschland, Sammelheft 2, Berlin 1946, S. 58
[46]) Sächs. Verordnung über Bodenreform, in: DOK, S. 41 - 46
[47]) AdG 1945, S. 487
[48]) AdG 1945, S. 356
[49]) Beiträge zur Vorgeschichte der Vereinigung von SPD und KPD, in: PZ-ARCHIV, Jg. 1/1950, Heft 2, S. 17
[50]) vergl.: Die Wahlen in der Sowjetzone, Bonn 1958, S. 15 ff.
[51]) berechnet aufgrund der einzelnen Wahlergebnisse, vergl. „Das politische Gesicht Deutschlands", in: EA S. 1481 ff.
[52]) Ahlener Programm, in: DOK, S. 204 - 208
[53]) vergl. Weymar, S. 757 ff.
[54]) Protokoll des Parteitages der SPD Hannover Mai 1946, Hamburg 1947, S. 195
[55]) AdG 1946/47, S. 669 f.
[56]) vergl. Manfred Rexin, Sowjetische Friedensvorschläge für Deutschland, in: SBZ-ARCHIV Nr. 18/1959, S. 274 - 281
[57]) Byrnes, S. 259
[58]) Byrnes-Rede, in: DOK, S. 130 - 139
[59]) Abkommen, in: DOK, S. 141 - 145
[60]) EA, S. 592
[61]) AdG 1946/47, S. 872
[62]) EA, S. 185 f.
[63]) EA, S. 748
[64]) EA, S. 752
[65]) EA, S. 752
[66]) Proklamation, in: DOK, S. 237 - 239
[67]) Hoegner, Der schwierige Außenseiter, München 1959, S. 291 f.
[68]) Resolutionen, in: DOK, S. 239 - 247
[69]) EA, S. 913 - 924
[70]) Cornides u. Volle, S. 100 - 105
[71]) ebenda, S. 105 f.
[72]) EA, S. 1136
[73]) Protokoll der Verhandlungen des 2. Parteitages der SED, Berlin 1947, S, 47 f.
[74]) DOK, S. 263
[75]) DOK, S. 264
[76]) Wortlaut der Note, in: EA, S. 1227 - 29
[77]) Proklamation, in: DOK, S. 264 - 271
[78]) Clay, S. 436
[79]) Kommunique, in: DOK, S. 271 - 273
[80]) Brüsseler Pakt, in: EA, S. 1263 f.
[81]) Prager Kommunique, in: EA, S. 1229 f.
[82]) Clay, S. 394 - 396
[83]) OEEC-Abkommen, in: EA, S. 1345 - 1347
[84]) Kommunique, in: DOK, S. 276 - 283
[85]) Währungsgesetz und Umstellungsgesetz, in: DOK, S. 283 - 290
[86]) Sowjetzonale Währungsgesetze, in: DOK, S. 290 - 294
[87]) Warschauer Kommunique, in: DOK, S. 305 - 312
[88]) vergl. Interview mit General Kotikow, in: Tägliche Rundschau vom 10. 7. 1947
[89]) W. Ph. Davison, Die Blockade Berlins, Frankfurt/Main 1959, S. 96
[90]) Clay, S. 400

91) zitiert nach Davison, S. 124
92) Clay, S. 406
93) Dokumente zur Berlin-Frage, München 1959, S. 117
94) ebenda, S. 122 - 126
95) Chronologische Materialien zur Geschichte der SED, Berlin 1956, S. 73 f.
96) ebenda, S. 82
97) ebenda, S. 89 f.
98) SBZ von 1945 bis 1954, Bonn 1956, S. 90 f.
99) Die Wahlen in der Sowjetzone, Bonn 1958, S. 21
100) AdG 1948/49, S. 1953 f.
101) Frankfurter Dokumente, in: DOK, S. 320 - 323
102) Koblenzer Beschlüsse, in: DOK, S. 323 - 326
103) Clay, S. 451
104) ebenda, S. 455
105) H. v. Mangoldt, Das Bonner Grundgesetz, Berlin 1957 (1. Aufl.), S. 16
106) Kommunique, in: EA, S. 2028
107) Protokolle über Volksabstimmung und Kehler Hafen, in: EA, S. 2162
108) Drei-Mächte-Abkommen über Industrieniveau, in: EA, S. 2165 - 68
109) Statut des Europa-Rates, in: EA, S. 2241 ff.
110) Dokumente der Pariser Außenministerkonferenz 1949, in: DOK, S. 381 - 384
111) ebenda, S. 384
112) Besatzungsstatut, in: DOK, S. 343 - 346
113) Satzung der Hohen Kommission, in: EA, S. 2323 - 2326 / Abkommen über Drei-Mächte-Kontrolle für Deutschland, in: EA, S. 2075 - 76
114) Abkommen über Milit. Sicherheitsamt, in: EA, S. 2163 ff.
115) Ruhrabkommen, in: DOK, S. 326 - 339
116) A. Hamann, Das Grundgesetz, Berlin 1956, S. 19
117) vergl. Bericht v. Pferdmenges in: Weymar, S. 427 - 433
118) Protokoll des Dtsch. Bundestages, Bd. 1, S. 23
119) ebenda, S. 32
120) Protokoll des Gründungskongresses des DGB München 1949, Köln 1950, S. 319
121) AdG 1948/49, S. 2103
122) Kommunique, in: DOK, S. 451 f.
123) Petersberger Abkommen, in: DOK, S. 453 - 456
124) Grotewohl-Rede, in: DOK, S. 435 - 441
125) AdG 1948/49, S. 2100
126) Neues Deutschland vom 27. 10. 1949
127) Adenauer-Rede, in: DOK, S. 442 - 444

DIE ENTWICKLUNG DEUTSCHLANDS VON 1949 BIS ZU DEN PARISER VERTRÄGEN 1955

1) Die Neue Zeitung, Ausg. 2. 1. 1950, S. 1 und 2.
2) Analyse bei Fritz René Allemann, Bonn ist nicht Weimar, S. 133 ff.
3) Rede des amerikanischen Außenministers Byrnes am 6. 9. 1946, Dokumente, Bd. VI, S. 137. Vgl. auch Manfred Rexin, S. 32.
4) Archiv der Gegenwart, 1948/49, S. 1920 ff.
5) Vgl. Rexin, S. 33.
6) Archiv der Gegenwart, 1950, S. 2436.
7) Ebenda, S. 2372.
8) Ebenda, S. 2376, 2389.
9) Dokumente, Bd. VII, S. 36 ff.
10) Archiv der Gegenwart, 1951, S. 2941.
11) Dokumente, Bd. VII, S. 81 ff.
12) Heinrich Siegler, Dokumentation der Europäischen Integration 1946–1961, S. 47, 49, 58.
13) Europa-Archiv, S. 3408 f.
14) Dokumente, Bd. VII, S. 101 f.
15) Ebenda, S. 190 ff.
16) Nach einer Denkschrift des Bundesministeriums für Vertriebene, Archiv der Gegenwart, 1953, S. 4263.
17) Archiv der Gegenwart, 1950, S. 2521.
18) Diese und die folgenden Zahlen nach Bruno Gleitze, Wirtschafts- und sozialstatistisches Handbuch, Köln 1960.
19) Archiv der Gegenwart, 1948/49, S. 2138.
20) Ebenda, S. 2155. Dazu Norbert Tönnies, Der Weg zu den Waffen, S. 48 ff.
21) Archiv der Gegenwart, 1950, S. 2370.
22) Dokumente, Bd. VI, S. 531 ff.
23) Ebenda, S. 535.
24) Ebenda, S. 538.
25) Memorandum Heinemanns vom 13. 10. 1950, Dokumente, Bd. VI, S. 542 ff. Dazu Tönnies, S. 71.
26) Archiv der Gegenwart, 1950, S. 2617.
27) Dokumente, Bd. VI, S. 541.
28) Vgl. Wilhelm Cornides, S. 230 ff., und Archiv der Gegenwart, 1950, S. 2535 ff.
29) Archiv der Gegenwart, 1950, S. 2587.
30) Vgl. Willy Böge u. a., Ereignisse seit 1945, S. 43.
31) Dokumente, Bd. VII, S. 1 f.
32) Ebenda, S. 353 ff.
33) Archiv der Gegenwart, 1952, S. 3560.
34) Dokumente, Bd. VII, S. 392 f.
35) SBZ von 1945–1954, S. 125.
36) Archiv der Gegenwart, 1950, S. 2504.
37) Texte der Abmachungen in Dokumente, Bd. VI, S. 487 ff.
38) Ebenda, S. 494 f.
39) Ebenda, S. 493 f.
40) Archiv der Gegenwart, 1952, S. 3560.
41) Dokumente, Bd. VII, 399 f.
42) Die Bemühungen der Bundesrepublik Deutschland . . ., Teil I, S. 9 f. Anm.
43) Dokumente, Bd. VI, S. 482 f.

44) Ebenda, S. 551 f.
45) Die Bemühungen der Bundesrepublik Deutschland . . ., Teil I, S. 22 f.
46) Dokumente, Bd. VII, S. 10 ff.
47) Die Bemühungen der Bundesrepublik Deutschland . . ., Teil I, S. 61 f.
48) Ebenda, S. 63.
49) Ebenda, S. 113 ff.
50) Die folgenden Ausführungen nach dem Abdruck des Notenwechsels in Die Bemühungen der Bundesrepublik Deutschland . . ., Teil I, S. 85 ff.
51) Paul Sethe, Zwischen Bonn und Moskau, S. 34–46.
52) Wilhelm Cornides, S. 252–271.
53) Vgl. zu folgendem ebenda, S. 241 ff.
54) Archiv der Gegenwart, 1951, S. 3189 f.
55) Dokumente, Bd. VII, S. 361 ff.
56) Ebenda, S. 370 ff.
57) Ebenda, S. 155 ff.
58) Zu folgendem: Archiv der Gegenwart, 1952, S. 3768 ff. und 3778 ff.
59) Ebenda, 1948/49, S. 2144 f.
60) Ebenda, S. 2174.
61) Ebenda, 1951, S. 2856.
62) Ebenda, S. 3135.
63) Ebenda, 1952, S. 3644 f.
64) Ebenda, 1953, S. 4063.
65) Vgl. zu folgendem: Arnulf Baring, Der 17. Juni 1953, S. 10 ff.
66) Archiv der Gegenwart, 1953, S. 4035.
67) Vgl. Baring, S. 24 ff.
68) Joachim G. Leithäuser, Der Aufstand im Juni, S. 8.
69) Die folgende Darstellung der Vorgänge vor allem nach Baring und Leithäuser.
70) Leithäuser, S. 17.
71) Ebenda, S. 31.
72) Ebenda, S. 41 f..
73) Ebenda, S. 48.
74) Archiv der Gegenwart, 1953, S. 4058.
75) Nach Das Parlament, Ausg. vom 15. 6. 1955, S. 9.
76) Baring, S. 51.
77) Ebenda, S. 58.
78) Vgl. ebenda, S. 71 ff.
79) Ansprache vom 17. 6. 1955 im Bundestag, Das Parlament, Ausg. vom 22. 6. 1955, S. 10.
80) Archiv der Gegenwart, 1953, S. 4055 ff.
81) Ebenda, 1954, S. 4443.
82) Entschließung des Bundestages vom 7. 4. 1954. Ähnlich eine Erklärung der Hohen Kommissare der Westmächte vom 8. 4. 1954. Vgl. Die Bemühungen der Bundesrepublik Deutschland . . ., Teil II, S. 94 f.
83) Vgl. zu folgendem ebenda, Teil I, S. 119 ff., Teil II, S. 11 ff.
84) Ebenda, Teil I, S. 140.
85) Ebenda, Teil II, S. 79.
86) Ebenda, S. 87.
87) Vgl. Archiv der Gegenwart, 1952, S. 3586 ff. u. 3671.
88) Ebenda, 1953, S. 4052.
89) Ebenda, S. 4225.
90) Gleitze, S. 47.
91) Archiv der Gegenwart, 1953, S. 3945, 3995 f., 4062, 4263.
92) Ebenda, S. 4170 und 1954, S. 4506 f.
93) Zahlen nach Gleitze.

[94]) Willy Böge u. a., Ereignisse seit 1945, S. 67.
[95]) Archiv der Gegenwart, 1954, S. 4708 f.
[96]) Ebenda, S. 4765 ff.
[97]) Ebenda, S. 4802 ff.
[98]) Ebenda, 1955, S. 5041.
[99]) Ebenda, S. 5105.
[100]) Zum folgenden: Die Bemühungen der Bundesrepublik Deutschland . . ., Teil II, S. 159 ff.
[101]) Archiv der Gegenwart, 1955, S. 5041 f.
[102]) Andreas Hillgruber, Berlin, Dokumente, 1944–1961, S. 119 ff.
[103]) Allemann, S. 152.
[104]) Archiv der Gegenwart, 1955, S. 5137.
[105]) Ebenda, S. 5263 ff.

DEUTSCHLAND VON 1955–1963

[1] Europa-Archiv, 1955, 2. Halbjahr, S. 8086.
[2] Noack: Deutschland von 1945 bis 1960, S. 86.
[3] Archiv der Gegenwart, 1956, S. 5809.
[4] a. a. O., S. 5645.
[5] a. a. O., S. 5645/46.
[6] a. a. O., S. 5868/69.
[7] a. a. O., S. 5870.
[8] a. a. O., S. 5946/47.
[9] Neue Zürcher Zeitung vom 16. Dezember 1954.
[10] Archiv der Gegenwart, 1956, S. 5946.
[11] Rheinischer Merkur vom 24. August 1956.
[12] Frankfurter Rundschau vom 18. August 1956.
[13] Archiv der Gegenwart, 1956, S. 5947.
[14] a. a. O., 1957, S. 6385.
[15] Europa-Archiv, 1957, 1. Halbjahr, S. 9969.
[16] Archiv der Gegenwart, 1958, S. 7014.
[17] a. a. O., S. 7049.
[18] a. a. O., S. 7093.
[19] a. a. O., S. 7210.
[20] a. a. O., S. 7210.
[21] Europa-Archiv, 1957, 2. Halbjahr, S. 10224.
[22] Archiv der Gegenwart, 1958, S. 7143.
[23] Börsen- und Wirtschaftshandbuch 1958 des Börsen- und Wirtschaftskalenders der Frankfurter Zeitung, S. 114.
[24] Böge, Moltmann, Tormin: Ereignisse seit 1945 – eine Zeittafel, S. 87.
[25] Angaben aus einer Rede des Abgeordneten Leber, Sitzungsprotokoll des Deutschen Bundestages vom 15. Oktober 1964, S. 6845.
[26] Grewe: Deutsche Außenpolitik der Nachkriegszeit, 1960, S. 104.
[27] Politisch-militärisch-wirtschaftliche Zusammenschlüsse und Pakte der Welt, 7. Ausgabe 1962, S. 40.
[28] Nach Forster: NVA – Die Armee der Sowjetzone, 1964, S. 49.
[29] Jänicke: Der dritte Weg, 1964, S. 73.
[30] a. a. O., S. 127.
[31] Archiv der Gegenwart, 1956, S. 5701.
[32] Stern: Porträt einer bolschewistischen Partei, 1957, S. 184/185.
[33] Jänicke, a. a. O., S. 77/78.
[34] a. a. O., S. 82.
[35] Stern, a. a. O., S. 235.
[36] a. a. O., S. 201 und 235.
[37] a. a. O., S. 212.
[38] Siegler: Wiedervereinigung und Sicherheit Deutschlands. 5. erweiterte Auflage, 1964, S. 84.
[39] Jänicke, a. a. O., S. 139.
[40] Stern, a. a. O., S. 216.
[41] Archiv der Gegenwart, 1957, S. 6310.
[42] Stern, a. a. O., S. 219.

[43] Archiv der Gegenwart, 1958, S. 7417/7418.
[44] a. a. O., S. 7407.
[45] Grewe, a. a. O., S. 254.
[46] a. a. O., S. 275/276.
[47] a. a. O., S. 265.
[48] Europa-Archiv, 1959, Tl. 1, S. 338.
[49] Archiv der Gegenwart, 1959, S. 7600.
[50] Zusammenfassung nach Vertrags-Ploetz, Tl. II, Bd. 4 B, Neueste Zeit 1959 bis 1963, S. 3–6.
[51] Aus dem Wortlaut des westlichen Kompromißvorschlages vom 16. Juni 1959, Archiv der Gegenwart, 1959, S. 7795.
[52] Grewe, a. a. O., S. 287/288.
[53] Archiv der Gegenwart, 1959, S. 7793.
[54] Europa-Archiv, 1959, Tl. 2, S. D 188–191.
[55] Archiv der Gegenwart, 1959, S. 7615/16.
[56] Europa-Archiv, 1959, Tl. 2, S. D 165. Diese Formulierung ist in einem Brief des ZK der SED vom 4. April 1959 an die SPD enthalten, der unbeantwortet blieb.
[57] Gerigk: Deutschland und das Weltgeschehen im Jahre 1960. 1961, S. 170.
[58] Siehe Anmerkung 57.
[59] Frankfurter Allgemeine Zeitung vom 17. August 1960.
[60] Gerigk, a. a. O., S. 170/171.
[61] Noack, a. a. O., S. 95.
[62] Gerigk, a. a. O., S. 22.
[63] a. a. O., S. 100/101.
[64] Archiv der Gegenwart, 1961, S. 9142.
[65] a. a. O., S. 9142/43.
[66] Schütze: Volksdemokratie in Mitteldeutschland. 1954, S. 167.
[67] Stern: Ulbricht. – Eine politische Biographie. 1963, S. 231.
[68] Gerigk: Deutschland und das Weltgeschehen im Jahre 1961. S. 34.
[69] a. a. O., S. 36.
[70] Aus „Südkurier“ vom 26. August 1961, Konstanz.
[71] Archiv der Gegenwart, 1961, S. 9289.
[72] Stern: Ulbricht, S. 340.
[72] a) Aus „Berlin im Spiegel seiner öffentlichen Finanzplanung für das Jahr 1964“.
[72] b) Aus Dönhoff: Der Bund mit dem Westen. In der „Zeit“ vom 4. Juni 1965.
[73] Gerigk, 1960, S. 206.
[74] Archiv der Gegenwart, S. 8493.
[75] a. a. O., S. 8493/94.
[76] Kaack: Die Parteien in der Verfassungswirklichkeit der Bundesrepublik, 1964, S. 68. Diese Erklärung gab der stellvertretende Fraktionsvorsitzende der SPD im Bundestag, Fritz Erler, ab.
[77] Gerigk, 1960, S. 210.
[78] Archiv der Gegenwart, 1959, S. 7644/7645.
[79] a. a. O., S. 7764.
[80] Allemann: Zwischen Stabilität und Krise – Etappen der deutschen Politik 1955–1963. 1964, S. 66.
[81] Gerigk, 1960, S. 180.
[82] a. a. O., S. 181.
[83] Archiv der Gegenwart, 1961, S. 8954.

[84] Aus dem Beitrag: Konsolidierung bei den sozialistischen Studenten. In: „Studium von Zeitfragen – Materialien zum nonkonformistischen Sozialismus" vom 28. November 1962.
[85] Abendroth: Bilanz der sozialistischen Idee in der Bundesrepublik. In dem Sammelband »Bestandsaufnahme – eine deutsche Bilanz« 1962, 1963.
[86] Gerigk, 1961, S. 230.
[87] a. a. O., S. 231.
[88] a. a. O., S. 231 und 232.
[89] a. a. O., S. 231 und 232.
[90] a. a. O., S. 231 und 232.
[91] a. a. O., S. 244.
[92] Archiv der Gegenwart, 1961, S. 9372.
[93] Dr. Zinn in seinem Nachruf auf von Brentano im „Darmstädter Echo" vom 16. November 1964.
[94] Archiv der Gegenwart, 1961, S. 9441.
[95] a. a. O., S. 9443.
[96] Gerigk, 1961, S. 271.
[97] Nach Ortlieb, Dörge: Wirtschafts- und Sozialpolitik. 1964, S. 130.
[98] Zusammenstellung in Anlehnung an Ortlieb/Dörge, a. a. O., S. 113.
[99] Stolper, Häuser, Borchardt: Deutsche Wirtschaft seit 1870. 1964, S. 297.
[100] a. a. O., S. 321.
[101] Archiv der Gegenwart, 1959, S. 7987.
[102] Stolpe, Häuser, Borchardt, a. a. O., S. 340.
[103] Auszug aus dem Dokument 24 des von der Bundesregierung im April 1960 allen Regierungen übergebenen Weißbuches: Die Zwangskollektivierung des selbständigen Bauernstandes in Mitteldeutschland.
[104] Aus „Vom Bauernfang zum Bauernlegen" Sozialkundebrief für Jugend und Schule der Hessischen Landeszentrale für Heimatdienst. Juni 1960, S. 14.
[105] Artikel 106 der geänderten DDR -Verfassung.
[106] Stern: Ulbricht. S. 259/60.
[107] Gleitze: Die Industrie der Sowjetzone unter dem gescheiterten Siebenjahresplan. 1964.
[108] Nach Thalheim: Die Wirtschaft der Sowjetzone in Krise und Umbau. 1964, S. 11.
[109] a. a. O., S. 145–148.
[110] a. a. O., S. 132.
[111] Richert: Das zweite Deutschland. 1964, S. 331/332.
[112] Archiv der Gegenwart, 1962, S. 9767.
[113] a. a. O., 1963, S. 10363.
[114] a. a. O., S,. 10760.
[115] a. a. O., S. 10965.
[116] a. a. O., 1962, S. 10109.
[117] a. a. O., S. 10109.
[118] a. a. O., 1963, S. 10562.
[119] Zusammenfassung in Anlehnung an Ortlieb/Dörge, a. a. O., S. 150.
[120] Fritz Richert in: „Vom Klassenkampf zum Goldenen Kalb". Im „Monat" vom Dezember 1964.
[121] Europa-Archiv, 1962, Tl. 1, S. 657 bis 660.
[122] Europa-Archiv, 1962, Tl. 1, S. 657 bis 660.
[123] Zitat eines ungenannt gebliebenen prominenten Bonner Politikers in dem »Zeit«-Artikel „Kennedys neues Deutschlandbild" vom 28. Juni 1963.

[124] Aus „Frankfurter Allgemeine Zeitung" vom 26. Juni 1963.

[125] Archiv der Gegenwart, 1962, S. 10238.

[126] Friedrich Sieburg, in „Frankfurter Allgemeine Zeitung" vom 10. November 1963 in seinem Leitartikel „Nie mehr wie vorher".

[127] In „Landesverrat und Pressefreiheit" im Rheinischen Merkur vom 9. November 1962.

[128] Dolf Sternberger, in „Die Natur der gegenwärtigen Krise" in „Frankfurter Allgemeine Zeitung" vom 24. November 1962.

[128]a) Protokoll der 187. Sitzung des Deutschen Bundestages vom 25. Mai 1965, Seiten 9387 und 9388.

[129] Archiv der Gegenwart, 1962, S. 10304.

[130] a. a. O., 1963, S. 10537.

[131] Golo Mann, in „Der Staatsmann und sein Werk" in der „Zeit" vom 18. Oktober 1963.

[131] a) Golo Mann, in „Der Staatsmann und sein Werk" in der „Zeit" vom 18. Oktober 1963.

[132] Aus „Frankfurter Allgemeine Zeitung" vom 16. Oktober 1963.

ZEITTAFEL

1945

3. – 11. 2.	Konferenz von Jalta (Krim)
April	Direktive JCS 1067
30. 4.	Hitlers Selbstmord / »Gruppe Ulbricht« verläßt Moskau
8. 5.	Bedingungslose Kapitulation Deutschlands
9. 5.	Stalins Erklärung zur sowjetischen Deutschlandpolitik
17. 5.	Einsetzung des Magistrates von Groß-Berlin
23. 5.	Verhaftung der Regierung Dönitz
28. 5.	Einsetzung einer vorläufigen Langesregierung in Bayern
5. 6.	4 Proklamationen der Besatzungsmächte zur Übernahme der Regierungsgewalt in Deutschland
10. 6.	Befehl Nr. 2 der SMAD: Zulassung von Parteien und Gewerkschaften in der Sowjetzone
11. 6.	Gründung der KPD in Berlin
15. 6.	Gründung der SPD in Berlin
26. 6.	Gründung der CDU in Berlin
1. 7.	Rückzug der amerikanischen Truppen aus Sachsen, Thüringen und Mecklenburg – Besetzung der Westsektoren Berlins
5. 7.	Gründung der LDPD in Berlin
14. 7.	Block antifaschistisch-demokratischer Parteien in Berlin
17. 7. – 2. 8.	Potsdamer Konferenz
25. 7.	Einsetzung von 11 Deutschen Verwaltungen für die SBZ
8. 8.	Vier-Mächte-Abkommen über Internationalen Gerichtshof für Kriegsverbrecher
30. 8.	Beginn der Tätigkeit des Alliierten Kontrollrates
Aug./Sept.	Beginn der Bodenreform in der Sowjetzone – Zulassung von Parteien und Gewerkschaften in den Westzonen
11. 9. – 2. 10.	I. Außenministerkonferenz in London
5. 10.	Konferenz der SPD in Wennigsen bei Hannover
18. 10.	Eröffnung des Hauptkriegsverbrecherprozesses in Berlin
20. 10.	Länderrat der US-Zone in Stuttgart gebildet
20. 11.	Fortsetzung des Kriegsverbrecherprozesses in Nürnberg
14. – 16. 12.	1. Reichskonferenz der CDU in Bad Godesberg
16. – 26. 12.	Drei-Mächte-Konferenz der USA, Großbritanniens und der Sowjetunion in Moskau
20. – 21. 12.	60er Konferenz von SPD und KPD in Berlin

1946

Januar	Gemeindewahlen in der amerikanischen Zone
15. 2.	Zonenbeirat der britischen Zone in Hamburg gebildet
5. 3.	Churchills Rede in Fulton
5. 3.	Gesetz zur Befreiung vom Nationalsozialismus und Militarismus in der amerikanischen Zone verkündet
26. 3.	Kontrollrat beschließt »Industrieplan«
30. 3.	Urabstimmung unter Westberliner SPD-Mitgliedern über Vereinigung mit der KPD

21. – 22. 4.	Gründungsparteitag der SED
25. 4. – 19. 5. und 15. 6. – 12. 7.	II. Außenministerkonferenz in Paris
25. 5.	Einstellung der Reparationslieferungen aus der US-Zone an die Sowjetunion
30. 6.	Volksabstimmung in Sachsen über Enteignungsmaßnahmen. Wahlen zu den Verfassungsgebenden Landesversammlungen der amerikanischen Zone
30. 6.	Atombombenversuchsexplosion auf dem Bikini-Atoll
29. 7. – 15. 10.	Pariser Friedenskonferenz der 21 Nationen
5. 9.	Übereinkunft über bi-zonale Verwaltungsstellen
6. 9.	Byrnes' Stuttgarter Rede
19. 9.	Churchills Rede in Zürich
September	Gemeindewahlen in der russischen, britischen und französischen Zone
30. 9. / 1. 10.	Urteilsverkündung in Nürnberg
13. 10.	Bürgerschaftswahlen in Hamburg und Bremen
20. 10.	Landtagswahlen in der sowjetischen Zone und in Berlin
29. 10.	Stalin-Interview mit der United Press
3. 11. – 12. 12.	III. Außenministerkonferenz in New York
24. 11.	Landtagswahlen in Württemberg-Baden
1. 12.	Landtagswahlen in Hessen und Bayern
2. 12.	New Yorker Abkommen über die Errichtung der Bi-Zone zwischen Großbritannien und den USA
22. 12.	Errichtung der Zollgrenze zwischen dem Saargebiet und der französischen Zone

1947

14. 1. – 25. 2.	2. Konferenz der Außenminister-Stellvertreter in London
3. 2.	Ahlener Programm der CDU
10. 2.	Unterzeichnung der Friedensverträge mit Italien, Finnland, Ungarn und Bulgarien in Paris
25. 2.	Auflösung Preußens
10. 3. – 24. 4.	IV. Außenministerkonferenz in Moskau
12. 3.	Truman-Doktrin
20. 4.	Landtagswahlen in Niedersachsen, Schleswig-Holstein und Nordrhein-Westfalen
21. 4.	Moskauer Abkommen der drei Westmächte über Kohlenlieferungen an Frankreich
18. 5.	Landtagswahlen in Rheinland-Pfalz, Baden, Württemberg-Hohenzollern
29. 5.	Proklamation zur Neugestaltung der Bi-Zone
5. 6.	Marshalls Rede in Harvard
5. – 7. 6.	Münchener Ministerpräsidentenkonferenz
14. 6.	Deutsche Wirtschaftskommission in der Sowjetzone eingesetzt
25. 6.	Konstituierung des bi-zonalen Wirtschaftsrates in Frankfurt

27. 6. – 2. 7.	Konferenz der Sowjetunion, Großbritanniens und Frankreichs über den Marshall-Plan
12. 7. – 22. 9.	Europäische Wirtschaftskonferenz von 16 Nationen in Paris
17. 7.	Veröffentlichung einer neuen Direktive an die US-Militärregierung
22. – 27. 8.	Londoner Konferenz der drei Westmächte über Bi-Zone und Ruhrkohle
29. 8.	Veröffentlichung des revidierten Industrieplanes für die Bi-Zone
20. – 24. 9.	2. Parteitag der SED
30. 9.	Warschauer Gründungstagung des Kominform
12. 10.	Bürgerschaftswahlen in Bremen
16. 10.	Neue Demontageliste für Bi-Zone
28. 10.	Deutsche Kohlenbergbauleitung eingesetzt
9. 11.	Saarld. Landtag beschließt Verfassung (politische Autonomie, wirtsch. Anschluß an Frankreich)
25. 11. – 15. 12.	V. Außenministerkonferenz in London
6. – 7. 12.	Tagung des 1. Deutschen Volkskongresses

1948

9. 2.	Umbildung des Frankfurter Wirtschaftsrates
12. 2.	Umbildung der Deutschen Wirtschaftskommission
23. 2. 6. 3.	Londoner 6-Mächte-Konferenz über Deutschland
17. 3.	Brüsseler Pakt unterzeichnet
17. – 18. 3.	Tagung des 2. Deutschen Volkskongresses
20. 3.	Letzte Kontrollratssitzung
16. 4.	OEEC-Gründung in Paris
20. 4. – 7. 6.	Fortsetzung der Londoner 6-Mächte-Konferenz über Deutschland
16. 6.	Letzte Sitzung der Berliner Kommandantur
21. 6.	Währungsreform in den Westzonen
23. – 24. 6.	Warschauer Konferenz von acht Ostblock-Staaten
24. 6.	Währungsreform in der Sowjetzone Beginn der Blockade Berlins
1. 7.	»Frankfurter Dokumente«
7. 7.	»Koblenzer Beschlüsse«
10. – 23. 8.	Herrenchiemseer Konvent
26. 8. – 6. 9.	Kommunistische Demonstration gegen Berliner Magistrat
30. 8.	Moskauer 4-Mächte-Abkommen über Berlin
1. 9.	Konstituierung des Parlamentarischen Rates in Bonn
4. 10.	Beginn der Berlin-Debatte im UN-Sicherheitsrat
30. 11.	Spaltung des Berliner Magistrats
5. 12.	Wahlen in Westberlin

1949

17. 1.	Milit. Sicherheitsamt in den Westzonen gebildet
25. – 28. 1.	I. Parteikonferenz der SED
28. 3.	6-Mächte-Kommuniqué über Grenzänderungen im Westen
4. 4.	Gründung der NATO

5. – 8.	4.	Washingtoner 3-Mächte-Außenministerkonferenz
13.	4.	Neuer Industrieplan für Westdeutschland
28.	4.	Abkommen über Internationale Ruhrbehörde unterzeichnet
4.	5.	4-Mächte-Abkommen über Ende der Blockade Berlins
5.	5.	Gründung des Europarates in London
8.	5.	Parlamentarischer Rat billigt Grundgesetz
12.	5.	Ende der Blockade Berlins
14.	5.	Besatzungsstatut für Westberlin übergeben
15. – 16.	5.	Wahlen in der Sowjetzone (Einheitsliste)
23.	5.	Verkündung des Grundgesetzes
23. 5. – 20.	6.	VI. Außenministerkonferenz in Paris
29. – 30.	6.	Tagung des 3. Deutschen Volkskongresses
14.	8.	Bundestagswahlen
7.	9.	Konstituierung des 1. Deutschen Bundestages
12.	9.	Theodor Heuss wird Bundespräsident
15.	9.	Konrad Adenauer wird Bundeskanzler
7.	10.	Konstituierung der »Provisorischen Volkskammer«
11.	10.	Wilhelm Pieck wird DDR-Präsident
12.	10.	Otto Grotewohl wird Ministerpräsident der DDR
12. – 14.	10.	Gründungskongreß des DGB in München
9. – 11.	11.	3-Mächte-Außenminister-Tagung in Paris
24.	11.	»Petersberger Abkommen«
15.	12.	Abkommen zwischen der Bundesrepublik und den USA über Marshallplan-Hilfe

1950

3.	3.	Französisch-saarländische Verträge
23.	3.	Bundestag verabschiedet Gesetz über sozialen Wohnungsbau
9.	5.	Robert Schuman schlägt Bildung der Montanunion vor
15.	6.	Bundestag beschließt Beitritt zum Europarat
25.	6.	Beginn des Koreakrieges
27.	6.	USA-Präsident Truman befiehlt militärisches Eingreifen in Korea
6.	7.	DDR erkennt die Oder-Neiße-Linie als endgültige Grenze an
7.	7.	UN-Sicherheitsrat ordnet gemeinsames Vorgehen gegen Nordkorea an
9.	7.	BHE beteiligt sich zum ersten Male bei den Landtagswahlen in Schleswig-Holstein
5.	8.	Charta der Heimatvertriebenen
12. – 18.	9.	Außenministerkonferenz der Westmächte in New York berät über eine europäische Armee
19.	9.	Gründung der Europäischen Zahlungsunion (EZU)
9.	10.	Rücktritt des Bundesinnenministers Gustav Heinemann
15.	10.	Wahlen in der DDR
19.	10.	Bundestag verabschiedet Bundesversorgungsgesetz
20./21.	10.	Prager Konferenz der Ostblockstaaten protestiert gegen westdeutsche Wiederaufrüstung
26.	10.	René Pleven schlägt Bildung einer europäischen Armee mit Be-

teiligung der Bundesrepublik vor
26. 11. Rotchina greift in den Korea-Krieg ein

1951

15. 2. Bildung des Bundesgrenzschutzes
6. 3. Bundesrepublik darf ein Ministerium für auswärtige Angelegenheiten errichten und diplomatische Beziehungen zu anderen Staaten aufnehmen
10. 4. Bundestag beschließt Mitbestimmungsgesetz für die Schwerindustrie
18. 4. Unterzeichnung des Vertrages über die Montanunion
9. 7. Großbritannien und Frankreich beenden Kriegszustand mit Deutschland (USA am 18. 10.)
10. 7. Beginn der Waffenstillstandsverhandlungen in Korea
8. 9. Japanischer Friedensvertrag in San Francisco unterzeichnet
20. 9. Interzonenhandelsabkommen zwischen der Bundesrepublik und Behörden der DDR
30. 8./1. 9. Unterzeichnung von Beistandsverträgen zwischen den USA, Australien und Neuseeland (ANZUS)
28. 9. Bundesverfassungsgericht beginnt seine Tätigkeit in Karlsruhe
19. 11. Gründung des Bundes der vertriebenen Deutschen
9. 12. Volksentscheid über die Bildung eines Südweststaates (Baden-Württemberg)
20. 12. UN-Vollversammlung bildet Ausschuß zur Prüfung der Voraussetzungen für freie Wahlen in Deutschland

1952

18. 2. Griechenland und die Türkei treten der NATO bei
1. 3. Insel Helgoland wieder unter deutscher Verwaltung
10. 3. – 23. 9. Viermaliger Notenwechsel zwischen der Sowjetunion und den Westmächten über einen Friedensvertrag mit Deutschland und die Wiedervereinigung
8. 5. Aufstellung »nationaler Streitkräfte« in der DDR angekündigt
16. 5. Bundestag verabschiedet Gesetz zum Lastenausgleich
26. 5. Regierung der DDR errichtet eine Sperrzone entlang der Zonengrenze
26. 5. Unterzeichnung des Deutschlandvertrages
27. 5. Unterzeichnung des EVG-Vertrages
9./10. 7. Erste Lesung des EVG- und des Deutschlandvertrages im Bundestag
12. 7. Beschluß der SED zum »planmäßigen Ausbau des Sozialismus« in der DDR
19. 7. Bundestag verabschiedet das Betriebsverfassungsgesetz
23. 7. Neugliederung der DDR in vierzehn Verwaltungsbezirke
25. 7. Aufhebung des Ruhrstatuts und der Beschränkung der westdeutdeutschen Stahlindustrie
25. 7. Der Vertrag über die Montanunion tritt in Kraft
8. 8. Beendigung der Londoner Schuldenkonferenz

20. 8. Tod Kurt Schumachers
10. 9. Unterzeichnung des Wiedergutmachungsabkommens zwischen der Bundesrepublik und Israel
2. 10. Explosion der ersten britischen Atombombe
23. 10. Verbot der Sozialistischen Reichspartei
1. 11. Explosion der ersten amerikanischen Wasserstoffbombe
4. 11. General Eisenhower zum Präsidenten der USA gewählt
6. 12. Verschiebung der dritten Lesung des Deutschland- und des EVG-Vertrages im Bundestag

1953

15. 1. Verhaftung des DDR-Außenministers Georg Dertinger
10. 2. Eröffnung der Montanunion
5. 3. Tod Josef Stalins. Georgij Malenkow wird Nachfolger
19. 3. Bundestag billigt den Deutschland- und EVG-Vertrag in dritter Lesung
25. 3. Bundestag verabschiedet das Bundesvertriebenengesetz
13. 5. Frankreich verabschiedet die Ratifizierung des EVG-Vertrages
20. 5. Neue französisch-saarländische Verträge
28. 5. Erhöhte Arbeitsnormen in der DDR verkündet
11. 6. Regierung der DDR verkündet »neuen Kurs«
16. 6. Protestdemonstration der Arbeiter von der Stalinallee in Ost-Berlin
17. 6. Volksaufstand in Ost-Berlin und der DDR. Niederschlagung durch sowjetisches Militär
Juli Unruhen in sowjetischen Zwangsarbeitslagern, besonders in Workuta
2. 7. Bundestag verabschiedet Bundesentschädigungsgesetz
10. 7. Sturz des sowjetischen Innenministers Berija
15. 7. Hilde Benjamin löst Justizminister Max Fechner ab
27. 7. Waffenstillstand in Korea
20. 8. Bekanntgabe der ersten sowjetischen Wasserstoffbombenexplosion
6. 9. Bundestagswahlen. Die Regierungsparteien (einschl. des BHE) erhalten über zwei Drittel der Parlamentssitze
7. 9. Nikita Chruschtschow wird erster Sekretär der KPdSU
20. 9. Van der Goes van Naters unterbreitet dem Europarat seinen Plan zur Europäisierung des Saargebietes
29. 9. Tod Ernst Reuters
7. 10. Wilhelm Pieck erneut zum Präsidenten der DDR gewählt

1954

25. 1. – 18. 2. 4-Mächte-Außenminister-Konferenz in Berlin über die Wiedervereinigung (Edenplan)
25. 3. Die DDR erhält erweiterte Souveränitätsrechte
26. 3. Bundestag beschließt »Wehrergänzungen« zum Grundgesetz
30. 3. Unterzeichnung des Deutschland- und des EVG-Vertrages durch den Bundespräsidenten

26. 4. – 21. 7. Genfer Außenministerkonferenz führt zum Abschluß eines Waffenstillstandsvertrages für Indochina

17. 7. Theodor Heuss erneut zum Bundespräsidenten gewählt

9. 8. Abschluß des Balkanpaktes (Griechenland, Jugoslawien, Türkei)

31. 8. Ablehnung des EVG-Vertrages durch die französische Nationalversammlung

8. 9. Abschluß eines Verteidigungspaktes im Pazifik (SEATO)

28. 9. – 3. 10. Außenministerkonferenz Großbritanniens, der USA, Kanadas und der EVG-Staaten

17. 10. Volkskammerwahlen in der DDR

23. 10. Unterzeichnung der Pariser Verträge

29. 11. – 2. 12. Konferenz der Ostblockstaaten in Moskau gegen die Pariser Verträge

1955

25. 1. Die Sowjetunion beendet den Kriegszustand mit Deutschland

29. 1. In der Frankfurter Paulskirche protestieren Wissenschaftler und Politiker gegen die Pariser Verträge

8. 2. Bulganin sowjetischer Ministerpräsident

27. 2. Der Bundestag billigt die am 23. Oktober 1954 geschlossenen Pariser Verträge

21. 3. Das Saargebiet wird selbständig. Wirtschaftlich bleibt es mit Frankreich verbunden

5. 4. Eden wird britischer Premierminister

19. – 24. 4. Weltkonferenz der farbigen Völker in Bandung

5. 5. Die Pariser Verträge treten in Kraft. Das Besatzungsstatut wird aufgehoben. Die Bundesrepublik wird souverän

7. 5. Die Sowjetunion kündigt Verträge mit Großbritannien und Frankreich

9. 5. Die Bundesrepublik wird Mitglied der NATO

14. 5. Der Warschauer Pakt, der militärische Zusammenschluß von acht Ostblockstaaten (darunter die DDR), wird unterzeichnet

15. 5. Der österreichische Staatsvertrag wird in Wien unterzeichnet. Österreich wird souverän. Die Besatzungstruppen verlassen das Land

4. 6. Konferenz in Messina: Beschluß zur Bildung eines europäischen Marktes und einer europäischen Atomgemeinschaft

7. 6. Heinrich von Brentano wird Bundesaußenminister, Theodor Blank Bundesverteidigungsminister

11. 7. Der BHE tritt aus der Regierungskoalition aus

17. – 23. 7. Die Genfer 4-Mächte-Konferenz der Regierungschefs Eisenhower, Bulganin, Eden und Faure

23. 7. Die für den Anschluß an Deutschland optierenden Saarparteien CDU, SPD und DPS werden wieder zugelassen und schließen sich am 4. September zum Heimatbund zusammen

26. 7. Der sowjetische Parteichef Chruschtschow spricht in Ostberlin erstmals von »zwei deutschen Staaten«

5. 9. Das Landwirtschaftsgesetz mit »Grünem Plan« wird verkündet

9. – 13. 9. Der Bundeskanzler folgt einer sowjetischen Einladung nach Moskau. Die Aufnahme diplomatischer Beziehungen, die Freilassung zurückgehaltener deutscher Kriegsgefangener und der Abschluß eines Handelsvertrages werden vereinbart

17. – 20. 9. Der Ministerpräsident der DDR, Grotewohl, besucht Moskau. Die DDR erhält die Souveränität. Die Sowjetische Hohe Kommission wird durch einen Botschafter ersetzt.

23. 10. Die Bevölkerung des Saargebietes stimmt mit 67,7 Prozent gegen das Saarstatut. Die Regierung Hoffmann tritt zurück.

27. 10. – 16. 11. Die Außenminister der vier Großmächte tagen in Genf

12. 11. Die ersten Soldaten der Bundeswehr erhalten ihre Ernennungsurkunden

18. 12. Die Parteien des Heimatbundes erhalten bei den ersten Landtagswahlen im Saargebiet 74 Prozent aller Stimmen. Sie bilden eine Koalitonsregierung unter Ministerpräsident Ney (CDU)

1956

1. 1. Die ersten 1000 freiwilligen Soldaten werden zur Bundeswehr einberufen.

18. 1. Die Nationale Volksarmee der DDR wird geschaffen. Sie wird dem Oberkommando der Warschauer Paktstaaten unterstellt.

20. 2. Die CDU-FDP-Zentrum-Regierung in Nordrhein-Westfalen unter Ministerpräsident Arnold (CDU) wird durch eine SPD-FDP-Zentrum-Regierung unter Ministerpräsident Steinhoff (SPD) abgelöst. Dieser Regierungswechsel erfolgt zum erstenmal durch konstruktives Mißtrauensvotum.

25. 2. Die Bonner Regierungskoalition bricht auseinander. Die FDP scheidet aus und spaltet sich. Die Freie Volkspartei wird am 23. April gegründet.

25. 2. Auf dem XX. Parteitag verurteilt Chruschtschow den Stalinkult und klagt den toten Diktator an.

6. 3. Der Bundestag stimmt mit den Stimmen der SPD einer Ergänzung des Grundgesetzes zu. Die Aufstellung der Bundeswehr wird dadurch möglich.

28. – 29. 6. Der Aufstand polnischer Arbeiter in Posen. Sie streiken gegen hohe Arbeitsnormen und Lebenshaltungskosten. Aus dem Streik entwickeln sich Demonstrationen und Straßenkämpfe. Militär wirft den Aufstand nieder.

7. 7. Der Bundestag verabschiedet das Wehrpflichtgesetz.

26. 7. Mit der Verstaatlichung des internationalen Suezkanals durch Ägypten als Antwort auf die Ablehnung der Finanzierung des Assuan-Staudammes durch den Westen beginnt die Suezkrise. Zwei internationale Konferenzen in London führen am 1. Oktober zur Gründung einer Vereinigung der Kanalbenutzer durch 15 Staaten. Sie wird von Ägypten nicht anerkannt. Am 29. Oktober greift Israel Ägypten an und erobert die Sinaihalbinsel. Am 31. Oktober greifen englische und französische Flugzeuge Ägyp-

ten an. Am 5. November werden Fallschirmtruppen in der Kanalzone abgesetzt. Die USA verurteilen die Angriffe, die UdSSR droht mit bewaffnetem Eingreifen. Am 7. November wird das Feuer eingestellt. Die Angreiferstaaten räumen das eroberte Gebiet, eine UN-Polizeitruppe besetzt es. Der Suezkanal ist durch versenkte Schiffe blockiert, ab 9. April 1957 wieder frei; die Kanalgebühren müssen an Ägypten gezahlt werden. Die UN-Truppen räumen die Kanalzone und werden vornehmlich im Gazastreifen stationiert.

17. 8. Die KPD wird durch das Bundesverfassungsgericht für verfassungswidrig erklärt und verboten.

19. 10. Gomulka wird zum ersten Parteisekretär der polnischen KP trotz sowjetischen Einspruchs gewählt. Die Bevölkerung wendet sich gegen Sowjetrußland, nationalkommunistische Politiker gewinnen wieder Einfluß und kehren in die Partei und Regierung zurück. Der polnische Verteidigungsminister Rokossowski, ein Russe, muß nach Moskau zurückkehren. Kardinal Wyszynski kehrt aus der Verbannung heim. Die Ereignisse des polnischen Oktober schaffen eine liberalere Atmosphäre in Politik, Wirtschaft und Kultur Polens.

23. 10. Aus Studentendemonstrationen und Massenversammlungen in Budapest entwickelt sich, durch die Ereignisse in Polen beeinflußt, ein Volksaufstand gegen das kommunistische Regime. Imre Nagy, 1955 abgesetzt, wird wieder Ministerpräsident. Die Geheimpolizei wird aufgelöst, verbotene Parteien werden wieder aktiv, eine Koalitionsregierung wird gebildet, Kardinal Mindszenty wird befreit. Die Sowjettruppen verlassen Budapest. Ungarn kündigt den Warschauer Pakt. Am 4. November besetzen sowjetische Truppen Budapest, schlagen den Aufstand blutig nieder. Janos Kadar bildet mit sowjetischer Hilfe eine Gegenregierung. Nagy flieht, gerät aber in sowjetische Hand. In den nachfolgenden Wochen wird die Erhebung, die das Volk im ganzen Land erfaßt hatte, gewaltsam unterdrückt. Kardinal Mindszenty flieht in die US-Botschaft. Tausende von Widerstandskämpfern werden in die Sowjetunion verschleppt, etwa 150 000 Flüchtlinge gelangen nach Österreich. Die Toten werden auf 25 000 Ungarn und 7000 Russen beziffert. Nagy wird hingerichtet.

1957

1. 1. Das Saargebiet wird politisch in die Bundesrepublik eingegliedert.

1. 1. Die Rentenreform tritt in Kraft.

9. 1. Premierminister Eden tritt zurück, Macmillan wird sein Nachfolger.

9. 3. Wolfgang Harich wird in Ostberlin zu zehn Jahren Zuchthaus verurteilt.

25. 3. In Rom werden die Verträge über EWG und EURATOM unterzeichnet; sie treten am 1. Januar 1958 in Kraft.

1. 4. Die ersten 10 000 Wehrpflichtigen des Jahrganges 1937 werden zum Dienst in der Bundeswehr einberufen.
12. 4. Die »Göttinger Erklärung« von 18 deutschen Atomforschern.
20. 6. Ein Untersuchungsausschuß der Vollversammlung der Vereinten Nationen stellt die gewaltsame Unterdrückung des ungarischen Volksaufstandes durch die UdSSR fest und kommt zu dem Entschluß, die Regierung Nagy sei eine rechtmäßige Regierung gewesen.
15. 9. Der dritte Deutsche Bundestag wird gewählt. Die CDU/CSU erhält die absolute Mehrheit an Stimmen und Mandaten.
13. 10. »Geldumtausch« als zweite Währungsreform in der DDR.
15. 10. Jugoslawien nimmt diplomatische Beziehungen zur DDR auf. Die Bundesregierung bricht die diplomatischen Beziehungen daraufhin zu Jugoslawien ab.
22. 10. Dr. Adenauer wird zum dritten Mal zum Bundeskanzler gewählt. Er bildet eine Regierung aus CDU/CSU und DP.

1958

7. 3. Der Arbeitsausschuß »Kampf dem Atomtod« wird gegründet.
19. 3. Erster Zusammentritt des Europäischen Parlaments in Straßburg. Sein erster Präsident wird Robert Schuman.
25. 3. Die Atom-Debatte im Bundestag. Die Mehrheit befürwortet die Ausrüstung der Bundeswehr mit modernsten Waffen.
27. 3. Der sowjetische Ministerpräsident Bulganin tritt zurück, Chruschtschow wird sein Nachfolger.
Er vereinigt die Führung von Partei und Staat in seiner Hand.
25. 4. Unterzeichnung des Handelsvertrages zwischen der Bundesrepublik und der Sowjetunion.
1. 6. De Gaulle wird von der französischen Nationalversammlung zum Ministerpräsidenten gewählt; er erhält außerordentliche Vollmachten. Am 28. September wird die V. Republik proklamiert. Am 21. Dezember wird de Gaulle zum Präsidenten gewählt.
10.–16. 7. Der V. Parteitag der SED beschließt Erhöhung des Lebensstandards, der bis 1961 den in der Bundesrepublik erreichen oder übertreffen soll.
30. 7. Das Bundesverfassungsgericht erklärt die vorgesehenen Volksabstimmungen über die Ausrüstung der Bundeswehr mit Atomwaffen für verfassungswidrig.
9. 10. Papst Pius XII. stirbt. Kardinal Roncalli von Venedig wird am 28. Oktober als Johannes XXIII. zu seinem Nachfolger gewählt.
27. 11. Das Berlin-Ultimatum der Sowjetunion.
29. 12. Die Deutsche Mark und mit ihr die Währung von zwölf anderen europäischen Ländern wird frei konvertierbar.

1959

1. 1. Beginn der EWG. Die Zölle zwischen den Mitgliedstaaten werden um 10 Prozent gesenkt.

4. 1.	In Stockholm wird die EFTA gegründet. Der Vertrag tritt am 3. Mai 1960 in Kraft.
10. 1.	Der sowjetische Friedensvertragsentwurf für Deutschland wird veröffentlicht.
18. 3.	Der Deutschlandplan der SPD wird vorgelegt.
8. 4.	Der Bundeskanzler erklärt sich zur Kandidatur für die Bundespräsidentschaft bereit, die er am 4. Juni zurückzieht.
1. 5.	Das Sparprämiengesetz tritt in Kraft.
11. 5. – 20. 6.	Außenministerkonferenz der vier Großmächte in Genf unter Beteiligung von Beratergruppen der Bundesrepublik Deutschland und DDR.
14. 5.	US-Außenminister Herter legt namens der Westmächte einen Stufenplan für die Wiedervereinigung Deutschlands und für einen deutschen Friedensvertrag vor.
1. 7.	Dr. Heinrich Lübke, Bundesminister für Ernährung, Landwirtschaft und Forsten, wird in Berlin zum Bundespräsidenten gewählt.
13. 7. – 5. 8.	Fortsetzung der Außenministerkonferenz in Genf.
27. 8.	Präsident Eisenhower besucht Bonn.
15. – 28. 9.	Chruschtschow besucht die USA auf Einladung Eisenhowers.
1. 10.	Die Volkskammer beschließt einen Siebenjahresplan zur Entwicklung der Volkswirtschaft und die Änderung der Staatsflagge in Schwarz-Rot-Gold mit Hammer und Zirkel.
7. 10.	Auf dem Berliner Reichstagsgebäude wird auf Beschluß des Bundestages die unverfälschte Fahne Deutschlands (Schwarz-Rot-Gold) aufgezogen.
9. 10.	Die Preußagaktie, die erste Volksaktie, wird an den deutschen Börsen notiert.
13. – 15. 11	Die SPD verkündet auf einem außerordentlichen Parteitag in Bad Godesberg ihr neues Grundsatzprogramm (Godesberger Programm).

1960

14. 4.	Die vollständige Kollektivierung der Landwirtschaft in der DDR ist nach drei Monaten beendet. Bundestag und Bundesregierung protestieren gegen die Terrormethoden.
1. 5.	Über der sowjetischen Stadt Swerdlowsk wird ein amerikanisches Aufklärungsflugzeug vom Typ U 2 abgeschossen.
16. – 17. 5.	Die Pariser Gipfelkonferenz scheitert. Das Verlangen Chruschtschows, Präsident Eisenhower solle sich vor Beginn der Konferenz wegen der Luftaufklärung über der Sowjetunion entschuldigen, bleibt unerfüllt.
23. 6.	Das »Gesetz über den Abbau der Wohnungszwangswirtschaft und über ein soziales Miet- und Wohnrecht« wird vom Bundestag gegen die Stimmen der SPD verabschiedet.
30. 6.	In einer programmatischen Rede vor dem Bundestag vollzieht Herbert Wehner die Annäherung der sozialdemokratischen Außen- und Deutschlandpolitik an die der Bundesregierung.

1. 7. Die aus 15 Mitgliedern bestehende Fraktion der DP bricht auseinander. Neun Bundestagsabgeordnete, darunter die Bundesminister von Merkatz und Seebohm, erklären ihren Austritt und treten im September der Fraktion der CDU/CSU bei.

20. 7. Die SPD bricht mit dem Sozialistischen Deutschen Studentenbund.

25. 7. Die »Deutschland-Fernsehen-GmbH« wird gegründet. Das Bundesverfassungsgericht erklärt am 28. Februar 1961 diese Gründung für verfassungswidrig. Die Ministerpräsidenten der Länder unterzeichnen am 6. Juni 1961 in Stuttgart den Staatsvertrag zur Errichtung einer unabhängigen Anstalt zur Ausstrahlung eines gemeinsamen Zweiten Fernsehprogramms mit dem Sitz in Mainz. Am 1. April 1963 wird zum erstenmal in der Bundesrepublik ein zweites Fernsehprogramm ausgestrahlt.

10. 8. Das Deutsche Fernsehen sendet ein Interview mit dem Philosophen Karl Jaspers. Darin bezeichnet er die Forderung nach Wiedervereinigung als irreal und die Freiheit wichtiger als die Einheit.

24. 8. Willy Brandt wird vom Parteirat der SPD einstimmig zum Kanzlerkandidaten bestimmt.

7. 9. Der Präsident der DDR, Wilhelm Pieck, stirbt.

12. 9. Die Volkskammer verabschiedet das »Gesetz über die Bildung des Staatsrates der DDR«. Die dadurch geschaffene Verfassungsänderung ersetzt die Präsidentschaft durch den Staatsrat. Ulbricht wird zum Staatsratsvorsitzenden gewählt.

30. 9. Die Bundesrepublik kündigt das Zonenhandelsabkommen, das am 1. Januar 1961 wieder in Kraft tritt.

8. 11. John F. Kennedy, der Kandidat der Demokraten, wird zum amerikanischen Präsidenten gewählt.

17. 12. Gründung der »Deutschen Friedens-Union« in Stuttgart.

1961

20. 1. Präsident Kennedy tritt sein Amt an.

6. 3. Die Deutsche Mark wird aufgewertet.

7. 4. Die Volkswagenaktie wird im Freiverkehr an den deutschen Börsen notiert.

12. 4. Die Volkskammer verabschiedet das »Gesetz der Arbeit«. Es tritt am 1. Juli in Kraft.

12. 4. Erster bemannter Weltraumflug um die Erde in 108 Minuten durch den sowjetrussischen Major Gagarin. Am 5. Mai gelingt den USA ihr erster 15minutiger bemannter Weltraumflug durch Fregattenkapitän Shepard. Am 21. Juli folgt ein zweiter amerikanischer Raumflug mit dem Fliegerhauptmann Grissom. Am 6. August umkreist das sowjetische Raumschiff »Wostok 2«, mit Major Titow an Bord, 17mal die Erde. Der Flug dauert 25 Stunden und 18 Minuten.

15. 4. BHE und DP fusionieren zur Gesamtdeutschen Partei (GDP). Am 30. Oktober wird der Parteienzusammenschluß wieder gelöst.

3.–4. 6. Präsident Kennedy und Ministerpräsident Chruschtschow treffen in Wien zusammen.

25. 7. Präsident Kennedy verkündet die drei Grundfreiheiten für Westberlin: das Anwesenheitsrecht westlicher Truppen, der freie Zugang von und nach Berlin, Garantie der Freiheit und Lebensfähigkeit der Bevölkerung.

1. 8. Das Lohnfortzahlungsgesetz tritt in Kraft.

12. 8. 3290 Menschen überschreiten allein an diesem Tag die Sektorengrenze nach Westberlin.

13. 8. Errichtung der Mauer in Berlin.

18. 8. Präsident Kennedy entsendet Vizepräsident Johnson und General Clay nach Berlin.

17. 9. Die Wahlen zum vierten Deutschen Bundestag. Die CDU/CSU verliert ihre absolute Mehrheit. Mit SPD und FDP sind nur noch drei Parteien im Bundestag vertreten.

30. 10. Bundesaußenminister von Brentano erklärt seinen Rücktritt.

7. 11. Dr. Adenauer wird zum vierten Mal zum Bundeskanzler gewählt. Er bildet am 14. November sein viertes Kabinett aus CDU/CSU und FDP.

1962

18. 6. In dem »Nationalen Dokument« der Nationalen Front in der DDR wird der Grundsatz der Zweistaatlichkeit Deutschlands mit allem Nachdruck bekräftigt.

2.– 6. 7. Staatsbesuch des Bundeskanzlers in Frankreich.

23. 8. Die Sowjetunion löst ihre Kommandantur in Ostberlin auf.

4.– 9. 9. Staatsbesuch Präsident de Gaulles in der Bundesrepublik.

22.–28. 10. Die Kubakrise. Die USA zwingen die UdSSR zum Abbau ihrer Raketenbasen auf Kuba.

26. 10. Beginn der »Spiegel«-Affäre.

19. 11. Regierungskrise in Bonn. Die 5 FDP-Minister erklären ihren Rücktritt. Am 27. November treten die der CDU/CSU angehörenden Kabinettsmitglieder zurück.

6. 12. Die Verhandlungen zwischen CDU/CSU und SPD über eine Große Koalition scheitern.

7. 12. Dr. Adenauer gibt seinen Entschluß bekannt, im Herbst 1963 als Bundeskanzler zurückzutreten.

14. 12. Das umgebildete fünfte und letzte Kabinett Adenauer wird vereidigt. Bundesverteidigungsminister Strauß scheidet aus und wird durch von Hassel ersetzt. Bundesjustizminister Stammberger und Bundesfinanzminister Starke scheiden aus.

31. 12. Ein neuer Tarifvertrag in der Bauwirtschaft tritt in Kraft. Es werden zum ersten Mal Sonderleistungen nur für den organisierten Arbeiter vereinbart.

1963

15.–21. 1. VI. Parteitag der SED. Das »Neue ökonomische System« wird verkündet.

22. 1. In Paris wird der Vertrag über die deutsch-französische Zusammenarbeit geschlossen.

28. 1. Die Verhandlungen über eine Aufnahme Großbritanniens in die EWG scheitern am Einspruch Frankreichs.

23. 4. Die CDU/CSU nominiert Bundeswirtschaftsminister Erhard zum Kanzlerkandidaten.

28. 4. – 7. 5. Metallarbeiterstreik und Aussperrung in Baden-Württemberg.

16. 5. Das Ratifizierungsgesetz zum deutsch-französischen Freundschaftsvertrag wird vom Bundestag verabschiedet. Am 31. Mai stimmt der Bundesrat ohne Gegenstimme zu. Am 14. Juni billigt die französische Nationalversammlung den Vertrag.

23. – 26. 6. Präsident Kennedy besucht die Bundesrepublik und Westberlin.

19. 8. Die Bundesregierung unterzeichnet das am 5. August in Moskau beschlossene Teststopp-Abkommen über Atomversuche.

11. 10. Dr. Adenauer erklärt seinen Rücktritt vom Amt des Bundeskanzlers mit Ablauf des 15. Oktober.

15. 10. Der Bundestag verabschiedet den Bundeskanzler.

16. 10. Professor Dr. Ludwig Ehard wird zum Bundeskanzler gewählt.

1. 11. Die Mieten werden in allen kreisfreien Städten und Landkreisen freigegeben, in denen weniger als 3 % Wohnungen fehlen.

22. 11. Präsident Kennedy wird ermordet. Vizepräsident Johnson wird amerikanischer Präsident.

LITERATURHINWEISE (Auswahl)

Adenauer, Konrad, Erinnerungen 1945 – 1953. Stuttgart 1965. (Seit 1967 auch in der Fischer Bücherei. Bd. 798.)

Adenauer, Konrad, Erinnerungen 1953 – 1955. Stuttgart 1966. (Seit 1968 auch in der Fischer Bücherei. Bd. 892.)

Adenauer, Konrad, Erinnerungen 1959 – 1963. Fragmente. Stuttgart 1968.

Allemann, Fritz René, Bonn ist nicht Weimar. Köln/Berlin 1956.

Allemann, Fritz René, Zwischen Stabilität und Krise. Etappen der deutschen Politik 1955 – 1963. München 1963.

Archiv der Gegenwart (früher Keesings Archiv), Jahrgänge 1945 – 1963. Zusammengestellt von Heinrich v. Siegler, Bonn/Wien, Zürich.

Balfour, Michael: Viermächtekontrolle in Deutschland 1945–1946, Düsseldorf 1959.

Baring, Arnulf, Der 17. Juni 1953. Bonner Berichte aus Mittel- und Ostdeutschland. Herausgegeben vom Bundesministerium für gesamtdeutsche Fragen, 2. Auflage, Bonn 1957.

Baring, Arnulf, Außenpolitik in Adenauers Kanzlerdemokratie. Bonns Beitrag zur Europäischen Verteidigungsgemeinschaft. »Schriften des Forschungsinstituts der deutschen Gesellschaft für auswärtige Politik e. V., Band 28«. München, und Wien 1969.

Behr, Hermann, Vom Chaos zum Staat. Männer, die für uns begannen. 1945–1949, Frankfurt/M. 1961.

Berlin. Quellen und Dokumente 1945 – 1951. 2 Halbbände. Herausgegeben im Auftrage des Senats von Berlin. Bearbeitet durch Hans J. Reichardt, Hanns U. Treutler, Albrecht Lampe. Berlin 1964 (= Schriftenreihe zur Berliner Zeitgeschichte. Bd. 4).

Binder, Gerhard, Deutschland seit 1945. Eine dokumentierte gesamtdeutsche Geschichte in der Zeit der Teilung. Stuttgart/Degerloch 1969.

Böge, Willy, Moltmann, Günter, Tormin, Walter, Ereignisse seit 1945. Eine Zeittafel, 4, Auflage, Braunschweig 1962.

Börsen- und Wirtschaftshandbuch. Herausgegeben von der »Frankfurter Allgemeinen Zeitung«, Jahrgänge 1955 – 1963, Frankfurt/M.

Brant, Stefan (unter Mitwirkung von Klaus Bölling), Der Aufstand. Vorgeschichte, Geschichte und Deutung des 17. Juni 1953, Stuttgart 1954.

Clay, Lucius D., Entscheidung in Deutschland, Frankfurt/M. 1950.

Cornides, Wilhelm, Die Weltmächte und Deutschland, Geschichte der jüngsten Vergangenheit 1945 – 1955, 2. Auflage, Tübingen/Stuttgart 1961.

Dahrendorf, Ralf, Gesellschaft und Demokratie in Deutschland. München 1965 u. ö.

Der Deutsche Bundestag 1949 – 1969. Eine Bestandsaufnahme. Herausgegeben von Walther Keim. 2. Auflage. Bonn 1969.

Deuerlein, Ernst: Die Einheit Deutschlands. Ihre Erörterung und Behandlung auf den Kriegs- und Nachkriegskonferenzen 1941 – 1949. Darstellung und Dokumentation, Frankfurt und Berlin 1957, 2. erw. Auflage 1961.

Deutschland heute. Herausgegeben vom Presse- und Informationsamt der Bundesregierung, 5. Auflage, Bonn 1959.

Deutschland im Wiederaufbau 1949 – 1959 und Tätigkeitsbericht der Bundesregierung für das Jahr 1959. Herausgegeben vom Presse- und Informationsamt der Bundesregierung, Bonn 1960.

Deutschland-Jahrbuch 1949 / Deutschland-Jahrbuch 1953, herausgegeben von Klaus Mehnert und Heinrich Schulte, Essen 1949/1953.

Deutschland und die Welt. Zur Außenpolitik der Bundesrepublik 1949 – 1963. Herausgegeben von Hans-Adolf Jacobsen und Otto Stenzl. München 1964. (= Veröffentlichungen des Forschungsinstituts der Deutschen Gesellschaft für Auswärtige Politik. Erscheinen als dtv dokumente. Bd. 174/75.)

Deutschlands Weg 1945 – 1955. Von der Kapitulation bis zur Moskaureise Adenauers, Köln o. J.

Die Bemühungen der Bundesrepublik um Wiederherstellung der Einheit Deutschlands durch gesamtdeutsche Wahlen, Dokumente und Akten. Herausgegeben vom Ministerium für gesamtdeutsche Fragen, 3 Teile, erweiterte Auflage, Bonn 1958.

DDR. Geschichte und Bestandsaufnahme. Herausgegeben von Ernst Deuerlein. München 1966 (= dtv dokumente. Bd. 347).

Die Bundesrepublik Deutschland. Einführung in ihren Aufbau und ihre Entwicklung. Zahlenbilder aus Politik, Wirtschaft, Kultur. Herausgeber Erich Schmidt, Berlin 1964.

Die deutsche Frage 1952 – 1956, Notenwechsel und Konferenzdokumente. Herausgegeben von Eberhard Jäckel, Frankfurt/M. 1957.

Dokumente der deutschen Politik und Geschichte, Band VI (Deutschland nach dem Zusammenbruch 1945), herausgegeben von J. Hohlfeld, Berlin u. München.

Dokumente der deutschen Politik und Geschichte von 1948 bis zur Gegenwart, herausgegeben von J. Hohlfeld, 8 Bde. und Kommentarband. Berlin 1951 ff.

Dokumente zur Berlinfrage 1944 – 1959. Herausgegeben vom Forschungsinstitut der Deutschen Gesellschaft für Auswärtige Politik in Zusammenarbeit mit dem Senat von Berlin, München 1959.

Dokumente zur parteipolitischen Entwicklung in Deutschland seit 1945. 7 Bde. Bearbeitet und herausgegeben von Ossip K. Flechtheim. Berlin 1962 – 1969.

Dokumente des geteilten Deutschlands. Quellentexte zur Rechtslage des Deutschen Reiches, der Bundesrepublik Deutschland und der Deutschen Demokratischen Republik. Mit einer Einführung herausgegeben von Ingo von Münch. »Kröners Taschenausgabe, Band 391«. Stuttgart 1968.

Dokumentation zur Deutschlandfrage. Von der Atlantik-Charta 1941 bis zur Genfer Außenministerkonferenz 1959, Hauptband: Chronik der Ereignisse. Zusammengestellt von Heinrich v. Siegler, Bad Godesberg 1959.

Dokumentation der europäischen Integration 1946 – 1961, unter besonderer Beachtung des Verhältnisses EWG – EFTA. Zusammengestellt von Heinrich v. Siegler, Bonn/Wien, Zürich 1961.

Dunke, Horst, Stalinismus in Deutschland. Die Geschichte der sowjetischen Besatzungszone, Köln 1955.

Einigkeit und Recht und Freiheit. Westdeutsche Innenpolitik 1945 – 1955. Herausgegeben von Theo Stammen. München 1965. (= dtv dokumente. Bd. 286.)

Einigung und Spaltung Europas 1942 – 1965. Eine Darstellung und Dokumentation über die Zweiteilung Europas. Herausgegeben von Curt Gasteyger. Frankfurt/M. und Hamburg 1965. (= Fischer Bücherei. Bd. 741.)

Eisenhower, Dwight D., Wagnis für den Frieden 1956–1961. Düsseldorf/Wien 1966.
Ellwein, Thomas, Das Regierungssystem der Bundesrepublik Deutschland. 2. überarbeitete und erweiterte Auflage. Köln und Opladen 1965. (= Die Wissenschaft von der Politik. Bd. 1.)
Erfurt, Werner, Die sowjetische Deutschlandpolitik. Eine Studie zur Zeitgeschichte, 4. Auflage, Esslingen 1959.
Eschenburg, Theodor, Staat und Gesellschaft in Deutschland, 4. Aufl., Stuttgart 1960.
Europa-Archiv. Herausgegeben von Wilhelm Cornides, Jahrgänge 1946 – 1963, Frankfurt/Wien.
Flechtheim, Ossip K., Die deutschen Parteien seit 1945. Quellen und Auszüge, Berlin/Köln 1955.
Gerigk, Alfred, Deutschland und das Weltgeschehen im Jahre 1960 und im Jahre 1961, 2 Bde., Konstanz 1961 und 1962.
Gimbel, John, Eine deutsche Stadt unter amerikanischer Besatzung, Marburg 1945 bis 1952, Köln/Berlin 1964.
Grewe, Wilhelm G., Deutsche Außenpolitik der Nachkriegszeit, Frankfurt/M. 1960.
Gross, Johannes, Die Deutschen. Frankfurt/M. 1967.
Grosser, Alfred, Die Bonner Demokratie, Deutschland von draußen gesehen. Düsseldorf 1960.
Handbuch der Deutschen Geschichte. Neu herausgegeben von Leo Just. Bd. IV: Deutsche Geschichte der neuesten Zeit, von Bismarcks Entlassung bis zur Gegenwart. 3. Teil: Von 1945 bis 1955. Von Ernst Deuerlein. Konstanz 1965.
Hangen, Welles, DDR. Der unbequeme Nachbar. München 1966.
Hillgruber, Andreas: Dokumente 1944 – 1961, Darmstadt, Berlin 1961.
Jänicke, Martin, Der dritte Weg. Die antistalinistische Opposition gegen Ulbricht seit 1953, Köln 1964.
Kaack, Heino, Die Parteien in der Verfassungswirklichkeit der Bundesrepublik. Herausgegeben vom Landesbeauftragten für staatsbürgerliche Bildung in Schleswig-Holstein, Kiel 1964.
Konferenzen und Verträge, Tl. II, Bd. 4 A und 4 B: Neueste Zeit 1914 – 1959 und 1959 – 1963. Bearbeitet von Helmut K. G. Rönnefarth, Heinrich Euler und Johanna Schomerus, Würzburg 1959 und 1963.
Krämer, Hans R., EWG und EFTA. Entwicklung – Aufbau – Tätigkeit. »Geschichte und Gegenwart«. Stuttgart/Berlin/Köln/Mainz 1968.
Krautkrämer, Elmar, Deutsche Geschichte nach dem zweiten Weltkrieg, Hildesheim 1962.
Lehnecke, Julian, Die andere Ordnung in der DDR. Herausgegeben von der Niedersächsischen Landeszentrale für politische Bildung, Hannover 1964.
Leithäuser, Joachim G., Der Aufstand im Juni. Sonderdruck aus »Der Monat«.
Löwenberg, Gerhard, Parlamentarismus im politischen System der Bundesrepublik Deutschland. Mit einer Bibliographie des Schrifttums zum Deutschen Bundestag, zusammengestellt von Heinz Matthes und Peter Schindler. Tübingen 1969.
Lukas, Richard, Zehn Jahre sowjetische Besatzungszone, Mainz 1955.
Marienfeld, Wolfgang, Konferenzen über Deutschland. Die alliierte Deutschlandplanung und -politik 1941 – 1949, Hannover 1962.
Meissner, Boris, Rußland, die Westmächte und Deutschland. Die sowjetische Deutschlandpolitik 1943 – 1953, Hamburg 1953.

Mommsen, Wilhelm, Deutsche Parteiprogramme, München 1960.
Müller-Marein, Josef, Deutschland im Jahre I. Panorama 1946 – 1948, Hamburg 1960.
Nettl, J. Peter, Die deutsche Sowjetzone bis heute – Politik, Wirtschaft, Gesellschaft, Frankfurt/M. 1953.
Noack, Paul, Deutschland von 1945 – 1960. Ein Abriß der Innen- und Außenpolitik, München 1960.
Ortlieb, Heinz-Dietrich, Dörge, Friedrich-Wilhelm, Wirtschafts- und Sozialpolitik – Modellanalysen politischer Probleme, Opladen 1964.
Ploetz, Karl, Weltgeschehnisse der Nachkriegszeit 1945 – 1957, 2. Auflage, Würzburg 1959.
Politische – militärische – wirtschaftliche Zusammenschlüsse und Pakte der Welt. 8. Auflage. Zusammengestellt von H. v. Siegler und Hanswilhelm Haefs, Bonn/Wien/Zürich 1964.
Rapp, Alfred, Bonn auf der Waage. Ist unser Staat wetterfest?, Stuttgart 1959.
Richert, Ernst, Das zweite Deutschland. Ein Staat, der nicht sein darf. Gütersloh 1964.
Richert, Ernst, Macht ohne Mandat. Der Staatsapparat in der sowjetischen Besatzungszone Deutschlands. 2. Auflage, Köln/Opladen 1963.
Sethe, Paul, Zwischen Bonn und Moskau. 3. Auflage, Frankfurt/M. 1956.
Sethe, Paul, Die großen Entscheidungen. Frankfurt/M. 1958.
Siegler, Heinrich von, Wiedervereinigung und Sicherheit Deutschlands, Band I: 1944 – 1963. Eine dokumentarische Diskussionsgrundlage. Sechste erweiterte Auflage. Bonn/Wien/Zürich 1967.
SBZ von 1945 – 1954. Taschenausgabe, 2. Auflage, Bonn/Berlin 1959.
SBZ von 1955 – 1958. Taschenausgabe, Bonn/Berlin 1961.
SBZ von A – Z, 7. und 8. Auflage, Bonn 1962 und 1963.
SBZ-Biographie, Bonn 1961, Nachschlagebücher, herausgegeben vom Bundesministerium für Gesamtdeutsche Fragen.
Schachtner, R., Die deutschen Nachkriegswahlen, München 1956.
Schmid, Carlo, Der Weg des deutschen Volkes nach 1945. »Buchreihe des SFB, Band 5«. Berlin 1967.
Schmitt, Walter E., Krieg in Deutschland, Strategie und Taktik der sowjetischen Deutschlandpolitik seit 1945, Düsseldorf 1961.
Schriftenreihe zur Berliner Zeitgeschichte. Herausgegeben im Auftrage des Senats von Berlin. Bd. 1: 1945 – 1946 (2. Aufl. 1961), Bd. 2: 1946 – 1948 (1959), Bd. 3: 1948 – 1951 (1965), Bd. 5: 1951 – 1954 (1968).
Schütze, Hans, Volksdemokratie in Mitteldeutschland. Herausgegeben von der Niedersächsischen Landeszentrale für politische Bildung, Hannover 1964.
Schwarz, Hans-Peter, Vom Reich zur Bundesrepublik. Deutschland im Widerstreit der außenpolitischen Konzeptionen in den Jahren der Besatzungsherrschaft 1945–1949.Neuwied 1966. (= Politica. 38.)
Statistisches Jahrbuch für die Bundesrepublik Deutschland. Herausgegeben vom Statistischen Bundesamt Wiesbaden, Bd. 1 ff., Stuttgart/Köln 1962 ff.
Stern, Carola, Porträt einer bolschewistischen Partei – Entwicklung, Funktion und Situation der SED, Köln 1957.
Stern, Carola, Ulbricht. Eine politische Biographie. »Ullstein Buch Nr. 574/575«. Frankfurt/M./Berlin 1966.

Stolper, Gustav, Häuser, Karl, Borchardt, Knut, Deutsche Wirtschaft seit 1870. Tübingen 1964.
Thalheim, Karl C., Die Wirtschaft der Sowjetzone in Krise und Umbau, Berlin 1964.
Thilenius, Richard, Die Teilung Deutschlands. Eine zeitgeschichtliche Analyse, Hamburg 1957, rororo.
Thränhardt, Dietrich, Die Bundesrepublik Deutschland. Verfassung und politisches System. »Goldmanns GELBE Taschenbücher, Band 2000«. München 1968.
Tönnies, Norbert, Der Weg zu den Waffen. Die Geschichte der deutschen Wiederbewaffnung 1949 – 1957, Köln 1957.
Um den Frieden mit Deutschland. Dokumente . . . 1941 – 1948 und Bericht über die Londoner Außenministerkonferenz, herausgegeben von Cornides und H. Volle, Oberursel 1948.
Verschiedene Autoren, Die Ära Adenauer – Einsichten und Ausblicke. Frankfurt/M. 1964.
Verträge der Bundesrepublik. Herausgegeben vom Auswärtigen Amt, Bd. 1 ff., Bonn/Köln/Berlin 1955 ff.
Vogelsang, Thilo, Das geteilte Deutschland. 3. Aufl. München 1969. (= dtv-Weltgeschichte des 20. Jahrhunderts. Bd. 11. dtv Bd. 4011.)
Wallich, Henry C., Triebkräfte des deutschen Wiederaufstiegs, Frankfurt/M. 1955.
Weber, Hermann, Von der SBZ zur DDR. Bd. 1: 1945–1955 (Hannover 1966), Bd. 2: 1956–1967 (1967).
Wettig, Gerhard, Entmilitarisierung und Wiederbewaffnung in Deutschland 1943–1955. Internationale Auseinandersetzungen um die Rolle der Deutschen in Europa. München 1967. (= Schriften des Forschungsinstituts der Deutschen Gesellschaft für Auswärtige Politik. 25.)
Wie kam es zur Bundesrepublik? Politische Gespräche mit Männern der ersten Stunde. Herausgegeben von Albert Wucher. »Herder-Taschenbücherei, Band 324«. Freiburg/Br. 1968.
Wiedervereinigung und Sicherheit Deutschlands. Eine dokumentarische Diskussionsgrundlage, 5. erw. Auflage. Herausgeber Heinrich v. Siegler, Bonn/Wien, Zürich 1963.
Wildemann, Rudolf, Macht und Konsens als Problem der Innen- und Außenpolitik. Frankfurt und Bonn 1963. (= Kölner Schriften Zur Politischen Wissenschaft. Bd. 2.)
Wirtschafts- und Sozialstatistisches Handbuch. Herausgegeben von Bruno Gleitze, Wirtschaftswissenschaftliches Institut der Gewerkschaften GmbH., Köln 1960.

I WAHLEN UND REGIERUNGEN IM BUND 1949—1963

Wahl zum 1. Deutschen Bundestag am 14. August 1949

Parteien:	CDU/CSU	SPD	FDP	KPD	BP	DP	WAV	Zentrum	Sonstige
Stimmen:	7 359 084	6 934 975	2 829 920	1 361 708	986 478	939 934	681 888	727 505	1 910 906
in %:	31,0	29,2	11,9	5,7	4,2	4,0	2,9	3,1	8,0
Abgeordnete:	139	131	52	15	17	17	12	10	9

1. Regierung Konrad Adenauer (CDU)

Koalition:	Abgeordnete Koalition:	Bundestag:
CDU/CSU	208	402
FDP		
DP		

Wahl zum 2. Deutschen Bundestag[1] am 6. September 1953

Parteien:	CDU/CSU	SPD	FDP	KPD	GB/BHE	DP	Zentrum	Sonstige[2]
Stimmen:	12 443 981	7 944 943	2 629 163	607 860	1 616 953	896 128	217 078	1 590 181
in %:	45,2	28,8	9,5	2,2	5,9	3,3	0,8	4,4
Abgeordnete:	243	151	48	–	27	15	3	–

[1] Gültige Zweitstimmen

[2] darunter Bayernpartei mit 1,7 % und GVP mit 1,1 % der gültigen Stimmen

2. Regierung Konrad Adenauer (CDU)

Koalition:	Abgeordnete Koalition:	Bundestag:
CDU/CSU		487
DP	333	
GB/BHE (bis 15.10.1955)	(301)	
FDP (ab 23.2.1956 nur noch FVP)	(281)	

Wahl zum 3. Deutschen Bundestag[1] am 15. September 1957

Parteien:	CDU/CSU	SPD	FDP	GB/BHE	DP	Sonst.[2]
Stimmen:	15 008 400	9 495 571	2 307 135	1 374 066	1 007 282	739 728
in %:	50,2	31,8	7,7	4,6	3,4	2,3
Abgeordnete:	270	169	41	–	17	–

[1] Gültige Zweitstimmen

[2] darunter Föderalistische Union (BP/Zentrum) mit 0,9 % der gültigen Stimmen

3. Regierung Konrad Adenauer (CDU)

Koalition:	Abgeordnete Koalition:	Bundestag:
CDU/CSU		497
DP	287	

Wahl zum 4. Deutschen Bundestag[1] am 17. September 1961

Parteien:	CDU/CSU	SPD	FDP	GDP	DFU	Sonst.
Stimmen:	14 298 372	11 427 353	4 028 765	870 757	609 918	319 734
in %:	45,4	36,2	12,8	2,8	1,9	0,9
Abgeordnete:	242	190	67	–	–	–

[1] Gültige Zweitstimmen

4. Regierung Konrad Adenauer (CDU)

Koalition:	Abgeordnete Koalition:	Bundestag:
CDU/CSU		499
FDP	309	

5. Regierung Konrad Adenauer (CDU) seit Dezember 1962

Koalition:	Abgeordnete Koalition:	Bundestag:
CDU/CSU		499
FDP	309	

Regierung Ludwig Erhard (CDU) seit Oktober 1963

Koalition:	Abgeordnete Koalition:	Bundestag:
CDU/CSU		499
FDP	309	

II WAHLEN UND REGIERUNGEN IN DEN BUNDESLÄNDERN 1945—1965

Erläuterungen:

1. Die Angaben über die Regierungszeit eines Kabinetts beziehen sich auf die Zeit von der tatsächlichen Amtsübernahme bis zur Übergabe der Amtsgeschäfte an die Nachfolgeregierung.
2. Wo schon für die Zeit vor der formellen Zulassung der Parteien 1945/46 die parteipolitische Zusammensetzung des Kabinetts angegeben ist, nennen die Tabellen die spätere Parteizugehörigkeit der Regierungsmitglieder.

Wahlen in Baden-Württemberg[1]

	CDU	SPD	FDP/DVP	GB/BHE[2]	KPD	Sonst.
1952[3]	35,9	28,0	18,0	9,4	4,4	4,3
1956	42,6	28,9	16,6	6,3	3,2	2,4
1960	39,5	35,3	15,8	6,6	Verbot 1956	2,8
1964	46,2	37,3	13,1	1,8		1,6

[1] Wahlen und Regierungen in Südbaden, Württemberg-Baden, Württemberg-Hohenzollern 1945 – 1952 s. S. 366

[2] 1952 = DG/BHE (Deutscher Gemeinschaftsblock der Heimatvertriebenen und Entrechteten), 1964 = GDP

[3] Verfassunggebende Landesversammlung, gleichzeitig 1. Landtag

Regierungen in Baden-Württemberg

1952 – 1953 Reinhold Maier (FDP/DVP) (1. vorläufige Regierung)
Koalition aus: FDP/DVP, SPD, DG/BHE
1953 Gebhard Müller (CDU) (2. vorläufige Regierung)
Koalition aus: CDU, SPD, FDP/DVP, GB/BHE
1953 – 1956 Gebhard Müller (CDU)
Allparteienregierung
1956 – 1958 Gebhard Müller (CDU)
Allparteienregierung
1958 – 1960 Kurt Georg Kiesinger (CDU)
Übernahme der Allparteienregierung
1960 – 1964 Kurt Georg Kiesinger (CDU)
Koalition aus: CDU, FDP, GB/BHE (seit 3. 7. 1960)
1964 – 1966 Kurt Georg Kiesinger (CDU)
Koalition aus: CDU, FDP

Wahlen in Bayern

	CSU	SPD	FDP	BP	KPD	GB/BHE[1]	WAV	Sonst.
1946	52,3	28,6	5,6	–	6,1	–	7,4	–
1950	27,4	28,0	7,1	17,9	1,9	12,3	2,8	2,6
1954	38,0	28,1	7,2	13,2	2,1	10,2	–	1,2
1958	45,6	30,8	5,6	8,1	Verbot 1956	8,6	–	1,3
1962	47,5	35,3	5,9	4,8		5,1	–	1,4

[1] 1962 = GDP

Regierungen in Bayern

1945 Fritz Schäffer (CSU) (von der Militärregierung ernannt)
Kabinettsmitglieder: CSU, SPD
1945 – 1946 Wilhelm Hoegner (SPD) (von der Militärregierung ernannt)
Kabinettsmitglieder: SPD, CSU, KPD (bis 1. 7. 1946)
1946 – 1947 Hans Ehard (CSU)
Koalition aus: CSU, SPD, WAV (bis 24. 6. 1947)
1947 – 1950 Hans Ehard (CSU)
Alleinregierung CSU
1950 – 1954 Hans Ehard (CSU)
Koalition aus: CSU, SPD
1954 – 1957 Wilhelm Hoegner (SPD)
Koalition aus: SPD, GB/BHE, FDP, BP
1957 – 1958 Hanns Seidel (CSU)
Koalition aus: CSU, GB/BHE, FDP
1958 – 1960 Hanns Seidel (CSU)
Koalition aus: CSU, GB/BHE, FDP
1960 – 1962 Hans Ehard (CSU)
Übernahme der Koalitionsregierung
1962 – 1966 Alfons Goppel (CSU)
Koalition aus: CSU, BP

Wahlen in Berlin

Stadtverordnetenversammlung von Groß-Berlin:

	SPD	SED	CDU	LDP
1946	48,7	19,8	22,2	9,3
1946[1]	(51,7)	(13,7)	(24,3)	(10,3)
1948[2]	64,5	– *	19,4	16,1

[1] Stimmenanteil in den Westsektoren
[2] Wahl nur in den Westsektoren

Abgeordnetenhaus von Berlin:

	SPD	CDU	FDP	SED	Sonst.
1950	44,7	24,6	23,0	– *	7,7
1954	44,6	30,4	12,8	2,7	9,5
1958	52,6	37,7	3,8	1,9	4,0
1963	61,9	28,8	7,9	1,4	–

* Die SED verzichtete auf die Teilnahme an der Wahl

Regierungen in Berlin

Magistrate von Groß-Berlin:
1945 – 1947 Arthur Werner (parteilos) (vom sowj. Stadtkommandanten eingesetzt)
Magistratsmitglieder: SPD, KPD, CDU, LDP
1947 Otto Ostrowski (SPD)
Allparteienmagistrat: SPD, SED, CDU, LDP
1947 – 1949 Ernst Reuter (SPD) (infolge sowjetischen Vetos von der Alliierten Kommandantur nicht bestätigt; Amtsübernahme – nach der Spaltung Berlins – am 7. 12. 1948)
1947 – 1948 Louise Schroeder (SPD) (kommissarisch bis zum Amtsantritt Ernst Reuters; nach Erkrankung wurde sie durch Ferdinand Friedensburg vertreten)

Übernahme des Allparteienmagistrats
1949 – 1951 Ernst Reuter (SPD) (Wirkungsbereich auf die Westsektoren beschränkt)
Koalition/aus: SPD, CDU, LDP/FDP

Senate von Berlin:

1951 – 1953 Ernst Reuter (SPD)
Allparteiensenat: SPD, CDU, FDP
1953 – 1955 Walther Schreiber (CDU)
Koalition aus: CDU, FDP
1955 – 1957 Otto Suhr (SPD)
Koalition aus: SPD, CDU
1957 – 1959 Willy Brandt (SPD)
Übernahme des Koalitions-Senats
1959 – 1963 Willy Brandt (SPD)
Allparteiensenat: SPD, CDU
1963 – 1966 Willy Brandt (SPD)
Koalition aus: SPD, FDP

Wahlen zur Bremer Bürgerschaft

	CDU	SPD	FDP	BDV	KPD	DP	GB/BHE[1]	SRP	Sonst.
1946	19,3	48,0	1,2	15,7	11,5	–	–	–	4,3
			FDP/BDV						
1947	22,0	41,7		19,5	8,8	3,8	–	–	4,2
1951	9,1	39,1		11,8	6,4	14,7	5,6	7,7	5,6
1955	18,0	47,8		8,6	5,0	16,6	2,9	Verbot 1952	1,1
1959	14,8	54,9	7,2		Verbot 1957	14,5	1,9		6,7
1963	28,9	54,7	8,4			5,2	–		2,9

[1] 1951 = BHE

Senate in Bremen

1945 Erich Vagts (parteilos) (von der Militärregierung ernannt)
Senatsmitglieder: SPD, BDV, KPD, Parteilose
1945 – 1946 Wilhelm Kaisen (SPD) (von der Militärregierung ernannt)
Senatsmitglieder: SPD, BDV, KPD, Parteilose
1946 – 1948 Wilhelm Kaisen (SPD)
Koalition aus: SPD, BDV, KPD
1948 – 1951 Wilhelm Kaisen (SPD)
Koalition aus: SPD, BDV
1951 – 1955 Wilhelm Kaisen (SPD)
Koalition aus: SPD, FDP/BDV, CDU
1955 – 1959 Wilhelm Kaisen (SPD)
Koalition aus: SPD, FDP/BDV, CDU
1959 – 1963 Wilhelm Kaisen (SPD)
Koalition aus: SPD, FDP
1963 – 1965 Wilhelm Kaisen (SPD)
Koalition aus: SPD, FDP
1965 – Willy Dehnkamp (SPD)
Koalition aus: SPD, FDP

Wahlen zur Hamburgischen Bürgerschaft

	CDU	VBH[1]	SPD	FDP	KPD	DP	Sonst.
1946	26,7	–	43,1	18,2	10,4	–	1,6
1949	–	34,5	42,8	–	7,4	13,3	2,0
1953	–	50,0	45,2	–	3,2	–	1,6
1957	32,3	–	53,9	8,6	Verbot 1956	4,1	1,1
1961	29,1	–	57,4	9,6		–	3,9

[1] Vaterstädtischer Bund Hamburg (CDU, FDP, DKP) nur 1949; 1953 jedoch HB = Hamburg Block (CDU, FDP, DP)

Senate in Hamburg

1945 – 1946 Rudolf Petersen (CDU) (von der Militärregierung ernannt)
Senatsmitglieder: SPD, FDP, CDU, KPD, Parteilose
1946 – 1949 Max Brauer (SPD)
Koalition aus: SPD, FDP, KPD (bis 28. 7. 1948)
1949 – 1953 Max Brauer (SPD)
Koalition aus: SPD, FDP (Koalition endete am 1. 11. 1949 durch Ausscheiden von 2 FDP-Senatoren. Der 3. FDP-Senator blieb bis zum 18. 2. 1950 Mitglied im Senat).
1953 – 1957 Kurt Sieveking (CDU)
Koalition aus: CDU, FDP, DP
1957 – 1960 Max Brauer (SPD)
Koalition aus: SPD, FDP
1960 – 1961 Paul Nevermann (SPD)
Übernahme der Koalitionsregierung
1961 – 1965 Paul Nevermann (SPD)
Koalition aus: SPD, FDP

Wahlen in Hessen

	CDU	SPD	LDP	FDP	KPD	GB/ BHE[1]	DP/FVP	Sonst.
1946	30,9	42,7	15,7	–	10,7	–	–	–
1950	18,8	44,4	–	31,8	4,7	*	–	0,3
1954	24,1	42,6	–	20,5	3,4	7,7	–	1,7
1958	32,0	46,9	–	9,5	Verbot 1956	7,4	3,5	0,7
1962	28,8	50,8	–	11,5		6,3	–	2,6

[1] 1962 = GDP/BHE

Regierungen in Hessen

1945 Karl Geiler (parteilos) (von der Militärregierung ernannt)
Kabinettsmitglieder: SPD, KPD, Parteilose
1945 – 1947 Karl Geiler (parteilos) (von der Militärregierung ernannt)
Kabinettsmitglieder: SPD, KPD, CDU, LDP (bis 30. 9. 1946), Parteilose
1947 – 1949 Christian Stock (SPD)
Koalition aus: SPD, CDU
1949 – 1951 Christian Stock (SPD)
Koalition aus: SPD, CDU
1951 – 1955 Georg-August Zinn (SPD)
Alleinregierung SPD
1955 – 1959 Georg-August Zinn (SPD)
Koalition aus: SPD, GB/BHE
1959 – 1963 Georg-August Zinn (SPD)
Koalition aus: SPD, GB/BHE

1963 – 1967 Georg-August Zinn (SPD)
Koalition aus: SPD, GDP/BHE

Wahlen in Nordrhein-Westfalen

	CDU	SPD	FDP	KPD	Zentrum	BHE	Sonst.
1947	37,4	32,0	6,0	14,0	9,8	–	0,8
1950	36,9	32,3	12,1	5,5	7,5	–	5,7
1954	41,3	34,5	11,5	3,8	4,0	4,6	0,3
1958	50,5	39,2	7,1	Verbot 1956	–	–	3,2
1962	46,4	43,3	6,9	–	–	–	3,4

Regierungen in Nordrhein-Westfalen

1946 Rudolf Amelunxen (parteilos) (von der Militärregierung ernannt)
Koalition aus: SPD, Zentrum, FDP, KPD, Parteilose
1946 – 1947 Rudolf Amelunxen (parteilos) (von der Militärregierung ernannt)
Allparteienregierung
1947 – 1950 Karl Arnold (CDU)
Koalition aus: CDU, SPD, Zentrum, KPD (bis 7. 2. 1948)
1950 Karl Arnold (CDU) (Übergangsregierung)
Alleinregierung CDU
1950 – 1954 Karl Arnold (CDU)
Koalition aus: CDU, Zentrum
1954 – 1956 Karl Arnold (CDU)
Koalition aus: CDU, FDP, Zentrum
1956 – 1958 Fritz Steinhoff (SPD)
Koalition aus: SPD, FDP, Zentrum
1958 – 1962 Franz Meyers (CDU)
Alleinregierung CDU
1962 – Franz Meyers (CDU)
Koalition aus: CDU, FDP

Wahlen in Niedersachsen

	CDU	DP	SPD	FDP	KPD	GB/ BHE[1]	Zentr.	DRP	SRP	Sonst.
1947	19,9	17,9	43,4	8,8	5,6	–	4,1	–	–	0,3
1951	DP/CDU[2] 23,8		33,7	8,4	1,8	14,9	3,3	2,2	11,0	0,9
1955	39,0		35,2	7,9	1,3	11,0	1,1	3,8	Verbot 1952	0,7
1959	30,8	12,4	39,5	5,2	Verbot 1956	8,3	–	–		3,8
1963	37,7	–	44,9	8,8		3,7	–	–		4,9

[1] 1951 = BHE; 1963 = GDP
[2] DP/CDU = Niederdeutsche Union

Regierungen in Niedersachsen

1946 – 1947 Hinrich Wilhelm Kopf (SPD) (von der Militärregierung ernannt)
Koalition aus: SPD, FDP, CDU, KPD, NLP (ab Juni 1947 DP)
1947 – 1948 Hinrich Wilhelm Kopf (SPD)
Allparteienregierung (KPD am 5. 2. 1948 ausgeschieden)
1948 – 1950 Hinrich Wilhelm Kopf (SPD)
Koalition aus: SPD, CDU, Zentrum
1950 – 1951 Hinrich Wilhelm Kopf (SPD)
Koalition aus: SPD, Zentrum

1951 – 1955 Hinrich Wilhelm Kopf (SPD)
Koalition aus: SPD, GB/BHE, Zentrum (bis 1. 12. 1953)
1955 – 1957 Heinrich Hellwege (DP)
Koalition aus: DP/CDU, GB/BHE, FDP
1957 – 1959 Heinrich Hellwege (DP)
Koalition aus: DP/CDU, SPD
1959 – 1961 Hinrich Wilhelm Kopf (SPD)
Koalition aus: SPD, GB/BHE, FDP
1961 – 1963 Georg Diederichs (SPD)
Übernahme der Koalitionsregierung
1963 – 1965 Georg Diederichs (SPD)
Koalition aus: SPD, FDP
1965 – 1967 Georg Diederichs (SPD)
Koalition aus: SPD, CDU

Wahlen in Rheinland-Pfalz

	CDU	SPD	FDP	KPD	DRP	Sonst.
1947	47,2	34,3	9,8	8,7	–	–
1951	39,2	34,0	16,7	4,3	–	5,8
1955	46,8	31,7	12,7	3,2	–	5,6
1959	48,4	34,9	9,7	Verbot 1956	5,1	1,9
1963	44,4	40,7	10,1		–	4,8

Regierungen in Rheinland-Pfalz

1946 – 1947 Wilhelm Boden (CDU) (von der Militärregierung ernannt)
Kabinettsmitglieder: CDU, SPD, KPD
1947 Wilhelm Boden (CDU) (Übergangsregierung)
Alleinregierung CDU
1947 – 1951 Peter Altmeier (CDU)
Allparteienregierung (KPD am 9. 4. 1948 ausgeschieden)
1951 – 1955 Peter Altmeier (CDU)
Koalition aus: CDU, FDP
1955 – 1959 Peter Altmeier (CDU)
Koalition aus: CDU, FDP
1959 – 1963 Peter Altmeier (CDU)
Koalition aus: CDU, FDP
1963 – 1967 Peter Altmeier (CDU)
Koalition aus: CDU, FDP

Wahlen im Saarland

	CVP	CDU	SPS	SPD	DPS[1]	SVP[2]	DDU	KP	Sonst.
1947	51,2	–	32,8	–	7,6	–	–	8,4	–
1952	54,7	–	32,4	–	–	–	–	9,5	3,4
1955	21,8	25,4	5,8	14,3	24,2	–	–	6,6	1,9
1960	–	36,6	–	30,0	13,8	11,4	5,0	Verbot 1957	3,2
1965	–	42,7	–	40,7	8,3	5,2	3,1		–

[1] 1965 = FDP/DPS
[2] 1965 = SVP/CVP

Regierungen im Saarland

1947 – 1951 Johannes Hoffmann (CVP)
Koalition aus: CVP, SPS

1951 – 1952 Johannes Hoffmann (CVP)
Alleinregierung CVP
1952 – 1954 Johannes Hoffmann (CVP)
Koalition aus: CVP, SPS
1954 – 1955 Johannes Hoffmann (CVP)
Alleinregierung CVP
1955 – 1956 Heinrich Welsch (parteilos)
Übergangsregierung aus Parteilosen
1956 – 1957 Hubert Ney (CDU)
Koalition aus: CDU, SPD, DPS
1957 – 1959 Egon Reinert (CDU)
Koalition aus: CDU, SPD, DPS
1959 Egon Reinert (CDU)
Koalition aus: CDU, SPD
1959 – 1961 Franz Josef Röder (CDU)
Übernahme der Koalitionsregierung
1961 – 1965 Franz Josef Röder (CDU)
Koalition aus: CDU, DPS
1965 – Franz Josef Röder (CDU)
Koalition aus: CDU, FDP/DPS

Wahlen in Schleswig-Holstein

	CDU	SPD	FDP	KPD	SSW[1]	GB/BHE[2]	DP[3]	Sonst.
1947	34,0	43,8	5,0	4,7	9,3	–	–	3,2
1950	19,7	27,5	7,1	2,2	5,5	23,4	9,6	5,0
1954	32,2	33,2	7,5	2,1	3,5	14,0	5,1	2,4
1958	44,4	35,9	5,4	Verbot 1956	2,8	6,9	–	4,6
1962	45,0	39,2	7,9		2,3	–	–	5,6

[1] 1947 = SSV (Südschleswigscher Verein)
später = SSW (Südschleswigsche Wählervereinigung)
[2] 1950 = BHE
[3] 1950 und 1954 = DP lt. Handbuch des Landtages, lt. Statistisches Jahrbuch der BRD jedoch SHB (Schleswig-Holstein-Block) = DP und SHG

Regierungen in Schleswig-Holstein

1946 Theodor Steltzer (CDU) (von der Militärregierung ernannt)
Koalition aus: CDU, SPD, KPD
1946 – 1947 Theodor Steltzer (CDU) von der Militärregierung ernannt)
Koalition aus: CDU, SPD
1947 – 1949 Hermann Lüdemann (SPD)
Alleinregierung SPD
1949 – 1950 Bruno Dieckmann (SPD)
Alleinregierung SPD
1950 – 1951 Walter Bartram (CDU)
Koalition aus: CDU, DP, BHE, FDP
1951 Friedrich Wilhelm Lübke (CDU) (vorläufige Regierung)
Koalition aus: CDU, FDP
1951 – 1954 Friedrich Wilhelm Lübke (CDU)
Koalition aus: CDU, GB/BHE, FDP, DP (bis Herbst 1952)
1954 – 1958 Kai-Uwe von Hassel (CDU)
Koalition aus: CDU, GB/BHE, FDP
1958 – 1962 Kai-Uwe von Hassel (CDU)
Koalition aus: CDU, FDP

1962 – 1963 Kai-Uwe von Hassel (CDU)
Minderheitskabinett CDU
1963 – 1967 Helmut Lemke (CDU)
Koalition aus: CDU, FDP

Wahlen in Südbaden

	CDU	SPB	FDP	KPD
1947	55,9	22,4	14,3	7,4

Regierungen in Südbaden

1946 – 1947 Leonhard Wohleb (BCSV) (von der Militärregierung ernannt)
Koalition aus: BCSV, SPB, DP, KPD
1947 – 1949 Leonhard Wohleb (CDU)
Koalition aus: CDU, SPB (bis 23. 1. 1948)
1949 – 1952 Leonhard Wohleb (CDU)
Alleinregierung CDU

Wahlen in Württemberg-Baden

	CDU	SPD	DVP	KPD	GB/BHE
1946	38,4	31,9	19,5	10,2	–
1950	26,3	33,0	21,0	4,9	14,8

Regierungen in Württemberg-Baden

1945 – 1946 Reinhold Maier (DVP) (von der Militärregierung ernannt)
Koalition aus: DVP, CDU, SPD
1946 – 1951 Reinhold Maier (DVP)
Allparteienregierung (KPD am 27. 7. 1948 ausgeschieden)
1951 – 1952 Reinhold Maier (DVP)
Koalition aus: DVP/FDP, SPD

Wahlen in Württemberg-Hohenzollern

	CDU	SPD	DVP	KPD
1947	54,2	20,8	17,7	7,3

Regierungen in Württemberg-Hohenzollern

1947 – 1948 Lorenz Bock (CDU)
Koalition aus: CDU, SPD, DVP
1948 – 1952 Gerhard Müller (CDU)
Übernahme der Koalitionsregierung (DVP ausgeschieden 20. 9. 1949)

Abkürzungsverzeichnis der Parteien

BCSV	Badische Christlich-Soziale Volkspartei
BDV	Bremer Demokratische Volkspartei
BHE	Block der Heimatvertriebenen und Entrechteten
BP	Bayernpartei
CDU	Christlich-Demokratische Union
CSU	Christlich-Soziale Union
CVP	Christliche Volkspartei des Saarlandes
DDU	Deutsche Demokratische Union
DFU	Deutsche Friedens-Union
DG/BHE	Deutscher Gemeinschaftsblock der Heimatvertriebenen und Entrechteten
DKP	Deutsche Konservative Partei
DP	Demokratische Partei (Baden)
DP	Deutsche Partei
DP/CDU	Niederdeutsche Union
DP/FVP	Deutsche Partei/Freie Volkspartei
DPS	Demokratische Partei Saar
DRP	Deutsche Reichspartei
DVP	Demokratische Volkspartei
FDP	Freie Demokratische Partei
FDP/DVP	FDP/Demokratische Volkspartei
GB/BHE	Gesamtdeutscher Block/BHE
GDP	Gesamtdeutsche Partei
KP	Kommunistische Partei (Saarland)
KPD	Kommunistische Partei Deutschlands
LDP	Liberal-Demokratische Partei
NLP	Niedersächsische Landespartei
SED	Sozialistische Einheitspartei Deutschlands
SPB	Sozialdemokratische Partei Baden
SPD	Sozialdemokratische Partei Deutschlands
SPS	Sozialdemokratische Partei Saar
SRP	Sozialistische Reichspartei
SSV	Südschleswigscher Verein
SSW	Südschleswigsche Wählervereinigung
SVP	Saarländische Volkspartei
WAV	Wirtschaftliche Aufbau-Vereinigung

(Quelle: Die Zusammenstellung wurde den Heften Walper »Föderalismus« und Raschke »Wahlen und Wahlrecht« der Reihe »Zur Politik und Zeitgeschichte« entnommen. Wir danken dem Colloquium-Verlag Berlin und dem Otto-Suhr-Institut an der Freien Universität Berlin für die Abdruckgenehmigung.)